다양한 예제로 배우는

초급편

# AUTODESK Fusion

오토데스크 퓨전

## Master Training Book

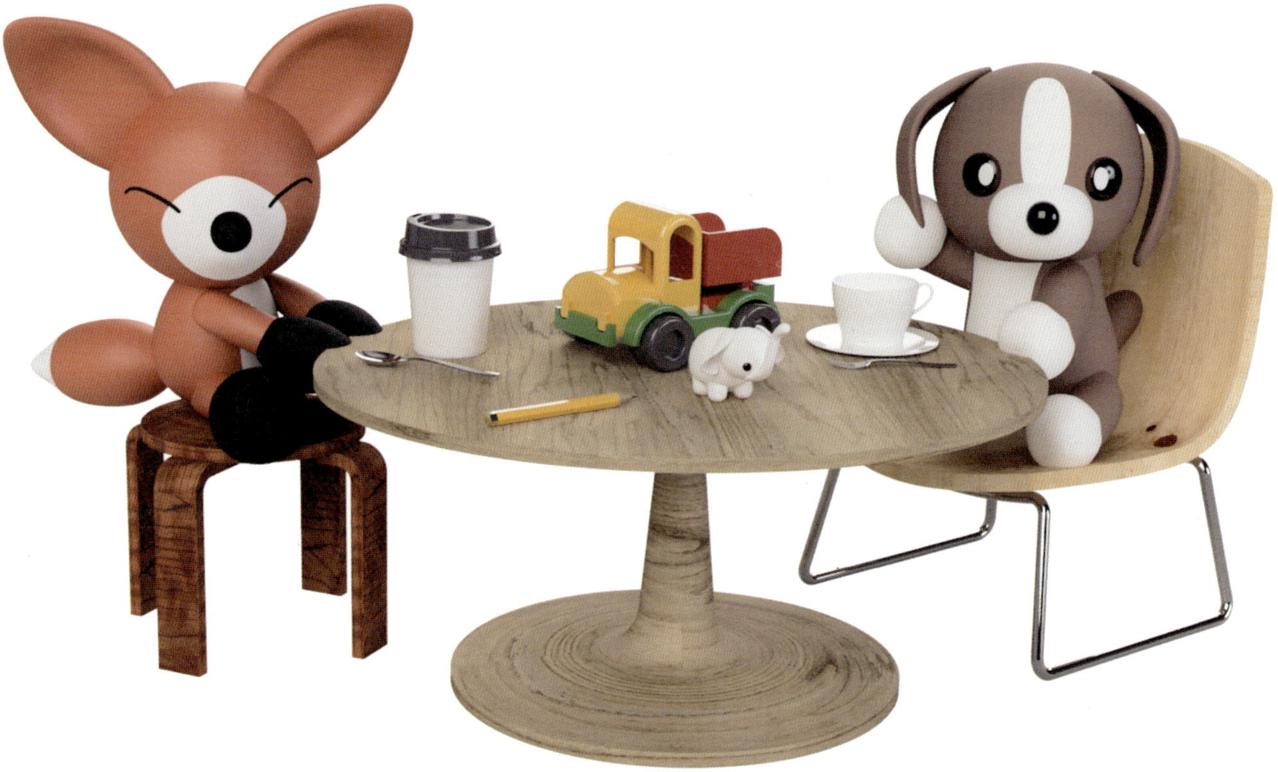

청담북스

## 다양한 예제로 배우는
# AUTODESK Fusion
### 오토데스크 퓨전 Master Training Book

| | |
|---|---|
| **초판 1쇄 인쇄** | 2025년 5월 25일 |
| **초판 1쇄 발행** | 2025년 5월 30일 |

| | |
|---|---|
| **저 자** | 조성일 |
| **발행인** | 유미정 |
| **발행처** | 도서출판 청담북스 |
| **주 소** | (우)10909 경기도 파주시 하우3길 100-15(야당동) |
| **전 화** | 031-943-0424 |
| **팩 스** | 031-600-0424 |
| **등 록** | 제406-2009-000086호 |
| **정 가** | 32,000원 |
| **ISBN** | 979-11-91218-36-7  13000 |

※이 책은 저작권법에 따라 보호를 받는 저작물이므로 무단 전재나 복제를 금지하며,
  이 책 내용의 전부 또는 일부를 이용하려면 반드시 저작권자나 발행인의 서면동의를 받아야 합니다.

※잘못된 책은 구입하신 서점에서 바꾸어드립니다.

# 머리말

Fusion 360이 출시된 지 벌써 10년이 넘었습니다. Autodesk는 Fusion 360의 이름을 Autodesk Fusion이라고 변경했으며, 점차 지속적인 업데이트도 계속 추진하고 있습니다. 이제 Autodesk Fusion도 많이 보급되어 기계, 건축, 디자인, 전기 등 여러 분야에서 폭넓게 사용되는 3차원 CAD 소프트웨어가 되었습니다. Autodesk Fusion은 모델링 기능뿐만 아니라 렌더링, 가공, 전기, 시뮬레이션 등 여러 분야의 기능들을 점차 확대해 나가고 있습니다. 개인적인 소감으로는 여기서 더 발전한다니 정말 놀라울 따름입니다.

Autodesk Fusion의 소프트웨어 기능은 저렴한 가격 정책에 가려져 다소 과소평가되는 측면이 있지만, 저자가 보기에는 그렇지 않습니다. 놀라울 정도로 안정된 프로세스, 그 어떤 소프트웨어보다 빠른 반응성, 굉장히 효율적인 모델링 반응성, 엄청난 고품질의 렌더링 이미지 기능까지 정말 굉장한 기능을 가지고 있는 소프트웨어입니다. 저자도 여러 종류의 3D 소프트웨어를 다루고 있지만, 특정 요청이 없으면 모델링 부분은 무조건 Autodesk Fusion을 쓰는데도 그 이유가 있습니다. 이제 모델링은 AutodeskFusion이 없다면 상상하기 싫을 정도로 굉장한 성능을 자랑합니다.

게다가 Autodesk Fusion의 시뮬레이션 기능은 여타 전문 분야의 시뮬레이션 기능과 견주어도 뒤떨어지지 않을 정도로 고성능을 자랑합니다. CAM 기능은 전문 분야의 CAM 소프트웨어와 견주어 봐도 전혀 밀리지 않는, 오히려 훨씬 뛰어난 기능과 범용성, 확장성을 가지고 있습니다.

이러한 여러 기능들을 극도로 끌어올려 저렴하게 제공하는 Autodesk의 의도는 확실해 보입니다. 제품 개발을 위한 프로세스의 시작과 끝을 Autodesk Fusion으로 통합하는 것이지요. 설계에서부터 시작해 도면 제작, 제품 제작 시 가공을 위한 CAM 기능, 실제 제품을 작동시키기 위한 전기/전자 기능 및 작동 시의 문제점을 해결해주는 시뮬레이션까지 AutodeskFusion에서 시작해 AutodeskFusion으로 끝나는 Total Processing을 이루고자 하는 것이라고 할 수 있습니다.

이제 여러분도 Autodesk Fusion과 함께 더 빠르고, 더 쉽고, 더 저렴하게 제품 개발을 위한 프로세스를 시작해 보시면 어떨까요? 감사합니다.

2025년 5월 저자 조성일

# 이 책을 학습하는 방법

How to Learn

이 책을 공부하기에 앞서 책의 구성과 학습 방법에 대해서 알아보도록 하겠습니다. 이 책은 예제중심으로 진행되며, 여러분들은 예제를 하나하나 따라하시다 보면 자연스럽게 Autodesk Fusion에 익숙해질 수 있게 구성되어 있습니다.

❶ **챕터 제목** : 현재 진행하는 챕터의 제목이 표시됩니다.

❷ **예제 그림 및 도면** : 현재 챕터에서 공부할 예제 그림 및 도면을 표시합니다.

❸ **학습 목표** : 현재 챕터에서 공부할 학습 목표를 간략히 설명합니다.

❹ **팁** : 학습할 때 유용한 팁에 대해서 표시합니다.

❺ **명령어 알아보기** : 이번 챕터에서 새롭게 배운 명령어에 대해서 자세히 설명합니다.

❻ **총정리** : 챕터 처음에 제시했던 학습 목표를 챕터를 마무리하고 정리하여 다시 한번 설명합니다.

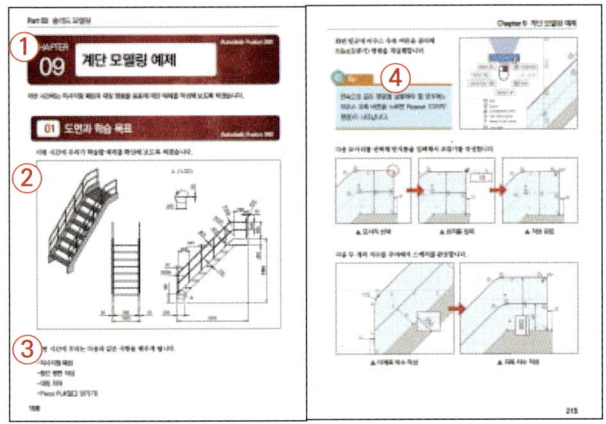

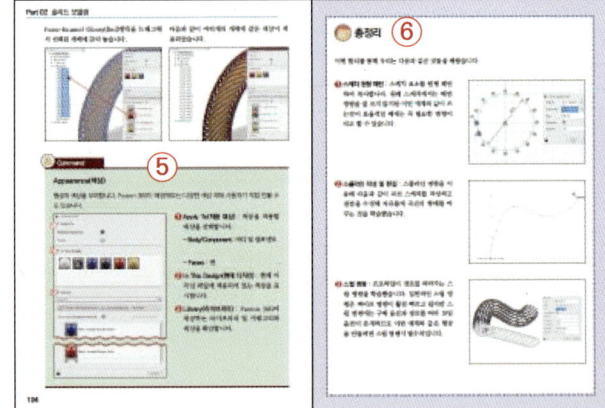

# 유튜브 채널 소개
Youtube Channel

이 책에 있는 본문예제는 유튜브에서 책과 함께 더욱더 자세히 설명합니다. 책만 가지고 이해가 되기 어려우신 분들은 바라기의 Autodesk Fusion 유튜트를 검색해서 들어오세요!

유튜브에서 검색어를 "바라기의 Fusion 360"로 검색합니다.

검색결과가 표시되면 제 계정 이름을 클릭해주세요.

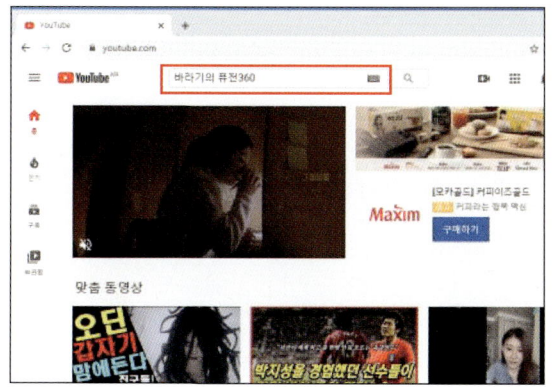

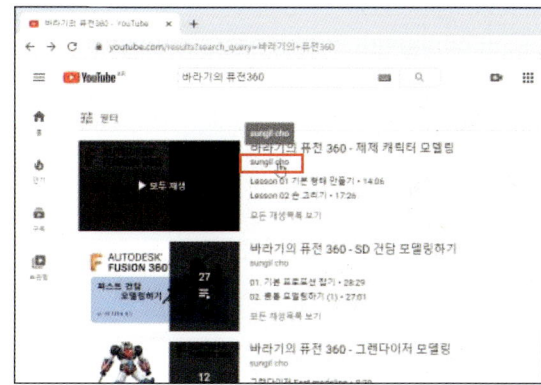

다음과 같이 유튜브 채널로 들어옵니다.

여기서 이 책의 재생목록으로 들어오시면 됩니다. 그 외에도 다양한 Autodesk Fusion 관련 채널들이 있습니다.

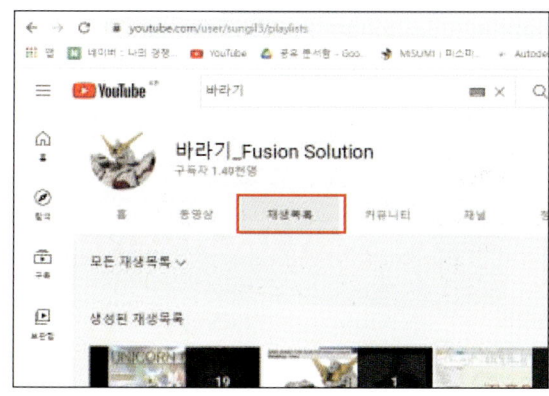

# Autodesk Fusion 유저 모임 카페

Cummunity Cafe

**Autodesk Fusion 유저 모임 카페**에 대한 소개를 해 드리도록 하겠습니다.

**Autodesk Fusion 유저 모임 카페**란 국내 최대 규모의 Autodesk Fusion 커뮤니티 카페입니다. 여기서 다양한 Autodesk Fusion의 작품 및 자료, 새 업데이트 소식, 행사 등 Autodesk Fusion에 대한 모든 정보가 오가는 곳이라고 봐도 무방합니다.

이 카페를 찾아가는 방법에 대해서 알아보도록 하겠습니다.

네이버 메인 페이지에서 카페 버튼을 클릭합니다.

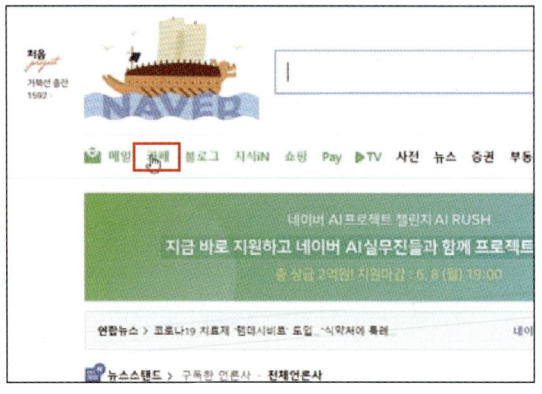

카페 검색 창에서 Autodesk Fusion을 검색합니다.

카페 목록에서 다음 카페 이름을 클릭합니다.

Autodesk Fusion 유저 모임 카페로 이동합니다.

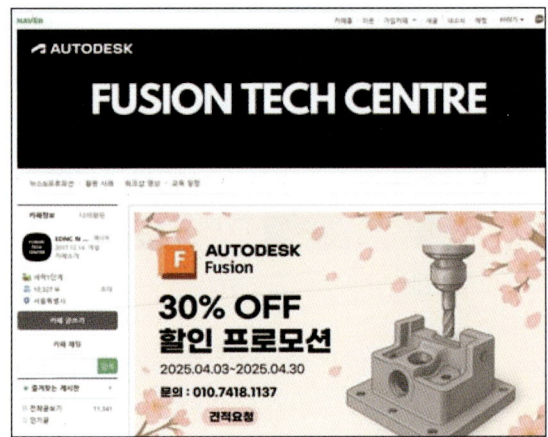

# 예제 파일 다운로드하기

Example Download

이 책의 모든 예제 파일은 앞서 소개한 Autodesk Fusion 유저 모임 카페에서 받으실 수 있습니다.

카페 왼쪽의 카테고리에서 **바라기의 Autodesk Fusion**을 클릭해 주세요.

다음 게시글을 클릭합니다.

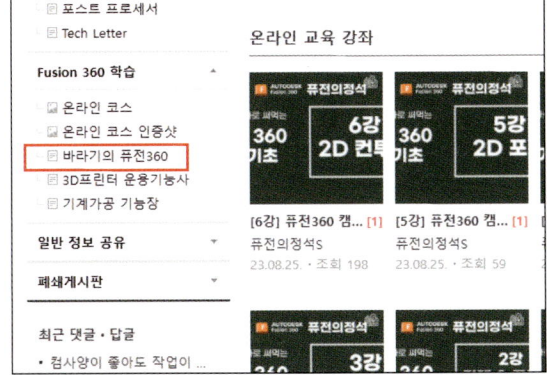
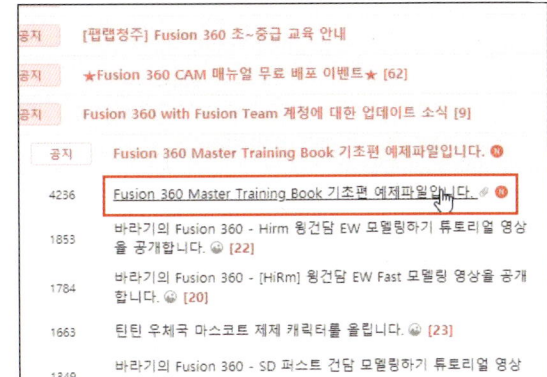

게시글의 첨부 파일을 클릭한 후 내 PC 저장 버튼을 클릭합니다.

원하는 폴더 위치에 저장한 후 압축을 풉니다.

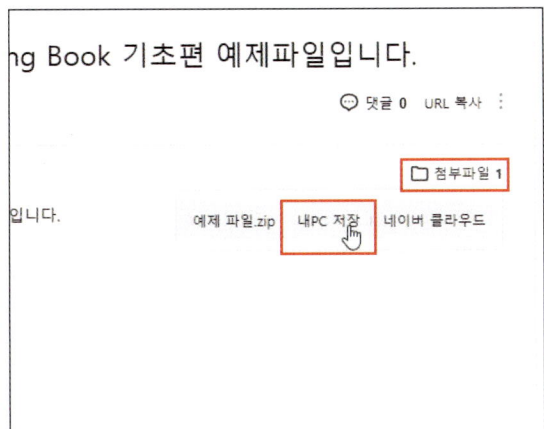
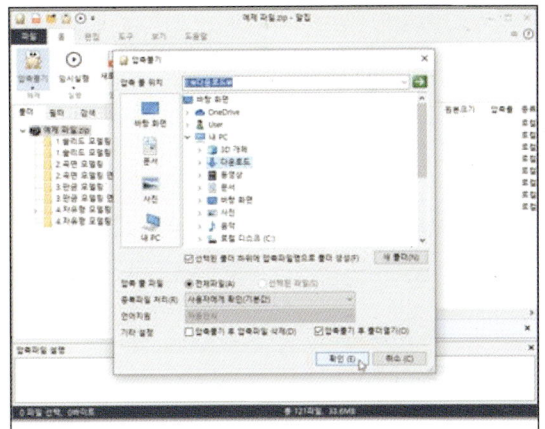

## Autodesk Fusion에서 예제 파일 열기

앞서 다운로드 받은 예제 파일을 Autodesk Fusion에서 여는 방법에 대해 설명드리겠습니다.

Autodesk Fusion의 데이터 패널에서 **업로드** 버튼을 클릭합니다.

**파일 선택** 버튼을 클릭합니다.

다운받은 파일을 선택한 후 **열기** 버튼을 클릭합니다.

**업로드** 버튼을 클릭합니다.

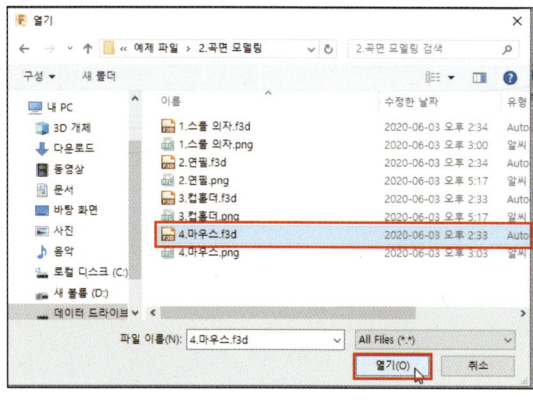

업로드가 시작 됩니다.

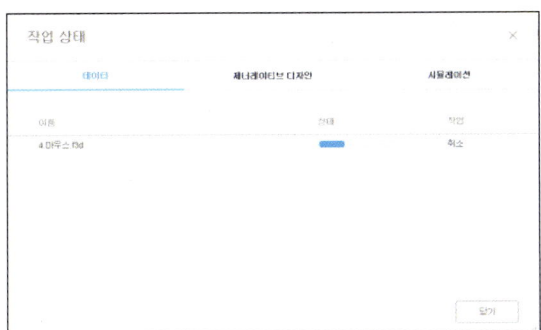

업로드가 완료되면 **닫기** 버튼을 클릭합니다.

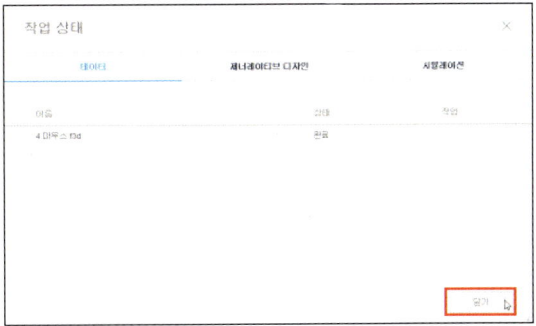

데이터 패널에 예제파일이 등록된 것을 확인할 수 있습니다.

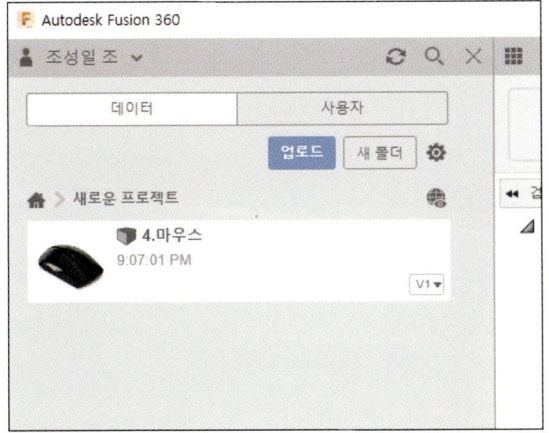

등록된 파일을 더블클릭하거나 마우스 우측 버튼을 클릭해 **열기**를 클릭합니다.

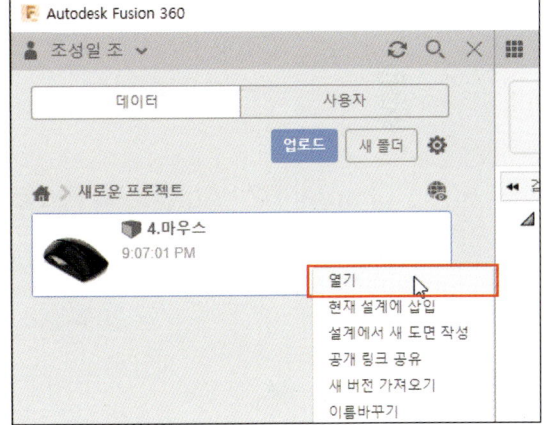

다음과 같이 예제파일이 열린것을 확인할 수 있습니다.

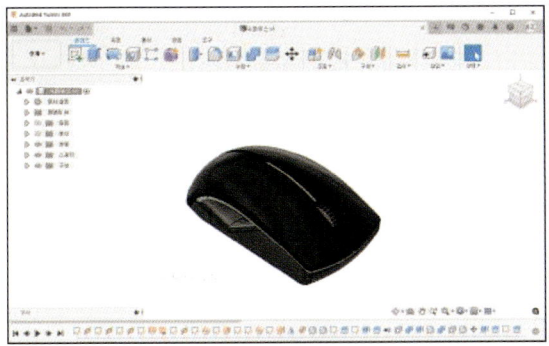

# 목차

## Part 1 Autodesk Fusion 시작하기

### Chapter 01 Autodesk Fusion 시작하기 ········· 22

- 01 Autodesk Fusion — 22
- 02 Autodesk Fusion의 주요 기능 소개 — 23
- 03 시스템 요구 사항 — 27
- 04 다운로드 및 설치하기 — 28
- 05 사용자 등록 및 활성화하기 — 30
- 06 유료 구독하기 — 32

### Chapter 02 Autodesk Fusion 입문하기 ········· 34

- 01 Autodesk Fusion의 인터페이스 알아보기 — 34
    1. 기본 인터페이스 — 34
    2. 파일 메뉴 — 35
    3. 작업공간 메뉴 — 37
    4. 브라우저 — 37
    5. 명령어 탭 — 38
    6. 타임라인 — 39

- 02 계정과 도움말 알아보기 — 39
    1. 계정 — 40
    2. 도움말 — 41
    3. 기본 설정 — 42
    4. 기본 설정 – 일반 — 43

- 03 화면 제어 알아보기 — 44
    1. Autodesk Fusion, Alias, Inventor, Tinkercad 타입의 화면 제어 — 44
    2. Solidworks 타입의 화면 제어 — 44
    3. 뷰 큐브를 이용한 화면 제어하기 — 45

04 화면 설정 메뉴 알아보기     48
- 1 탐색 막대 알아보기     48
- 2 화면 표시 설정     48
- 3 비주얼 스타일     49
- 4 환경     50
- 5 효과     51
- 6 객체 가시성     51
- 7 카메라     52
- 8 그리드 및 스냅     52
- 9 뷰포트     52
- 10 퀵 메뉴 알아보기     53
- 11 단축 버튼 및 단축키 설정하기     53
- 12 선택     54
- 13 특성 보기     55

## Chapter 03 클라우드 서버 활용하기     56

01 Autodesk Fusion의 데이터 패널 알아보기     56
- 1 데이터 패널 창 확인하기     56
- 2 데이터 패널 알아보기     57
- 3 프로젝트 구조 알아보기     57
- 4 외부 파일 업로드 하기     59
- 5 파일 사용내역 살펴보기     61

02 Fusion Web 알아보기     62
- 1 Fusion Web에 접속하기     62
- 2 데이터 확인하기     63
- 3 Fusion Web에서 프로젝트 생성하기     66

# Part 2 솔리드 모델링

## Chapter 01 솔리드 모델링의 개요 · · · · · 70

- 01 솔리드 모델링의 기본 구성　70
- 02 솔리드 모델링 명령어　71
  - 1 작성　72
  - 2 수정　73
  - 3 생성　74
- 03 피쳐 기본 사항　76
  - 1 생성　76
  - 2 피쳐 시작면(Start)　76
  - 3 방향　77
  - 4 범위 유형　77
  - 5 절단할 객체　77
  - 6 타임라인에서의 피쳐　77
- 04 스케치의 개요　78
  - 1 스케치란?　78
  - 2 스케치 작성하기　79
  - 3 스케치 종료하기　79
- 05 스케치 명령어　80
  - 1 작성　80
  - 2 수정　81
  - 3 구속조건　81

## Chapter 02 블록 모델링 예제 1 · · · · · 82

- 01 도면과 학습 목표　82
- 02 베이스 피쳐 작성하기　83
- 03 서브 피쳐 작성하기　91
- 04 마무리 피쳐 작성하기　104
- ▶ 총정리 & 연습예제　107

## Chapter 03  블록 모델링 예제 2 ·············· 110

- 01  도면과 학습 목표  110
- 02  베이스 피쳐 작성하기  111
- 03  단일 구멍 작성하기  111
- 04  여러 개의 구멍 작성하기  118
- 05  피쳐의 수정에 대해서  125
  - 1  스케치 편집  126
  - 2  피쳐 편집  128
- ▶ 총정리  130

## Chapter 04  육각머리 볼트 모델링 예제 ·············· 132

- 01  도면과 학습 목표  132
- 02  볼트 머리 그리기  133
- 03  볼트부 그리기  137
- ▶ 총정리  141

## Chapter 05  축 부품 모델링 예제 ·············· 142

- 01  도면과 학습 목표  142
- 02  베이스 피쳐 작성하기  143
- 03  스패너 자리 작성하기  148
- 04  키 자리 작성하기  155
- 05  마무리 피쳐 작성하기  160
- ▶ 총정리 & 연습예제  162

## Chapter 06  덕트 모델링 예제 ·············· 166

- 01  도면과 학습 목표  166
- 02  베이스 피쳐 작성하기  167
- 03  두께 형상 작성하기  171
- 04  마커 응용하기  172
- ▶ 총정리 & 연습예제  176

## Chapter 07  스프링 모델링 예제 · · · · · · · · · · · · · · · · · · · · · · · · · · · · · · · 178

01 도면과 학습 목표 178
02 코일 형상 작성하기 179
03 원형 패턴 작성하기 181
▶ 총정리 183

## Chapter 08  복합 케이블 모델링 예제 · · · · · · · · · · · · · · · · · · · · · · · 184

01 도면과 학습 목표 184
02 프로파일 스케치 작성하기 185
03 경로 스케치 작성하기 187
04 스윕 피쳐 작성하기 191
05 스케치 공유로 파이프 작성하기 193
06 색상 명령으로 작성 개체에 색상 지정하기 196
07 경로를 수정해 형상을 바꾸어보기 199
▶ 총정리 & 연습예제 200

## Chapter 09  계단 모델링 예제 · · · · · · · · · · · · · · · · · · · · · · · · · · · · · · · 204

01 도면과 학습 목표 204
02 기본 스케치 작성하기 205
03 베이스 피쳐 작성하기 209
04 계단 작성하기 212
05 난간 작성하기 217
06 밀고 당기기 명령 응용하기 227
▶ 총정리 230

## Chapter 10  구름다리 모델링 예제 · · · · · · · · · · · · · · · · · · · · · · · · · · 232

01 도면과 학습 목표 232
02 베이스 피쳐 작성하기 233
03 경로 패턴 작성하기 240

| | 04 | 발판 만들기 | 246 |
|---|---|---|---|
| | ▶ | 총정리 & 연습예제 | 250 |

## Chapter 11 스퍼기어 모델링 예제 ......... 254

| | 01 | 도면과 학습 목표 | 254 |
|---|---|---|---|
| | 02 | 매개변수란? | 255 |
| | 03 | 사용자 매개변수 작성하기 | 255 |
| | 04 | 베이스 피쳐 작성하기 | 259 |
| | 05 | 기어 이빨 작성하기 | 262 |
| | 06 | 이빨 원형 패턴하기 | 268 |
| | 07 | 매개변수를 이용해 형상 변경하기 | 270 |
| | 08 | 축 구멍과 키 홈 작성하기 | 271 |
| | 09 | 피쳐 억제로 형상 제어하기 | 273 |
| ▶ | | 총정리 | 275 |

# Part 3 곡면 모델링

## Chapter 01 곡면 모델링의 개요 ......... 278

| | 01 | 곡면 모델링 | 278 |
|---|---|---|---|
| | | 1 곡면 모델링의 개요 | 278 |
| | | 2 곡면 모델링의 작업 종류 | 279 |
| | 02 | 곡면 모델링 명령어 | 279 |
| | | 1 작성 | 280 |
| | | 2 수정 | 280 |
| | | 3 검사 | 281 |

## Chapter 02 스툴 의자 모델링 예제 ......... 282

| | 01 | 도면과 학습 목표 | 282 |
|---|---|---|---|
| | 02 | 베이스 피쳐 작성하기 | 283 |

03  다리 형상 작성하기 285
▶ 총정리 & 연습예제 290

## Chapter 03  연필 모델링 예제  292

01  도면과 학습 목표 292
02  기본 형상 작성하기 293
03  상세 형상 작성하기 294
04  연필 끝부분 작성하기 296
05  색상 지정하기 301
▶ 총정리 302

## Chapter 04  컵 홀더 모델링 예제  304

01  도면과 학습 목표 304
02  기본 형상 작성하기 305
03  세부 형상 작성하기 307
04  마무리 형상 다듬기 313
▶ 총정리 319

## Chapter 05  마우스 모델링 예제  320

01  도면과 학습 목표 320
02  마우스 윗면 작성하기 321
03  앞 / 뒤 / 좌 / 우 곡면 작성하기 328
04-1  기본덩어리 작성하기-1, 경계 채우기 명령 활용하기 332
04-2  기본덩어리 작성하기-2, 여러가지 곡면 명령 활용하기 334
05  부품 분할하기 342
06  휠 부품 작성 및 색상 지정하기 352
▶ 총정리 & 연습예제 362

# Part 4 판금 모델링

## Chapter 01 판금 모델링의 개요 ······ 368

- 01 판금 모델링 368
  - 1 판금 모델링의 개요 368
  - 2 판금 모델링의 특징 369
- 02 판금 모델링 명령어 370
  - 1 작성 370
  - 2 수정 371

## Chapter 02 판금 브라켓 모델링 예제 ······ 372

- 01 도면과 학습 목표 372
- 02 판금 규칙 작성하기 373
- 03 플랜지 작성하기 375
- 04 구멍과 모깎기 작성하기 378
- ▶ 총정리 381

## Chapter 03 판금 커버 모델링 예제 ······ 382

- 01 도면과 학습 목표 382
- 02 기본 플랜지 형상 작성하기 383
- 03 마무리 피쳐 작성하기 384
- ▶ 연습예제 387

## Chapter 04 판금 도어 1 모델링 예제 ······ 388

- 01 도면과 학습 목표 388
- 02 판금 플랜지 면 작성하기 389
- 03 모서리 플랜지 작성하기 390
- 04 마무리 피쳐 작성하기 393
- ▶ 총정리 395

## Chapter 05 판금 도어 2 모델링 예제 ········· 396

- 01 도면과 학습 목표 — 396
- 02 판금 플랜지 면과 모서리 작성하기 — 397
- 03 구멍과 모깎기 작성하기 — 400

## Chapter 06 판금 센서 커버 모델링 예제 ········· 402

- 01 도면과 학습 목표 — 402
- 02 판금 플랜지 면과 절곡부 작성하기 — 403
- 03 모서리 플랜지 작성하기 — 407
- 04 전개 / 재접힘 명령 활용하기 — 410
- 05 플랫 패턴 작성하기 — 413
- 06 DXF 파일로 내보내기 — 415
- ▶ 총정리 & 연습예제 — 417

## Chapter 07 솔리드 모델링을 판금으로 변환하기 ········· 420

- 01 도면과 학습 목표 — 420
- 02 솔리드 모델링 작성하기 — 421
- 03 판금으로 변환하기 — 423

# Part 5 자유형 모델링

## Chapter 01 자유형 모델링의 개요 ········· 428

- 01 자유형 모델링 — 428
  - 1 자유형 모델링의 개요 — 428
  - 2 자유형 모델링의 순서 — 429
  - 3 자유형 모델링의 특징 — 430
- 02 자유형 모델링 명령어 — 432
  - 1 작성 — 433
  - 2 수정 — 434

|  |  |  |
|---|---|---|
| 3 | 대칭 | 435 |
| 4 | 유틸리티 | 435 |

## Chapter 02 강당 의자 모델링 예제 ········ 436

- 01 도면과 학습 목표 436
- 02 의자 본체 작성하기 437
- 03 의자 다리 작성하기 444
- ▶ 총정리 449

## Chapter 03 포크 모델링 예제 ········ 450

- 01 도면과 학습 목표 450
- 02 이미지 배치하기 451
- 03 기본 폼 형상 작성하기 454
- 04 두께 형상 작성하기 458
- 05 세부 형상 다듬기 461
- ▶ 총정리 & 연습예제 463

## Chapter 04 컨셉 고래 모델링 예제 ········ 466

- 01 도면과 학습 목표 466
- 02 기본 형상 작성하기 467
- 03 지느러미 형상 작성하기 470
- 04 응용 형태 작성하기 475
- ▶ 총정리 & 연습예제 478

## Chapter 05 코끼리 캐릭터 모델링 예제 ········ 480

- 01 도면과 학습 목표 480
- 02 기본 형상 작성하기 481
- 03 세부 형상 작성하기 487
- ▶ 총정리 & 연습예제 493

# Autodesk Fusion 시작하기

**Chapter 1** Autodesk Fusion 시작하기
**Chapter 2** Autodesk Fusion 입문하기
**Chapter 3** 클라우드 서버 활용하기

Part 01 Autodesk Fusion 시작하기

# CHAPTER 01 Autodesk Fusion 시작하기

Autodesk Fusion을 시작해 보도록 하겠습니다.

## 01 Autodesk Fusion

 Autodesk Fusion은 Autodesk 사가 개발한 전세계 최초의 클라우드 방식의 3DCAD 입니다. 2015년에 처음으로 발표되어 현재까지 많은 이들의 사랑을 받고 있습니다.

Autodesk Fusion의 장점은 한두가지로 설명할 수 없을 정도로 방대합니다. 다양하고 자유로운 모델링 방식과 이를 혼합한 방식의 Fusion 모델링 방식은 어느 CAD보다 뛰어난 성능을 자랑합니다. 또한 우수한 CAM 모듈을 장착하고 있어서 전세계 어느 CAM 프로그램과 견주더라도 손색이 없을 정도로 뛰어나며, 강력한 조립품, 애니메이션 기능과 도면 기능까지 갖추고 있습니다.

또한 계속 추가로 도입되고 있는 여러가지 시뮬레이션 기능 또한 전세계 최고수준을 자랑하며, 강력한 데이터 호환과 PCB 기능 탑재로 인해 Autodesk Fusion으로 컨셉부터 설계 가공, 동작, 전기/전자까지 한꺼번에 수행할 수 있습니다.

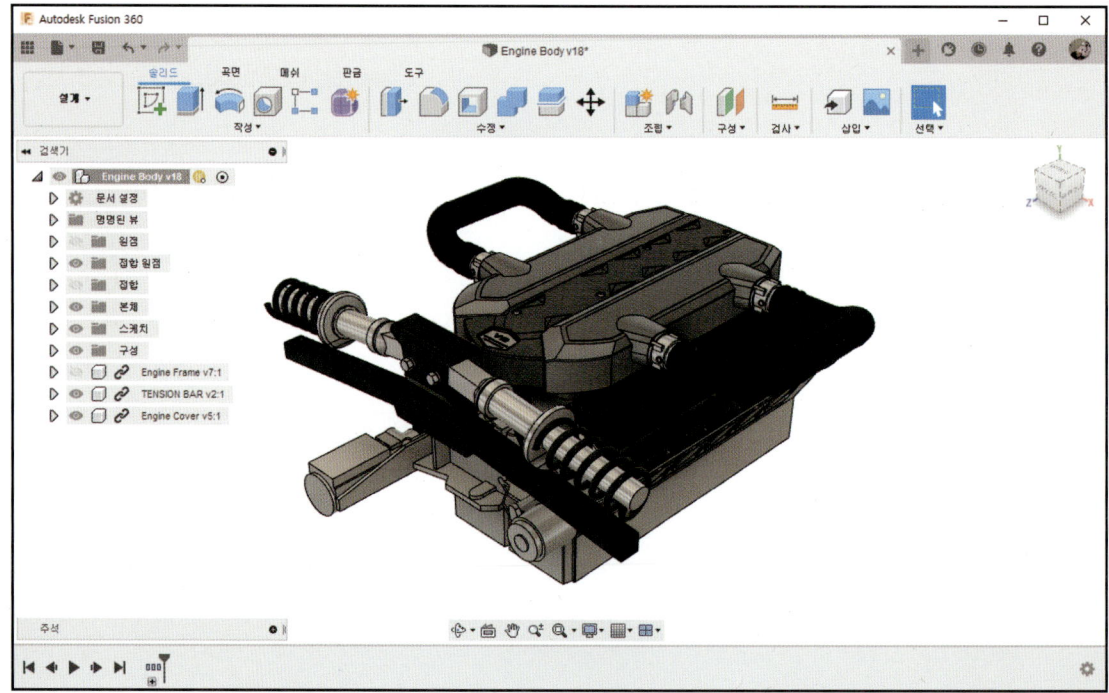

## 02 Autodesk Fusion의 주요 기능 소개

### 01 설계(Design)

단일 플랫폼에서 다양한 디자인 인터랙션을 개념화합니다. 통합 환경은 여러 모델링 방법을 결합하여 고품질 제품을 생성할 수 있는 유연성을 제공합니다.

### 02 3D 모델링(3D Modeling)

포괄적인 모델링 도구 세트를 사용하여 제품을 설계할 수 있습니다. 다양한 분석 방법으로 제품의 형태, 적합성 및 기능이 보장됩니다.

### 03 전자 제품(Electronics)

Autodesk Fusion에 통합된 회로도 설계, PCB 레이아웃 및 라우팅 기능을 사용하여 전자 기능을 추가하여 설계에 생명을 불어넣을 수 있습니다.

Part 01  Autodesk Fusion 시작하기

## 04  데이터 관리(Data Management)

뛰어난 데이터 관리를 통해 개발 프로세스를 실행할 수 있습니다. 관리되는 사용자 권한, 버전 제어 및 클라우드 스토리지를 활용하여 더 많은 제어력을 확보할 수 있습니다.

## 05  협업(Collaboration)

기존 디자인 프로세스에서 사일로를 제거하여 역할에 관계없이 최신 협업 환경을 활용할 수 있습니다.. 팀과 외부 이해 관계자를 연결하고 실시간으로 커뮤니케이션 하며 프로젝트 활동을 중앙 집중화가 가능합니다.

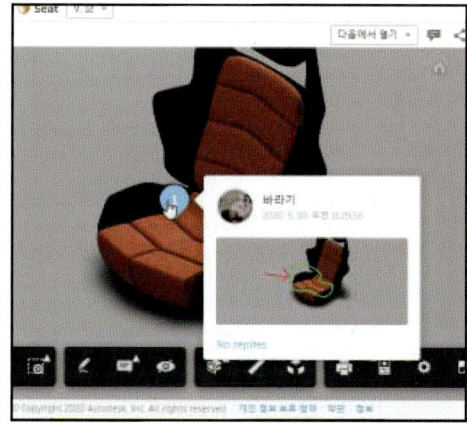

## 06  빠른 프로토 타이핑 / 제작(Rapid Prototyping / Make)

제조 전에 프로토 타입을 신속하게 작성하여 설계를 검증할 수 있습니다. 설계 변경으로 인한 영향을 줄이면 최종 제품을 더 빨리 생산할 수 있습니다.

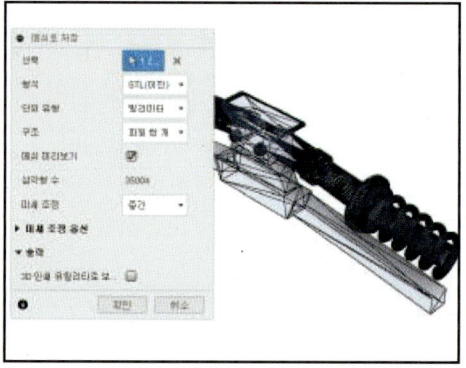

## 07 제너레이티브 디자인(Generative Design)

무게를 줄이고 성능을 개선하면 부품을 통합하는 동시에 설계 사양을 충족하는 여러 제조 준비 결과를 작성할 수 있습니다.

## 08 시뮬레이션(Simulation)

실제 환경에서도 살아남을 수 있도록 디자인 테스트를 할 수 있습니다. 완전히 검증된 솔버를 사용하여 제품을 디지털 방식으로 시뮬레이션하여 프로토 타입 제작 비용을 줄입니다.

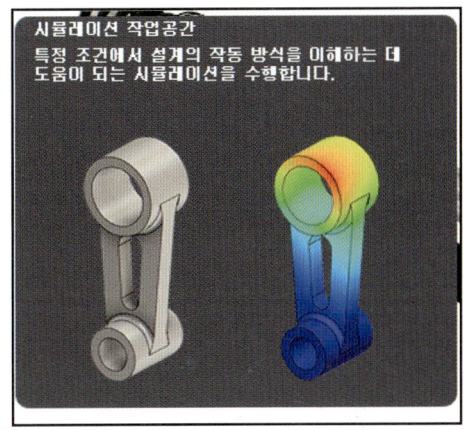

## 09 문서(Documentation)

2D 제조 도면, 렌더링 및 애니메이션으로 설계를 내부 또는 외부 이해 관계자에게 전달할 수 있습니다.

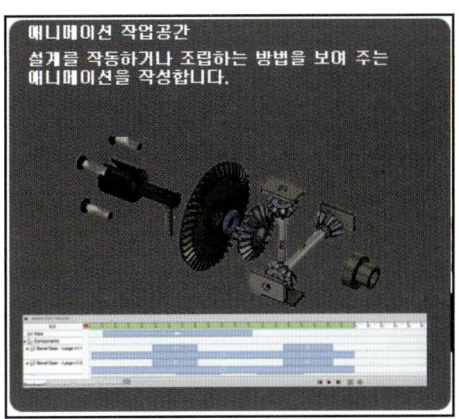

Part 01 Autodesk Fusion 시작하기

## 10 가공(Manufacturing)

Adaptive Clearing을 사용한 고효율 황삭에서 공구 방향을 사용하여 다축 기계의 단순화 된 제어에 이르기까지 Autodesk Fusion을 사용하면 CNC 기계를 쉽고 빠르게 프로그래밍할 수 있습니다. 2.5, 3, 4, 5축 밀링, 프로빙, 터닝, 밀링 터닝 및 프로파일 링 작업을 전문적인 디자인 도구와 함께 강력한 포스트 엔진과 함께 제조합니다.

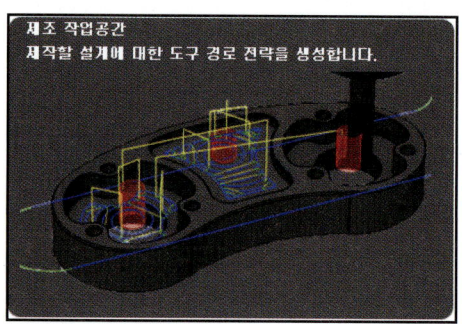

## 11 확장된 가공(Manufacturing Extension)

클라우드 크레딧을 사용하여 고급 제조 기술로 Autodesk Fusion의 성능을 향상시킵니다. 기계와 프로세스를 보다 강력하게 제어하면서 자동화로 속도를 향상시킬 수 있습니다.

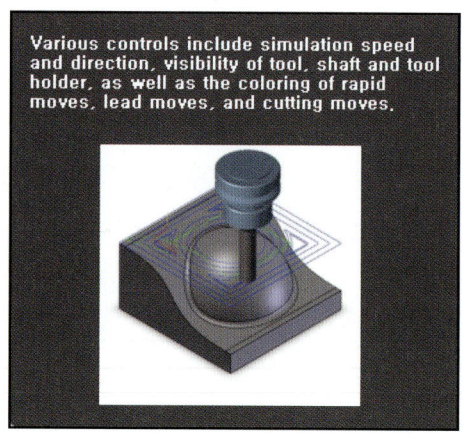

## 03 시스템 요구 사항

### Autodesk Fusion의 시스템 요구사항

| | |
|---|---|
| 운영 체제 | Apple® macOS™ Catalina 10.15; Mojave v10.14; High Sierra v10.13<br>Microsoft® Windows® 8.1(64비트)(2023년 1월까지 지원)<br>Microsoft Windows Windows 10(64비트) 반기 릴리스 채널 |
| CPU 유형 | 64비트 프로세서(32비트는 지원되지 않음), 4코어, 1.7GHz Intel Core i3, AMD Ryzen 3 이상 |
| 메모리 | 4GB RAM(통합 그래픽에서는 6GB 이상 권장) |
| 그래픽 카드 | DirectX 11 이상 버전의 경우 지원됨<br>1GB 이상의 VRAM을 갖춘 전용 GPU<br>6GB 이상의 RAM을 갖춘 통합 그래픽 |
| 디스크 공간 | 3GB 저장 용량 |
| 해상도 | 1366 x 768(100% 축척에서 1920 x 1080 이상 권장) |
| 포인팅 장치 | HID 호환 마우스 또는 트랙패드, 선택적 Wacom® 태블릿 및 3Dconnexion SpaceMouse® 지원 |
| 인터넷 | 2.5Mbps 이상의 다운로드 속도, 500Kbps 이상의 업로드 속도 |
| 종속성 | .NET Framework 4.5, SSL 3.0, TLS 1.2+ |

### 복잡한 모델링 및 처리를 위한 권장 사양

| | |
|---|---|
| CPU 유형 | 3GHz 이상, 6코어 이상 |
| 메모리 | 8GB 이상의 RAM |
| 그래픽 | 4GB 이상의 VRAM을 갖춘 전용 GPU, DirectX 12 지원 |

# Part 01 Autodesk Fusion 시작하기

## 04 다운로드 및 설치하기

Autodesk Fusion

인터넷 창에서 Autodesk Fusion을 검색합니다.

다음 페이지를 클릭합니다.

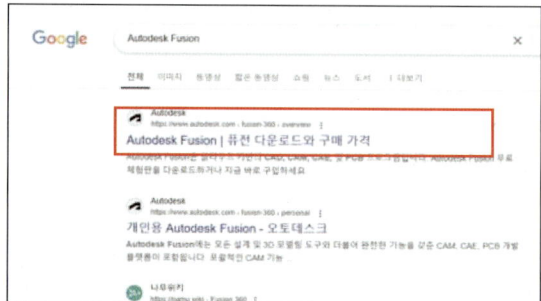

무료 체험판 다운로드 버튼을 클릭합니다.

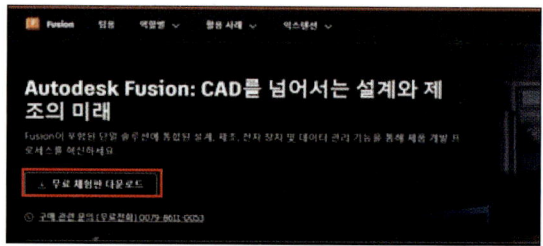

Autodesk Fusion의 체험판 종류를 선택합니다.

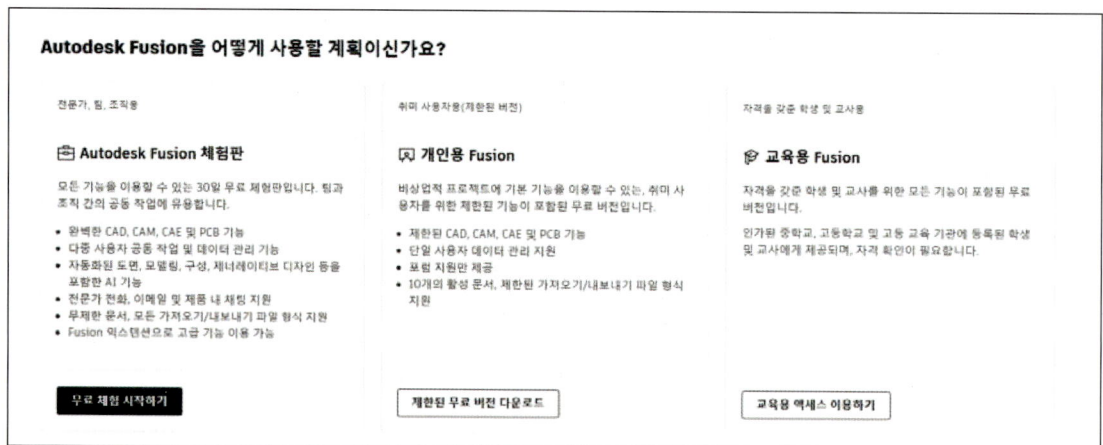

❶ **Autodesk Fusion 체험판** : 30일 제한으로 모든 기능을 쓸 수 있습니다.

❷ **개인용 Fusion** : 제한된 기능으로 개인용으로 무료 사용 가능합니다.

❸ **교육용 Fusion** : 자격을 갖춘 학생 및 교사를 위한 모든 기능이 포함된 무료 버전입니다.

## Chapter 1 Autodesk Fusion 시작하기

계정 정보를 입력해서 로그인합니다. 계정이 없다면 Autodesk 계정을 만들어주세요.

Autodesk Fusion을 이용하기 위한 세부 정보를 입력해서 설치 파일을 다운받습니다.

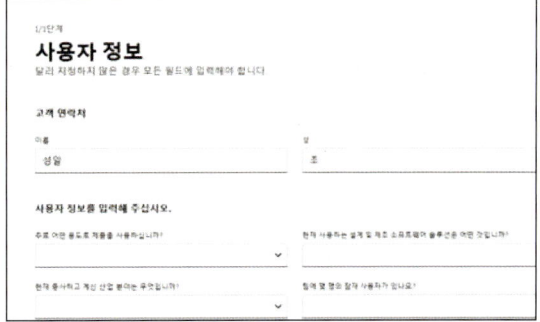

설치가 마무리되면 Autodesk Fusion이 실행됩니다.

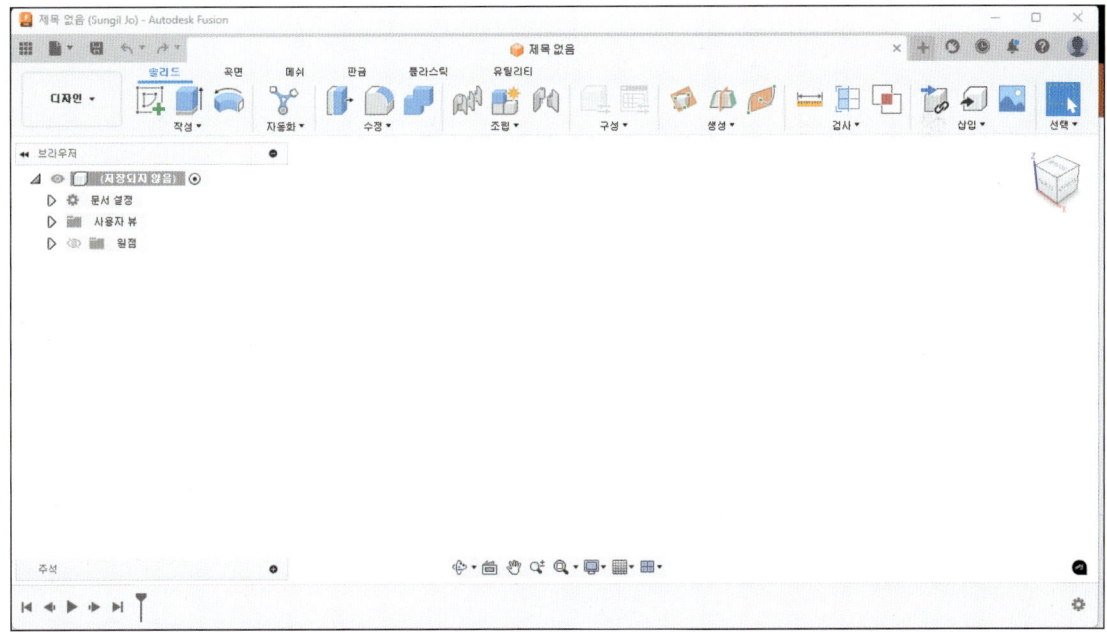

바탕화면에 Autodesk Fusion 아이콘이 생성됩니다.

29

Part 01　Autodesk Fusion 시작하기

## 05 사용자 등록 및 활성화하기

화면 우측 상단에 만료됨 : 지금 서브스크립션 구매하기란 문구를 클릭합니다.(처음 설치한 사람은 Term ends in 30days가 표시됩니다.)

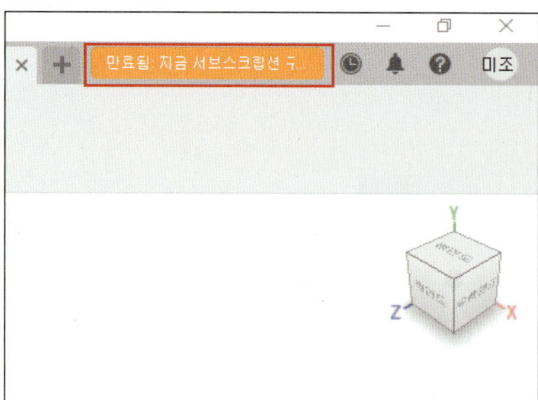

무상으로 사용하려면 교육용 Autodesk Fusion 버튼을 클릭합니다.

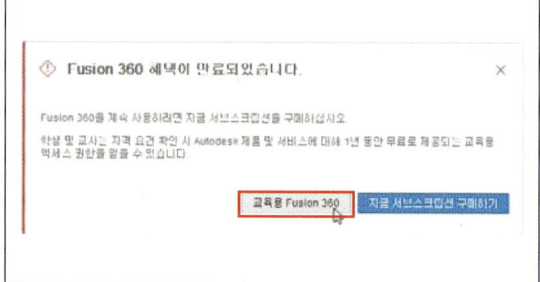

인터넷 페이지가 생성됩니다. Get started 버튼을 클릭합니다.

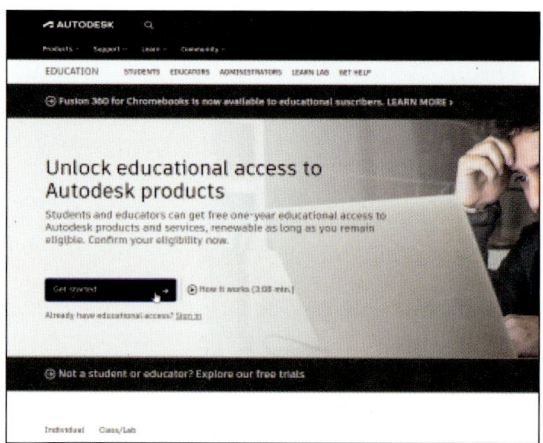

## Chapter 1 Autodesk Fusion 시작하기

보이는 항목 중 알맞은 항목을 선택한 후 다음 버튼을 클릭합니다.

사이트에서 계정으로 로그인 한 후 해당 사용권에 대한 정보기입을 합니다.

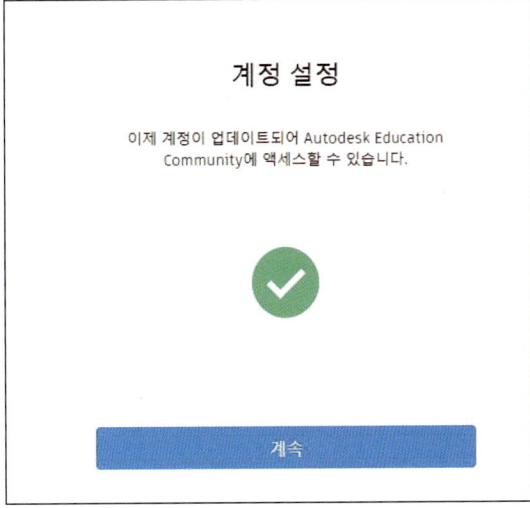

 Tip

사용자 등록 및 사용 정책은 변경될 수 있습니다.

# Part 01 Autodesk Fusion 시작하기

## 06 유료 구독하기

지금 서브스크립션 구매하기 버튼을 클릭합니다.

멤버쉽 종류를 선택한 후 ADD TO CART 버튼을 클릭합니다.

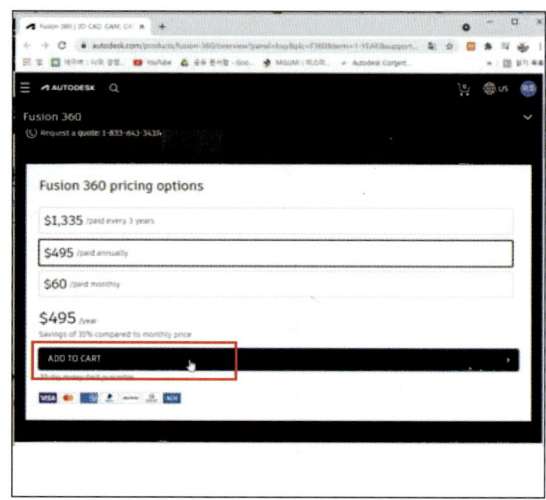

보안 결제 진행 버튼을 클릭합니다.

계정 이메일 주소와 비밀번호를 입력하고 약관에 동의한 후 계속 버튼을 클릭합니다.

### Tip

가격 정책이나 그 외 옵션들은 상황에 따라 다를 수 있습니다.

## Chapter 1 Autodesk Fusion 시작하기

결제 정보를 입력하고 주문 검토 버튼을 클릭합니다.

결제 정보를 확인하고 주문 결제하기 버튼을 클릭합니다.

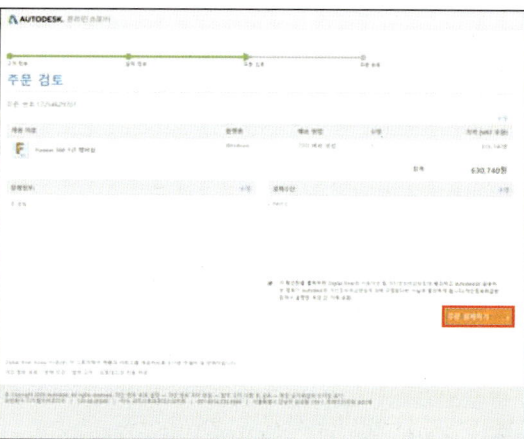

결제 완료창이 표시됩니다. 송장보기 버튼을 눌러 발송내역을 확인합니다.

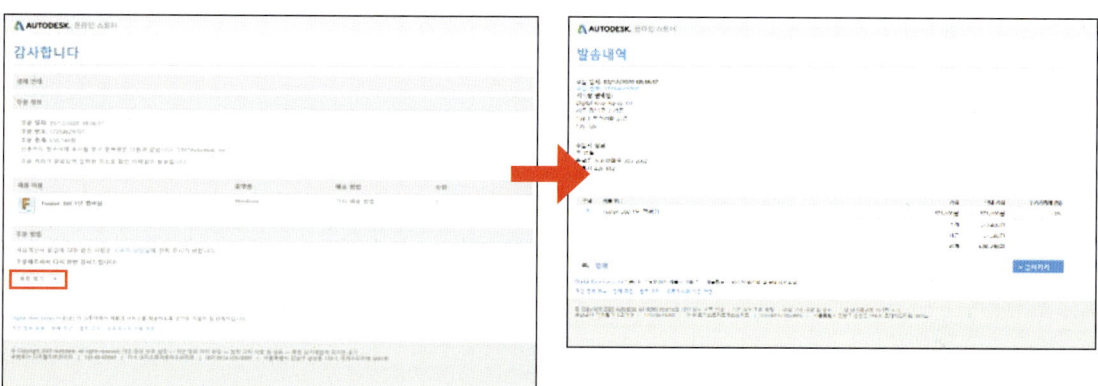

# Part 01 Autodesk Fusion 시작하기

## CHAPTER 02 Autodesk Fusion 입문하기

Autodesk Fusion을 공부하기에 앞서 기본적으로 알아야 할 사항들을 설명합니다. 기본적인 인터페이스와 화면제어, 환경 설정 등, 가장 기본적인 것이지만 반드시 알아야 할 사항들에 대해서 알아보도록 하겠습니다.

## 01 Autodesk Fusion의 인터페이스 알아보기

### 01 기본 인터페이스

Autodesk Fusion을 처음 실행했을 때 표시되는 기본 인터페이스에 대해서 설명하도록 하겠습니다.

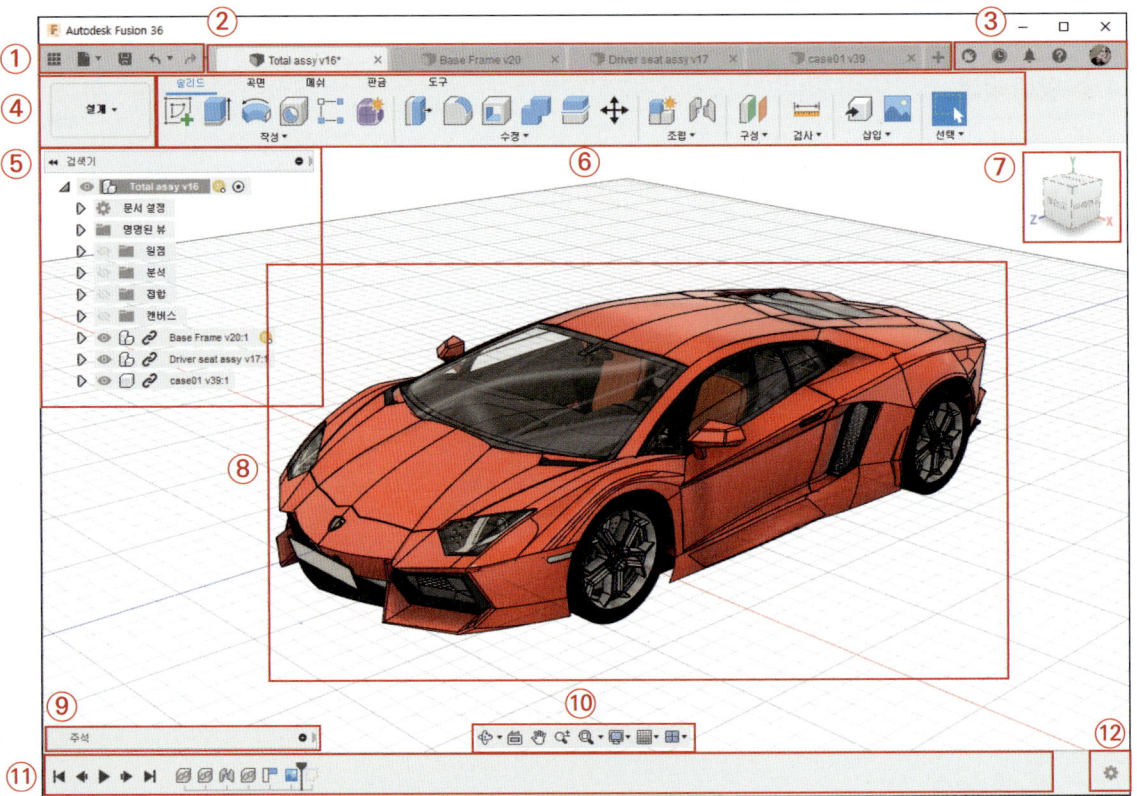

## Chapter 2 Autodesk Fusion 입문하기

❶ **빠른 도구 접근 바** : 데이터 패널 표시 명령과 파일 관련 명령을 나타냅니다.

❷ **파일 리스트 바** : 현재 열려 있는 파일 리스트를 나타냅니다. 맨 우측의 + 버튼을 누르면 새 파일을 생성할 수 있습니다.

❸ **계정과 도움말** : 계정 사이트인 Autodesk Account에 접속하거나 환경 설정 및 도움말을 볼 수 있습니다.

❹ **작업공간 메뉴** : 솔리드 모델링 외에 Autodesk Fusion이 제공하는 다른 기능의 작업공간 메뉴를 표시합니다.

❺ **검색기** : 모델의 원점 항목과 문서 설정 및 명명된 뷰가 기본으로 표시되며, 모델링을 하면서 생성된 객체들(스케치, 본체, 구성요소) 및 조립 명령으로 생성된 객체(조인트 및 그룹), 검사 명령으로 생성된 객체(단면 뷰, 무게 중심 및 분석 객체)를 표시합니다.

❻ **툴바** : 해당 작업공간 메뉴에 알맞은 아이콘 명령어들이 표시됩니다.

❼ **뷰 큐브** : 해당 작업창의 방향을 표시해 주는 박스입니다. 해당 박스의 면, 모서리, 점을 클릭하면 초보자를 위한 간단한 화면제어를 할 수 있습니다. 또한 90도 회전 버튼과 90도 전환 버튼으로 정확한 90도 회전을 할 수 있습니다.

❽ **작업 화면** : 모델링 명령을 이용해 작업한 결과가 시각적으로 표시되는 창입니다.

❾ **주석** : 프로젝트 참여자 혹은 본인이 해당 모델링이나 프로젝트에 대한 주석 및 의견을 게시할 수 있는 창입니다.

❿ **탐색 막대** : 화면제어 명령과 디스플레이의 화면제어 및 그리드 및 뷰포트를 설정합니다.

⓫ **타임라인** : 명령을 수행한 피쳐들이 작성순서대로 나열되어 있으며 해당 아이콘을 더블클릭 및 우클릭으로 편집 및 삭제를 할 수 있습니다. 또한 마커를 이용해 타임라인의 활성범위를 제어할 수 있습니다.

⓬ **옵션** : 타임라인 표시의 추가 설정을 할 수 있습니다.

### 02 파일 메뉴

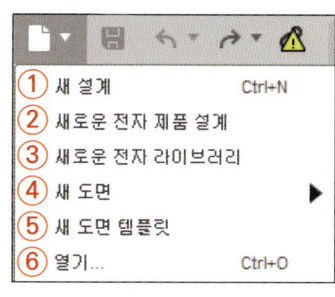

❶ **새 설계** : 새 부품 파일을 생성합니다.

❷ **새로운 전자 제품 설계** : 새로운 전자 제품 설계 파일을 생성합니다.

❸ **새로운 전자 라이브러리**: 새로운 전자 라이브러리 파일을 생성합니다.

❹ **새 도면** : 새로운 도면 파일을 엽니다.

❺ **새 도면 템플릿** : 새로운 도면 템플릿을 생성합니다.

❻ **열기** : 기존에 작성된 파일을 엽니다.

35

# Part 01 Autodesk Fusion 시작하기

**❼ 복구된 문서 열기** : 프로그램이 비정상적으로 종료되었을 때 마지막으로 저장하지 않은 파일들을 저장 폴더에 저장해 놓았다가 리스트로 표시합니다.

**❽ 업로드** : Autodesk Fusion의 클라우드 서버에 올릴 파일들을 업로드합니다.

**❾ 저장** : 사용자가 추가적으로 버전업하여 저장합니다. Autodesk Fusion은 일반적으로 주기적으로 파일을 자동으로 업데이트하면서 버전업을 하여 저장합니다.

따라서 이 저장 명령은 사용자가 특정한 시기에 사용자 버전을 추가하여 저장하는 것을 말합니다. 특별히 파일이 업데이트 되지 않았거나 변경 사항이 없으면 이 버튼은 활성화되지 않습니다.

**❿ 다른 이름으로 저장** : 현재 파일을 사용자가 원하는 위치에 다른 이름으로 저장합니다.

**⓫ 최신 버전으로 저장** : 현재 파일을 최신버전으로 갱신하여 저장합니다.

**⓬ 내보내기** : 현재 파일을 외부 확장자 파일(dwg, igs, stp등)로 저장합니다. 또한 Autodesk Fusion의 타임라인과 매개변수가 저장된 Autodesk FusionArchive Files(*.f3d)로도 저장됩니다. 이 내보내기는 로컬 파일로 내보내기 전용입니다.

**⓭ 3D 인쇄** : 현재 파일을 3D Print 출력용 파일(stl)로 내보내거나 3D 인쇄 유틸리티(Meshmixer, Print Studio, Preform, Cura, 그외 기타 유틸리티 프로그램)으로 내보냅니다.

**⓮ 이미지 캡처** : 현재 작업화면을 이미지 파일(png, jpg, tif)로 저장합니다.

**⓯ 공유** : 현재 파일을 다양한 방법으로 공유합니다. (Screencast, Public Link, Autodesk Gallery, GrabCAD)

**⓰ 웹에서 상세 정보 보기** : 현재 파일을 A360 클라우드 서버에서 탐색합니다.

**⓱ 뷰** : 기본 레이아웃의 요소들을 보기/숨기기 합니다.

**ViewCube 보기/숨기기** : 뷰 큐브를 보기/숨기기 합니다.

**검색기 보기/숨기기** : 검색기를 보기/숨기기 합니다.

**주석 보기/숨기기** : 주석 창을 보기/숨기기 합니다.

**텍스트 명령 표시/숨기기** : 텍스트 명령 창을 보기/ 숨기기 합니다.

**탐색 막대 표시/숨기기** : 탐색 막대를 보기/ 숨기기 합니다.

**데이터 패널 표시/숨기기** : 데이터 패널을 보기/ 숨기기 합니다.

**기본 배치로 재설정** : 인터페이스의 보기/ 숨기기 상태를 초기 상태로 되돌립니다.

## 03 작업공간 메뉴

① **설계** : 모델링 작업을 수행합니다. 솔리드/곡면/프리폼/판금 모델링을 할 수 있습니다.

② **제너레이티브 디자인** : 제너레이티브 디자인 환경을 수행합니다.

③ **렌더링** : 이미지 렌더링 작업을 수행합니다.

④ **애니메이션** : 분해도 및 애니메이션을 작성합니다.

⑤ **시뮬레이션** : 해석 작업을 수행합니다.

⑥ **제조** : 캠 가공 작업을 수행합니다.

⑦ **도면** : 도면 작업을 수행합니다.

⑧ **전자 제품** : 전자 제품 작업을 수행합니다.

## 04 브라우저

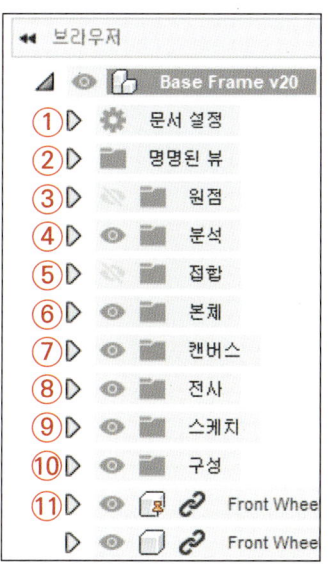

① **문서 설정** : 현재 문서의 유니트 타입을 설정합니다(기본값 : Millimeter)

② **명명된 뷰** : 명명된 뷰의 리스트를 표시합니다.

③ **원점** : 기준점, 기준축, 기준면 항목을 표시합니다.

④ **분석** : 검사 명령으로 생성된 객체(섹션 뷰, 무게 중심 및 분석 객체)를 표시합니다.

⑤ **접합** : 조립 명령으로 생성된 객체(조인트 및 그룹)를 표시합니다.

⑥ **본체** : 본체 항목을 표시합니다.

⑦ **캔버스** : Canvas 명령으로 인해 삽입된 이미지 항목을 표시합니다.

⑧ **전사** : Decal 명령으로 인해 삽입된 이미지 항목을 표시합니다.

⑨ **스케치** : 스케치 항목을 표시합니다.

⑩ **구성 항목** : 사용자 점, 사용자 축, 사용자 면 항목을 표시합니다.

⑪ **구성요소** : 부품 및 외부 삽입 부품을 표시합니다.

# Part 01 Autodesk Fusion 시작하기

## 05 명령어 탭

Autodesk Fusion은 각각의 작업 공간 메뉴에서 탭을 선택하면 다음과 같이 다양한 명령어들을 확인할 수 있습니다. 다른 항목들은 다중 탭이 존재하지 않아서 제외되었습니다.

### 1 디자인

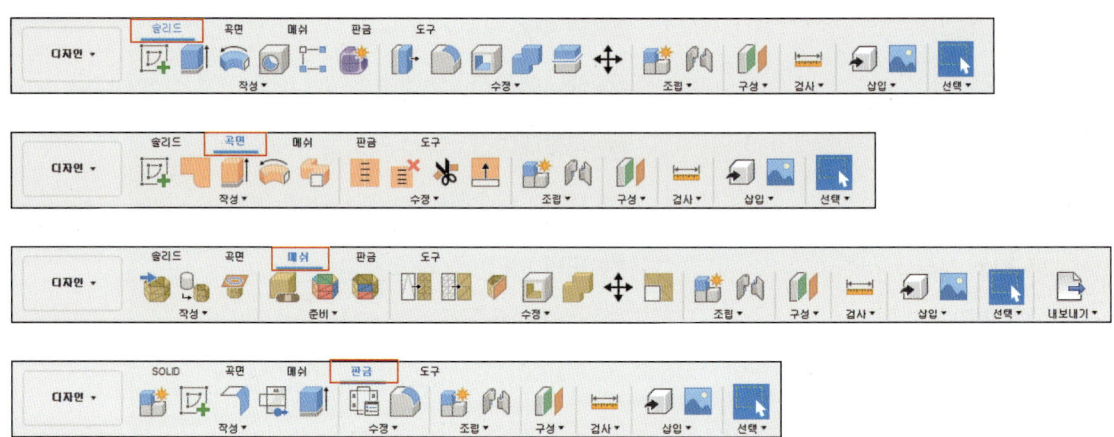

### 2 제조

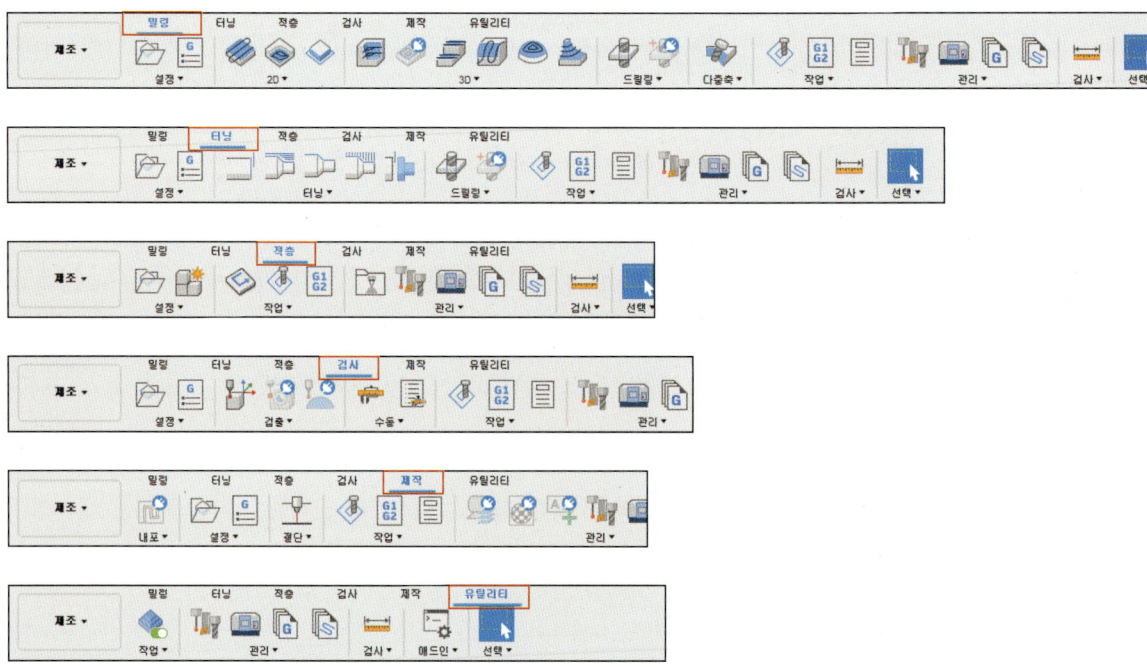

## Chapter 2 Autodesk Fusion 입문하기

### 06 타임라인

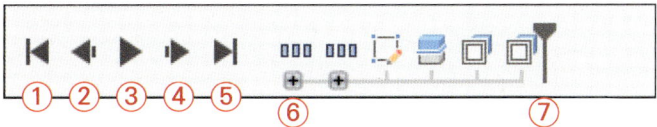

❶ **처음으로 이동** : 마커를 맨 앞으로 이동합니다.

❷ **이전 단계** : 마커를 한 단계 앞으로 이동합니다.

❸ **재생** : 타임라인을 맨 앞에서 마커까지 단계적으로 재생합니다.

❹ **다음 단계** : 마커를 한 단계 뒤로 이동합니다.

❺ **끝으로 이동** : 마커를 끝으로 이동합니다.

❻ **피쳐 그룹** : 피쳐를 묶어서 만든 그룹입니다.

❼ **마커** : 타임라인의 진행상황을 지정하는 마커입니다.

## 02 계정과 도움말 알아보기

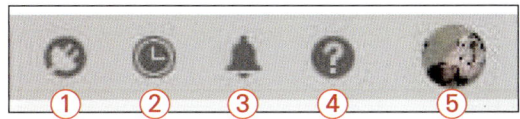

❶ **익스텐션** : 클라우드 크레딧을 이용하여 가공 프로세스의 기능을 향상시킵니다.

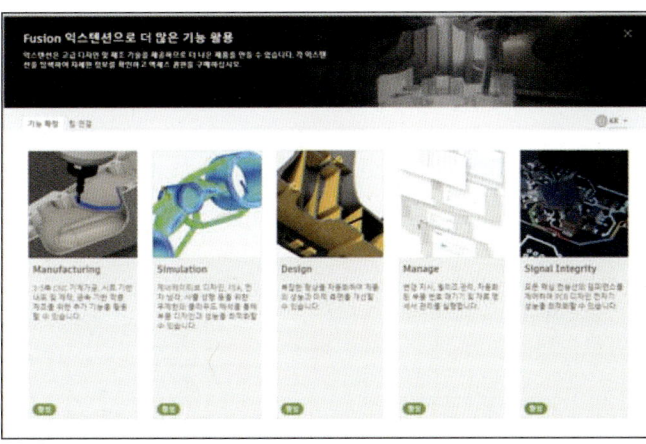

# Part 01  Autodesk Fusion 시작하기

❷ **작업 상태** : 현재 작업상태를 표시합니다. 여기서 온라인 작업과 오프라인 작업을 전환할 수 있습니다.

❸ **알림 센터** : Autodesk Fusion의 온라인 알림 메시지를 표시합니다.

❹ **도움말** : 튜토리얼이나 학습 문서, 커뮤니티, 새로워진 사항 및 Autodesk Fusion의 기본 정보를 확인할 수 있습니다.

❺ **계정** : 계정 사이트인 Autodesk Account에 접속하거나 환경 설정 및 로그아웃을 할 수 있습니다.

## 01 계정

❶ **Autodesk 계정** : 오토데스크 사용자 프로파일 사이트로 이동합니다.

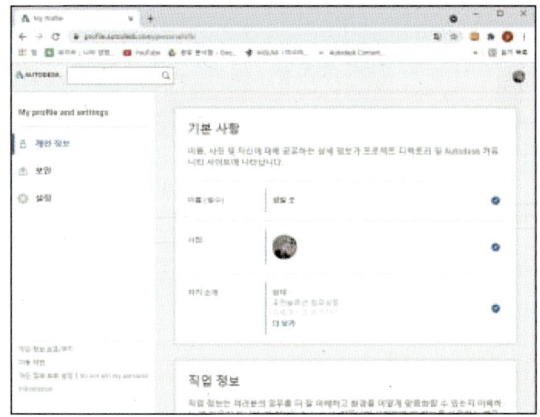

❷ **기본 설정** : Autodesk Fusion의 전반적인 설정을 할 수 있습니다. 기본 설정 및 재질, 메쉬 그래픽 등 전반적인 설정을 합니다.

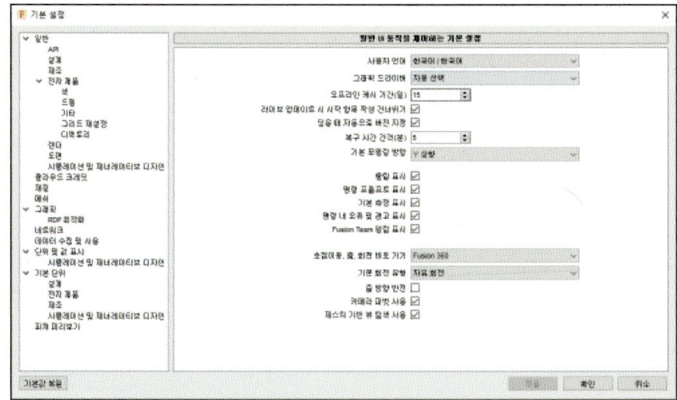

## Chapter 2  Autodesk Fusion 입문하기

❸ **내 프로필** : Autodesk Fusion Web으로 접속합니다. 여기서 사용자가 작업중인 프로젝트 및 파일보기, 다운로드, 공유 등을 할 수 있습니다.

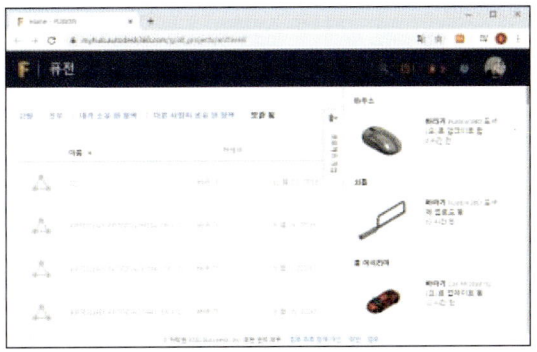

❹ **피드백 공유** : Autodesk Fusion Web으로 접속합니다. 여기서 사용자가 작업중인 프로젝트 및 파일 보기, 다운로드, 공유 등을 할 수 있습니다.

❺ **로그 아웃** : 현재의 Autodesk Fusion 계정에서 로그아웃합니다.

## 02  도움말

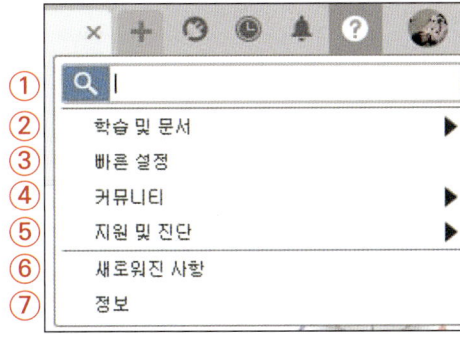

❶ **도움말 검색** : 텍스트 검색으로 도움말 페이지로 이동합니다.

❷ **학습 및 문서** : Autodesk Fusion의 도움말 페이지로 이동합니다.

❸ **빠른 설정** : Autodesk Fusion을 처음 시작하는 사용자를 위해 빠르고 간단한 설정을 도와줍니다.

❹ **커뮤니티** : Autodesk Fusion의 다양한 커뮤니티 사이트로 이동합니다.

❺ **지원 및 진단** : 여러가지 지원과 진단을 수행합니다.

❻ **새로워진 사항** : 새로워진 업데이트 사항에 대한 안내 사이트로 이동합니다.

❼ **정보** : Autodesk Fusion의 기본 정보를 표시합니다.

# Part 01 Autodesk Fusion 시작하기

## 03 기본 설정

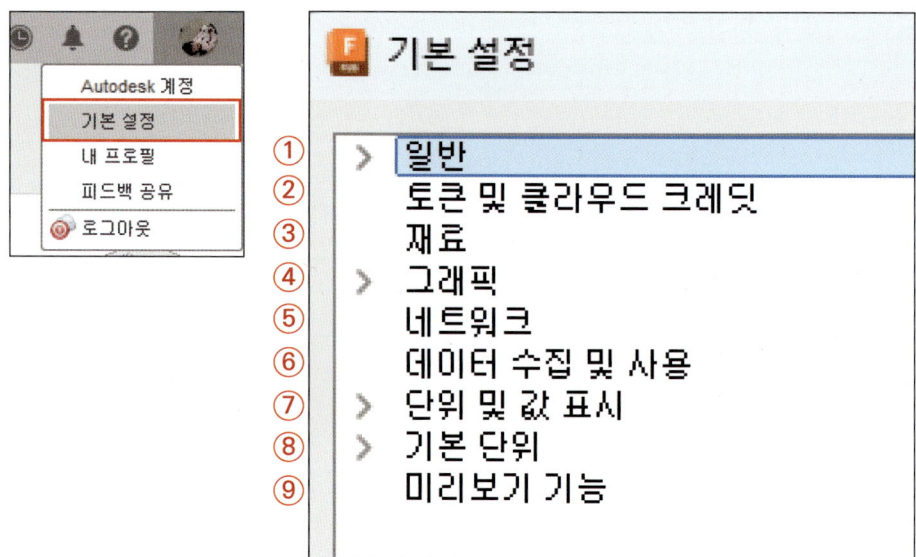

❶ **일반** : 기본적인 환경 설정을 합니다.

❷ **토큰 및클라우드 크레딧** : 클라우드 크레딧에 대한 세부 내용과 관리를 할 수 있습니다.

❸ **재료** : 가장 기본으로 쓰일 재질을 설정합니다.

❹ **그래픽** : 기본적인 그래픽 설정을 합니다.

❺ **네트워크** : 네트워크 설정을 합니다.

❻ **데이터 수집 및 사용** : 사용자가 주로 쓰는 기능들에 대한 데이터를 수집해서 프로그램 개선을 하고 추후 제품 업데이트에 어떻게 반영되는지에 대한 정보를 표시합니다.

❼ **단위 및 값 표시** : Autodesk Fusion의 기본 단위와 정밀도를 설정합니다.

❽ **기본 단위** : 각각의 환경에서 쓰이는 기본 단위를 설정합니다.

❾ **미리보기 기능** : 앞으로 업데이트 될 예정인 기능을 사용자 선택에 따라 체험할 수 있게 합니다.

## 04 기본 설정 – 일반

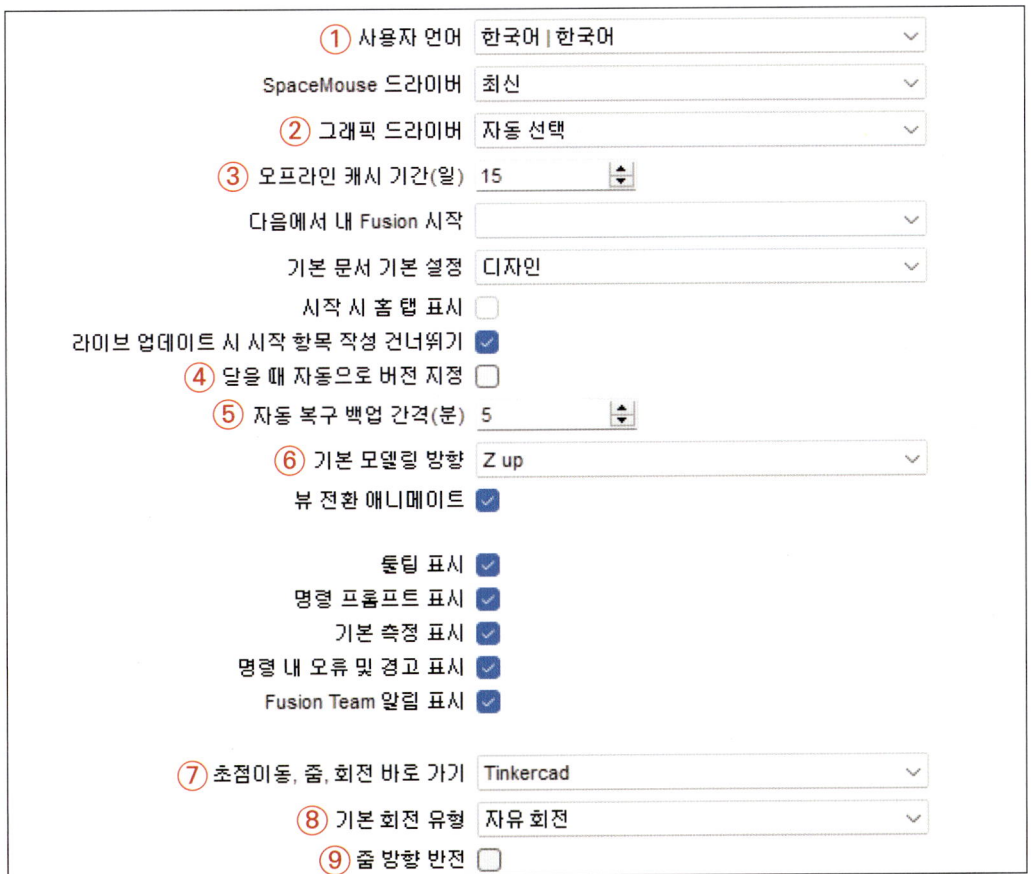

❶ **사용자 언어** : 사용자 언어를 설정할 수 있습니다. 영어, 독일어, 일본어, 중국어를 지원합니다.

❷ **그래픽 드라이버** : 그래픽 드라이버를 설정합니다.

❸ **오프라인 캐시 기간(일)** : 오프라인 캐쉬 시간을 설정합니다. 날짜 단위로 조절합니다.

❹ **닫을 때 자동으로 버전 지정** : 파일을 닫을 때 자동으로 버전업을 시켜줍니다.

❺ **복구 시간 간격(분)** : 자동 저장 시간 간격을 조절합니다. 분 단위로 조절합니다.

❻ **기본 모델링 방향** : 기본적인 높이 축을 설정할 수 있습니다.

❼ **초점이동, 줌, 회전 바로가기** : 초점이동, 확대/축소, 화면 회전 등, 화면제어에 대한 단축키를 일치시킬 프로그램을 선택할 수 있습니다.

❽ **기본 회전 유형** : 기본 화면 회전 타입을 설정합니다.

❾ **줌 방향 반전** : 마우스 휠 버튼을 위아래로 굴릴 때, 확대 축소되는 방향을 반전합니다.

**Part 01** Autodesk Fusion 시작하기

# 03 화면 제어 알아보기

Autodesk Fusion

## 01　Autodesk Fusion, Alias, Inventor, Tinkercad 타입의 화면 제어

❶ **전체 확대** : 휠 버튼을 더블클릭합니다.

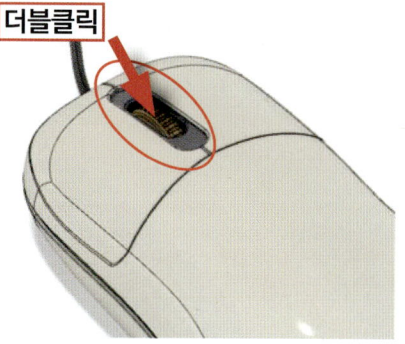

❷ **휠 버튼 굴리기** : 위로 굴리면 확대, 아래로 굴리면 축소됩니다.

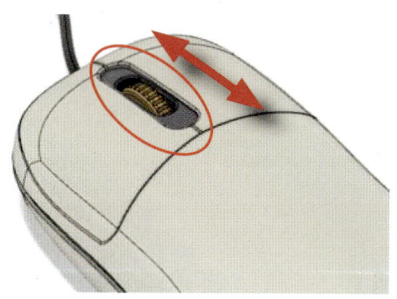

❸ **시점 이동** : 마우스 휠 버튼을 클릭하고 드래그하면 화면 시점이 이동합니다.

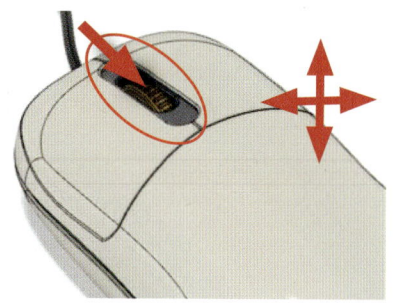

❹ **화면 회전** : Shift 버튼을 누른 채로 마우스 휠버튼을 드래그하면 화면이 회전합니다.

 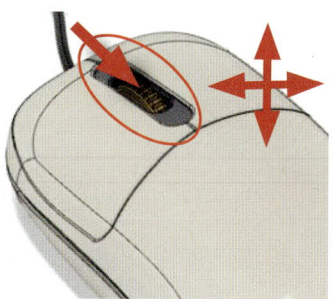

## 02　Solidworks 타입의 화면 제어

❶ **전체 확대** : 휠 버튼을 더블클릭합니다.

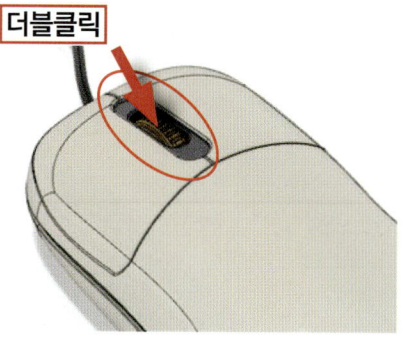

❷ **휠 버튼 굴리기** : 위로 굴리면 확대, 아래로 굴리면 축소됩니다.

Chapter 2 Autodesk Fusion 입문하기

❸ **화면이 부드럽게 확대/축소** : Shift 키를 누른 채로 마우스 휠 버튼을 드래그합니다.

 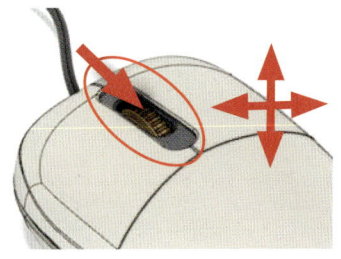

❹ **시점 이동** : 좌측 Ctrl 키와 마우스 휠 버튼을 누르고 드래그하면 화면 시점이 이동합니다.

 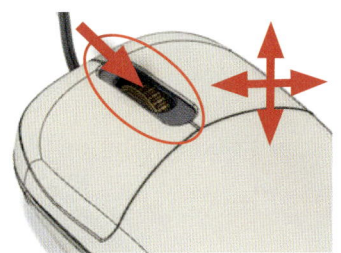

❺ **화면 회전** : 마우스 휠 버튼을 누르고 드래그하면 화면이 회전합니다.

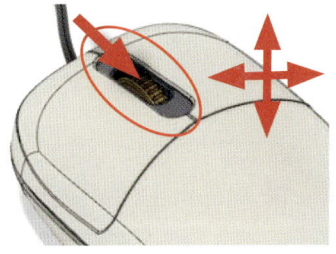

## 03 뷰 큐브를 이용한 화면 제어하기

뷰 큐브란 작업 화면 우측 상단에 있는 상자 모양의 아이콘입니다. 이 뷰 큐브는 실제 화면의 방향이 상자 표면에 표시되어 현재 방향을 쉽게 파악할 수 있습니다.

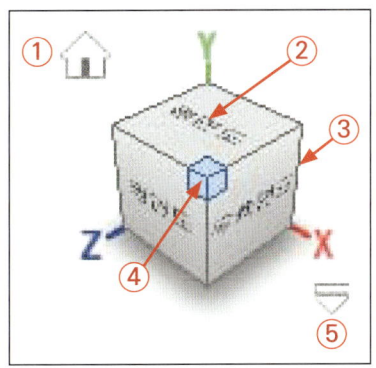

❶ **홈 버튼** : 클릭하면 뷰를 홈 뷰로 설정된 방향으로 바꿔줍니다.

❷ **뷰 큐브의 면** : 클릭하면 면을 똑바로 바라본 모양으로 회전합니다.

❸ **뷰 큐브의 모서리** : 클릭하면 해당 모서리를 품고 있는 면의 중간 45도로 회전합니다.

❹ **뷰 큐브의 꼭지점** : 클릭하면 꼭지점을 품고 있는 세 면의 등각투상 방향으로 회전합니다.

❺ **추가 옵션** : 뷰 큐브의 세부 설정 메뉴가 표시됩니다.

# Part 01 Autodesk Fusion 시작하기

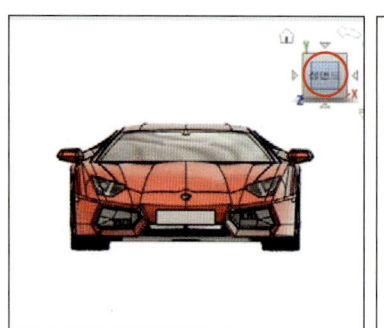
면을 클릭한 경우

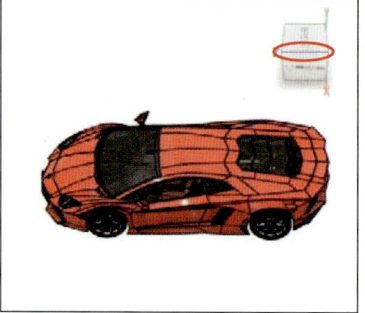
모서리를 클릭한 경우

꼭지점을 클릭한 경우

뷰 큐브의 면을 클릭한 경우는 다른 경우에는 표시되지 않는 메뉴가 표시됩니다.

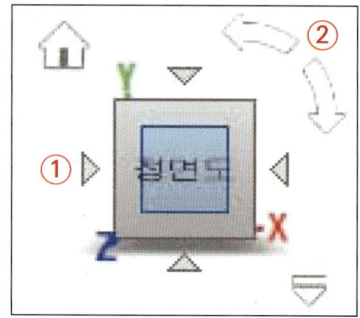

❶ **회전 버튼** : 클릭하면 화살표 방향으로 90도 회전합니다.

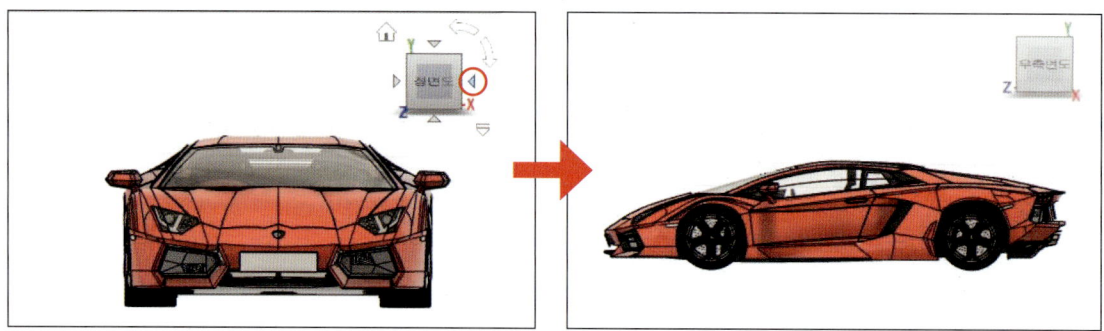

❷ **틸팅 버튼** : 클릭하면 시계 방향/시계 반대방향으로 회전합니다.

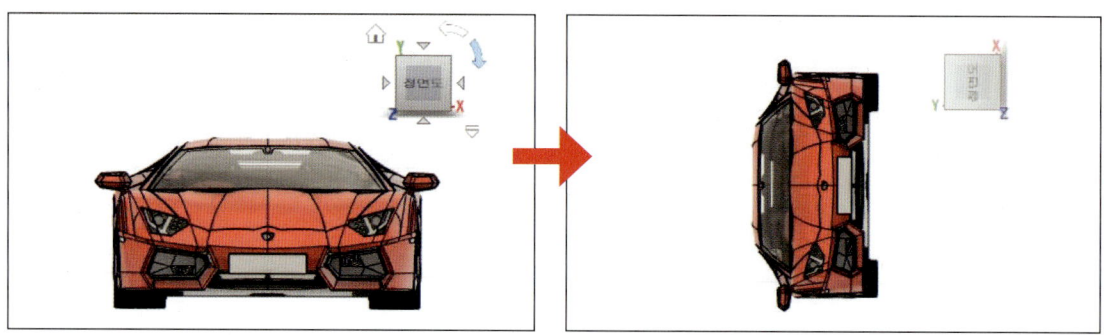

**Chapter 2** Autodesk Fusion 입문하기

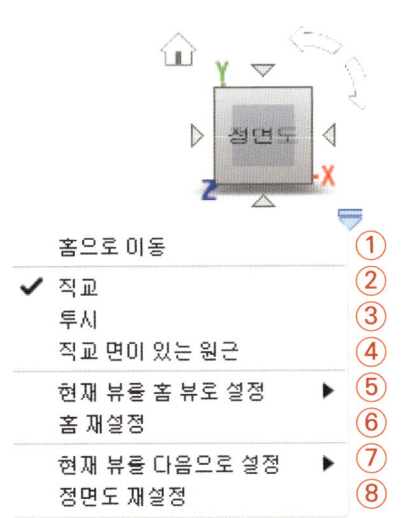

❶ **홈으로 이동** : 홈 뷰로 복원합니다.

❷ **직교** : 직교뷰로 표시합니다.

❸ **투시** : 원근뷰로 표시합니다.

❹ **직교 면이 있는 원근** : 일반적으로는 원근 뷰로 표시되지만 뷰 큐브의 면을 클릭하여 평면 뷰가 될 때에는 직교 뷰로 전환됩니다.

❺ **현재 뷰를 홈 뷰로 설정** : 현재 뷰를 홈 뷰로 지정합니다.

❻ **홈 재설정** : 원래의 홈 뷰로 재설정합니다.

❼ **현재 뷰를 다음으로 설정** : 현재 뷰를 정면도, 혹은 평면도로 설정합니다.

❽ **정면도 재설정** : 정면뷰를 초기값으로 재설정합니다.

직교 뷰          원근 뷰

# 04 화면 설정 메뉴 알아보기

## 01 탐색 막대 알아보기

❶ **회전** : 화면을 회전시킵니다. Constrained Orbit(구속 회전)과 Free Orbit(자유 회전)이 있습니다.

❷ **보기** : 선택한 면이 화면에 정면으로 보이게 회전시킵니다.

❸ **초점 이동** : 클릭한 후 드래그하면 화면의 시점이 이동합니다.

❹ **줌** : 화면의 확대 축소 명령 아이콘입니다.

❺ **맞춤** : 확대할 부분을 창으로 지정하거나 객체가 화면에 꽉 차게끔 확대/축소됩니다.

❻ **화면표시 설정** : 기본적인 화면표시 상태를 설정합니다.

❼ **그리드 및 스냅** : 화면의 그리드와 스냅 설정을 합니다.

❽ **뷰포트** : 화면의 뷰포트 설정을 합니다.

## 02 화면표시 설정

❶ **비주얼 스타일** : 비주얼 스타일을 지정합니다.

❷ **메쉬 화면표시** : 메쉬의 표시 상태를 설정합니다.

❸ **환경** : 화면 분위기 스타일을 지정합니다.

❹ **효과** : 기타 여러가지 효과를 지정합니다.

❺ **객체 가시성** : 기타 객체의 가시성 여부를 설정합니다.

❻ **카메라** : 원근/직교 뷰를 지정합니다.

❼ **고정 평면 간격띄우기** : 바닥면의 거리 지정을 합니다.

❽ **전체 화면 시작** : 전체 화면 모드로 전환합니다.

## Chapter 2 Autodesk Fusion 입문하기

### 03 비주얼 스타일

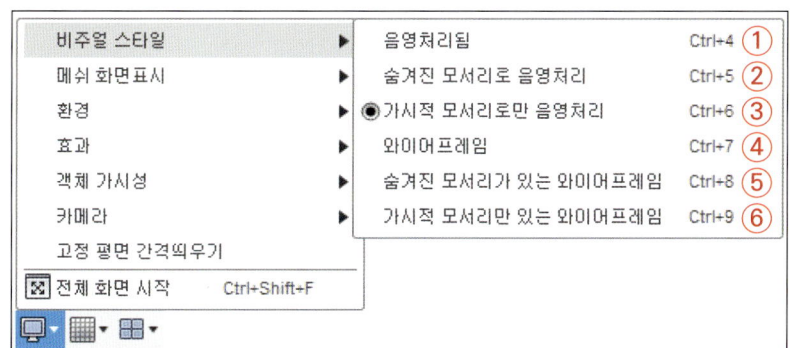

**① 음영 처리됨**

**② 숨겨진 모서리로 음영 처리**

**③ 가시적 모서리로만 음영처리**

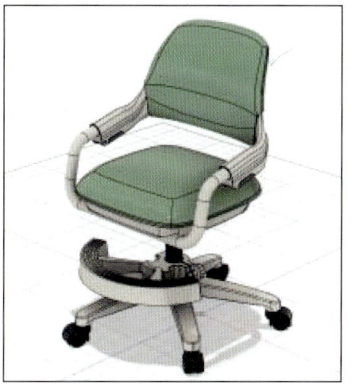

**④ 와이어 프레임**

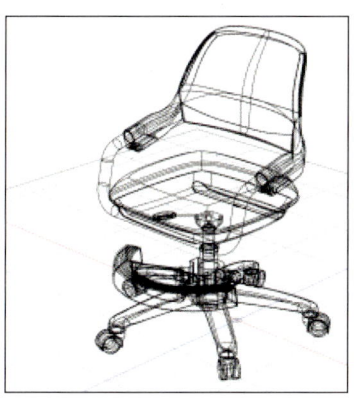

**⑤ 숨겨진 모서리가 있는 와이어 프레임**

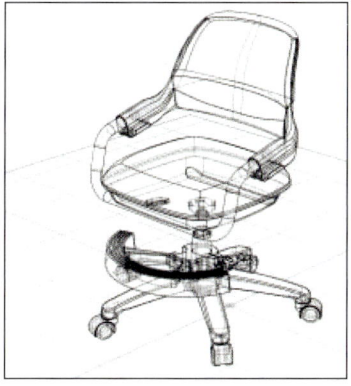

**⑥ 가시적 모서리만 있는 와이어 프레임**

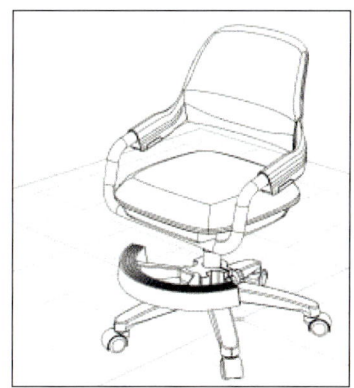

## Part 01 Autodesk Fusion 시작하기

## 04 환경

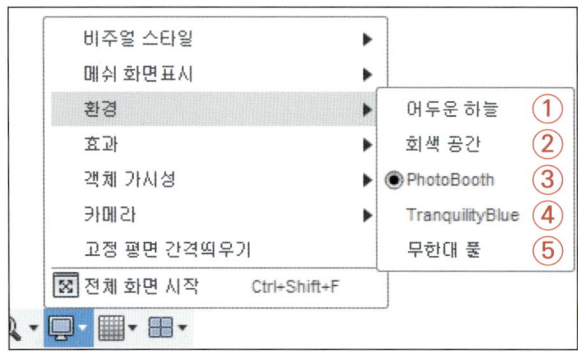

**❶ 어두운 하늘**

**❷ 회색 공간**

**❸ Photo Booth**

**❹ Tranquility Blue**

**❺ 무한대 풀**

## 05 효과

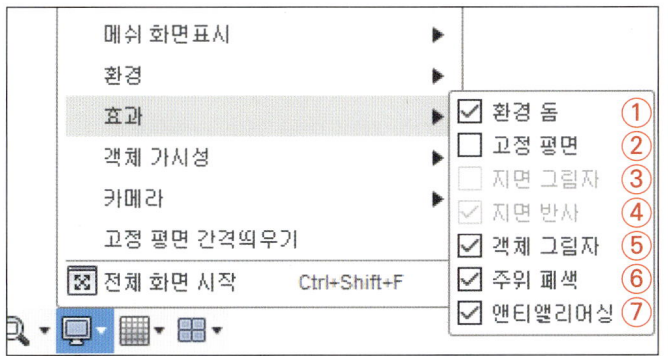

1. **환경 돔** : 전체 모델에 돔을 표시합니다.
2. **고정 평면** : 바닥에 면을 표시합니다.
3. **지면 그림자** : 지면에 그림자를 표시합니다.
4. **지면 반사** : 지면이 모델을 반사합니다.
5. **객체 그림자** : 객체에 그림자를 표현합니다.
6. **주의 폐색** : 모델의 색상 입자가 퍼지는 그림자를 표현합니다.
7. **앤티 앨리어싱** : 계단 보정 효과를 적용합니다.

## 06 객체 가시성

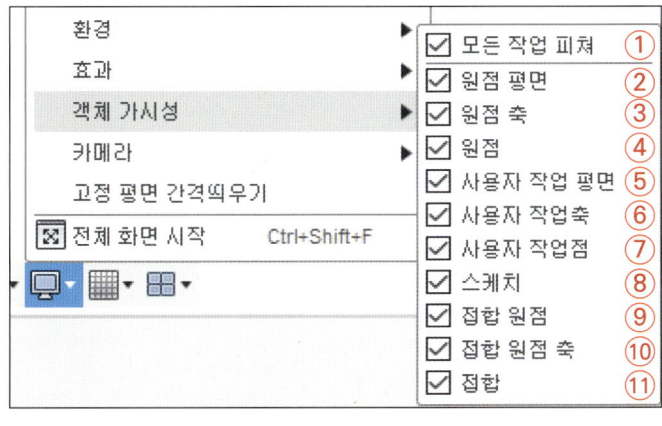

1. **모든 작업 피쳐** : 전체 작업 피쳐의 표시 여부를 선택합니다.
2. **원점 평면** : 원점 평면의 표시 여부를 선택합니다.
3. **원점 축** : 원점 축의 표시 여부를 선택합니다.
4. **원점** : 원점의 표시 여부를 선택합니다.
5. **사용자 작업 평면** : 사용자 작업 평면의 표시 여부를 선택합니다.
6. **사용자 작업 축** : 사용자 작업 축의 표시 여부를 선택합니다.
7. **사용자 작업 점** : 사용자 작업 점의 표시 여부를 선택합니다.
8. **스케치** : 작성된 스케치의 표시 여부를 선택합니다.
9. **접합 원점** : 접합 원점의 표시 여부를 선택합니다.
10. **접합 원점 축** : 접합 원점 축의 표시 여부를 선택합니다.
11. **접합** : 접합의 표시 여부를 선택합니다.

Part 01  Autodesk Fusion 시작하기

## 07  카메라

❶ **직교** : 직교뷰로 표시합니다.

❷ **투시** : 원근뷰로 표시합니다.

❸ **직교 면이 있는 원근** : 일반적으로는 원근 뷰로 표시되지만 뷰큐브의 면을 클릭하여 평면 뷰가 될 때에는 직교 뷰로 전환됩니다.

## 08  그리드 및 스냅

❶ **배치 그리드** : 바닥면에 눈금을 표시합니다.

❷ **배치 그리드 잠금** : 눈금 표시를 잠급니다.

❸ **그리드로 스냅** : 객체 작성시나 이동시에 눈금에 맞추어 작성 혹은 이동합니다.

❹ **그리드 설정** : 눈금의 세부 설정을 합니다.

❺ **증분 이동** : 화면의 확대/축소에 따라 작성 증분이 조정됩니다.

❻ **증분 설정** : 증분 이동에 대한 상세 설정을 합니다.

## 09  뷰포트

여러 뷰 명령을 클릭하면 다음과 같이 화면이 다중뷰로 전환됩니다.

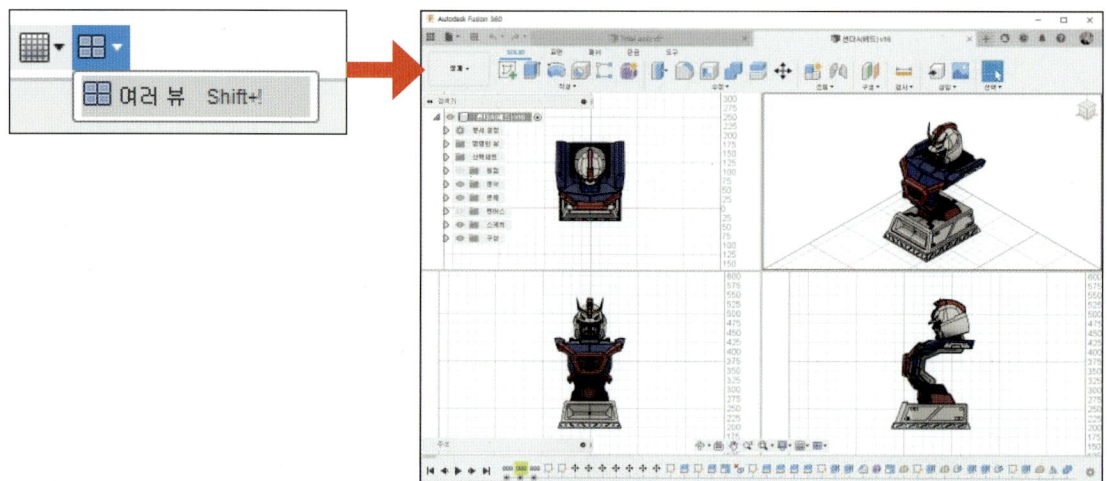

## Chapter 2 Autodesk Fusion 입문하기

다중 뷰 상태에서의 뷰포트 메뉴는 다음과 같습니다.

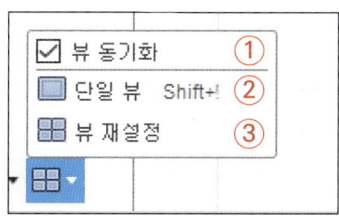

❶ **뷰 동기화** : 각 뷰의 확대/축소, 시점이동 상태가 링크됩니다.

❷ **단일 뷰** : 단일 뷰 상태로 전환됩니다.

❸ **뷰 재설정** : 각 뷰의 위치 및 방향을 초기 상태로 되돌립니다.

### 10  퀵 메뉴 알아보기

퀵 메뉴는 여러가지 상황에 따라 마우스 우측 버튼을 클릭했을 때 표시됩니다.

❶ **객체를 선택하지 않았을 때** : 아무런 객체도 선택하지 않았을 때 마우스 우측 버튼을 클릭하면 자주 쓰는 명령어와 전체 메뉴의 바로가기가 표시됩니다.

❷ **객체를 선택했을 때** : 객체를 선택한 후에 마우스 우측 버튼을 클릭하면 해당 객체를 이용해서 할 수 있는 명령어가 표시됩니다.

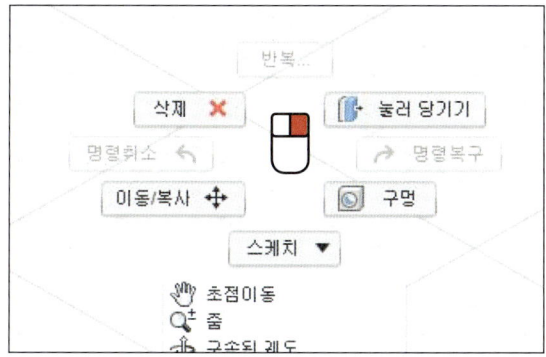

### 11  단축 버튼 및 단축키 설정하기

작업시 자주 쓰는 명령어 아이콘은 다음과 같이 툴바 상단에 등록하거나 제외할 수 있습니다.

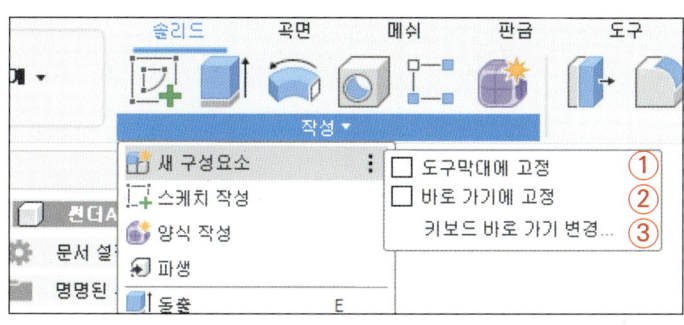

❶ **도구막대에 고정** : 툴바 상단에 아이콘이 등록됩니다.

❷ **바로 가기에 고정** : 해당 명령이 퀵 메뉴에 등록됩니다.

❸ **키보드 바로가기 변경** : 해당 명령어의 단축키를 설정합니다.

53

# Part 01 Autodesk Fusion 시작하기

## 12 선택

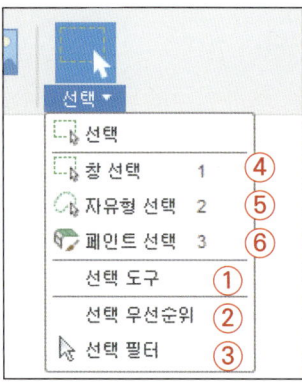

❶ **선택 도구** : 이름, 박스 경계, 크기별로 선택할수 있고 선택 반전도 할 수 있습니다.

❷ **선택 우선순위** : 바디, 면, 모서리, 컴포넌트를 골라서 우선 선택할 수 있습니다.

❸ **선택 필터** : 선택한 요소들만 선택할 수 있게 설정할 수 있습니다. 통과하여 선택을 체크하면 가려진 요소들도 선택됩니다.

❹ **창 선택** : 사각형 범위로 선택합니다. 왼쪽 구석을 먼저 선택하고 오른쪽 구석을 선택하면 창 선택(범위 안에 들어와야만 선택)이 되며, 오른쪽 구석을 먼저 선택하고 왼쪽 구석을 선택하면 걸치기 선택(범위 안에 걸치기만 해도 선택)이 됩니다.

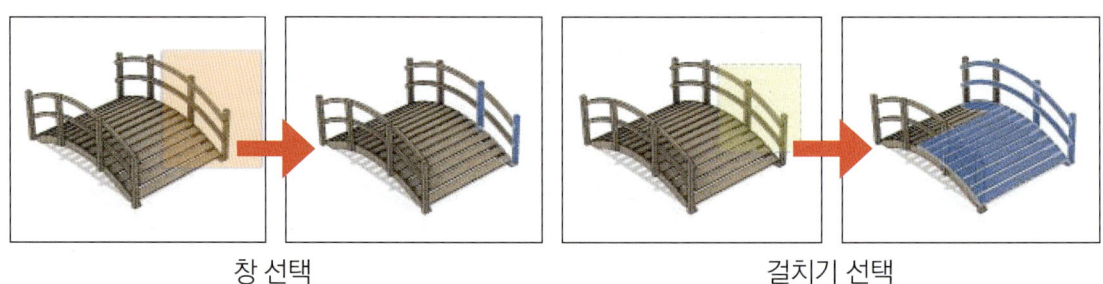

창 선택    걸치기 선택

❺ **자유형 선택** : 마우스를 드래그해서 그물망을 그리듯이 선택합니다.

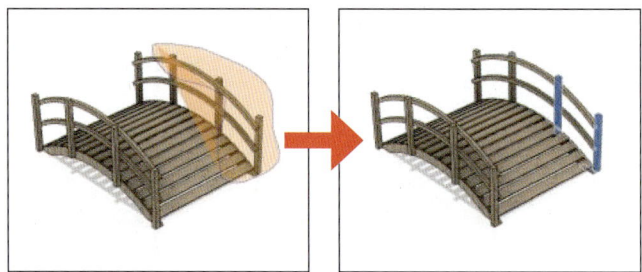

❻ **페인트 선택** : 페인트 붓으로 칠하듯이 그리면서 선택합니다.

# Chapter 2 Autodesk Fusion 입문하기

## 13 특성 보기

브라우저의 부품 이름 항목을 마우스 우측 버튼으로 클릭해 특성을 클릭하면 부품의 여러가지 속성을 확인할 수 있습니다.

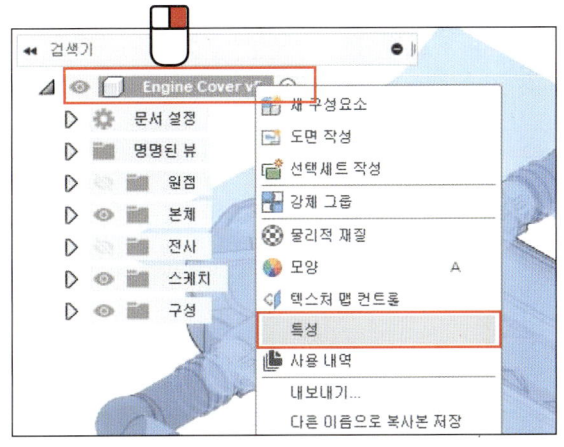

① **일반** : 부품의 이름과 설명 등 가장 기본적인 정보를 확인할 수 있습니다.

② **관리** : 부품의 기타 특성을 관리합니다.

③ **물리적** : 부품의 무게와 체적, 밀도 영역 등을 확인할 수 있습니다.

④ **경계 상자** : 부품의 외곽 경계를 나타내는 상자의 크기를 확인할 수 있습니다.

⑤ **질량 중심의 관성 모멘트** : 질량 중심의 관성 모멘트를 확인할 수 있습니다.

⑥ **원점의 관성 모멘트** : 원점에 대한 각 좌표의 관성 모멘트를 확인할 수 있습니다.

# CHAPTER 03 클라우드 서버 활용하기

Autodesk Fusion Web은 Autodesk Fusion의 전체 데이터를 관리하며 언제 어디서나 전체 프로젝트의 데이터를 관리할 수 있습니다. 일반적인 PC는 물론이고 모바일 장치에서도 파일들을 확인 및 관리가 가능합니다.

## 01 Autodesk Fusion의 데이터 패널 알아보기

### 01 데이터 패널 창 확인하기

앞에서 설명했던 바와 같이 빠른 도구 접근 바의 **데이터 패널 표시** 아이콘을 클릭하면 프로그램 좌측에 데이터 패널이 표시됩니다.

**데이터 패널 숨기기** 아이콘을 클릭하면 데이터 패널이 사라집니다.

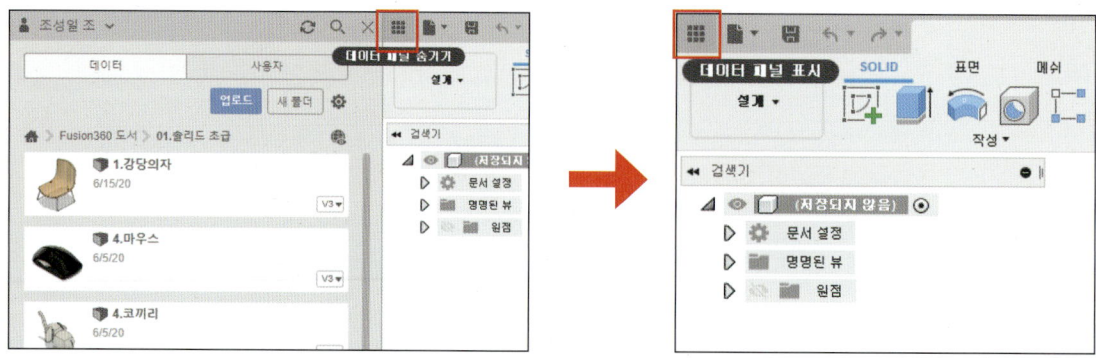

Chapter 3 클라우드 서버 활용하기

## 02 데이터 패널 알아보기

앞에서 설명했던 바와 같이 빠른 도구 접근 바의 **데이터 패널 표시** 아이콘을 클릭하면 프로그램 좌측에 데이터 패널이 표시됩니다.

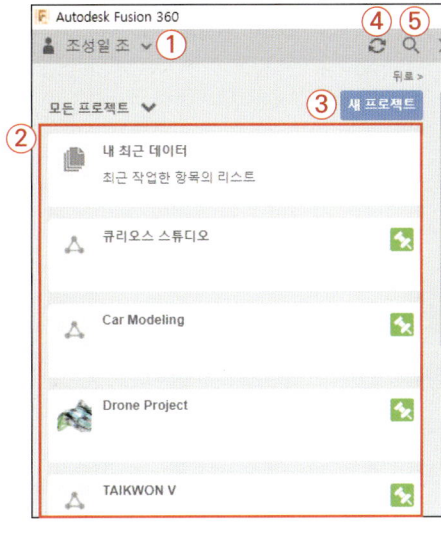

❶ **계정 이름** : 자신의 계정 이름이 표시되며 클릭하면 Autodesk Fusion Web으로 이동합니다.

❷ **모든 프로젝트** : 현재 자신이 보유한 프로젝트가 표시됩니다. 최초 사용자는 자신의 첫번째 기본 프로젝트와 샘플 프로젝트가 표시됩니다.

❸ **새 프로젝트** : 클릭하면 새로운 프로젝트를 만들 수 있습니다.

❹ **갱신** : 데이터가 새로 갱신되면서 새로고침합니다.

❺ **검색** : 키워드를 이용해 자신의 계정 안의 데이터를 검색합니다.

## 03 프로젝트 구조 알아보기

다음과 같이 **새 프로젝트** 버튼을 클릭하면 새로운 프로젝트를 생성할 수 있습니다.

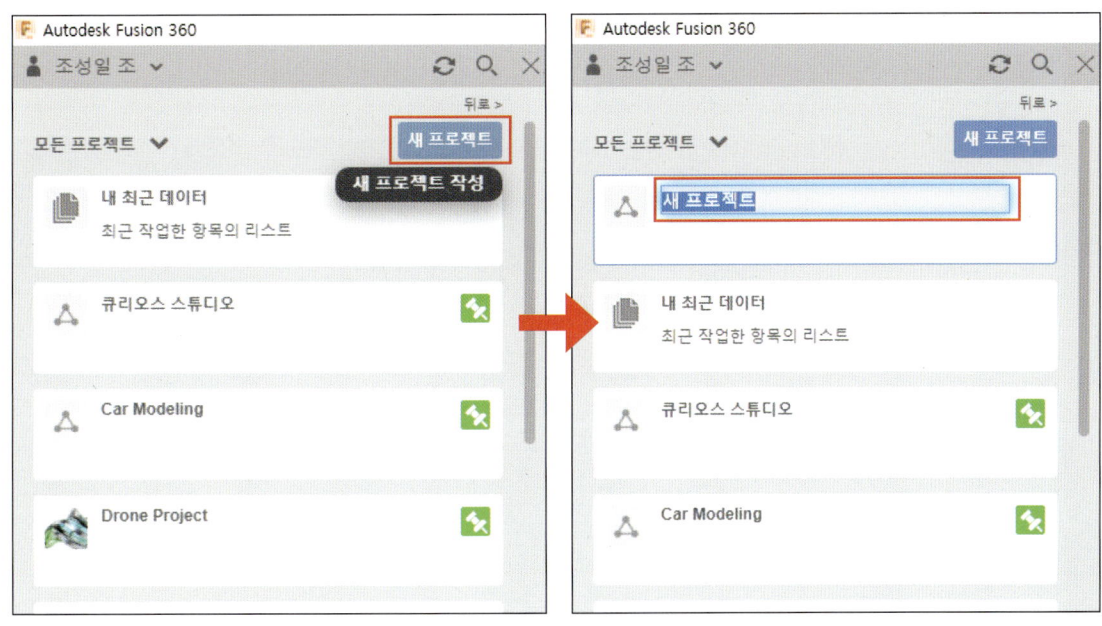

# Part 01 Autodesk Fusion 시작하기

생성된 프로젝트를 더블클릭하면 해당 프로젝트로 들어갈 수 있습니다.

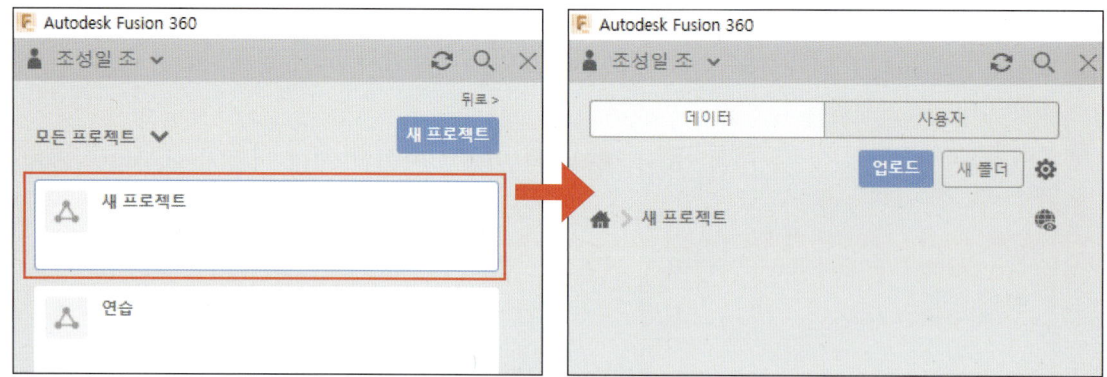

❶ **데이터** : 현재 프로젝트의 데이터를 표시합니다.

❷ **사용자** : 현재 프로젝트에 참여한 구성원들을 표시합니다.

❸ **업로드** : 현재 프로젝트에 외부 파일을 업로드 합니다.

❹ **새 폴더** : 현재 프로젝트 하위에 새 폴더를 작성합니다.

❺ **설정** : 현재 프로젝트의 세부 설정을 합니다.

❻ **웹에서 보기** : 현재 프로젝트를 웹에서 확인합니다.

**새 폴더** 버튼을 클릭하면 프로젝트의 하위에 새로운 폴더를 만들 수 있습니다.

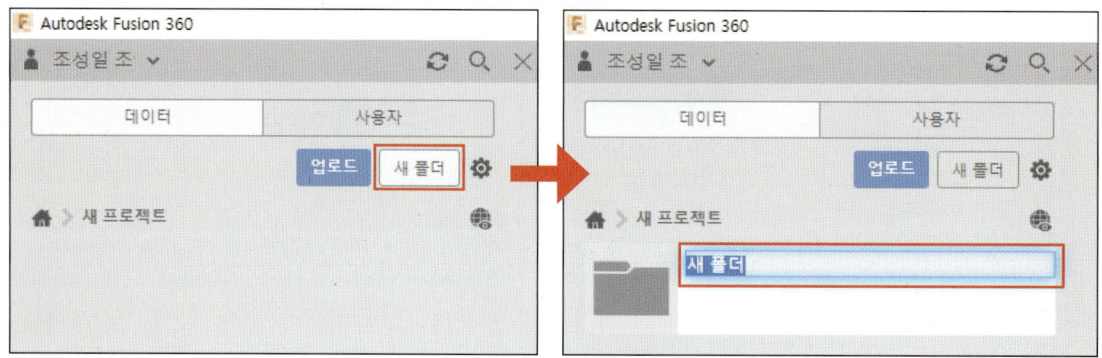

## Chapter 3 클라우드 서버 활용하기

사용자 버튼을 클릭하면 현재 프로젝트에 참여한 인원을 볼 수 있고 다음과 같이 다른 구성원의 계정을 입력하고 **초대** 버튼을 클릭하면 다음과 같이 새로운 구성원이 참여할 수 있습니다.

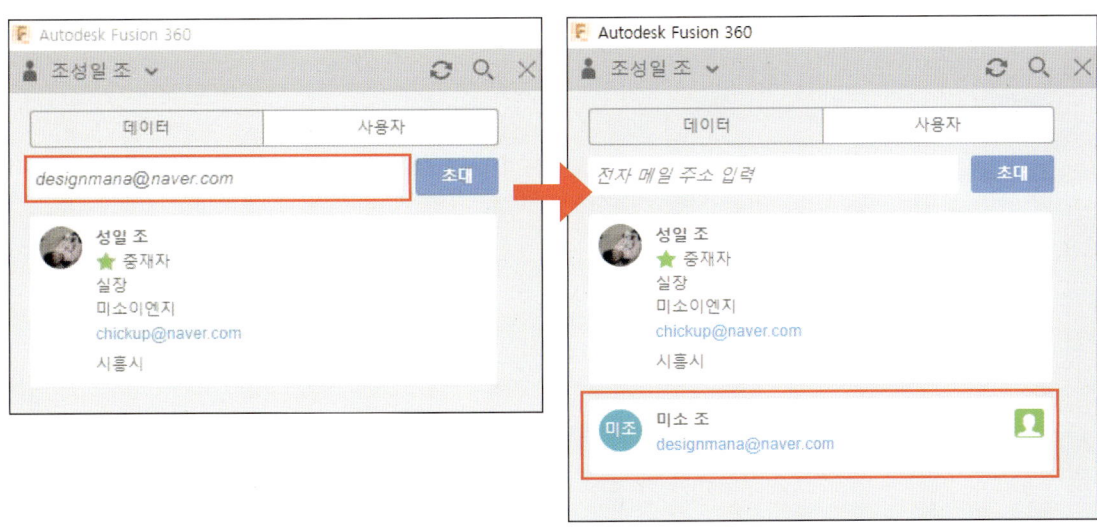

### 04 외부 파일 업로드 하기

데이터 패널에서 **업로드** 버튼을 클릭합니다.

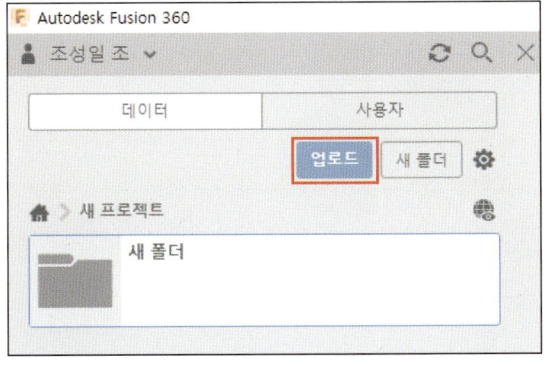

**파일 선택** 버튼을 클릭합니다.

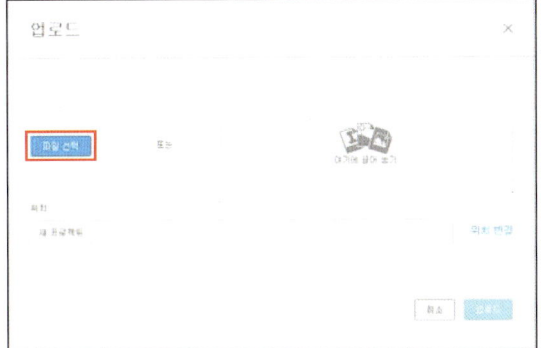

업로드할 파일을 선택하고 **열기** 버튼을 클릭합니다.

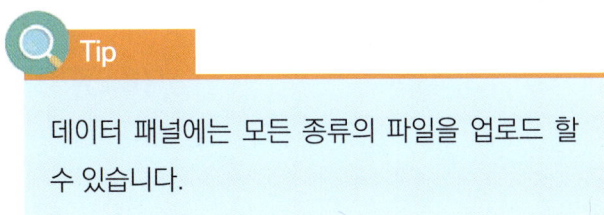

> **Tip**
> 데이터 패널에는 모든 종류의 파일을 업로드 할 수 있습니다.

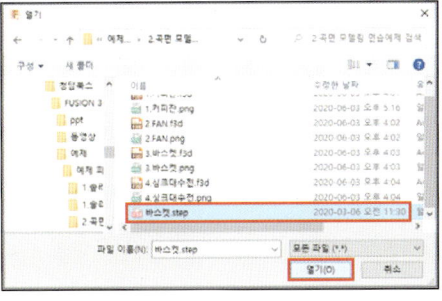

# Part 01  Autodesk Fusion 시작하기

**업로드** 버튼을 클릭합니다.

다음과 같이 업로드가 시작됩니다.

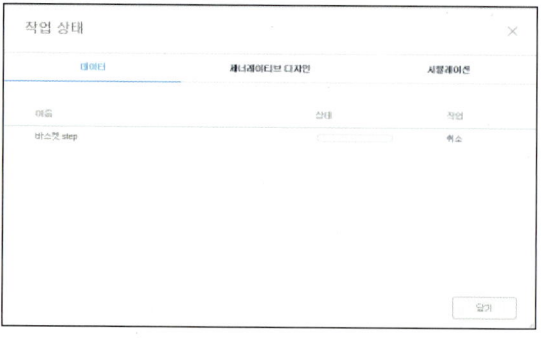

업로드가 끝났으면 **닫기** 버튼을 클릭합니다.

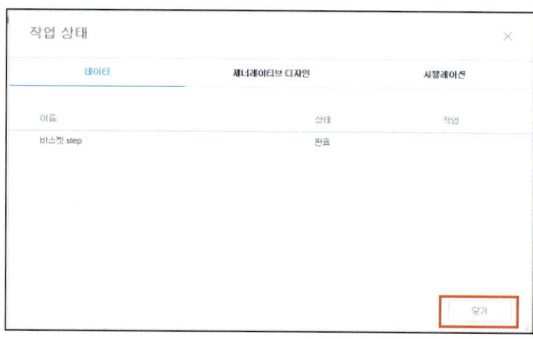

다음과 같이 데이터 패널에 업로드된 파일이 표시됩니다.

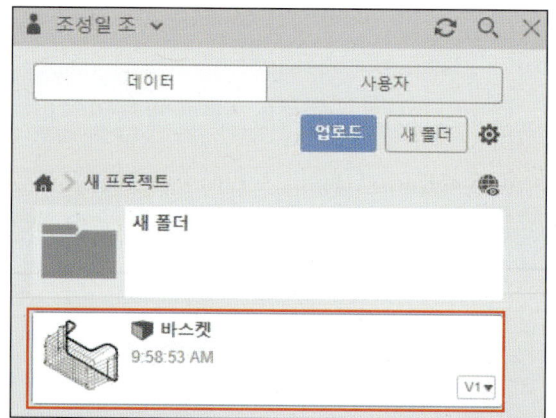

표시된 파일을 더블클릭합니다.

# Chapter 3 클라우드 서버 활용하기

다음과 같이 Autodesk Fusion에서 파일이 열리게 됩니다.

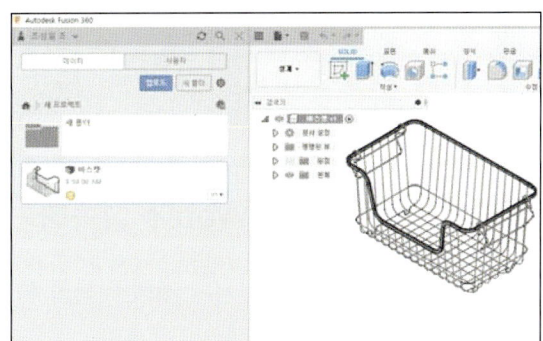

> **Tip**
> Autodesk Fusion에서 열리는 파일은 Autodesk Fusion이 지원하는 모델 파일에 한정됩니다.

## 05 파일 사용내역 살펴보기

작업중인 파일은 다음과 같이 버전이 누적되게 되고 해당 버전 버튼을 클릭하면 다음과 같이 추가 메뉴가 표시됩니다.

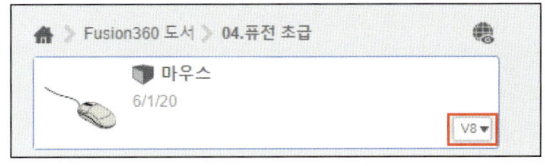

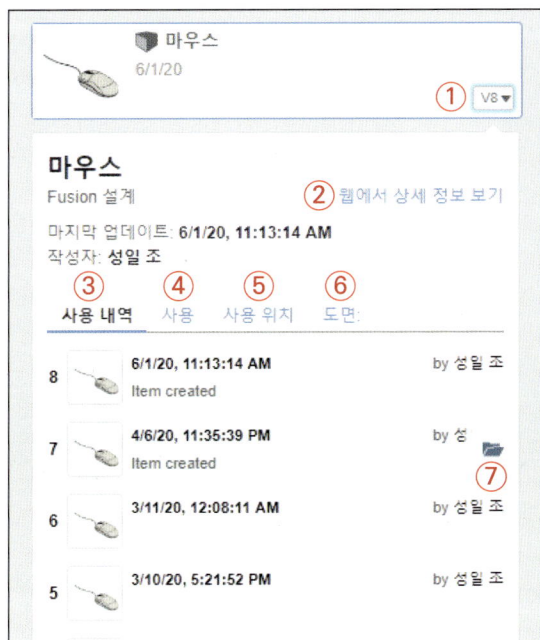

① **버전표시** : 현재 파일의 버전을 표시하며 추가 메뉴를 열고 닫기 합니다.

② **웹에서 상세 정보 보기** : 현재 파일을 퓨전 웹에서 표시합니다.

③ **사용 내역** : 현재 파일의 작업 내역 리스트를 표시합니다.

④ **사용** : 현재 파일이 참조한 다른 파일들을 표시합니다. 단일 모델링 파일일 경우 이 리스트가 비어있게 됩니다.

⑤ **사용 표시** : 현재 파일을 참조한 다른 파일들을 표시합니다. 단일 모델링 파일일 경우 이 리스트가 비어있게 됩니다.

⑥ **도면** : 현재 파일로 작성한 도면 파일을 표시합니다.

⑦ **열기** : 선택한 버전의 파일을 엽니다.

Part 01 Autodesk Fusion 시작하기

## 02 Fusion Web 알아보기

### 01 Fusion Web에 접속하기

데이터 패널에 표시된 사용자 계정 이름을 확장해 다음 버튼을 클릭하면 Fusion Web에 접속할 수 있습니다.

> **Tip**
>
> 프로젝트 폴더 안으로 들어가서 해당 프로젝의 이름을 클릭해도 접속할 수 있습니다.

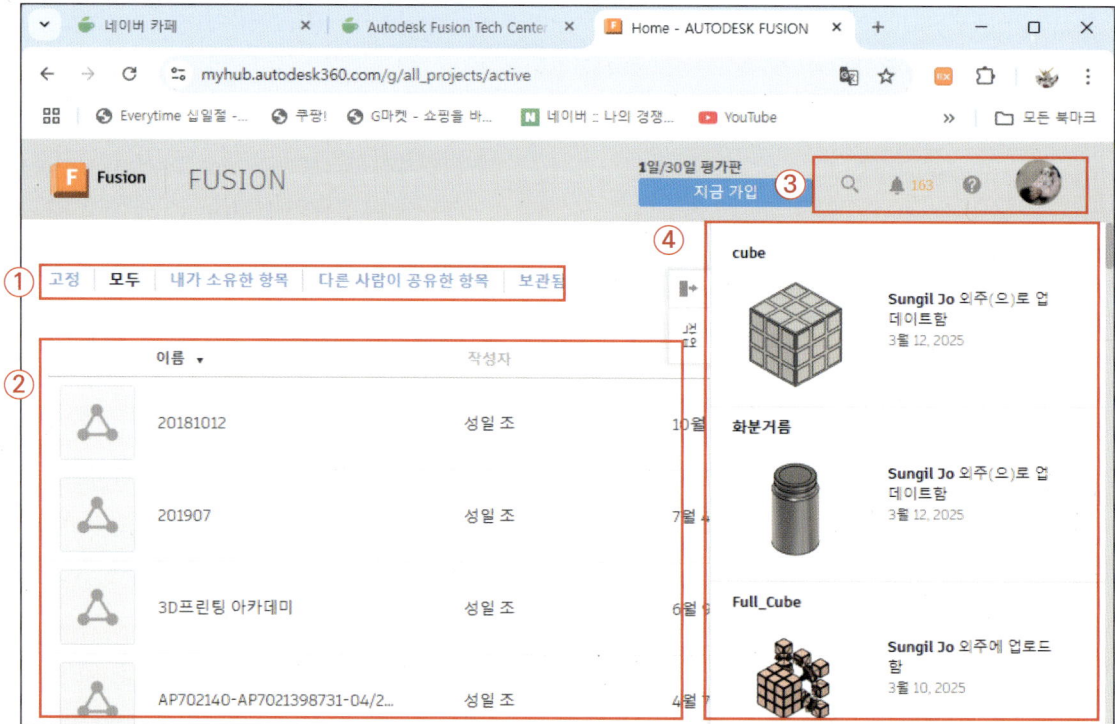

❶ **프로젝트 표시 상태** : 선택한 필터에 맞게 프로젝트를 표시합니다.

❷ **프로젝트 목록** : 현재 사용자가 소유한 프로젝트를 표시합니다.

❸ **계정 및 도움말** : 검색, 작업 목록 및 사용자 계정 상세 정보로 이동합니다.

❹ **작업 내역 리스트** : 최근 사용자의 작업 목록을 표시합니다.

## 02 데이터 확인하기

확인하고자 하는 데이터가 있는 리스트를 클릭합니다.

해당 프로젝트 안에 있는 파일을 클릭합니다.

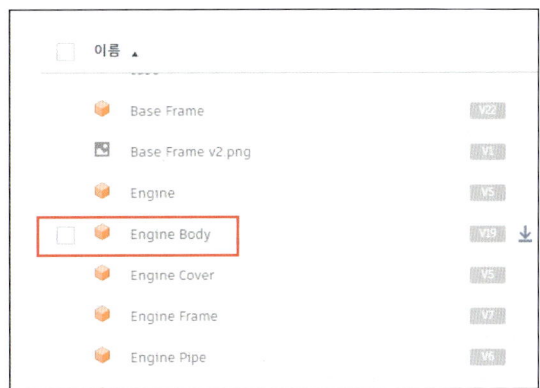

다음과 같이 해당 파일의 상세 정보 페이지가 열립니다.

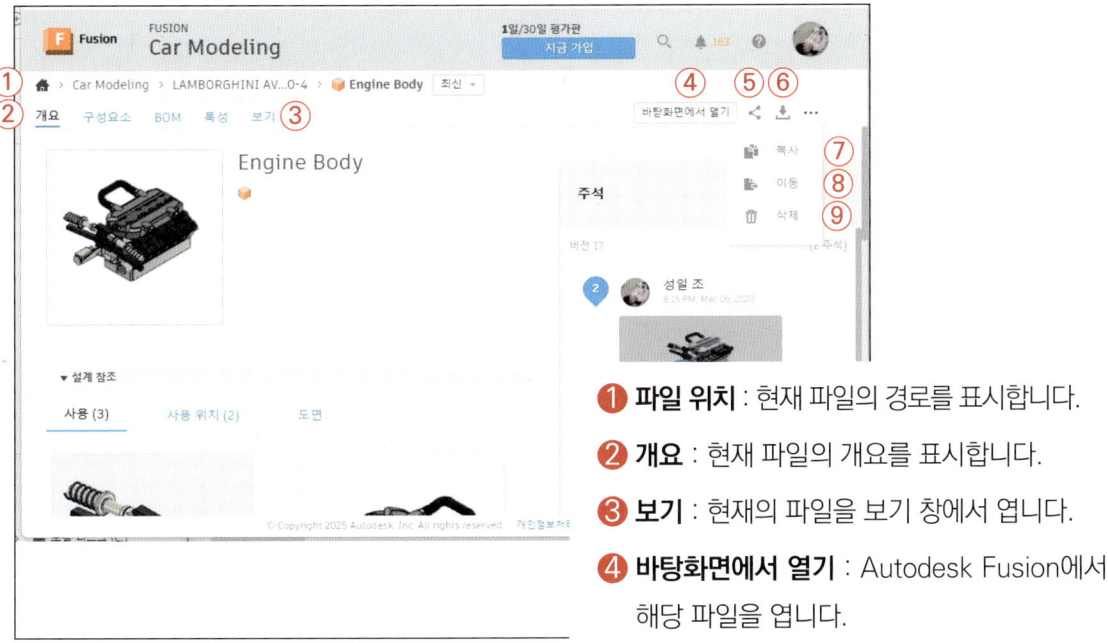

❶ **파일 위치** : 현재 파일의 경로를 표시합니다.

❷ **개요** : 현재 파일의 개요를 표시합니다.

❸ **보기** : 현재의 파일을 보기 창에서 엽니다.

❹ **바탕화면에서 열기** : Autodesk Fusion에서 해당 파일을 엽니다.

❺ **공유** : 해당 파일을 공유합니다.

❻ **내보내기** : 해당 파일 로컬 파일로 내보내기합니다.

❼ **복사** : 해당 파일을 사용자 계정 내의 다른 위치로 복사합니다.

❽ **이동** : 해당 파일을 사용자 계정 내의 다른 위치로 이동합니다.

❾ **삭제** : 해당 파일을 삭제합니다.

# Part 01 Autodesk Fusion 시작하기

보기 버튼을 클릭하면 다음과 같이 웹 창에서 파일을 확인할 수 있습니다.

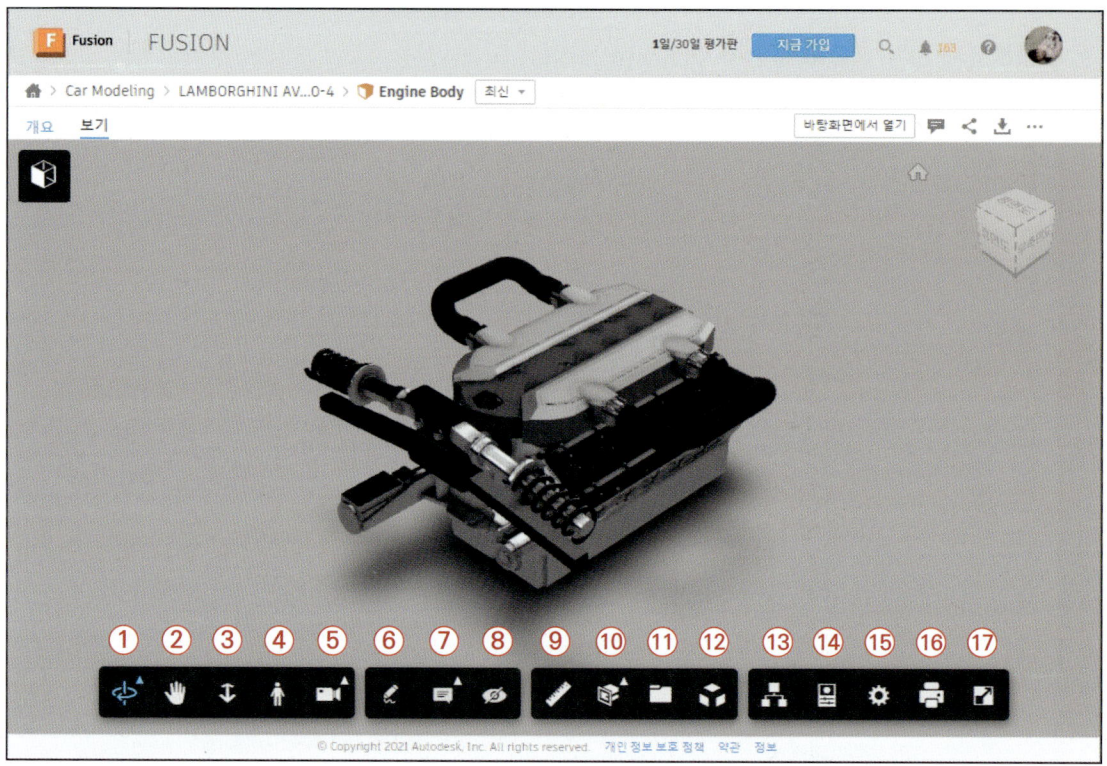

❶ **화면 회전** : 뷰 화면을 회전시킵니다.

❷ **초점 이동** : 뷰 화면을 시점이동시킵니다.

❸ **보행시선** : 현재 뷰의 모델을 사용자가 직접 보행시선 관점에서 관측할 수 있게 하는 메뉴가 표시됩니다.

❹ **1인칭 시점** : 1인칭 시점으로 카메라 뷰를 탐색할 수 있습니다.

❺ **카메라 도구** : 여러가지 카메라 동작 메뉴가 표시됩니다.

❻ **마크업** : 현재의 뷰 화면에 여러가지 표식 및 텍스트를 추가할 수 있는 메뉴가 표시됩니다.

❼ **코멘트** : 현재 뷰에 표시된 모델의 부품 및 특정 포인트에 주석을 표시할 수 있는 메뉴가 표시됩니다.

❽ **표식기 보이기/숨기기** : 표식 메뉴와 주석 메뉴로 작성한 마크를 보이기/숨기기 합니다.

❾ **측정 도구** : 현재 뷰에 표시된 모델의 거리, 각도, 면적, 체적 등 여러가지 측정 도구가 표시됩니다.

❿ **단면 분석 도구** : 단면 분석을 할 수 있는 도구가 표시됩니다.

⓫ **Document Browser** : 현재 파일의 디자인 트리를 표시합니다.

⓬ **분해 도구** : 현재 모델을 최소 바디 단위로 일정 거리만큼 분해하는 도구가 표시됩니다.

⓭ **모델 검색기** : 현재 파일의 검색기 항목을 표시합니다.

## Chapter 3 클라우드 서버 활용하기

**⑭ 특성** : 현재 뷰에 표시된 모델의 특성 정보를 표시합니다.

**⑮ 설정** : 현재 뷰의 디스플레이 설정을 하는 메뉴를 표시합니다. 주로 구성, 탐색, 모양, 환경에 대한 설정을 할 수 있습니다.

**⑯ 이미지 캡처** : 현재 화면의 이미지 캡처를 실행합니다.

**⑰ 전체 화면** : 뷰 이미지를 화면에 꽉 채운 전체 화면 모드로 전환합니다. Esc 키를 누르면 원래대로 돌아갑니다.

# Part 01 Autodesk Fusion 시작하기

## 03　Fusion Web에서 프로젝트 생성하기

Fusion Web 메인 페이지에서 **프로젝트 작성** 명령을 클릭합니다.

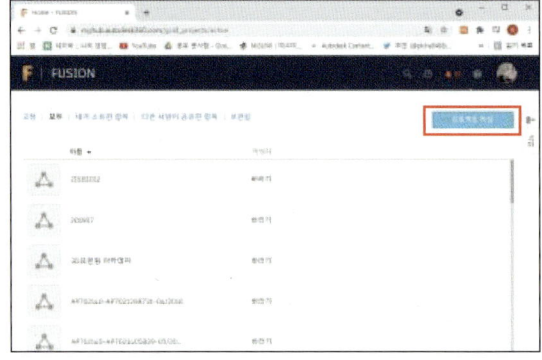

프로젝트의 이름과 대표 이미지를 등록한 후 **프로젝트 작성** 버튼을 클릭합니다.

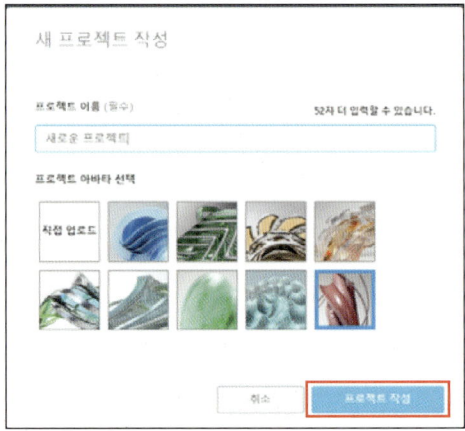

다음과 같이 새로운 프로젝트가 생성되며 생성 관련 메뉴가 표시됩니다.

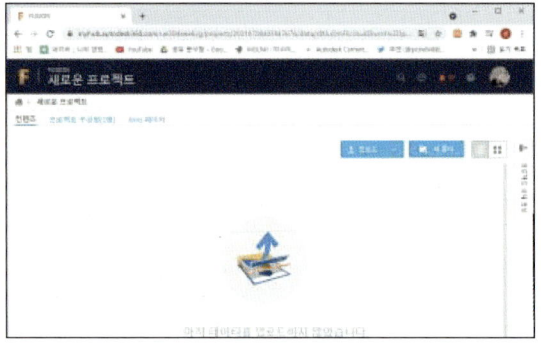

업로드 관련 메뉴입니다. 사용법은 데이터 패널의 업로드와 동일합니다.

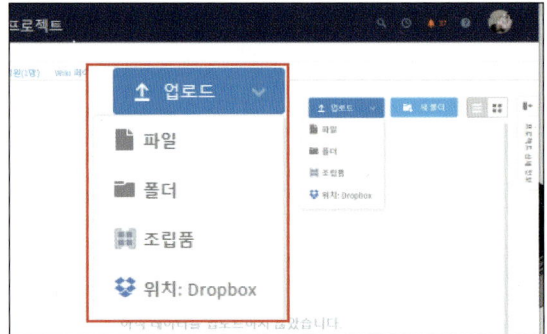

**프로젝트 상세 정보**를 클릭하면 작업 내역이 표시됩니다.

**프로젝트 구성원** 항목을 클릭하면 데이터 패널 영역과 마찬가지로 구성원 항목이 표시됩니다. **초대** 버튼을 클릭해 다른 구성원을 초대할 수 있습니다.

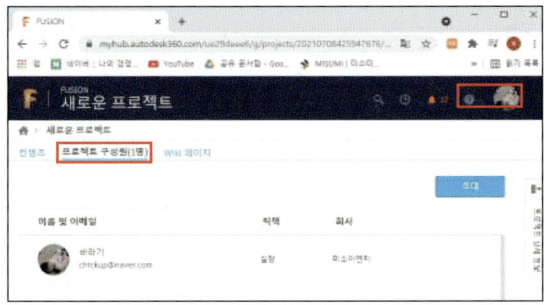

# Chapter 3 클라우드 서버 활용하기

다음과 같이 다른 사용자의 계정 이메일을 입력하고 **초대장 보내기** 버튼을 클릭합니다.

다음과 같이 새로운 구성원이 초대됩니다.

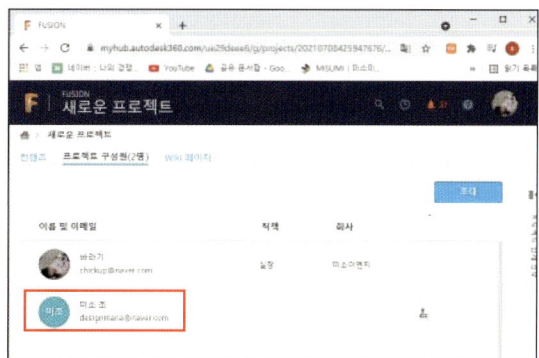

프로젝트에 등록된 파일은 데이터 패널과 마찬가지로 다음과 같은 추가 기능을 제공합니다.

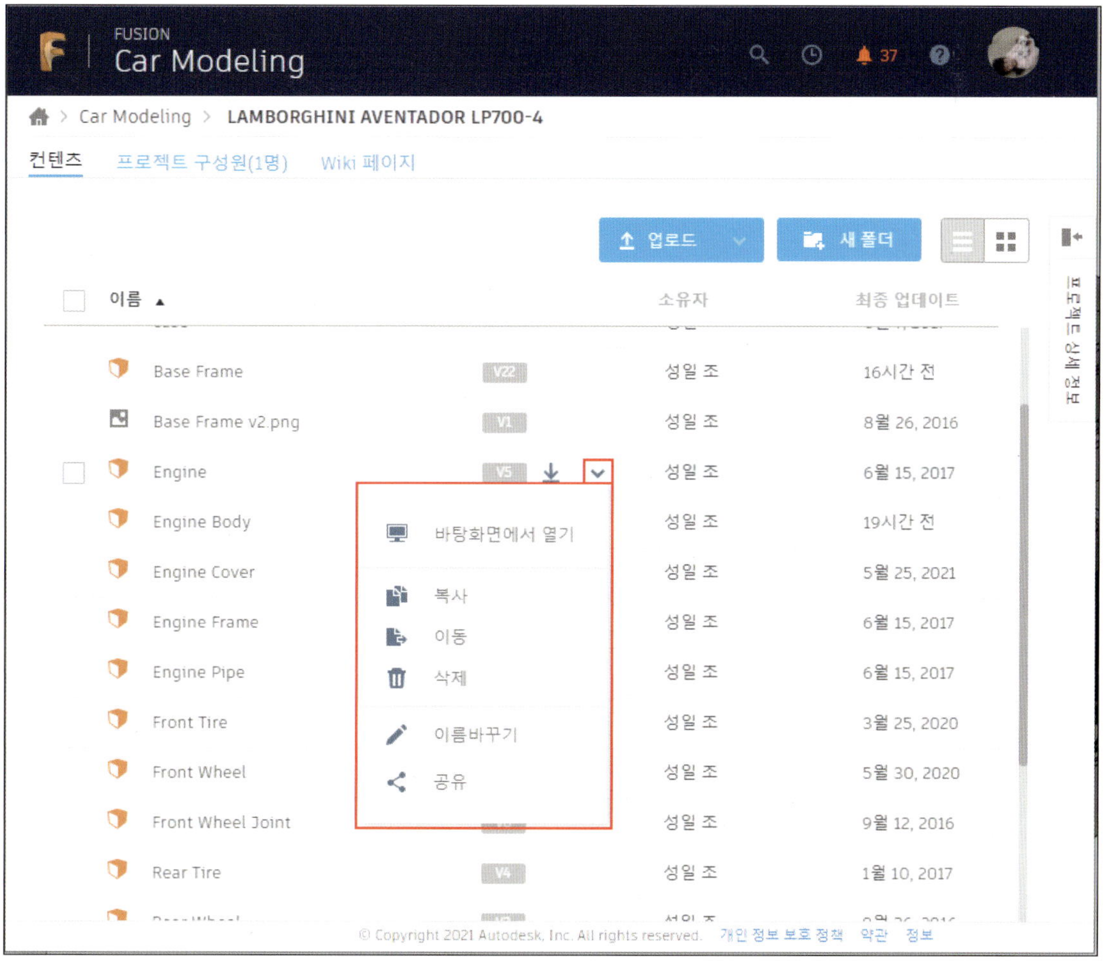

67

# 솔리드 모델링

Chapter 1    솔리드 모델링의 개요
Chapter 2    블록 모델링 예제 1
Chapter 3    블록 모델링 예제 2
Chapter 4    육각머리 볼트 모델링 예제
Chapter 5    축 부품 모델링 예제
Chapter 6    덕트 모델링 예제
Chapter 7    스프링 모델링 예제
Chapter 8    복합 케이블 모델링 예제
Chapter 9    계단 모델링 예제
Chapter 10   구름다리 모델링 예제
Chapter 11   스퍼기어 모델링 예제

# Part 02 솔리드 모델링

## CHAPTER 01 솔리드 모델링의 개요

솔리드 모델링의 개요와 명령어에 대해서 알아보도록 하겠습니다.

### 01 솔리드 모델링의 기본 구성

솔리드 모델링은 속이 꽉 차있는 덩어리를 뜻하는 것으로써 기본 구성은 다음과 같습니다.

❶ **베이스 피쳐** : 모델의 전체 형상이자 가장 큰 덩어리를 구성하는 첫 번째 피쳐를 의미합니다.

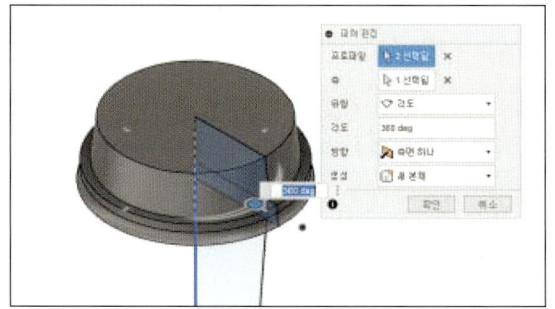

❷ **서브 피쳐** : 베이스 피쳐 작업을 토대로 작성되는 두 번째 피쳐 혹은 추가 피쳐를 의미합니다.

❸ **마무리 피쳐** : 솔리드 모델링의 마지막 마무리를 하는 피쳐로써 마지막 형상을 다듬는 피쳐를 의미합니다.

# Chapter 1 솔리드 모델링의 개요

또한 솔리드 모델링은 모델링 작업시에 사용자가 작성하는 모든 수치가 가지는 변수값인 매개변수(Parameter)와 피쳐 작업 순서에 따라 타임라인에 배치되는 피쳐의 히스토리(History)로 제어합니다.

**❶ 매개변수(Parameter)**

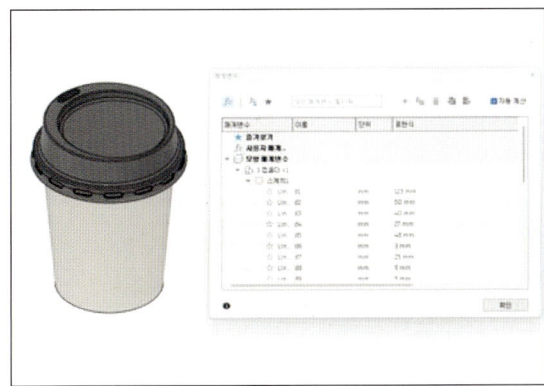

**❷ 히스토리(History)**

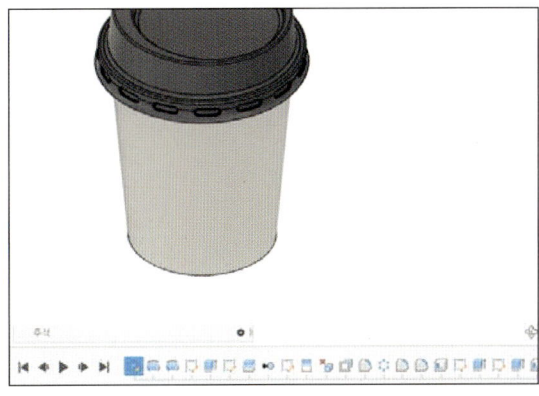

## 02 솔리드 모델링 명령어
Autodesk Fusion

솔리드 모델링 명령어는 아이콘 툴바의 SOLID(솔리드) 탭을 클릭하면 확인할 수 있습니다.

❶ **작성** : 솔리드 모델링 형상을 작성하는 명령어 그룹입니다.

❷ **수정** : 작성된 솔리드 모델을 수정하는 명령어 그룹입니다.

❸ **생성** : 사용자 작업면, 작업축, 작업점을 작성하는 명령어 그룹입니다.

# Part 02 솔리드 모델링

## 01 작성

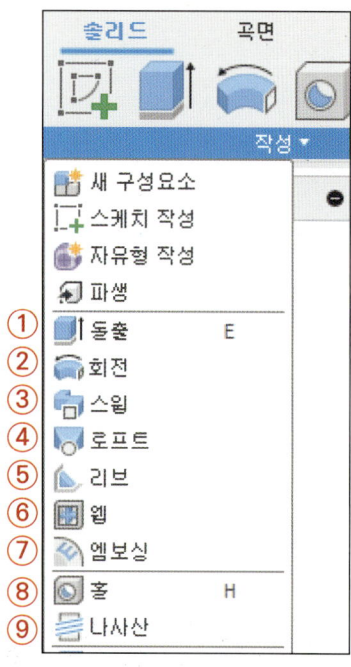
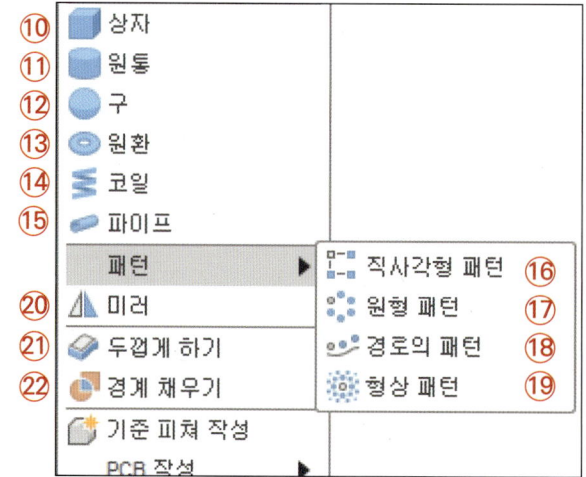

**① 돌출** : 작성된 프로파일 영역에 거리와 각도를 주어서 피쳐를 생성합니다.

**② 회전** : 작성된 프로파일 영역이 축을 기준으로 회전하는 피쳐를 생성합니다.

**③ 스윕** : 프로파일이 경로를 따라가는 피쳐를 작성합니다.

**④ 로프트** : 같은 평면에 있지 않은 두 개 이상의 프로파일을 연결해서 형상을 만듭니다.

**⑤ 리브** : 열린 프로파일을 이용하여 두께와 방향을 지정하는 보강대 피쳐를 작성합니다.

**⑥ 웹** : 1개 이상의 열린 프로파일을 선택하여 두께와 깊이를 주어 형상을 작성합니다.

**⑦ 엠보싱** : 솔리드 면에 프로파일을 지정한 깊이만큼 볼록/오목하게 합니다.

**⑧ 홀** : 구멍 형상을 작성합니다.

**⑨ 나사산** : 원통면에 스레드를 작성합니다.

**⑩ 상자** : 상자 형태를 작성합니다.

**⑪ 원통** : 원통 형태를 작성합니다.

**⑫ 구** : 구 형태를 작성합니다.

**⑬ 원환** : 도넛 형태를 작성합니다.

**⑭ 코일** : 코일 형태를 작성합니다.

**⑮ 파이프** : 작성한 경로를 따라가는 파이프 형태를 작성합니다.

**⑯ 직사각형 패턴** : 작성한 개체를 선형 방향으로 복제합니다.

## Chapter 1 솔리드 모델링의 개요

**⑰ 원형 패턴** : 작성한 개체를 원형 패턴 방향으로 복제합니다.

**⑱ 경로의 패턴** : 작성한 개체를 경로를 따라 일정한 간격으로 복제합니다.

**⑲ 형상 패턴** : 솔리드 면의 면적에 대해서 일정한 비율로 분산 패턴 작성합니다.

**⑳ 미러** : 작성한 개체를 선택한 면을 기준으로 대칭 복제합니다.

**㉑ 두껍게 하기** : 면에 두께를 줘서 솔리드를 작성합니다.

**㉒ 경계 채우기** : 폐쇄된 공간을 선택해 독립된 솔리드 덩어리를 생성합니다.

## 02 수정

**❶ 밀고 당기기** : 선택한 형상을 이동시키거나 간격띄우기를 할 수 있습니다.

**❷ 필렛** : 선택한 모서리에 필렛를 작성합니다.

**❸ 챔퍼** : 선택한 모서리에 챔퍼를 작성합니다.

**❹ 쉘** : 형상의 내부 재질을 제거하여 입력한 두께의 벽으로 속이 빈 형태를 작성합니다.

**❺ 기울기** : 작성된 솔리드의 면에 기울기를 줍니다.

**❻ 축척** : 배율을 지정해서 형상의 축척을 변경합니다.

**❼ 결합** : 선택된 형상끼리 합치거나 빼거나 교차형상만 남기고 삭제합니다.

**❽ 면 간격띄우기** : 선택한 면을 간격띄우기합니다.

**❾ 면 대체** : 기존면을 다른 면으로 대체합니다.

**❿ 면 분할** : 선택한 면을 스케치 선이나 곡면을 이용해 분할합니다.

**⓫ 본체 분할** : 선택한 형상을 스케치 선이나 곡면을 이용해 분할합니다.

**⓬ 윤곽 분할** : 축, 모서리, 면에서 추출한 윤곽선을 기준으로 형상을 분할합니다.

**⓭ 이동/복사** : 형상을 이동 및 복사합니다.

**⓮ 정렬** : 두 개의 개체를 정렬합니다. 선택한 개체의 형상에 맞게 기준점을 결정해서 정렬할 수 있습니다.

**⓯ 삭제** : 면 개체를 삭제합니다. 삭제시 모델링 형상이 보정됩니다.

**⓰ 제거** : 본체 개체를 삭제합니다.

# Part 02 솔리드 모델링

⑰ **배열** : 제조를 위해 개체를 평면 혹은 스케치 위에 신속히 배열합니다.

⑱ **단순화** : 특정한 개체를 삭제해 모델링의 형상을 단순화합니다.

⑲ **물리적 재료** : 형상에 재질을 부여합니다. 각 재질이 가지고 있는 물리적 특성이 적용되며 이를 이용해 형상의 무게 및 해석 환경에서 이용할 수 있습니다.

⑳ **색상** : 형상에 색상을 부여합니다. Autodesk Fusion이 제공해주는 다양한 색상 외에 사용자가 직접 만들 수도 있습니다.

㉑ **체적 격자** : 선택한 개체를 형상의 체적의 경계로 사용하여 새 체적 격차를 작성합니다.

㉒ **재료 관리** : 사용자 정의가 가능한 재료 라이브러리 창을 엽니다.

㉓ **매개변수 관리** : 모델링을 할 때 사용자가 입력하는 치수인 매개변수를 관리하는 창을 표시합니다.

㉔ **모두 계산** : 모델링의 변경사항이 반영되지 않았을 때나 모델 업데이트 연산이 원활하게 이루어지지 않았을 때 사용합니다.

## 03 생성

① **평면 간격띄우기** : 평면에서 일정한 거리만큼 간격띄우기한 평면을 작성합니다.

② **기울어진 평면** : 선택한 모서리를 중심으로 각도를 지정해 평면을 작성합니다.

③ **접하는 평면** : 곡면에 접하는 평면을 작성합니다.

④ **중간 평면** : 두 평면 사이의 중간 평면을 작성합니다.

⑤ **두 모서리를 통과하는 평면** : 두 개의 모서리를 잇는 평면을 작성합니다.

⑥ **세 점을 통과하는 평면** : 세 개의 점을 잇는 평면을 작성합니다.

⑦ **점에서 면에 접하는 평면** : 점과 곡면이 접하는 평면을 작성합니다.

⑧ **경로를 따라 평면** : 곡선의 포지션을 따라 면을 작성합니다.

⑨ **원통/원추/원환을 통과하는 축** : 원통/원뿔/도넛을 지나는 축을 작성합니다.

⑩ **점에서 직각인 축** : 선택한 점이 평면에 직각으로 지나는 축을 작성합니다.

⑪ **두 평면을 통과하는 축** : 선택한 두 개의 평면을 교차하는 축을 작성합니다.

⑫ **두 점을 통과하는 축** : 선택한 두 개의 점을 통과하는 축을 작성합니다.

⑬ **모서리를 통과하는 축** : 모서리를 지나는 축을 작성합니다.

⑭ **점에서 면에 직각인 축** : 면에 수직하고 점을 지나는 축을 작성합니다.

⑮ **꼭지점의 점** : 스케치 점이나 모델의 꼭지점을 선택해서 작성합니다.

⑯ **두 모서리를 통과하는 점** : 두 개의 모서리의 교차점에 작성되는 점을 작성합니다.

⑰ **세 평면을 통과하는 점** : 선택한 세 개의 평면이 교차하는 지점의 점을 작성합니다.

⑱ **원/구/원환의 중심점** : 원/구/원환의 중심점에 점을 작성합니다.

⑲ **모서리 및 평면의 점** : 선택한 모서리와 면이 교차하는 지점의 점을 작성합니다.

⑳ **경로를 따라 점** : 선택한 경로상에 포지션을 지정해 점을 작성합니다.

# 03 피쳐 기본 사항

Autodesk Fusion

퓨전 360의 솔리드/곡면/판금 피쳐들은 다음과 같은 공통옵션이 존재합니다.

## 01 생성

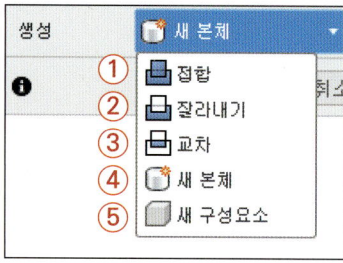

❶ **접합** : 기존 솔리드에 더해지는 형상을 작성합니다.

❷ **잘라내기** : 기존 솔리드에 삭제하는 형상을 작성합니다.

❸ **교차** : 기존 솔리드와 교차하는 형상이 작성됩니다.

❹ **새 본체** : 새로운 바디를 작성합니다.

❺ **새 구성요소** : 새로운 부품을 작성합니다.

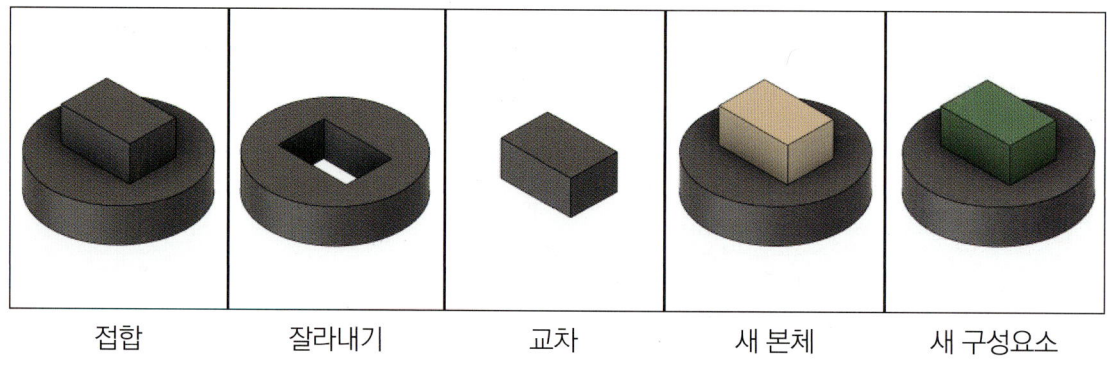

접합　　　잘라내기　　　교차　　　새 본체　　　새 구성요소

## 02 피쳐 시작면(Start)

작성된 프로파일과는 별개로 피쳐의 시작면을 지정할 수 있습니다.

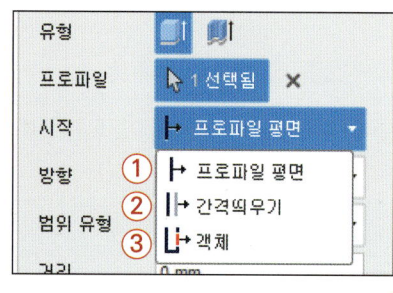

❶ **프로파일 평면** : 프로파일 면에서부터 시작합니다.

❷ **간격띄우기** : 프로파일 면에서부터 사용자가 지정한 거리만큼 이동한 면에서 시작합니다.

❸ **객체** : 사용자가 선택한 객체로부터 시작합니다.

Chapter 1 솔리드 모델링의 개요

## 03 방향

작성된 피쳐의 방향을 설정합니다.

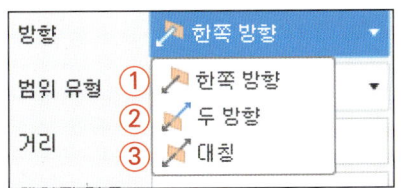

❶ **측면 하나** : 한 방향으로 작성합니다.
❷ **두 측면** : 프로파일 면에서부터 각각 다른 방향으로 두 방향으로 작성합니다.
❸ **대칭** : 양쪽 방향으로 대칭 돌출합니다.

## 04 범위 유형

작성된 피쳐의 생성 범위를 설정합니다.

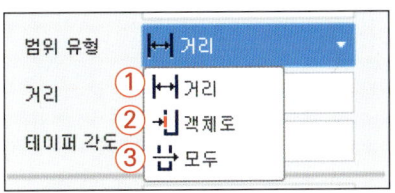

❶ **거리** : 사용자가 작성한 거리만큼 생성됩니다.
❷ **객체로** : 사용자가 선택한 객체까지 생성됩니다.
❸ **모두** : 전체 깊이로 생성합니다. 주로 잘라내기/교차 옵션에서 사용합니다.

## 05 절단할 객체

잘라내기로 영향을 주는 바디 항목을 선택합니다. 처음 작성 시에는 자동으로 체크가 되어 있으며 체크 해제하면 영향 범위에서 제외됩니다. 본체 리스트에서 해당 본체를 숨기면 처음 실행시 리스트에서 자동 제외됩니다.

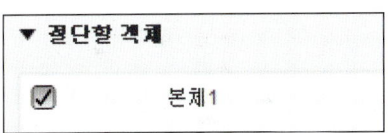

## 06 타임라인에서의 피쳐

다음과 같이 피쳐가 작성되면 타임라인에 등록되면 타임라인에 등록된 피쳐를 마우스 우측 버튼으로 클릭하면 다음과 같은 추가 메뉴를 확인할 수 있습니다.

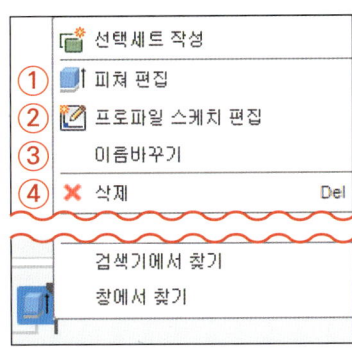

❶ **피쳐 편집** : 피쳐를 편집합니다.
❷ **프로파일 스케치 편집** : 해당 피쳐의 프로파일로 쓰인 스케치를 찾아서 편집합니다.
❸ **이름바꾸기** : 해당 피쳐의 이름을 변경합니다.
❹ **삭제** : 해당 피쳐를 삭제합니다.

# 04 스케치의 개요

## 01 스케치란?

스케치란 기본적인 3차원 형상을 작성하기 위한 밑그림을 뜻하는 것으로써 사용자가 작성한 스케치의 프로파일로 3차원 형상을 작성하는 기본이 됩니다. 프로파일은 스케치의 영역을 뜻하는 것으로써 솔리드 모델링을 작성하기 위한 폐곡선(닫힌선) 프로파일과 서피스 모델링을 작성하기 위한 개곡선(열린선) 프로파일이 있습니다. 또한 밑그림은 아니지만 가이드 라인을 위한 스케치도 존재합니다.

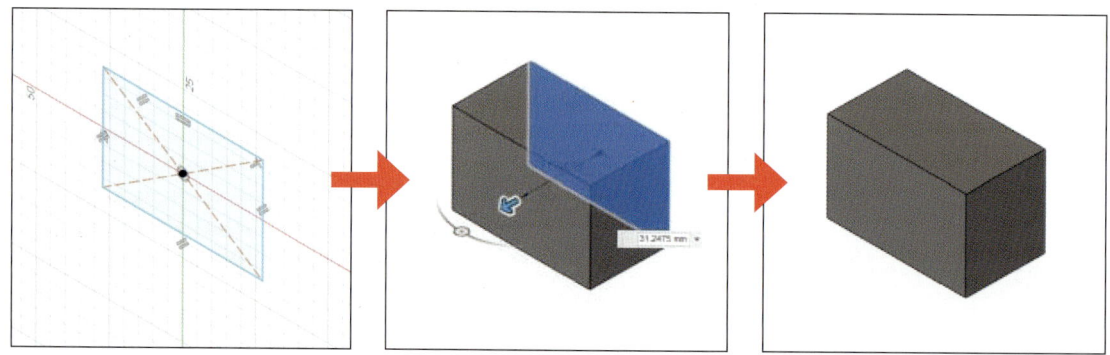

폐곡선 프로파일을 이용한 솔리드 모델링 작성

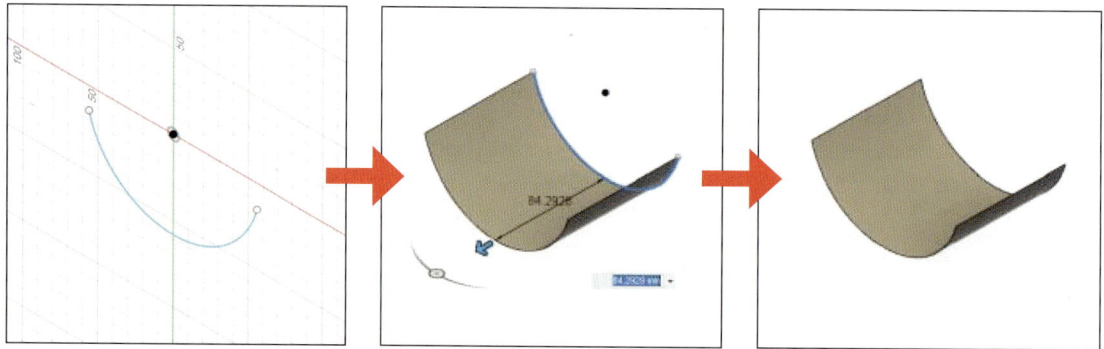

개곡선 프로파일을 이용한 서피스 모델링 작성

## 02 스케치 작성하기

스케치는 아이콘 툴바의 **작성-스케치 작성** 명령을 클릭하면 스케치를 작성한 면을 선택하게 합니다.

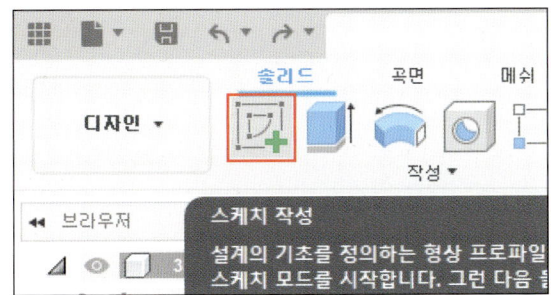
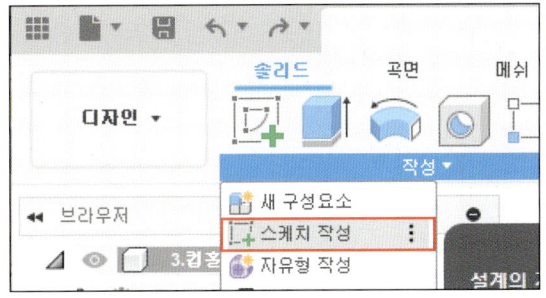

툴바에 등록된 아이콘을 클릭하는 경우 　　　명령어 리스트에서 클릭하는 경우

스케치를 작성할 수 있는 면은 반드시 평면이어야 하며 스케치는 세 가지 방법으로 작성할 수 있습니다.

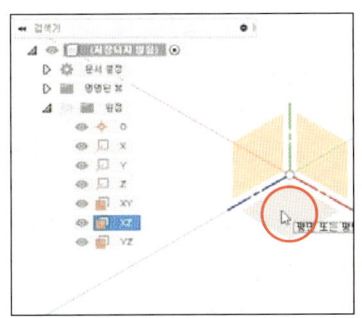
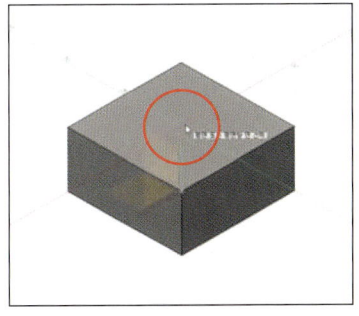
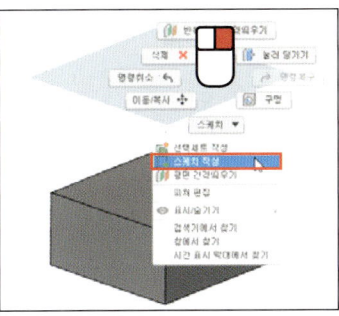

원점 평면에 작성　　　기존 모델면에 작성　　　작업 평면에 작성

## 03 스케치 종료하기

스케치 종료는 아이콘 툴바의 우측 상단에서 STOP SKETCH 아이콘을 클릭하거나 스케치를 이용해서 작성하는 솔리드 명령어를 실행하면 자동으로 종료됩니다.

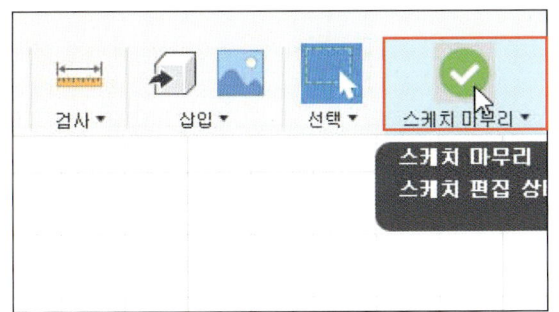
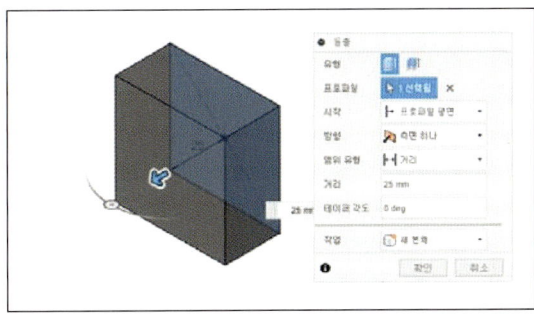

아이콘 툴바에서 명령어를 클릭하는 경우　　　돌출 명령어를 실행했을 경우

# 05 스케치 명령어

## 01 작성

① **선** : 직선을 작성합니다.

② **직사각형** : 사각형을 작성합니다.

③ **원** : 원을 작성합니다.

④ **호** : 호를 작성합니다.

⑤ **폴리곤** : 다각형을 작성합니다.

⑥ **타원** : 타원을 작성합니다.

⑦ **슬롯** : 슬롯을 작성합니다.

⑧ **스플라인** : 곡선을 작성합니다.

⑨ **원추형 곡선** : 원추형 곡선을 작성합니다.

⑩ **점** : 점을 작성합니다.

⑪ **문자** : 문자를 작성합니다.

⑫ **메쉬 단면에 곡선 맞춤** : 메쉬 단면에 곡면을 맞춥니다.

⑬ **미러** : 개체를 복사해서 대칭 작성합니다.

⑭ **원형 패턴** : 개체를 복사해서 원형 패턴 작성합니다.

⑮ **직사각형 패턴** : 개체를 복사해서 직사각형 패턴 작성합니다.

⑯ **투영 / 포함** : 다른 여러가지 외부 요소를 스케치 요소로 변환합니다.

⑰ **스케치 치수** : 스케치 요소에 치수를 작성합니다.

Chapter 1 솔리드 모델링의 개요

## 02 수정

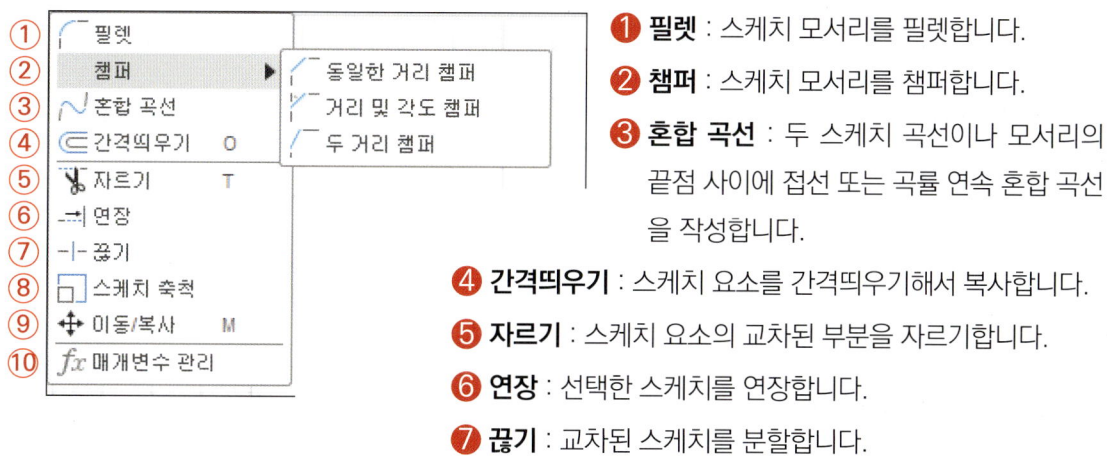

❶ **필렛** : 스케치 모서리를 필렛합니다.

❷ **챔퍼** : 스케치 모서리를 챔퍼합니다.

❸ **혼합 곡선** : 두 스케치 곡선이나 모서리의 끝점 사이에 접선 또는 곡률 연속 혼합 곡선을 작성합니다.

❹ **간격띄우기** : 스케치 요소를 간격띄우기해서 복사합니다.

❺ **자르기** : 스케치 요소의 교차된 부분을 자르기합니다.

❻ **연장** : 선택한 스케치를 연장합니다.

❼ **끊기** : 교차된 스케치를 분할합니다.

❽ **스케치 축척** : 스케치 요소의 축척을 늘리거나 줄입니다.

❾ **이동/복사** : 스케치 요소를 이동하거나 복사합니다.

❿ **매개변수 변경** : 모델링 매개변수를 관리합니다.

## 03 구속조건

❶ **수평/수직** : 수평/수직 구속조건을 작성합니다.

❷ **일치** : 점과 점을 일치시키는 일치 구속조건을 작성합니다.

❸ **접선** : 원호와 직선, 원호와 원호를 접하게 만듭니다.

❹ **동일** : 두 스케치 요소의 길이나 지름을 같게 만듭니다.

❺ **평행** : 두 개의 직선을 평행하게 만듭니다.

❻ **직각** : 두 개의 직선을 직각으로 만듭니다.

❼ **고정/고정해제** : 스케치 요소의 위치를 고정하거나 고정 해제합니다.

❽ **중간점** : 점이나 선을 선의 중간점에 일치시킵니다.

❾ **동심** : 두 개의 원의 중심점을 일치시킵니다.

❿ **동일선상** : 두 개의 선을 동일선상으로 일치시킵니다.

⓫ **대칭** : 두 개의 객체를 중심선을 기준으로 대칭 구속조건을 부여합니다.

⓬ **곡률** : 곡선의 끝점과 다른 선 혹은 곡선의 끝점을 부드럽게 연결합니다.

Part 02 솔리드 모델링

# CHAPTER 02 블록 모델링 예제 1

첫 번째 시간으로 다음 예제를 진행하면서 퓨전 360의 기초과정을 다지는 시간을 가지겠습니다.

## 01 도면과 학습 목표

이번 시간에 우리가 학습할 예제를 확인해 보도록 하겠습니다.

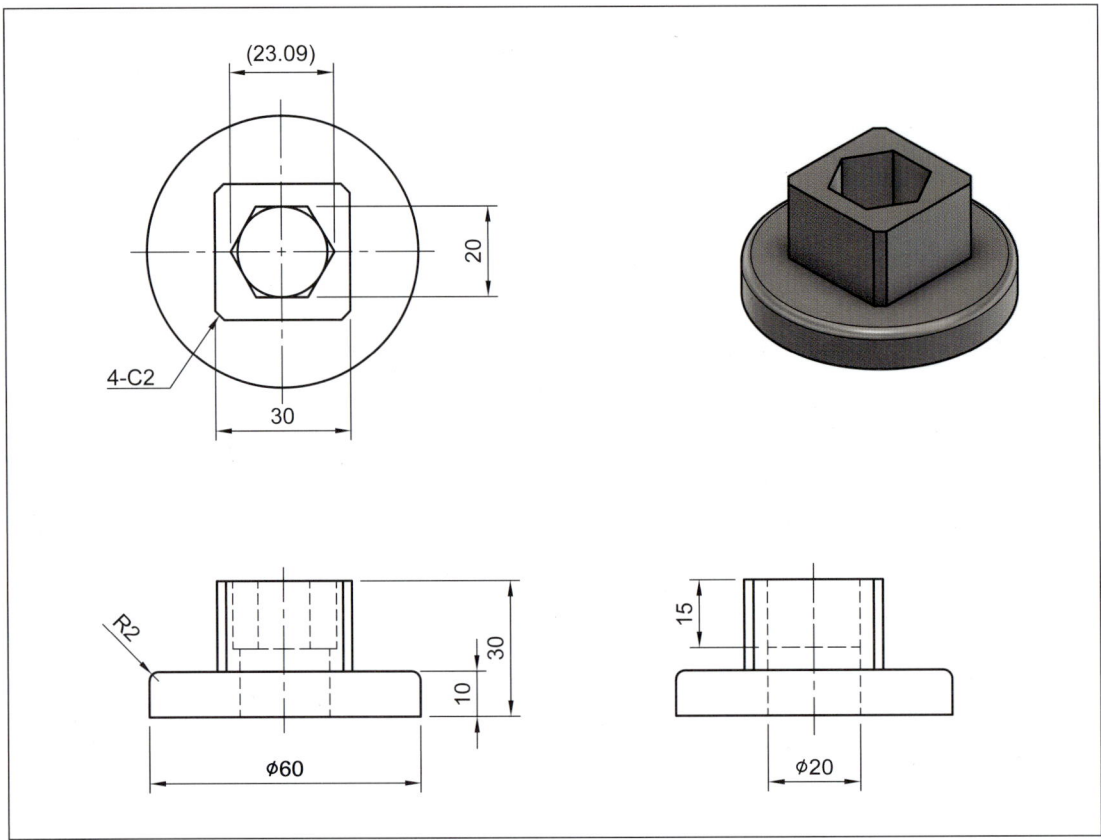

이번 시간에 우리는 다음과 같은 사항을 배우게 됩니다.

 -베이스 스케치와 베이스 피쳐 작성법
 -돌출의 기본적인 사용법
 -기본적인 치수 기입법
 -간단한 구속조건 기입법
 -마무리 피쳐 작성법

## 02 베이스 피쳐 작성하기

Autodesk Fusion

기본적으로 우리가 모델을 그릴때는 다음과 같이 뷰 큐브의 **정면도** 방향과 내가 그리고자 하는 모델의 정면 방향이 일치되게 그리면 됩니다.

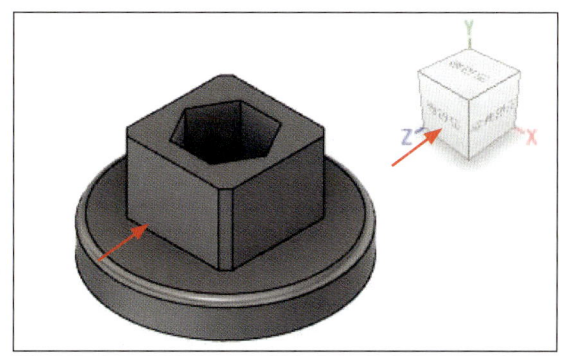

퓨전 360의 좌표에서는 기본적으로 XY평면이 정면(혹은 뒷면), XZ평면이 평면(혹은 밑면), YZ평면이 우측면(혹은 좌측면)이 되게 됩니다.

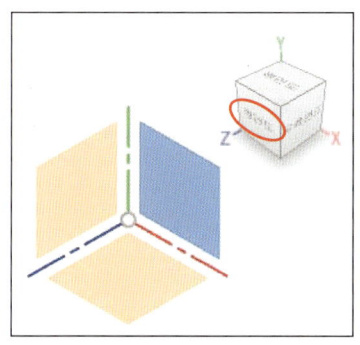
▲ 정면도-XY 평면

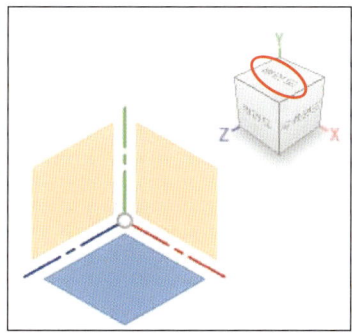
▲ 평면도-XZ 평면

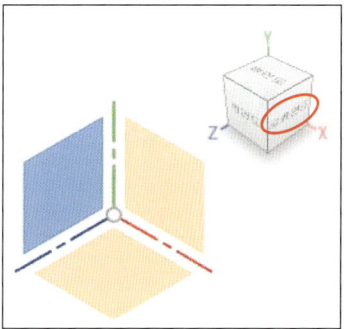
▲ 측면도-YZ 평면

 Tip

여기서 XY평면이 곧 정면도라는 말은 아닙니다. 단지 방향이 같다는 것을 알아두시기 바랍니다.
XY 평면은 정면도가 될 수도 있고 뒤쪽을 바라보면서 스케치를 하면 뒷면도가 될 수도 있습니다.

# Part 02 솔리드 모델링

이제 첫 번째 형상을 그리기에 앞서 우리가 알아야 할 모델링의 첫번째 원칙은 다음과 같습니다.

◎ **모델링의 첫 번째 원칙 : 가장 큰 형상부터 그린다.**

이와 같은 원칙에 따라 다음 원통 형상을 먼저 그리도록 하겠습니다.

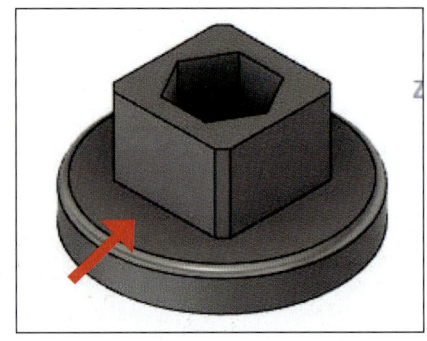

이 형상을 그리기 위해서는 우리가 어떻게 접근해야 하는지를 알아야 합니다. 바로 밑바닥 원 스케치를 작성한 후에 돌출 명령으로 두께를 만들어 내게 됩니다.

그럼 이 스케치는 어느 방향에 그려야 하는지 살펴봅시다.

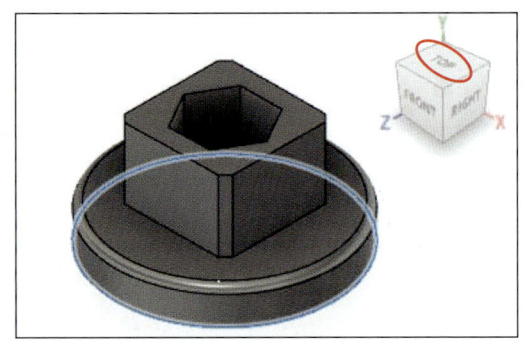

▶ 밑바닥 원이 평면도와 방향이 일치함

바로 평면도에 스케치를 그려야겠지요. 그럼 스케치를 작성해 보겠습니다. 스케치는 다음과 같이 두 가지 방법으로 작성할 수 있습니다.

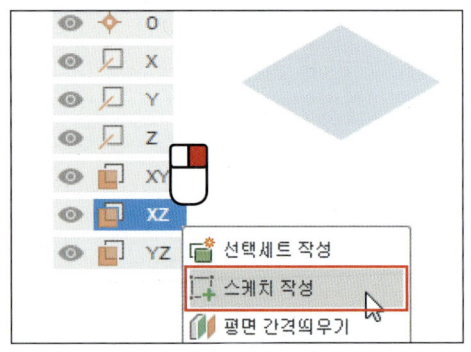

▲ 평면을 선택하고 스케치

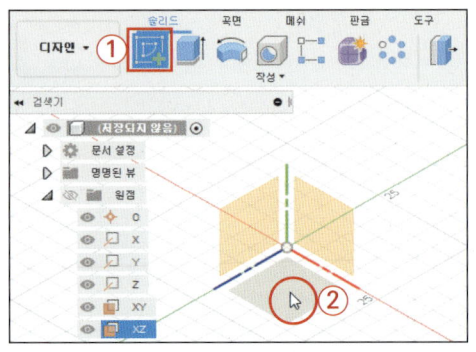

▲ 스케치 명령을 클릭하고 평면 선택

84

## Chapter 2 블록 모델링 예제 1

다음과 같이 스케치 화면이 표시됩니다. 스케치 화면에서의 인터페이스는 다음과 같이 표시됩니다.

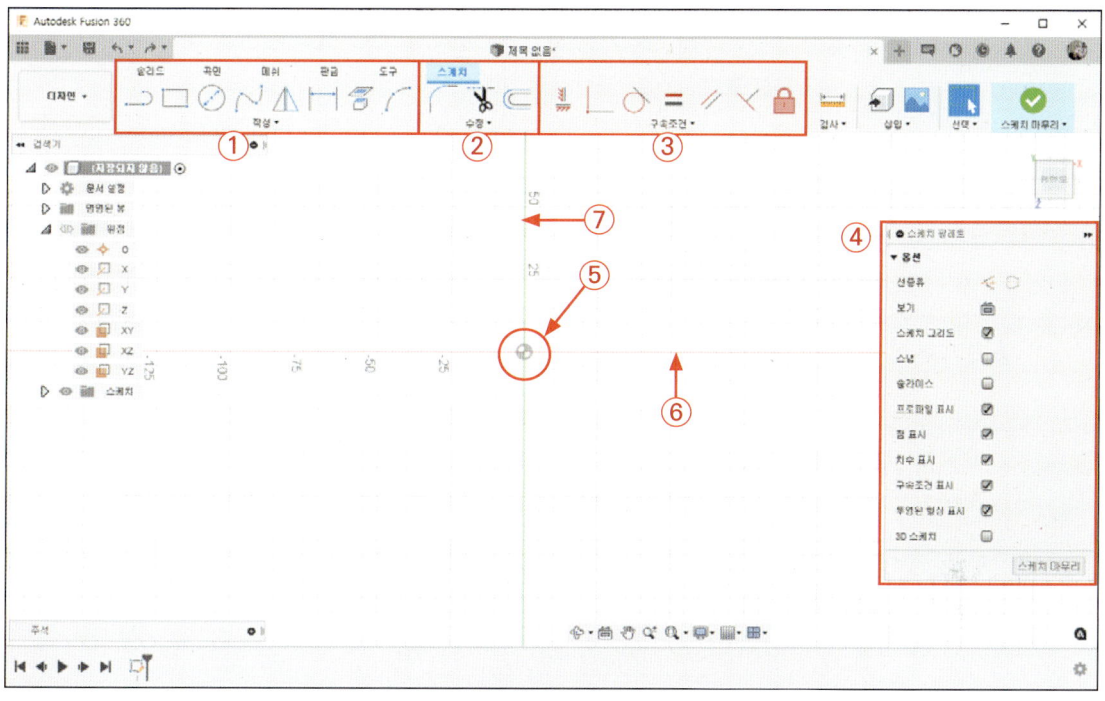

❶ **작성** : 스케치 개체를 작성하는 명령어 패널입니다.

❷ **수정** : 작성한 스케치 개체를 편집하는 명령어 패널입니다.

❸ **구속조건** : 스케치 개체에 구속조건을 부여하는 명령어 패널입니다.

❹ **스케치 팔레트** : 기타 스케치의 설정 및 제어를 하는 옵션창입니다.

❺ **원점** : X=0, Y=0, Z=0 좌표를 나타내는 스케치의 원점입니다.

❻ **X축** : 스케치의 X축을 나타내는 선입니다.

❼ **Y축** : 스케치의 Y축을 나타내는 선입니다.

다음과 같이 **중심 지름 원** 명령을 클릭해서 원점 항목에 작성해 봅시다.

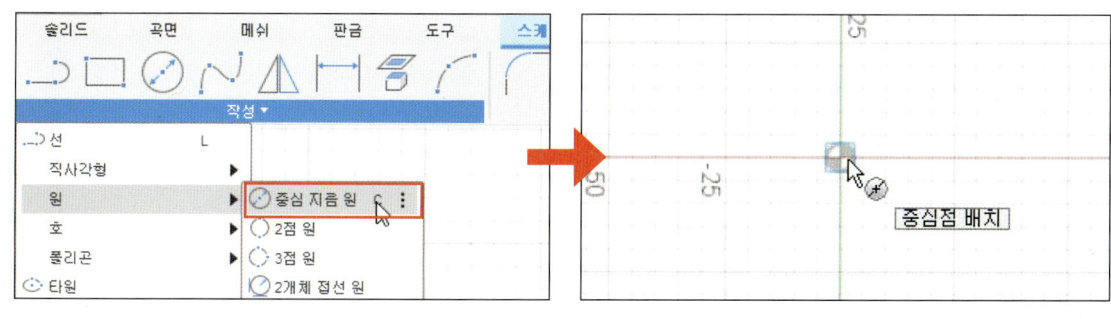

▲ 원 명령 실행    ▲ 원점 클릭

85

Part 02 솔리드 모델링

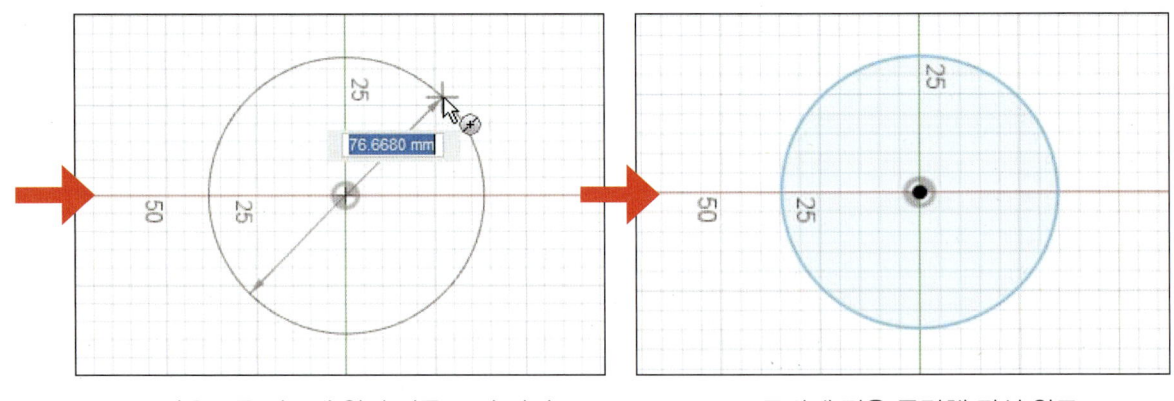

▲ 마우스를 이동해 원의 지름 크기 결정　　　▲ 두번째 점을 클릭해 작성 완료

### Tip

**원점과 프로파일과의 위치 관계**

여기서 원점 항목이란 퓨전 360 작업환경내의 X,Y,Z 좌표가 모두 0인 좌표를 뜻합니다.(X=0, Y=0, Z=0) 퓨전 360은 이와같이 처음 작성하는 스케치인 베이스 스케치의 프로파일의 중심은 원점에 있는것을 권장합니다.

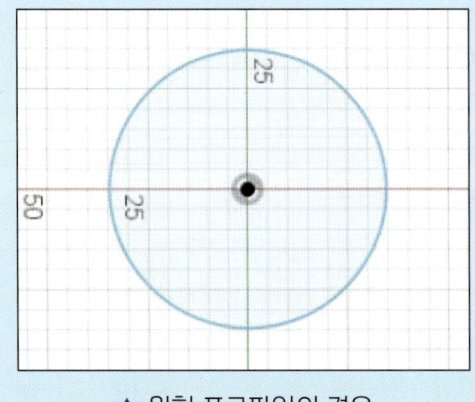 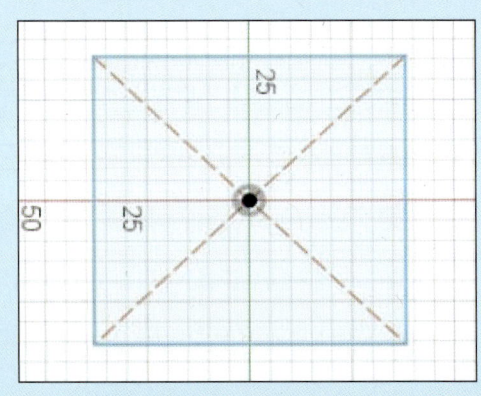

▲ 원형 프로파일의 경우　　　　　　　　　▲ 사각형 프로파일의 경우

## Chapter 2 블록 모델링 예제 1

퓨전 360은 정확한 크기로 모델을 그릴수 있습니다. 다음과 같이 **스케치 치수** 명령을 클릭해서 작성한 원을 클릭해 치수를 작성해 봅시다.

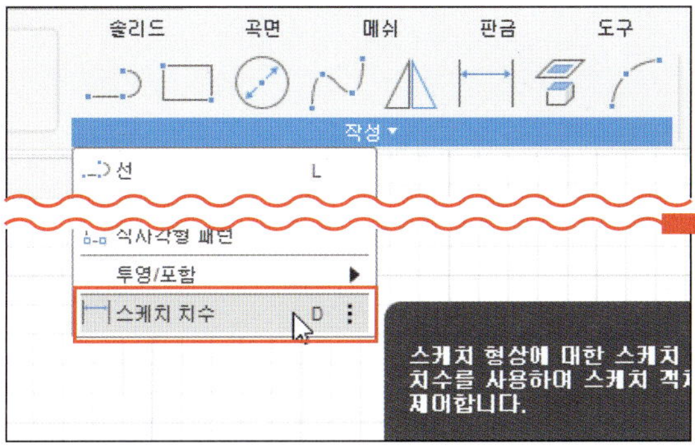

▲ 명령어 클릭 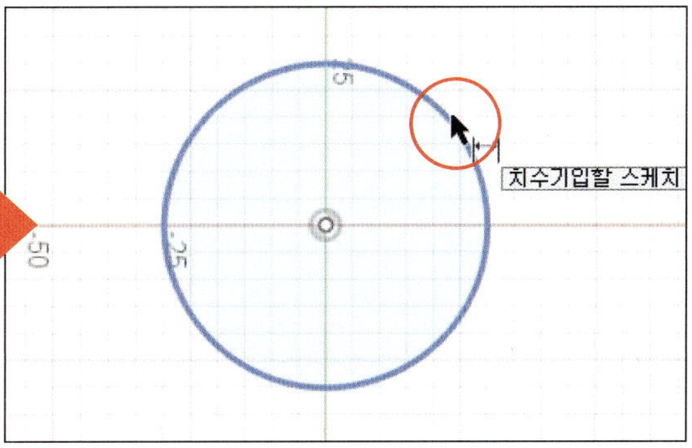 　　　　　▲ 원 클릭

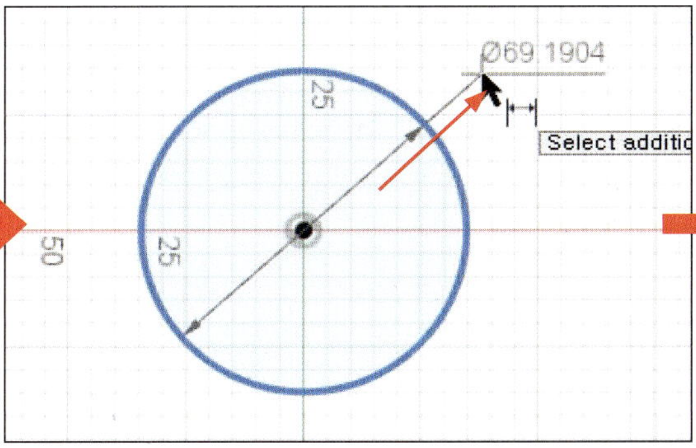

▲ 마우스 이동 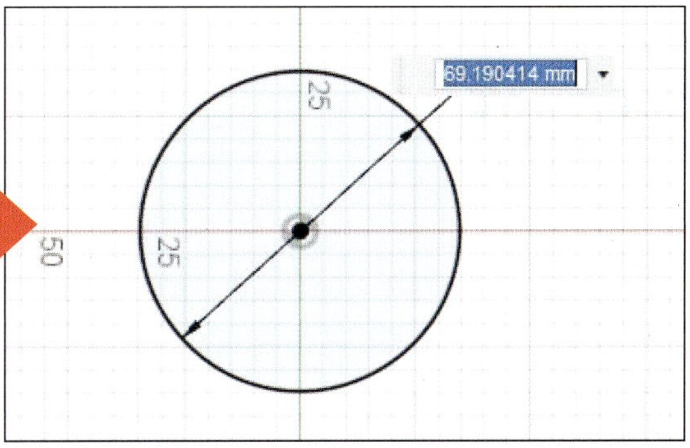 　　　　　▲ 클릭하면 치수창 표시

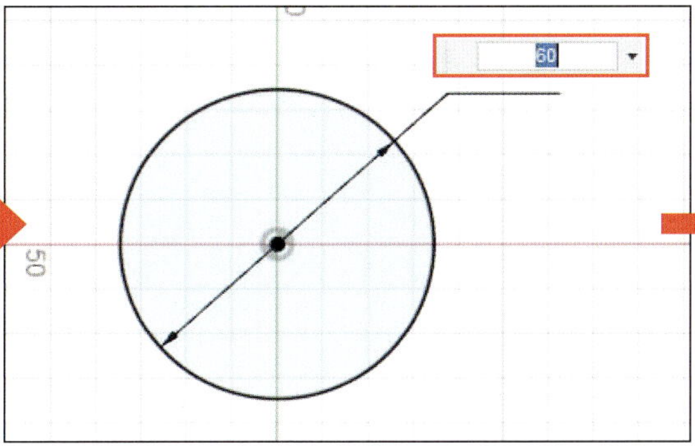

▲ 원하는 치수(60)를 입력 후 엔터키 누름 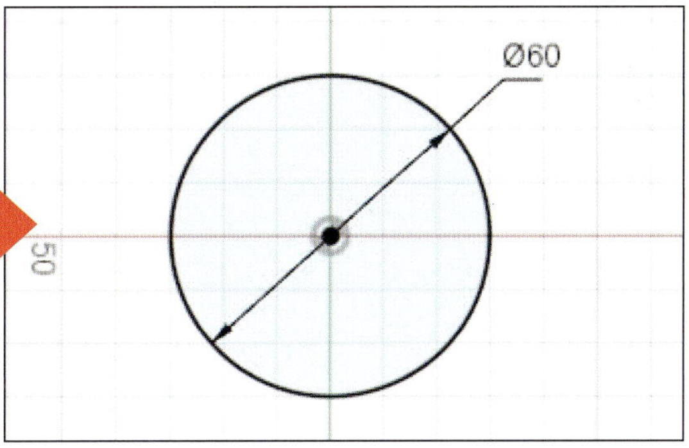 　　　　　▲ 치수 작성 완료

 Tip

치수 작성 명령의 단축키는 "D" 입니다. 앞으로 치수를 작성할 때 명령어를 클릭하는것 보다는 단축키를 활용하도록 합시다.

# Part 02 솔리드 모델링

이번에는 치수 명령으로 따로 치수를 입력하지 않고 스케치 개체를 작성함과 동시에 치수를 기입하는 법을 알아볼까요? 방금 작성한 원을 선택하고 마우스 우측 버튼을 누른 후 **삭제** 눌러서 개체를 삭제합니다.

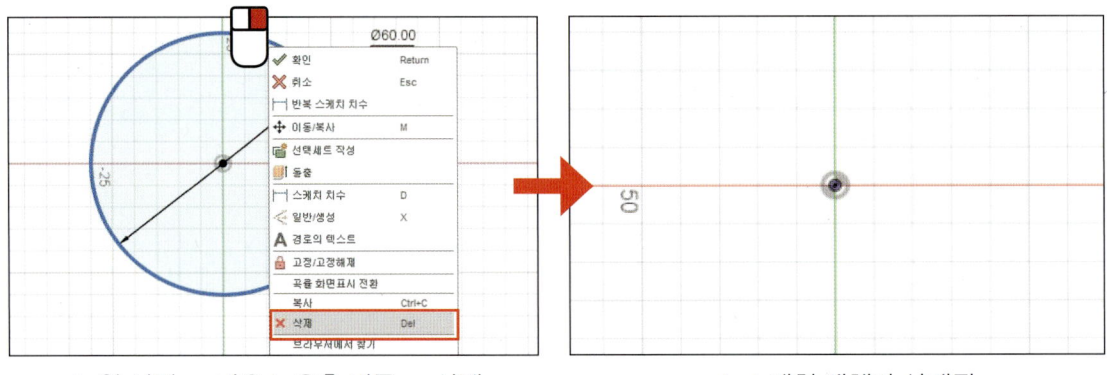

▲ 원 선택 → 마우스 우측 버튼 → 삭제    ▲ 스케치 개체가 삭제됨

> **Tip**
> 
> 혹은 개체를 선택한 후 키보드의 DELETE 키를 눌러도 됩니다. 모든 스케치 개체는 DELETE 키로 삭제할 수 있습니다.

> **Tip**
> 
> 스케치 개체를 삭제하면 치수도 함께 사라집니다.

다시 **원** 명령을 실행해서 아래 그림과 같이 작성해 봅시다.

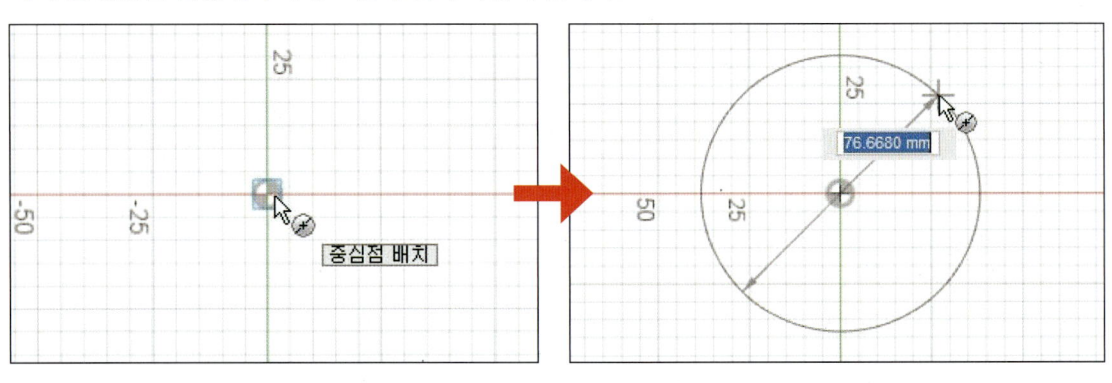

▲ 원 명령 실행 → 원점 클릭    ▲ 마우스 이동

## Chapter 2 블록 모델링 예제 1

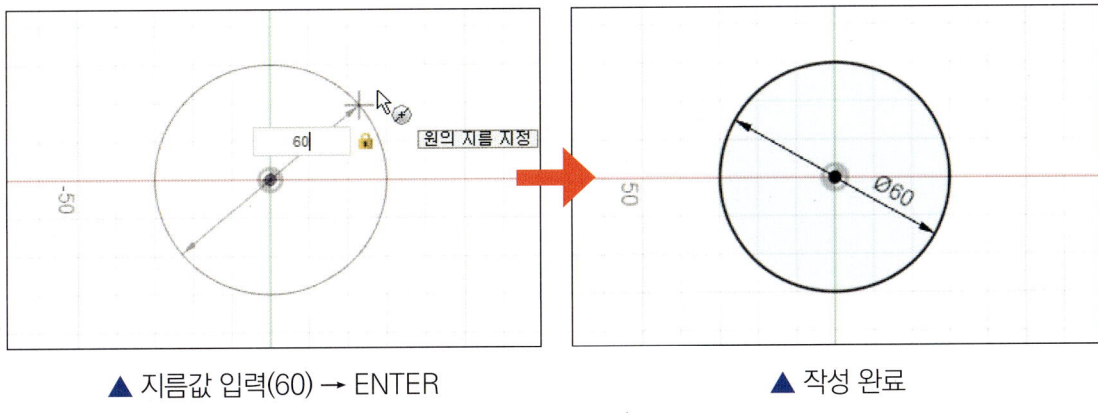

▲ 지름값 입력(60) → ENTER    ▲ 작성 완료

이와같이 퓨전360에서는 스케치 개체를 작성과 동시에 치수를 입력할 수 있습니다. 이제 첫 번째 프로파일이 완성이 되었으니 이 프로파일을 이용해서 원통 개체를 만들어 보겠습니다.

솔리드 항목을 클릭해서 **돌출** 명령을 클릭합니다.

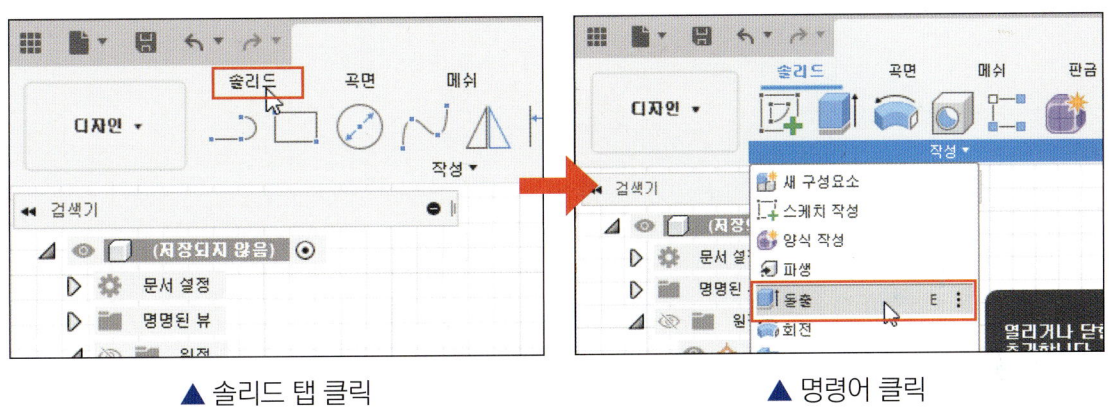

▲ 솔리드 탭 클릭    ▲ 명령어 클릭

그러면 아래 그림과 같이 스케치가 자동으로 종료되면서 돌출 명령으로 들어갈 것입니다.
여러분이 작성한 원이 색깔로 표시되고 화살표가 보일 것입니다.

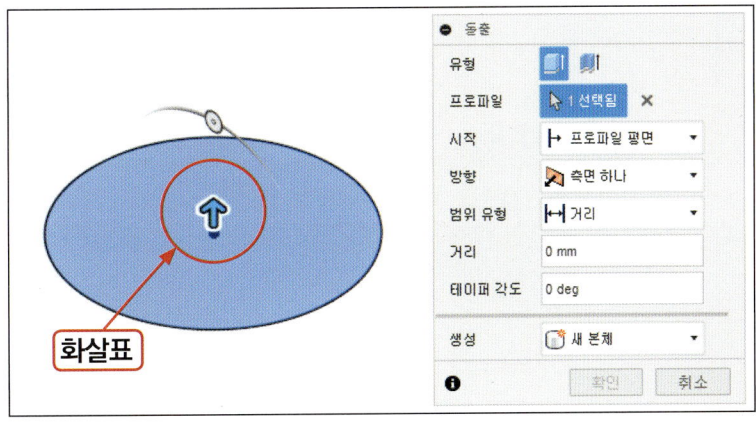

이제 이 화살표를 위로 드래그해보세요.

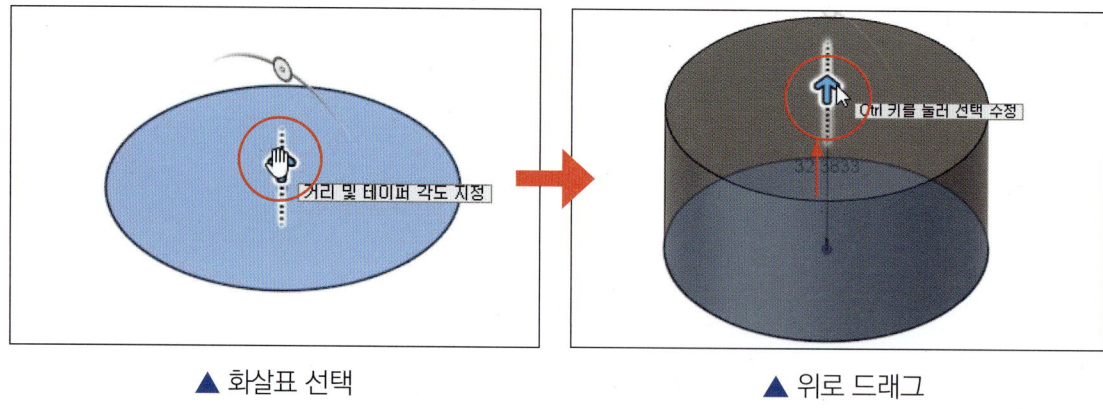

▲ 화살표 선택    ▲ 위로 드래그

자, 그러면 다음과 같이 원통 모양이 생성되지요? 하지만 여러분이 직접 잡아끌었기 때문에 정확한 높이가 표시되진 않습니다.

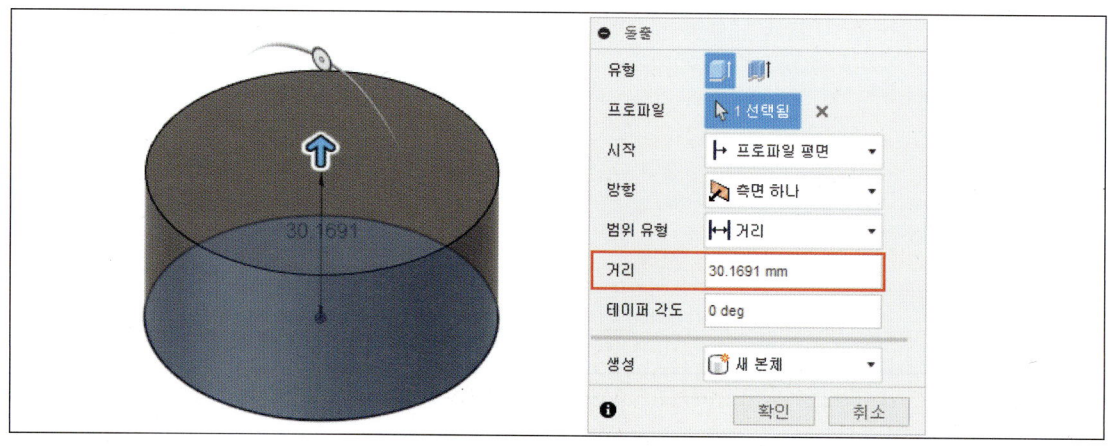

다음과 같이 거리 항목에 10(단위인 mm는 입력하지 않아도 됩니다)을 입력하고 확인 버튼을 누르면 원통이 작성됩니다.

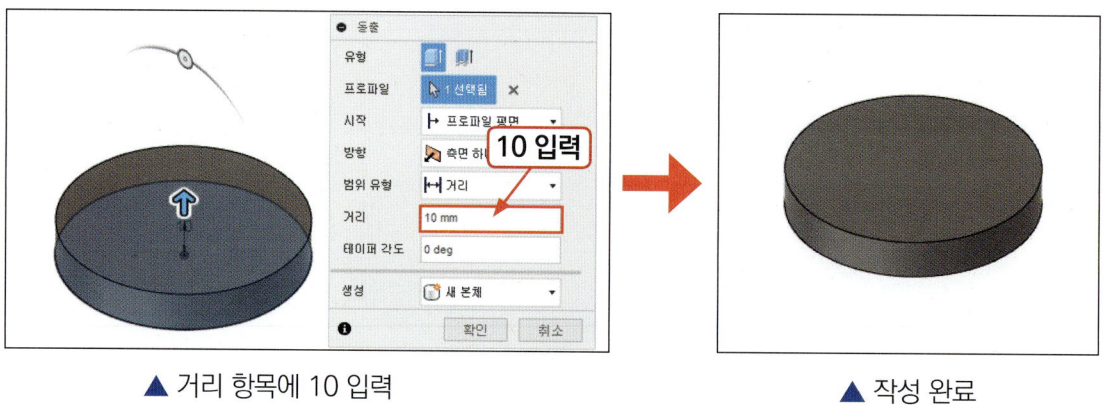

▲ 거리 항목에 10 입력    ▲ 작성 완료

Chapter 2 블록 모델링 예제 1

 **Tip**

### 탭을 누를때 마다 명령어 창이 변해요

Autodesk Fusion에서 각각의 탭을 누르면 표시되는 명령어 아이콘 창이 변경됩니다.

▲ 솔리드

▲ 곡면

▲ 스케치(스케치 작성 시에만 표시됩니다.)

## 03 서브 피쳐 작성하기

Autodesk Fusion

이제 서브 피쳐를 작성해 봅시다. 두 번째 피쳐부터는 첫 번째 작성했던 베이스 피쳐를 기준으로 작성하게 됩니다.

다음과 같이 작성한 형상 위에 스케치를 작성합니다.

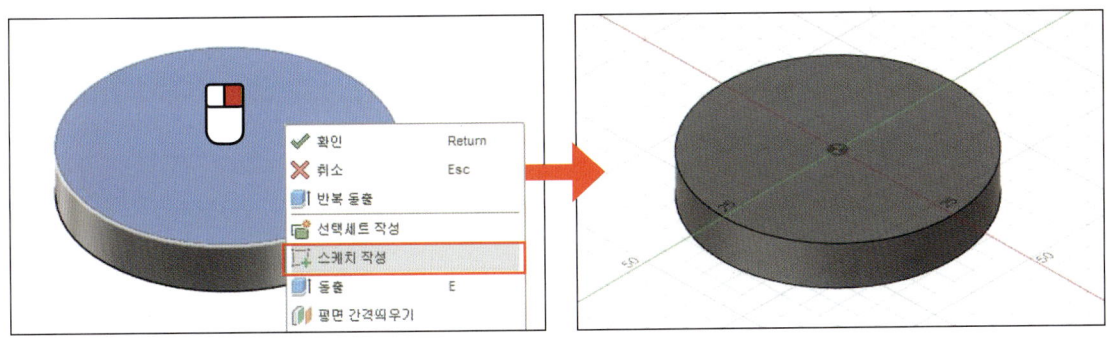

▲ 면 선택 → 마우스 우측 버튼 → 스케치 작성　　　　▲ 작성 완료

Tip

처음에 작성한 스케치와 다르게 형상의 평면위에 작성한 스케치는 형상에 구속되게 됩니다.

▲ 원점 항목에 작성한 스케치

▲ 형상위에 작성한 스케치

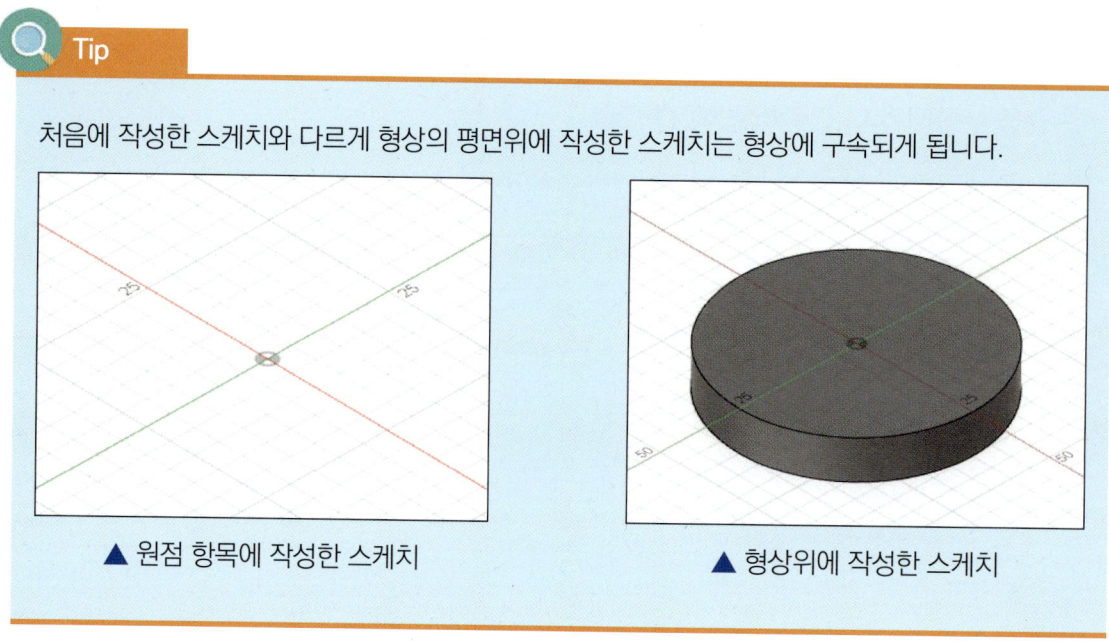

이제 이 형상 위에 사각형을 작성해 보도록 하겠습니다. 다음과 같이 중심 직사각형 명령을 실행해서 다음 순서에 의해 사각형을 작성합니다.

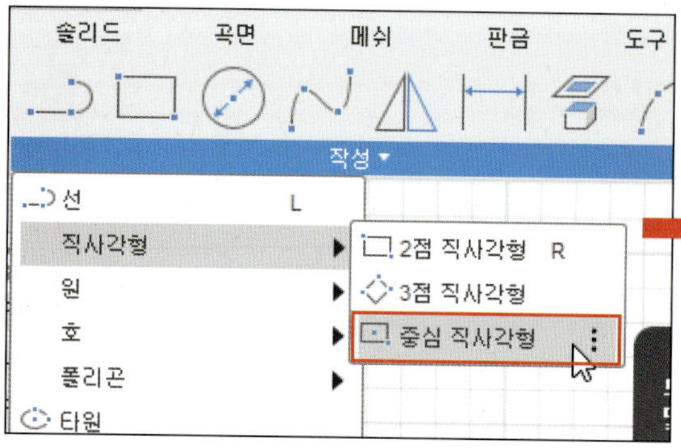

▲ 명령 실행

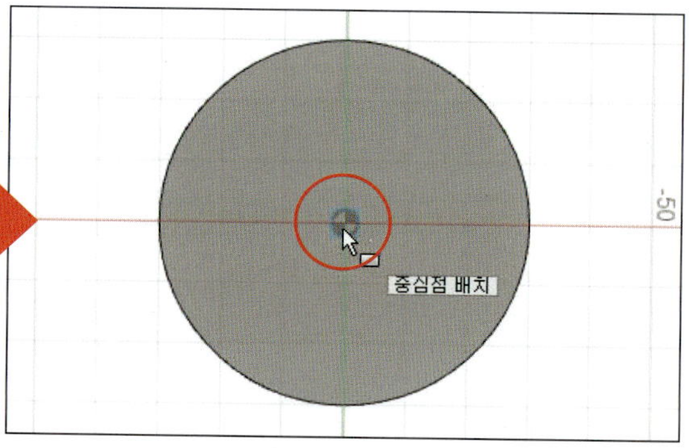

▲ 원점 클릭

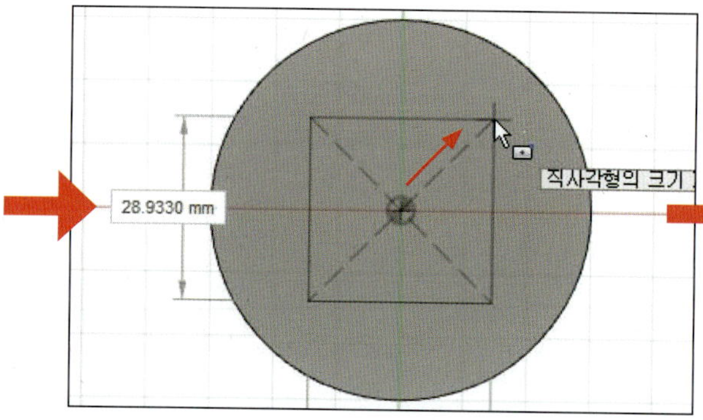

▲ 마우스 이동 후 클릭

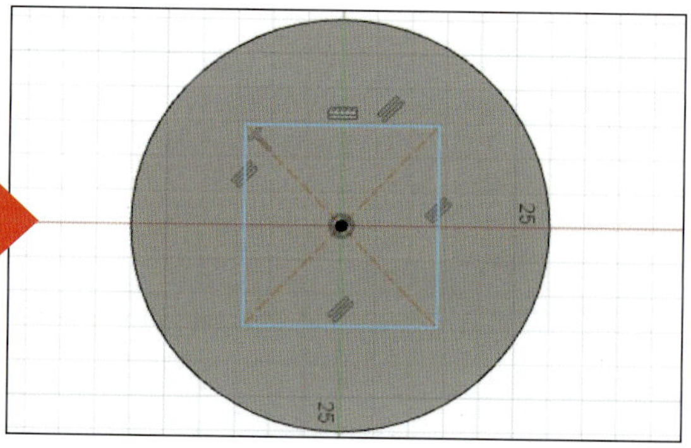

▲ 작성 완료

다음 순서에 의해 세로 치수를 작성해 봅시다.

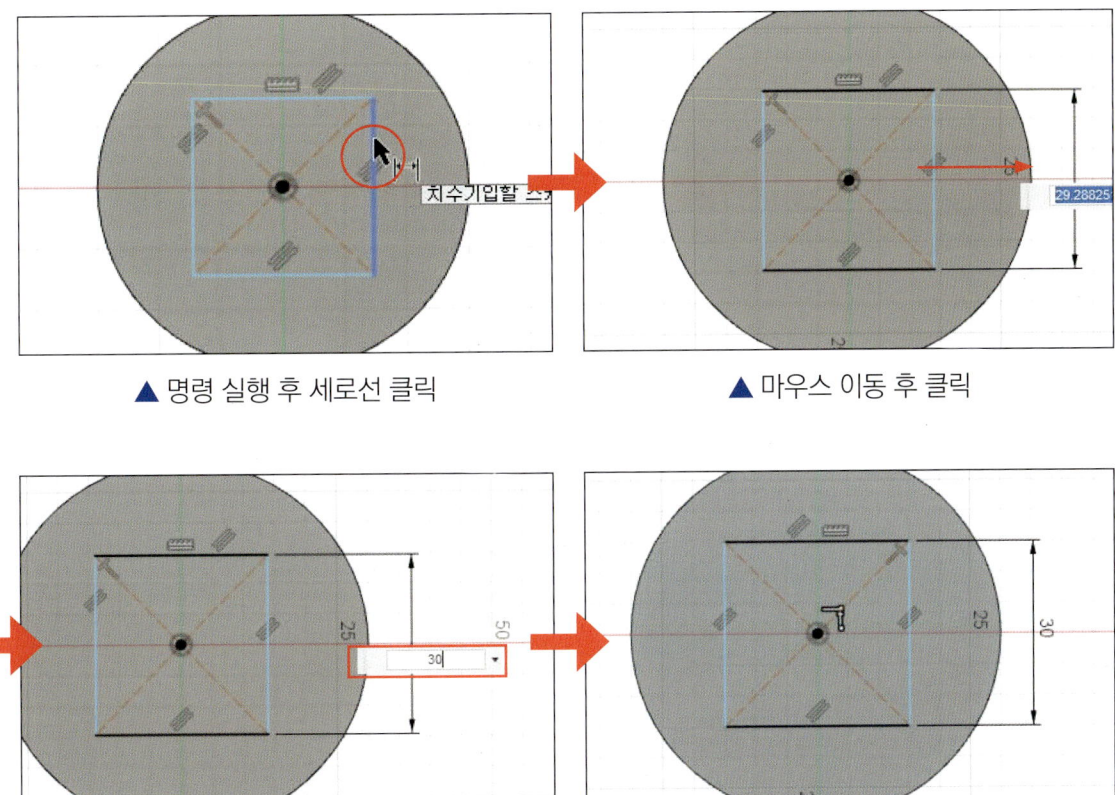

▲ 명령 실행 후 세로선 클릭   ▲ 마우스 이동 후 클릭

▲ 치수 입력 후 엔터   ▲ 작성 완료

같은 방법으로 가로 치수도 작성합니다.

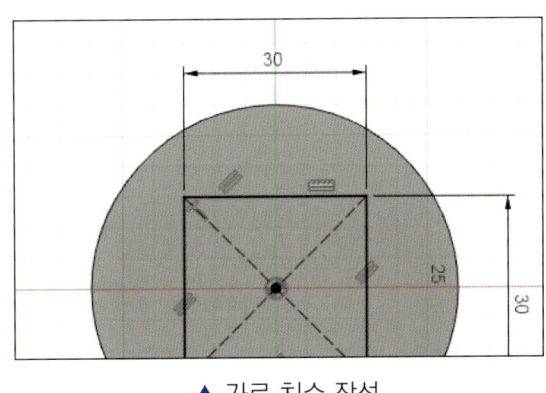

▲ 가로 치수 작성

 **Tip**

치수선 방향을 수직 방향으로 이동하면 가로 치수가 기입되고 수평 방향으로 이동하면 세로 치수가 작성됩니다.

# Part 02 솔리드 모델링

지난번 원을 그린 방법과 마찬가지로 사각형을 그리면서 바로 치수도 작성해 볼까요? 마우스를 드래그해서 스케치를 전체 선택한 후에 DELETE 버튼을 눌러서 지웁니다.

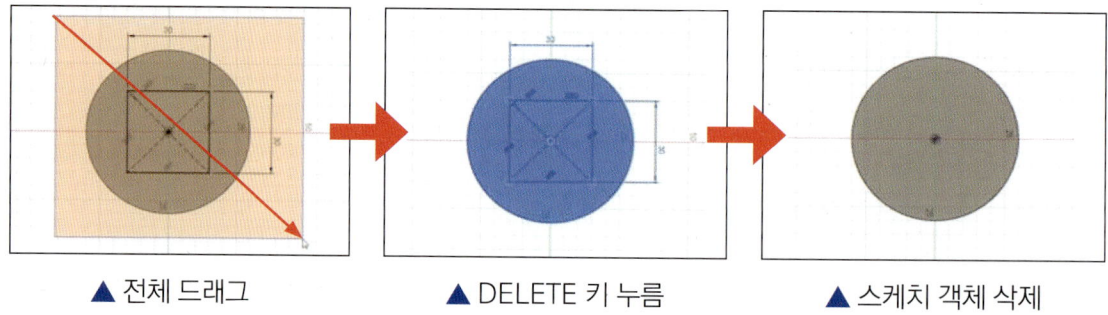

▲ 전체 드래그　　　▲ DELETE 키 누름　　　▲ 스케치 객체 삭제

> **Tip**
> 사각형은 여러개의 선이 모여서 이루어진 도형이므로 드래그로 한꺼번에 선택해서 지웁니다.

> **Tip**
> 스케치 환경에서는 스케치 개체만 삭제됩니다.

이제 사각형을 다시 작성해 볼까요? 그런데 사각형을 작성할 때에는 문제가 있습니다. 바로 작성할 치수의 개수가 두개라는 것이죠. 이럴때는 하나의 개체를 작성하면서 어떻게 두개의 치수를 작성하느냐 하는 것인데요. 바로 TAB 키를 이용하면 됩니다.

아래 그림을 보면서 TAB 키를 이용해서 사각형을 작성하면서 치수를 동시에 작성해 봅시다.

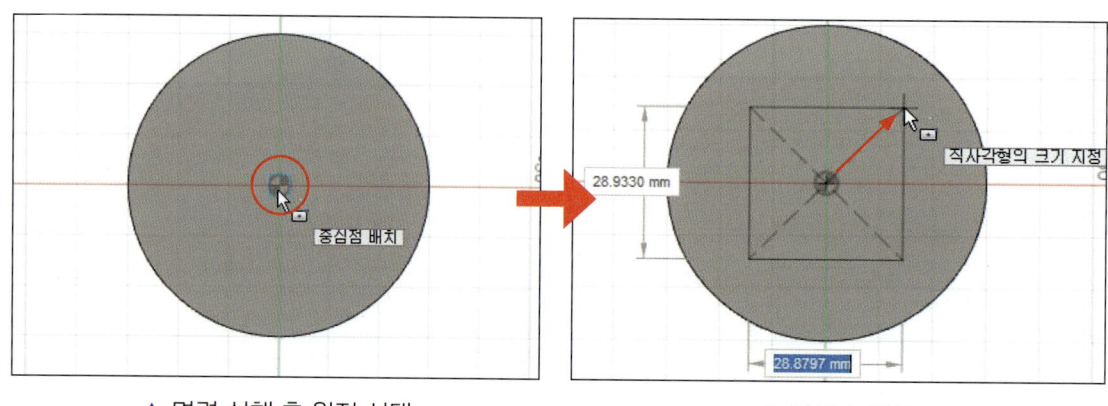

▲ 명령 실행 후 원점 선택　　　▲ 마우스 이동

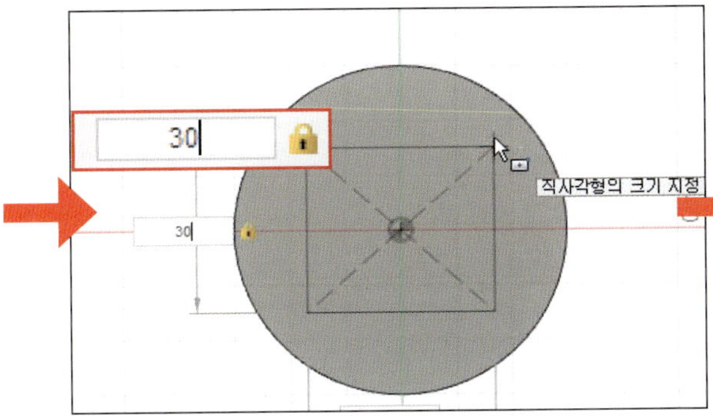

## Chapter 2 블록 모델링 예제 1

▲ 첫 번째 치수 입력

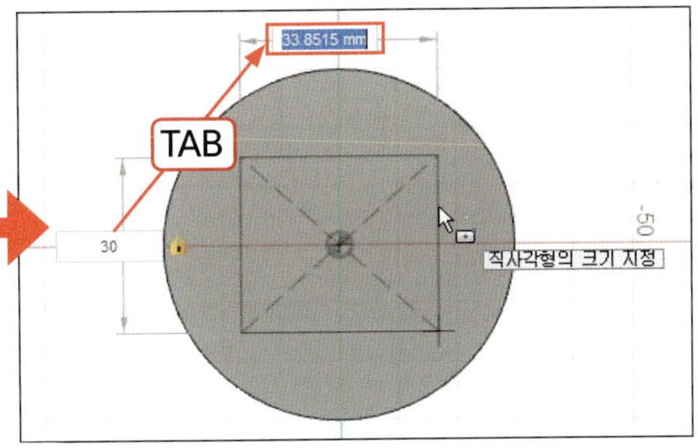

▲ TAB 키를 눌러서 입력칸 이동

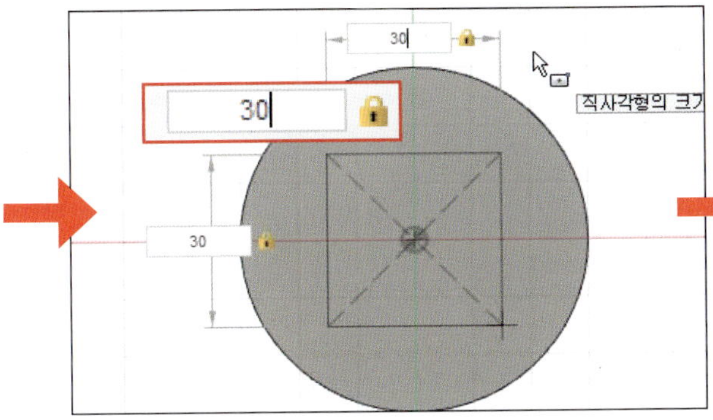

▲ 두 번째 치수 입력 후 엔터

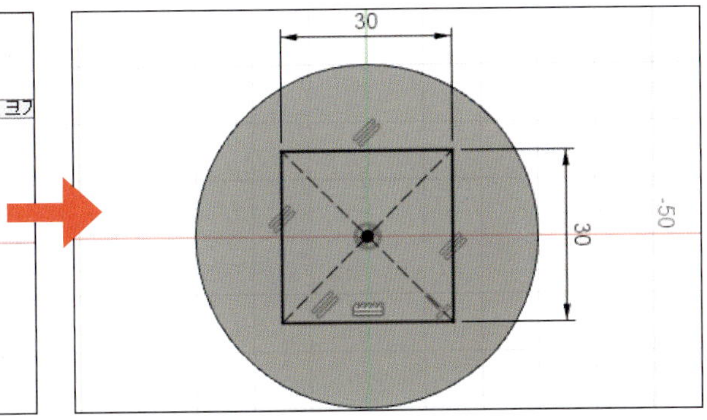

▲ 작성 완료

이러한 방법으로 하나의 개체를 작성할 때 두 개 이상의 치수가 필요한 경우에는 위와 같은 방법으로 개체 작성시 치수를 입력할 수 있습니다.

이제 돌출 명령을 작성해 볼까요? 아까와 같이 명령어 아이콘을 직접 클릭해도 되지만 Autodesk Fusion은 선택한 개체를 이용해 작성할 수 있는 명령을 지원해주는 마우스 우측 버튼 명령이 있습니다. 아까 모델면을 선택하고 스케치를 작성한 것도 같은 기능이라고 보시면 됩니다.

여러분이 작성한 사각형을 선택하고 마우스 우측 버튼을 눌러 **돌출** 명령을 클릭합니다.

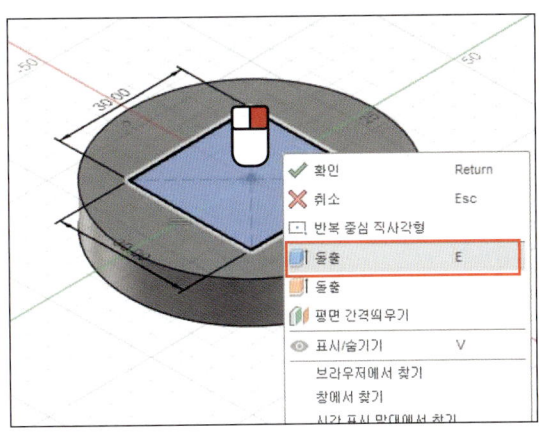

## Part 02 솔리드 모델링

화살표를 위로 드래그하고 값(20)을 입력(20)한 후에 OK버튼을 누릅니다.

▲ 거리 입력 후 확인 버튼 클릭　　　　　▲ 작성 완료

이로써 처음에 작성한 원통 위에 두 번째로 작성한 사각박스 형상이 더해졌습니다. 이때의 생성 옵션이 바로 접합입니다.

### Tip
접합은 작성할 개체가 이전의 개체와 겹치지 않으면서 딱 맞닿아 있으면 자동으로 활성화가 됩니다.

이번에는 돌출의 잘라내기 옵션에 대해서 알아봅시다. 모델 윗면에 아까와 마찬가지로 스케치를 생성하고 **외접 폴리곤** 명령을 실행해서 다음과 같이 스케치를 작성합시다.

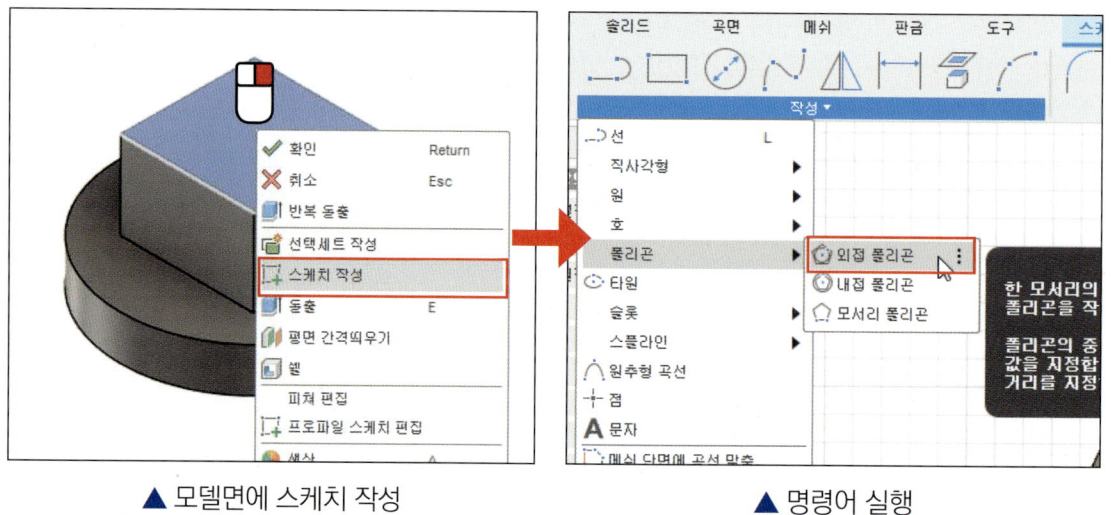

▲ 모델면에 스케치 작성　　　　　▲ 명령어 실행

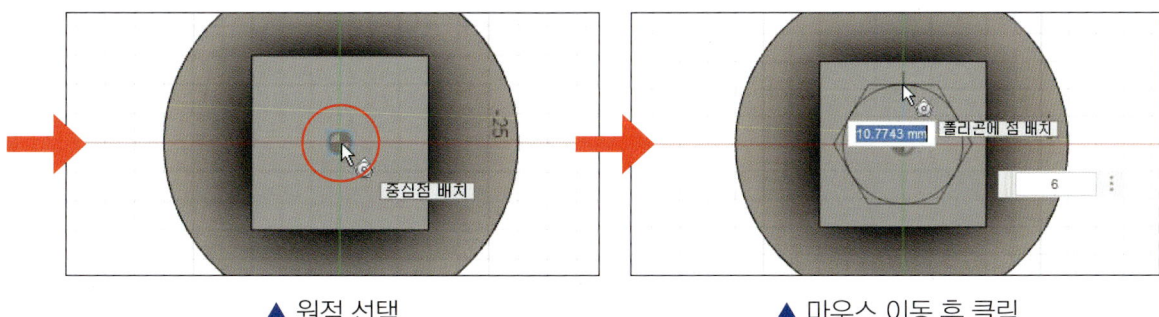

▲ 원점 선택    ▲ 마우스 이동 후 클릭

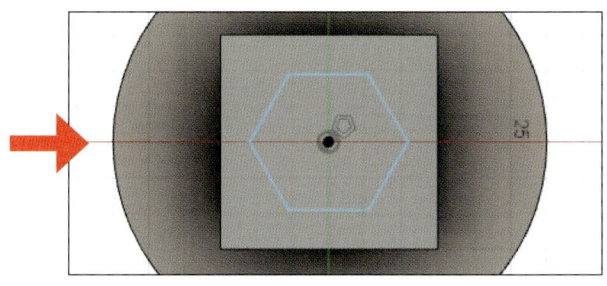

▲ 작성 완료

이제 치수 명령으로 폭 치수를 작성합니다. 폭 치수는 다음과 같이 평행한 두 개의 선을 선택해 작성합니다.

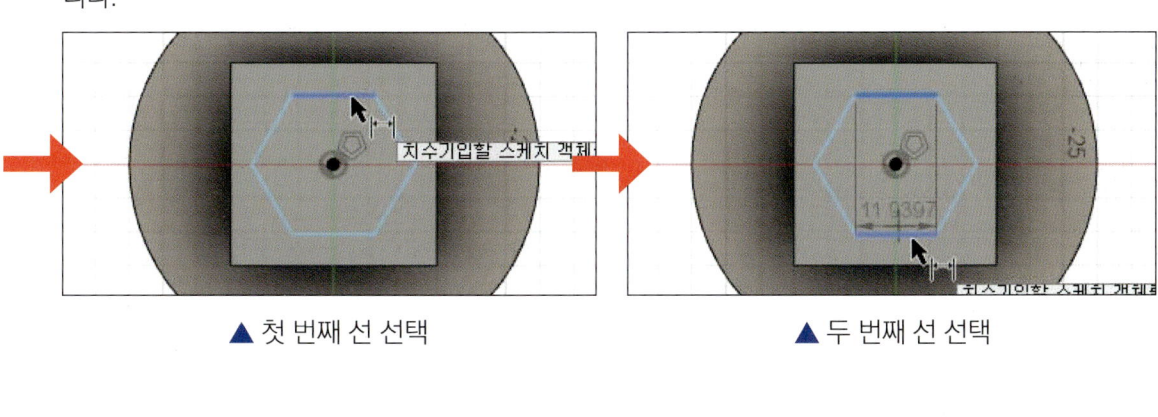

▲ 첫 번째 선 선택    ▲ 두 번째 선 선택

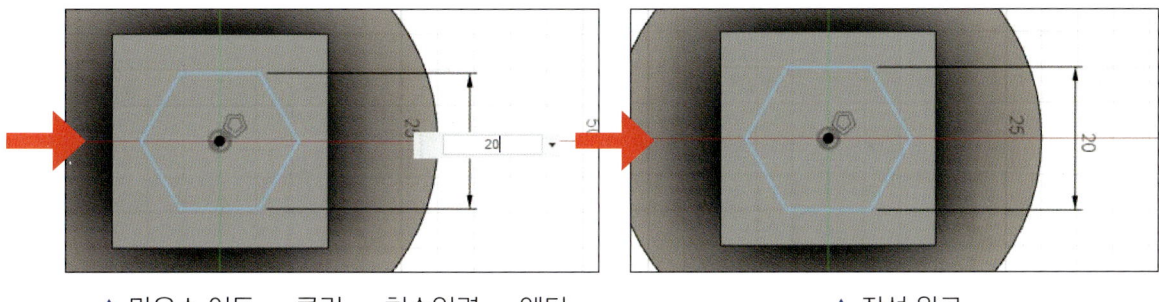

▲ 마우스 이동 → 클릭 → 치수입력 → 엔터    ▲ 작성 완료

97

# Part 02 솔리드 모델링

다음으로 구속조건을 부여해서 스케치를 완전구속시키도록 하겠습니다.

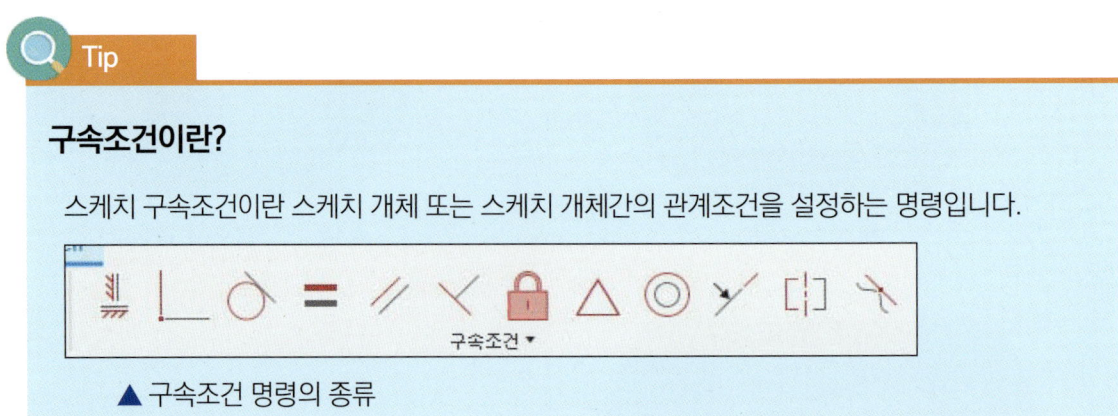

### Tip

**구속조건이란?**

스케치 구속조건이란 스케치 개체 또는 스케치 개체간의 관계조건을 설정하는 명령입니다.

▲ 구속조건 명령의 종류

구속조건 항목에서 **수평/수직** 구속조건 명령을 클릭해서 육각형의 윗변을 클릭합니다.

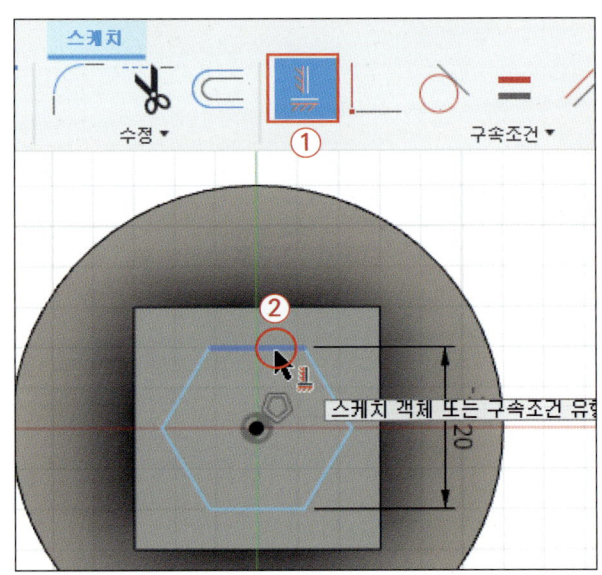

▶ 명령어 클릭 후 윗변 클릭

육각형의 색깔이 검은색으로 변경되었습니다. 이처럼 Autodesk Fusion에서는 스케치가 완전구속이 되면 색상이 검은색으로 변하게 됩니다.

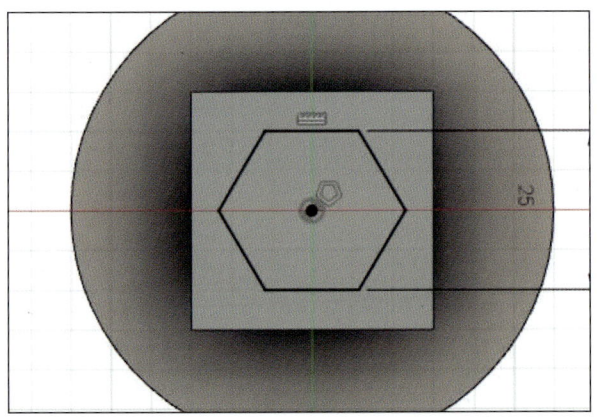

 **Tip**

### 스케치 완전구속이란?

스케치의 완전구속이란 모든 스케치 개체가 원점을 기준으로 치수, 혹은 구속조건에 의해서 완전히 치수 및 위치가 정해진 상태를 말하게 됩니다. 여기서 스케치 개체가 하나라도 불완전 구속이 되면 브라우저의 스케치 아이콘 모양이 변하게 됩니다.

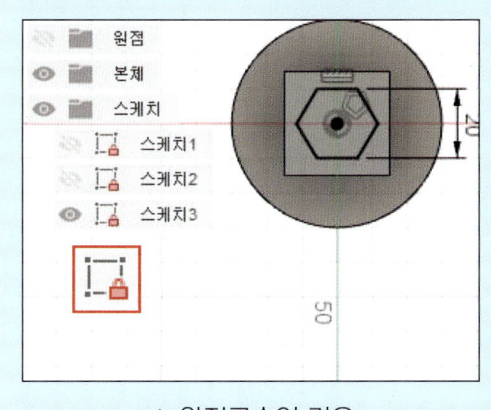
▲ 완전구속인 경우

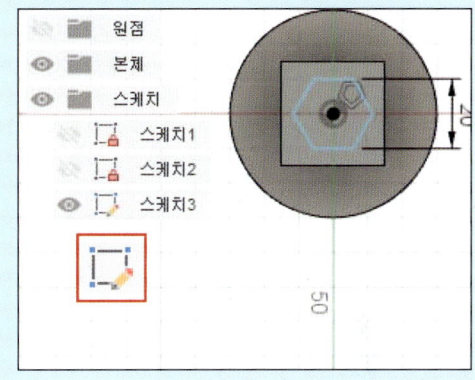
▲ 불완전 구속인 경우

이제 작성한 육각형을 선택해 **돌출** 명령을 실행합니다.

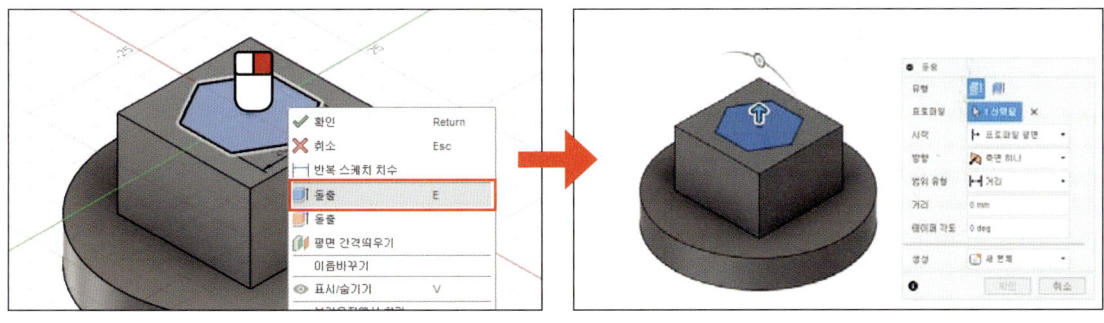

화살표를 아래로 드래그해 봅시다. 아래 그림과 같이 돌출 형상의 영역이 빨간색으로 표시되면서 작업 항목이 **잘라내기**로 변하게 됩니다.

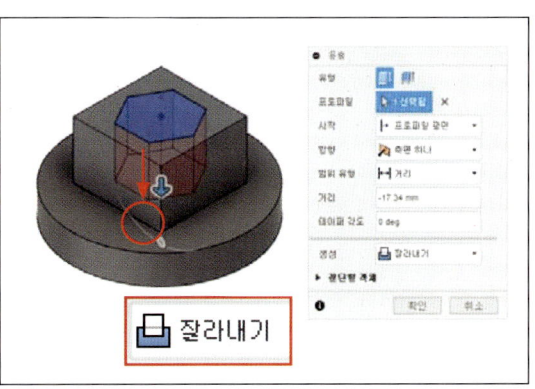

## Part 02 솔리드 모델링

> **Tip**
>
> ### 돌출의 가장 대표적인 작업 옵션, 접합과 잘라내기
>
> 그림과 같이 물체와 접하는 상태로 생성되면 자동으로 **접합**이 되고 물체와 간섭되는 상태로 생성되면 자동으로 **잘라내기**로 옵션이 변합니다.
>
>
>
> ▲ 접합  ▲ 잘라내기

거리를 -15로 입력하고 확인 버튼을 눌러 돌출 잘라내기 형상을 마무리합니다.

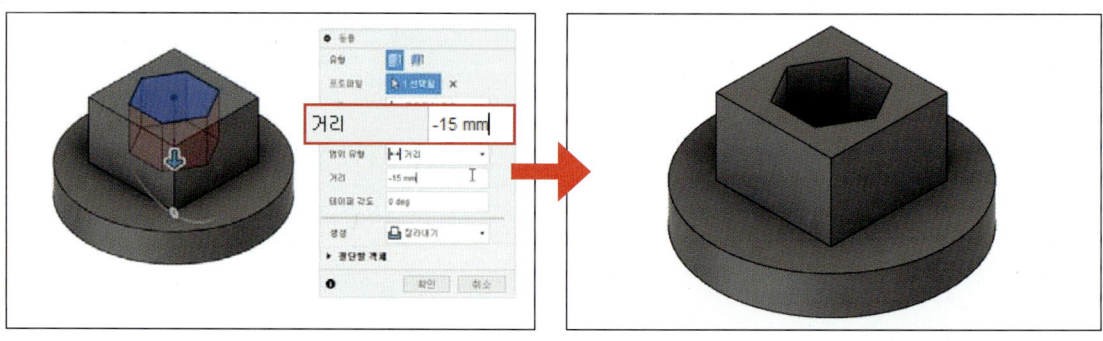

▲ 거리 입력 → 확인 버튼 클릭   ▲ 작성 완료

이번에는 돌출 명령에서 **모두** 옵션을 알아보도록 하겠습니다. 차집합으로 파여진 바닥을 선택해서 스케치를 작성 후 원을 작성합니다.

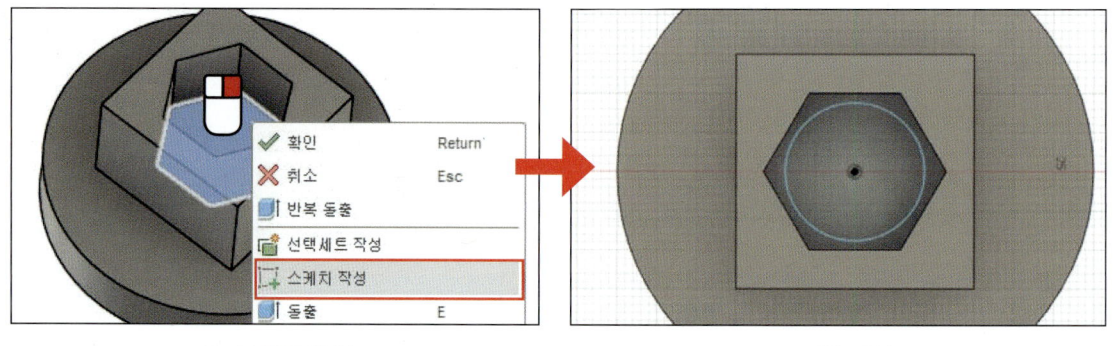

▲ 스케치 작성   ▲ 원 작성

이제 구속조건을 이용해 작성한 원과 육각 모서리가 항상 접하도록 만들겠습니다. **접선** 구속조건을 클릭해서 육각 모서리와 원을 클릭합니다.

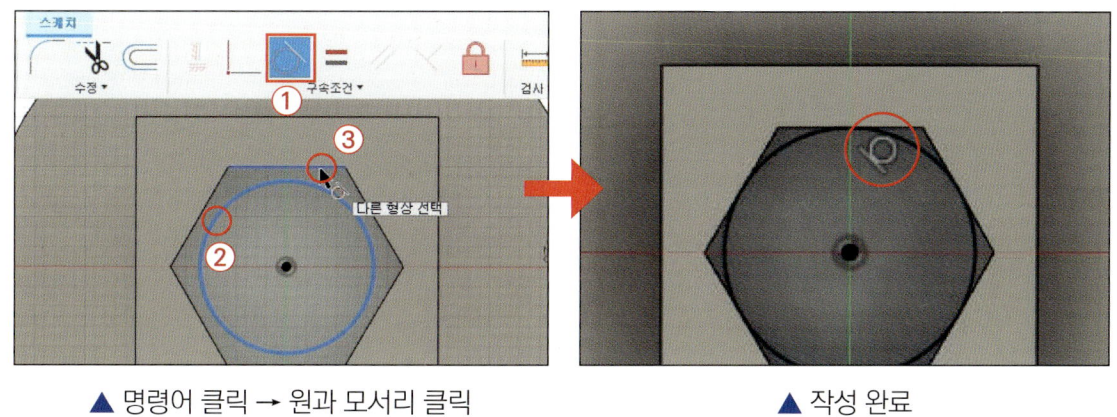

▲ 명령어 클릭 → 원과 모서리 클릭　　　　　　　▲ 작성 완료

 Tip

다음과 같이 **접선** 구속조건이 적용되어 있으면 원은 항상 해당 개체에 접하는 상태가 됩니다.

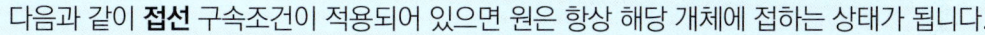

이제 작성한 원을 이용해 돌출 명령을 실행해서 화살표를 아래로 드래그합니다.

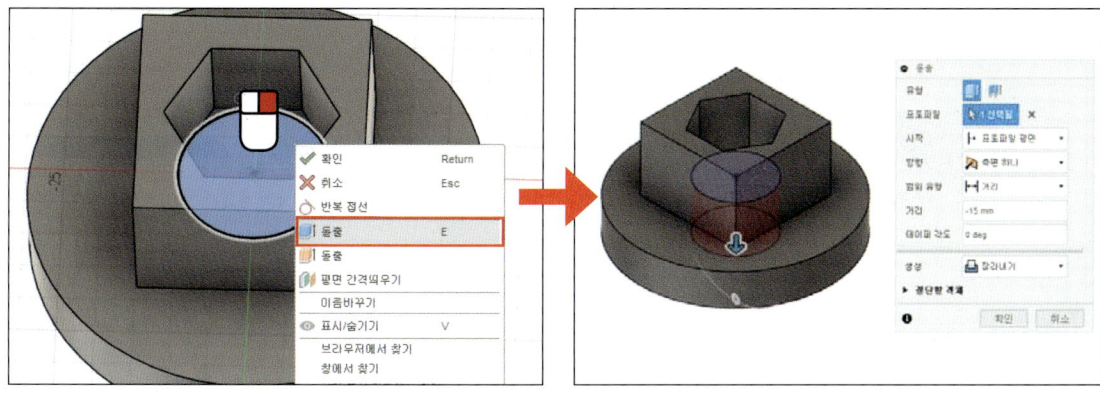

# Part 02 솔리드 모델링

위에서 한번 진행했듯이 돌출 영역이 빨갛게 표시됩니다. 이번엔 **범위 유형** 옵션을 선택해서 **모두**를 선택하면 전체 관통된 형상이 작성될 것입니다.

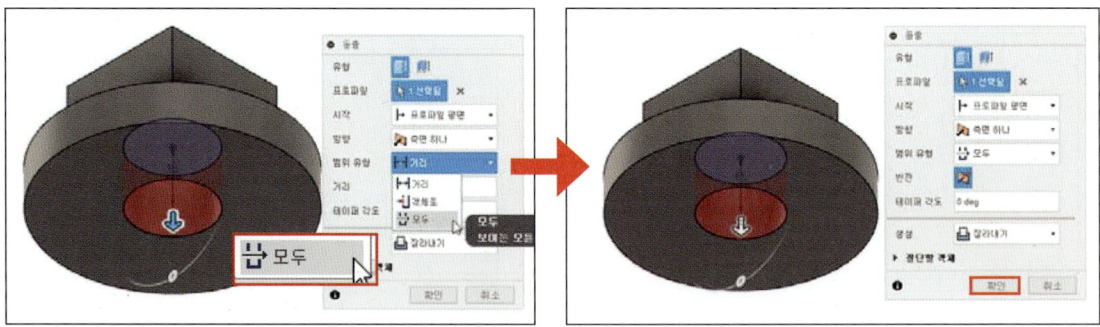

▲ 옵션 변경　　　　　　　　　　▲ 확인 버튼 클릭

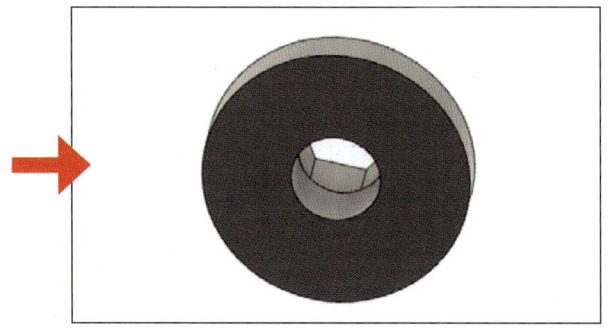

▲ 작성 완료

### Tip

**모두 옵션에 대해서**

**모두** 옵션은 나중에 형상이 수정되더라도 항상 관통이라는 조건을 가지고 있게 됩니다.

**1. 거리 옵션인 경우**

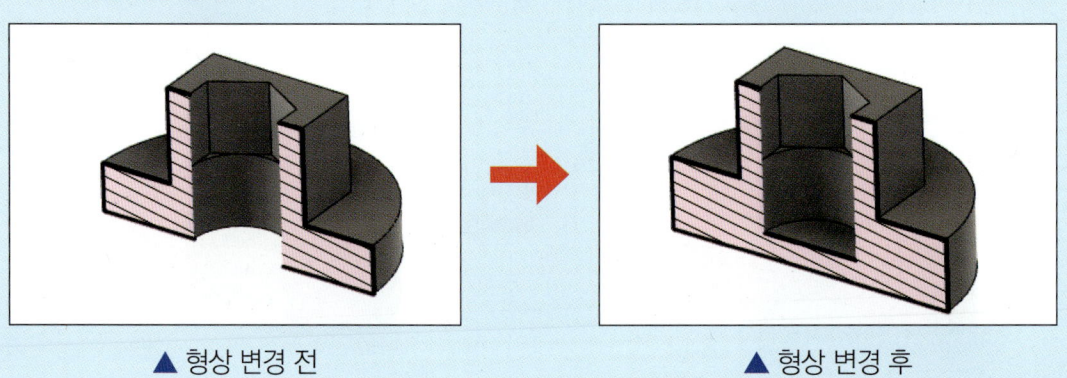

▲ 형상 변경 전　　　　　　　　　　▲ 형상 변경 후

## 2. 모두 옵션인 경우

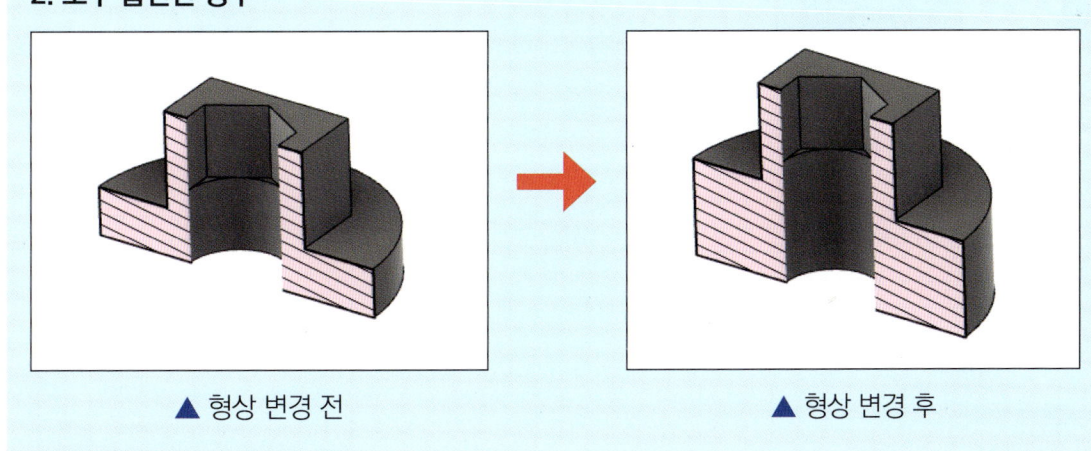

▲ 형상 변경 전　　　　　　　　　▲ 형상 변경 후

 **Command**

### 돌출

작성된 프로파일 영역에 거리와 각도를 주어서 피쳐를 생성합니다.

❶ **유형** : 돌출 생성 유형을 선택합니다.
　- 돌출 : 프로파일 영역을 돌출합니다.
　- 얇은 돌출 : 프로파일 곡선에 두께를 주어 돌출합니다.

❷ **프로파일** : 프로파일을 선택합니다.

❸ **시작** : 돌출의 시작면을 선택합니다.

❹ **방향** : 돌출 방향을 선택합니다.

❺ **범위 유형** : 돌출 피쳐의 작성 범위를 선택합니다.

❻ **거리** : 돌출 작성 거리를 설정합니다.

❼ **테이퍼 각도** : 구배 각도를 설정합니다.

❽ **생성** : 작업 생성 옵션을 선택합니다.

# 04 마무리 피쳐 작성하기

이번에는 마무리 피쳐를 작성해 보도록 하겠습니다. 앞서 언급했던 가장 큰 형상부터 그린다는 원칙에 따라서 가장 작은 형상이 됩니다.

대표적으로 맨 마지막으로 작성하는 피쳐는 해당 모델의 모서리와 가장자리를 다듬는다는 개념으로 접근하게 됩니다.

이런 용도로 가장 대표적으로 쓰이게 되는 피쳐가 바로 **필렛**와 **챔퍼** 입니다.

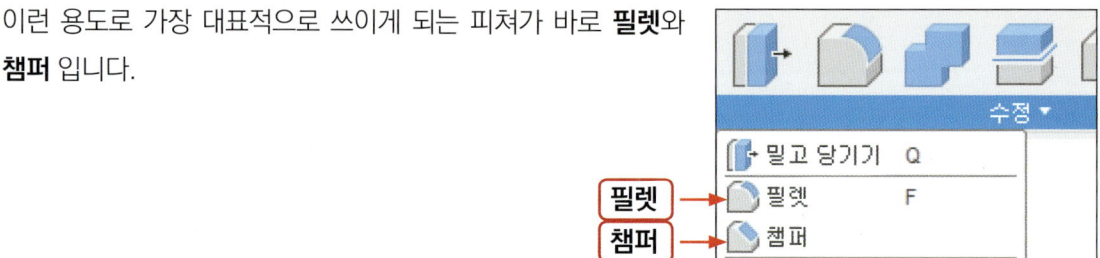

먼저 필렛부터 작성해 보도록 하겠습니다. 다음 그림과 같이 **필렛** 명령을 실행해 다음과 같은 순서로 작성합니다.

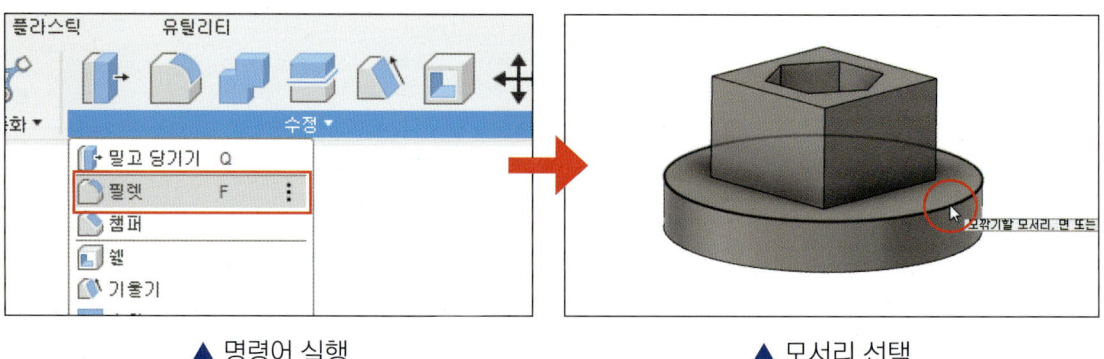

▲ 명령어 실행 　　　　　　　　▲ 모서리 선택

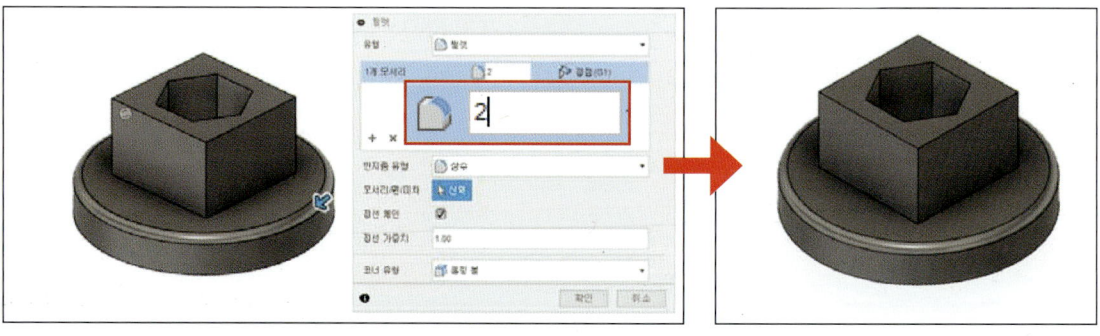

▲ 반지름 입력 → 확인 버튼 클릭 　　　　　　　　▲ 작성 완료

마지막으로 **챔퍼** 명령을 다음과 같이 작성해 봅시다.

▲ 명령어 실행    ▲ 모서리 선택

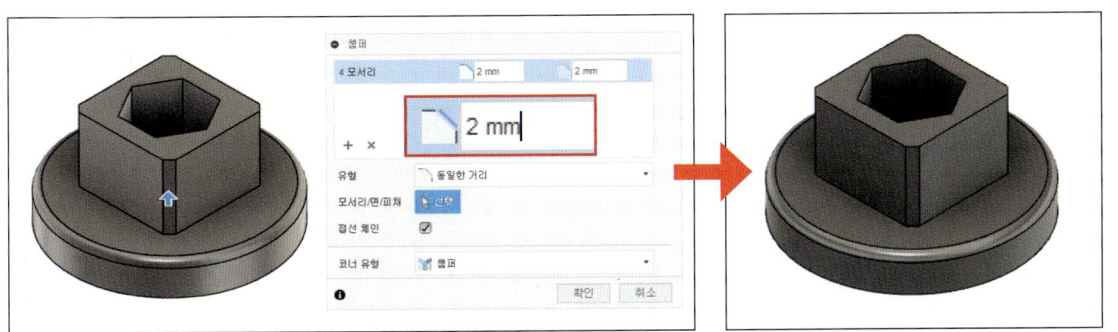

▲ 거리 입력 → 확인 버튼 클릭    ▲ 작성 완료

 YouTube
풀이 과정을 유튜브로
확인해 보세요!

 Tip

필렛과 챔퍼 명령은 모델의 모서리를 선택한 후 마우스 우측 버튼을 눌러 나타나는 퀵 메뉴를 클릭해서 빠르게 작성할 수 있습니다.

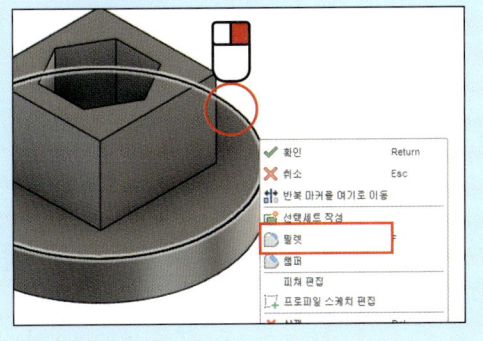

## Part 02 솔리드 모델링

**Command**

### 필렛

선택한 모서리에 필렛를 작성합니다.

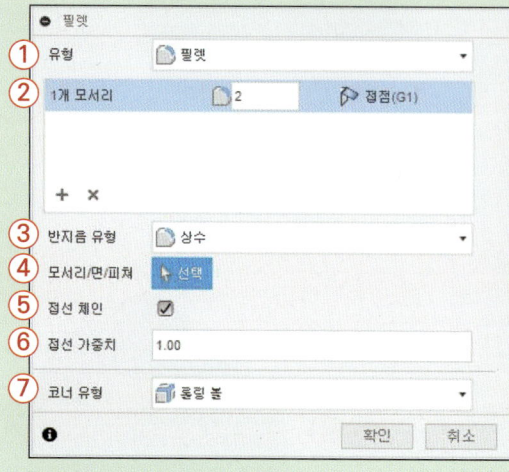

❶ **유형** : 필렛 유형을 선택합니다. 일반 챔퍼와 규칙 필렛, 전체 둥근 필렛를 선택합니다.

❷ **선택 리스트** : 필렛할 모서리를 선택합니다. 리스트 추가를 눌러서 다양한 반지름의 필렛를 한번에 실행할 수 있습니다.

❸ **반지름 유형** : 필렛의 반지름 작성 유형을 선택합니다.

❹ **모서리/면/피쳐** : 유형에서 규칙 필렛를 했을 경우 선택한 객체의 수를 표시합니다.

❺ **접선 체인** : 접선으로 연결되어 있는 모서리를 한꺼번에 선택합니다.

❻ **접선 가중치** : 필렛 면의 인접 면에 대한 접선 가중치를 설정합니다.

❼ **코너 유형** : 3개의 모서리가 만나는 구석 부분의 처리를 설정합니다.

### 챔퍼

선택한 모서리에 챔퍼를 작성합니다.

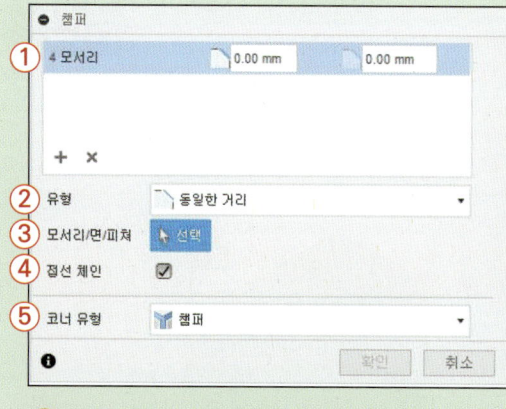

❶ **선택 리스트** : 챔퍼할 모서리를 선택합니다. 리스트 추가를 눌러서 다양한 챔퍼를 추가할 수 있습니다.

❷ **유형** : 챔퍼할 유형을 선택합니다. 동일한 거리, 두 거리, 거리 및 각도 유형이 있습니다.

❸ **모서리/면/피쳐** : 챔퍼를 했을 경우 선택한 객체의 수를 표시합니다.

❹ **접선 체인** : 접선으로 연결되어 있는 모서리를 한꺼번에 선택합니다.

❺ **구석 유형** : 3개의 모서리가 만나는 구석 부분의 처리를 설정합니다.

 **총정리**

이번 챕터를 통해 우리는 다음과 같은 것들을 배웠습니다.

① **베이스 스케치와 베이스 피쳐** : 첫 번째 스케치를 어떤 컨셉으로 잡아야 하는지 학습했습니다. 큐브의 방향과 우리가 정면도라고 생각하는 곳을 일치시켜서 스케치를 생성하도록 합시다. 또한 첫 번째 베이스 피쳐의 형상을 어떠한 컨셉으로 작성해야 하는지에 대해 학습했습니다.

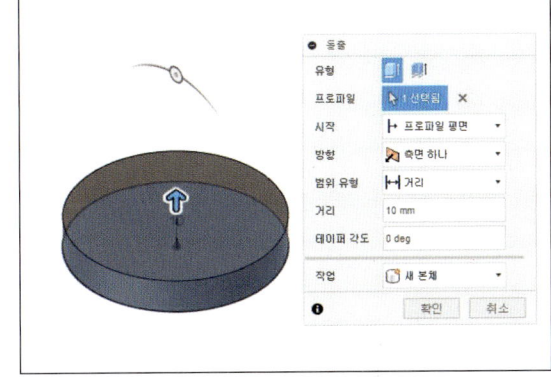

② **돌출의 기본적인 사용방법** : 가장 많이 쓰이는 솔리드 모델링인 돌출 명령어에 대한 것을 학습했습니다. 또한 돌출의 생성 옵션인 합집합과 차집합에 대한 것을 처음으로 학습해 보았습니다.

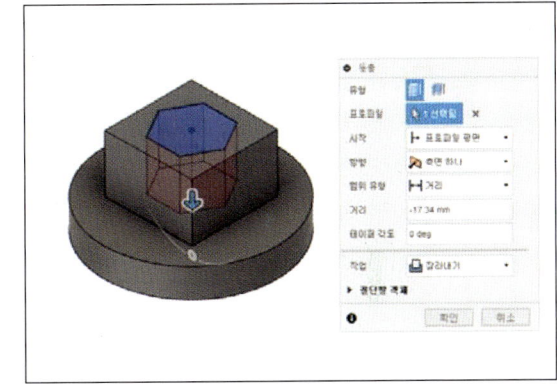

③ **스케치 프로파일 형상 그리기** : 가장 많이 쓰이는 그리기 도구인 사각형 도구와 원 도구의 사용법에 대해 학습했습니다. 또한 스케치 개체를 작성시에 치수를 바로 입력하는 방법 또한 학습했습니다.

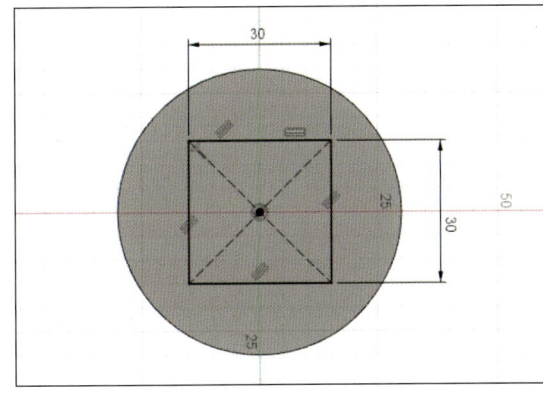

❹ **스케치 요소에 치수 기입하는 방법** : 스케치 환경에서 스케치 요소의 크기를 결정하는 치수를 기입하는 기본적인 방법에 대해서 알아보았습니다.

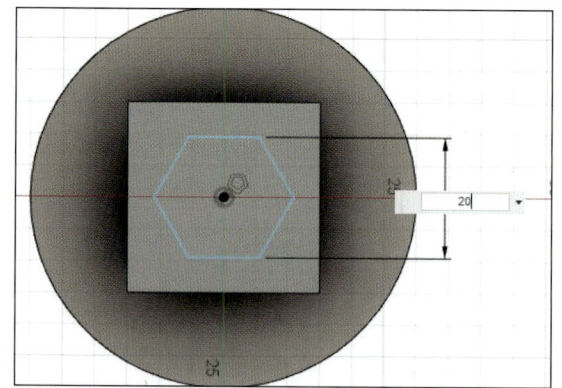

❺ **스케치 구속조건 작성법** : 스케치 요소 혹은 스케치 요소끼리의 관계조건을 부여하는 구속조건의 개념과 스케치 완전구속에 대한 개념을 알아보았습니다.

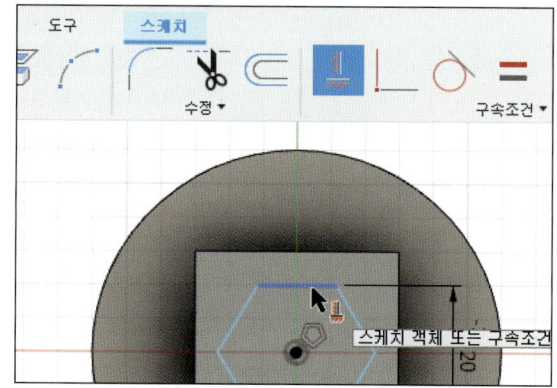

❻ **마무리 피쳐 작성법** : 부품 모델링의 맨 마지막에 자주 쓰이는 챔퍼 명령과 필렛 명령에 대해 알아보았습니다.

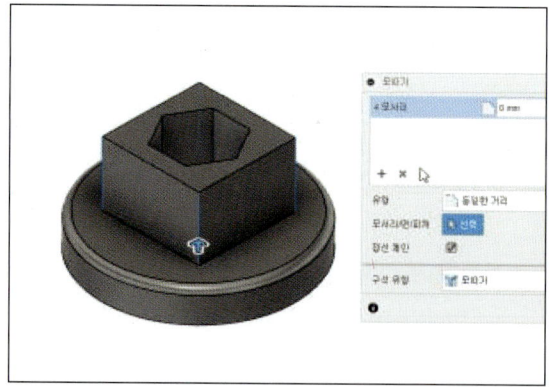

# 연습예제

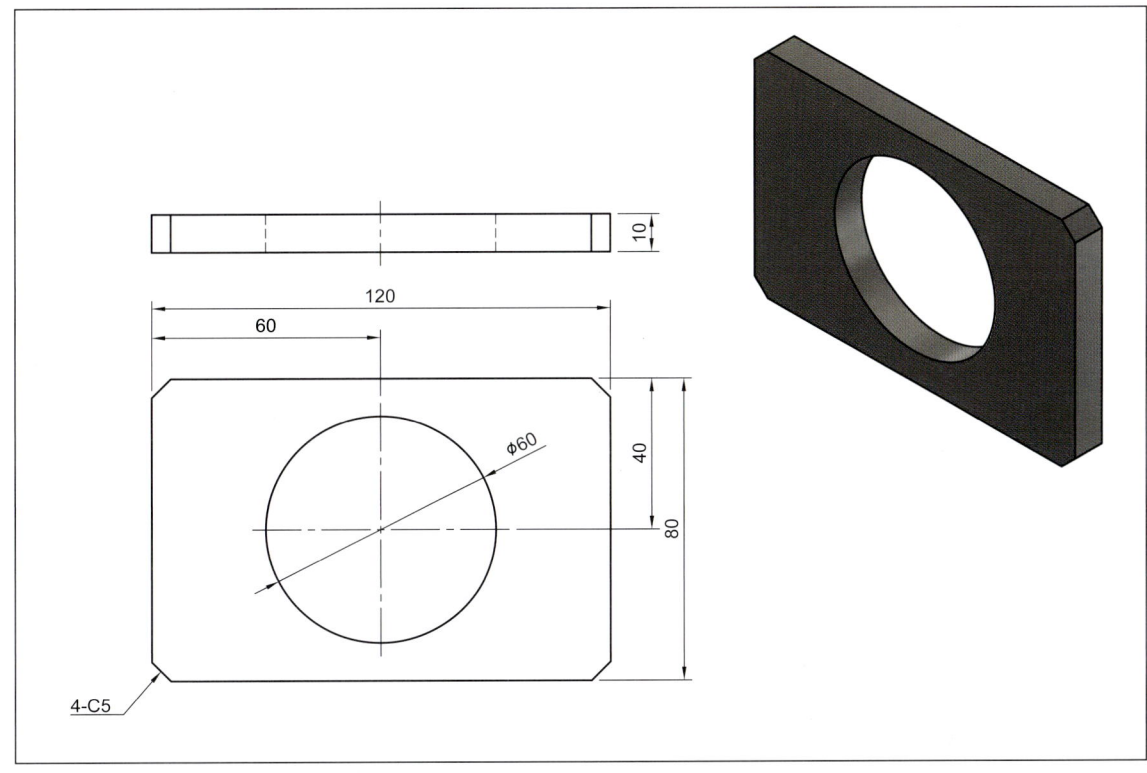

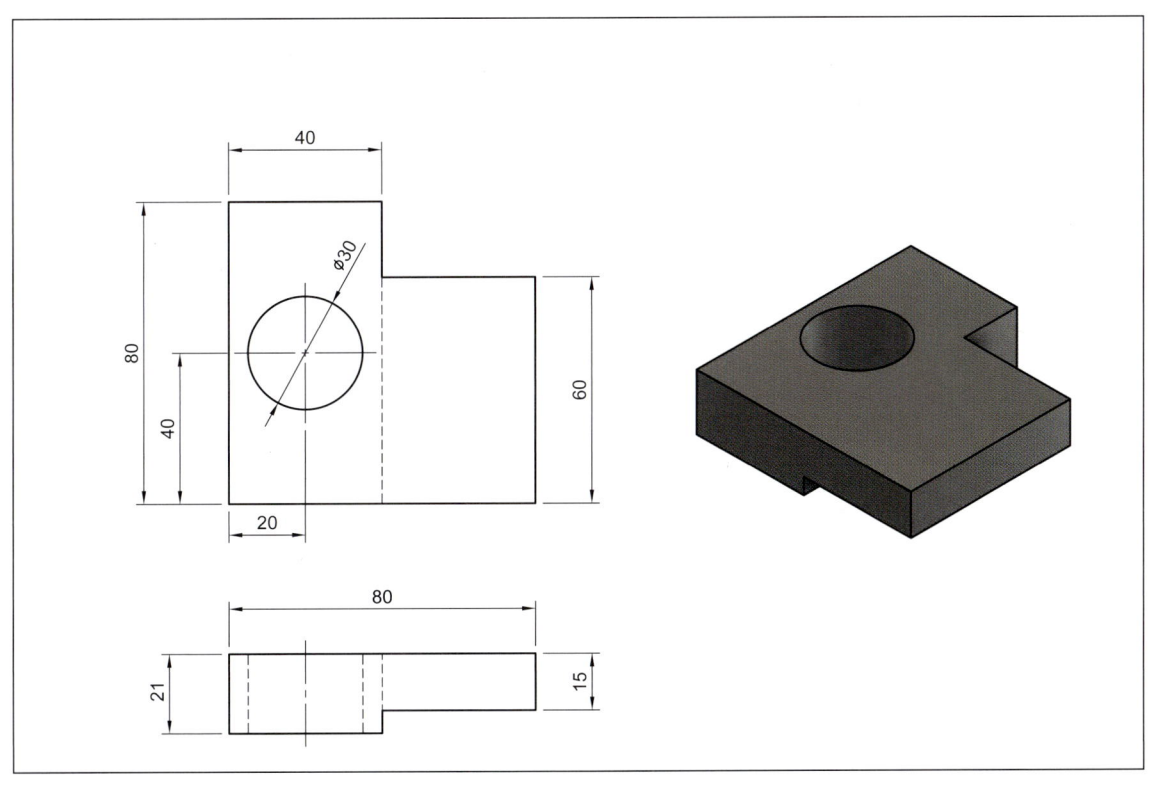

# CHAPTER 03 블록 모델링 예제 2

이번 시간에는 히스토리 모델링 방식과 파라메트릭 모델링 방식의 특징을 이용한 부품 모델링 편집과 구멍 작성에 대해서 알아보도록 하겠습니다.

## 01 도면과 학습 목표

이번 시간에 우리가 학습할 예제를 확인해 보도록 하겠습니다.

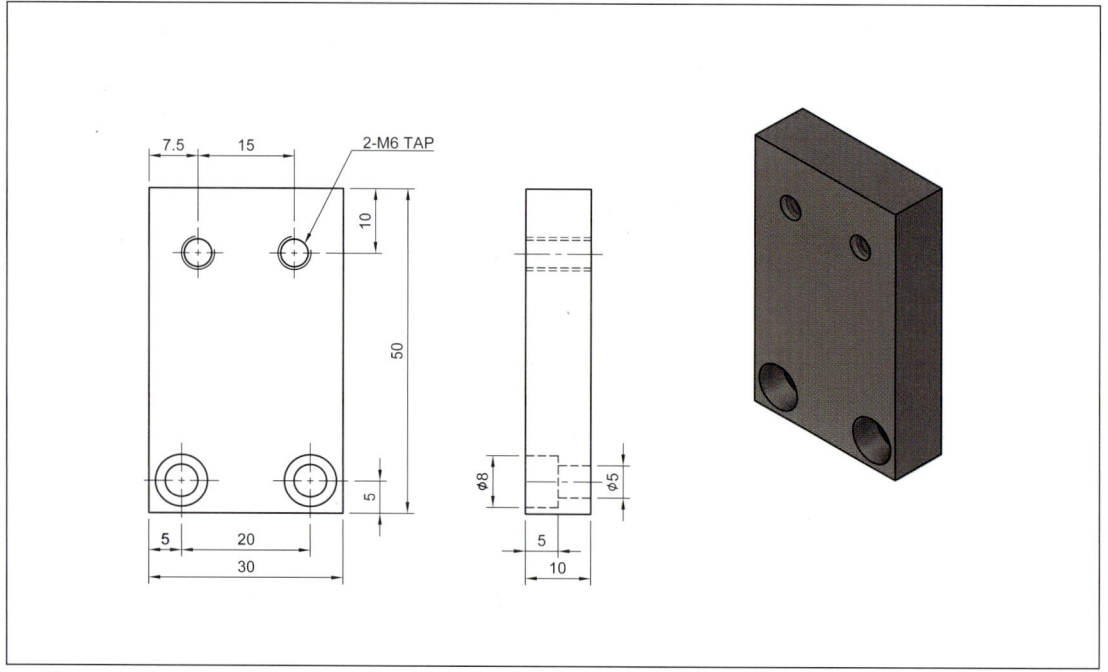

이번 시간에 우리는 다음과 같은 사항을 배우게 됩니다.

- 단일 구멍과 여러개의 구멍 작성 방법
- 홀 명령의 옵션
- 스케치 편집의 기초
- 피쳐 편집의 기초

## 02 베이스 피쳐 작성하기

Autodesk Fusion

다음과 같이 평면도에 스케치를 생성해 사각형을 작성하고 돌출로 다음 형상을 만듭니다.

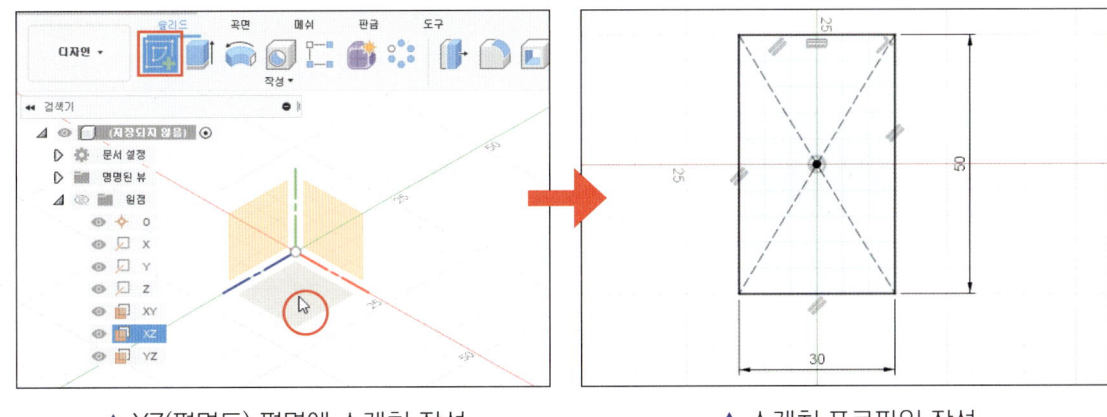

▲ XZ(평면도) 평면에 스케치 작성   ▲ 스케치 프로파일 작성

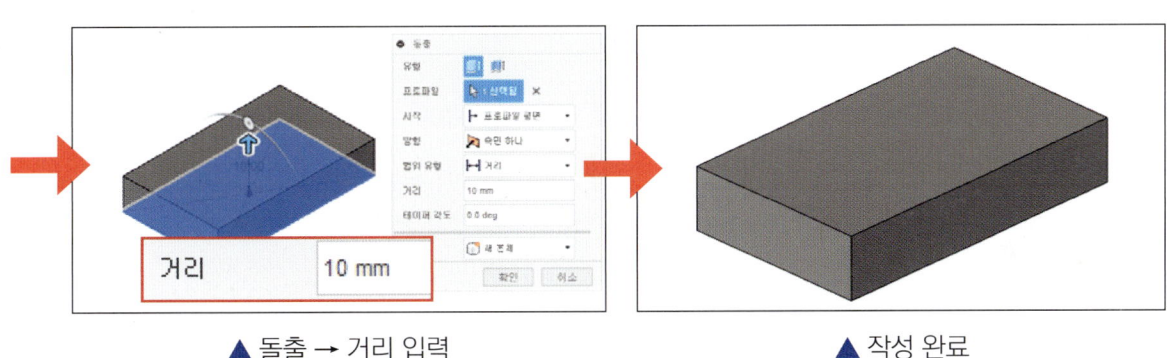

▲ 돌출 → 거리 입력   ▲ 작성 완료

## 03 단일 구멍 작성하기

Autodesk Fusion

다음과 같이 홀 명령을 실행합니다.

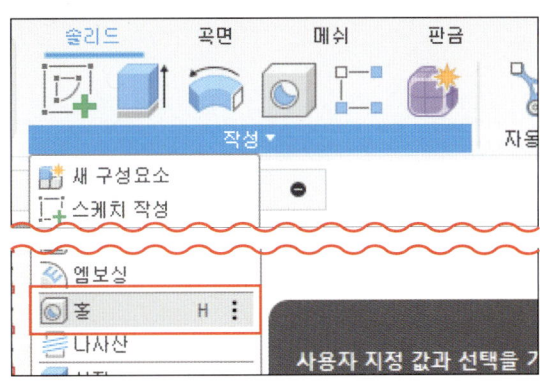

**Command**

## 구멍

구멍 형상을 작성합니다.

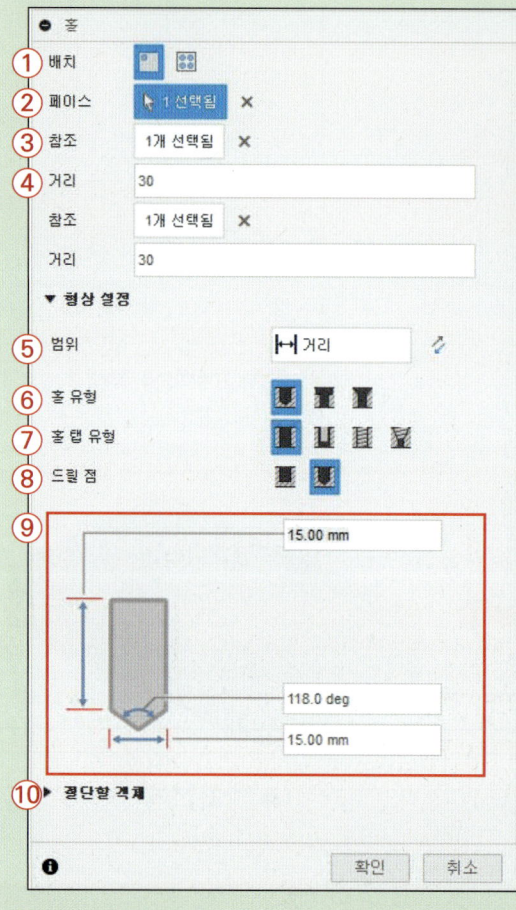

① **배치** : 단일 구멍과 여러 개의 구멍 유형을 선택합니다.

② **면** : 구멍이 작성될 면을 선택합니다.

③ **참조** : 구멍의 위치를 정확히 지정하기 위해 선택하는 참조형상을 선택합니다.

④ **거리** : 구멍의 중심과 참조항목에서 선택한 항목과의 거리를 설정합니다.

⑤ **범위** : 구멍의 깊이 범위를 선택합니다.

⑥ **구멍 유형** : 구멍의 유형을 선택합니다. 일반구멍, 카운터 보어, 카운터 싱크 유형이 있습니다.

⑦ **구멍 탭 유형** : 구멍의 탭 유형을 선택합니다. 일반구멍, 맞춤 구멍, 탭 구멍, 테이퍼 탭 구멍이 있습니다.

⑧ **드릴 점** : 구멍의 끝 형태를 선택합니다. 플랫(평평하게)와 각도(드릴각도) 유형이 있습니다.

⑨ **구멍 치수** : 작성할 구멍의 치수를 설정합니다. 구멍의 유형에 따라 작성할 옵션이 변경됩니다.

⑩ **절단할 객체** : 구멍 피쳐가 영향을 주는 본체를 선택합니다.

먼저 단일 구멍을 작성해 보겠습니다. 배치 항목을 점에서(단일 구멍)로 선택하고 면을 선택합니다.

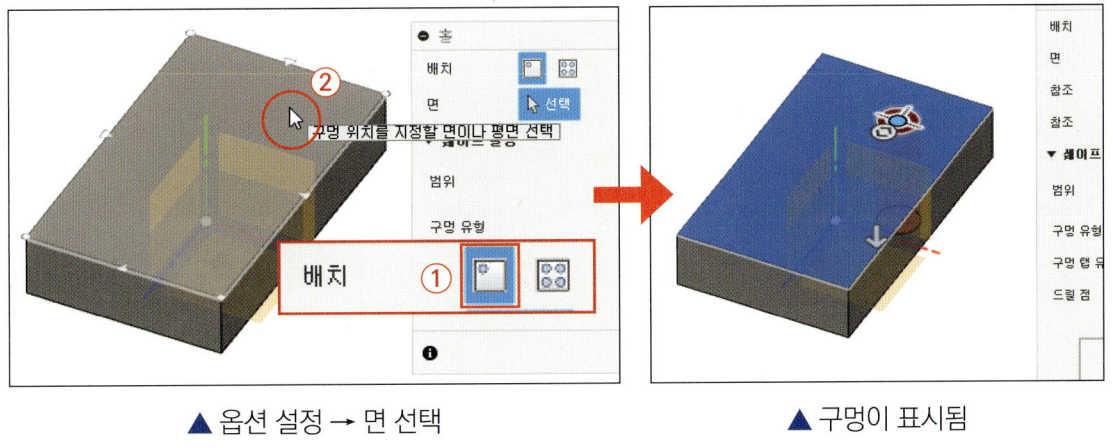

▲ 옵션 설정 → 면 선택          ▲ 구멍이 표시됨

참조 항목에 대한 설명을 하겠습니다. 이 항목은 구멍의 위치를 정하기 위해서 참조 형상을 선택하는 것입니다.

다음과 같이 한쪽 모서리를 클릭합니다. 다음과 같이 참조 항목 아래에 거리 항목이 추가됩니다. 거리를 입력하면 선택한 모서리에서 거리가 표시됩니다.

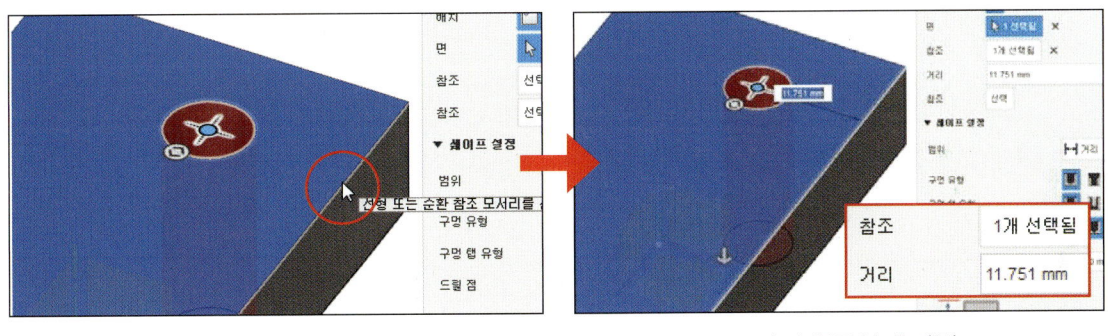

▲ 모서리 선택          ▲ 거리 항목이 추가됨

▲ 거리 입력

마찬가지 방법으로 위쪽 모서리도 선택해 작업합니다.

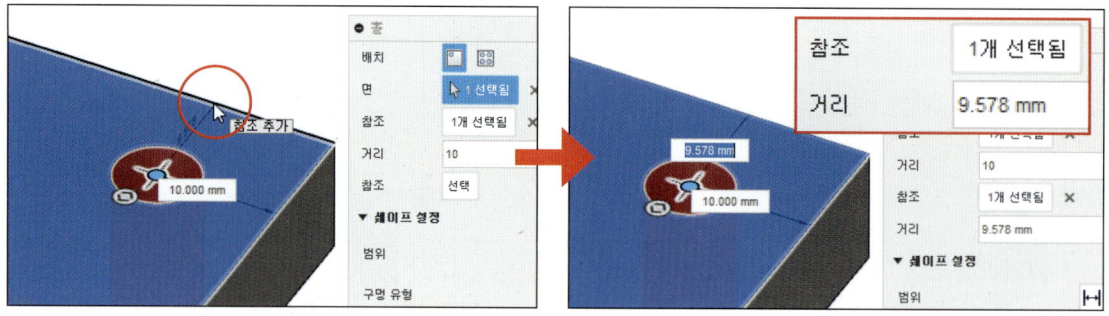

▲ 모서리 선택　　　　　　▲ 거리 항목이 추가됨

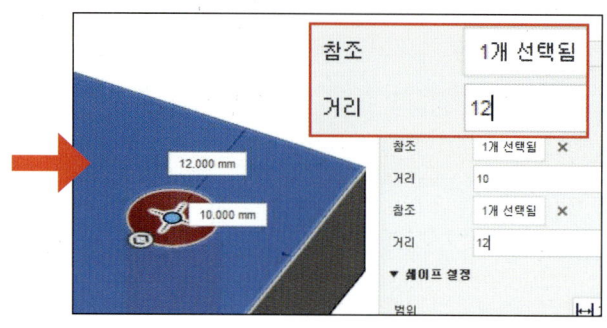

▲ 거리 입력

이와 같이 참조 항목을 선택해 구멍의 위치를 선택한 모서리에서 정확한 위치에 고정할 수 있습니다.

이제 구멍 형상에 대한 설명을 해 보도록 하겠습니다. 다음과 같이 범위 항목을 확장하면 다음과 같은 옵션이 존재합니다.

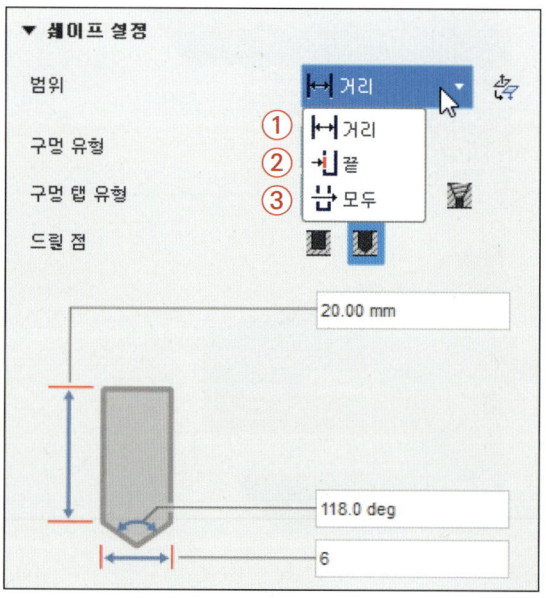

❶ **거리** : 구멍의 깊이를 사용자가 입력합니다.

❷ **끝** : 구멍의 깊이를 지정면이나 지정개체까지 작성합니다.

❸ **모두** : 관통 구멍을 작성합니다.

구멍 유형 버튼은 각각 다음과 같은 형상을 작성할 수 있습니다.

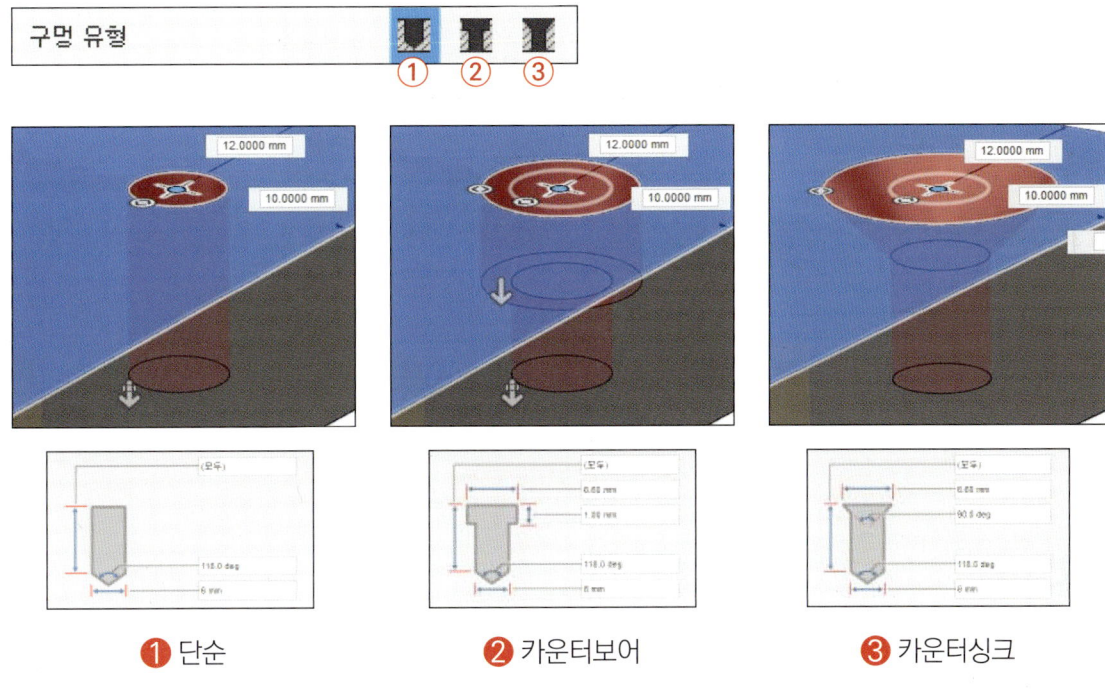

① 단순    ② 카운터보어    ③ 카운터싱크

구멍 탭 유형 항목은 각각 다음과 같이 표시됩니다.

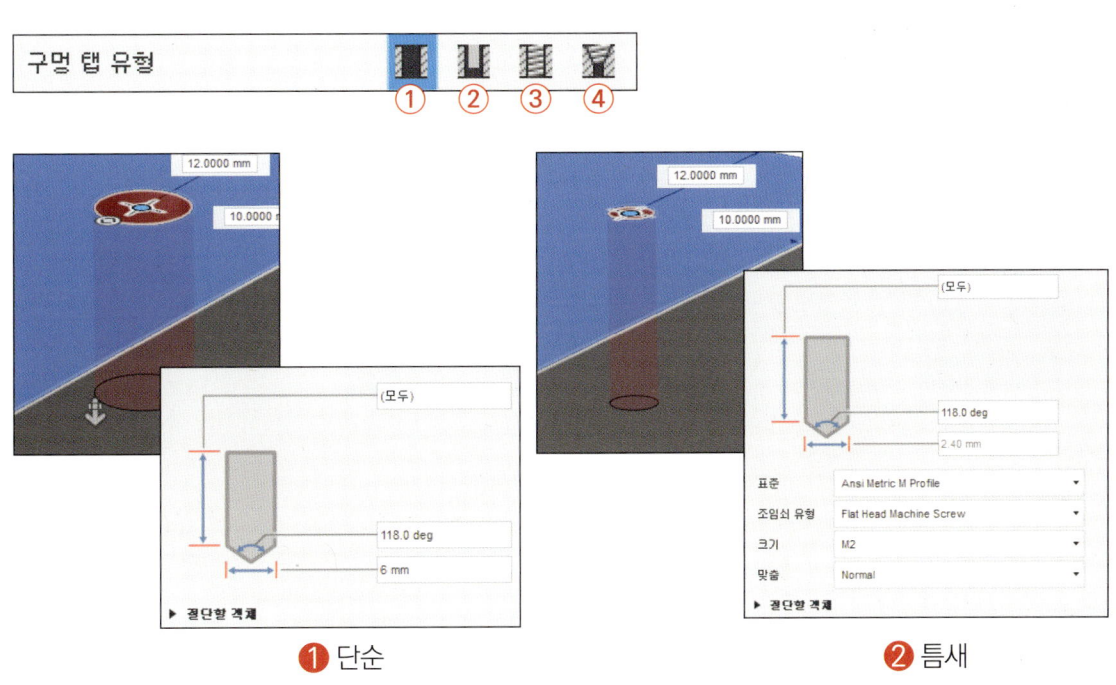

① 단순    ② 틈새

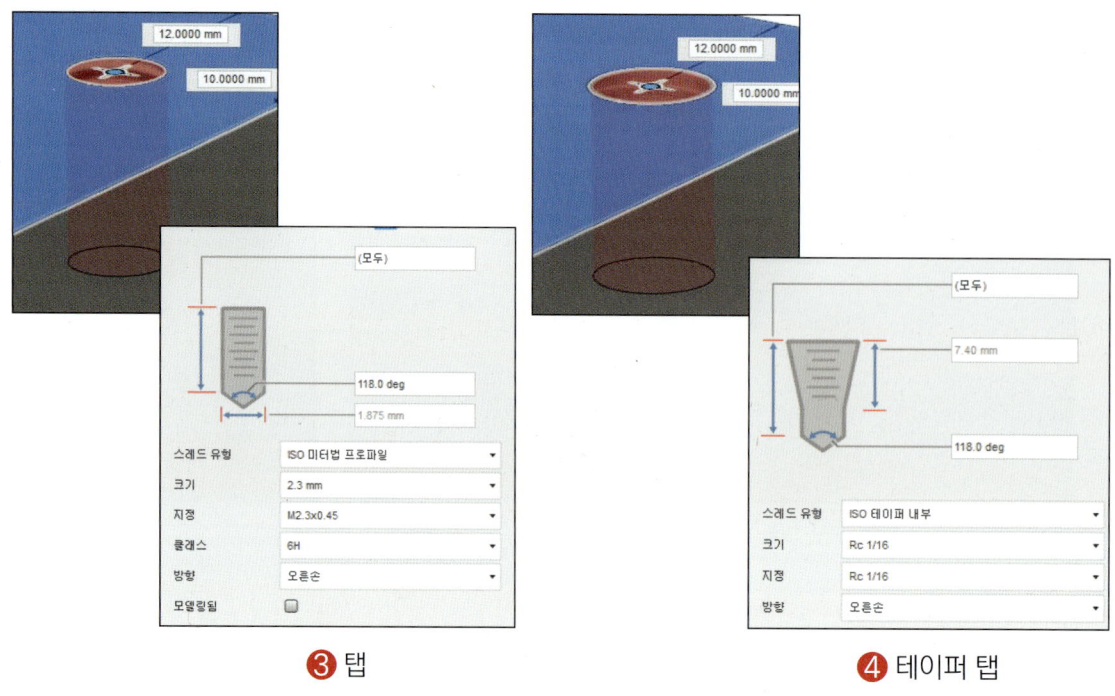

❸ 탭   ❹ 테이퍼 탭

드릴 점 항목은 각각 다음과 같이 표시됩니다.

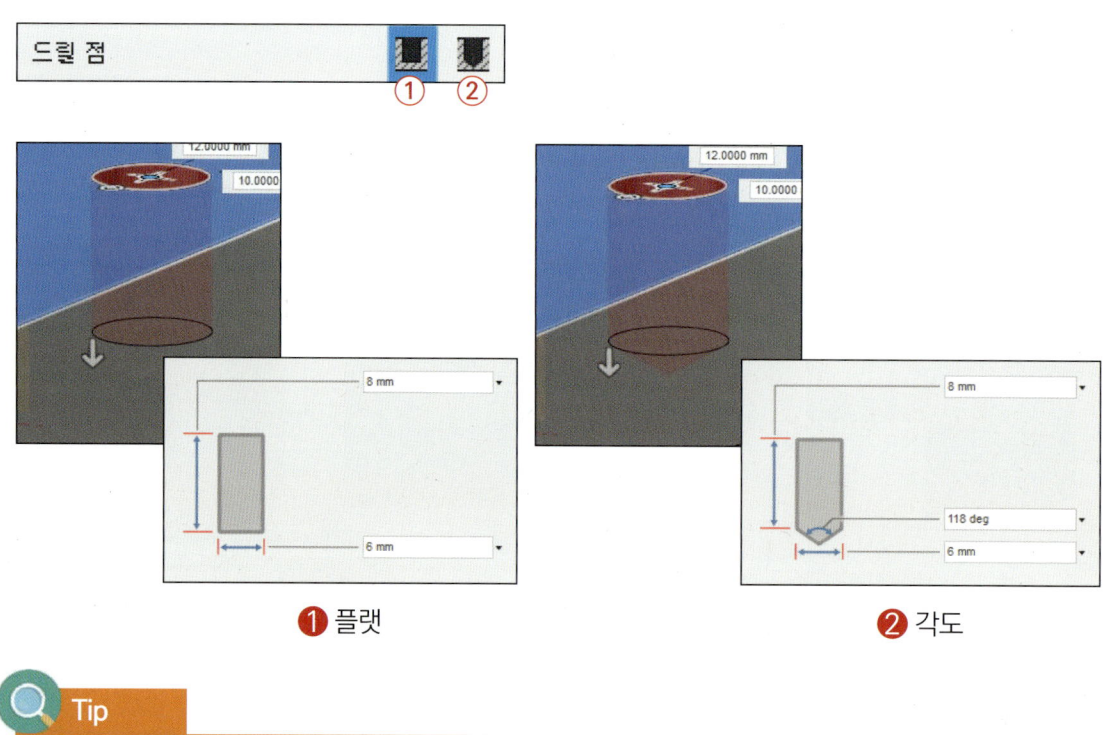

❶ 플랫   ❷ 각도

> **Tip**
> 위와 같이 구멍의 모양에 따라 작성해야 하는 구멍 크기의 옵션 그림 창이 바뀌게 됩니다.

## Chapter 3 블록 모델링 예제 2

그럼 다음과 같이 구멍 크기를 설정한 후에 확인 버튼을 클릭하면 구멍 작성이 마무리됩니다.

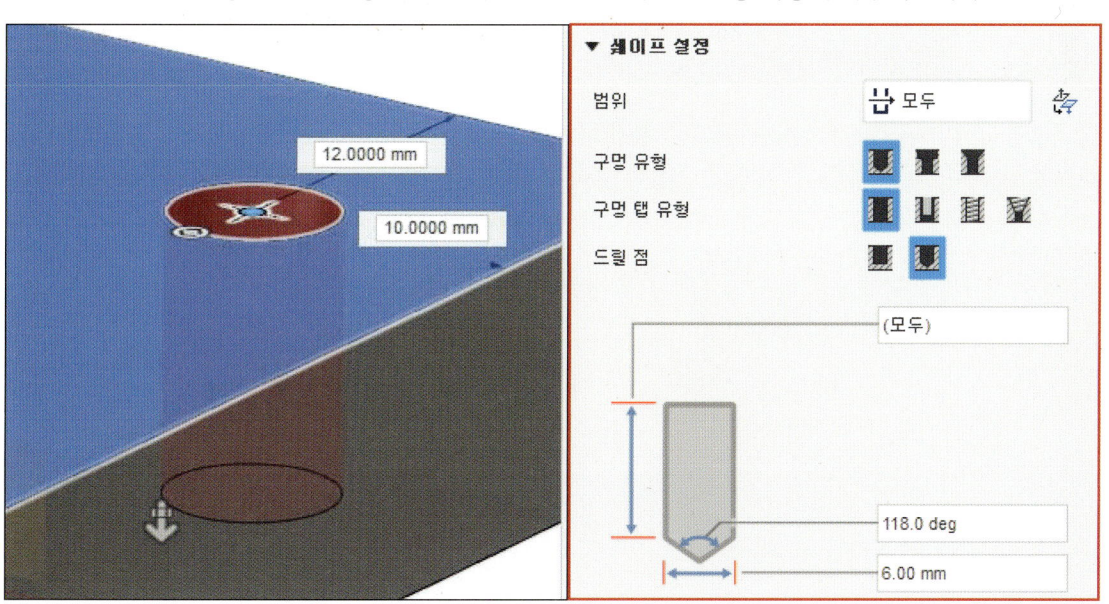

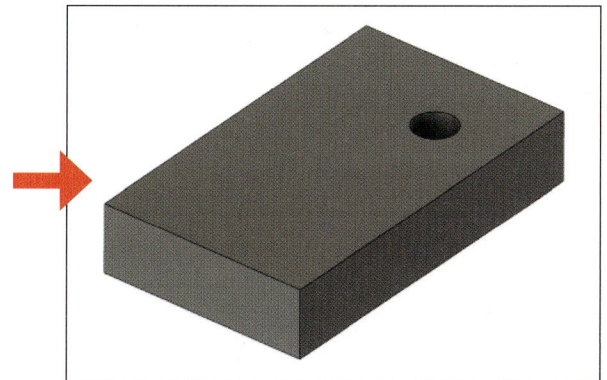

이제 여러개의 구멍을 작성해 보겠습니다. 다음과 같이 타임라인에서 방금 작성한 피쳐를 선택한 후 마우스 우측 버튼을 클릭해 **삭제**를 눌러 삭제합니다.

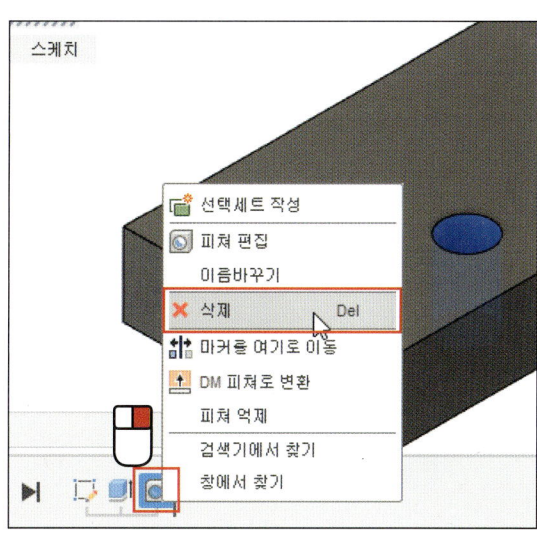

117

# 04 여러 개의 구멍 작성하기

**Autodesk Fusion**

두 개 이상의 구멍을 작성하는 방법은 먼저 구멍을 작성할 면에 스케치를 작성해서 구멍이 배치될 점을 만드는 것입니다.

다음과 같이 윗면에 스케치를 작성해 구멍이 작성될 위치를 만들도록 해보겠습니다.

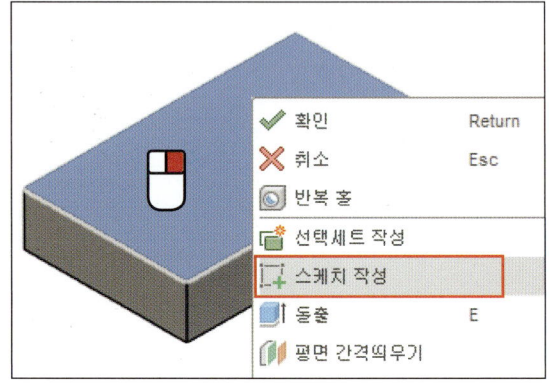

이번 시간에는 선을 작성해 보도록 하겠습니다. 다음과 같이 선 명령을 실행해 수평선을 작성합니다.

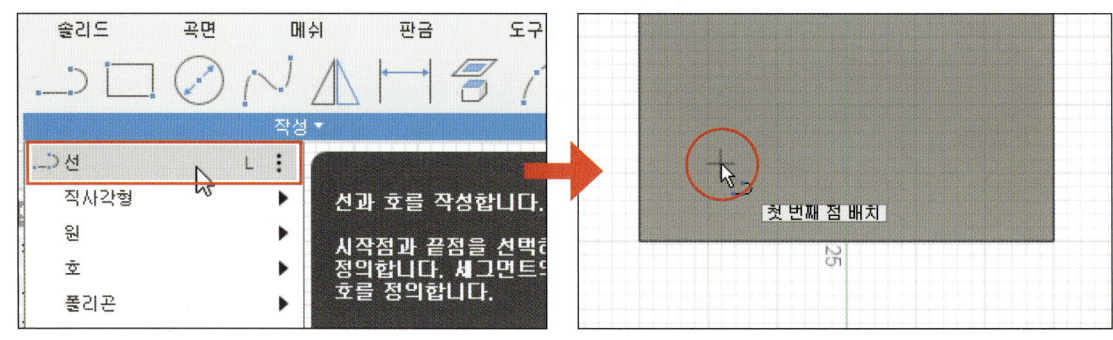

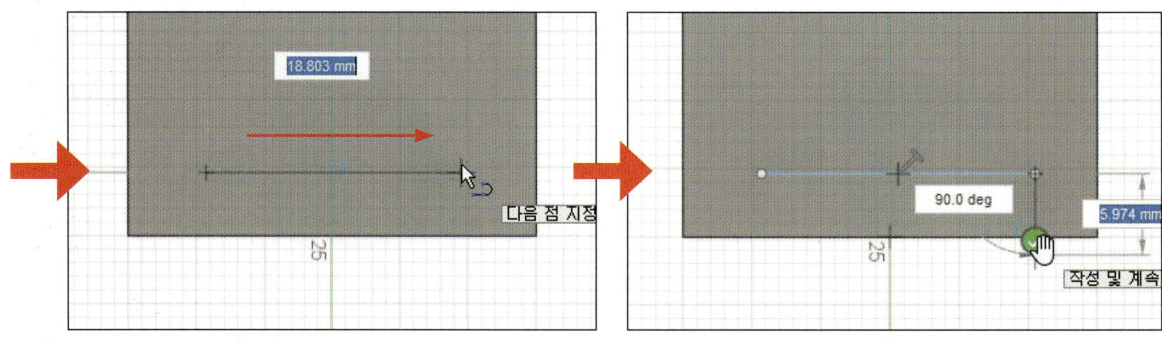

▲ 마우스 이동 → 두 번째 점 클릭     ▲ 확인 버튼을 클릭해 작성 종료

## Chapter 3 블록 모델링 예제 2

이제 이 선을 치수를 주어서 구속시켜 보도록 하겠습니다. Autodesk Fusion의 모델링 방식은 피쳐가 서로 연동되는 히스토리 방식의 모델링이 가능하기 때문에 다음과 같이 선의 끝점과 외곽 모서리와의 치수를 주도록 합니다.

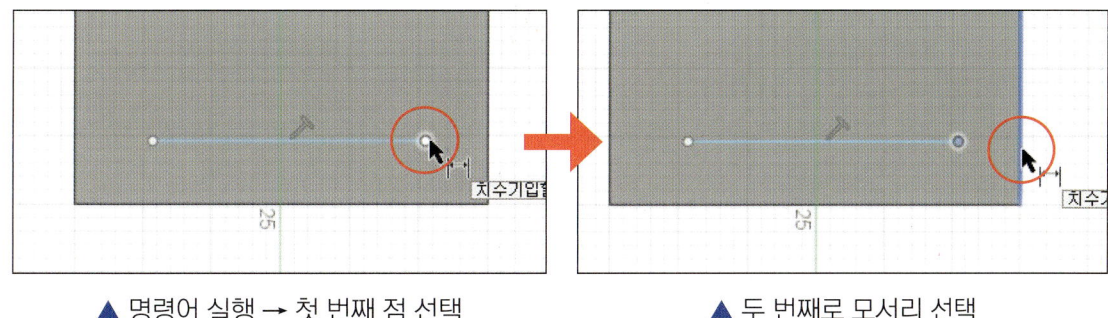

▲ 명령어 실행 → 첫 번째 점 선택   ▲ 두 번째로 모서리 선택

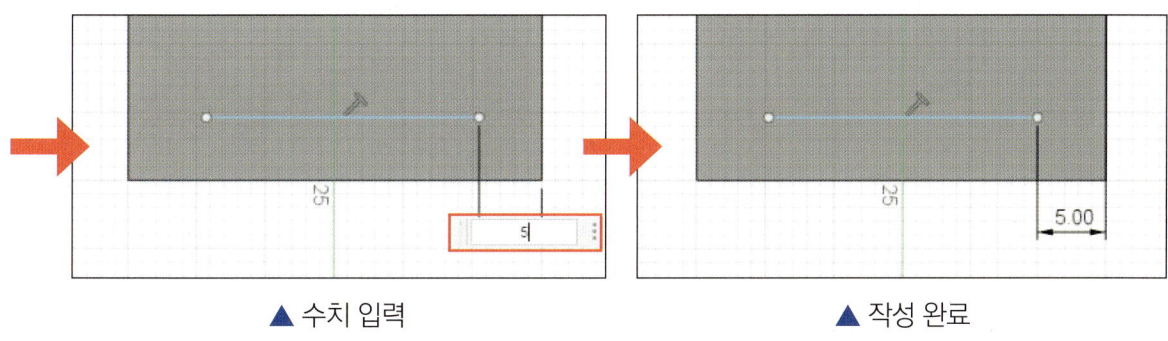

▲ 수치 입력   ▲ 작성 완료

### Tip

해당 모델의 전체 크기가 변해도 끝점의 위치는 항상 모서리에 주어진 치수만큼 따라서 움직입니다.

마찬가지로 세로 치수도 작성합니다.

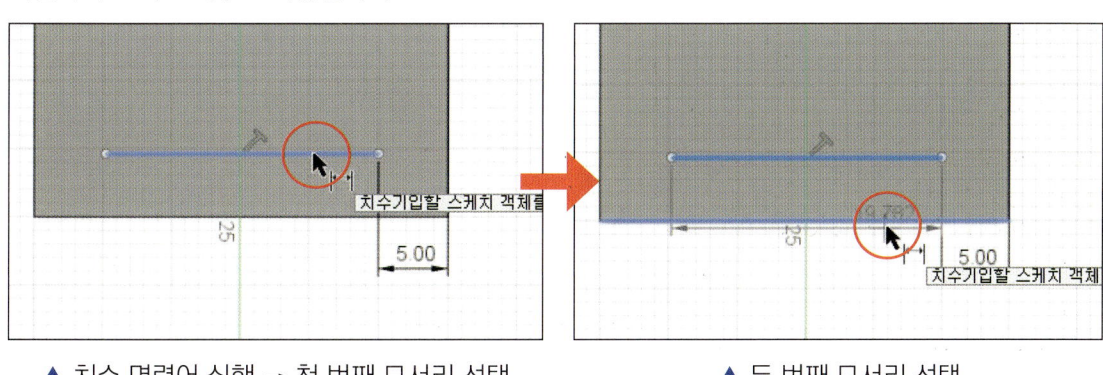

▲ 치수 명령어 실행 → 첫 번째 모서리 선택   ▲ 두 번째 모서리 선택

# Part 02 솔리드 모델링

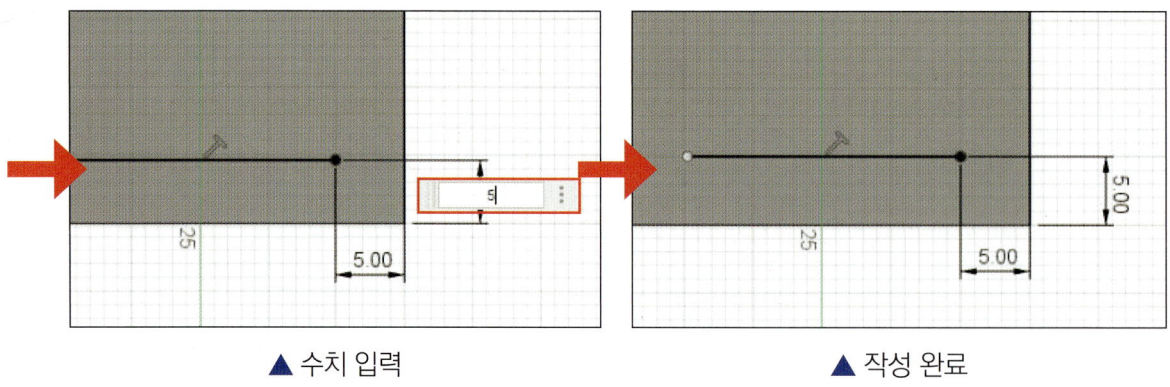

▲ 수치 입력　　　　　　　　　　　▲ 작성 완료

이제 반대쪽 치수도 작성합니다. 세로 치수는 폭 치수로 정렬되었기 때문에 불필요합니다. 하지만 다른 쪽 치수는 반대쪽과 똑같은 치수인데 굳이 그럴 필요가 있을까요? 오히려 나중에 치수를 변경하면 다른 쪽 치수도 일일이 변경해 주어야 합니다.

그래서 이번에는 구속조건을 이용해서 반대쪽도 항상 같은 위치에 있도록 해 보겠습니다. 다음과 같이 **수평/수직** 구속조건을 클릭해 쉬프트 키를 누른 채로 선의 중간점과 아랫변의 중간점을 클릭해 수직 구속시킵니다.

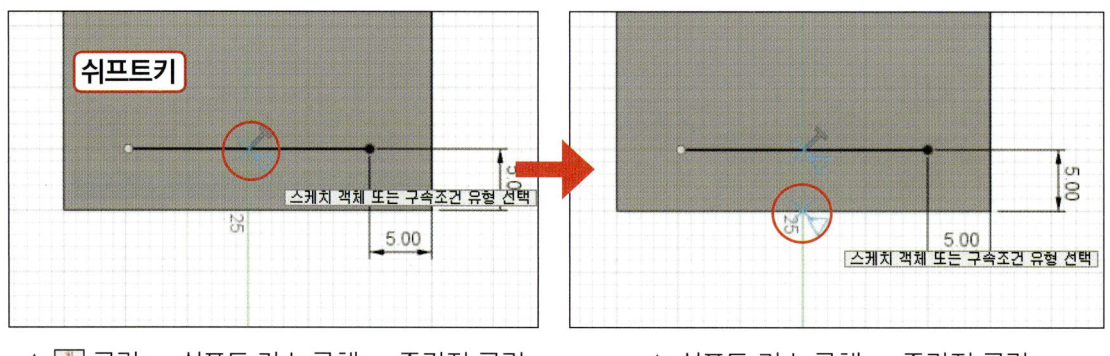

▲ 클릭 → 쉬프트 키 누른채 → 중간점 클릭　　　▲ 쉬프트 키 누른채 → 중간점 클릭

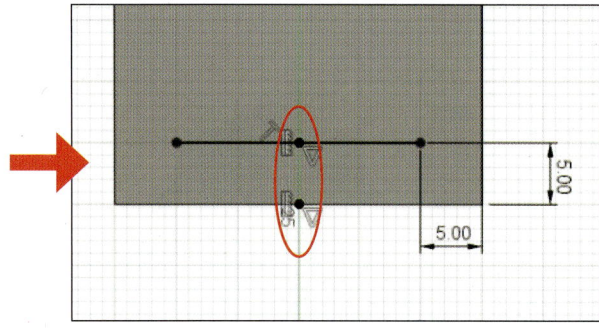

▲ 구속조건 작성 완료

120

# Chapter 3 블록 모델링 예제 2

이 방법으로 인해 작성한 선의 중간점과 아랫변의 중간점이 수직 구속되어 선의 양끝점의 위치가 중앙을 기준으로 대칭되게 됩니다.

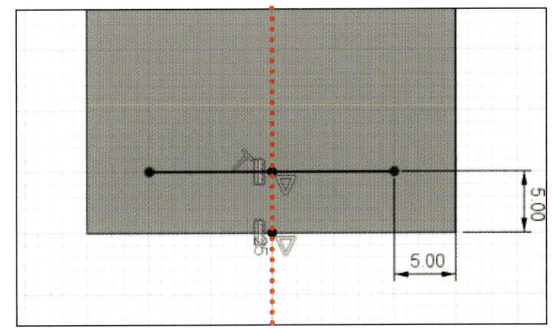

 Tip

선의 중간점과 변의 중간점을 선으로 연결해서 수직 구속시키는 방법도 있습니다.

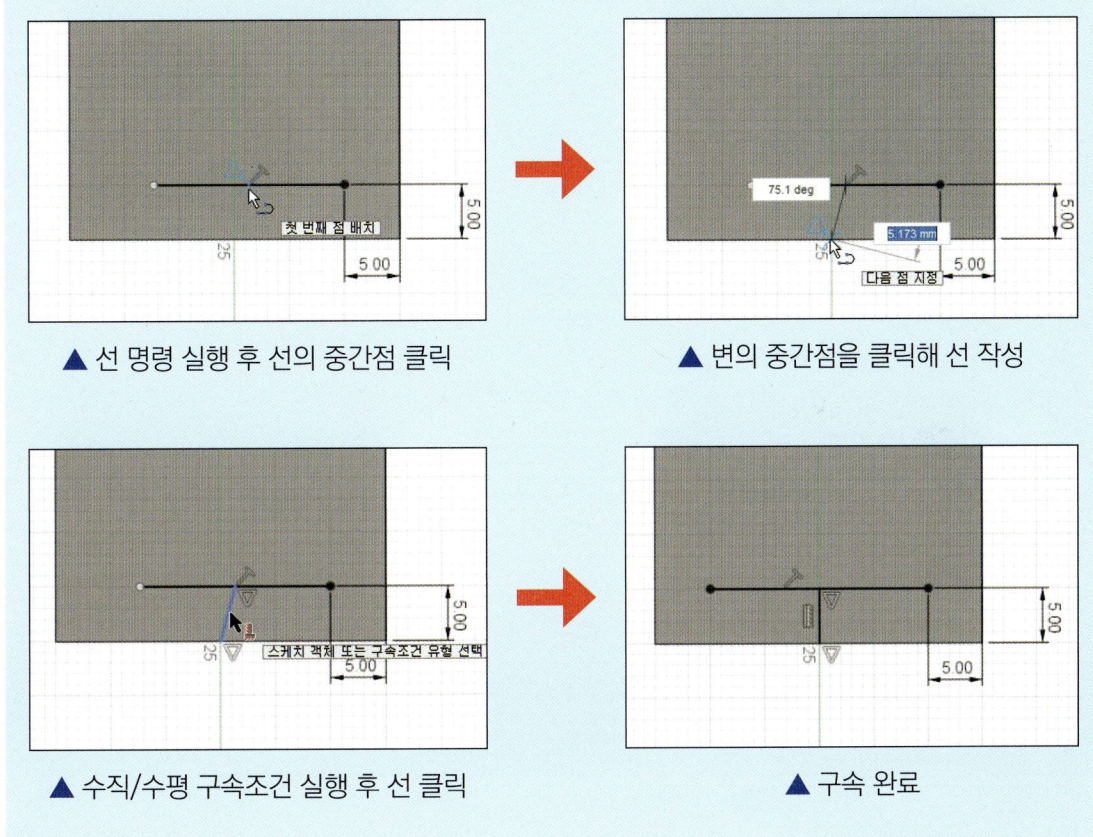

▲ 선 명령 실행 후 선의 중간점 클릭　　　▲ 변의 중간점을 클릭해 선 작성

▲ 수직/수평 구속조건 실행 후 선 클릭　　　▲ 구속 완료

## Part 02 솔리드 모델링

이제 구멍 명령을 실행해서 **배치**를 **스케치에서**로 선택한 후 스케치 끝점을 차례로 클릭합니다.

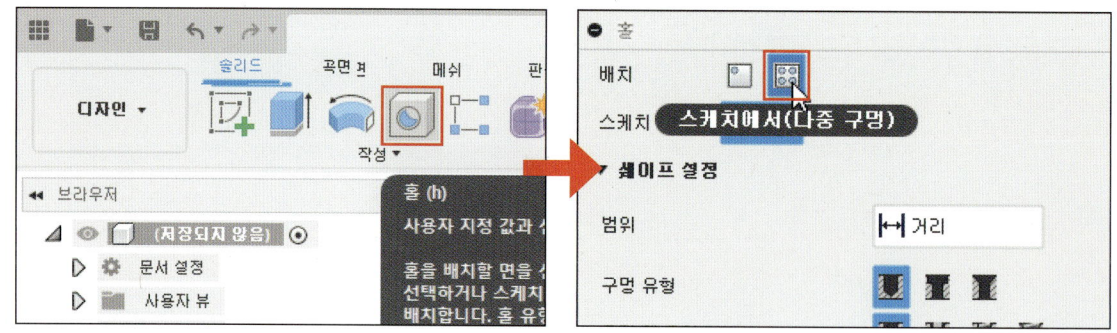

▲ 명령어 실행   ▲ 배치 - 스케치에서 선택

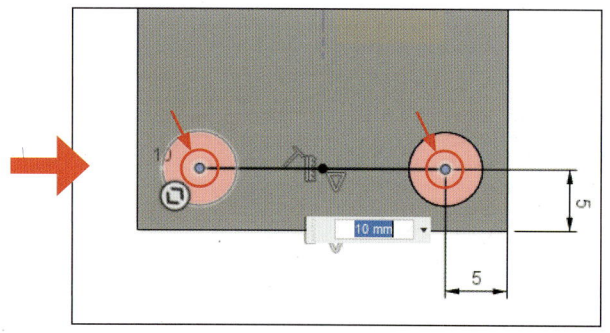

▲ 끝점 클릭

**쉐이프 설정** 항목을 **카운터 보어** 타입으로 설정해서 구멍의 형상을 결정합니다.

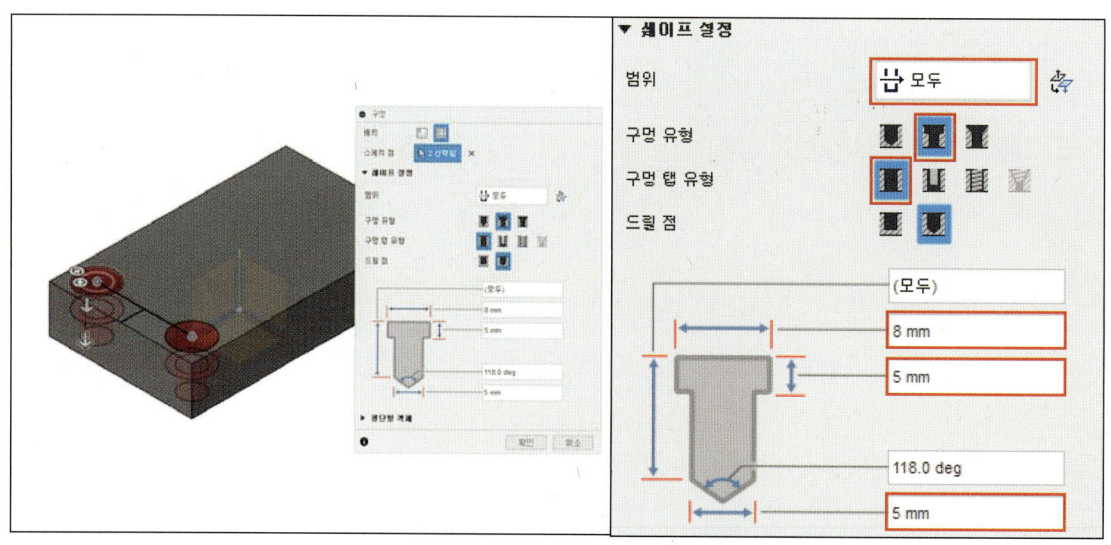

▲ 쉐이프 설정 항목 설정

# Chapter 3 블록 모델링 예제 2

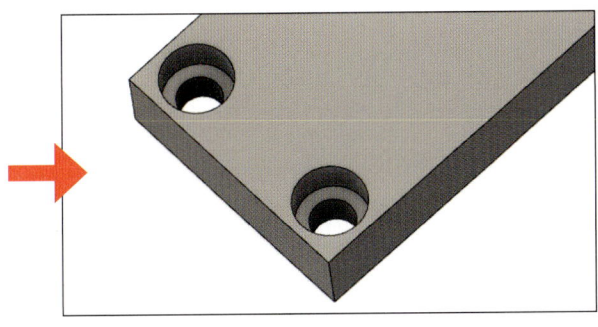

▲ 작성 완료

마찬가지로 다시 스케치를 작성해 다음과 같이 스케치 개체와 치수를 작성합니다.

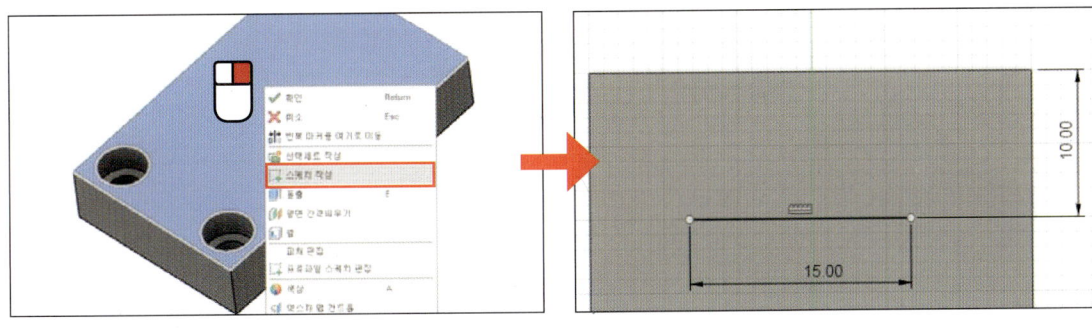

▲ 모델 면에 스케치 생성  ▲ 선 작성후 치수 입력

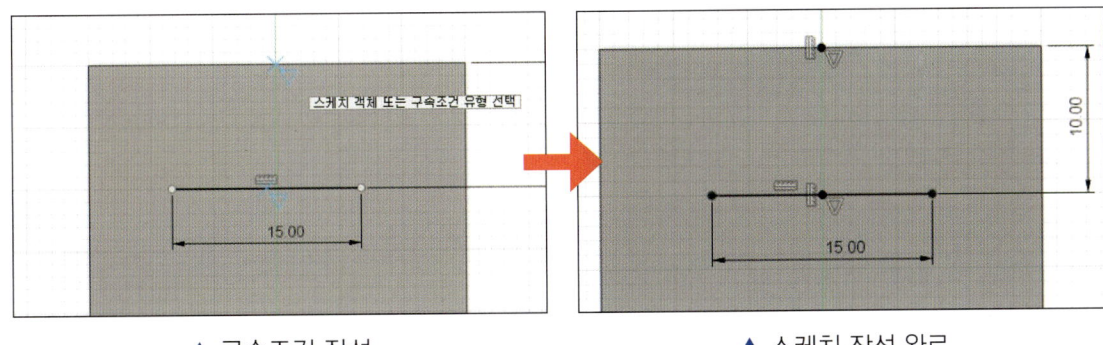

▲ 구속조건 작성  ▲ 스케치 작성 완료

 **Tip**

### 왜 아까 작성한 스케치와 치수 스타일이 틀린가요?

처음 작성한 구멍 스케치의 경우 구멍의 위치가 모서리의 끝점에서의 거리가 중요한 경우는 바깥쪽 모서리와의 거리를 입력하지만 구멍 사이의 거리가 중요한 경우에는 두 개의 점의 거리를 입력합니다.

# Part 02 솔리드 모델링

쉐이프 설정 항목을 탭 구멍 타입으로 설정해서 구멍의 형상을 결정합니다.

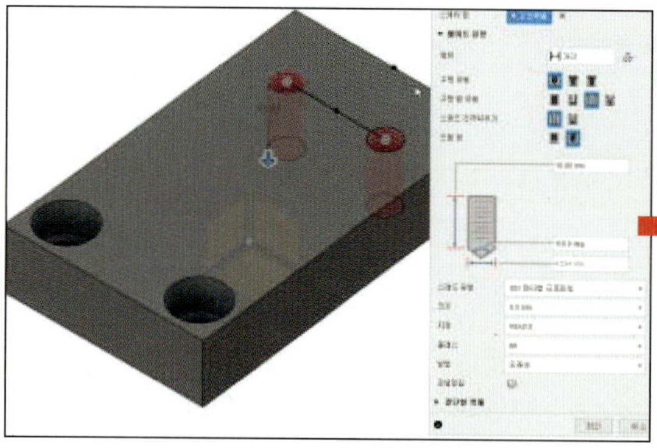

▲ 쉐이프 설정 항목 설정

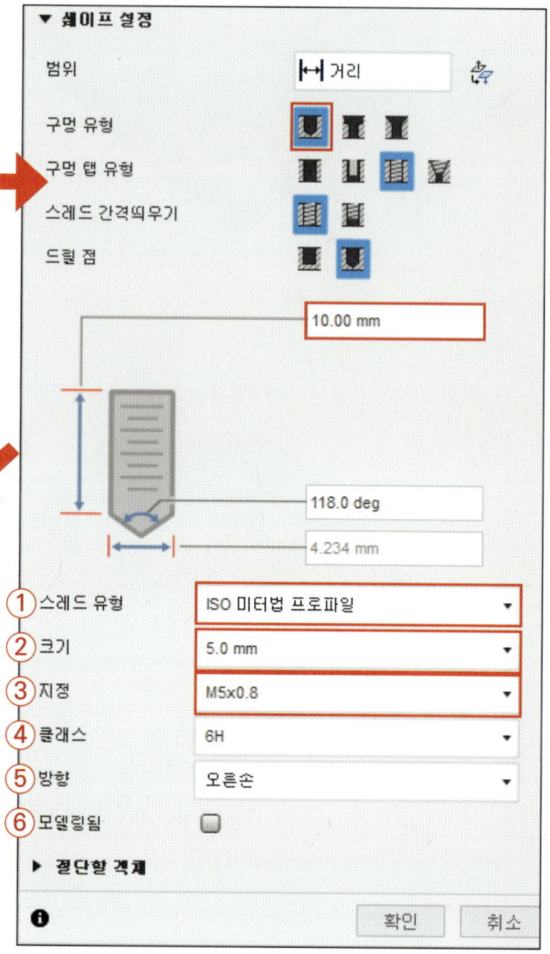

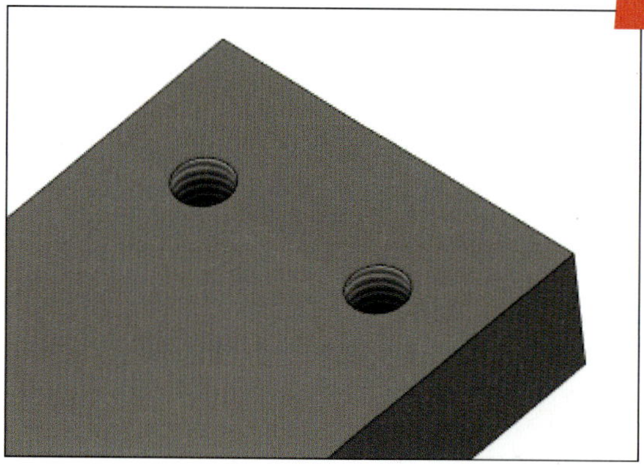

▲ 작성 완료

❶ **나사산 유형** : 나사산의 유형을 선택합니다.

❷ **크기** : 나사산의 호칭 크기를 설정합니다.

❸ **지정** : 나사산의 규격과 피치를 선택합니다.

❹ **클래스** : 나사산의 정밀도 규격을 선택합니다.

❺ **방향** : 나사산의 감김 방향을 선택합니다. 오른쪽 감김과 왼쪽 감김이 있습니다.

❻ **모델링됨** : 작성한 탭을 실제 모델링으로 구현합니다.

 **Tip**

### 모델링됨 항목에 대해서

탭 구멍 작성시 **모델링됨** 항목을 체크하면 탭 구멍이 실제 나사산 모델링이 되어 나타납니다.

**1. 모델링됨 항목 체크 해제시**

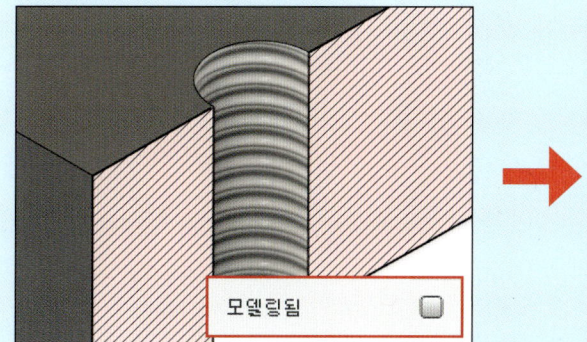

**2. 모델링됨 항목 체크시**

## 05 피쳐의 수정에 대해서

Autodesk Fusion

이번 시간에는 작성한 형상을 수정하는 방법에 대해 알아보도록 하겠습니다.
Autodesk Fusion은 타임라인을 이용한 History Modelling(히스토리 모델링)과 매개변수를 활용한 Parametric Modelling(매개변수 모델링)이 가능합니다.

 **개념정리**

### History Modelling(히스토리 모델링)이란?

타임라인에 배치된 피쳐의 배열과 순서에 따라 모델링을 하는 것을 말하는 것으로써 피쳐의 배치, 이동, 편집과 삭제가 가능하며 이에 따라 개념적인 모델링을 하는 것을 뜻합니다.

### Parametric Modelling(매개변수 모델링)이란?

부품을 작성할 때 사용자가 입력한 모든 수치는 고유한 변수값을 가지게 됩니다. 이 변수값을 Parameter(매개변수)라 부르게 되며 이 매개변수를 이용해 모델링을 하는 것을 Parametric Modelling(파라메트릭 모델링)이라 부릅니다.

Part 02 솔리드 모델링

## 01 스케치 편집

Autodesk Fusion은 스케치 편집과 피쳐 편집을 할 수 있습니다. 다음과 같이 타임라인에서 첫 번째 스케치를 선택해 마우스 우측 버튼을 클릭합니다.

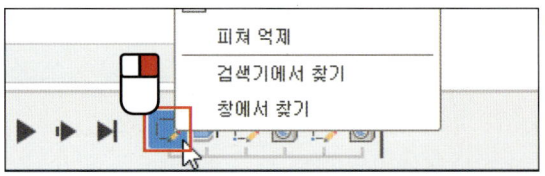

스케치 편집 명령을 클릭합니다.

> **Tip**
> 타임라인에 있는 스케치 혹은 피쳐를 더블클릭 해도 편집 상태가 됩니다.

❶ **선택세트 작성** : 자주 선택하는 개체의 세트를 만듭니다.

❷ **스케치 편집** : 스케치를 편집합니다.

❸ **스케치 평면 재정의** : 스케치가 위치될 면을 재정의 합니다.

❹ **이름 바꾸기** : 선택한 스케치/피쳐/그룹의 이름을 변경합니다.

❺ **삭제** : 선택한 스케치/피쳐를 삭제합니다.

❻ **마커를 여기로 이동** : 마커를 현재 스케치/피쳐 뒤로 이동합니다.

❼ **DM 피쳐로 변환** : 선택한 피쳐를 DM피쳐로 변경합니다.

❽ **피쳐 억제** : 선택한 피쳐를 억제합니다.

❾ **검색기에서 찾기** : 선택한 스케치/피쳐를 검색기에서 찾습니다.

❿ **창에서 찾기** : 선택한 스케치/피쳐를 창에서 찾습니다.

다음과 같이 이전에 처음 돌출을 작성했던 스케치 환경으로 돌아가게 됩니다.

창을 자세히 살펴보면 알겠지만 현재 편집상태로 들어와있는 스케치 아이콘 이후의 다른 아이콘들의 색상이 반투명하게 변해 있는 것을 알 수 있습니다.

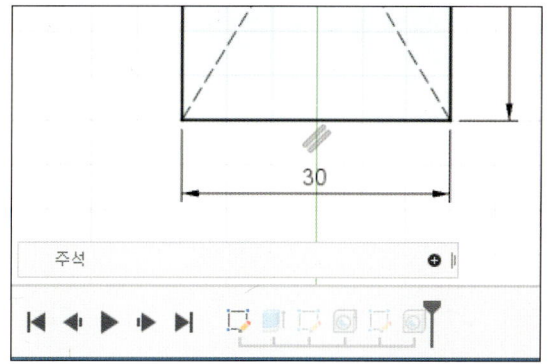

이제 스케치의 치수를 편집해 봅시다. 다음과 같이 치수 문자를 더블클릭해서 다음 치수로 변경합니다.

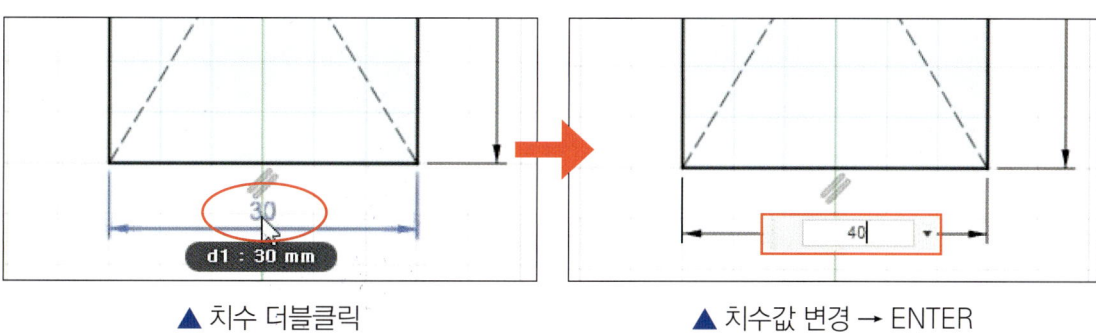

▲ 치수 더블클릭    ▲ 치수값 변경 → ENTER

마찬가지로 세로 치수도 다음과 같이 변경합니다.

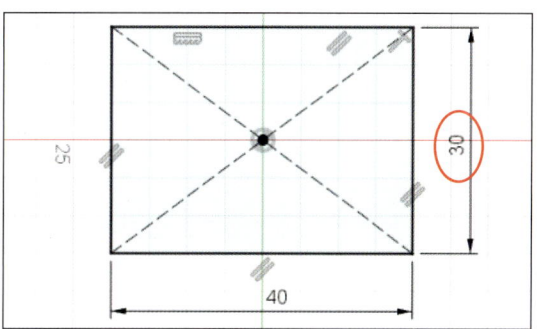

스케치 마무리 버튼을 클릭해서 스케치 편집을 마칩니다.

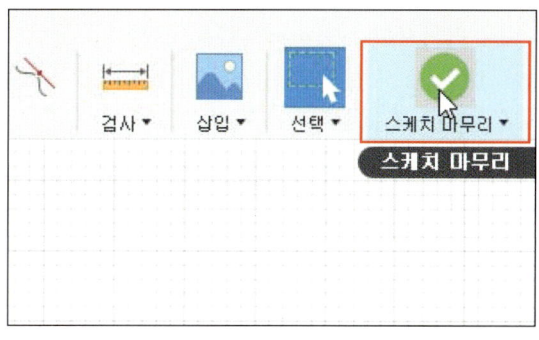

## Part 02 솔리드 모델링

다음과 같이 모델이 변경된 것을 알 수 있습니다. 특히 구멍의 위치가 형상에 맞게 변경된 것을 알 수 있습니다.

### 02 피쳐 편집

이번엔 피쳐를 수정해 보도록 하겠습니다. 처음 작성한 돌출 피쳐를 더블클릭해 편집 상태로 진입합니다.

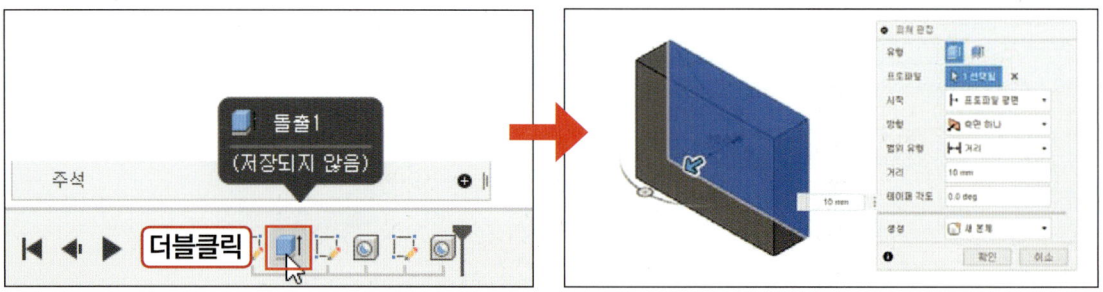

 **Tip**

피쳐 편집 상태가 되면 명령어 창 이름이 **피쳐 편집**으로 변경됩니다.

거리를 다음과 같이 수정 후 **확인** 버튼을 누릅니다.

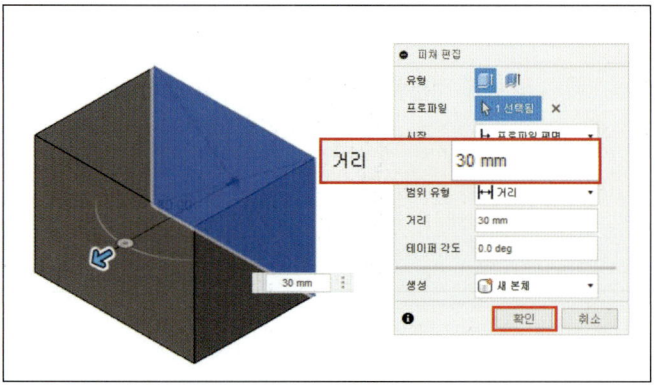

돌출 높이가 수정되면서 모델링의 형상이 다음과 같이 수정되었습니다.

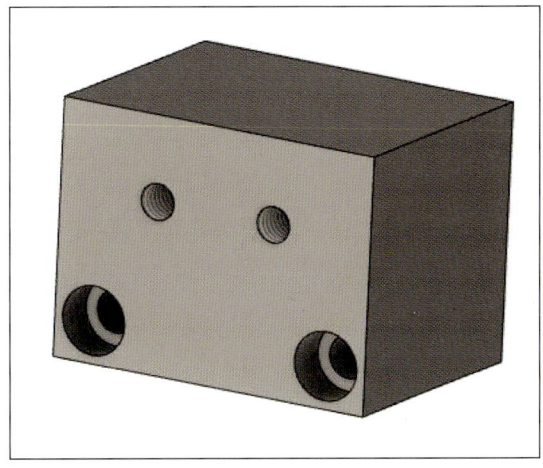

풀이 과정을 유튜브로
확인해 보세요!

 # 총정리

이번 챕터를 통해 우리는 다음과 같은 것들을 배웠습니다.

❶ **단일 구멍 작성하기** : 스케치를 작성하지 않고 모델의 면과 모서리를 참조해 단일 구멍을 작성하는 방법에 대해서 학습했습니다.

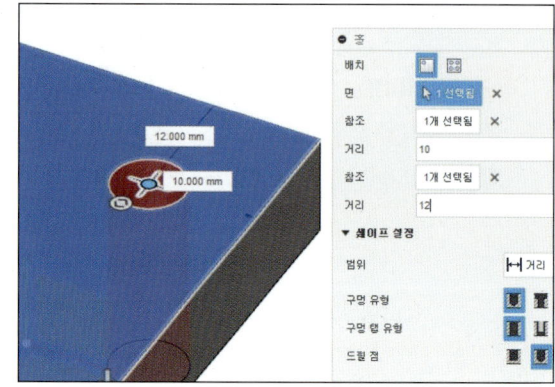

❷ **여러개의 구멍 작성하기** : 스케치 프로파일 요소의 끝점의 위치를 이용해 여러개의 구멍을 한꺼번에 작성하는 방법에 대해서 알아보았습니다. 여기서 구멍의 위치를 지정하는 스케치 프로파일은 어떤 방식으로 작성해야 하는지에 대한 방법도 학습했습니다.

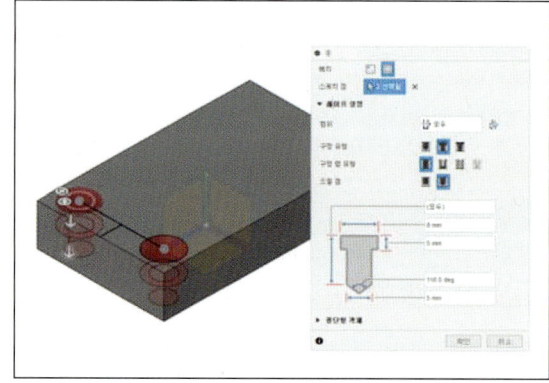

❸ **여러가지 타입의 구멍 작성하기** : 단일 구멍 및 탭 타입의 구멍과 카운터 보어 타입의 구멍은 어떻게 작성해야 하는지에 대해서 알아보았습니다. 또한 탭 타입의 구멍 작성시 **모델링됨** 옵션을 사용하는 방법에 대해서도 학습했습니다.

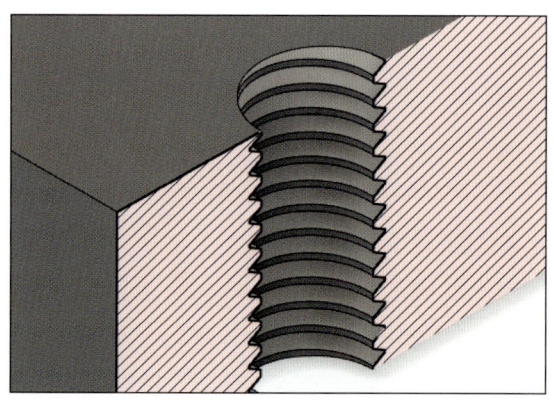

❹ **스케치 편집** : 타임라인에서 스케치 피쳐를 찾아 수정하는 방법에 대한 것을 학습했습니다. 또한 타임라인을 제어하는 방법과 스케치 치수를 수정하는 방법에 대해서도 함께 학습했습니다.

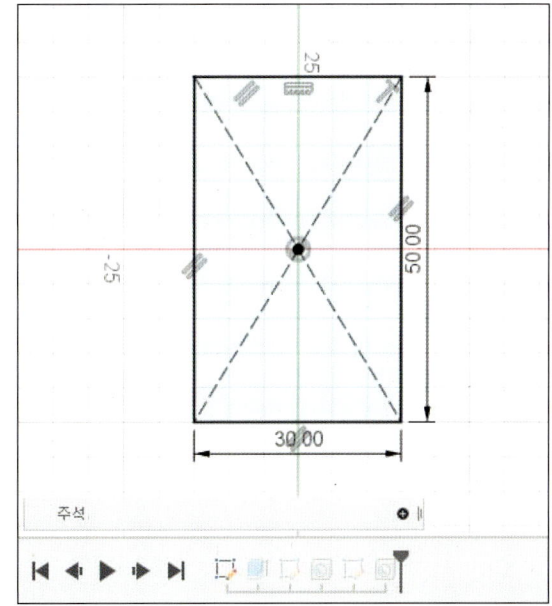

❺ **피쳐 편집** : 타임라인에서 작성한 피쳐를 찾아 수정하는 방법에 대해 학습했습니다.

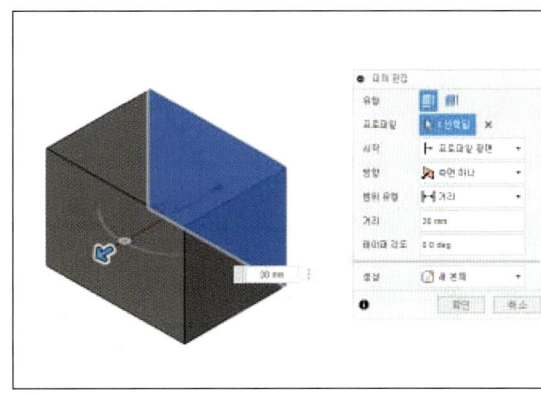

# Part 02 솔리드 모델링

## CHAPTER 04 육각머리 볼트 모델링 예제

이번 시간에는 간단한 명령어로 육각머리 볼트를 작성해 보도록 하겠습니다.

### 01 도면과 학습 목표

이번 시간에 우리가 학습할 예제를 확인해 보도록 하겠습니다.

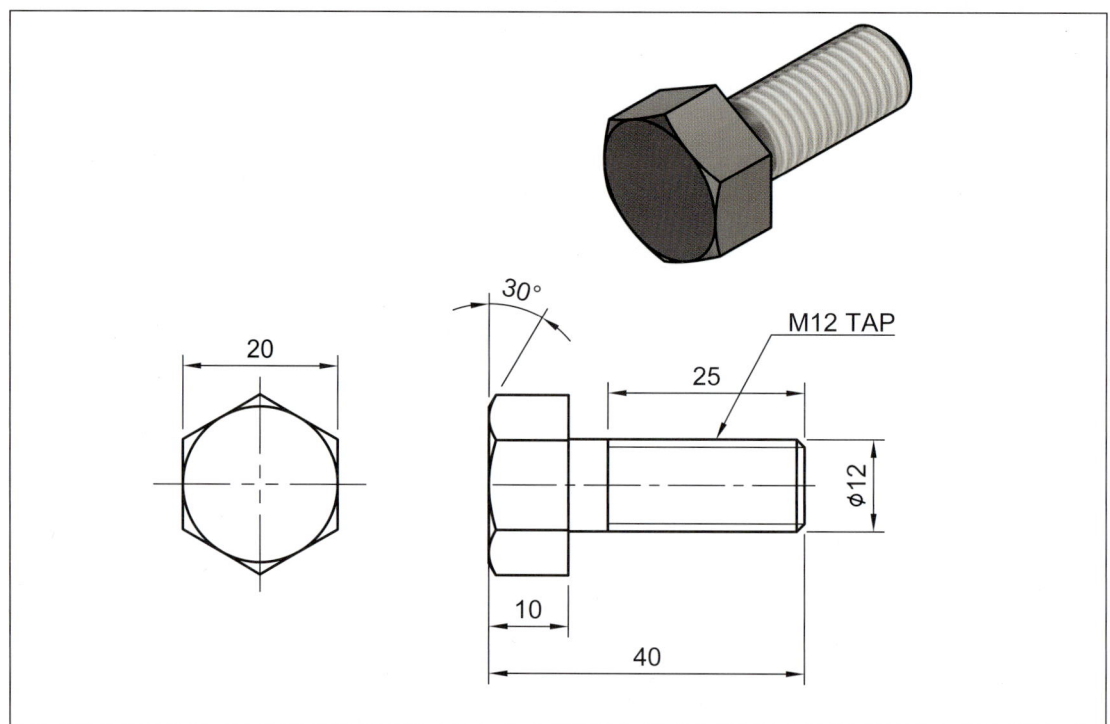

이번 시간에 우리는 다음과 같은 사항을 배우게 됩니다.

- 돌출 교집합 옵션
- 돌출 구배 옵션
- 나사산 명령

Chapter 4 육각머리 볼트 모델링 예제

## 02 볼트 머리 그리기

Autodesk Fusion

다음과 같이 정면도에 스케치를 작성해 다음과 같이 육각형을 작성합니다.

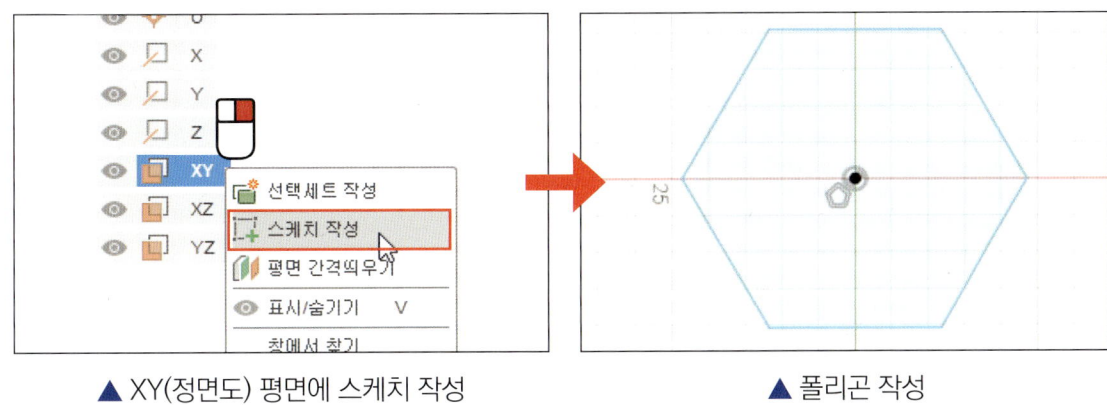

▲ XY(정면도) 평면에 스케치 작성 　　　　▲ 폴리곤 작성

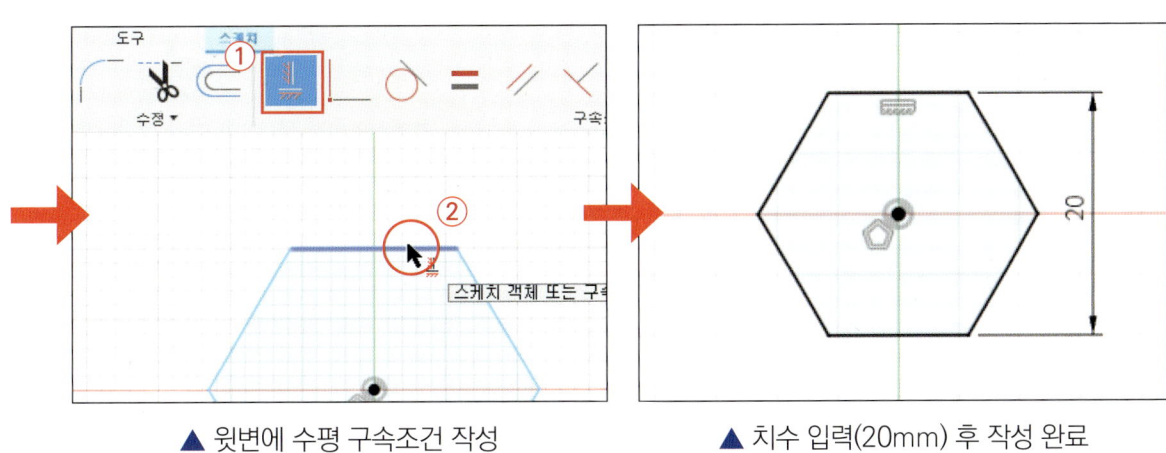

▲ 윗변에 수평 구속조건 작성 　　　　▲ 치수 입력(20mm) 후 작성 완료

돌출 명령을 실행해서 다음과 같이 작성합니다.

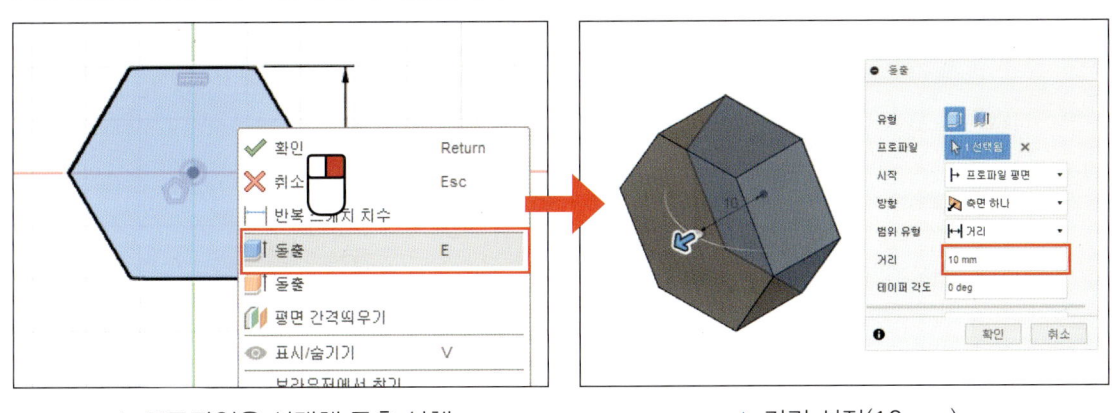

▲ 프로파일을 선택해 돌출 실행 　　　　▲ 거리 설정(10mm)

# Part 02 솔리드 모델링

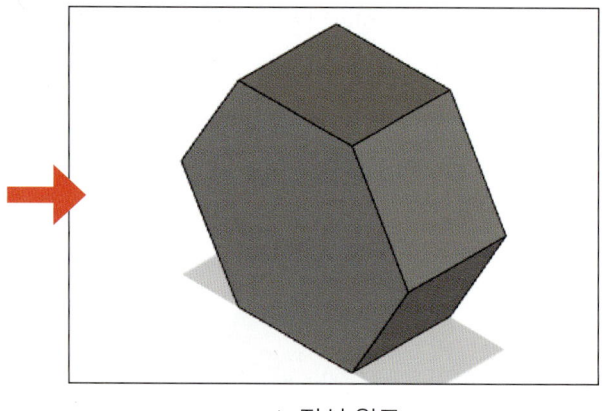

▲ 작성 완료

다음 면에 스케치를 작성한 후에 원을 그려 외곽선과 접선 구속조건을 부여합니다.

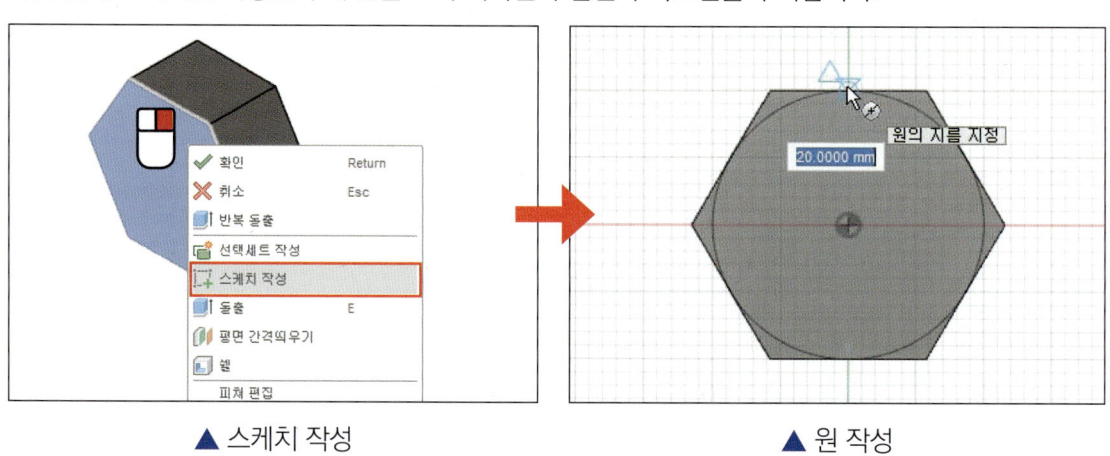

▲ 스케치 작성　　　　　　　　▲ 원 작성

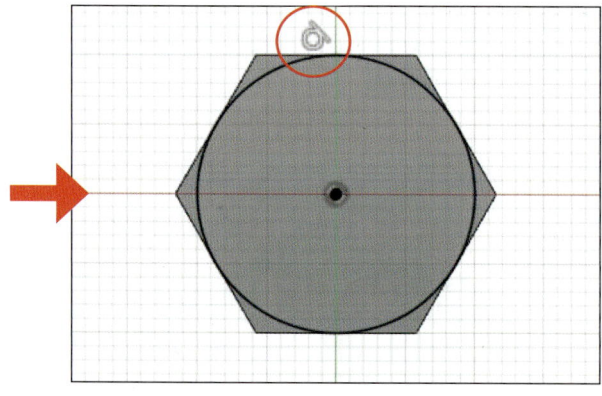

▲ 구속조건 작성 후 완료

# Chapter 4 육각머리 볼트 모델링 예제

프로파일을 선택해 돌출 명령을 실행한 후 화살표를 반대쪽으로 끌면 **잘라내기** 옵션으로 변경됩니다.

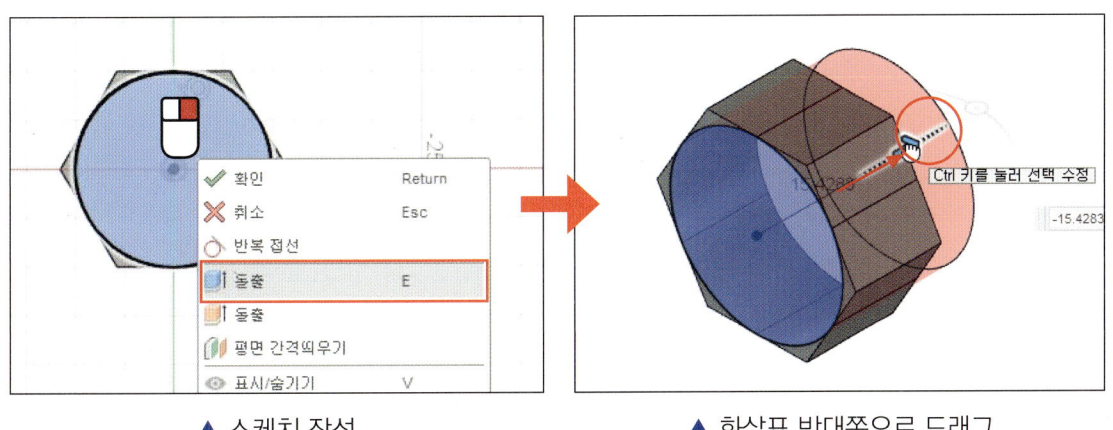

▲ 스케치 작성　　　　　　　　　▲ 화살표 반대쪽으로 드래그

작업 옵션을 **교차**로 변경한 후 범위 유형을 **모두**로 변경합니다.

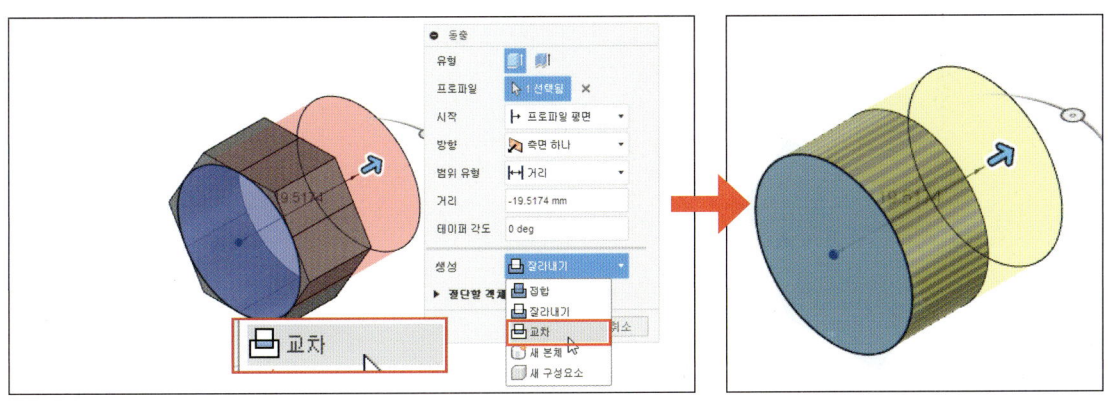

▲ 작업 옵션을 교차로 변경　　　　▲ 돌출 영역이 노란색으로 변함

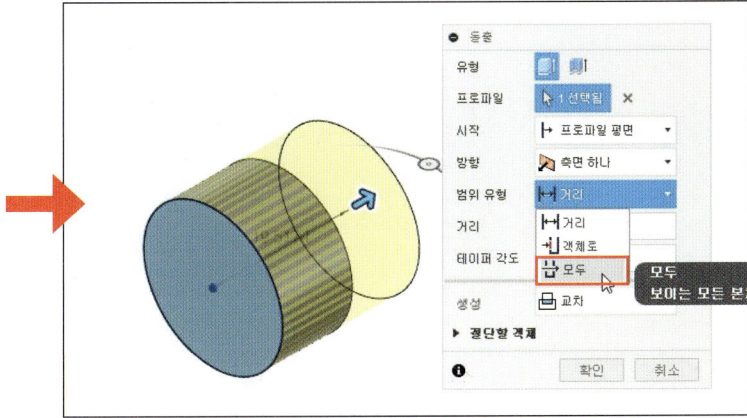

▲ 범위 유형을 모두로 변경

135

# Part 02 솔리드 모델링

## 교차 옵션

잘라내기 옵션과 달리 교차 옵션은 사용자가 직접 설정해주지 않으면 발동하지 않는 옵션입니다. 기존의 형상과 현재 생성하려는 형상이 교차되는 부분만 남기게 됩니다.

**1. 잘라내기 옵션 선택시**　　　　**2. 교차 옵션 선택시**

테이퍼 각도를 다음과 같이 부여하고 확인 버튼을 클릭하면 다음과 같이 볼트머리가 완성됩니다.

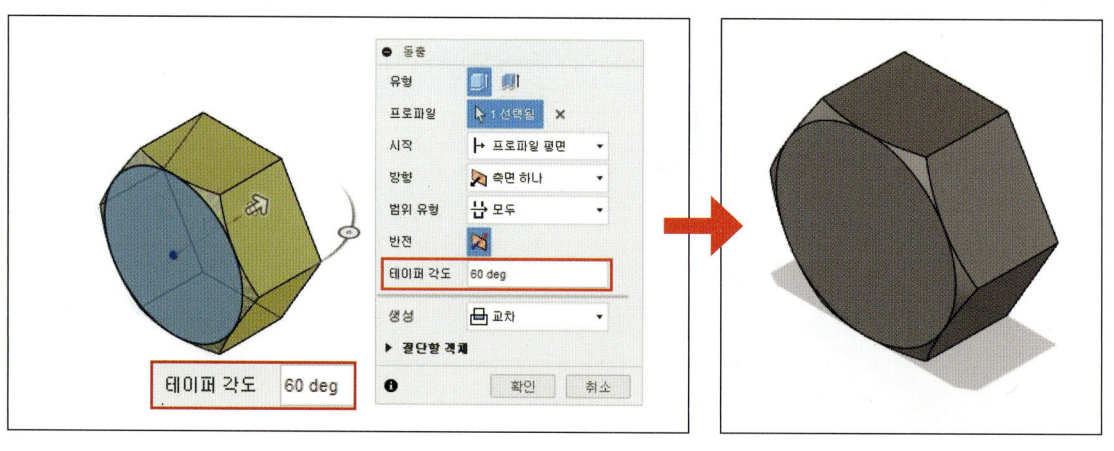

▲ 테이퍼 각도 설정　　　　▲ 작성 완료

### 테이퍼 각도 옵션

다음과 같이 돌출 방향에 대한 테이퍼 각도를 설정합니다. + 값이면 퍼져서 생성되며 – 값이면 오므라져서 생성됩니다.

**1. (+) 값 입력시**

**2. (–) 값 입력시**

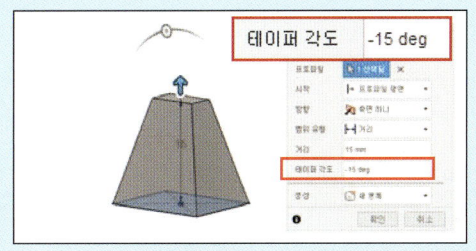

## 03 볼트부 그리기

다음 면에 스케치를 작성한 후 원을 작성합니다.

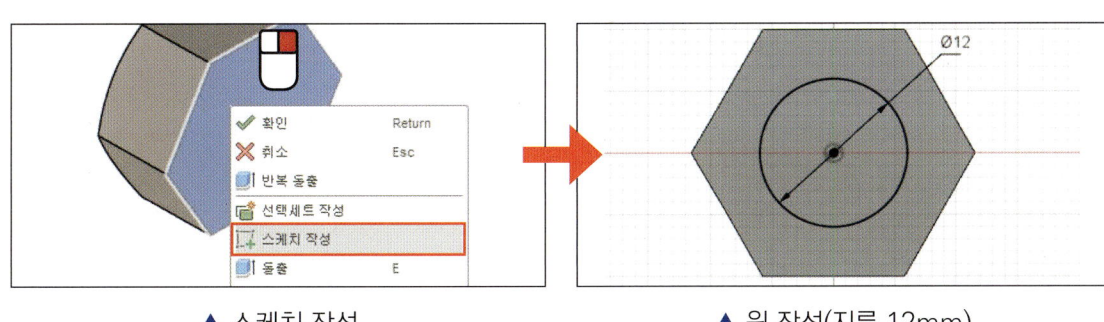

▲ 스케치 작성     ▲ 원 작성(지름 12mm)

프로파일을 선택해 돌출 명령을 실행해 다음과 같이 작성합니다.

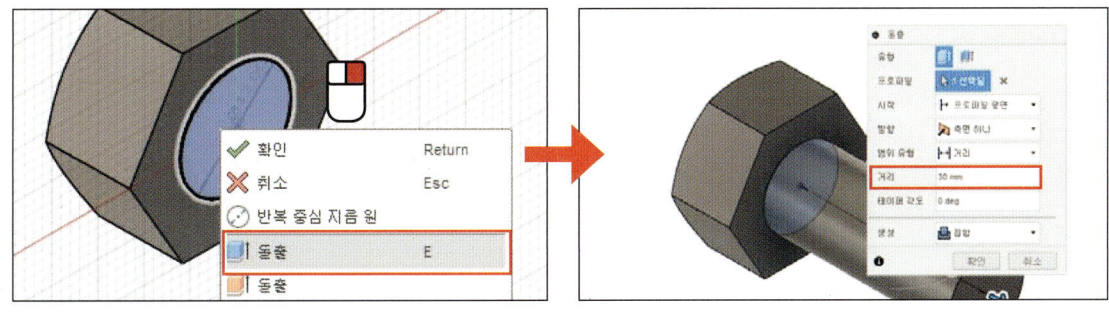

▲ 돌출 실행     ▲ 거리 입력(30mm)

# Part 02 솔리드 모델링

▲ 작성 완료

**나사산** 명령을 실행합니다.

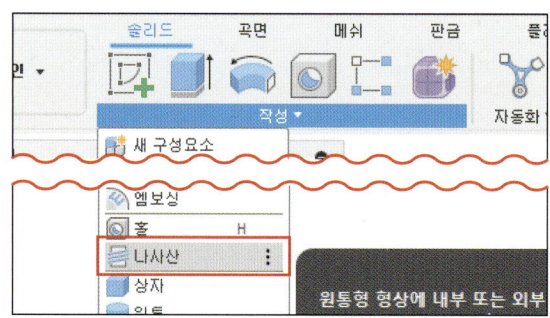

다음 원통면을 선택하면 다음과 같이 나사산이 미리보기가 됩니다.

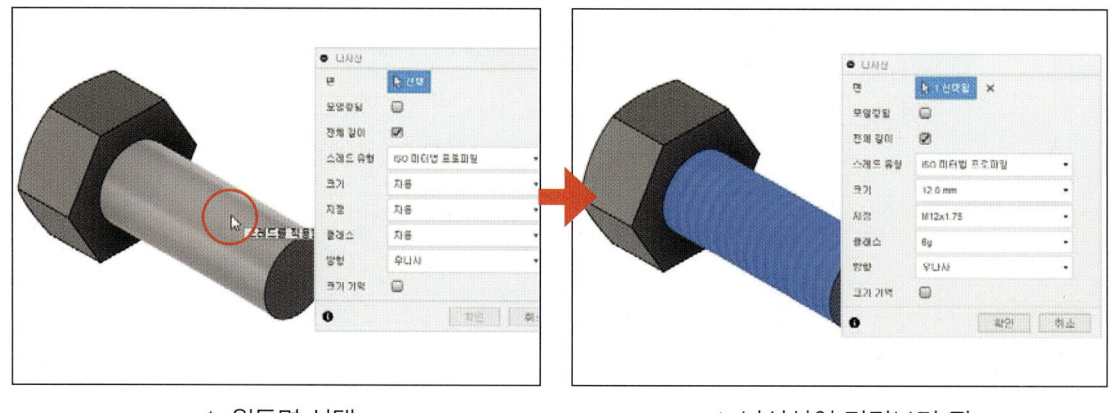

▲ 원통면 선택    ▲ 나사산이 미리보기 됨

> **Tip**
>
> 나사산의 호칭크기는 사용자가 선택한 원통의 직경에 따라 자동으로 지정됩니다. 만약 수동으로 바꾸게 되면 수정한 나사산의 호칭 크기에 따라 원통의 직경이 바뀌게 됩니다.

## Chapter 4 육각머리 볼트 모델링 예제

다음과 같이 **전체 길이**를 해제하고 거리를 지정합니다.

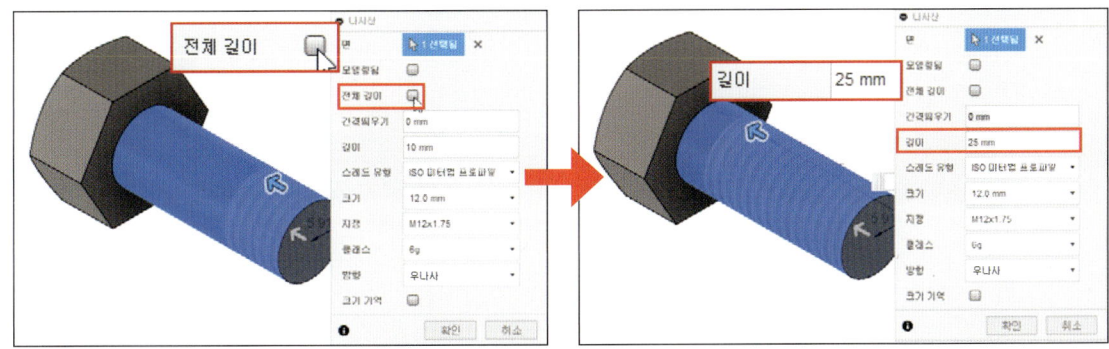

▲ 전체 길이 해제   ▲ 거리 입력(25mm)

**모델링됨** 항목을 체크하고 확인 버튼을 클릭하면 다음과 같이 실제 나사산이 모델링되어 표시됩니다.

▲ 모델링됨 체크 해제   ▲ 작성 완료

 YouTube
풀이 과정을 유튜브로
확인해 보세요!

 Tip

원통을 선택하는 위치에 따라 나사산이 시작되는 방향이 바뀌게 됩니다.

### 1. 위쪽 체크시

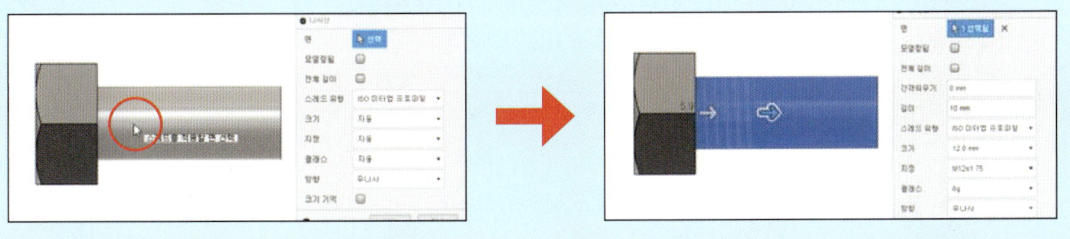

## 2. 아래쪽 체크시

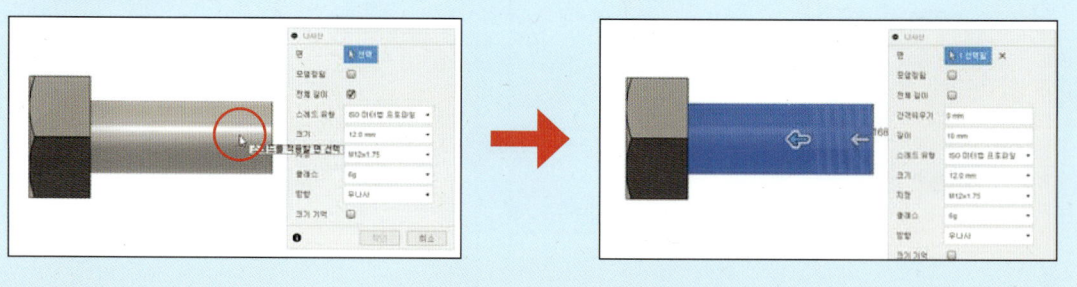

###  Command

## 나사산

원통면에 나사산을 작성합니다.

① **면** : 나사산을 작성할 면을 선택합니다.

② **모델링됨** : 작성한 나사산을 실제 모델링으로 구현합니다.

③ **전체 길이** : 선택한 면의 전체에 나사산을 적용합니다. 체크 해제하면 나사산 길이 범위를 지정하는 옵션이 표시됩니다.

④ **간격띄우기** : 나사산이 시작되는 간격을 지정합니다.

⑤ **길이** : 나사산 길이를 지정합니다.

⑥ **나사산 유형** : 나사산의 유형을 선택합니다.

⑦ **크기** : 나사산의 호칭 크기를 설정합니다. 원통을 선택하면 선택한 원통의 지름이 자동 입력됩니다.

⑧ **지정** : 나사산의 규격과 피치를 선택합니다.

⑨ **클래스** : 나사산의 정밀도 규격을 선택합니다.

⑩ **방향** : 나사산의 감김 방향을 선택합니다. 우나사/좌나사가 있습니다.

⑪ **크기 기억** : 마지막에 실행한 나사산의 설정값을 저장한 후에 다음 나사산 명령을 실행할 때 그대로 적용합니다.

#  총정리

이번 챕터를 통해 우리는 다음과 같은 것들을 배웠습니다.

❶ **돌출 교집합 옵션** : 기존 형상과 돌출로 작성하는 형상이 교차하는 형상만 남겨두는 교집합 옵션에 대해 학습했습니다. 이 교집합 옵션으로 육각머리 볼트의 머리 형상을 간단하게 그릴 수 있습니다.

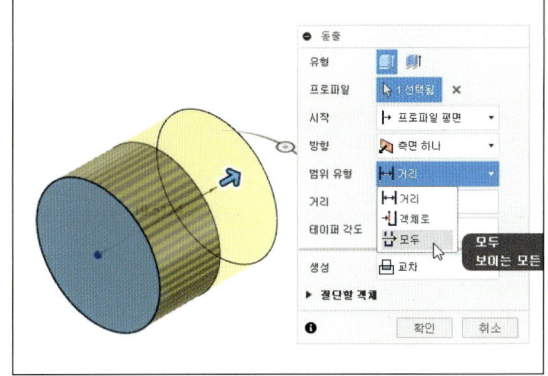

❷ **돌출 구배 옵션** : 돌출 방향으로 각도를 주어 구배를 주는 구배 옵션에 대해서 학습했습니다.

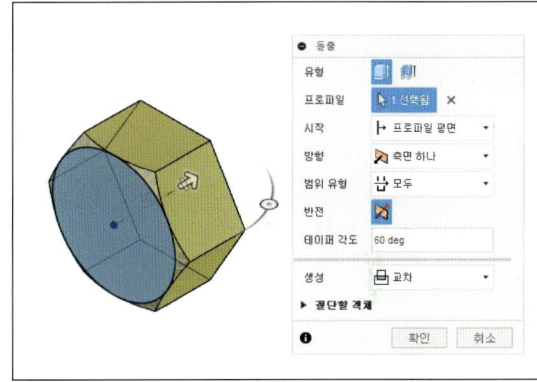

❸ **나사산 명령** : 원통면에 나사산 형태 혹은 옵션을 작성하는 나사산 명령에 대해서 학습했습니다. 이 나사산 명령은 구멍 명령과는 달리 기존에 이미 작성되어 있는 원통면 형상이 존재해야 합니다.

# Part 02 솔리드 모델링

## CHAPTER 05 축 부품 모델링 예제

이번 시간에는 회전 명령과 구성 명령을 응용한 축 예제를 작성해 보도록 하겠습니다.

### 01 도면과 학습 목표

이번 시간에 우리가 학습할 예제를 확인해 보도록 하겠습니다.

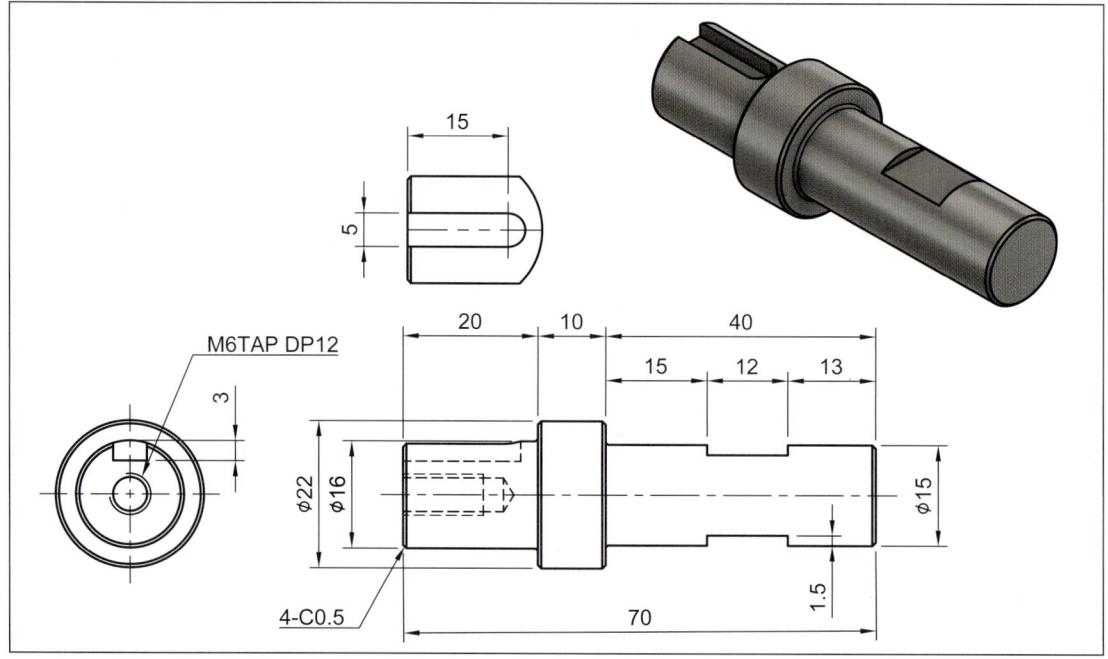

이번 시간에 우리는 다음과 같은 사항을 배우게 됩니다.
- 회전용 스케치 작성하기
- 지름 치수 작성하기
- 회전 명령
- 프로젝트와 교차 명령
- 곡면에 접하는 면 작성하기
- 원통 중앙에 구멍 작성하기

# Chapter 5 축 부품 모델링 예제

## 02 베이스 피쳐 작성하기

Autodesk Fusion

다음과 같이 정면도에 스케치를 작성하고 다음과 같이 선을 작성합니다.

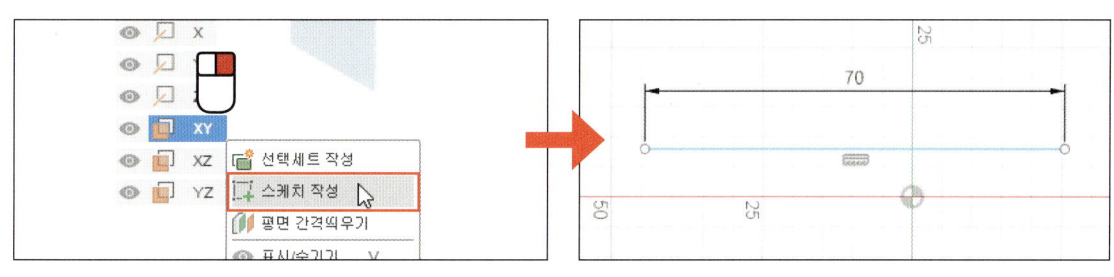

▲ XY(정면도) 평면에 스케치 작성   ▲ 선 작성(길이 70mm)

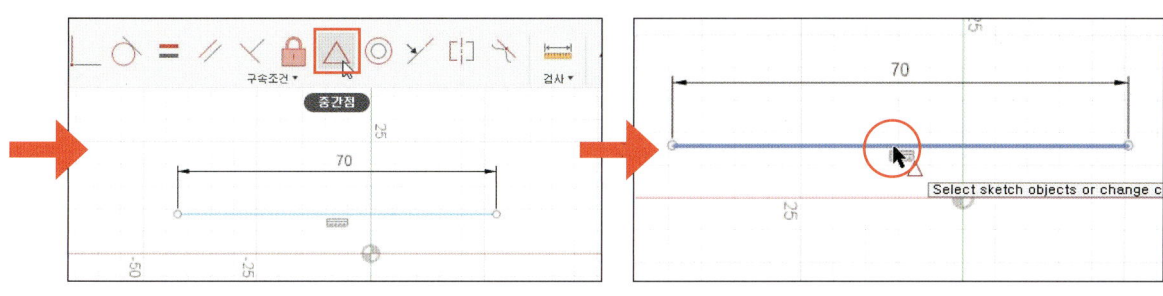

▲ 중간점 구속조건 실행   ▲ 선 클릭

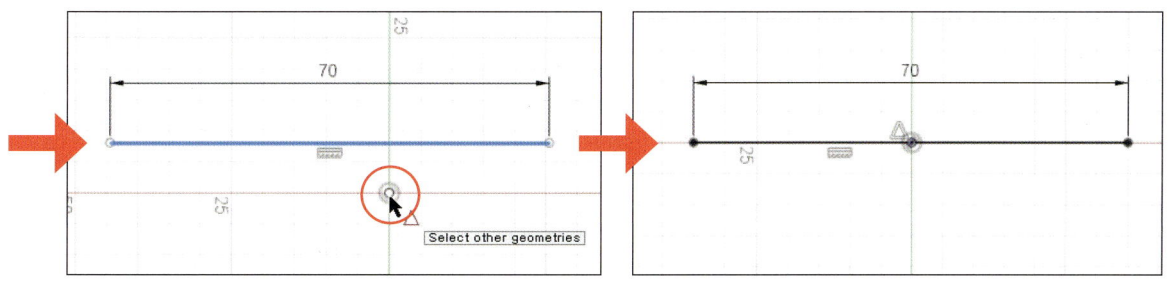

▲ 원점 클릭   ▲ 선의 중간점이 원점에 일치됨

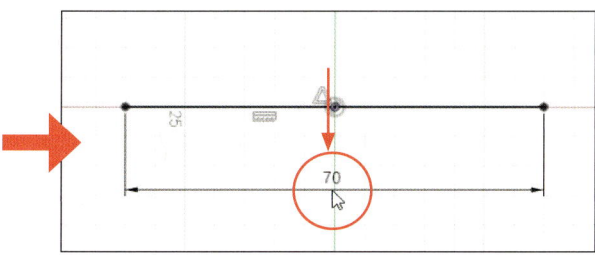

▲ 치수 문자를 드래그해서 아래로 치수 옮김

Part 02 솔리드 모델링

Tip

스케치가 복잡해 지면 작성한 치수 문자의 위치를 변경해야 할 때가 있습니다. 작성한 치수는 치수 문자를 드래그하면 다음과 같이 위치를 변경할 수 있습니다.

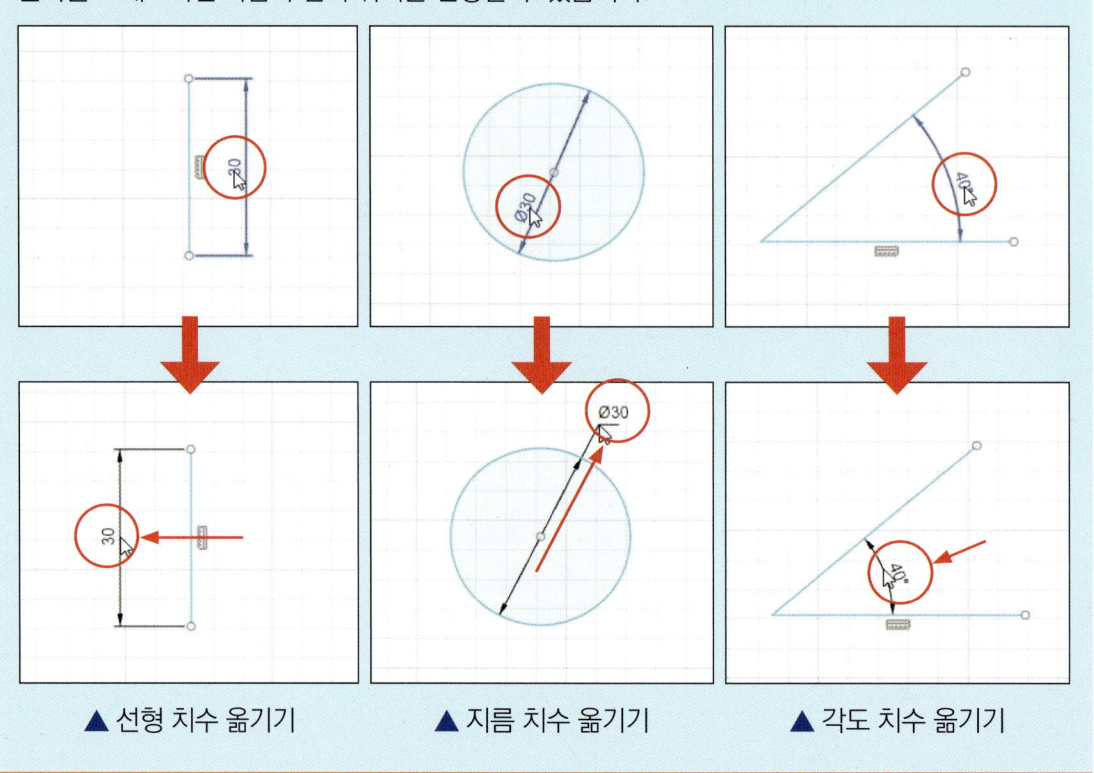

▲ 선형 치수 옮기기    ▲ 지름 치수 옮기기    ▲ 각도 치수 옮기기

다음과 같이 선을 작성합니다.

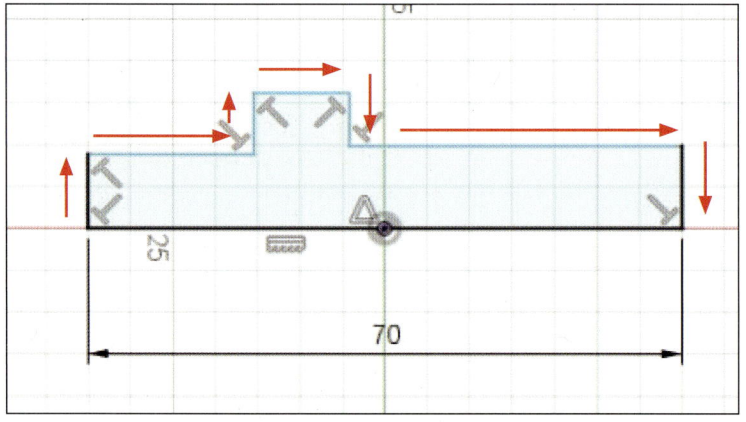

중앙의 선을 선택한 후 스케치 팔레트에서 **중심선** 마크를 클릭하면 선택한 선이 중심선으로 변경됩니다.

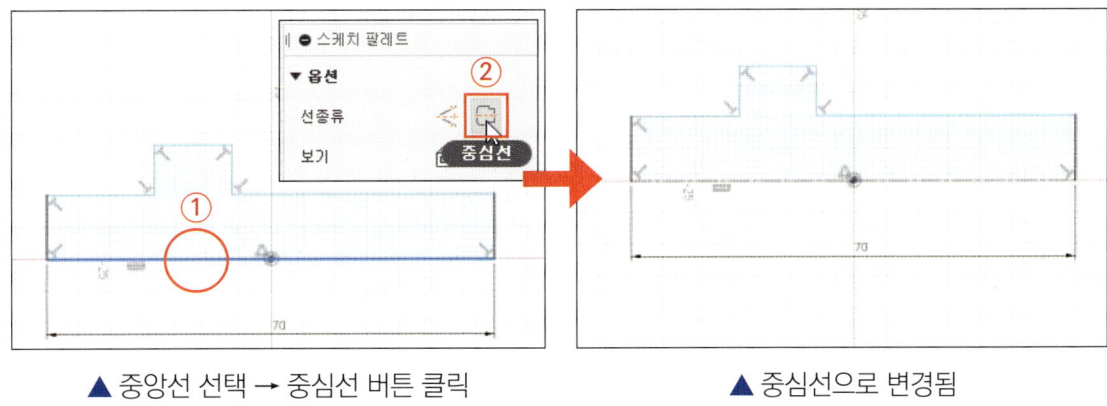

▲ 중앙선 선택 → 중심선 버튼 클릭   ▲ 중심선으로 변경됨

치수 명령을 실행해 다음과 같은 순서로 **지름 치수**를 작성합니다.

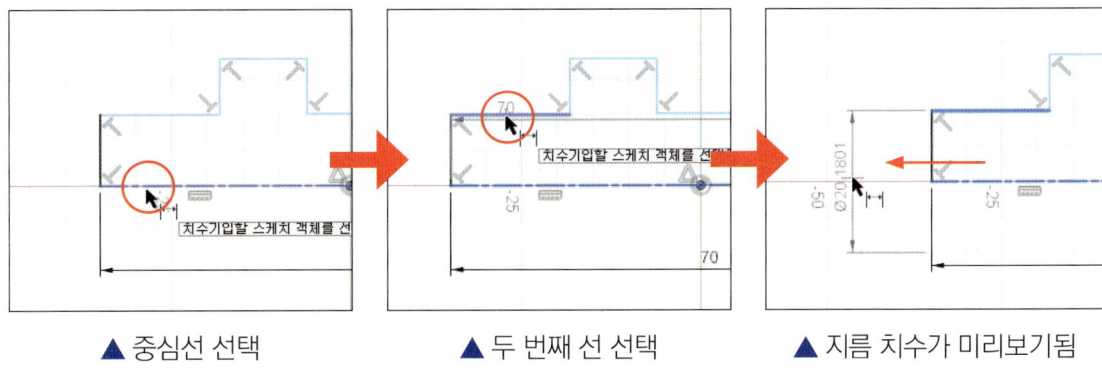

▲ 중심선 선택   ▲ 두 번째 선 선택   ▲ 지름 치수가 미리보기됨

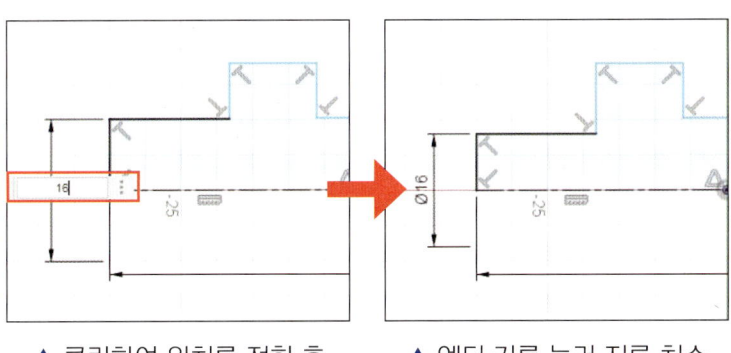

▲ 클릭하여 위치를 정한 후 수치 입력   ▲ 엔터 키를 눌러 지름 치수 작성 완료

마찬가지로 다른 두 군데의 지름 치수도 다음과 같이 작성합니다.

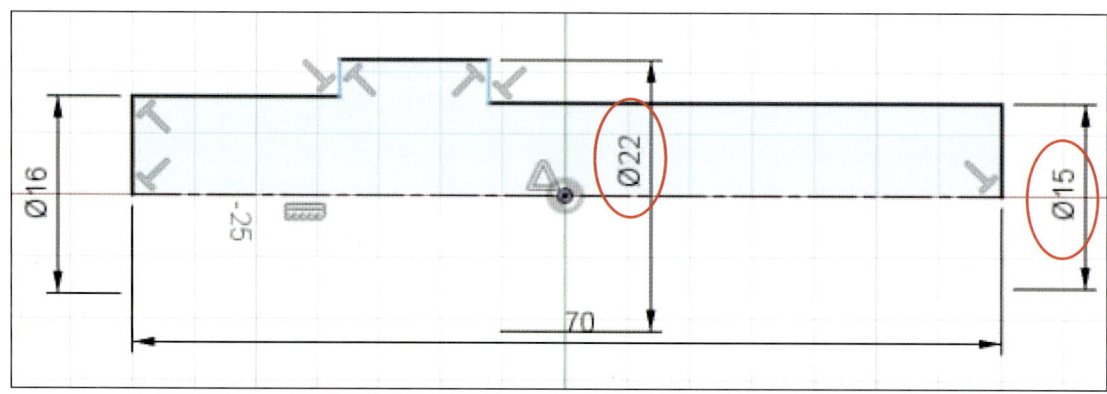

가로 길이 치수를 입력해 스케치를 완성합니다.

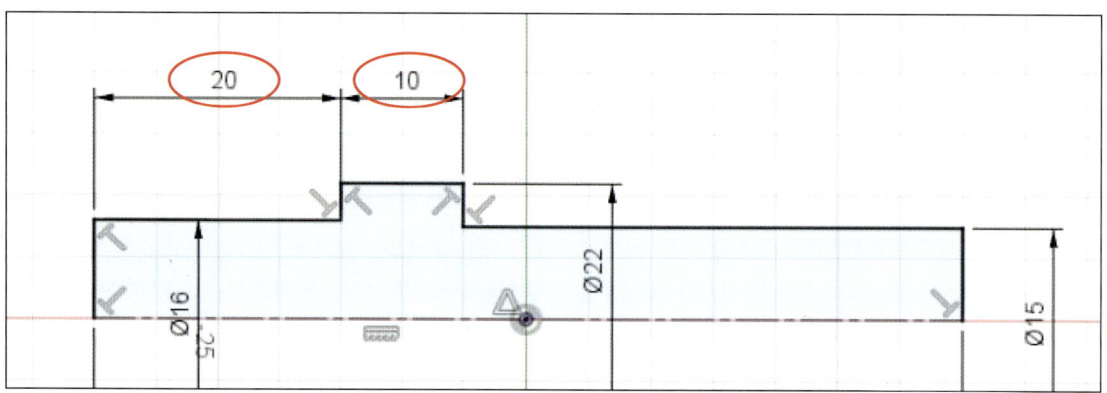

### Tip

**연계 치수에 대해서**

다음과 같이 이미 치수나 구속조건으로 인해 크기나 좌표가 정해져 있는 항목에 치수를 기입하면 안내 창이 표시됩니다.

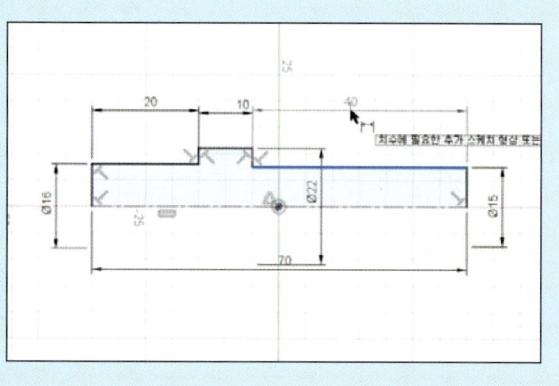

OK버튼을 누르면 다음과 같이 연계 치수가 작성됩니다.

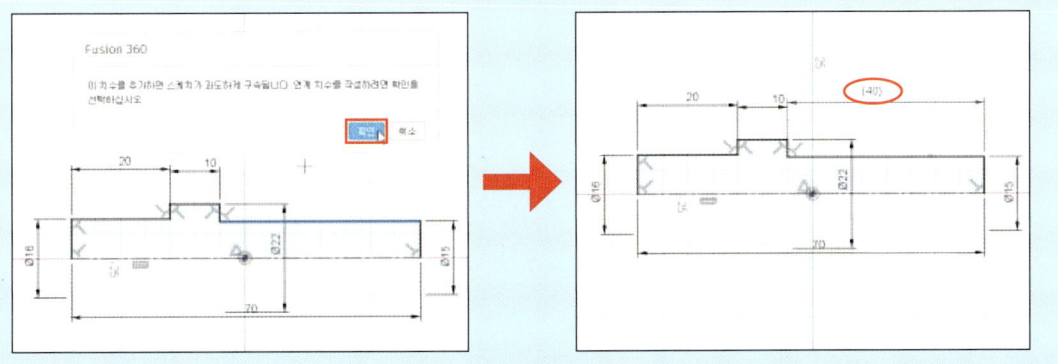

이 연계 치수는 자체적으로 치수값을 지정하는 것이 아닌 다른 치수 혹은 형상에 의해 수치가 연계되어 지정되는 치수입니다. 현재는 이 연계치수의 매개변수를 응용할 수 있는 방법이 없지만 차후 업데이트되는 기능에 의해 이 연계치수를 응용한 모델링 기법을 사용할 수 있을거라 기대합니다.

**회전** 명령을 실행합니다.

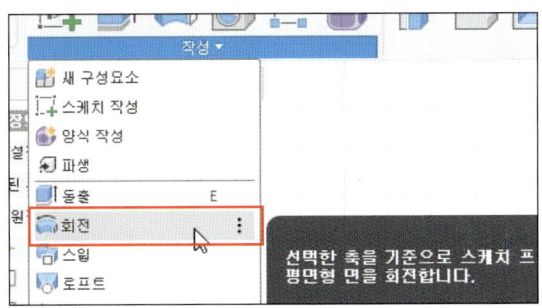

회전 명령을 실행하면 프로파일과 중심선 타입의 선이 각각 하나씩 있으므로 자동으로 회전 피쳐가 미리보기가 됩니다.

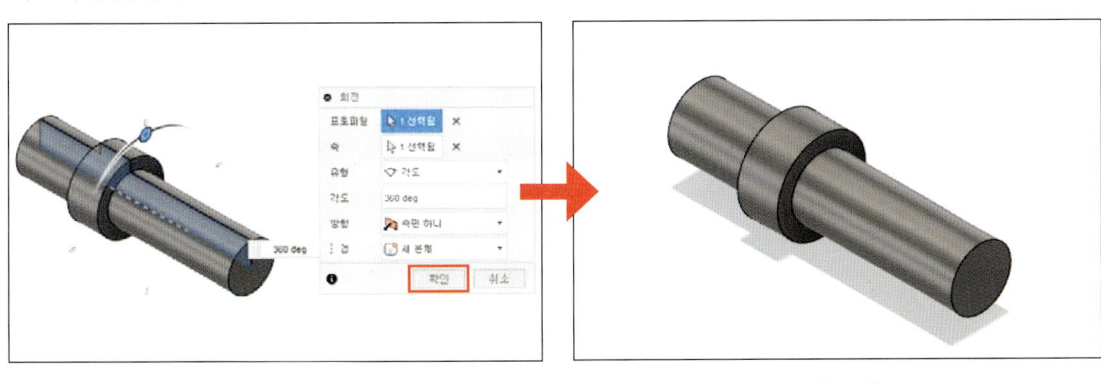

▲ 축 선택 　　　　　　　　▲ 작성 완료

147

Part 02 솔리드 모델링

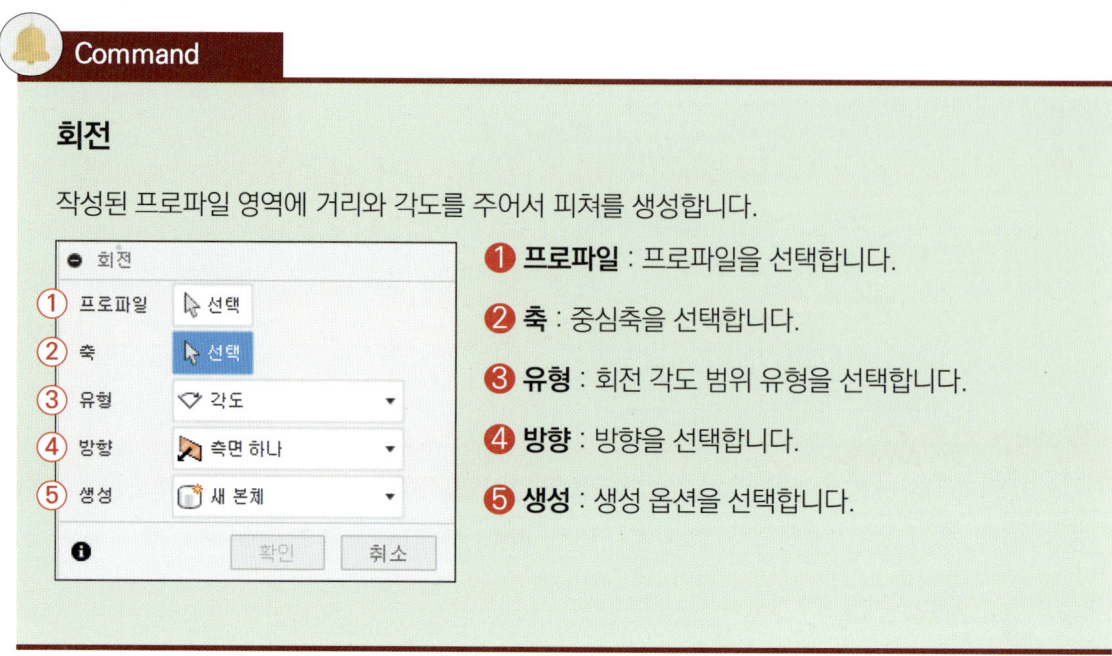

## 03 스패너 자리 작성하기

Autodesk Fusion

다음과 같이 XY평면(정면도)에 스케치를 작성합니다.

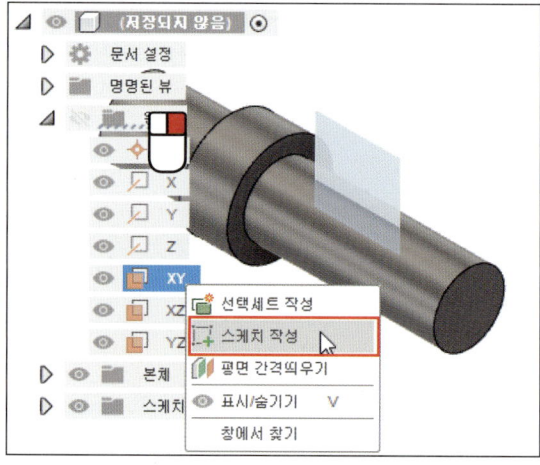

> **Tip**
> 스케치 프로파일을 작성하는 형태나 방향에 따라서 스케치를 작성해야 하는 평면이 다를 수 있습니다.

# Chapter 5 축 부품 모델링 예제

스케치 팔레트 항목에서 **슬라이스** 항목을 클릭하면 스케치가 단면된 상태로 표시됩니다.

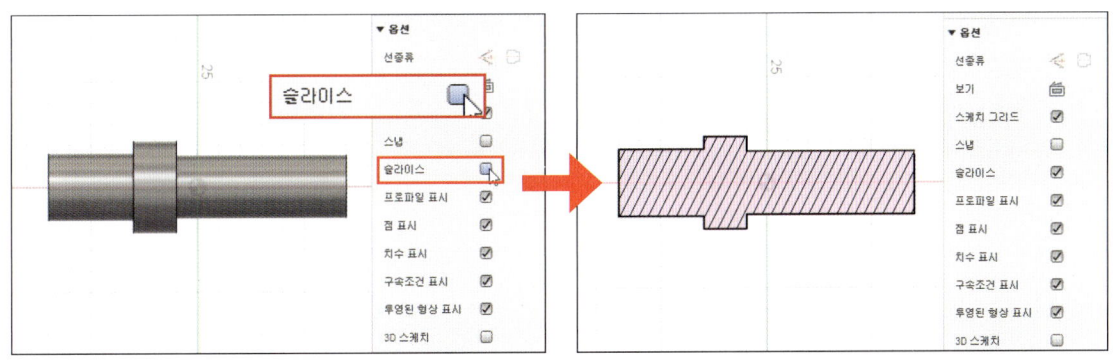

▲ 슬라이스 체크　　　　　　　　　　▲ 스케치가 단면된 상태로 표시됨

### Tip

**스케치 팔레트**

스케치 환경에서 여러가지 보조 옵션 혹은 작업을 보조해 주는 명령어 창입니다.

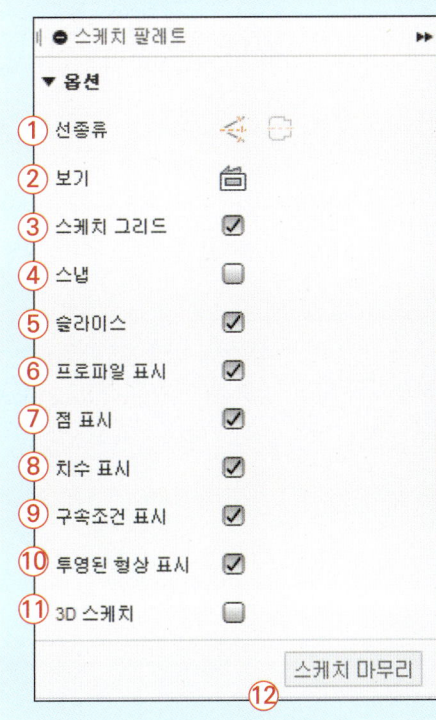

❶ **선종류** : 선택한 선을 구성/중심선으로 변경합니다. 구성선은 피쳐 명령의 프로파일에 포함되지 않으며, 중심선은 지름 치수와 회전 피쳐의 중심선으로 쓰입니다.

❷ **보기** : 현재의 스케치 면을 화면에 정렬시킵니다.

❸ **스케치 그리드** : 스케치 화면에 격자를 표시합니다.

❹ **스냅** : 격자 스냅을 활성화합니다.

❺ **슬라이스** : 스케치 단면 보기를 활성화합니다.

❻ **프로파일 표시** : 프로파일 영역을 채워진 색으로 표시합니다.

❼ **점 표시** : 원의 중심점이나 선 또는 호의 끝점을 표시합니다.

❽ **치수 표시** : 사용자가 작성한 스케치 치수를 표시합니다.

❾ **구속조건 표시** : 스케치 화면에 구속조건을 표시합니다.

149

# Part 02 솔리드 모델링

> ⑩ **투영된 형상 표시** : 프로젝트 명령으로 투영된 스케치 요소를 표시합니다.
>
> ⑪ **3D 스케치** : 3D 스케치를 작성할 수 있게 합니다.
>
> ⑫ **스케치 마무리** : 스케치를 종료합니다.

**교차** 명령을 실행합니다.

다음 면을 선택하면 원통의 외곽 모서리가 스케치 요소로 변경됩니다.

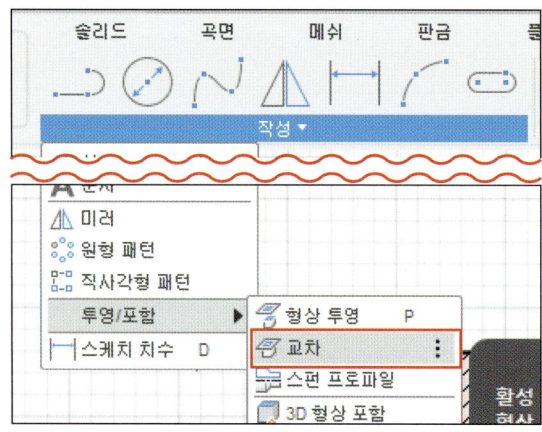

▲ 명령어 실행

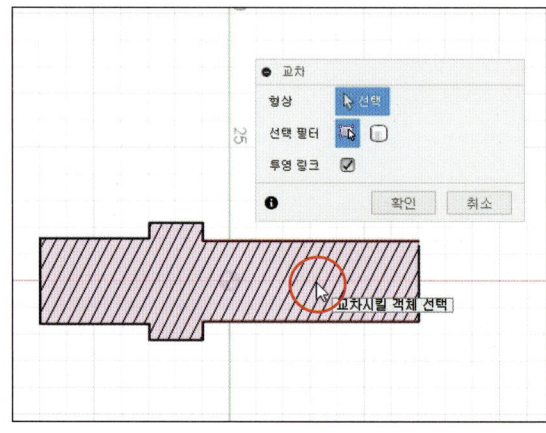

▲ 면 선택

### Command

#### 교차

현재 스케치 평면과 모델링 형상의 교차 단면을 투영합니다.

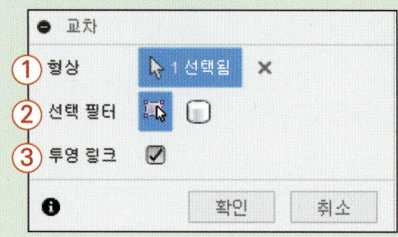

① **형상** : 투영할 형상을 선택합니다.

② **선택 필터** : 투영할 요소의 필터를 설정합니다.

③ **투영 링크** : 투영한 원본 개체와의 링크 관계를 설정합니다.

화면을 회전해서 어떠한 형태로 모서리가 작성되었는지 확인하고 확인 버튼을 클릭합니다.

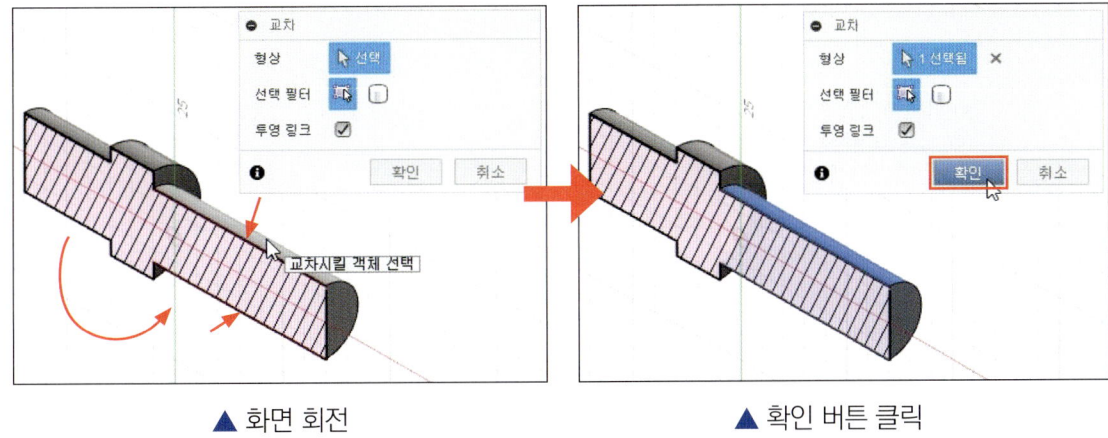

▲ 화면 회전　　　　　　　　　　　　　▲ 확인 버튼 클릭

확인이 끝나면 스케치 팔레트의 **보기** 아이콘을 클릭해 화면의 방향을 원래대로 바꿉니다.

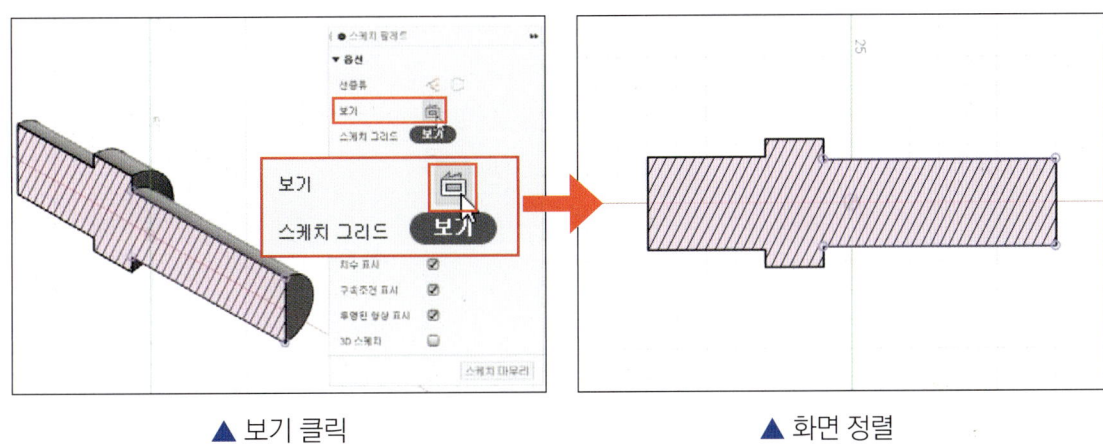

▲ 보기 클릭　　　　　　　　　　　　　▲ 화면 정렬

**2점 직사각형** 명령을 실행합니다.

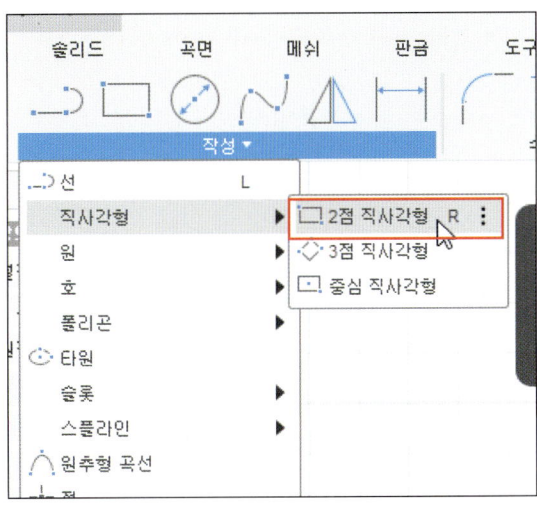

위쪽 모서리에 접해서 다음과 같이 작성합니다.

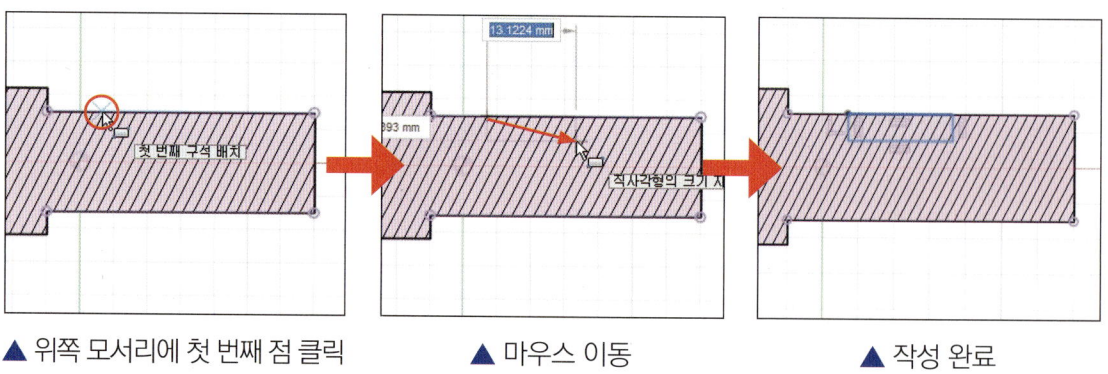

▲ 위쪽 모서리에 첫 번째 점 클릭    ▲ 마우스 이동    ▲ 작성 완료

아래쪽에도 같은 사각형을 작성합니다. 다음과 같이 두 개의 사각형 프로파일 영역이 작성됩니다.

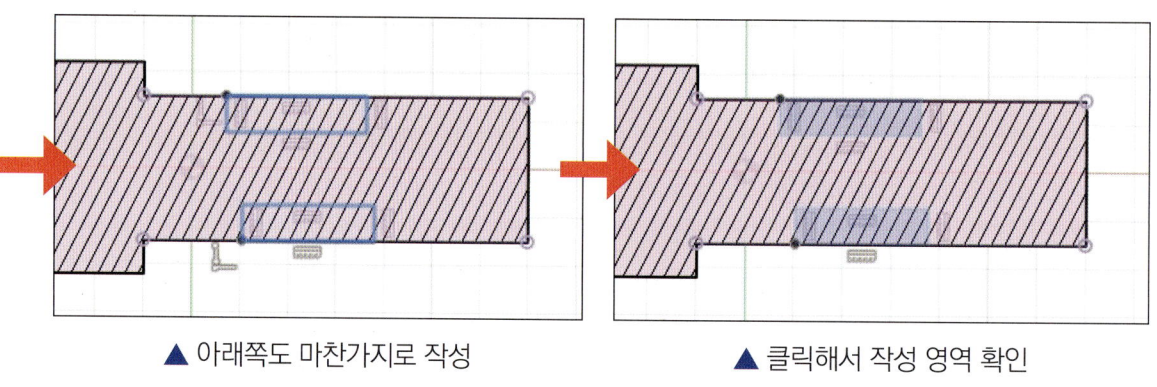

▲ 아래쪽도 마찬가지로 작성    ▲ 클릭해서 작성 영역 확인

 Tip

위 그림은 해칭 선으로 인해 작성한 사각형이 잘 표시되지 않아 컨트롤 키를 누른채로 작성한 사각형 프로파일 영역을 선택해 어떻게 작성되었는지 독자들에게 확인시켜 주기 위한 그림입니다.

구속조건 항목의 **동일** 명령을 클릭해 다음 두 개의 선을 선택하면 두 개의 선에 동일 구속조건이 생성됩니다.

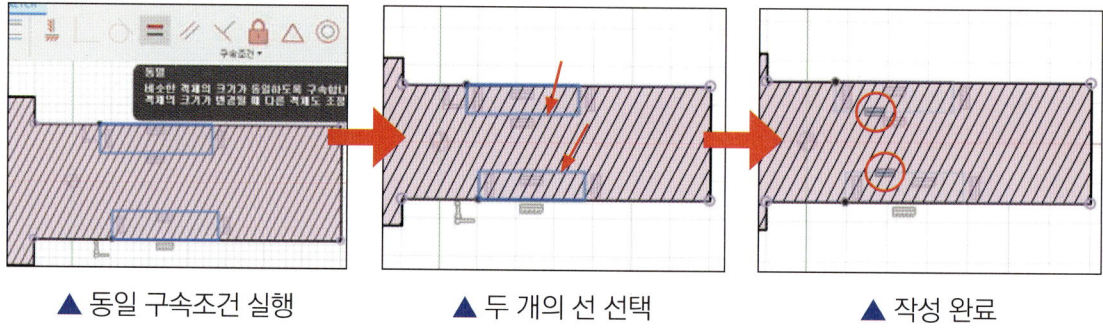

▲ 동일 구속조건 실행    ▲ 두 개의 선 선택    ▲ 작성 완료

## Chapter 5 축 부품 모델링 예제

마찬가지로 세로선 두개에도 **동일** 구속조건을 부여합니다.

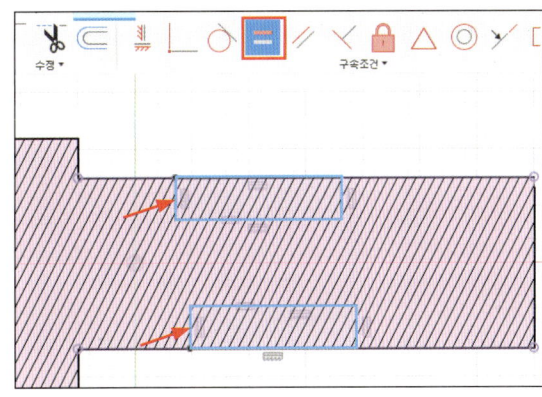

> 🔍 **Tip**
>
> 동일 구속조건은 두 개의 선이나 두 개의 원의 지름을 같게 만듭니다.

구속조건 항목의 **동일선상** 명령을 클릭해 다음 두 개의 선을 선택하면 두 개의 선이 일직선상에 놓이는 동일선상 구속조건이 작성됩니다.

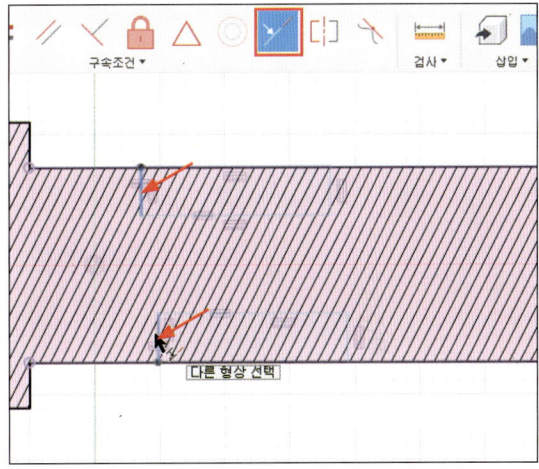

> 🔍 **Tip**
>
> 동일선상 구속조건은 두 개의 선을 같은 선상에 위치하게 만듭니다.

다음과 같이 작성한 요소에 스케치를 작성해 마무리합니다.

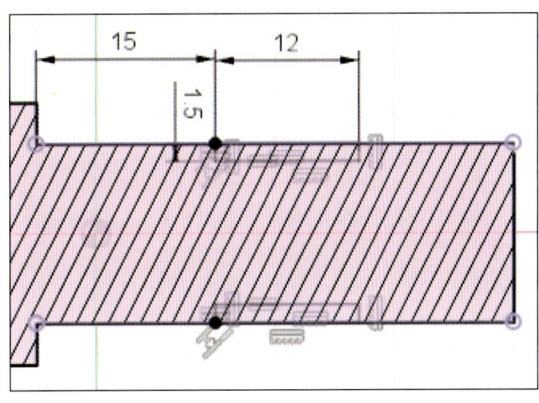

153

두 개의 프로파일을 선택해 **돌출** 명령을 실행합니다.  방향을 **대칭**으로 바꿉니다.

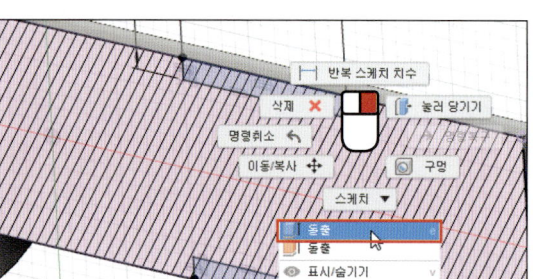 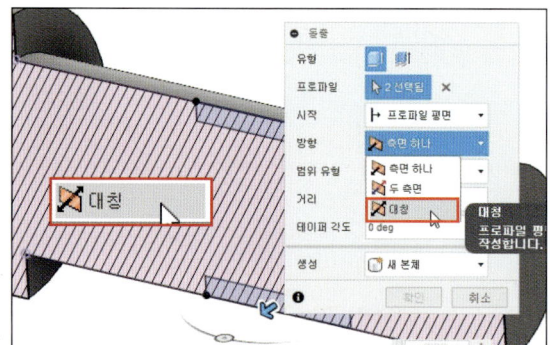

 Tip

Ctrl(컨트롤) 키를 누른채로 선택하면 여러개의 프로파일을 한꺼번에 선택할 수 있습니다.

범위 유형을 **모두**로 바꾸면 작업 옵션이 **잘라내기**로 바뀝니다.

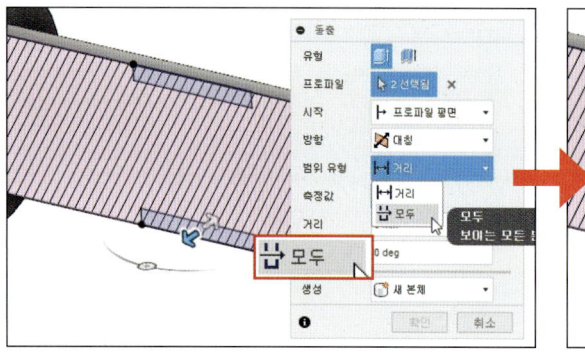 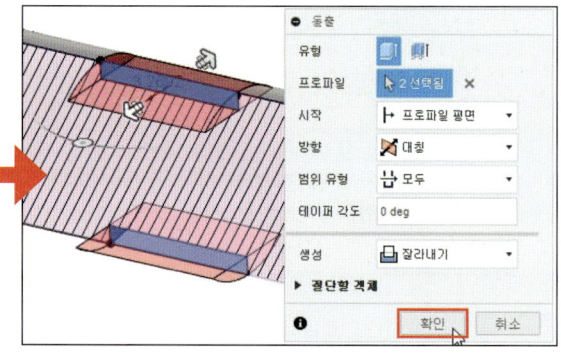

▲ 범위유형을 모두로 변경   ▲ 잘라내기로 바뀜 → 확인 버튼 클릭

다음과 같이 스패너 자리가 완성됩니다.

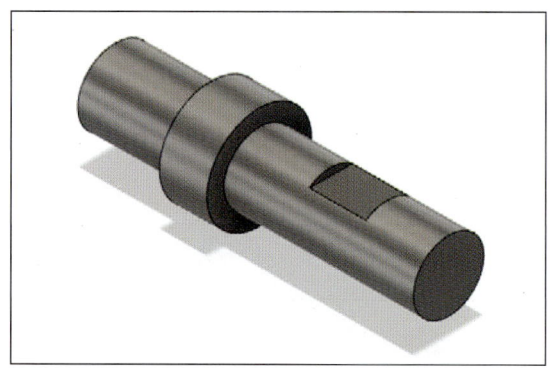

Chapter 5 축 부품 모델링 예제

 **Tip**

### 대칭 방향 옵션에 대해서

대칭 방향 옵션은 다음과 같이 양쪽으로 같은 거리만큼 피처를 작성하는 옵션입니다.

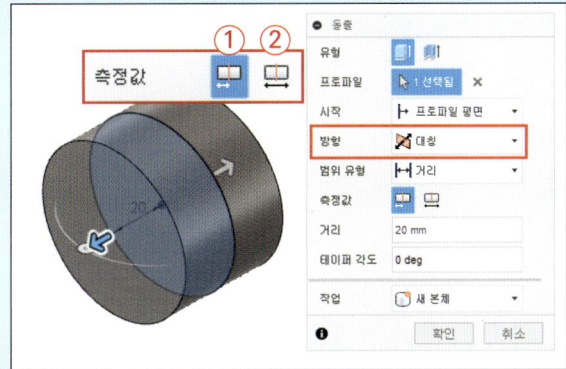

① **절반 길이** : 입력한 거리가 돌출의 절반 거리를 결정합니다.

② **전체 길이** : 입력한 거리가 돌출의 전체 거리를 결정합니다.

## 04 키 자리 작성하기

Autodesk Fusion

구성 항목의 **접하는 평면** 명령을 실행합니다.

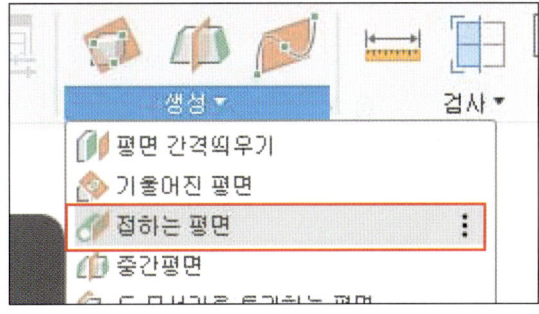

다음과 같이 원통의 **윗면**을 선택한 후 확인 버튼을 클릭하면 곡면에 접하는 면이 작성됩니다.

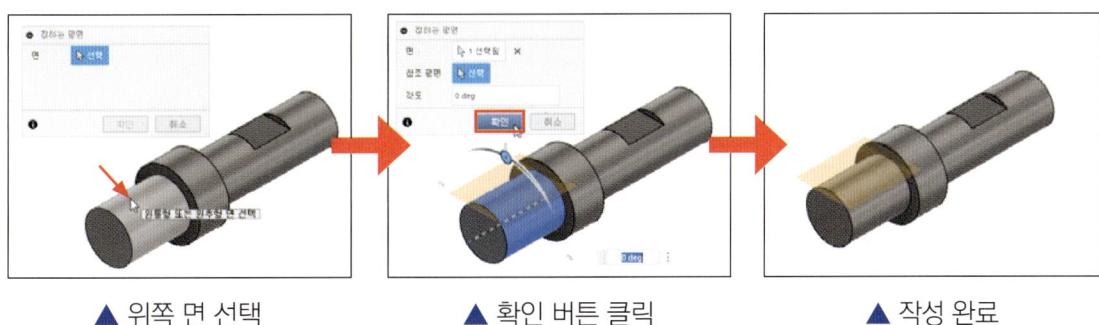

▲ 위쪽 면 선택　　　　　▲ 확인 버튼 클릭　　　　　▲ 작성 완료

155

# Part 02 솔리드 모델링

 **Tip**

## 접하는 평면의 작성 특성

접하는 평면 명령은 선택하는 위치에 따라서 작성되는 위치가 달라지게 됩니다.

### 1. 윗면에 선택했을 때

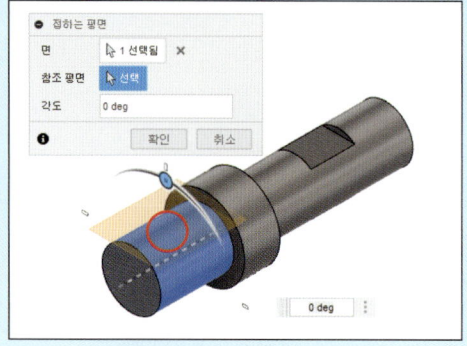

### 2. 옆면에 선택했을때

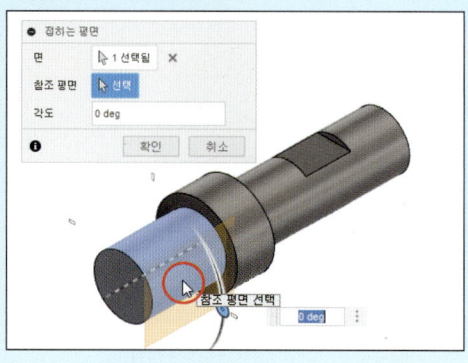

작성된 면을 마우스 우측 버튼으로 클릭해 팝업 메뉴에서 **스케치 작성** 명령을 실행해 스케치를 작성합니다.

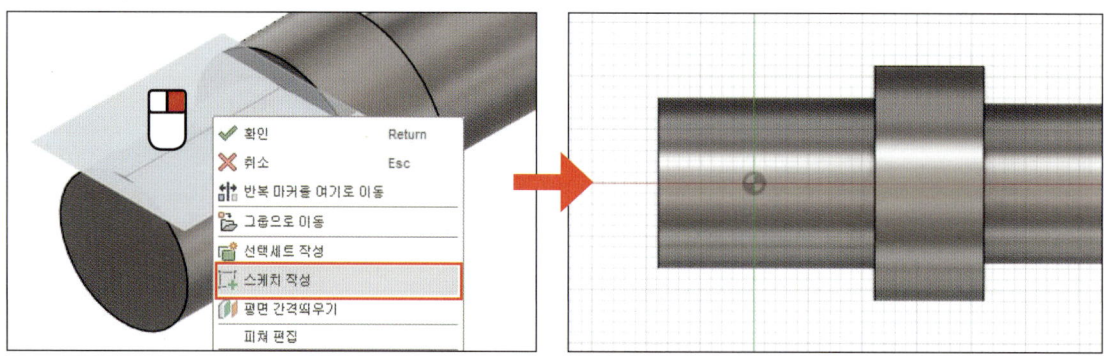

▲ 팝업 메뉴에서 스케치 작성 클릭          ▲ 작성 완료

 **Tip**

## 스케치를 작성하는 세 번째 방법

구성 평면으로 작성하는 사용자 평면에 스케치를 작성할 수 있습니다.

투영/포함 항목의 **형상투영** 명령을 실행합니다.

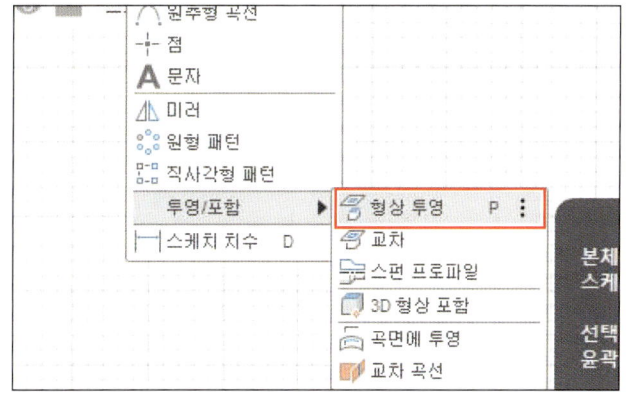

다음 모서리를 선택하고 확인 버튼을 클릭하면 다음과 같이 모서리가 스케치 요소로 변경되어 생성됩니다.

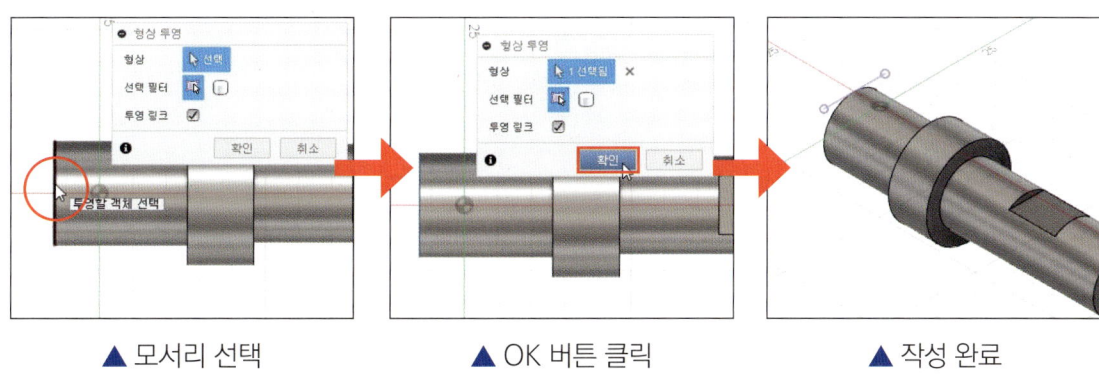

▲ 모서리 선택　　　▲ OK 버튼 클릭　　　▲ 작성 완료

### Command

**형상투영**

다른 스케치에서 작성한 스케치 개체나 모델링 형상의 면/모서리/점을 투영합니다.

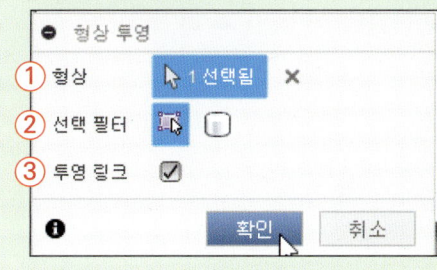

❶ **형상** : 투영할 요소를 선택합니다.

❷ **선택 필터** : 투영할 요소의 필터를 설정합니다.

❸ **투영 링크** : 투영한 원본 개체와의 링크 관계를 설정합니다.

# Part 02 솔리드 모델링

슬롯 항목의 **중심 대 중심 슬롯** 명령을 실행합니다.

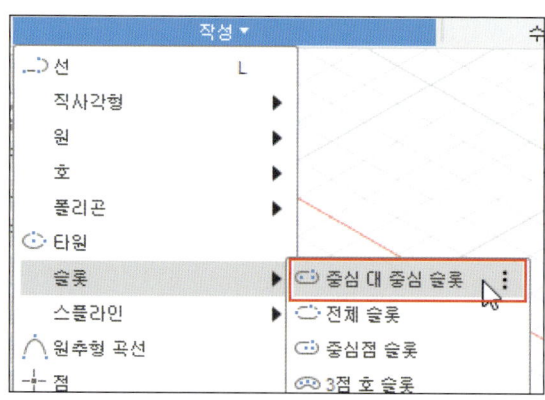

첫 번째 점을 투영된 선의 중간점에 클릭해 다음과 같이 작성하고 다음과 같이 치수를 작성합니다.

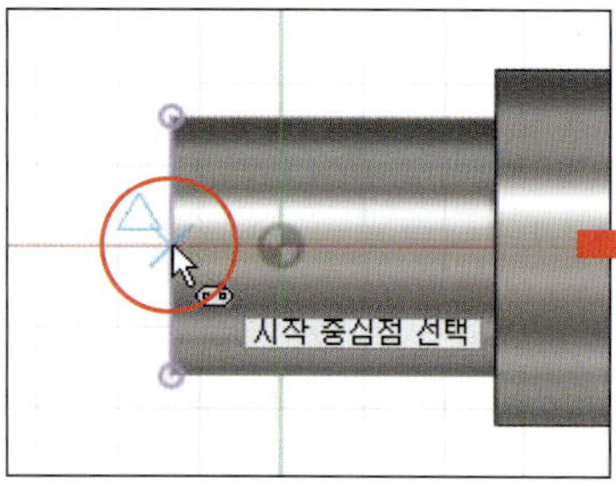

▲ 중간점 선택

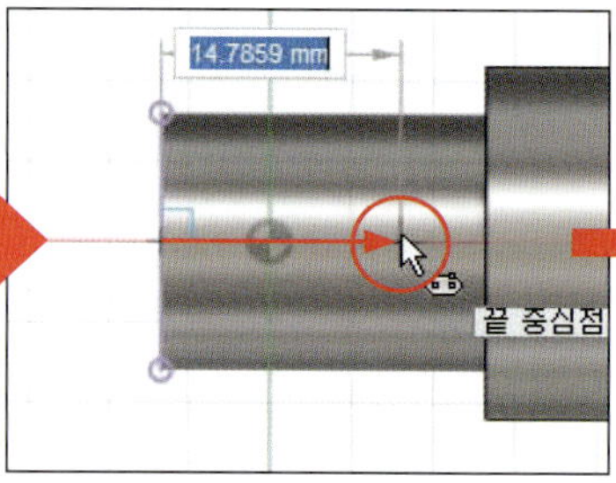

▲ 중심선 작성

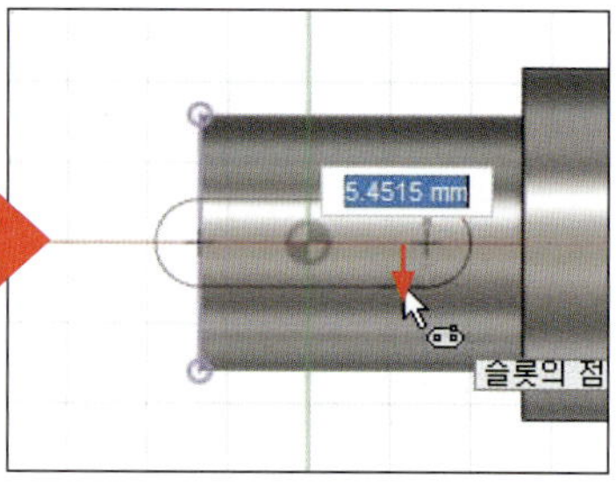

▲ 폭 작성

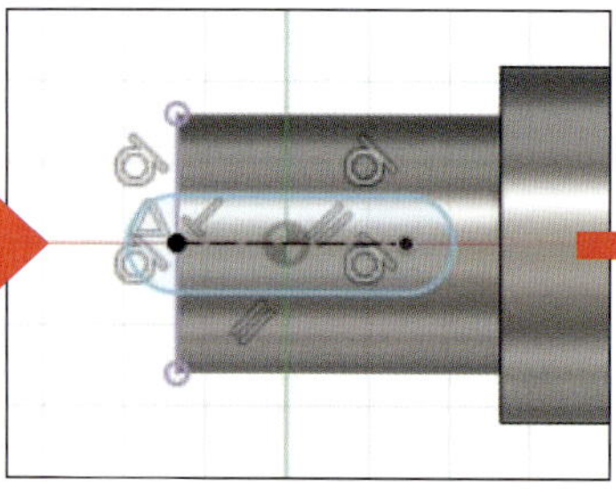

▲ 작성 완료

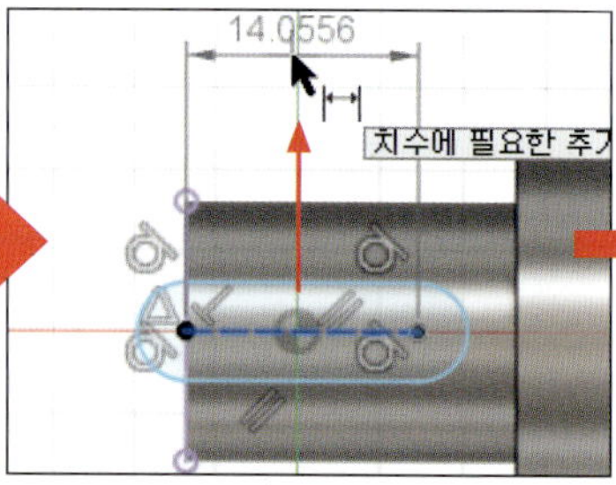

▲ 치수 명령으로 중심선 클릭

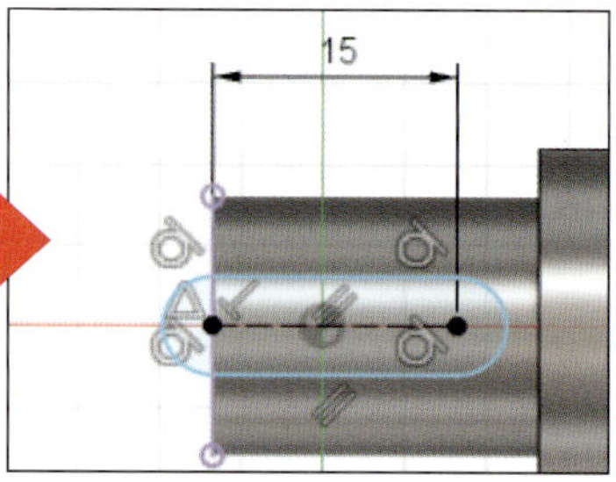

▲ 중심선 치수 작성

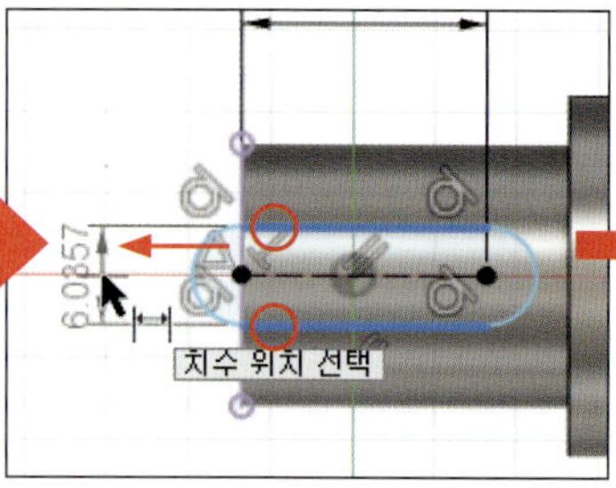

▲ 두 개의 선 선택

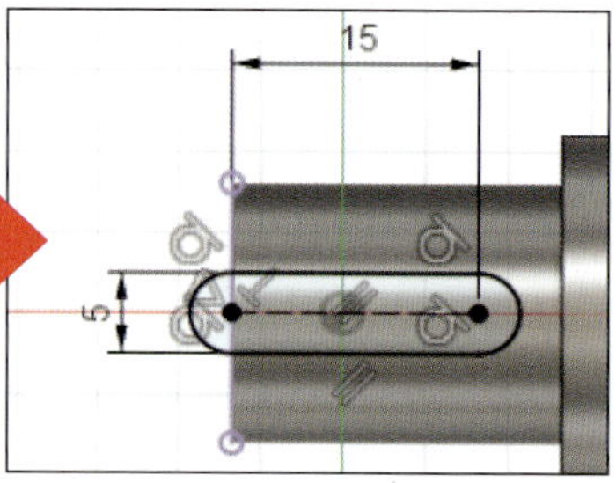

▲ 폭 치수 작성

Chapter 5 축 부품 모델링 예제

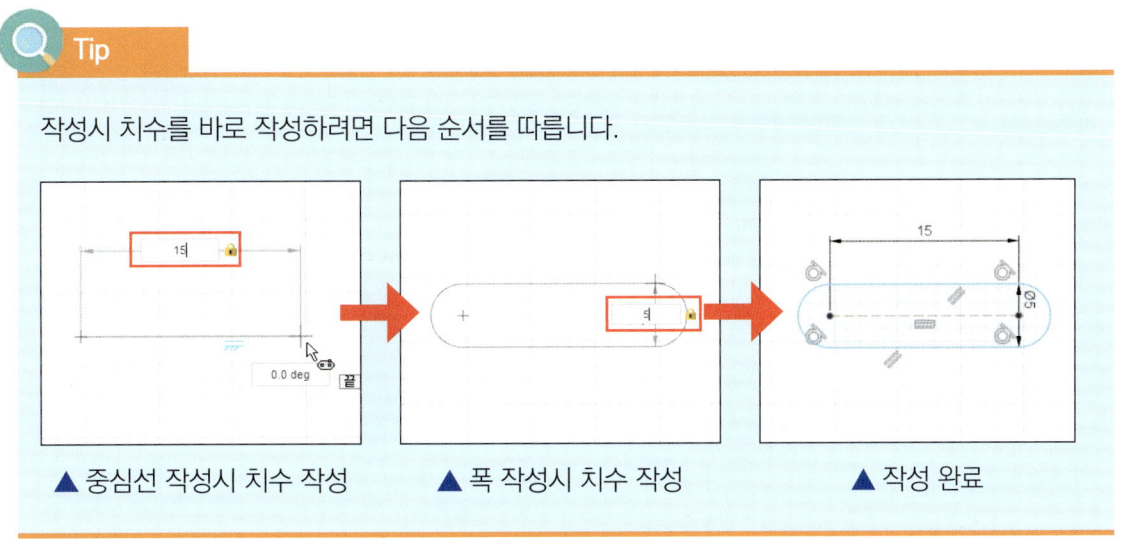

프로파일을 선택해 **돌출** 명령을 실행해 다음과 같이 작성합니다.

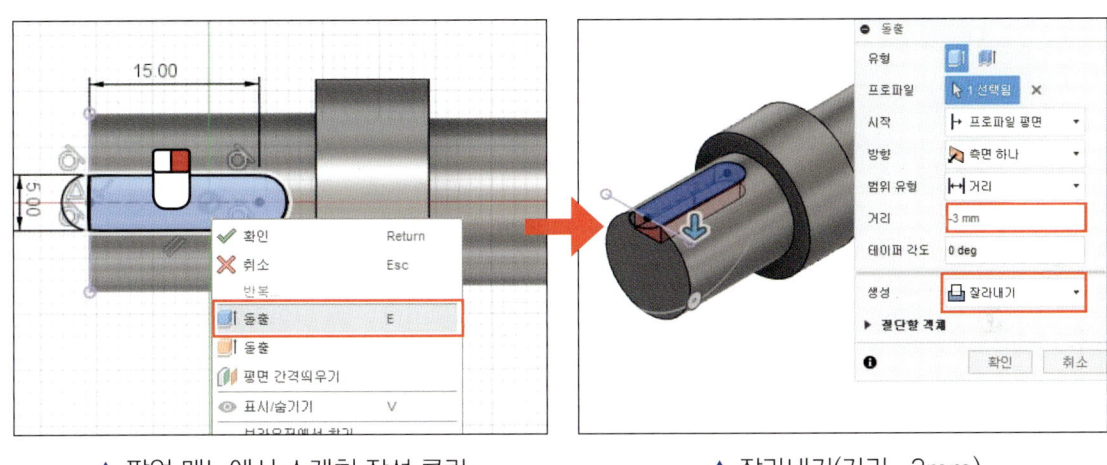

▲ 팝업 메뉴에서 스케치 작성 클릭 　　▲ 잘라내기(거리 −3mm)

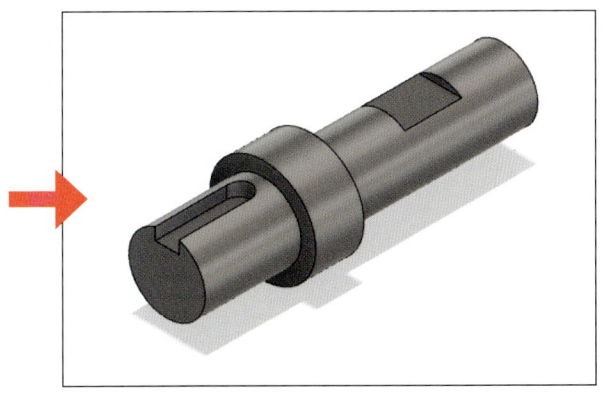

◀ 작성 완료

Part 02 솔리드 모델링

## 05 마무리 피쳐 작성하기

Autodesk Fusion

**홀** 명령을 실행해 다음 면을 선택합니다.

구멍이 미리보기가 되면 **원통 모서리**를 선택하면 구멍의 중심이 원통의 중심으로 정렬됩니다.

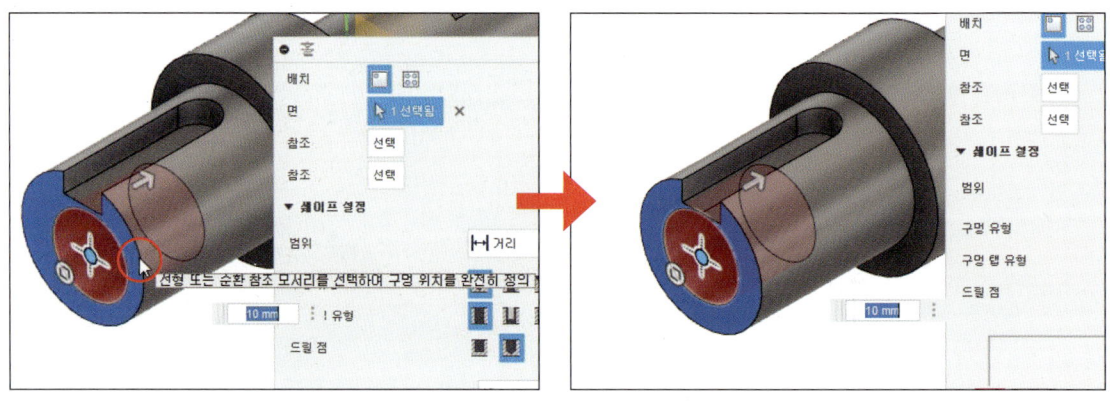

▲ 원통 모서리 클릭                ▲ 구멍 중심 정렬됨

**쉐이프 설정** 항목을 다음과 같이 설정하고 **확인** 버튼을 클릭하면 다음과 같이 구멍이 작성됩니다.

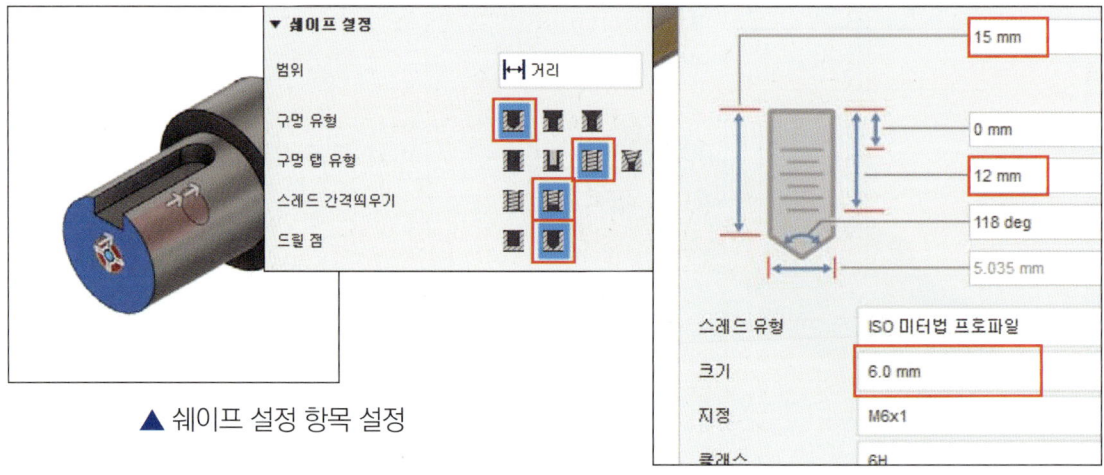

▲ 쉐이프 설정 항목 설정

Chapter 5 축 부품 모델링 예제

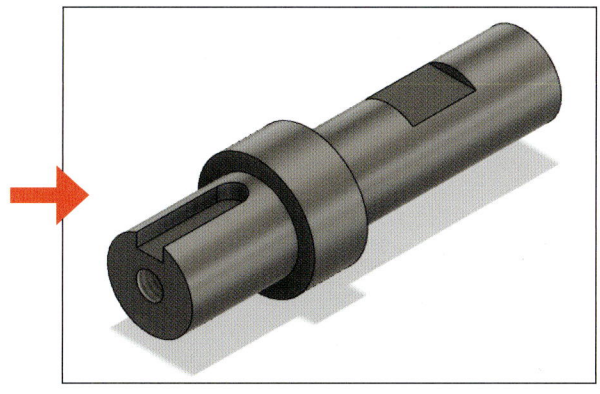

▲ 작성 완료

이제 **챔퍼**와 **필렛** 명령을 실행해 다음과 같이 작성합니다.

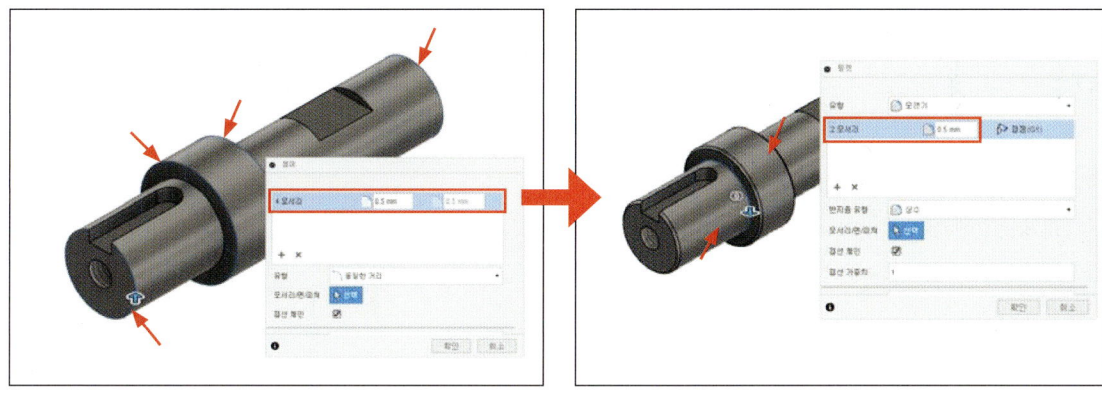

▲ 챔퍼(거리 0.5mm)    ▲ 필렛(반지름 0.5mm)

축 모델링이 다음과 같이 완성되었습니다.

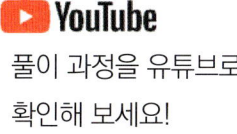
풀이 과정을 유튜브로
확인해 보세요!

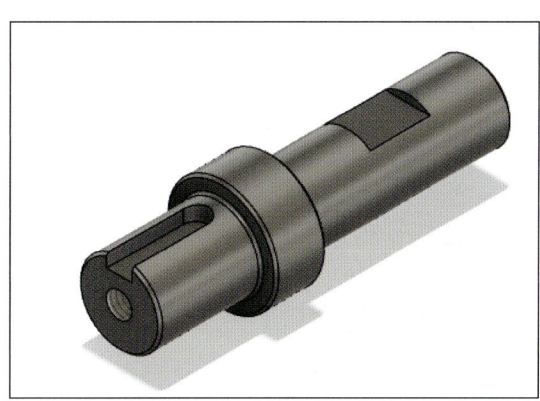

161

#  총정리

이번 챕터를 통해 우리는 다음과 같은 것들을 배웠습니다.

❶ **회전용 스케치 작성하기** : 단이 많은 회전 프로파일을 작성하는 순서와 요령에 대해서 학습했습니다.

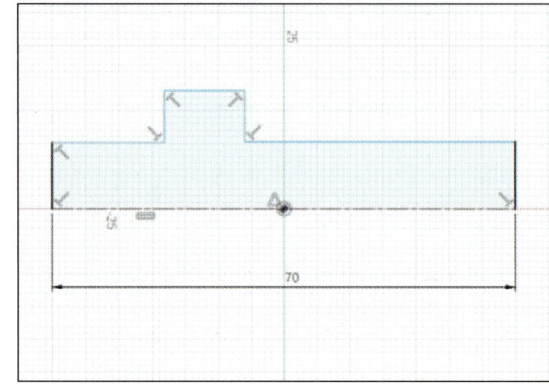

❷ **지름 치수 작성하기** : 회전 프로파일을 작성할 때 지름치수를 작성하는 방법에 대해서 학습했습니다.

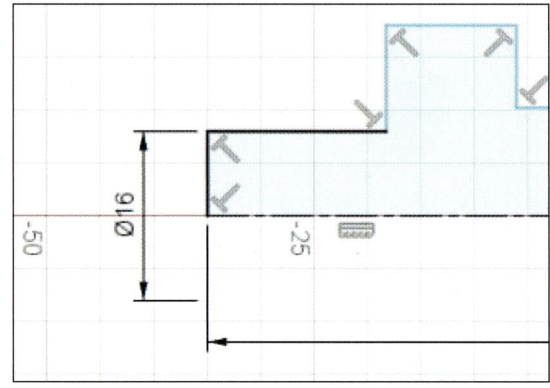

❸ **회전 명령** : 돌출 명령어 다음으로 3차원 형상을 작성하는데 중요한 명령어인 회전 명령에 대해서 학습했습니다.

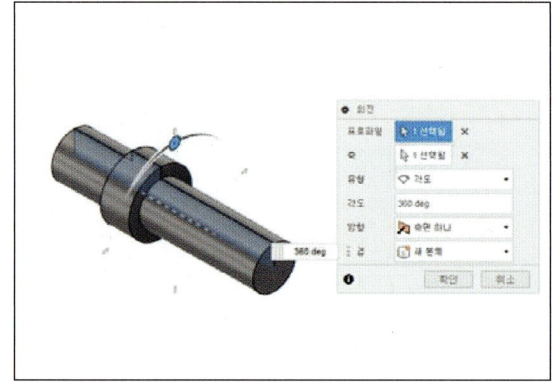

❹ **형상투영과 교차 명령** : 스케치 환경에서 모델의 형상이나 다른 스케치의 형상을 현재 스케치로 불러들이는 형상투영과 교차 명령에 대해서 학습했습니다. 이 두 개의 명령이 어떻게 다르고 어떻게 쓰여야 하는지도 같이 배웠습니다.

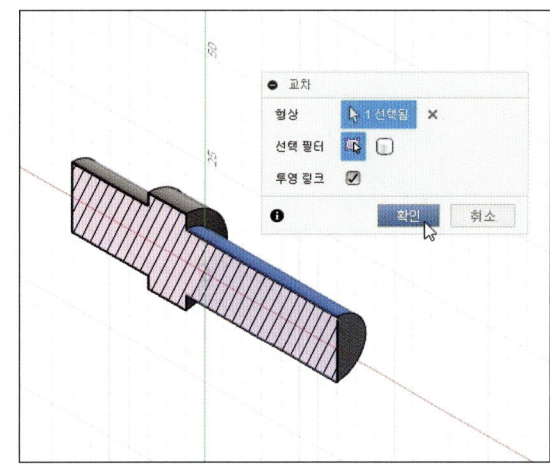

❺ **곡면에 접하는 면 작성하기** : 사용자 작업면 작성 종류 중 하나인 곡면에 접하는 면을 작성하는 법을 학습했습니다. 이 곡면에 접하는 면은 나중에 원통면의 지름이 바뀌더라도 항상 원통면에 접하게끔 업데이트가 됩니다.

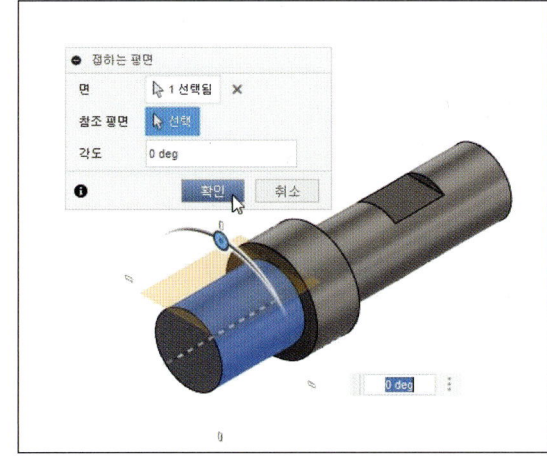

❻ **원통 중앙에 구멍 작성하기** : 스케치가 필요없이 평면과 참조 원형 모서리를 이용해 원통의 중앙에 구멍을 정확하게 작성하는 방법에 대해서 학습했습니다.

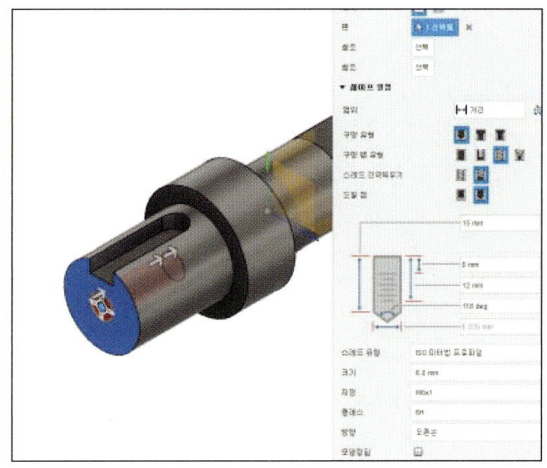

# 연습 예제

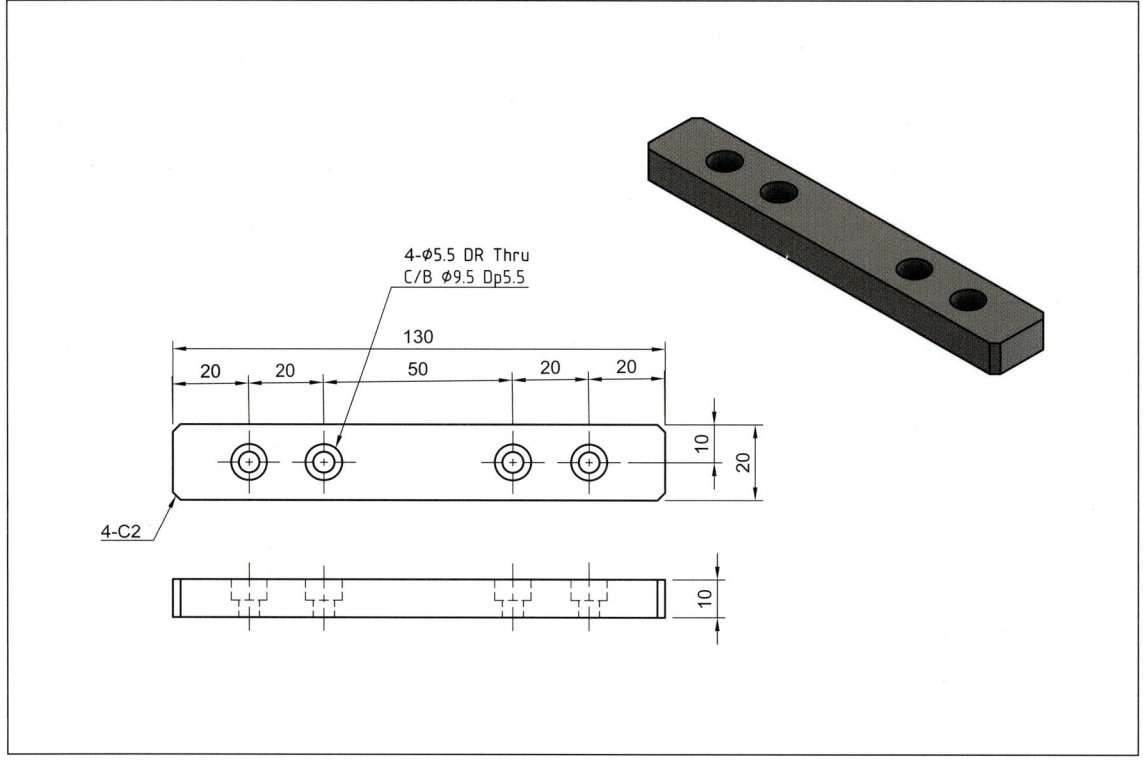

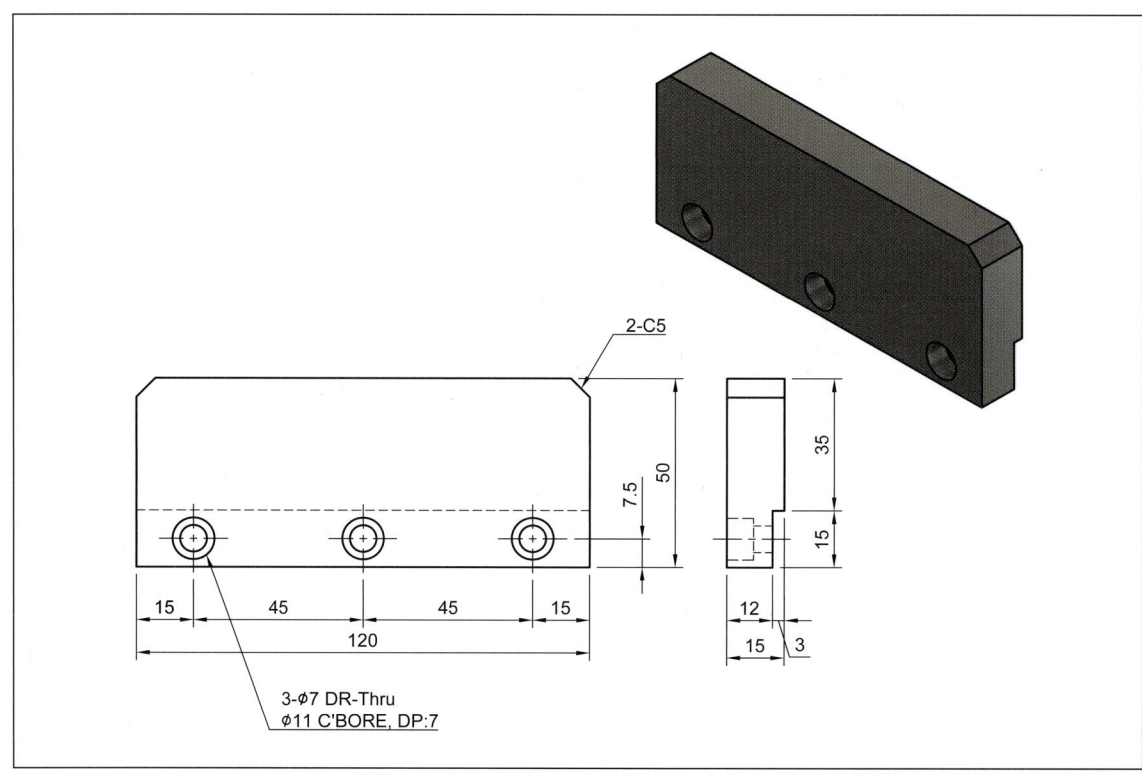

## 연습 예제

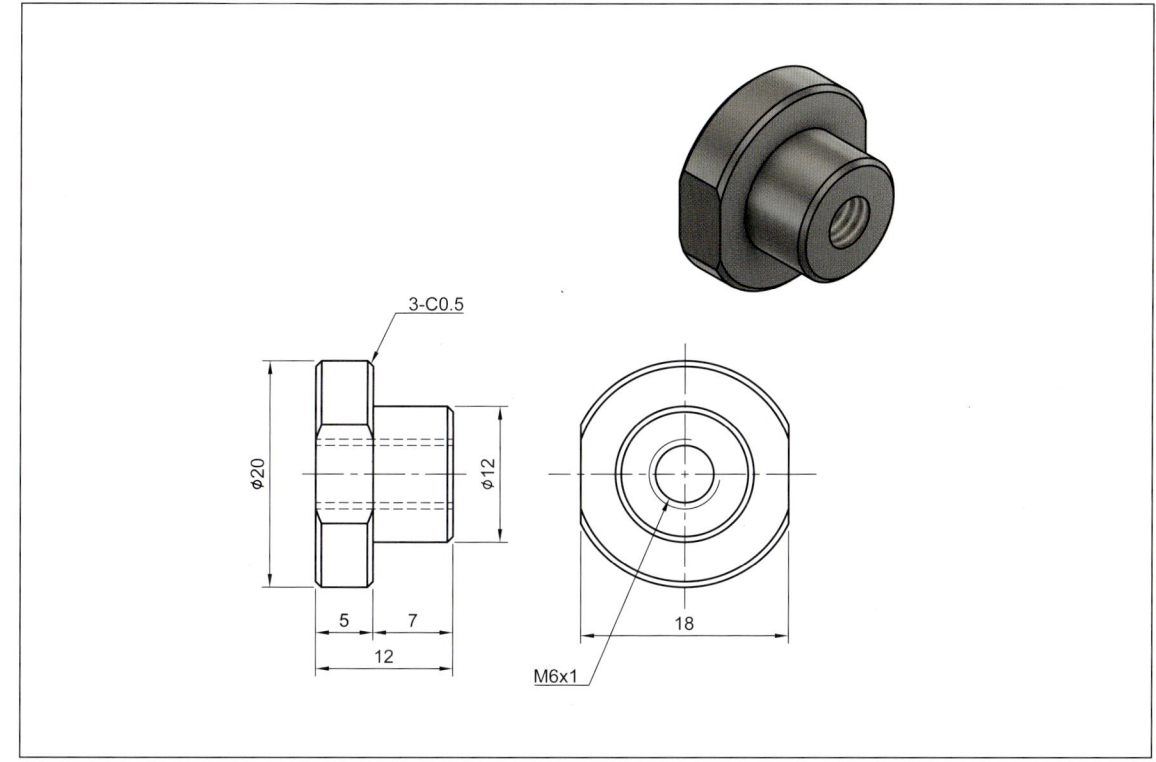

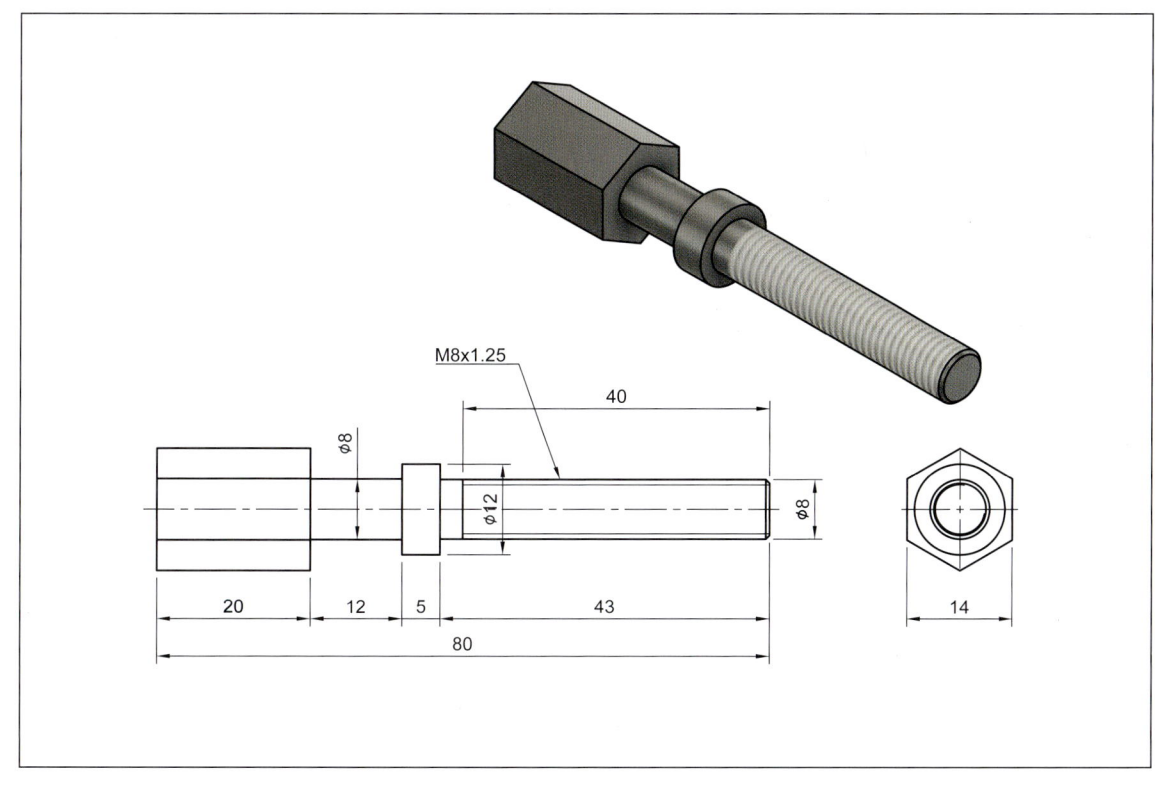

Part 02 솔리드 모델링

# CHAPTER 06 덕트 모델링 예제

Autodesk Fusion

이번 시간에는 로프트와 쉘 명령어를 이용한 팬 모델링을 작성해 보도록 하겠습니다.

## 01 도면과 학습 목표

이번 시간에 우리가 학습할 예제를 확인해 보도록 하겠습니다.

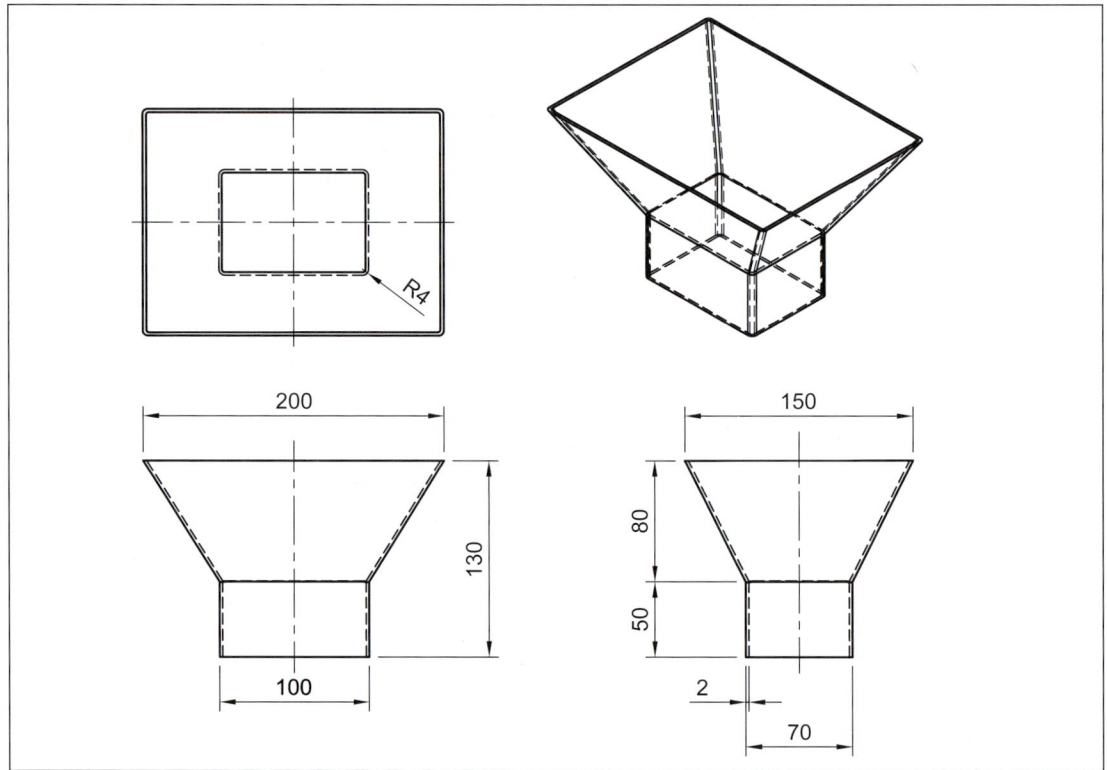

이번 시간에 우리는 다음과 같은 사항을 배우게 됩니다.

- 평면 간격띄우기 작성하기
- 로프트 작성하기
- 쉘 작성하기
- 마커 응용하기

## 02 베이스 피쳐 작성하기

Autodesk Fusion

평면도에 스케치를 작성해 다음과 같이 프로파일을 작성합니다.

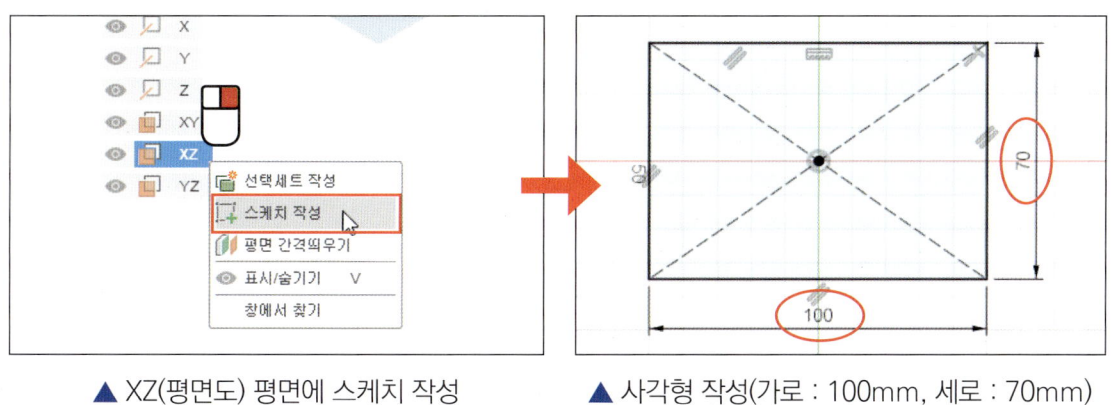

▲ XZ(평면도) 평면에 스케치 작성    ▲ 사각형 작성(가로 : 100mm, 세로 : 70mm)

생성 항목의 **평면 간격띄우기** 명령을 실행합니다.    스케치 프로파일을 선택합니다.

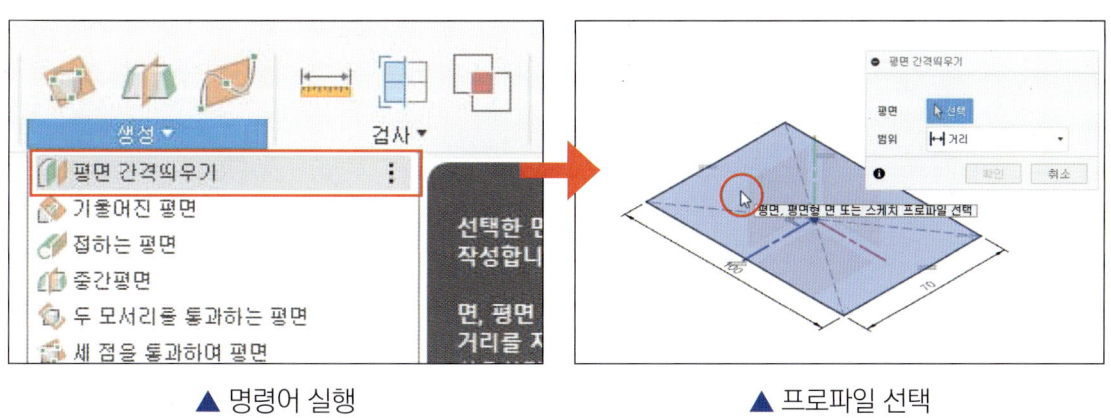

▲ 명령어 실행    ▲ 프로파일 선택

다음과 같이 화살표를 위로 드래그한 후 **거리**를 입력하고 확인 버튼을 클릭하면 사용자 평면이 작성됩니다.

▲ 화살표 드래그    ▲ 거리 입력(80mm) → OK    ▲ 작성 완료

167

작성된 면을 마우스 우측 버튼으로 클릭해 팝업 메뉴에서 **스케치 작성** 명령을 실행해 스케치를 작성합니다.

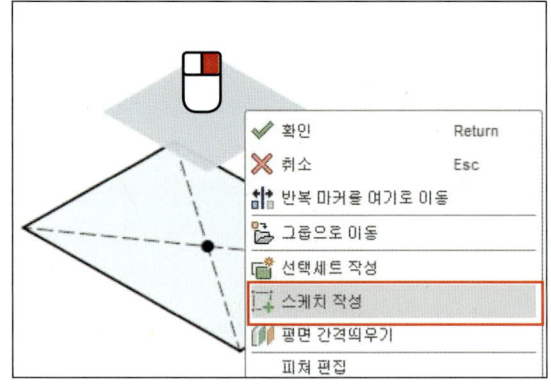

다음과 같이 스케치 프로파일을 작성합니다.

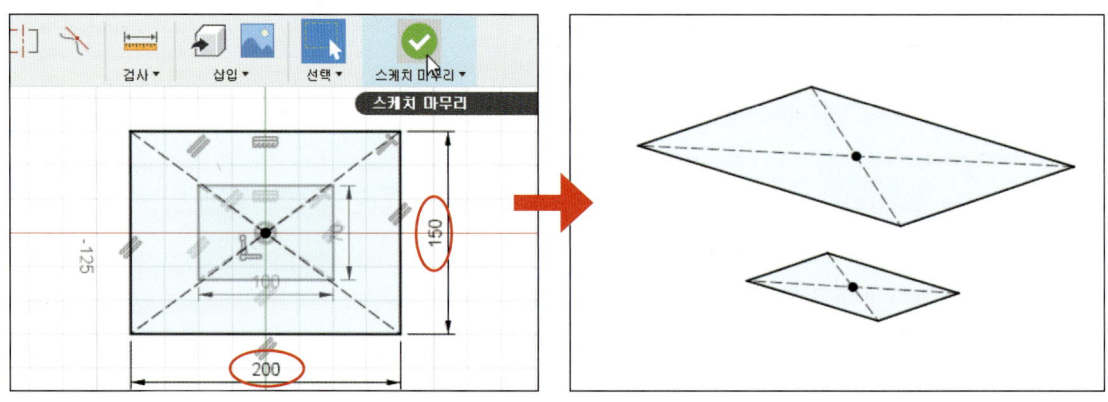

▲ 사각형 작성(가로 : 200mm, 세로 : 150mm)　　　▲ 작성 완료

**로프트** 명령을 실행합니다.

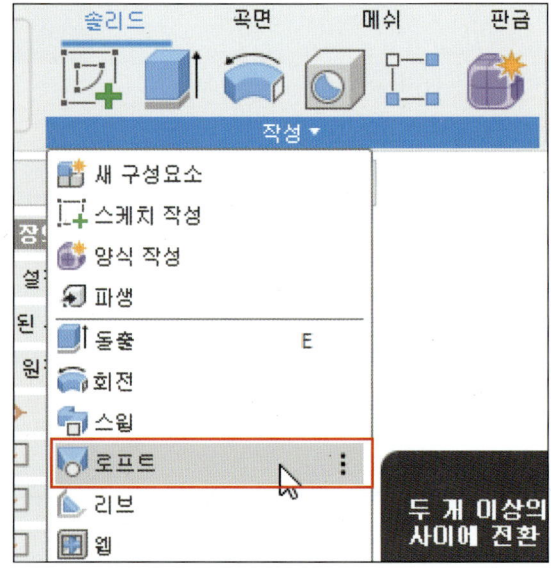

## Chapter 6 덕트 모델링 예제

아래쪽 프로파일을 선택합니다.  위쪽 프로파일을 선택합니다.

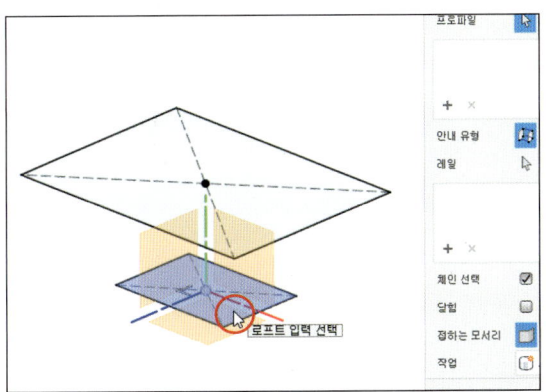 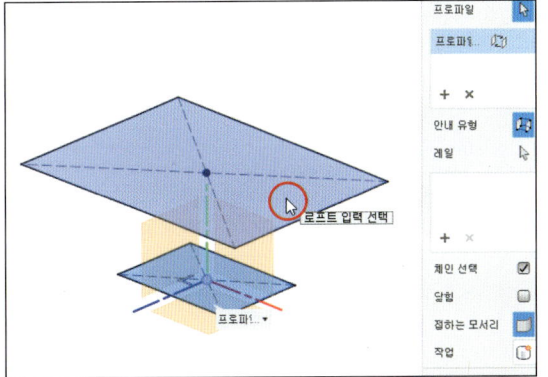

### Command

**로프트**

같은 평면에 있지 않은 두 개 이상의 프로파일을 연결해서 형상을 만듭니다.

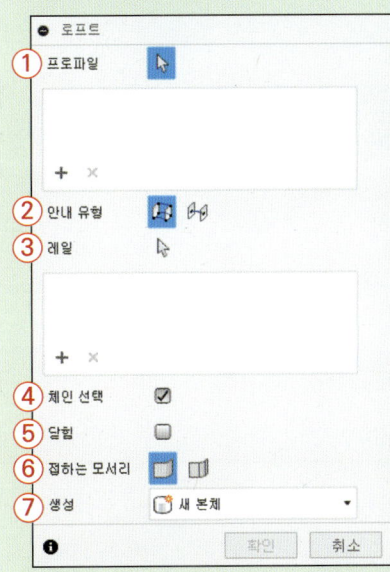

① **프로파일** : 프로파일을 선택합니다.

② **안내 유형** : 레일 경로를 따라가는 유형을 선택합니다.

③ **레일** : 안내 레일을 선택합니다.

④ **체인 선택** : 레일의 체인선택 유무를 선택합니다.

⑤ **닫기** : 처음 프로파일과 마지막 프로파일을 연결하여 닫아주는 형상을 작성합니다.

⑥ **접하는 모서리** : 접선 모서리가 생성되는 유형을 선택합니다.

⑦ **생성** : 생성 옵션을 선택합니다.

# Part 02 솔리드 모델링

로프트가 미리보기가 되면 **확인** 버튼을 클릭해 로프트 작성을 마무리합니다.

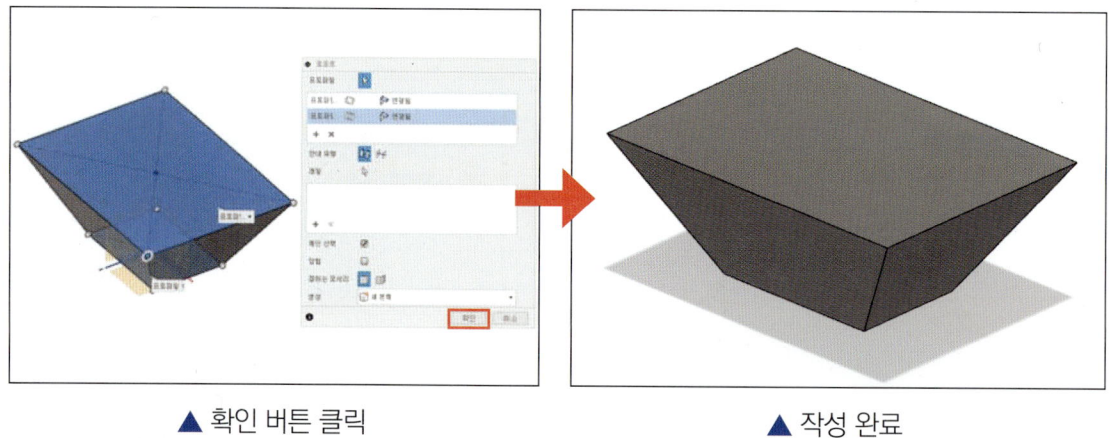

▲ 확인 버튼 클릭　　　　　　　　　　▲ 작성 완료

아래쪽 면을 마우스 우측 버튼으로 클릭해 팝업 메뉴에서 **돌출** 명령을 실행합니다.

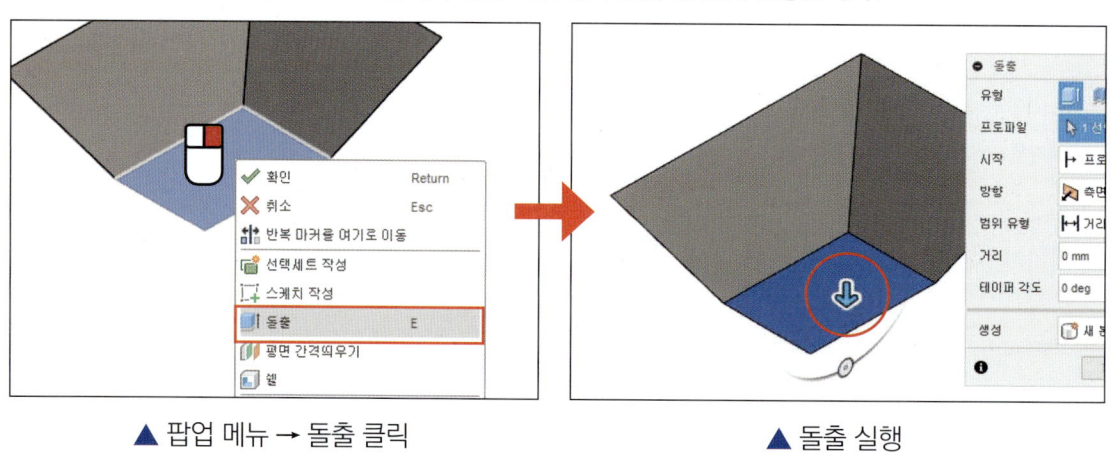

▲ 팝업 메뉴 → 돌출 클릭　　　　　　▲ 돌출 실행

다음과 같이 거리 항목을 설정한 후 **확인** 버튼을 클릭합니다.

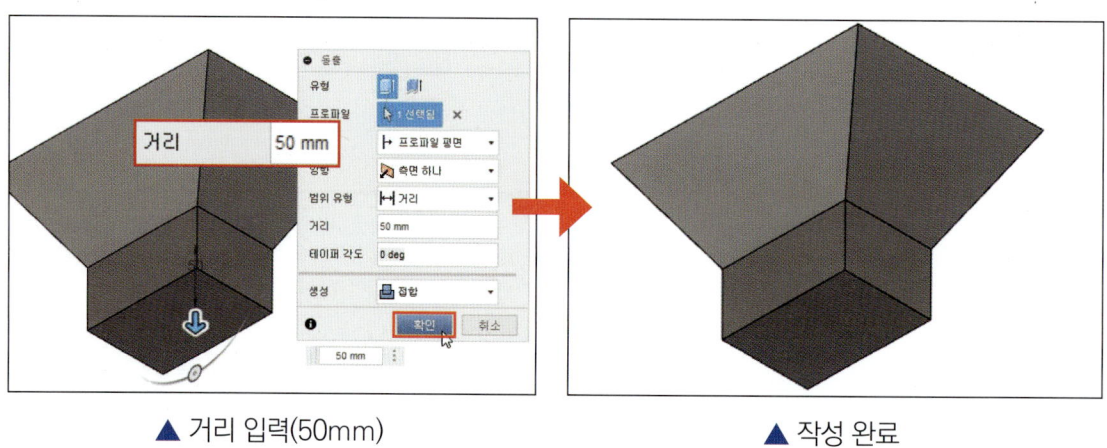

▲ 거리 입력(50mm)　　　　　　　　▲ 작성 완료

170

## 03 두께 형상 작성하기

**쉘** 명령을 실행합니다.

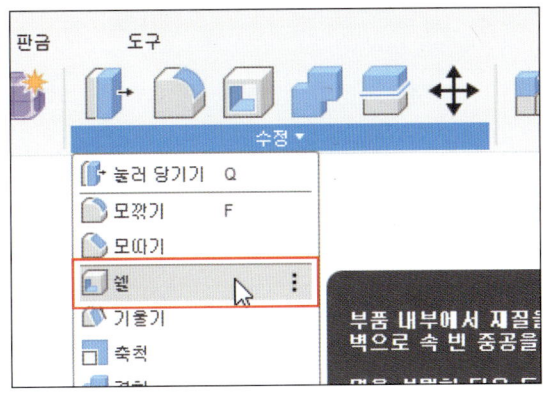

면/본체 항목에서 다음 면을 선택합니다.

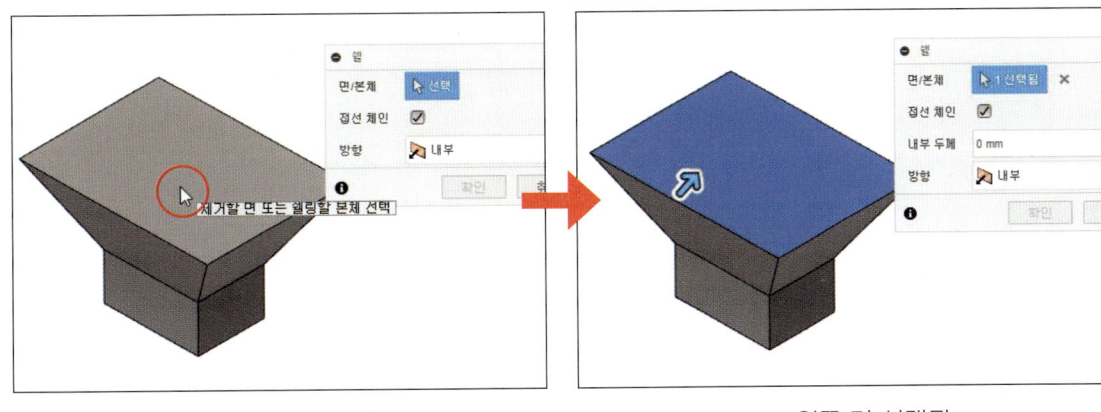

▲ 위쪽 면 선택 　　　　　　▲ 위쪽 면 선택됨

아래쪽 면도 다음과 같이 선택합니다.

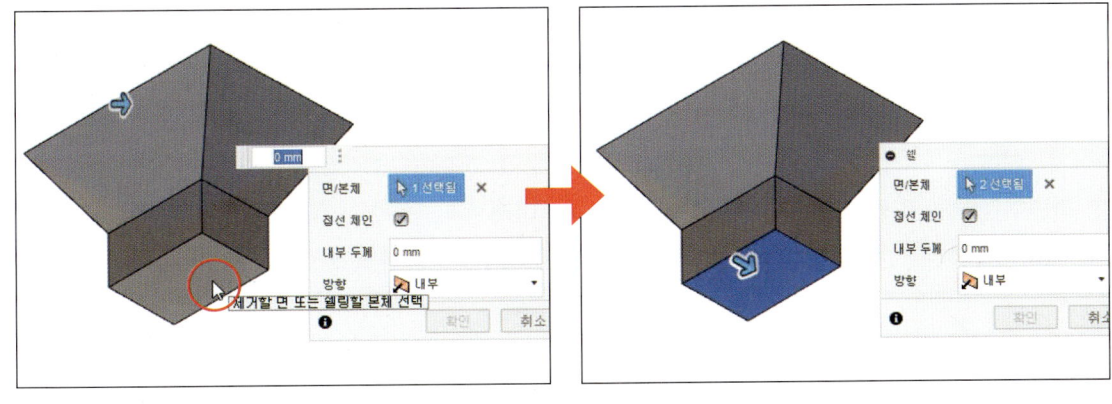

▲ 아래쪽 면 선택 　　　　　　▲ 아래쪽 면 선택됨

# Part 02 솔리드 모델링

내부 두께를 다음과 같이 설정한 후 **확인** 버튼을 클릭해 작성합니다.

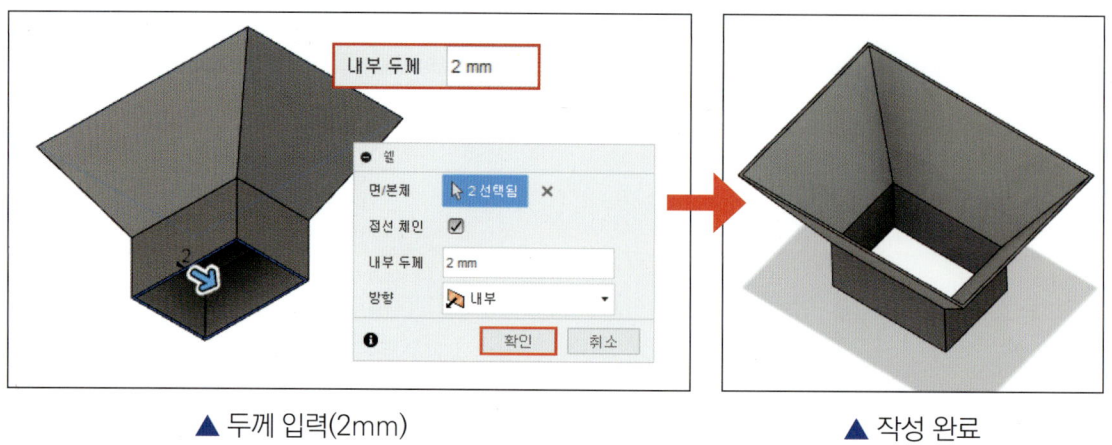

▲ 두께 입력(2mm)　　　　　　　　　　　　▲ 작성 완료

 **Command**

### 쉘

형상의 내부 재질을 제거하여 입력한 두께의 벽으로 속이 빈 형태를 작성합니다.

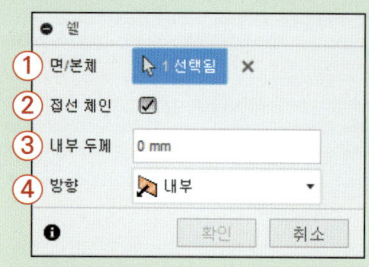

① **면/본체** : 삭제할 면이나 덩어리를 선택합니다.

② **접선 체인** : 접선으로 연결되어 있는 면을 한꺼번에 선택합니다.

③ **내부/외부 두께** : 내부 및 외부 두께를 설정합니다.

④ **방향** : 두께를 줄 방향을 선택합니다. 안쪽 바깥쪽 양쪽 타입이 있습니다.

## 04 마커 응용하기

Autodesk Fusion

이번 시간에는 **마커**를 응용해 보도록 하겠습니다. **마커**란 타임라인에서 현재 진행하는 피쳐의 순서 위치를 이동할 수 있는 마커입니다. 다음 예제를 보고 **마커**를 어떻게 응용하는지 알아보도록 하겠습니다.

아래쪽 **마커**를 선택해 왼쪽으로 드래그해서 이전에
작성한 쉘 피쳐 이전으로 표식기를 이동합니다.

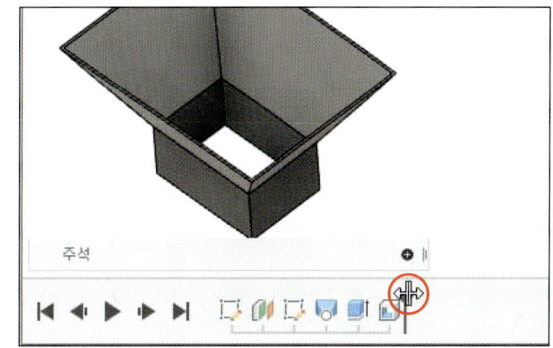

**마커**가 쉘 피쳐 이전으로 이동하고 **마커** 뒤에 위치하게 된 쉘 피쳐는 아이콘 모양이 불투명하게 변하게
되어 잠시 억제되는 상태가 됩니다.

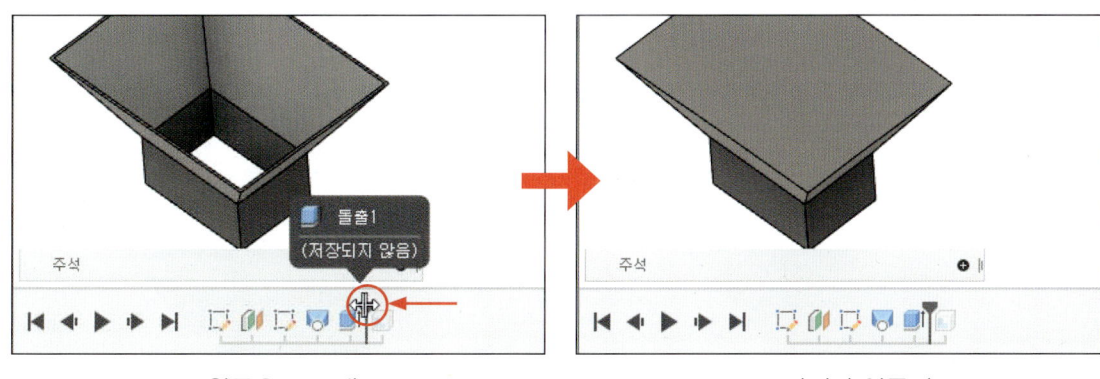

▲ 왼쪽으로 드래그　　　　　　　　　▲ 마커가 이동됨

 Tip

피쳐의 색상이 불투명하게 변하면 그 피쳐는 현재 억제되어 있는 상태로 보시면 됩니다.

이제 **필렛** 명령을 실행해 외곽 모서리에 모깎기를 작성합니다.

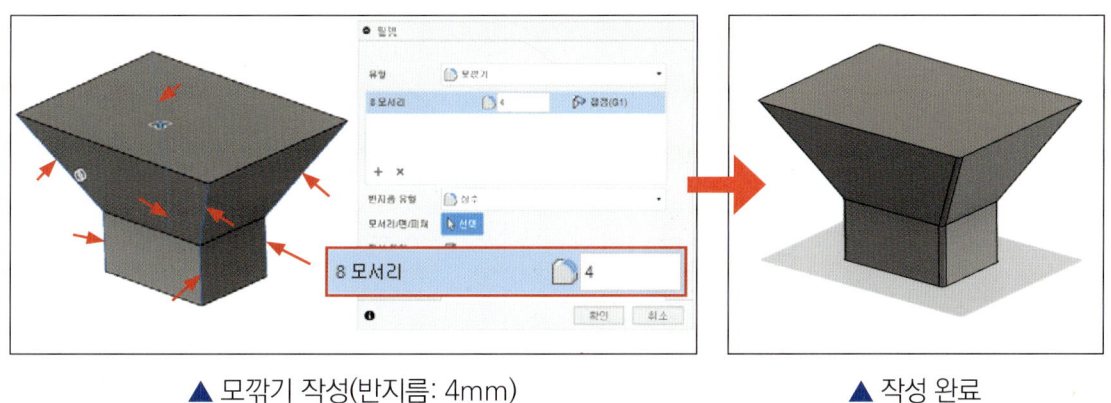

▲ 모깎기 작성(반지름: 4mm)　　　　　　　　　▲ 작성 완료

이제 **마커** 앞에 새로이 필렛 피쳐가 작성되었습니다. 이렇게 새로 생기는 피쳐는 항상 표식기의 바로 앞에 생성됩니다.

이러한 특징을 이용해 이전에 작성한 쉘 피쳐보다 앞서서 위치하게 됩니다.

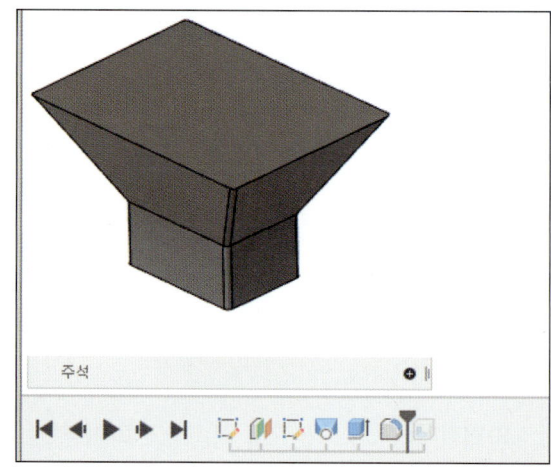

이제 다시 **마커**를 드래그해서 쉘 피쳐 뒤로 이동시킵니다.

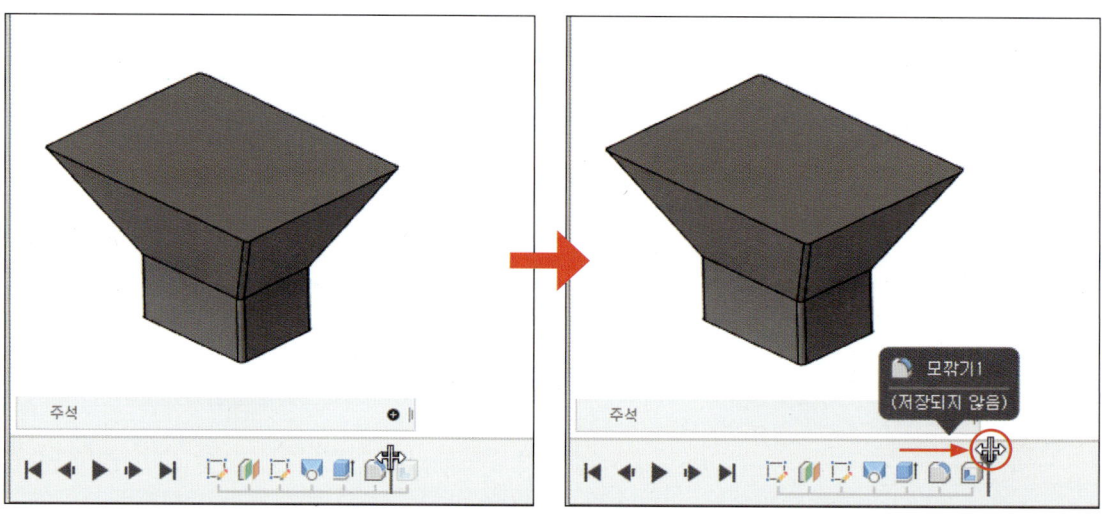

▲ 오른쪽으로 드래그 　　　　　　▲ 마커가 이동됨

쉘 피쳐의 억제가 해제되면서 모깎기가 먼저 실행되고 뒤에 쉘 피쳐가 업데이트가 되어 안쪽 모서리와 바깥쪽 모서리가 동시에 모깎기의 영향을 받고 있는 것을 알 수 있습니다.

풀이 과정을 유튜브로
확인해 보세요!

Tip

**쉘의 특성에 대해서**

이처럼 쉘 피쳐는 바깥쪽 형상의 특성을 유지한 채로 안쪽으로 같은 두께만큼 간격띄우기한 껍데기를 작성하게 됩니다. 따라서 바깥쪽에 모깎기가 되어 있다면 안쪽 모서리는 그 모깎기의 반지름을 간격띄우기 한 만큼 반지름이 줄어서 같은 곡률을 유지하게끔 작성됩니다.

#  총정리

이번 챕터를 통해 우리는 다음과 같은 것들을 배웠습니다.

❶ **평면 간격띄우기 작성하기** : 지정된 면으로부터 일정 간격만큼 거리를 띄우는 평면 간격띄우기를 작성하는 법에 대해 학습했습니다.

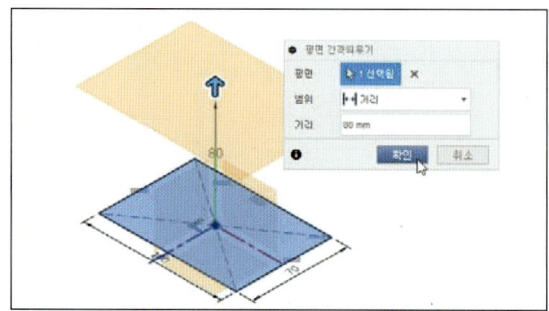

❷ **로프트 명령** : 두 개 이상의 프로파일을 연결해 형상을 만드는 로프트 명령에 대해 학습했습니다. 이 명령으로 인해 사용자는 조금 더 다양한 형태를 작성할 수 있게 됩니다.

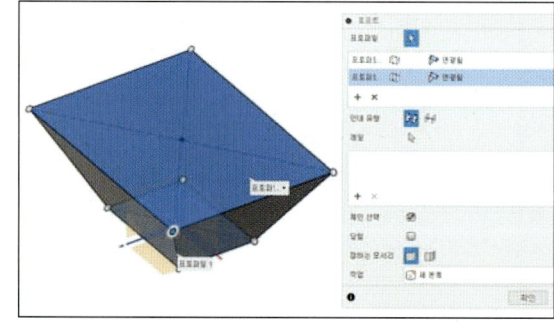

❸ **쉘 명령** : 작성한 솔리드 덩어리에 일정한 두께를 생성하는 쉘 명령에 대해 학습했습니다.

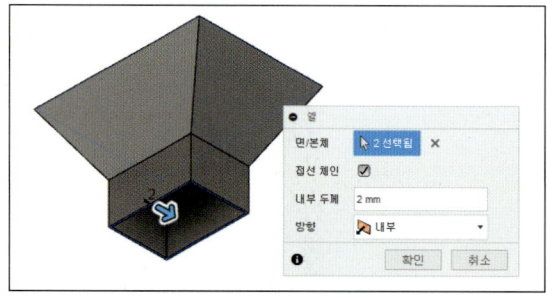

❹ **마커 응용하기** : 타임라인의 현재 진행 위치를 나타내는 **마커**를 응용하는 법을 학습했습니다.

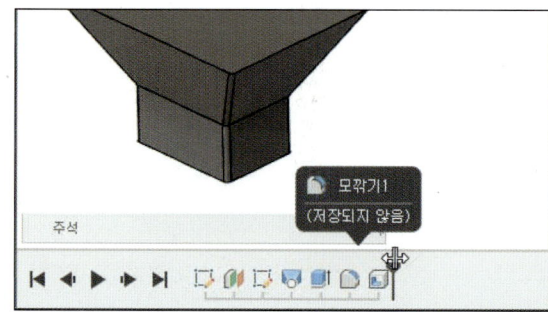

# 연습 예제

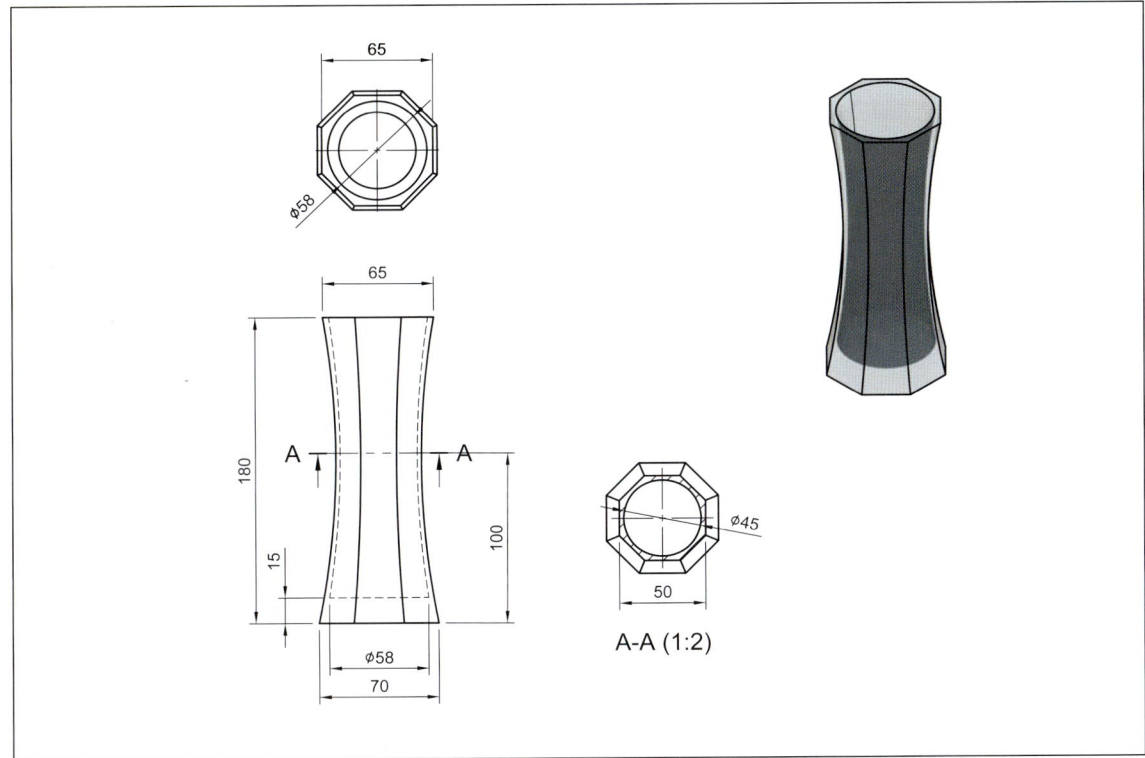

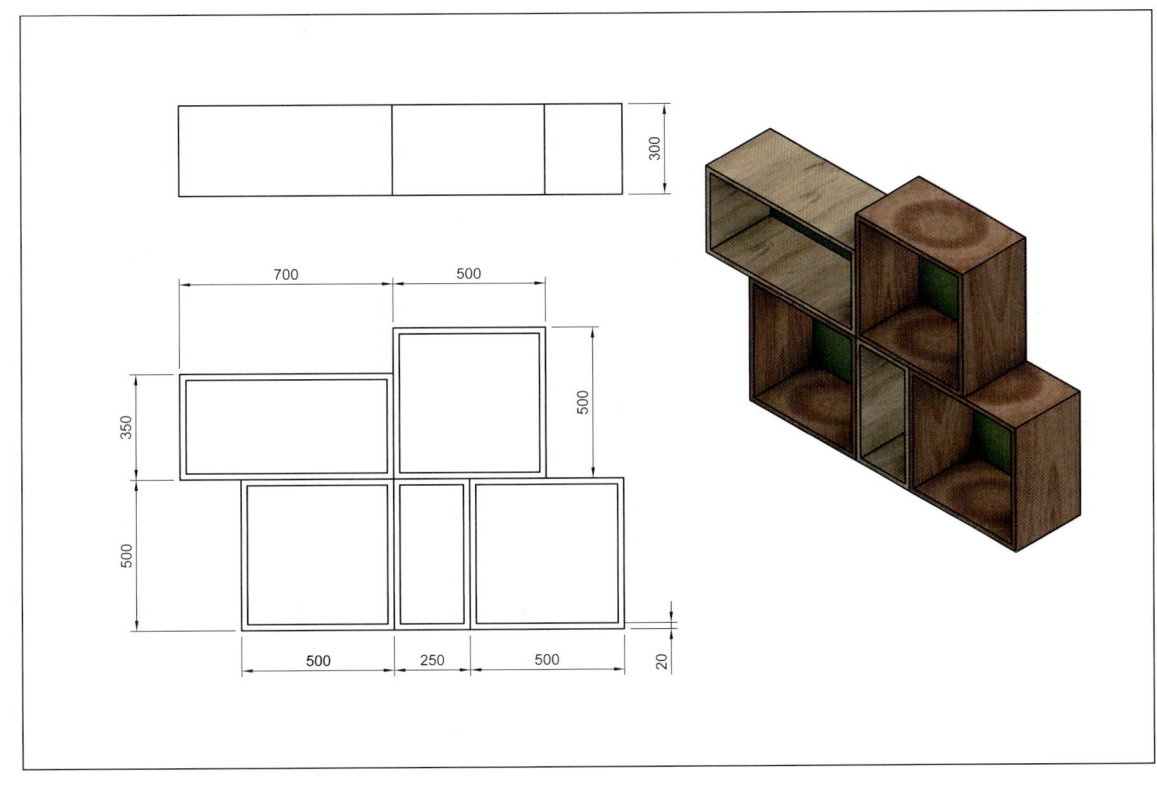

# CHAPTER 07 스프링 모델링 예제

이번 시간에는 코일 명령을 응용한 스프링 예제를 작성해 보도록 하겠습니다.

## 01 도면과 학습 목표

이번 시간에 우리가 학습할 예제를 확인해 보도록 하겠습니다.

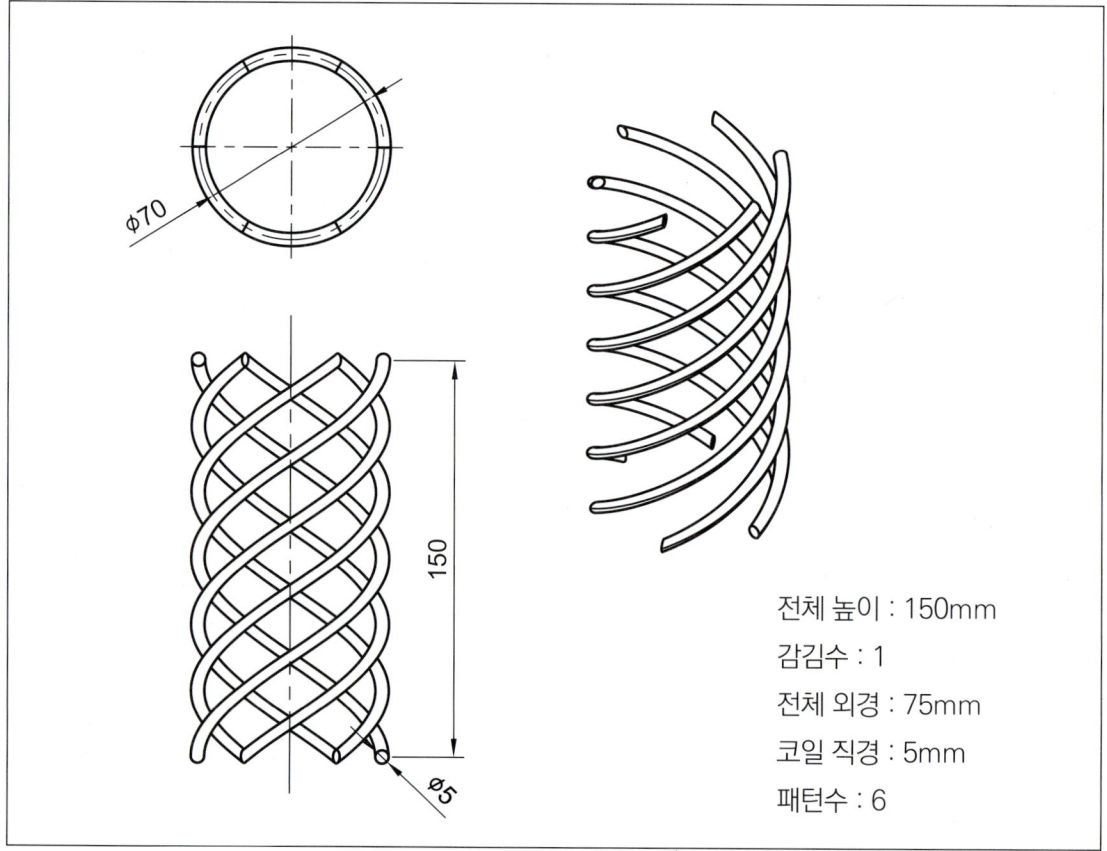

전체 높이 : 150mm
감김수 : 1
전체 외경 : 75mm
코일 직경 : 5mm
패턴수 : 6

이번 시간에 우리는 다음과 같은 사항을 배우게 됩니다.

- 코일 명령
- 원형 패턴 명령

# 02 코일 형상 작성하기

Autodesk Fusion

다음과 같이 **코일** 명령을 실행합니다.

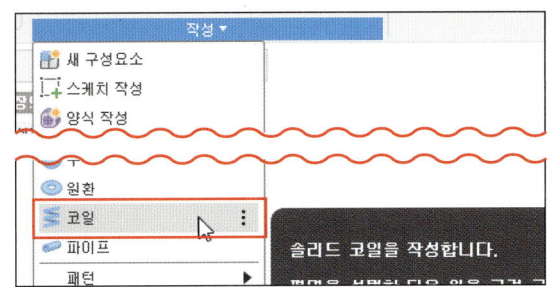

평면도(XZ평면)을 선택한 후 원점을 선택합니다.

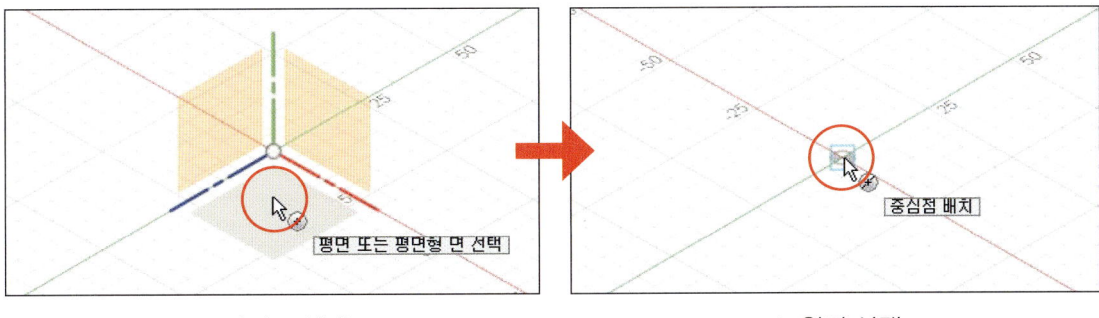

▲ 평면도 선택      ▲ 원점 선택

> **Tip**
>
> 코일 명령을 실행하면 코일의 전체 지름을 작성할 원을 자동으로 그리게 해 줍니다. 따라서 지금 선택하는 면은 그 원을 그리는 평면을 선택한다고 보시면 되겠습니다.

마우스를 이동하면 원이 작성됩니다. **치수**를 바로 작성한 후에 엔터키를 누르면 다음과 같이 코일 명령이 실행됩니다.

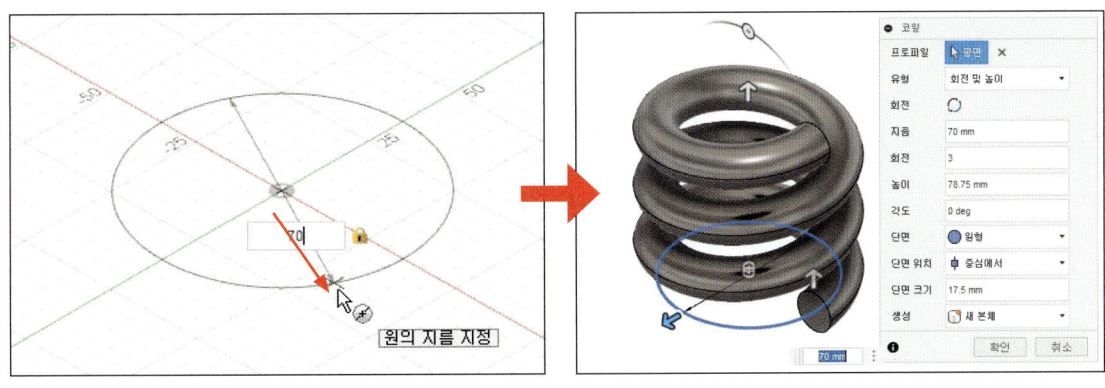

▲ 원 작성(지름 70) → ENTER      ▲ 코일 명령이 실행됨

# Part 02 솔리드 모델링

다음과 같이 설정한 후 **확인** 버튼을 클릭하면 코일이 생성됩니다.

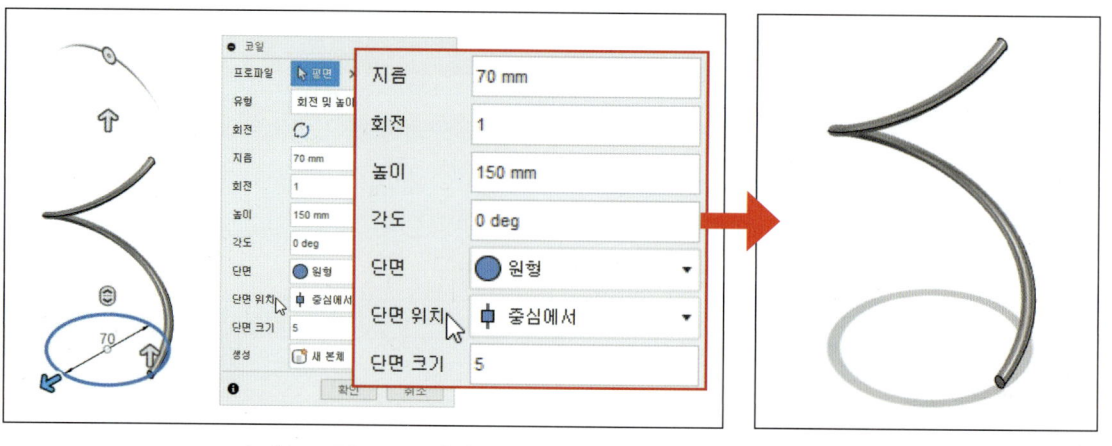

▲ 높이 : 150mm, 회전 : 1   ▲ 작성 완료

## 🔔 Command

### 코일

코일 형태를 작성합니다.

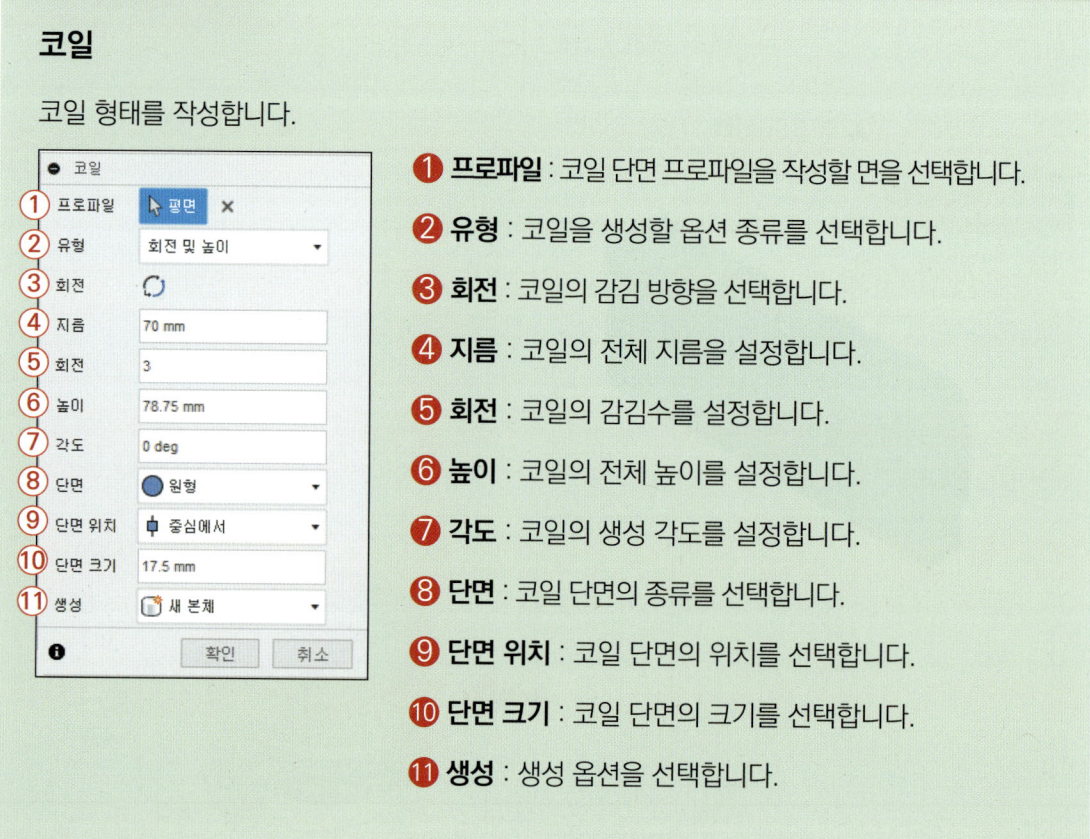

① **프로파일** : 코일 단면 프로파일을 작성할 면을 선택합니다.

② **유형** : 코일을 생성할 옵션 종류를 선택합니다.

③ **회전** : 코일의 감김 방향을 선택합니다.

④ **지름** : 코일의 전체 지름을 설정합니다.

⑤ **회전** : 코일의 감김수를 설정합니다.

⑥ **높이** : 코일의 전체 높이를 설정합니다.

⑦ **각도** : 코일의 생성 각도를 설정합니다.

⑧ **단면** : 코일 단면의 종류를 선택합니다.

⑨ **단면 위치** : 코일 단면의 위치를 선택합니다.

⑩ **단면 크기** : 코일 단면의 크기를 선택합니다.

⑪ **생성** : 생성 옵션을 선택합니다.

# Chapter 7 스프링 모델링 예제

## 03 원형 패턴 작성하기

Autodesk Fusion

패턴 항목에서 **원형 패턴** 명령을 실행합니다.

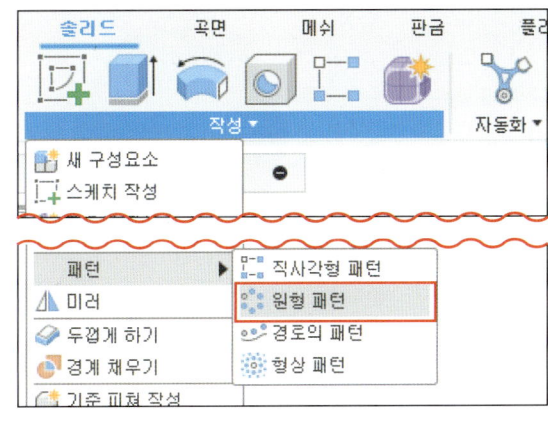

유형을 본체로 선택합니다.

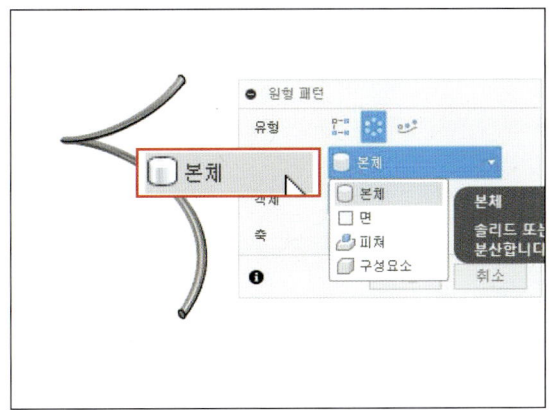

**객체** 항목을 이전에 작성한 코일 형상을 선택합니다.

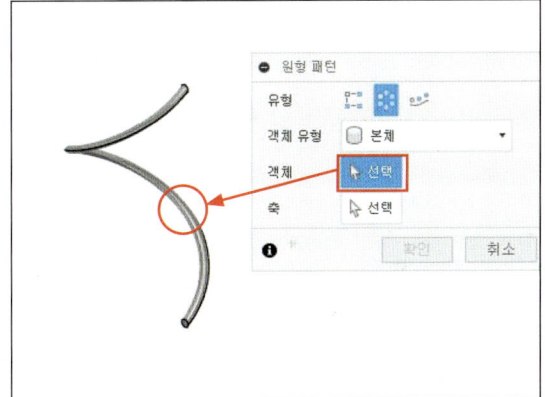

**축** 항목을 클릭합니다.

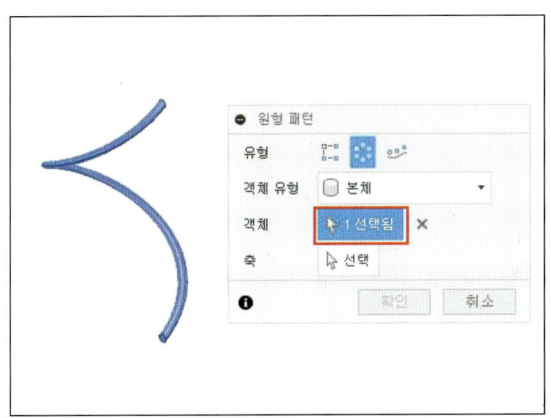

원점 항목이 나타나면 다음과 같이 축을 선택합니다.

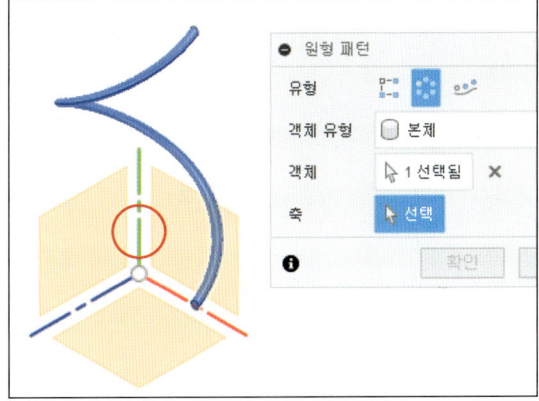

패턴이 미리보기가 되면 수량을 설정한 후 **확인** 버튼 클릭합니다.

다음과 같이 코일 스프링이 작성되었습니다.

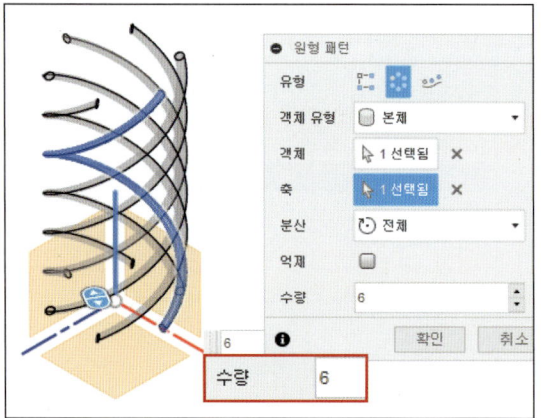
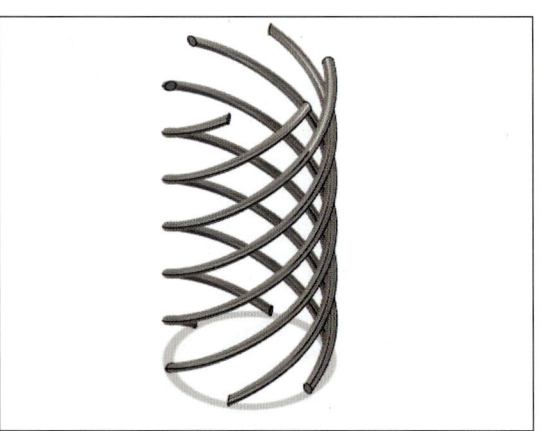

풀이 과정을 유튜브로
확인해 보세요!

## Command

### 원형 패턴

작성한 개체를 원형 패턴 방향으로 복제합니다.

❶ **객체 유형** : 패턴할 개체의 종류를 선택합니다.

❷ **객체** : 패턴할 객체를 선택합니다.

❸ **축** : 패턴할 기준축을 선택합니다.

❹ **분산** : 원형 패턴할 각도 유형을 선택합니다.

❺ **억제** : 억제할 패턴개체를 선택합니다.

❻ **수량** : 패턴할 갯수를 설정합니다.

 **총정리**

이번 챕터를 통해 우리는 다음과 같은 것들을 배웠습니다.

❶ **코일 명령** : 스프링 형상을 간단하게 그릴 수 있는 코일 명령을 학습했습니다. 이 명령은 잘라내기 옵션으로 사용하면 원통면에 나사산 상태를 작성하는 것도 가능합니다.

❷ **원형 패턴 명령 :** 작성한 형태를 원형 배열로 복사하는 원형 패턴에 대해서 학습했습니다. 이 명령으로 인해 사용자는 같은 형상을 원형으로 반복해서 그릴 필요가 없이 간단하게 배열복사 할 수 있게 됩니다.

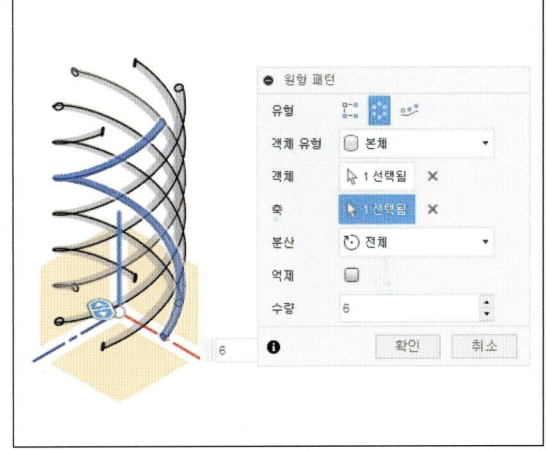

Part 02 솔리드 모델링

# CHAPTER 08 복합 케이블 모델링 예제

이번 시간에는 스윕 명령과 파이프 명령을 이용한 동축 케이블 예제를 작성해 보도록 하겠습니다.

## 01 도면과 학습 목표

이번 시간에 우리가 학습할 예제를 확인해 보도록 하겠습니다.

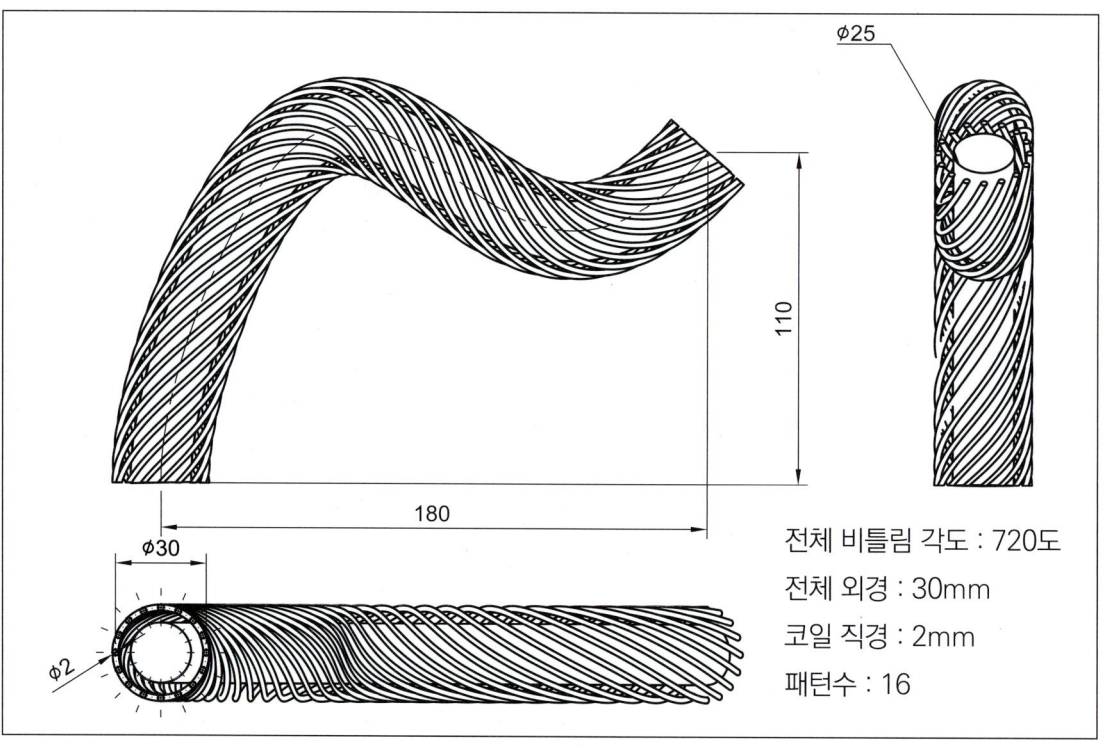

이번 시간에 우리는 다음과 같은 사항을 배우게 됩니다.

- 스케치 원형 패턴
- 스플라인 작성 및 편집
- 스윕 명령 작성
- 파이프 명령 작성

# Chapter 8 복합 케이블 모델링 예제

## 02 프로파일 스케치 작성하기

Autodesk Fusion

평면도에 스케치를 생성한 후 원을 작성합니다.

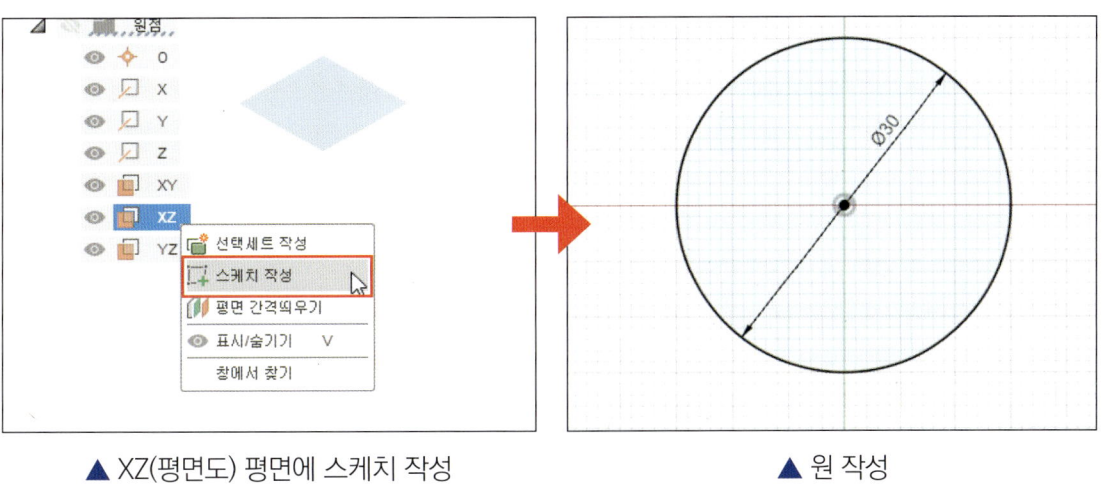

▲ XZ(평면도) 평면에 스케치 작성    ▲ 원 작성

작성한 원을 선택해서 **구성** 버튼을 클릭합니다.

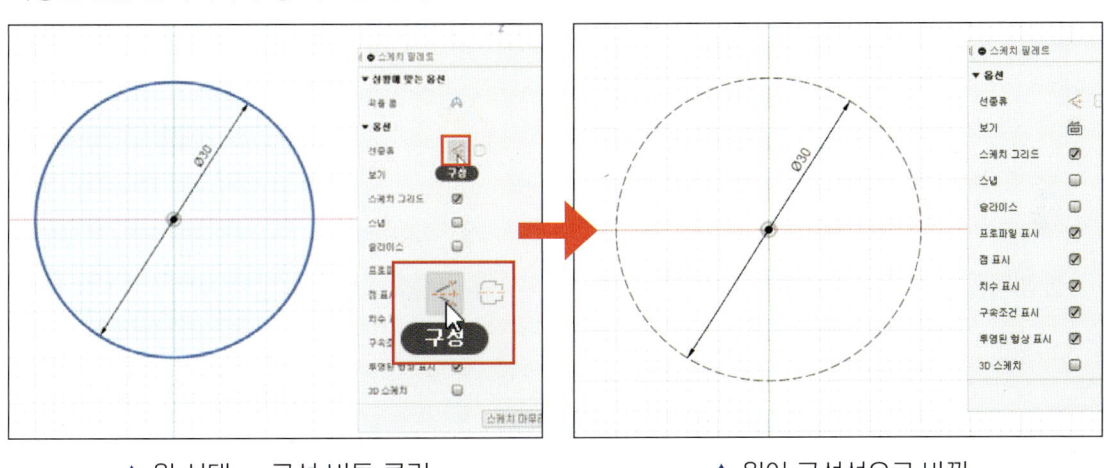

▲ 원 선택 → 구성 버튼 클릭    ▲ 원이 구성선으로 바뀜

### Tip

구성선이 되면 피처 명령의 프로파일에 포함되지 않습니다.

185

9시 방향에 원을 작성합니다.

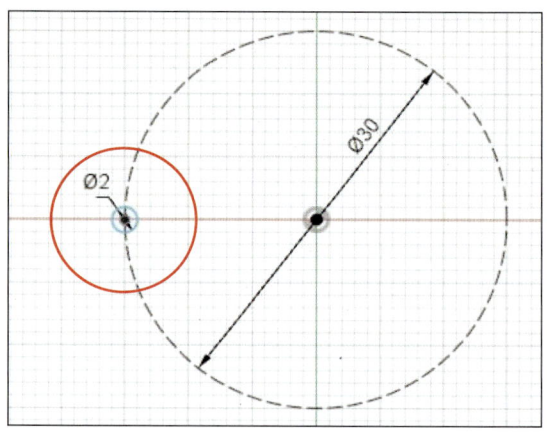

**수평/수직** 구속조건으로 원의 중심끼리 수평 구속조건을 부여합니다.

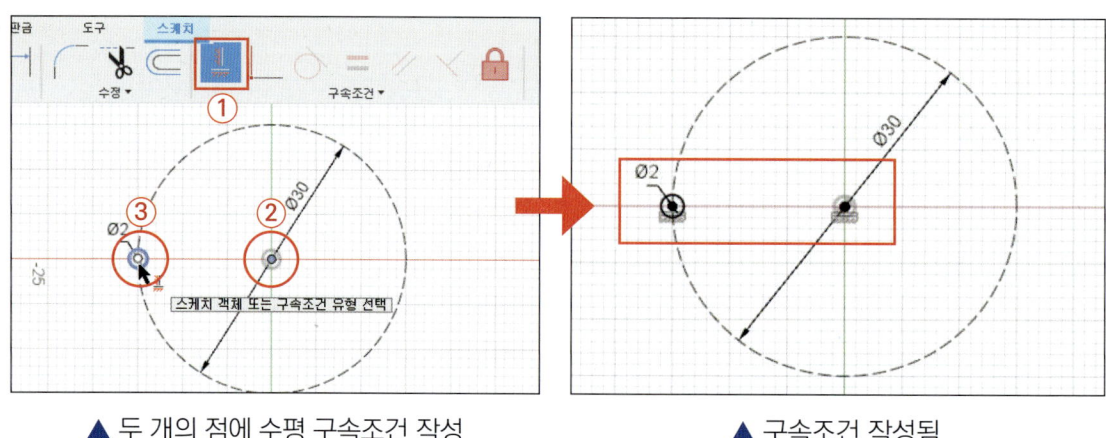

▲ 두 개의 점에 수평 구속조건 작성 　　　　　▲ 구속조건 작성됨

**원형 패턴** 명령을 실행합니다.

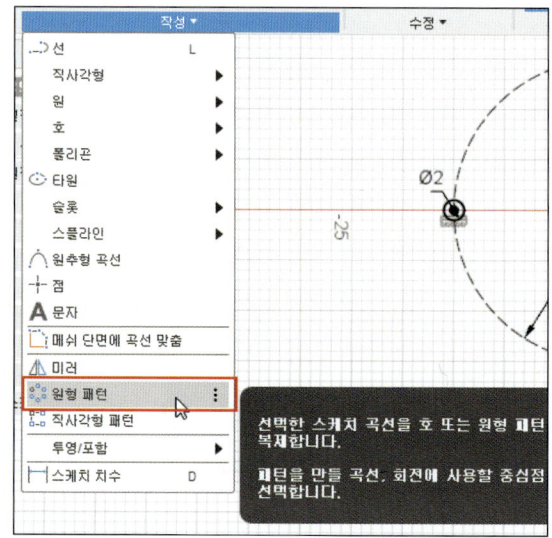

**객체**를 선택합니다.  **중심점**을 선택합니다.

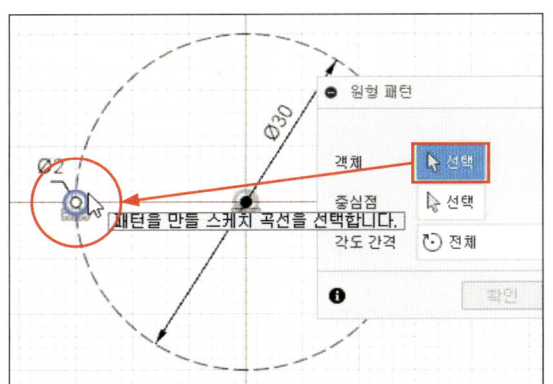 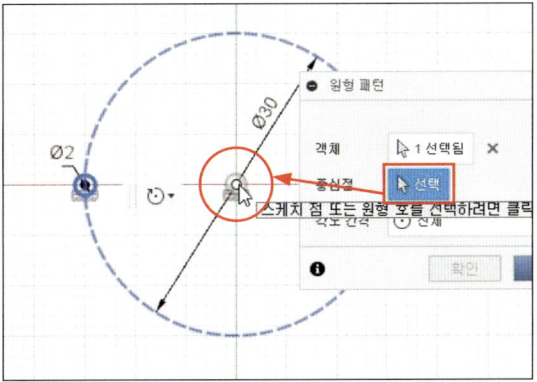

**수량**을 설정하고 확인 버튼을 클릭해 원형 패턴을 작성하고 스케치를 종료합니다.

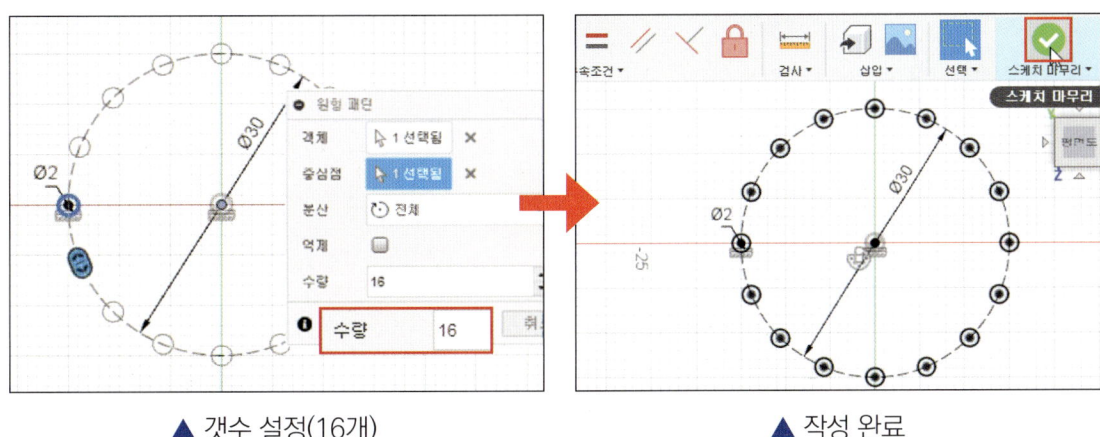

▲ 갯수 설정(16개)   ▲ 작성 완료

## 03 경로 스케치 작성하기

정면도(XY평면)에 스케치를 작성합니다.

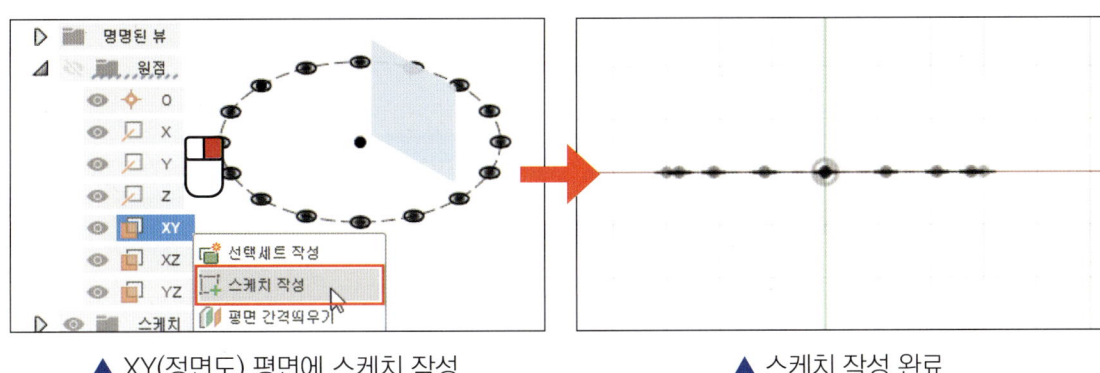

▲ XY(정면도) 평면에 스케치 작성   ▲ 스케치 작성 완료

**스플라인-맞춤점 스플라인** 명령을 실행합니다. 처음 시작점으로 원점을 클릭합니다.

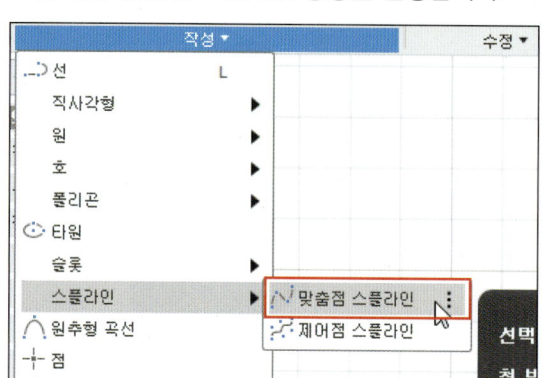
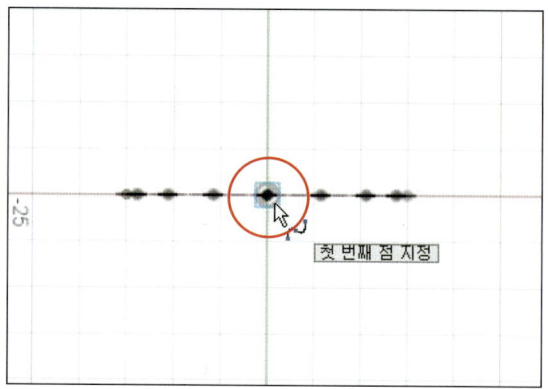

이어서 중간 제어점을 클릭하면서 아래 그림과 같이 작성합니다.

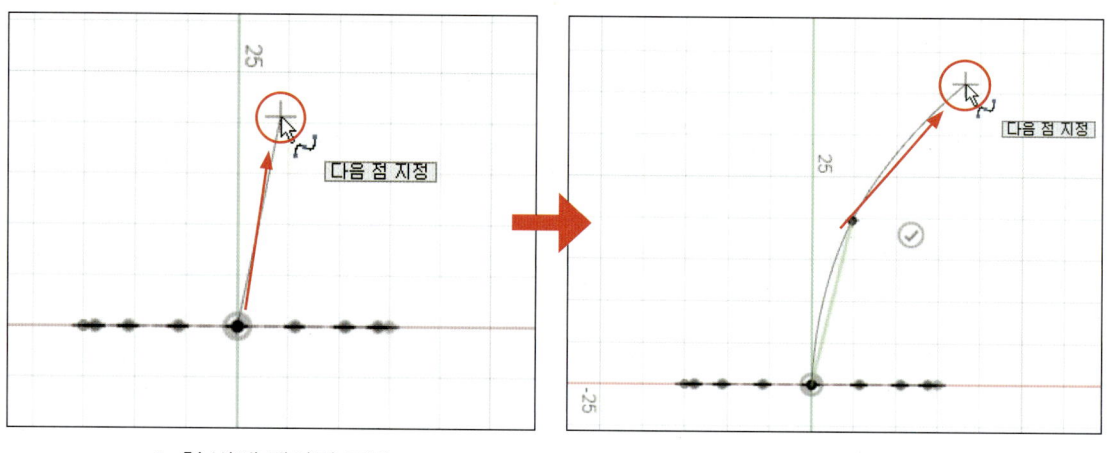

▲ 첫 번째 제어점 클릭   ▲ 두 번째 제어점 클릭

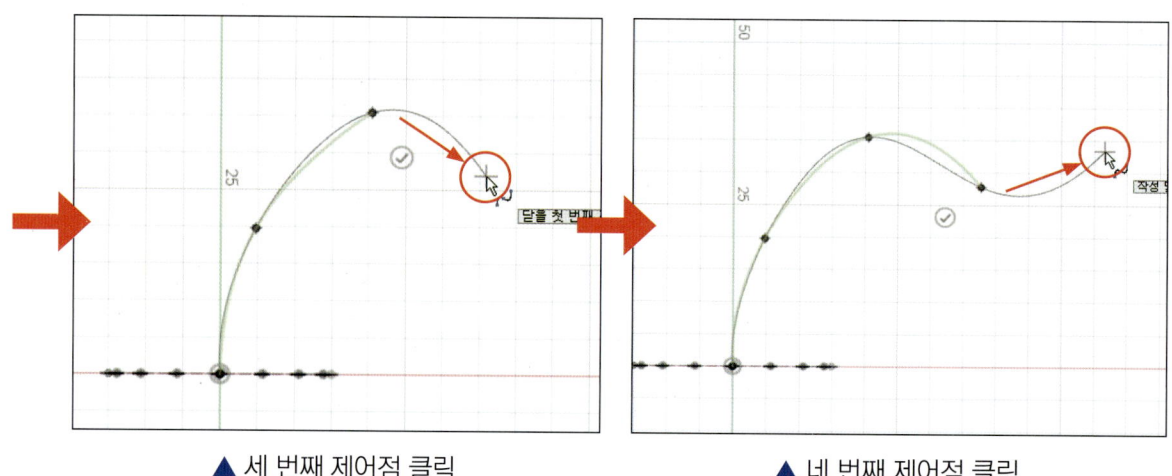

▲ 세 번째 제어점 클릭   ▲ 네 번째 제어점 클릭

# Chapter 8 복합 케이블 모델링 예제

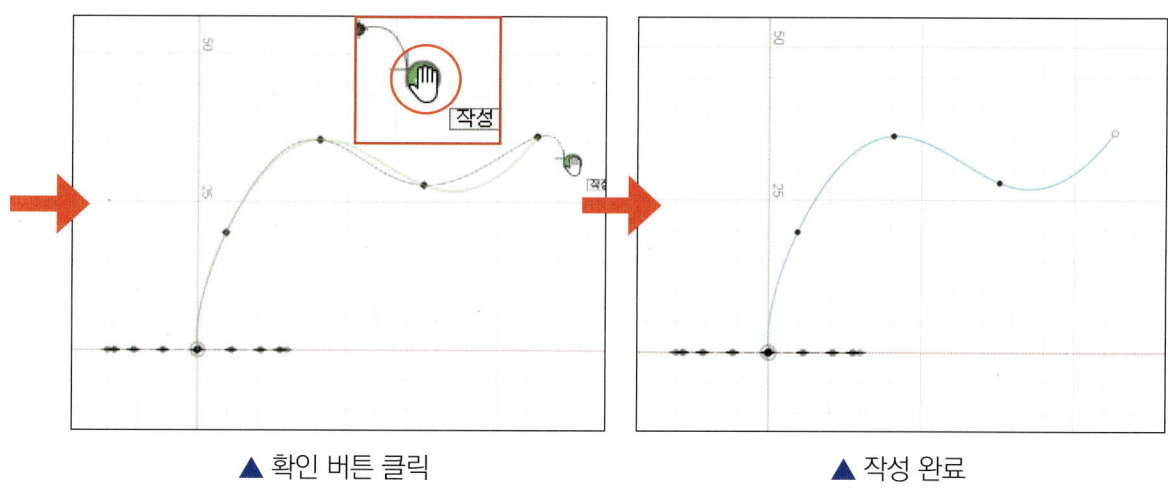

▲ 확인 버튼 클릭    ▲ 작성 완료

**치수** 명령을 실행해서 원점과 끝점을 선택해서 다음과 같이 세로 치수를 작성합니다.

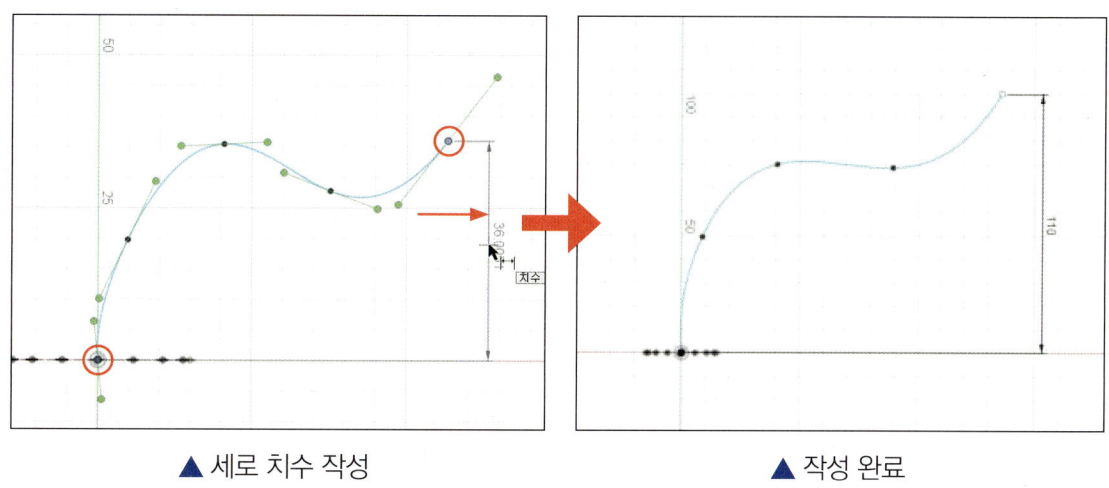

▲ 세로 치수 작성    ▲ 작성 완료

마찬가지 방법으로 가로 치수도 작성합니다.

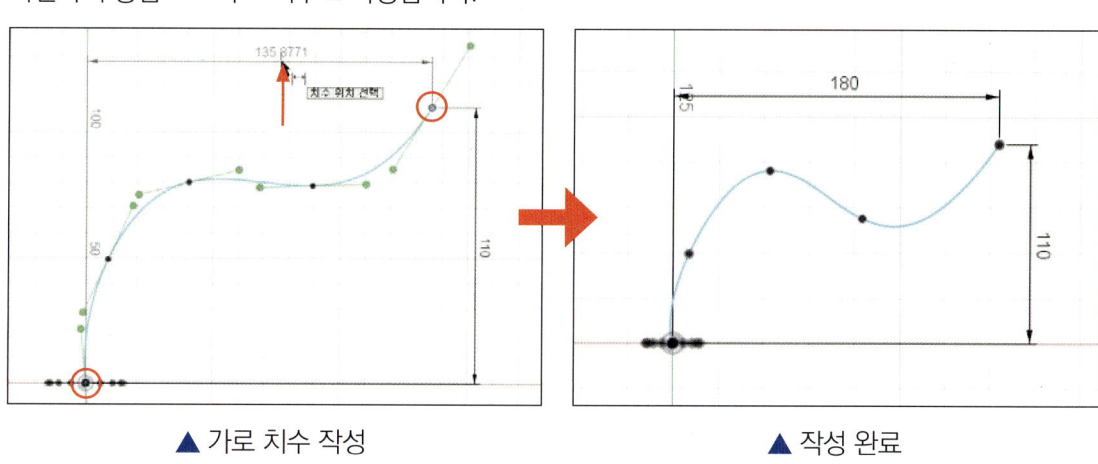

▲ 가로 치수 작성    ▲ 작성 완료

189

# Part 02 솔리드 모델링

## Tip

### 스플라인 제어하기

다음과 같이 두 가지 방법으로 스플라인의 형태를 제어할 수 있습니다.

1. 절점 드래그해서 제어하기

2. 핸들로 제어하기

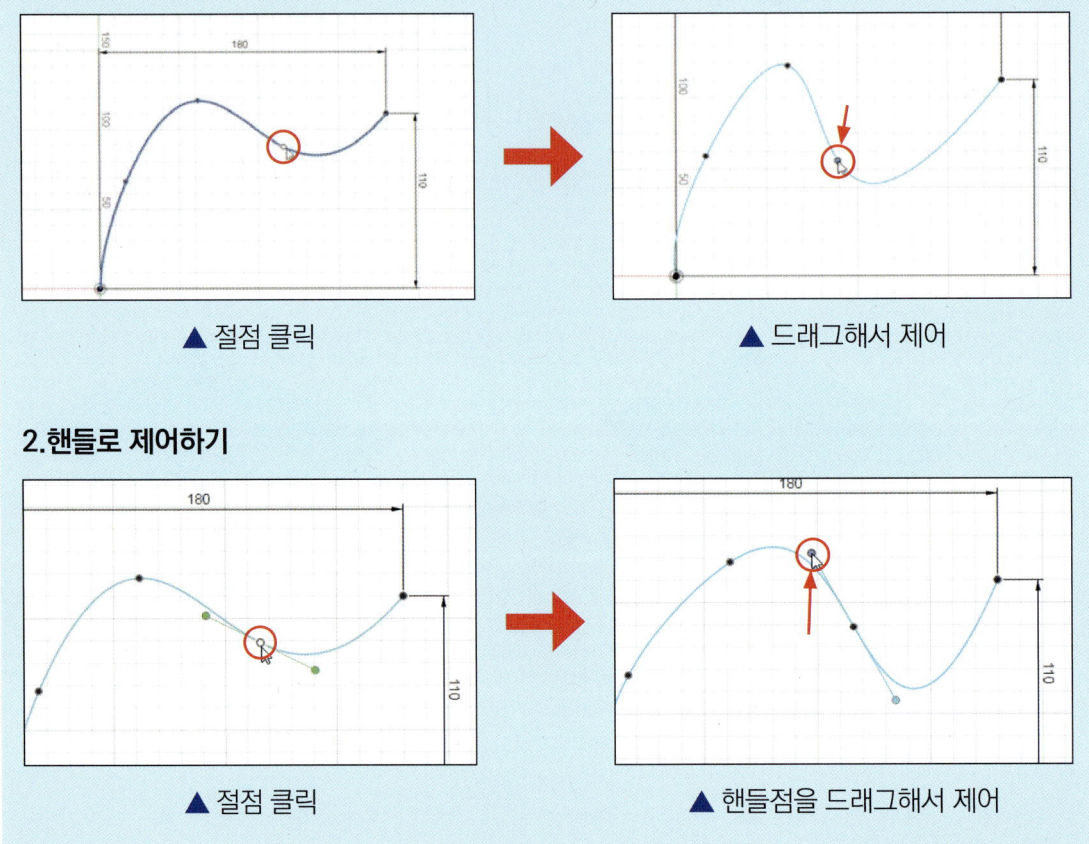

▲ 절점 클릭   ▲ 드래그해서 제어

▲ 절점 클릭   ▲ 핸들점을 드래그해서 제어

스케치를 종료해서 다음과 같이 프로파일 스케치와 경로 스케치를 작성을 완료합니다.

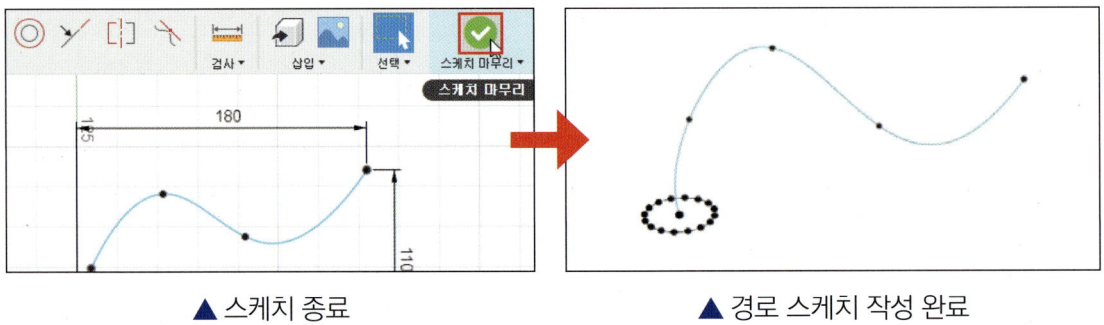

▲ 스케치 종료   ▲ 경로 스케치 작성 완료

## 04 스윕 피쳐 작성하기

**스윕** 명령을 실행합니다.

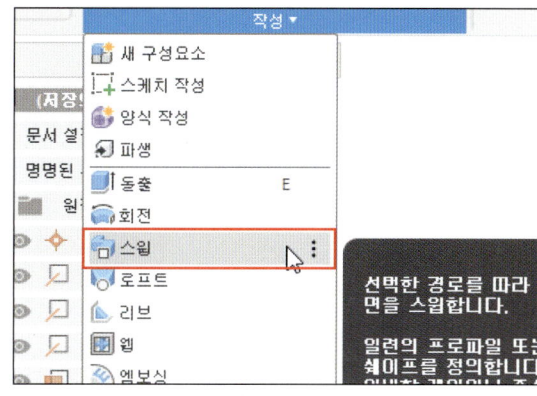

프로파일을 선택합니다.

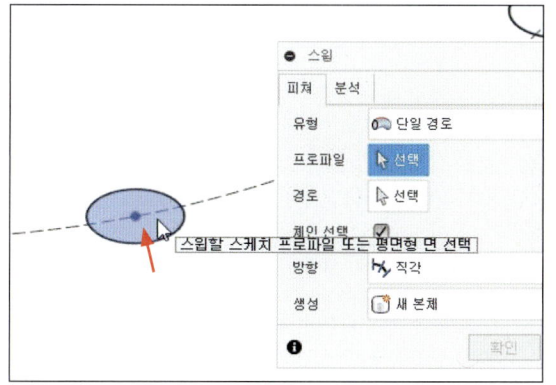

마찬가지로 다른 프로파일도 선택합니다.

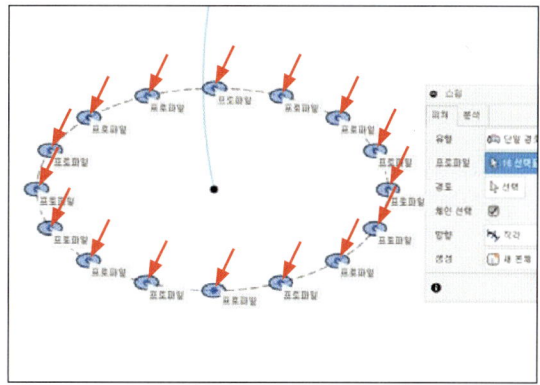

> **Tip**
>
> 위와 같이 선택해야 할 프로파일이 많다면 드래그로 한꺼번에 끌어서 선택해도 됩니다.
>
>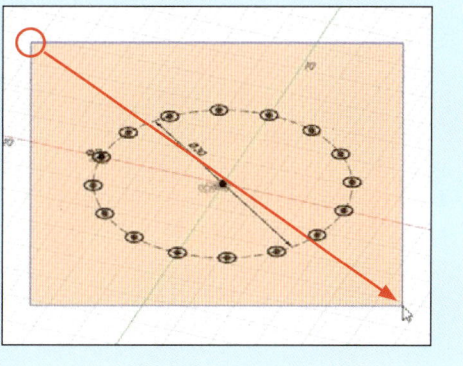

## Part 02 솔리드 모델링

**경로** 항목을 선택한 후, 작성한 곡선을 선택하면 스윕 형상이 미리보기가 됩니다.

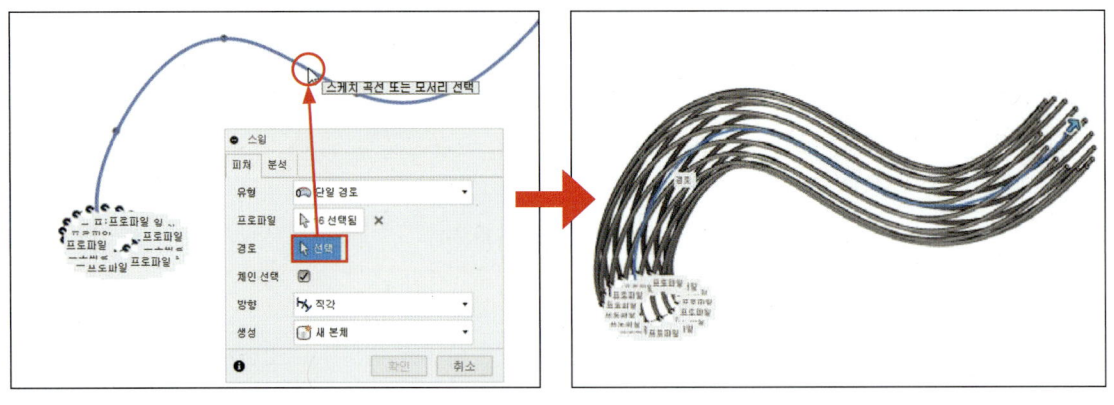

▲ 경로 선택 　　　　　　　　　　　▲ 스윕 형상이 미리보기 됨

 **Command**

### 스윕

프로파일이 경로를 따라가는 피쳐를 작성합니다.

❶ **유형** : 스윕의 작성 유형을 선택합니다.

❷ **프로파일** : 프로파일을 선택합니다.

❸ **경로** : 경로를 선택합니다.

❹ **체인 선택** : 경로의 체인선택 유무를 선택합니다.

❺ **거리** : 프로파일이 경로를 따라가는 퍼센티지를 결정합니다. 1.0 기준으로 100% 입니다.

❻ **테이퍼 각도** : 구배 각도를 설정합니다.

❼ **비틀림 각도** : 비틀림 각도를 설정합니다.

❽ **방향** : 스윕의 진로 유형을 결정합니다. 경로를 따라 회전 유형과 프로파일 정렬 유형으로 나뉩니다.

❾ **생성** : 생성 옵션을 선택합니다.

**비틀림 각도** 항목을 다음과 같이 설정한 후 확인 버튼을 클릭하면 스윕 형상이 작성됩니다.

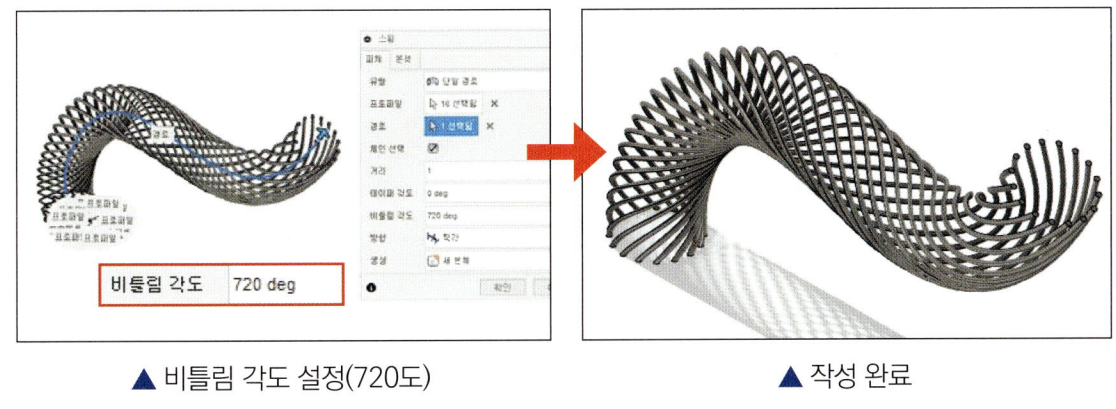

▲ 비틀림 각도 설정(720도)　　　　　　　　▲ 작성 완료

## 05 스케치 공유로 파이프 작성하기

Autodesk Fusion

이제 **스케치 공유**를 이용해 아까 작성한 스케치로 중앙의 파이프 형상을 그려 보도록 하겠습니다.

검색기에서 스케치 항목을 확장에서 **스케치2** 항목의 좌측에 있는 가시성 아이콘을 클릭하면 스케치가 다시 화면상에 표시됩니다.

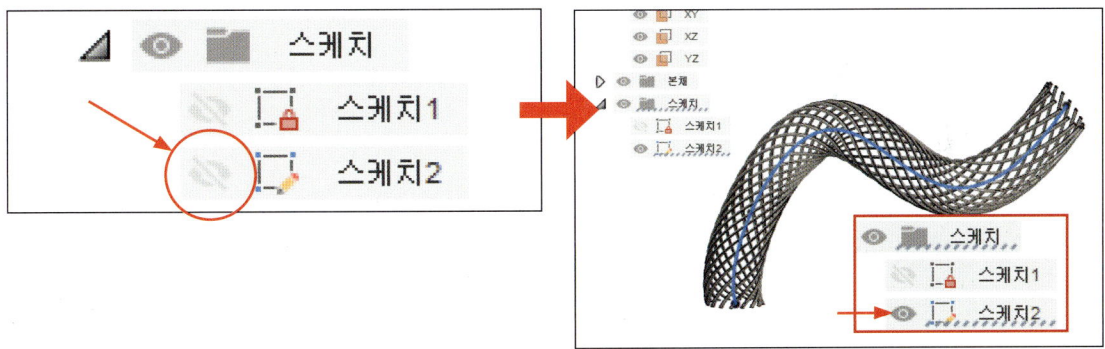

 Tip

### 스케치 공유란?

스케치 공유란 사용자가 작성한 하나의 스케치를 두 개 이상의 피쳐 명령에 이용하는 것을 말합니다. 일반적으로 스케치를 작성하고 나서 그 스케치로 하나의 피쳐 명령을 수행하면 스케치의 가시성이 꺼져서 자동 숨김 상태가 되게 됩니다. 이때 검색기에서 스케치의 가시성을 켜서 다른 피쳐 명령에 이용함으로써 두 개 이상의 피쳐가 하나의 스케치를 공유하는 개념을 가지게 됩니다.

## Part 02 솔리드 모델링

### 가시성 아이콘이란?

검색기의 객체 항목들은 좌측에 눈동자 모양의 가시성 항목을 가지고 있습니다. 이 항목 버튼을 누름으로써 자유롭게 화면에 표시하고 숨길 수가 있습니다.

가시성 아이콘은 그룹 자체의 가시성 아이콘이 있고 그룹 아래의 개별 가시성 아이콘이 존재합니다.

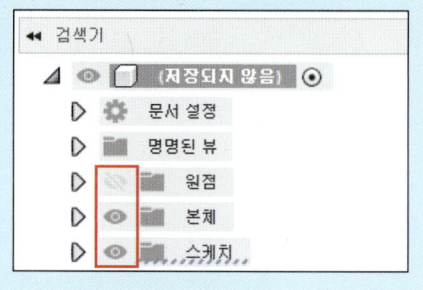

**파이프** 명령을 실행합니다.

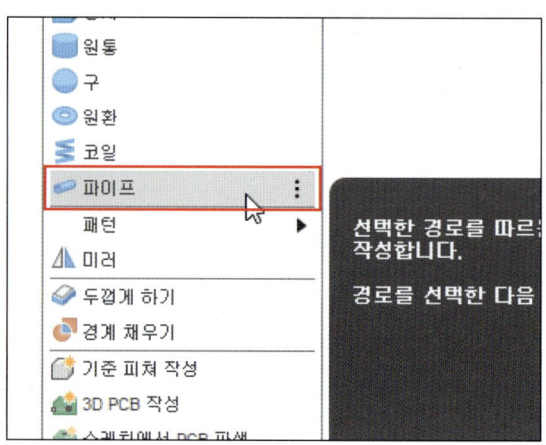

**경로** 항목에서 다음 곡선을 선택합니다.

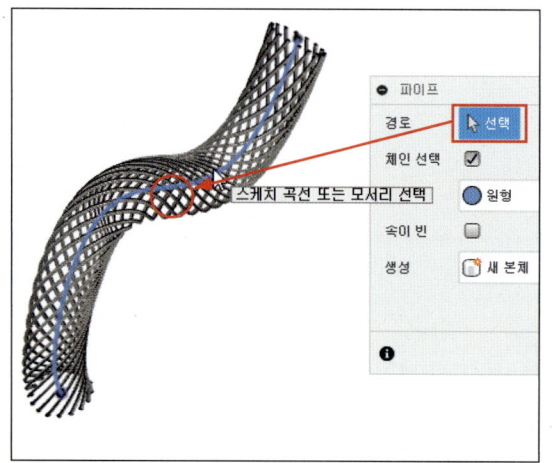

**단면** 크기를 지정한 후 확인 버튼을 클릭합니다.

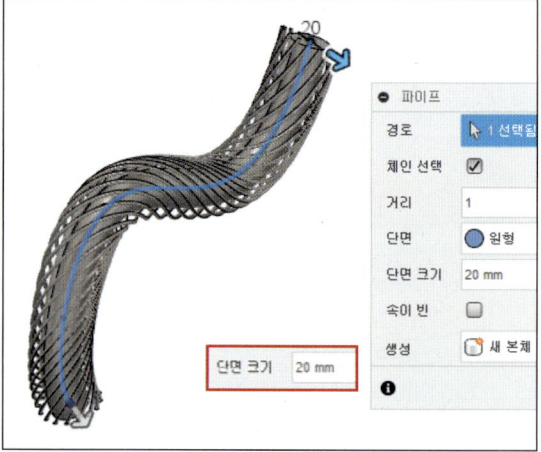

# Chapter 8 복합 케이블 모델링 예제

**스케치2** 항목의 가시성 아이콘을 클릭해 스케치를 다시 숨깁니다.

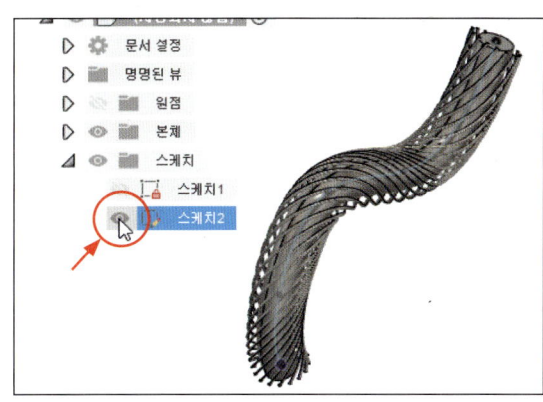

 Tip

작성이 끝나고 나면 화면상에 스케치가 표시되지 않게 숨기는 것이 좋습니다. 숨기지 않으면 화면이 깔끔하지가 않고 차후 작업을 할 때 방해가 될 수도 있습니다.

### Command

**파이프**

파이프 형태를 작성합니다.

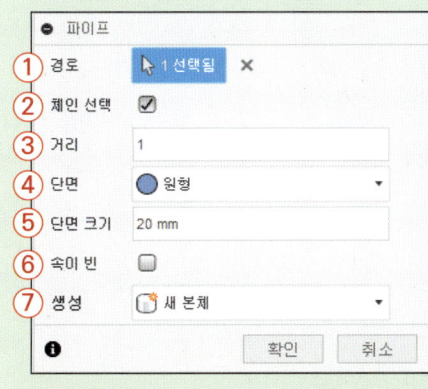

① **경로** : 파이프의 경로를 선택합니다.

② **체인 선택** : 경로의 체인선택 유무를 선택합니다.

③ **거리** : 프로파일이 경로를 따라가는 퍼센티지를 결정합니다. 1.0 기준으로 100% 입니다.

④ **단면** : 코일 단면의 종류를 선택합니다.

⑤ **단면 크기** : 코일 단면의 크기를 선택합니다.

⑥ **속이 빈** : 파이프를 두께를 가진 중공 유형의 파이프로 생성됩니다.

⑦ **생성** : 생성 옵션을 선택합니다.

Part 02 솔리드 모델링

## 06 색상 명령으로 작성 개체에 색상 지정하기

Autodesk Fusion

색상을 지정하기 위해 수정-**색상** 명령을 실행합니다.

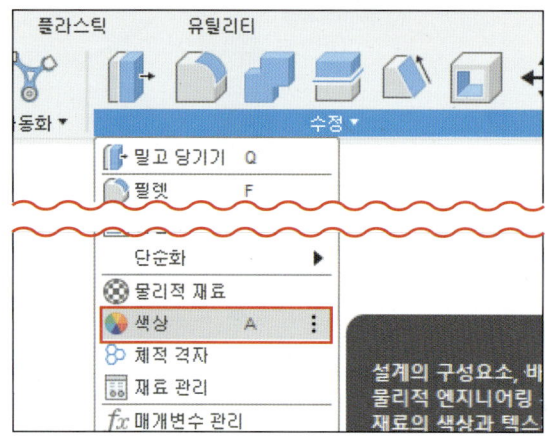

라이브러리 항목의 **페인트-광택** 항목을 찾습니다.

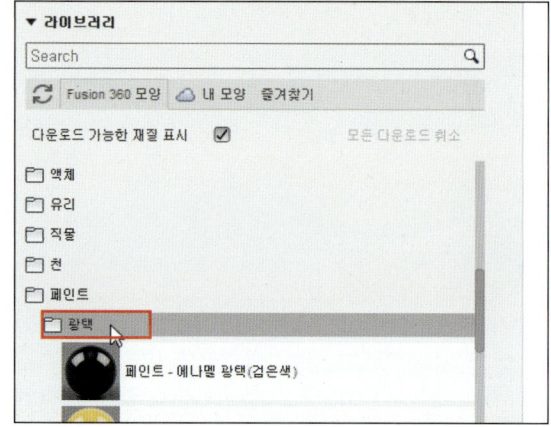

**페인트-에나멜 광택(노란색)** 항목을 선택합니다.

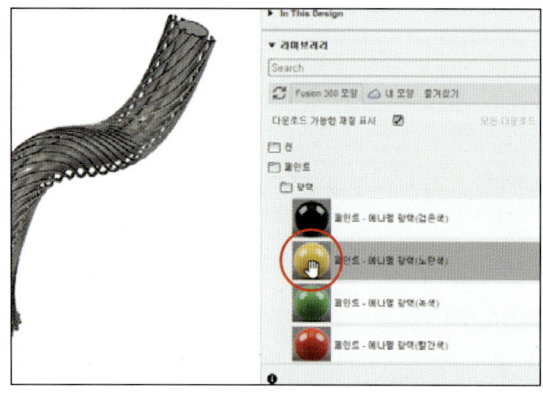

드래그해서 중앙의 파이프 형상에 갖다놓습니다.

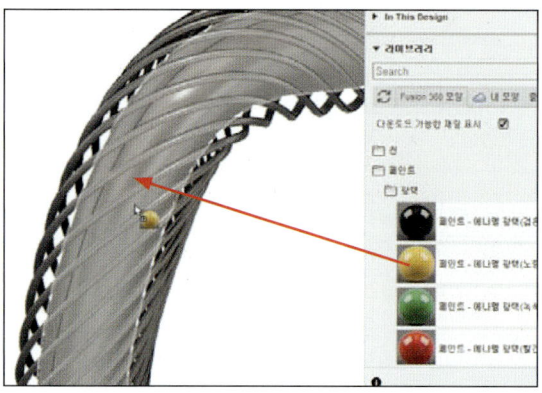

마우스 버튼을 놓으면 색상이 적용됩니다.

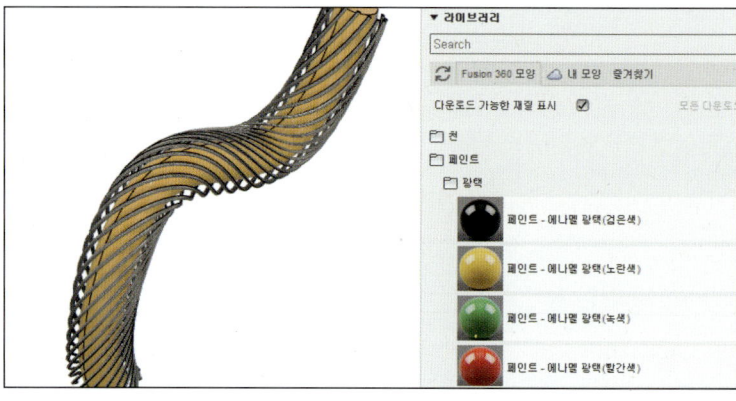

196

Chapter 8 복합 케이블 모델링 예제

이제 **페인트 - 에나멜 광택(빨간색)** 항목을 드래그해서 다음 개체에 적용합니다.

하지만 나머지 넣어야 하는 색상이 너무 많습니다. 다음과 같이 검색기의 본체 항목을 확장합니다.

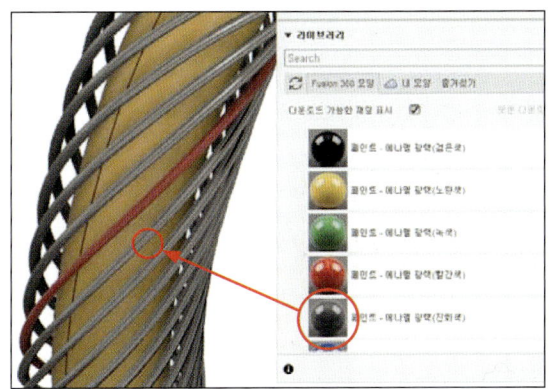

첫번째 항목인 본체1을 먼저 선택하고 쉬프트(Shift)키를 누른채로 본체16(밑에서 두번째)을 선택합니다.

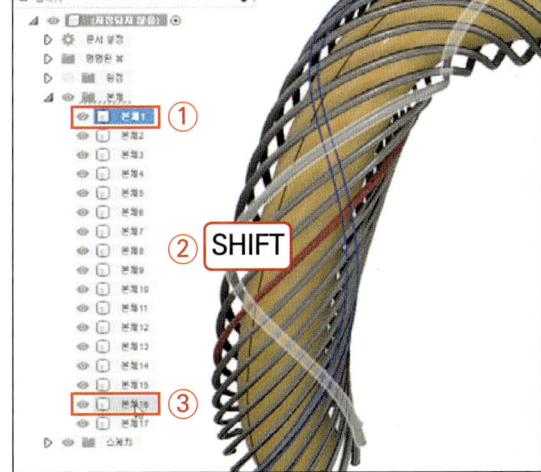

> **Tip**
>
> 작성한 순서나 작업 방식에 따라서 바디 항목의 이름은 바뀔수도 있습니다.

다음과 같이 중앙의 파이프를 제외한 모든 형상이 선택됩니다.

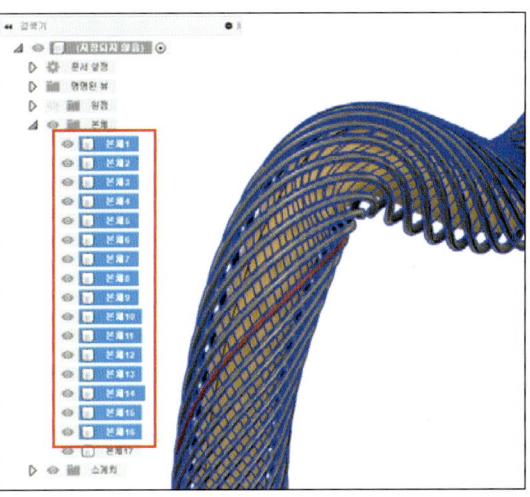

> **Tip**
>
> 미리 바디 항목에 마우스를 갖다대서 어떤 바디를 제외시킬지 미리 알아두는 것도 좋습니다.

# Part 02 솔리드 모델링

**페인트 – 에나멜 광택(빨간색)** 항목을 드래그해서 선택된 개체에 갖다 놓습니다.

다음과 같이 여러개의 개체에 같은 색상이 적용되었습니다.

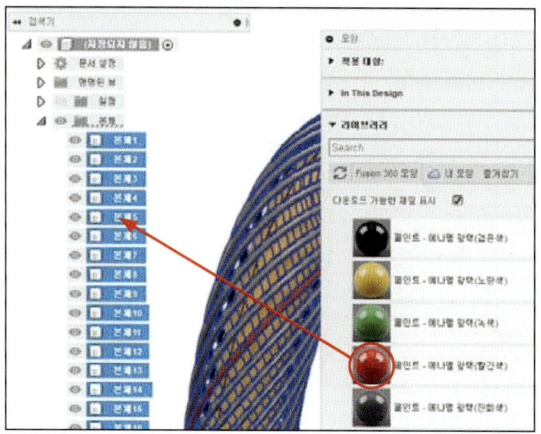
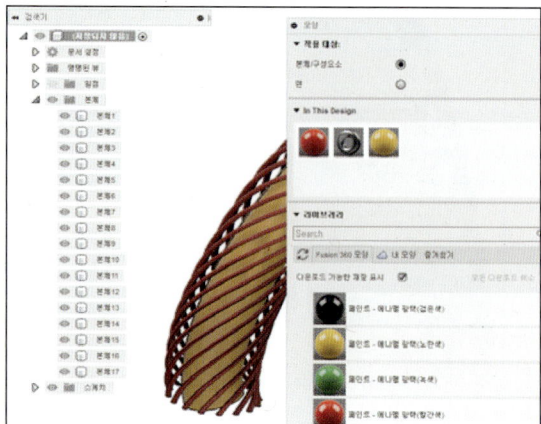

## Command

### 색상

형상에 색상을 부여합니다. Autodesk Fusion이 제공해주는 다양한 색상 외에 사용자가 직접 만들 수도 있습니다.

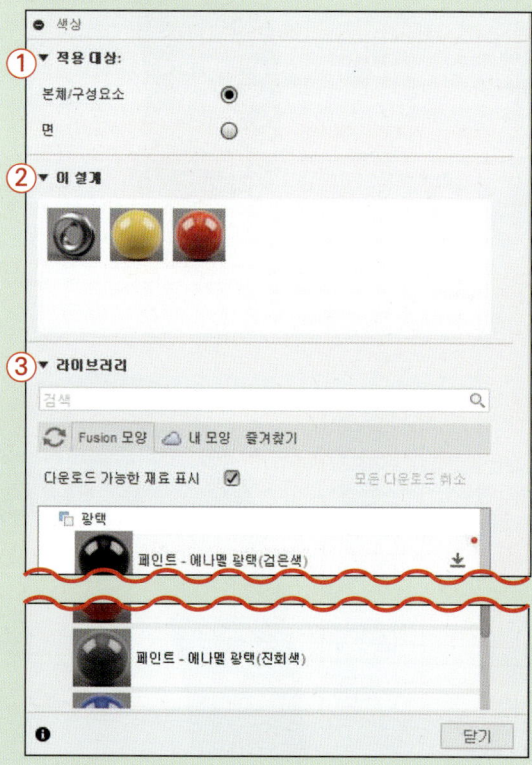

① **적용 대상** : 색상을 적용할 대상을 선택합니다.

– **본체/구성요소** : 본체 및 구성요소에 적용합니다.

– **면** : 면 요소에 적용합니다.

② **이 설계** : 현재 디자인 파일에 적용되어 있는 색상을 표시합니다.

③ **라이브러리** : Autodesk Fusion이 제공하는 라이브러리 및 카테고리와 색상 리스트를 표시합니다.

# Chapter 8 복합 케이블 모델링 예제

## 07 경로를 수정해 형상을 바꾸어보기

Autodesk Fusion

**스케치2** 항목을 선택해 수정합니다(혹은 더블클릭 해도 됩니다).

다음과 같이 가로, 세로의 치수를 수정하거나 절점들의 위치를 바꾸어서 스케치를 수정하고 스케치를 종료합니다.

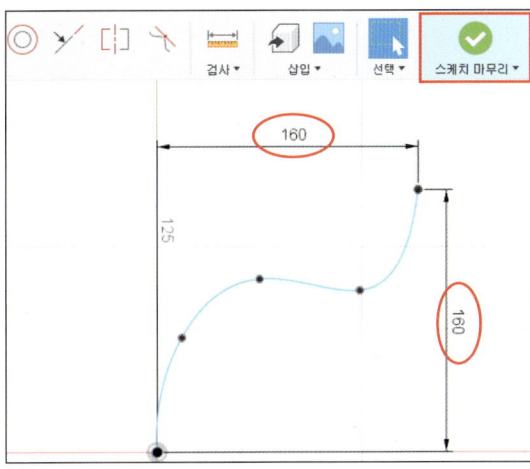

모델링이 업데이트 되면서 다음과 같이 동축 케이블의 모양이 수정되었습니다.

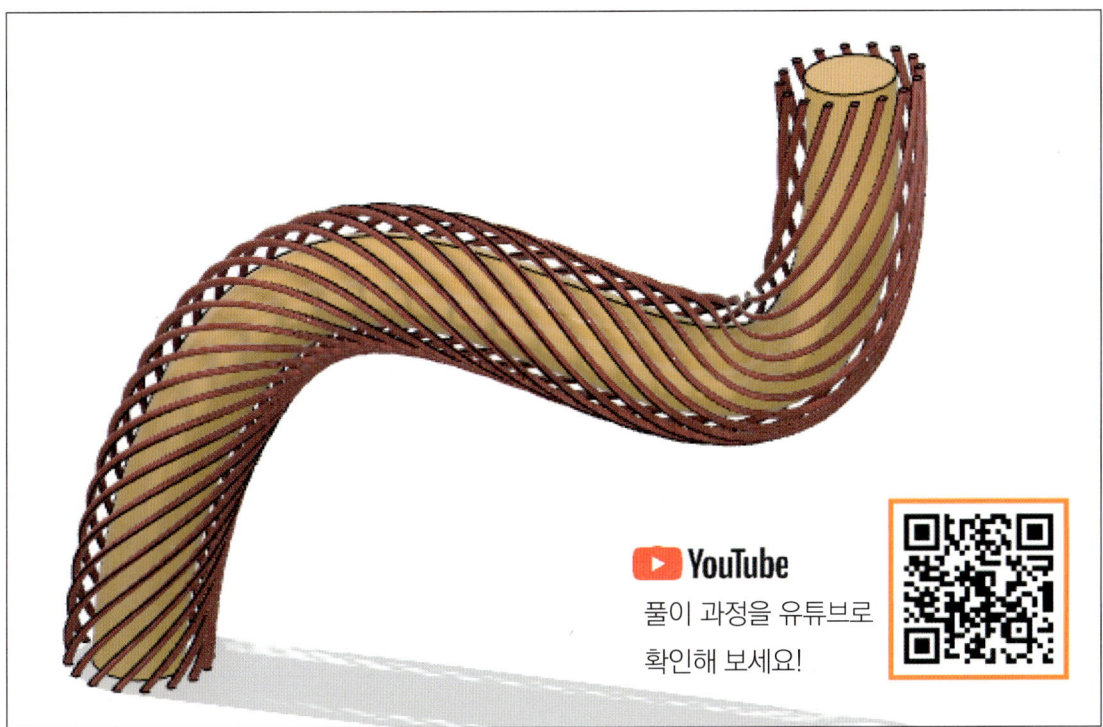

▶ YouTube
풀이 과정을 유튜브로
확인해 보세요!

#  총정리

이번 챕터를 통해 우리는 다음과 같은 것들을 배웠습니다.

❶ **스케치 원형 패턴** : 스케치 요소를 원형 패턴하여 복사합니다. 원래 스케치에서는 패턴 명령을 잘 쓰지 않지만 이번 예제와 같이 쓰는것이 효율적일 때에는 꼭 필요한 명령이라고 할 수 있습니다.

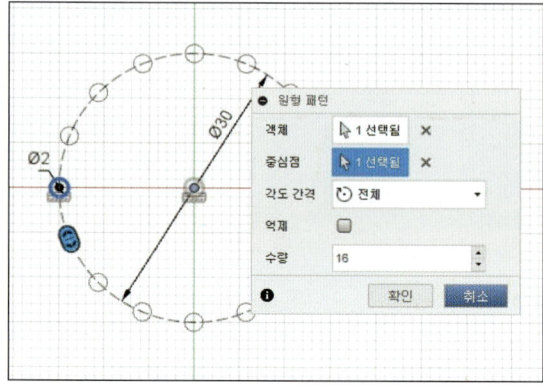

❷ **스플라인 작성 및 편집** : 스플라인 명령을 이용해 다음과 같이 곡선 스케치를 작성하고 절점을 수정해 자유롭게 곡선의 형태를 바꾸는 것을 학습했습니다.

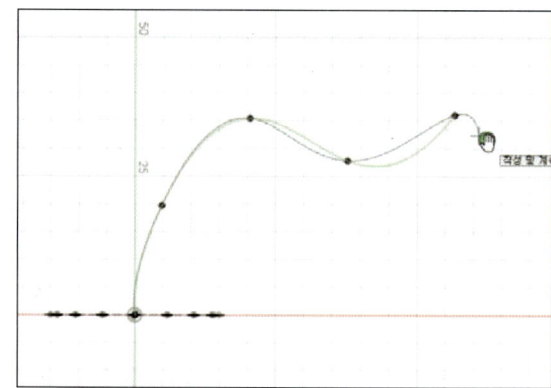

❸ **스윕 명령** : 프로파일이 경로를 따라가는 스윕 명령을 학습했습니다. 일반적인 스윕 명령은 파이프 명령이 훨씬 빠르고 쉽지만 스윕 명령에는 구배 옵션과 경로를 따라 꼬임 옵션이 존재하므로 이번 예제와 같은 형상을 만들려면 스윕 명령이 필수적입니다.

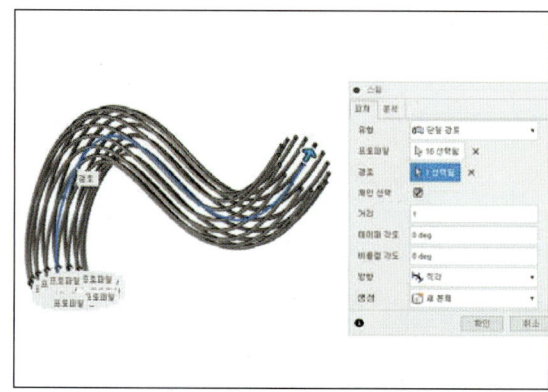

❹ **스케치 공유** : 하나의 스케치로 여러개의 피쳐를 작성하는 스케치 공유에 대해서 학습했습니다. 이 스케치 공유를 이용하면 하나의 스케치에서 피쳐간의 위치관계를 치수, 혹은 구속조건으로 지정할 수 있게 됩니다.

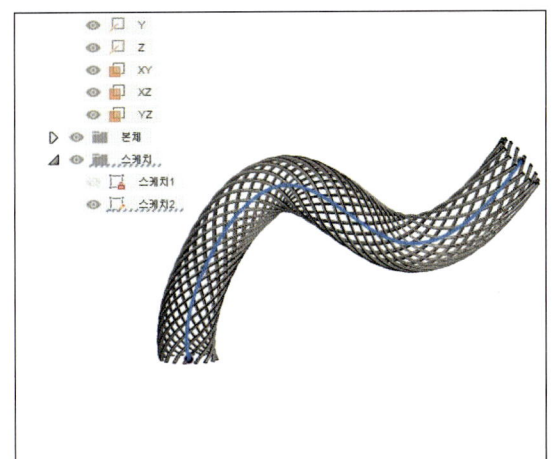

❺ **파이프 명령** : 경로를 따라서 원형이나 사각형 프로파일로 단순한 파이프 형상을 만드는 파이프 명령에 대해서 학습했습니다.

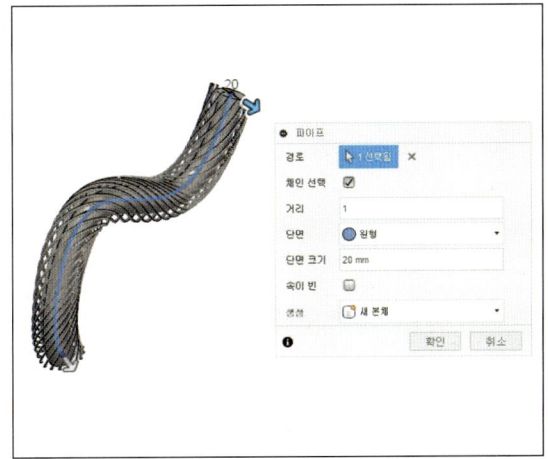

❻ **색상 명령** : 작성한 개체에 여러가지 색상을 부여하는 색상 명령에 대해 학습했습니다.

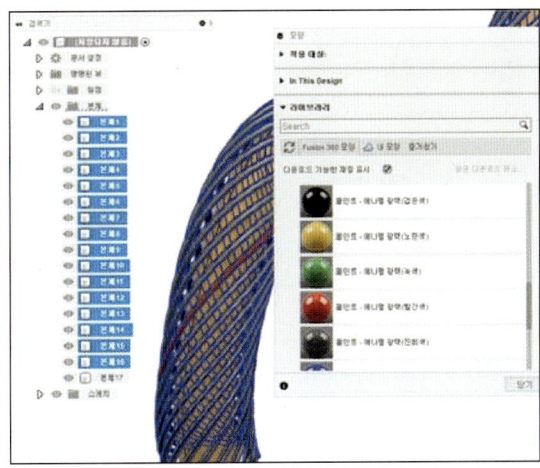

# 연습예제

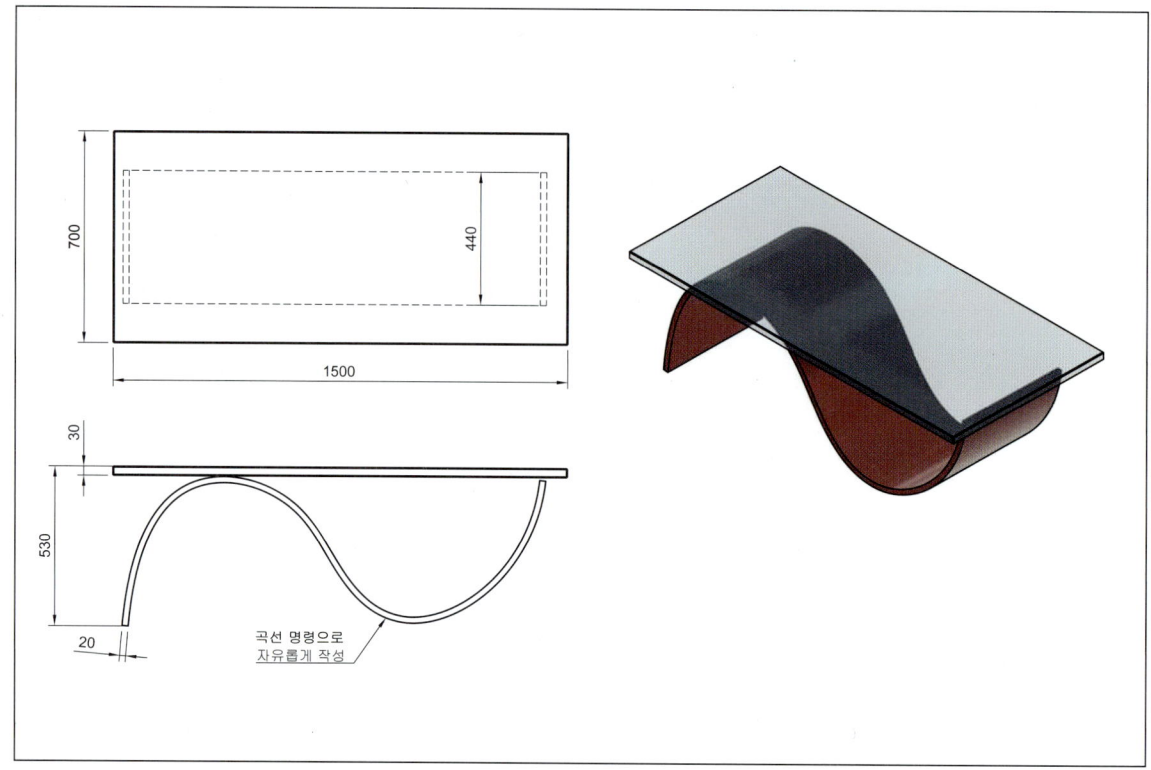

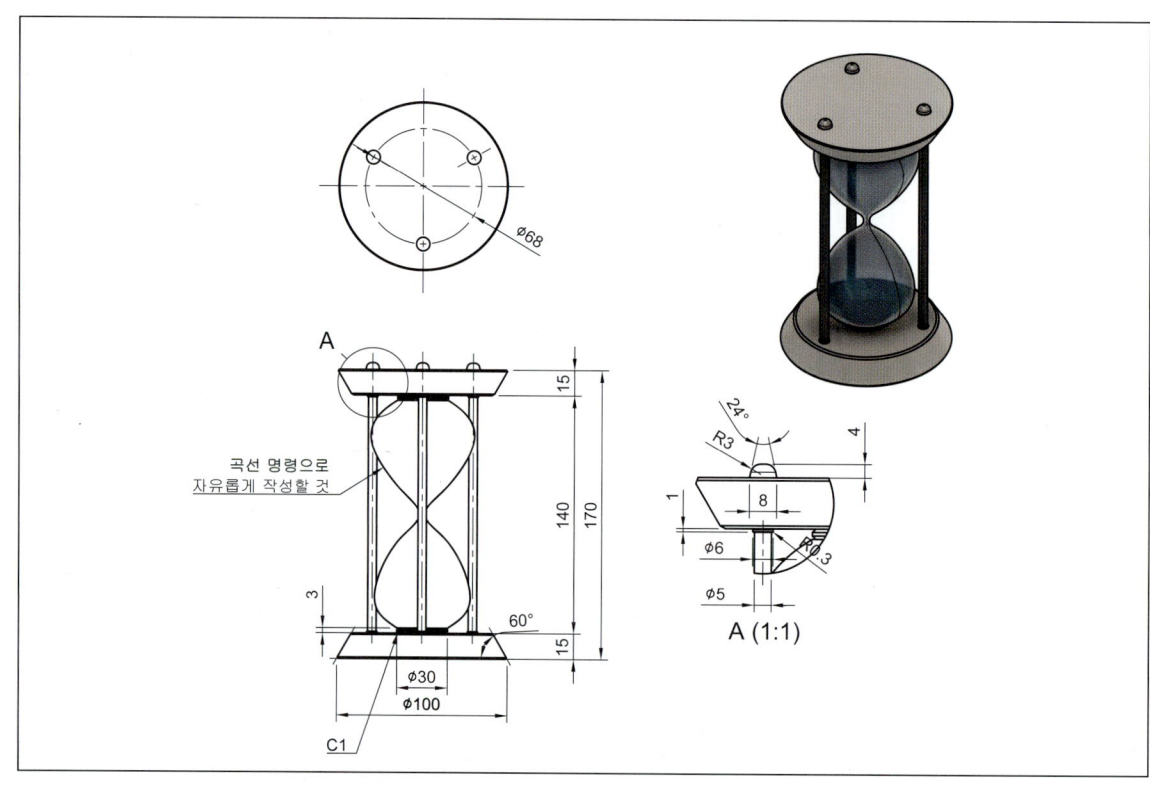

# 연습예제

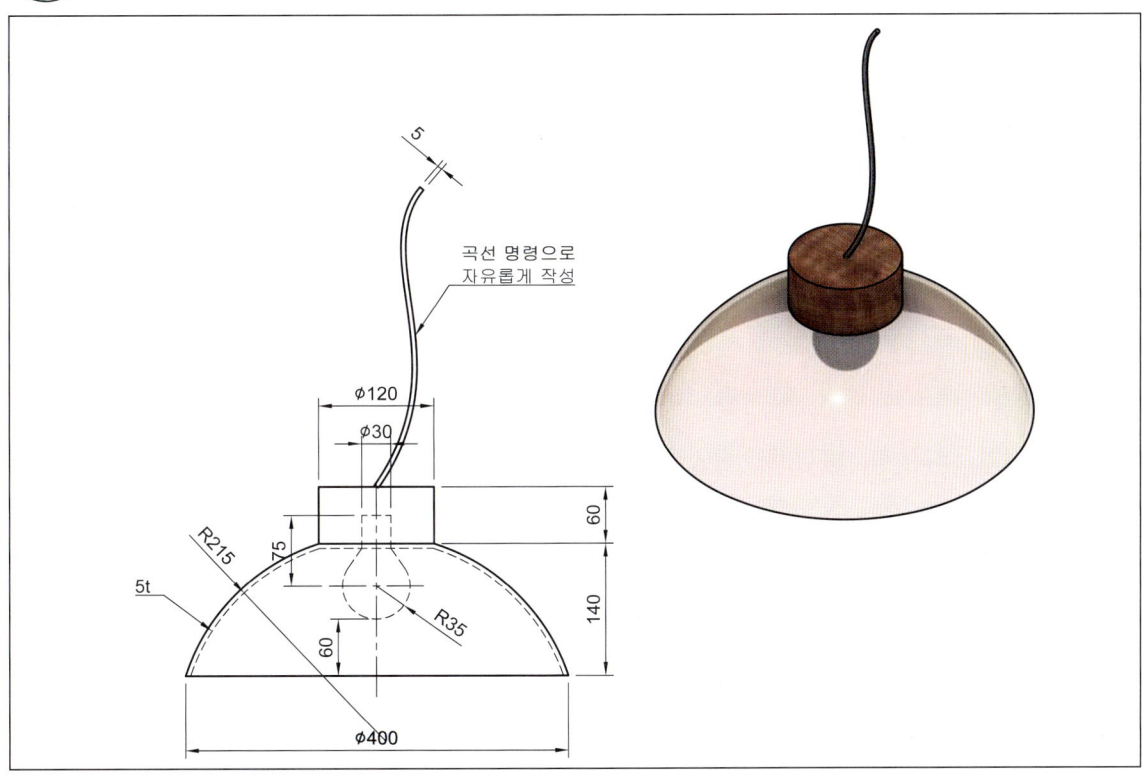

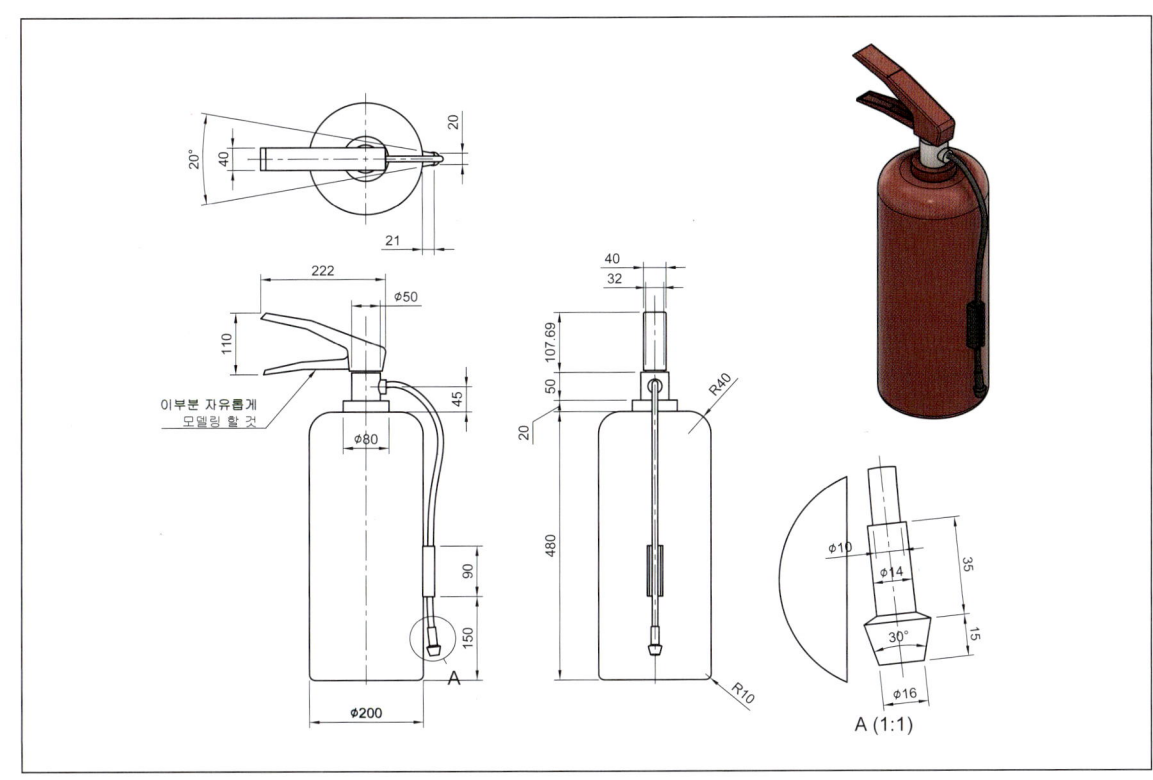

Part 02 솔리드 모델링

# CHAPTER 09 계단 모델링 예제

이번 시간에는 직사각형 패턴과 대칭 명령을 응용해 계단 예제를 작성해 보도록 하겠습니다.

## 01 도면과 학습 목표

이번 시간에 우리가 학습할 예제를 확인해 보도록 하겠습니다.

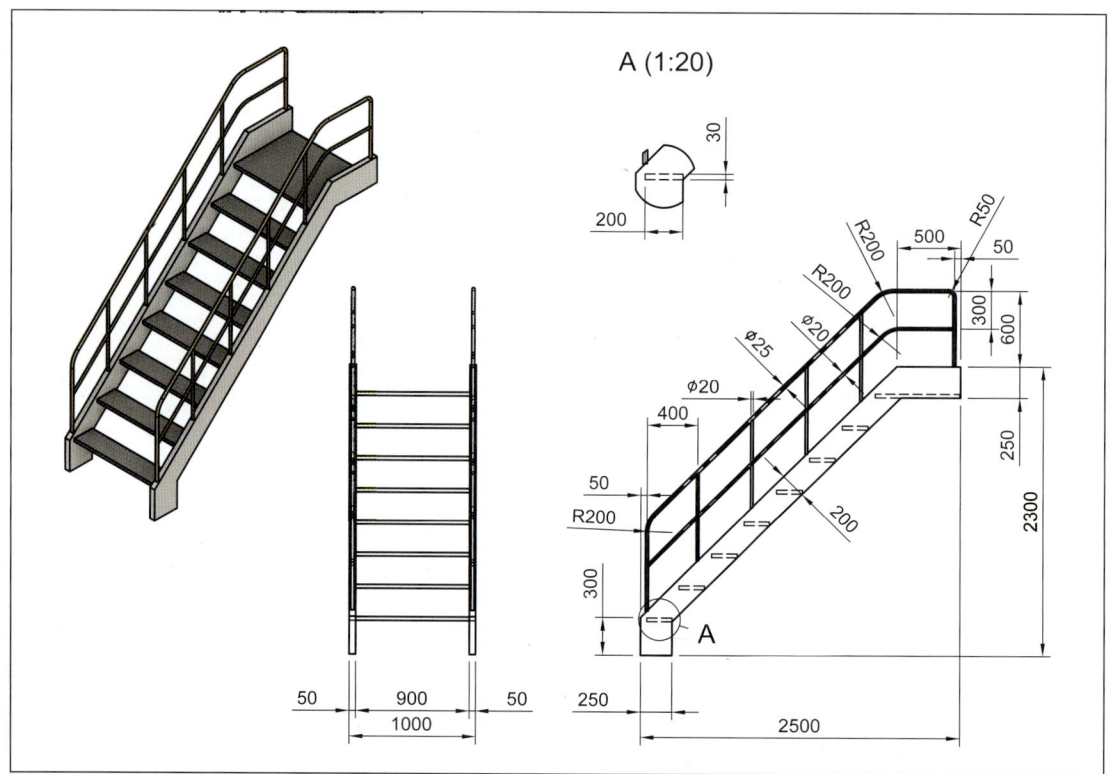

이번 시간에 우리는 다음과 같은 사항을 배우게 됩니다.

- 직사각형 패턴 명령
- 중간 평면 작성
- 미러 명령
- 밀고 당기기 명령

# Chapter 9 계단 모델링 예제

## 02 기본 스케치 작성하기

Autodesk Fusion

정면도(XY평면)에 스케치를 작성합니다.

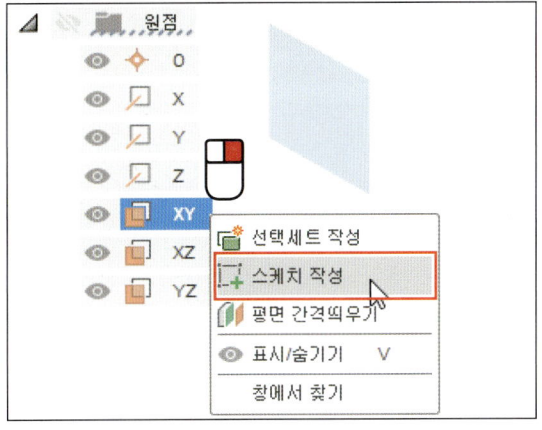

원점에서 오른쪽 위 대각선으로 선을 작성한 다음 가로 세로 치수를 작성합니다.

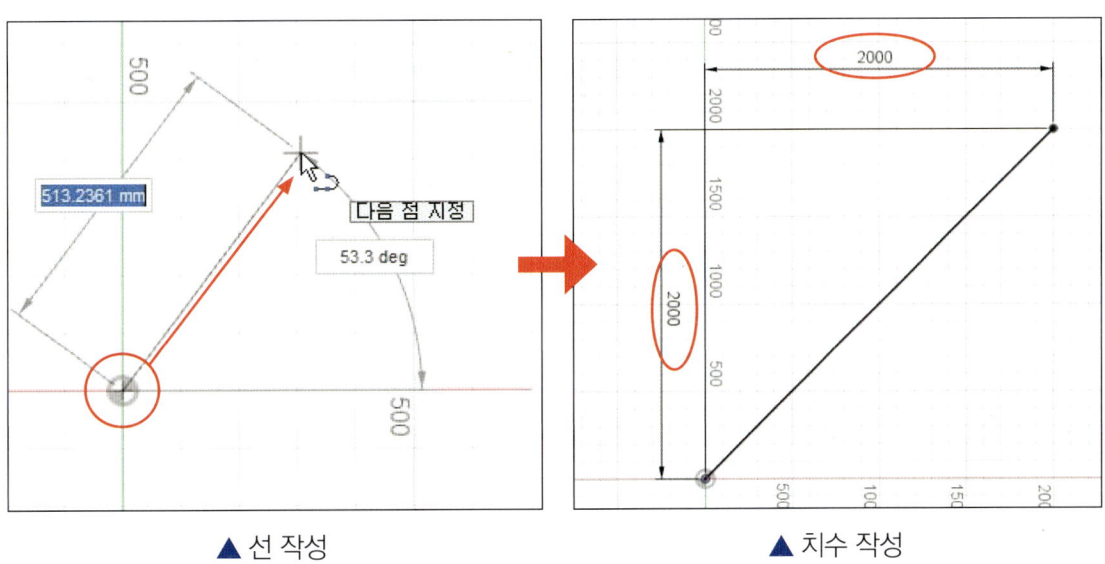

▲ 선 작성 　　　　　　　　　　▲ 치수 작성

**Tip**

처음 스케치를 작성할 때 전체의 대략적인 크기를 감지하기 위하여 기본이 되는 치수를 먼저 기입하면 좋습니다.

# Part 02 솔리드 모델링

선 명령으로 다음과 같이 적당히 선을 작성하고 다음 치수들을 추가로 작성합니다.

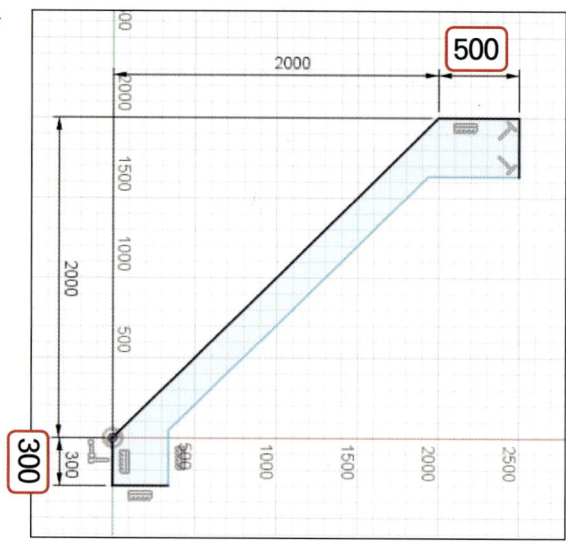

 **Tip**

선의 크기 자체는 적당히 그려도 되지만 수직선 수평선일 때에는 되도록 구속조건이 추정된 상태로 그리시길 바랍니다.

 **Tip**

### 구속조건 추정에 관해서

구속조건 추정이란 어떠한 스케치 개체를 그릴때 자동으로 개체의 위치나 형상에 알맞은 구속조건이 자동으로 부여되는 것을 말합니다.

구속조건 추정에는 다음과 같이 두 가지의 종류가 존재합니다.

### 1. 개체 작성시 자동으로 부여

다음과 같이 직사각형을 작성할 때 직사각형의 성질을 유지하기 위해서 다음과 같이 구속조건들이 붙게 됩니다.

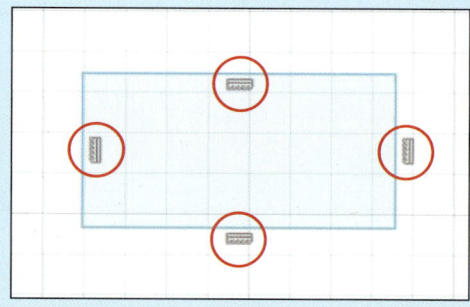

## 2. 다른 스케치 개체와의 관계

다음과 같이 다른 스케치 개체에 접하게 그릴 때에는 자동으로 일치 구속조건이 부여되게 됩니다. 혹은 선을 작성할 때 아래 그림과 같이 자동으로 이전의 스케치 개체와의 구속조건이 부여됩니다.

### 1) 다른 선에 접하는 선을 그릴때 일치 구속조건 자동 생성

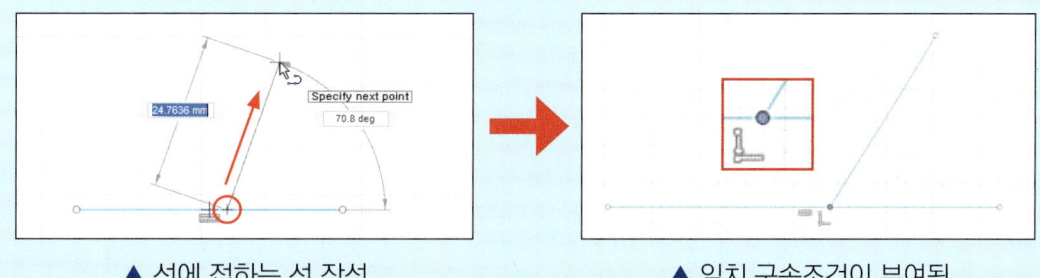

▲ 선에 접하는 선 작성　　　　　　　▲ 일치 구속조건이 부여됨

### 2) 연속 선을 그릴 때 직각 형태로 그리게 되면 직각 구속조건 자동 생성

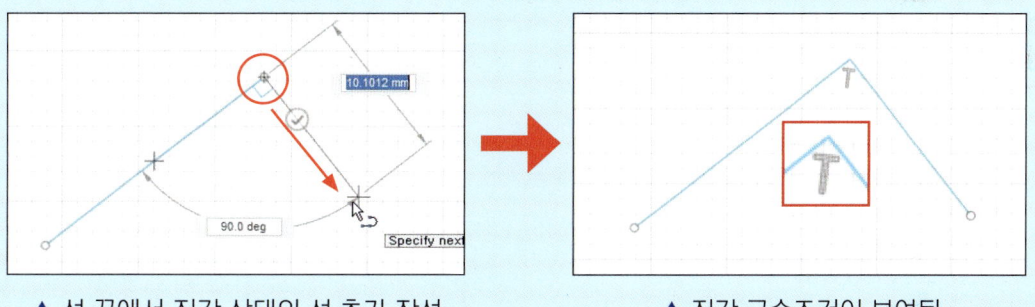

▲ 선 끝에서 직각 상태의 선 추가 작성　　　▲ 직각 구속조건이 부여됨

## 3. 다른 스케치 개체와의 대략적인 추정관계

대략적인 추정으로 인해 구속조건이 부여됩니다.

주로 근접하지 않아도 다른 스케치 개체와 직각 상태이거나 평행 상태일 때 많이 발생합니다. 이 추정 관계는 주로 선을 작성할 때 나타납니다.

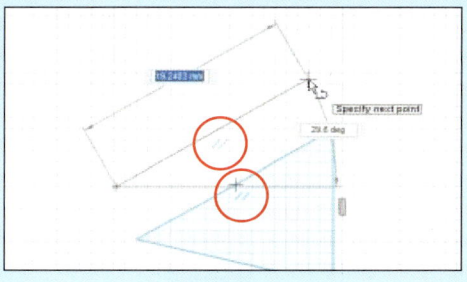 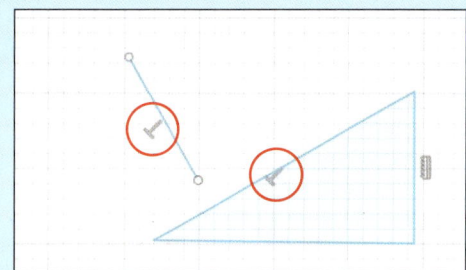

▲ 다른 선과 평행 상태에 가까운 선 작성　　　▲ 다른 선과 직각 상태에 가까운 선 작성

만약 **평행** 구속조건이 주어져 있지 않다면 다음과 같이 수동으로 작성합니다.

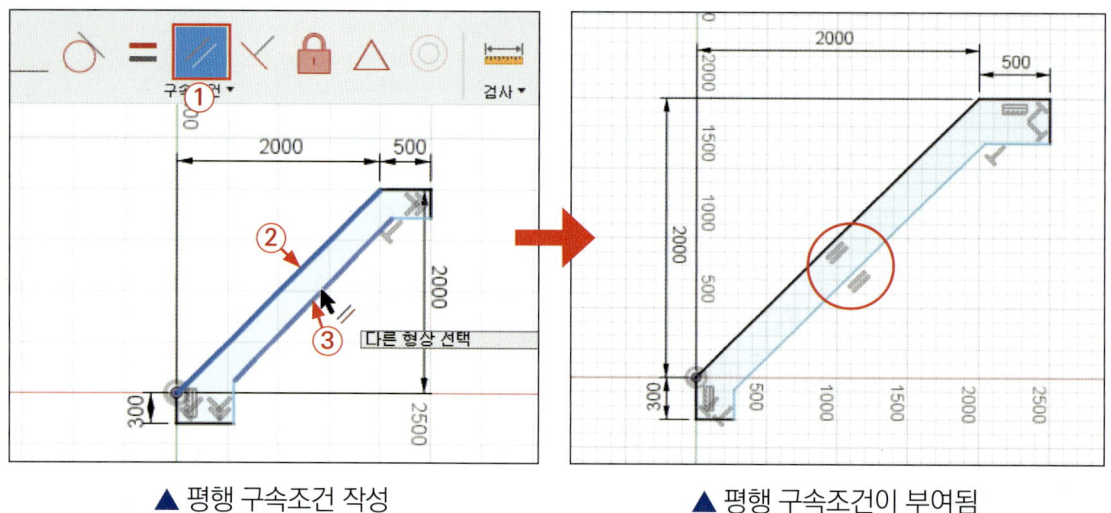

▲ 평행 구속조건 작성                    ▲ 평행 구속조건이 부여됨

다음과 같이 나머지 치수들을 작성합니다.

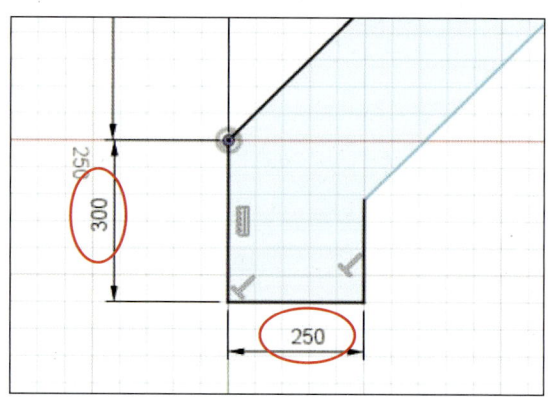

**동일** 구속조건 명령으로 다음 두 개의 스케치 선의 길이를 같게 맞춥니다.

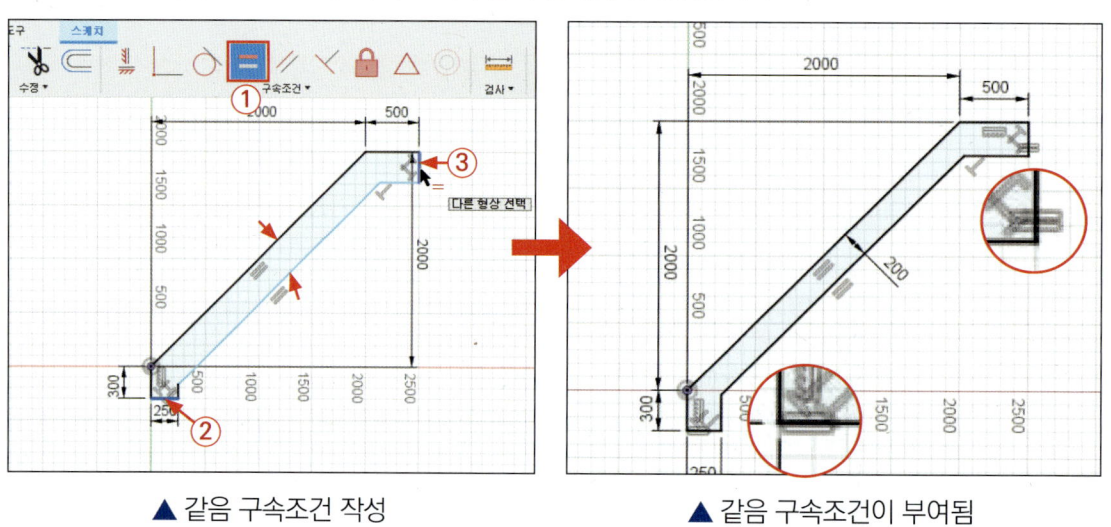

▲ 같음 구속조건 작성                    ▲ 같음 구속조건이 부여됨

## 03 베이스 피쳐 작성하기

작성한 프로파일을 선택해 돌출 명령을 실행합니다.

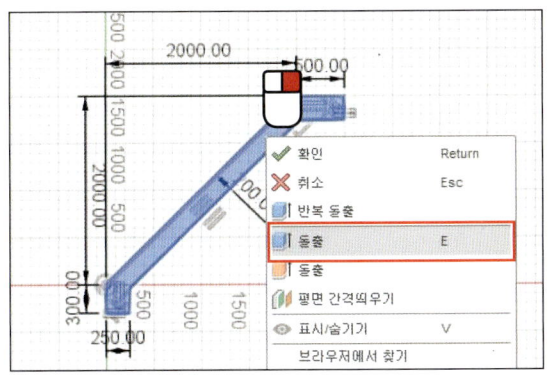

방향 옵션을 **두 측면**으로 설정합니다.

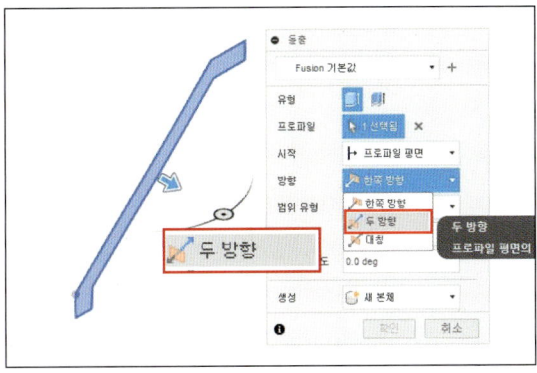

**측면1** 항목을 다음과 같이 설정합니다.

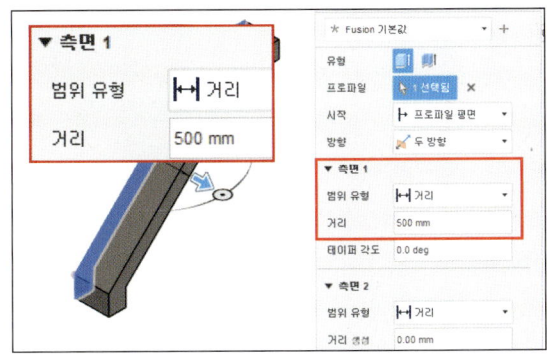

**측면2**에 해당하는 화살표를 끌어서 측면1 화살표 방향으로 드래그합니다. 측면2 항목의 거리가 **-(마이너스)**로 표기됩니다.

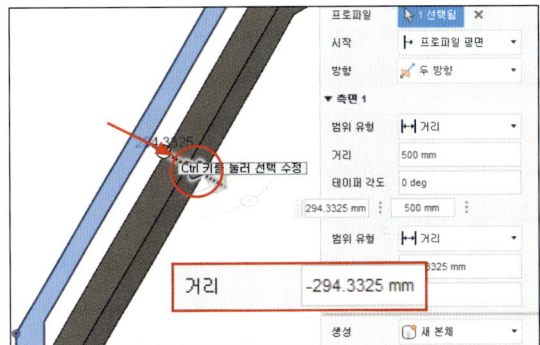

거리를 다음과 같이 설정하면 중앙에서 떨어진 거리만큼의 돌출 피쳐가 완성됩니다.

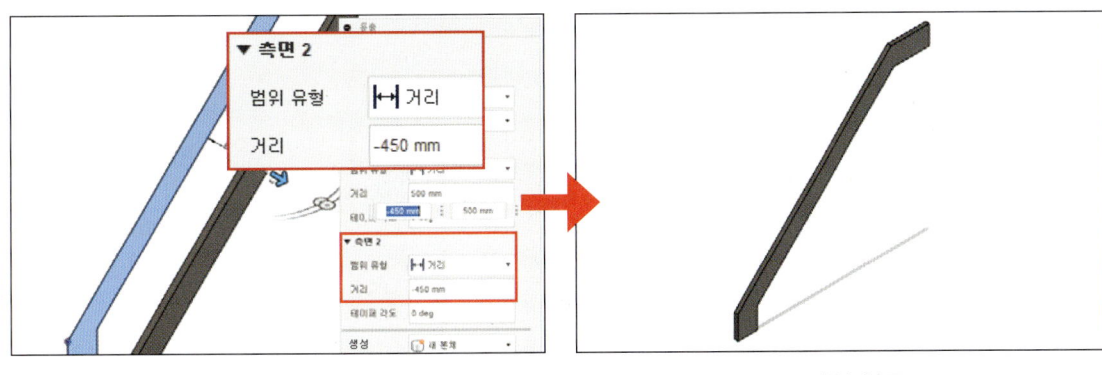

▲ 거리 설정　　　　　　　　　　▲ 작성 완료

## Part 02 솔리드 모델링

**Tip**

두 측면 옵션의 기능을 이용하면 단순한 경우에 간격띄우기 면을 만들 필요없이 손쉽게 위와 같은 효과를 낼 수 있습니다.

모양 명령을 실행해서 **페인트 - 에나멜 광택(흰색)** 항목을 드래그해서 다음 개체에 적용합니다.

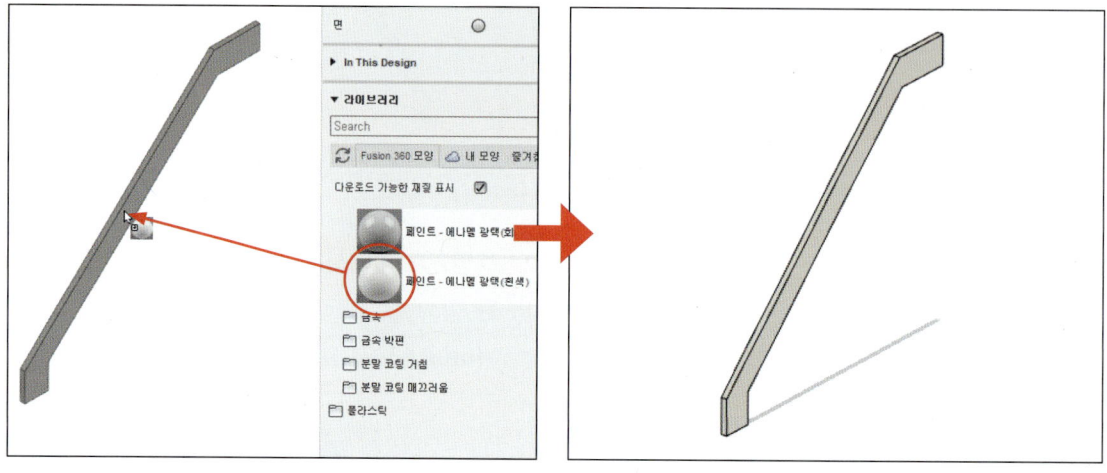

▲ 색상 드래그해서 적용　　　　　　　　　　▲ 색상 적용 완료

**작성-미러** 명령을 실행합니다.

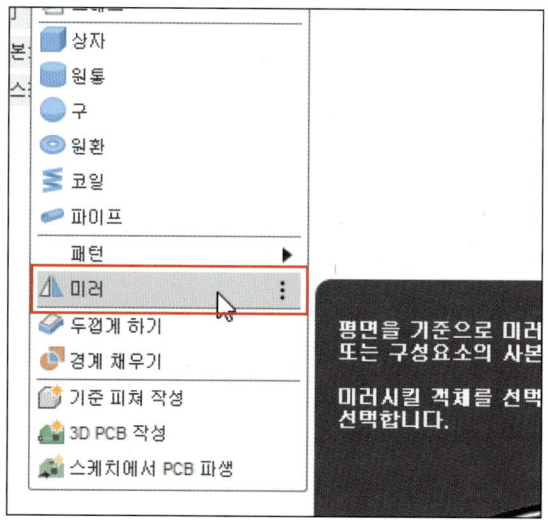

유형을 **본체**로 선택한 후, 다음 본체를 항목을 선택합니다.

**미러 평면** 항목으로 다음 면을 선택합니다.

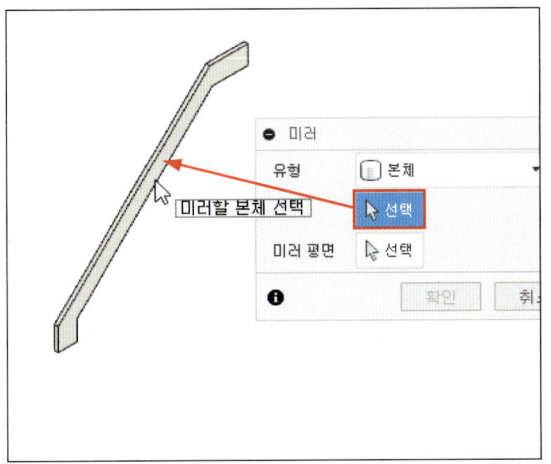
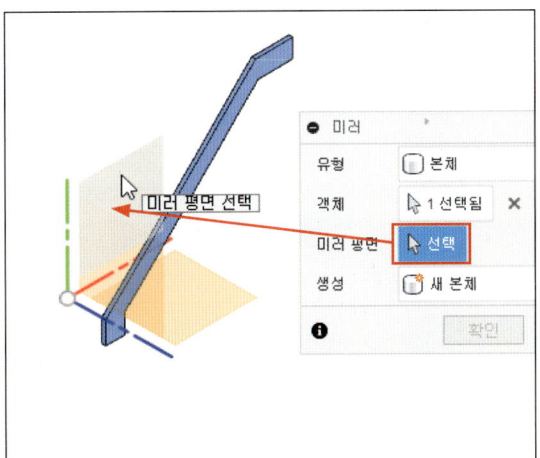

 Tip

미러 평면을 선택하면 원점 항목의 개체들이 자동으로 표시됩니다. 명령이 종료되면 다시 사라집니다.

확인 버튼을 클릭하면 다음과 같이 미러 피처가 작성됩니다.

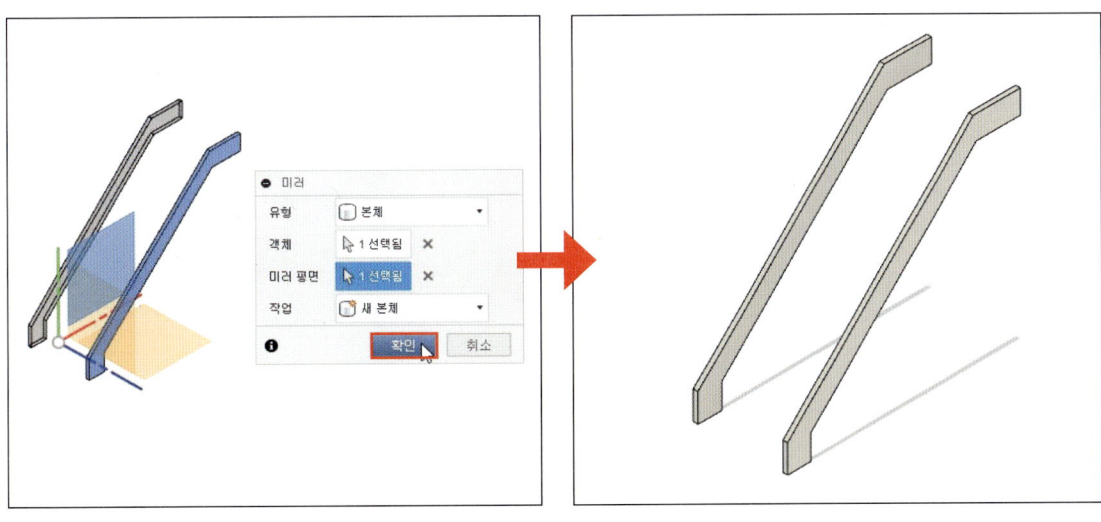

▲ 미러 미리보기 → 확인 버튼 클릭   ▲ 작성 완료

Part 02 솔리드 모델링

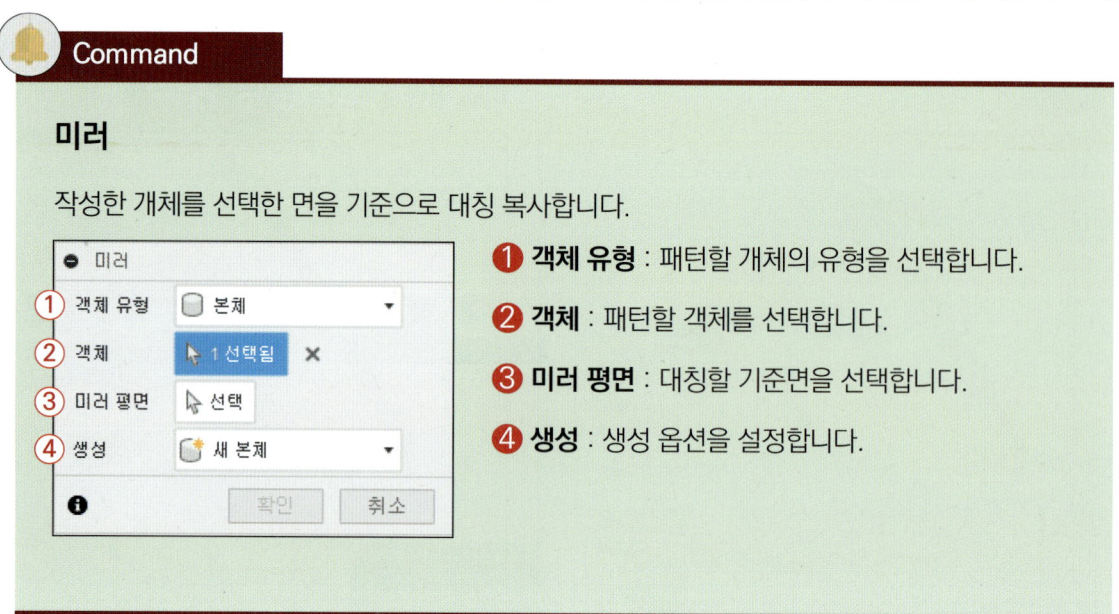

## 04 계단 작성하기

Autodesk Fusion

정면도에 스케치를 작성하고 스케치 팔레트에서 **슬라이스** 항목을 체크해 단면 상태로 전환하고 **프로젝트** 명령을 실행해 다음 모서리를 선택합니다.

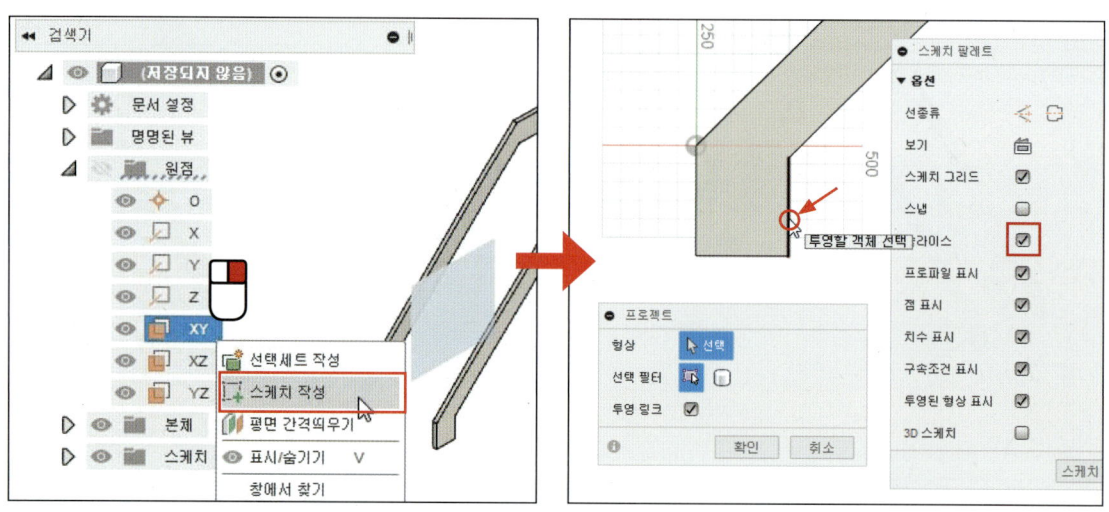

▲ XY(정면도) 평면에 스케치 작성        ▲ 다음 모서리를 투영

사각형 명령으로 다음과 같이 작성합니다.

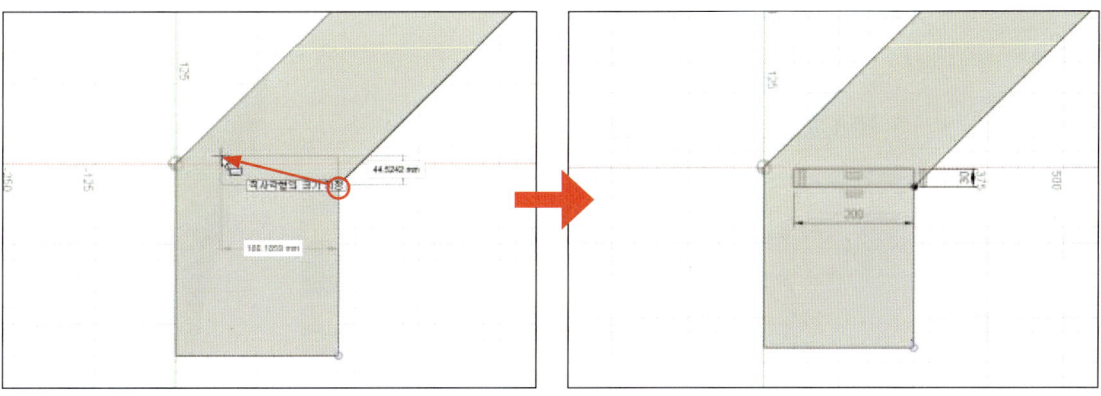

▲ 2점 사각형 작성(가로 : 200mm, 세로 : 30mm)　　　　▲ 작성 완료

**슬라이스** 옵션을 체크 해제합니다. 화면을 회전해서 보면 작성한 스케치의 위치가 다음과 같이 표시됩니다.

작성한 스케치를 선택해 돌출 명령을 실행합니다.

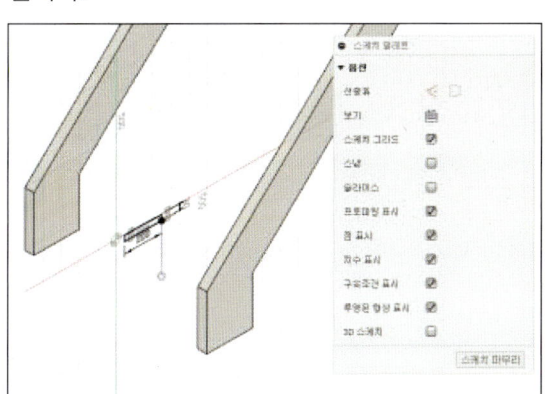 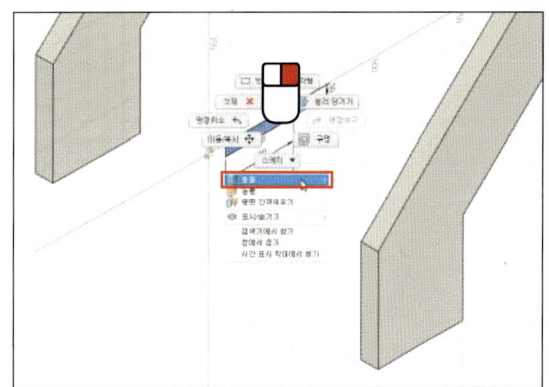

시작 옵션을 확장해서 **객체** 옵션을 선택한 후 다음 면을 선택합니다.

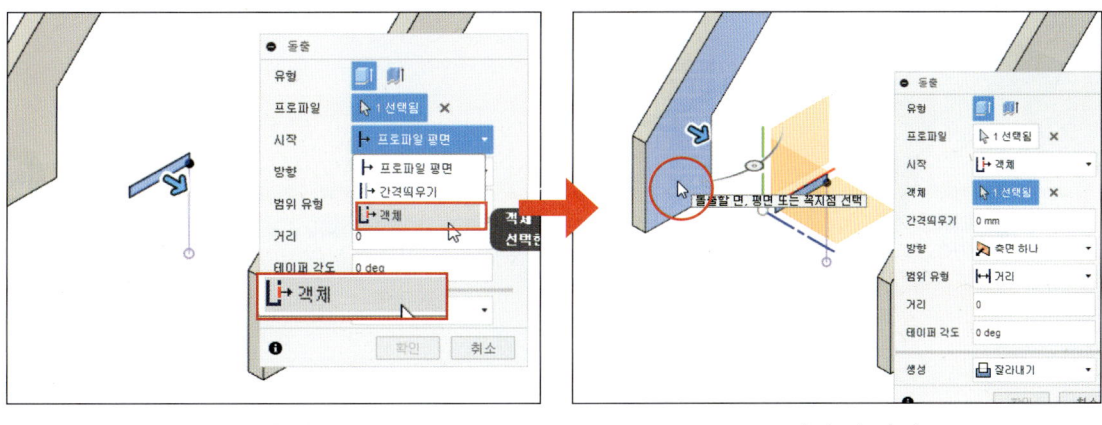

▲ 시작 옵션 선택　　　　▲ 시작 면 선택

화면을 회전해서 반대쪽 면이 잘 보이도록 합시다. 범위 유형 옵션을 확장해서 **객체로** 옵션을 선택한 후 다음 면을 선택합니다.

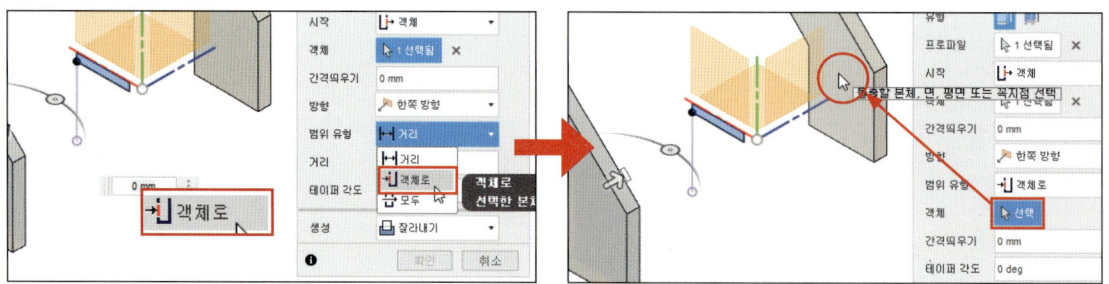

▲ 범위 옵션 선택　　　　　　　　　　　　　▲ 면 선택

돌출이 미리보기가 됩니다. 작업 옵션을 **새 본체**로 선택한 후에 확인 버튼을 클릭하면 다음과 같이 돌출 개체가 작성됩니다.

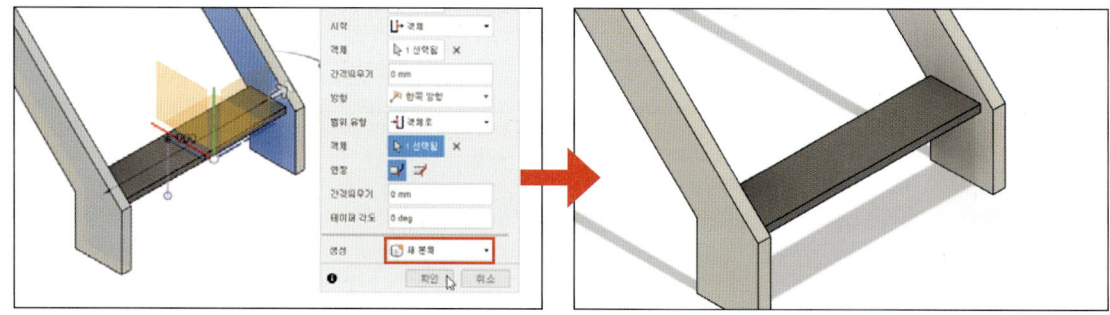

▲ 생성 옵션 선택　　　　　　　　　　　　　▲ 작성 완료

 Tip

### 연장 옵션에 대해서

객체로 옵션을 선택했을 때 활성됩니다. 선택한 면까지를 선택하면 단일면까지만, 인접 면 옵션을 선택하면 체인 선택까지 돌출이 작성됩니다.

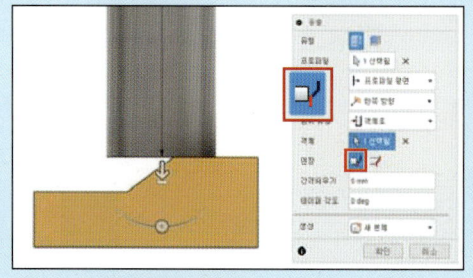 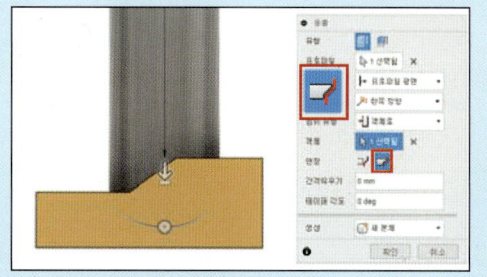

▲ 선택한 면까지　　　　　　　　　　　　　▲ 인접 면으로

## Chapter 9 계단 모델링 예제

**직사각형 패턴** 명령을 실행합니다.

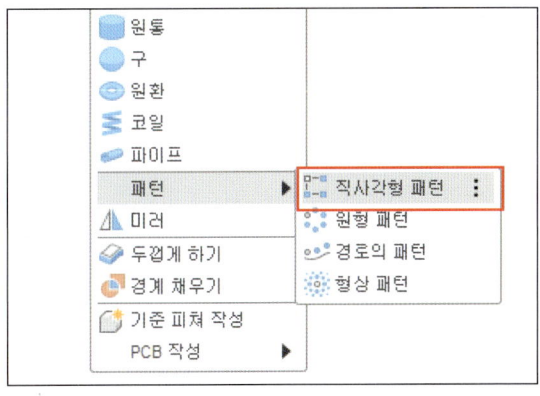

유형을 **본체**로 선택한 다음 객체 항목을 선택합니다.

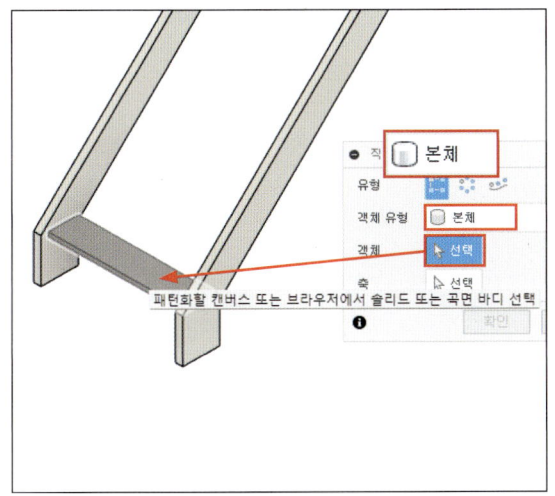

**축** 항목을 선택한 후 다음 모서리를 선택합니다.

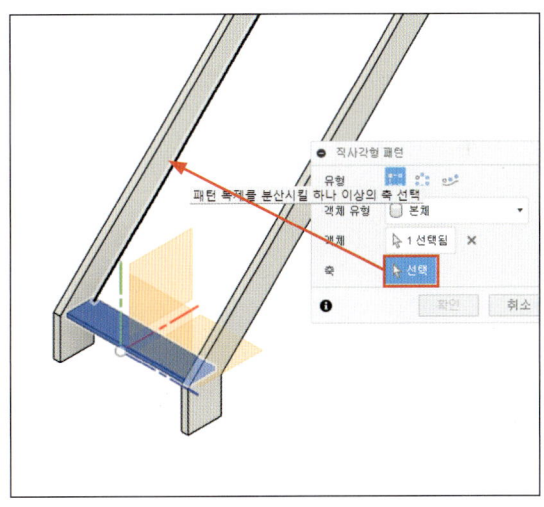

화살표를 끌어서 패턴의 방향을 정합니다.

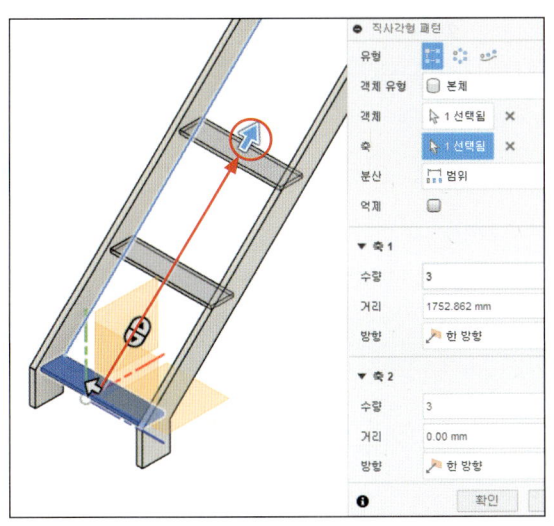

거리 항목을 확장해서 **측정** 항목을 선택합니다.

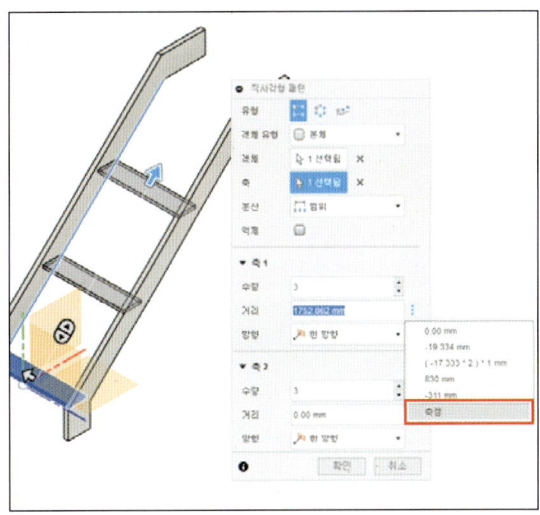

215

# Part 02 솔리드 모델링

방향으로 찍은 모서리를 다시 클릭하면 거리가 자동으로 계산되면서 패턴의 거리가 다시 수정됩니다.

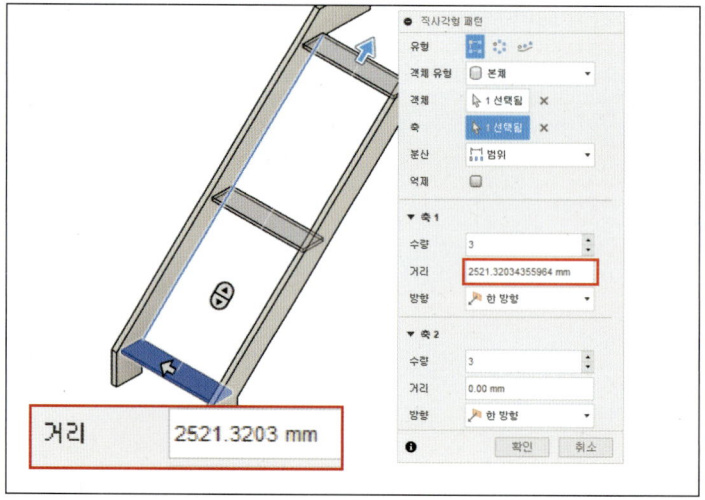

**수량**을 다음과 같이 지정하고 확인 버튼을 클릭합니다.

다음과 같이 계단 형상의 직사각형 패턴이 작성되었습니다.

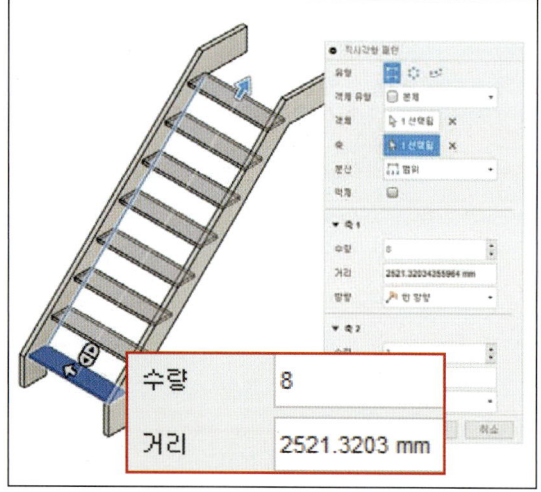

 **Tip**

방향 모서리를 찍는 상황에 따라서 거리가 반대로 붙게 될 때도 있습니다. 그럴 경우에는 거리값 앞에 마이너스(-)를 붙여서 방향을 반대로 만들면 됩니다.

# Chapter 9 계단 모델링 예제

 **Command**

### 직사각형 패턴

작성한 개체를 직사각형 패턴 방향으로 복제합니다.

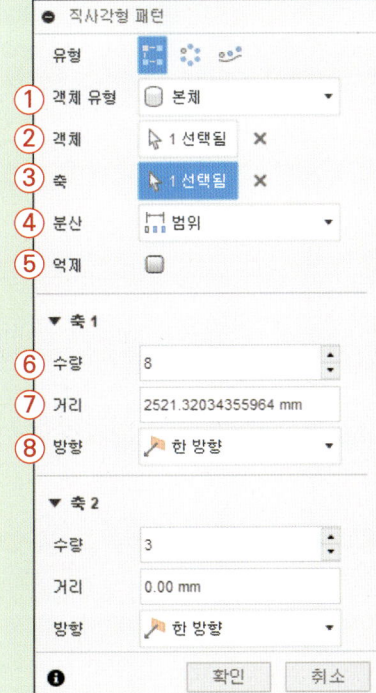

① **객체 유형** : 패턴할 개체의 종류를 선택합니다.

② **객체** : 패턴할 개체를 선택합니다.

③ **축** : 패턴할 방향을 선택합니다.

④ **분산** : 패턴할 거리의 유형을 선택합니다.

⑤ **억제** : 억제할 패턴개체를 선택합니다.

⑥ **수량** : 패턴 갯수를 설정합니다.

⑦ **거리** : 패턴 거리를 설정합니다.

⑧ **방향** : 패턴 방향을 선택합니다.

## 05 난간 작성하기

**생성 – 중간평면** 명령을 실행합니다.

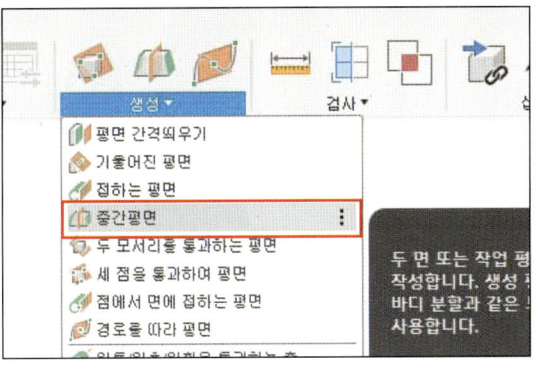

다음 두 면을 선택하면 두 면 사이의 중간 평면이 작성됩니다.

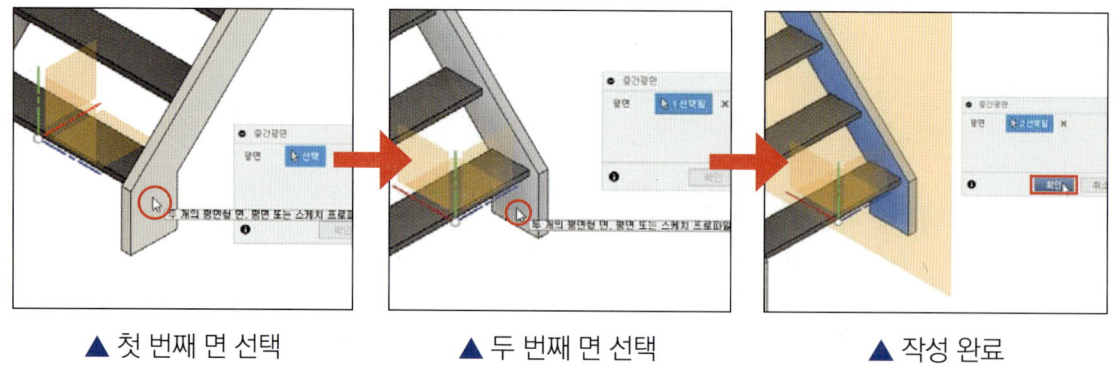

▲ 첫 번째 면 선택 　　　　▲ 두 번째 면 선택 　　　　▲ 작성 완료

작성된 중간 평면을 선택해 스케치를 작성합니다.

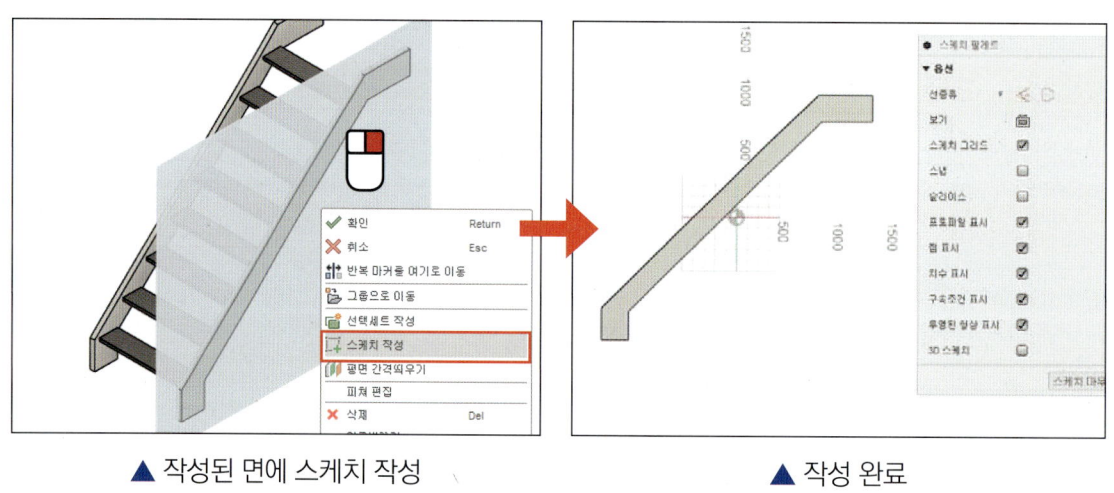

▲ 작성된 면에 스케치 작성 　　　　▲ 작성 완료

**형상투영** 명령을 실행해서 다음 선을 선택해 스케치 개체로 바꿉니다.

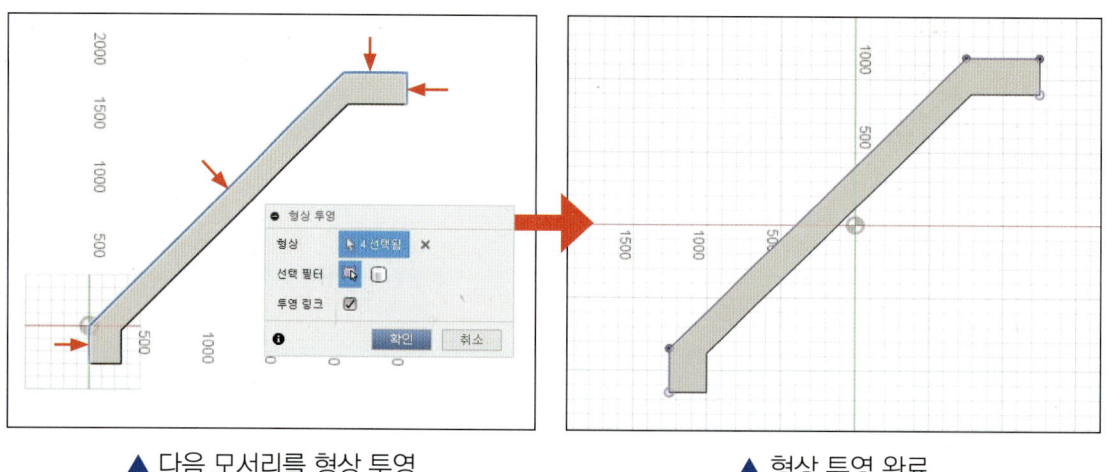

▲ 다음 모서리를 형상 투영 　　　　▲ 형상 투영 완료

## Chapter 9 계단 모델링 예제

선 명령으로 다음과 같이 작성하고 치수를 부여합니다.

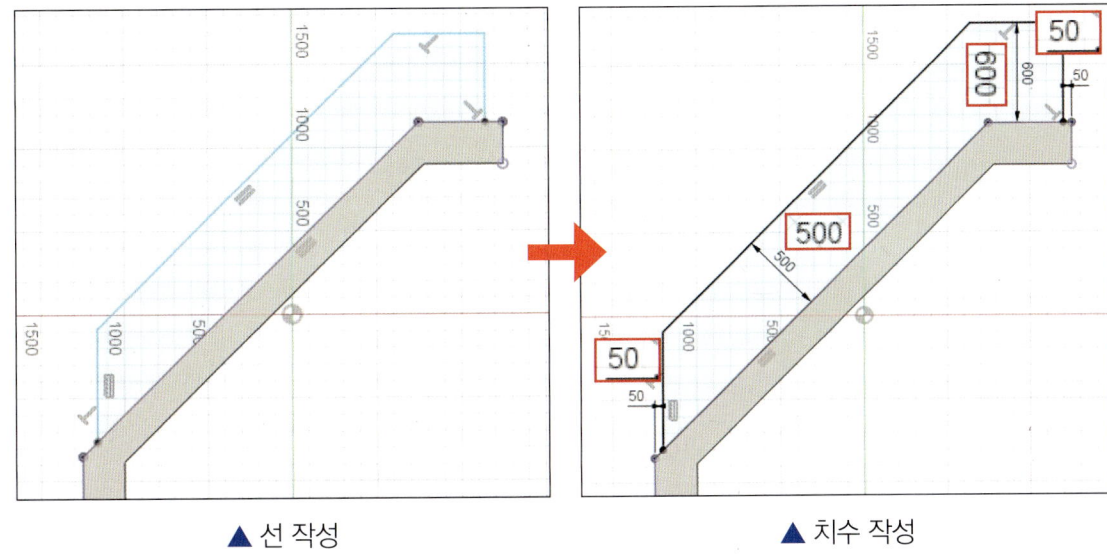

▲ 선 작성 　　　　　▲ 치수 작성

선 명령으로 다음과 같이 작성합니다.

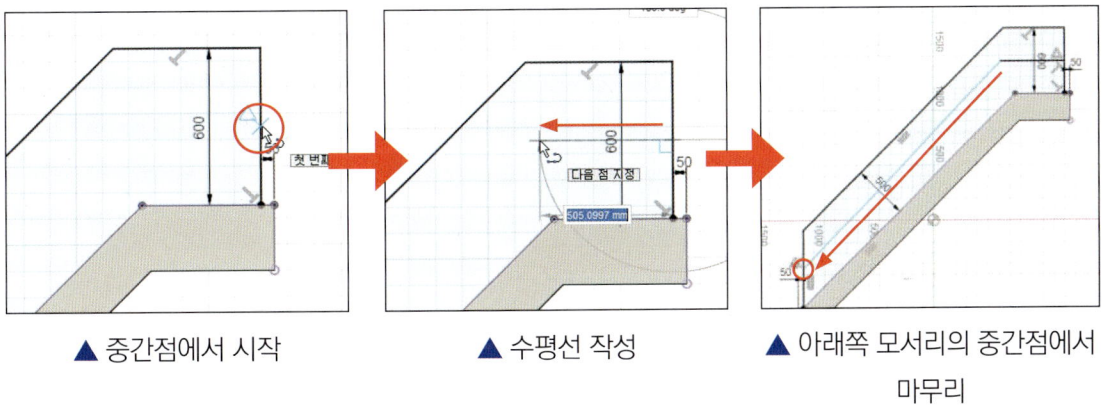

▲ 중간점에서 시작 　　▲ 수평선 작성 　　▲ 아래쪽 모서리의 중간점에서 마무리

**평행 구속조건**으로 두 개의 선을 평행하게 만듭니다.

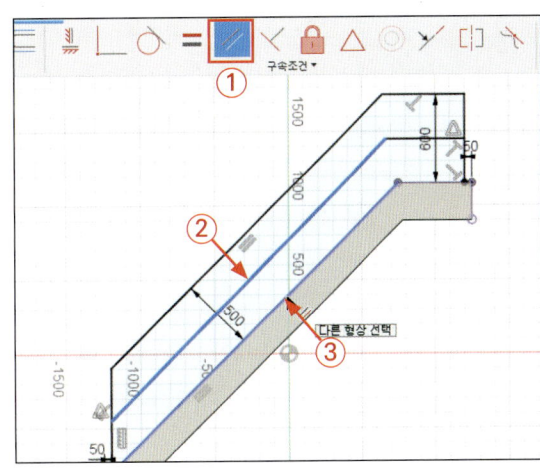

**필렛** 명령을 실행합니다.

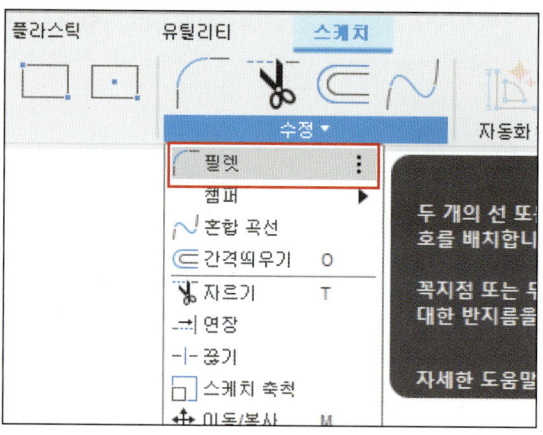

다음 모서리를 클릭하고 반지름을 입력합니다.

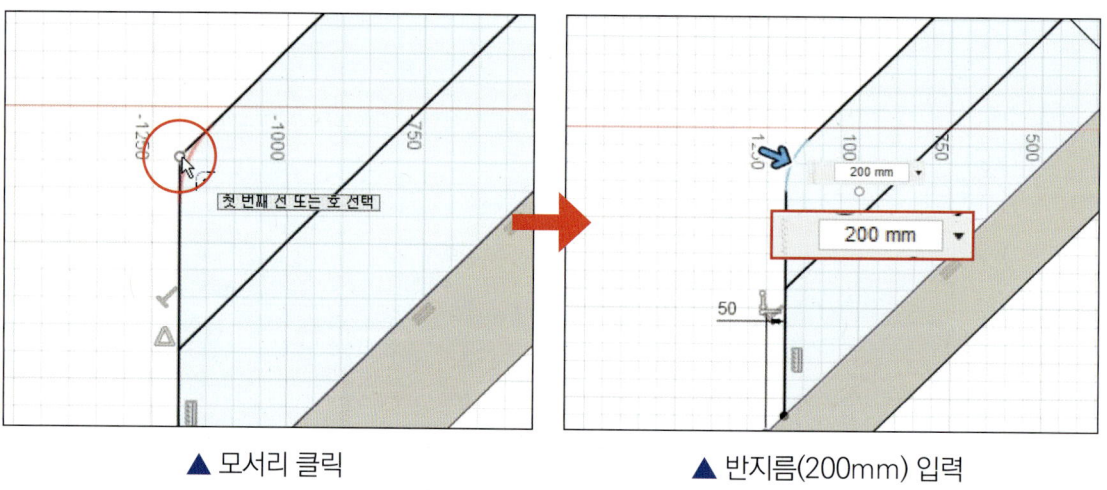

▲ 모서리 클릭 　　　　　　　▲ 반지름(200mm) 입력

연속으로 위쪽 두 개의 모서리도 클릭하면 한번의 명령으로 작성된 모깎기가 치수는 하나만 입력되고 동일 구속조건이 부여됩니다.

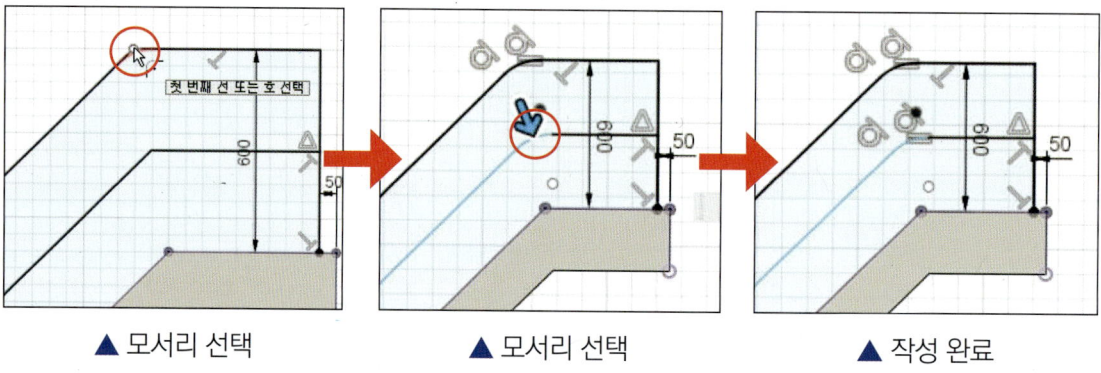

▲ 모서리 선택 　　　▲ 모서리 선택 　　　▲ 작성 완료

## Chapter 9 계단 모델링 예제

화면 빈곳에 마우스 우측 버튼을 클릭해
모깎기 명령을 **재실행**합니다.

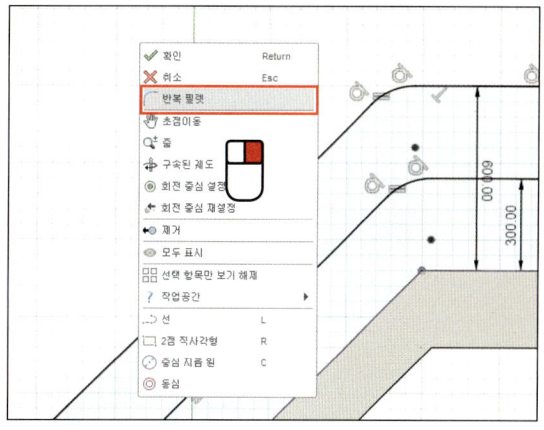

### Tip

연속으로 같은 명령을 실행해야 할 경우에는
마우스 우측 버튼을 누르면 반복 〈마지막 명
령〉이 나타납니다.

다음 모서리를 선택해 반지름을 입력해서 모깎기를 작성합니다.

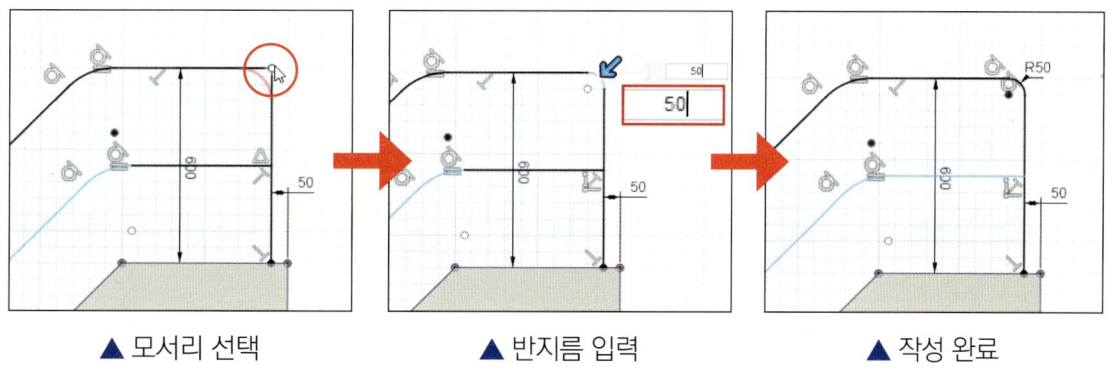

▲ 모서리 선택　　　　　▲ 반지름 입력　　　　　▲ 작성 완료

다음 두 개의 치수를 부여해서 스케치를 완성합니다.

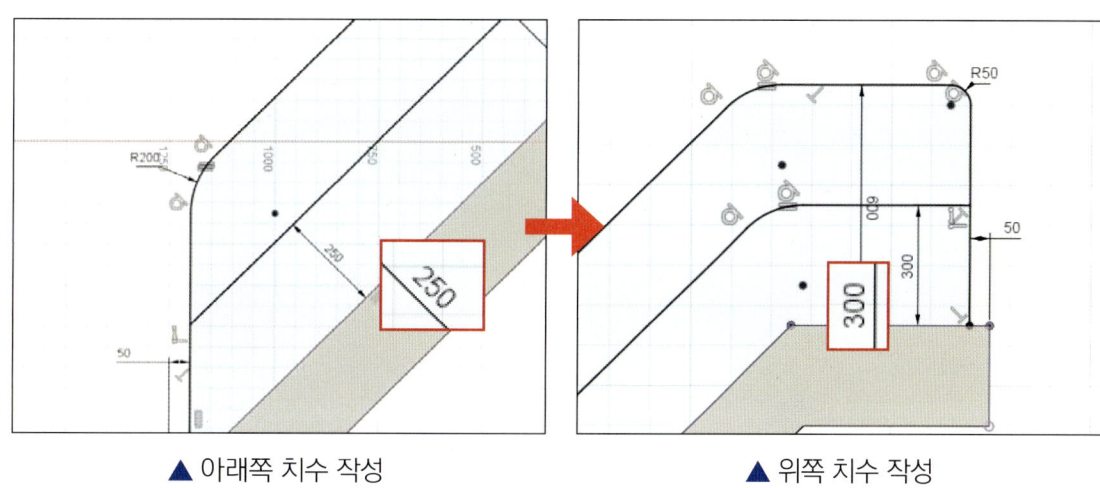

▲ 아래쪽 치수 작성　　　　　▲ 위쪽 치수 작성

**스케치 마무리**를 클릭해 스케치를 마무리합니다.

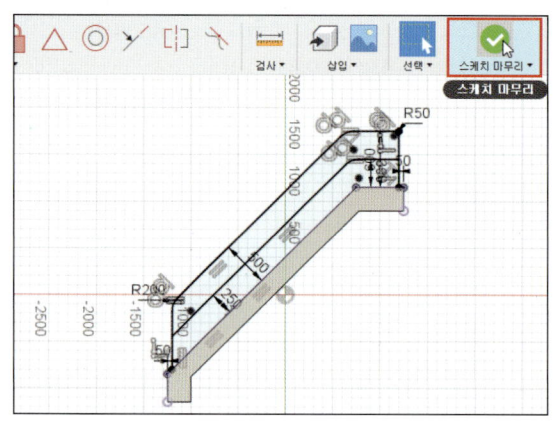

**파이프** 명령을 실행해 경로를 선택하고 단면 크기를 지정해 확인 버튼을 클릭해 작성합니다.

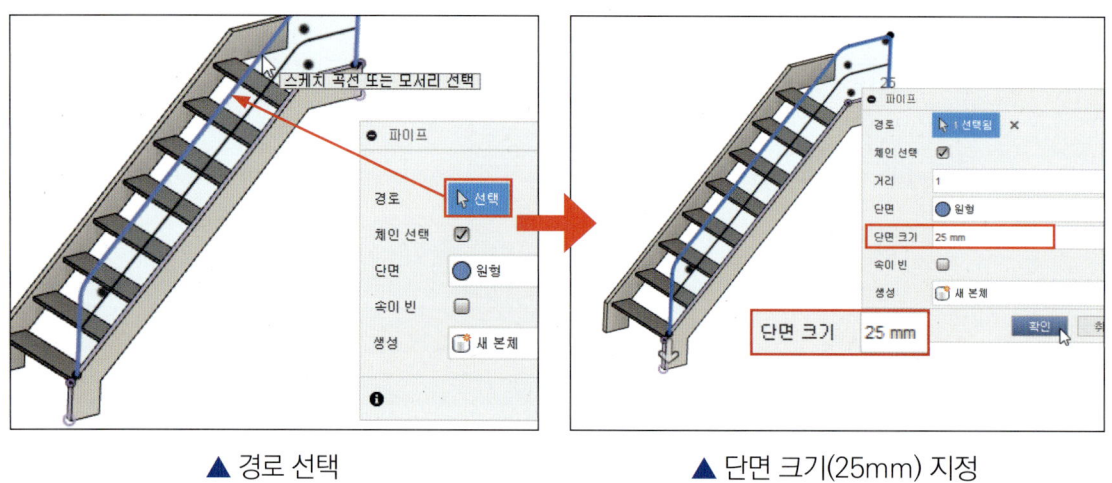

▲ 경로 선택　　　　　　　　　　▲ 단면 크기(25mm) 지정

경로 스케치를 다시 이용하기 위해 **스케치3** 항목의 가시성을 켭니다.

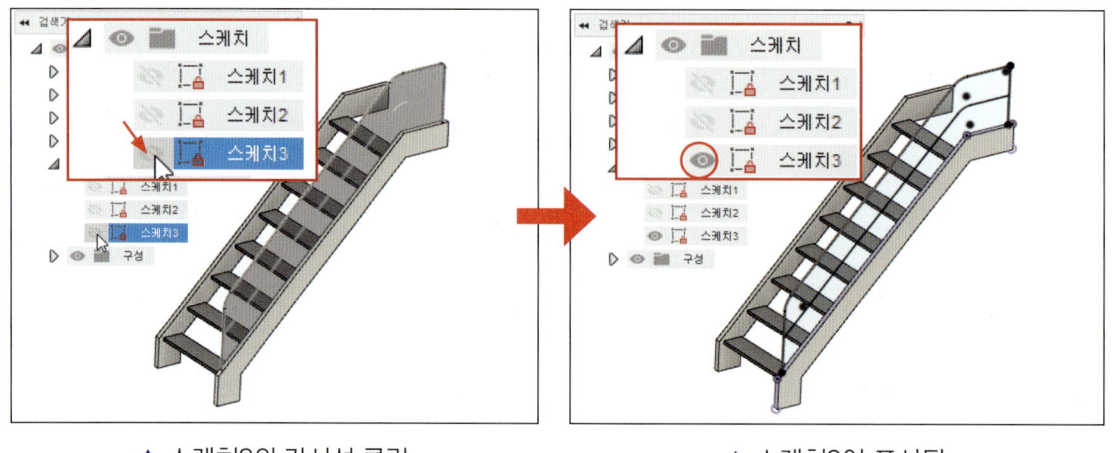

▲ 스케치3의 가시성 클릭　　　　　　▲ 스케치3이 표시됨

# Chapter 9 계단 모델링 예제

**파이프** 명령을 실행해 경로를 선택하고 단면 크기를 지정해 확인 버튼을 클릭해 작성합니다.

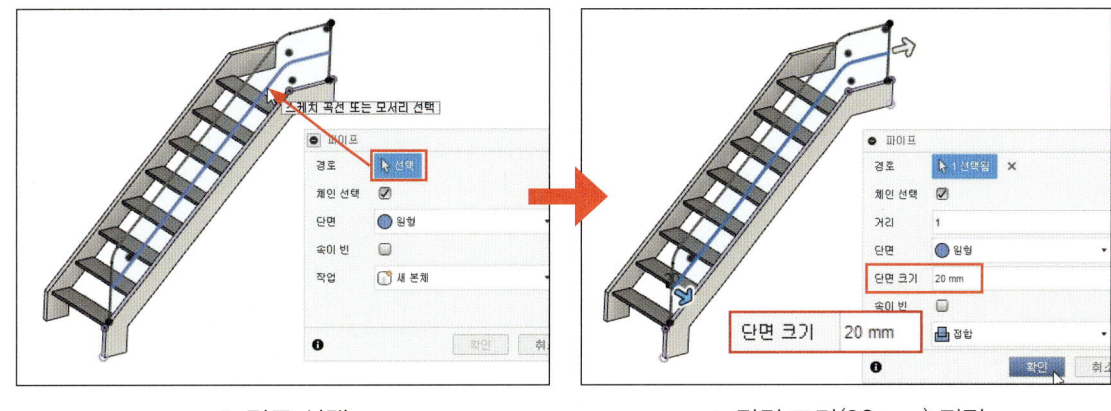

▲ 경로 선택    ▲ 단면 크기(20mm) 지정

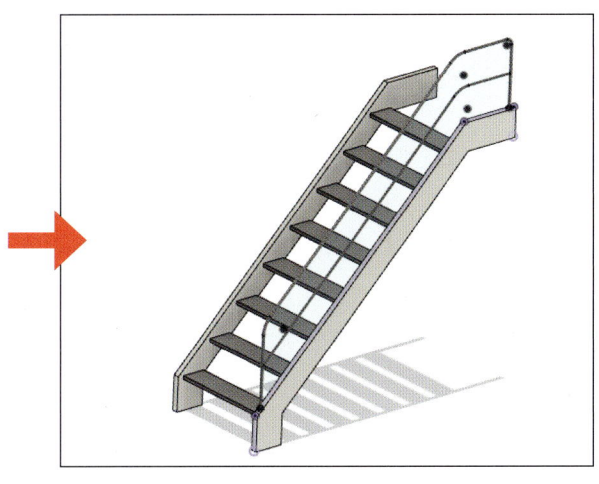

▲ 작성 완료

이제 해당 스케치에 추가 작업을 하기 위해 **스케치3** 항목을 편집합니다.

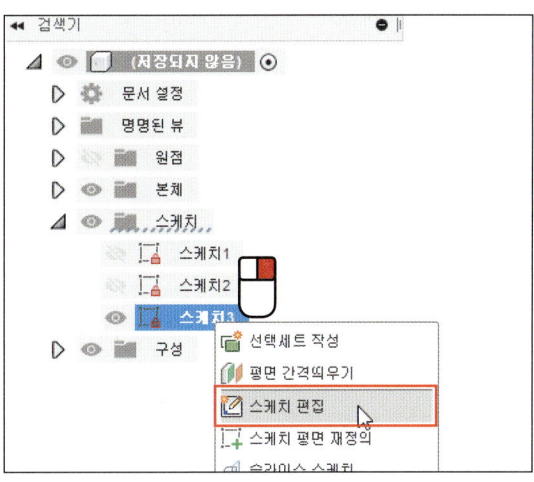

223

# Part 02 솔리드 모델링

다음과 같이 선을 작성하고 치수를 부여해 스케치를 마칩니다.

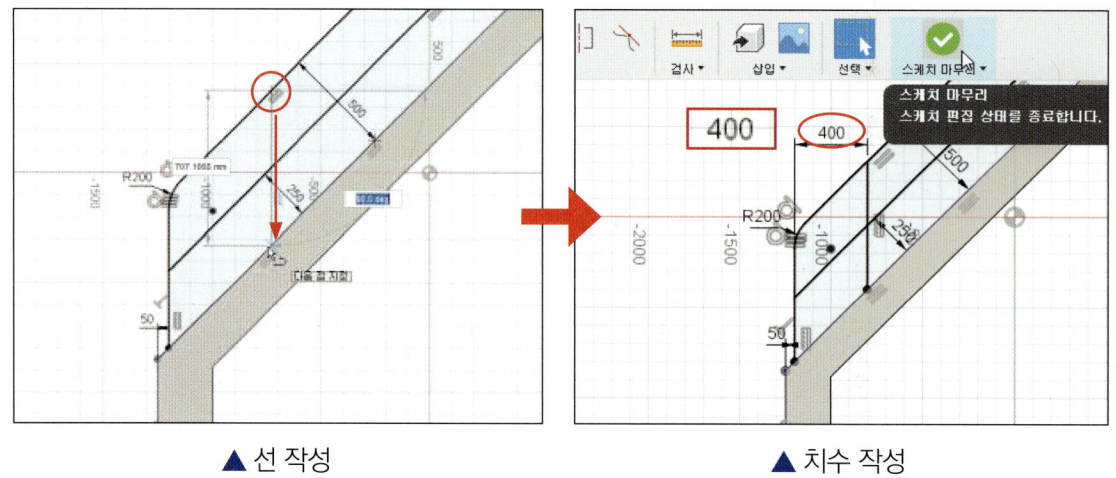

▲ 선 작성　　　　　　　▲ 치수 작성

**파이프** 명령을 실행해 다음 선을 선택하고 단면 크기를 지정하고 생성 옵션을 새 본체로 지정한 후 확인 버튼을 클릭해 작성합니다.

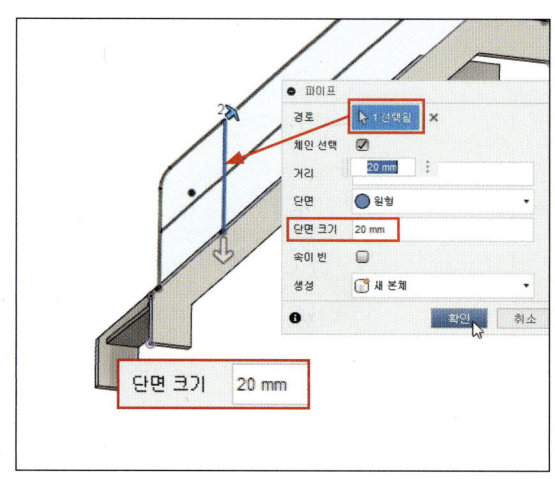

**스케치3** 항목의 가시성을 끕니다.

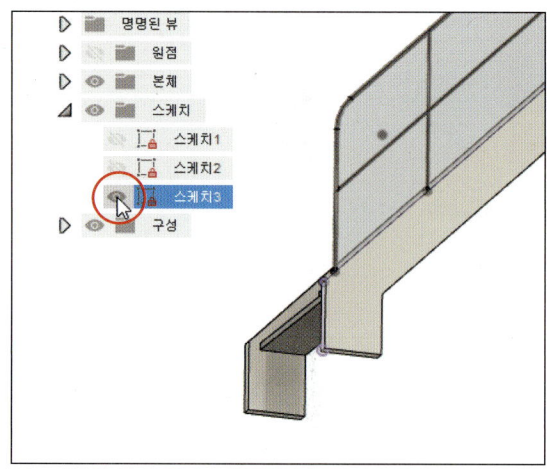

## Chapter 9 계단 모델링 예제

**직사각형 패턴** 명령을 실행해서 패턴 타입을 본체로 선택한 다음 객체 항목을 선택하고 방향 항목은 다음 모서리를 선택합니다.

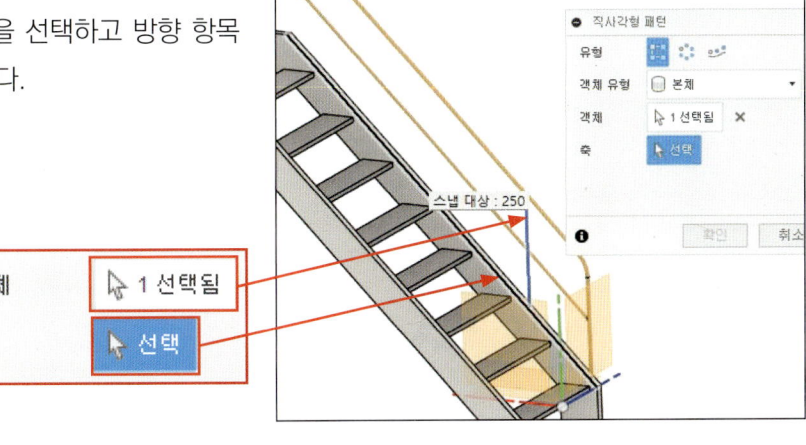

거리와 수량을 설정하고 확인 버튼을 클릭해 작성을 완료합니다.

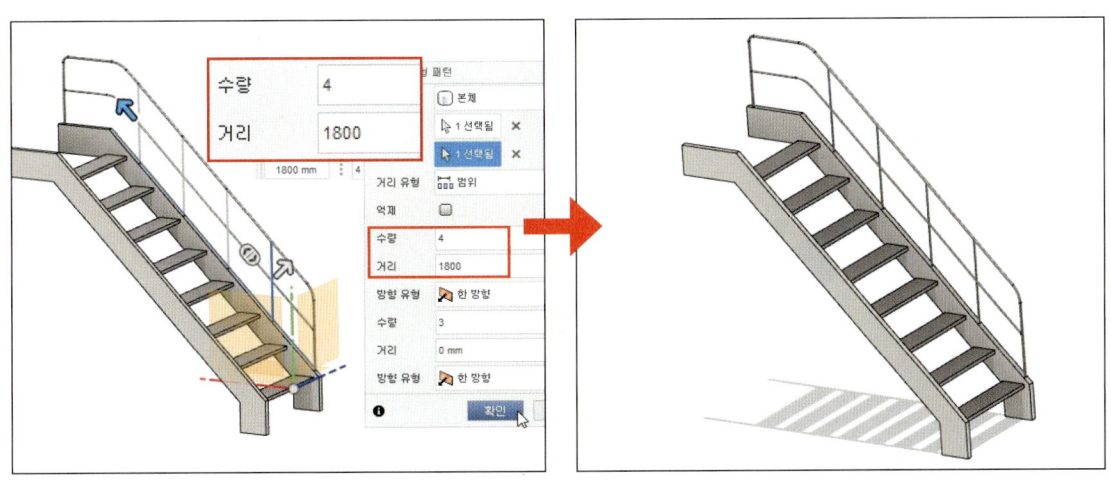

▲ 거리와 갯수 설정 　　　　　▲ 작성 완료

**결합** 명령을 실행합니다.

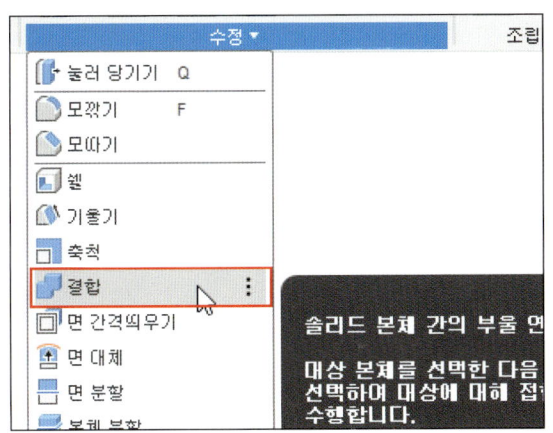

**대상 본체** 항목을 다음 바디를 선택합니다.

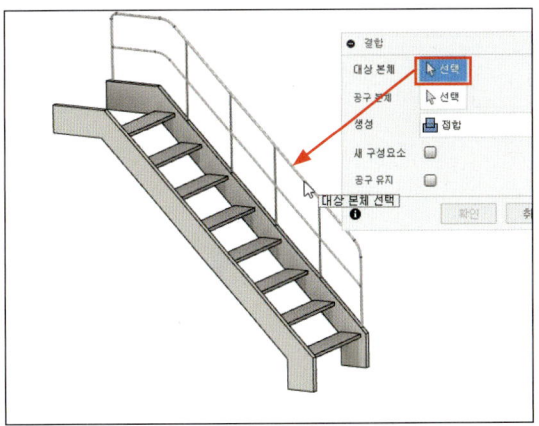

225

## Part 02 솔리드 모델링

**도구 본체** 항목을 다음 바디를 선택하고 확인 버튼을 클릭해 바디들을 하나로 합칩니다.

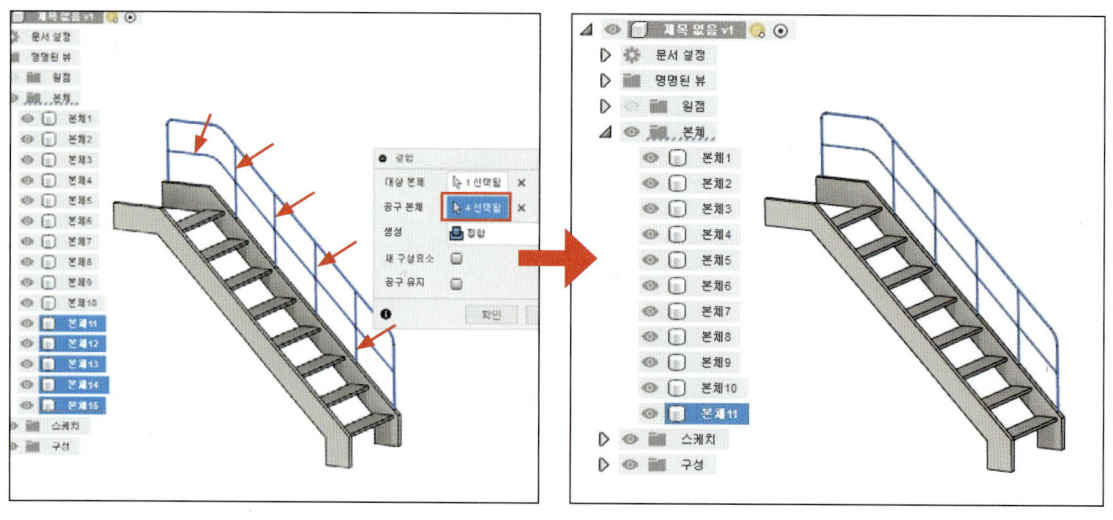

▲ 도구 본체 선택　　　　　　　　▲ 작성 완료

 **Command**

### 결합

작성한 형상끼리 합치거나 빼거나 교차형상만 남기고 삭제합니다.

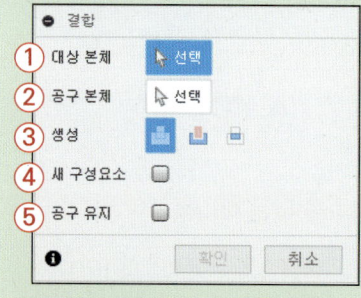

① **대상 본체** : 합치기의 기준이 될 형상을 선택합니다.

② **공구 본체** : 기준 형상에 합집합/차집합/교집할 될 형상을 선택합니다.

③ **생성** : 결합 타입을 선택합니다. 접합, 잘라내기, 교차가 있습니다.

④ **새 구성요소** : 결합 명령의 결과 형상을 새 부품으로 작성합니다.

⑤ **공구 유지** : 도구 형상을 보전할지 말지를 결정합니다.

**모양** 명령을 실행해 난간에 다음 색상을 부여합니다.

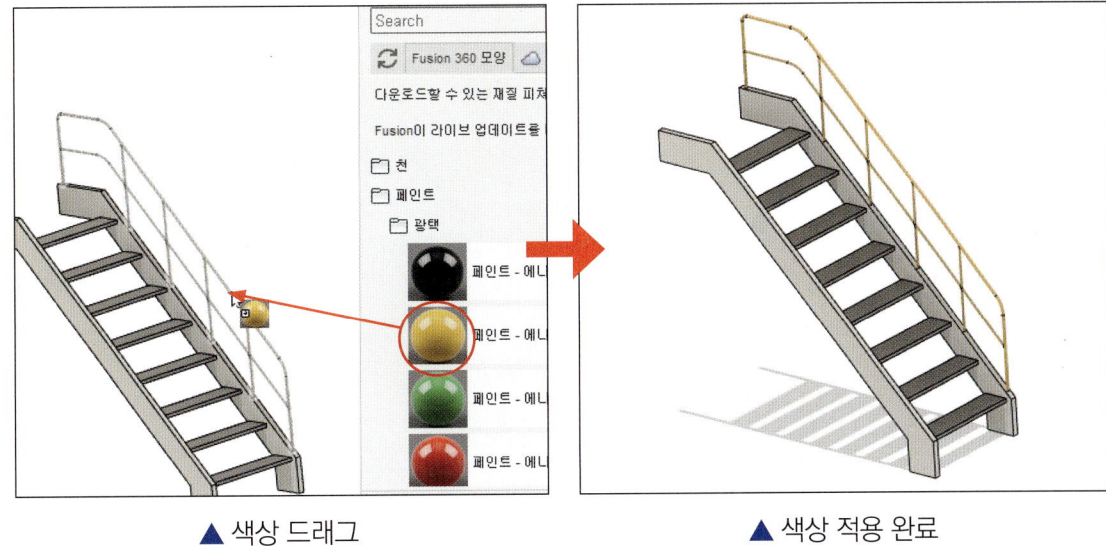

▲ 색상 드래그    ▲ 색상 적용 완료

**미러** 명령을 실행해 다음과 같이 작성합니다.

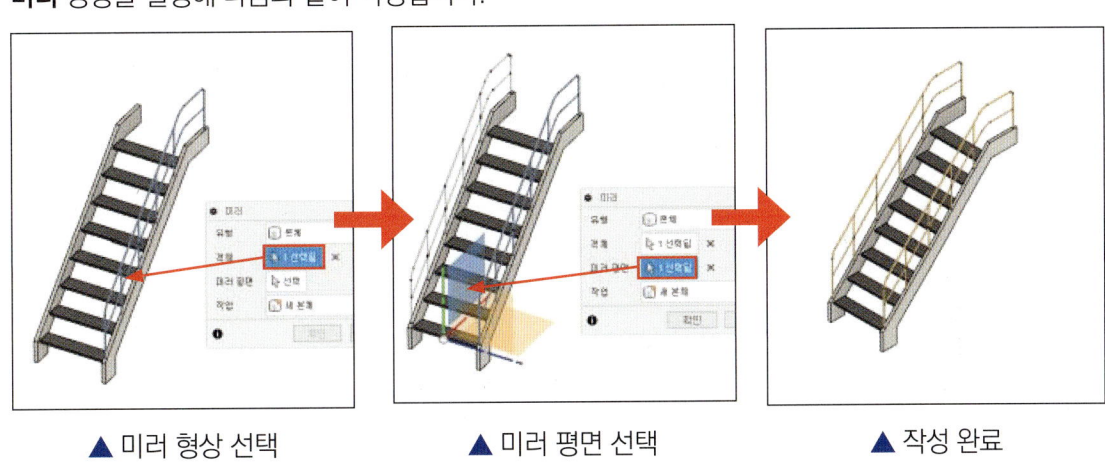

▲ 미러 형상 선택    ▲ 미러 평면 선택    ▲ 작성 완료

## 06 밀고 당기기 명령 응용하기

**밀고 당기기** 명령을 실행합니다.

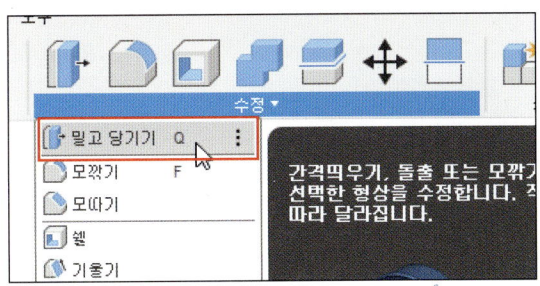

# Part 02 솔리드 모델링

다음 면을 선택합니다.

화살표를 드래그하면 해당 면이 이동해 형상이 수정되는 것을 알 수 있습니다.

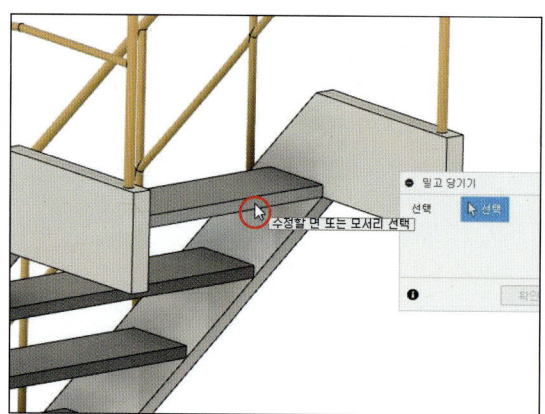
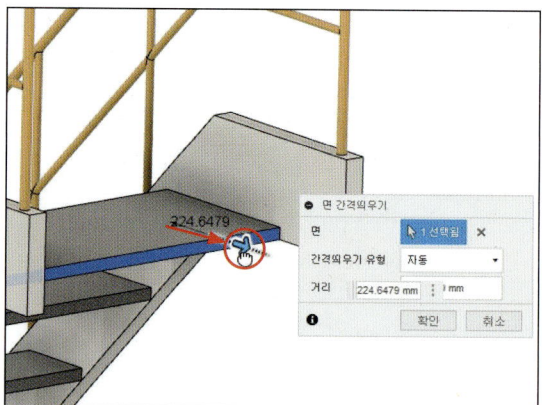

### Command

**밀고 당기기**

선택한 형상을 이동시키거나 간격띄우기를 할 수 있습니다.

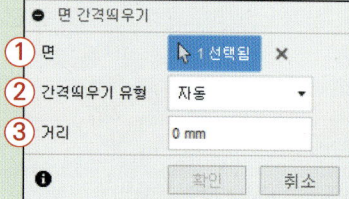

❶ **면** : 밀고 당기기할 면을 선택합니다.

❷ **간격띄우기 유형** : 새로운 간격띄우기를 하거나 기존 간격 띄우기를 편집하는 유형을 선택합니다.

❸ **거리** : 간격띄우기 할 거리를 설정합니다.

**거리** 항목을 설정하고 확인 버튼을 클릭해 작성을 마칩니다.

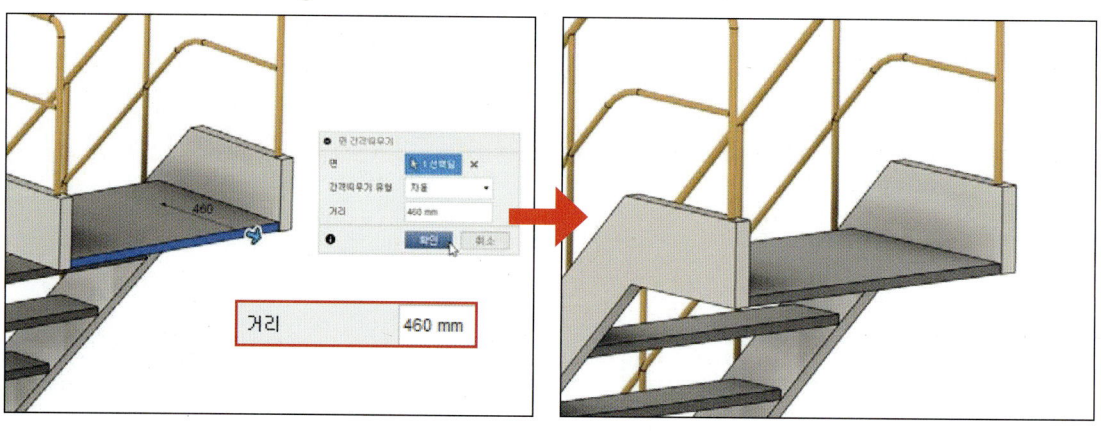

▲ 거리 설정(460mm)      ▲ 작성 완료

# Chapter 9 계단 모델링 예제

이상으로 계단 형상 작성을 마무리하였습니다.

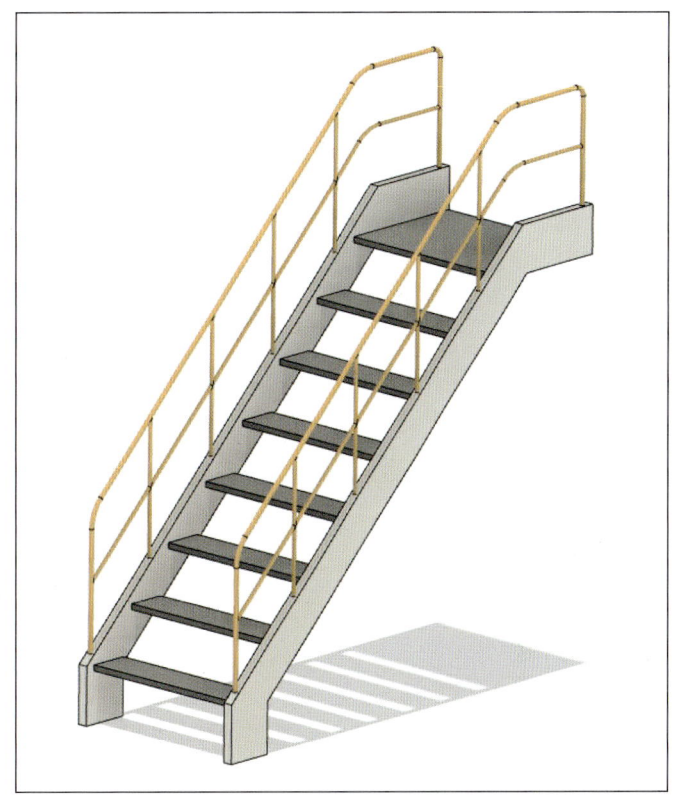

풀이 과정을 유튜브로
확인해 보세요!

 **총정리**

이번 챕터를 통해 우리는 다음과 같은 것들을 배웠습니다.

❶ **구속조건 추정** : 스케치 작성시 이미 작성된 스케치 요소와 현재 작성하는 스케치 요소가 자동으로 구속조건이 추정되는 옵션입니다. 이 옵션을 때에 따라서 잘 응용하면 좀더 효과적으로 모델링을 할 수 있습니다.

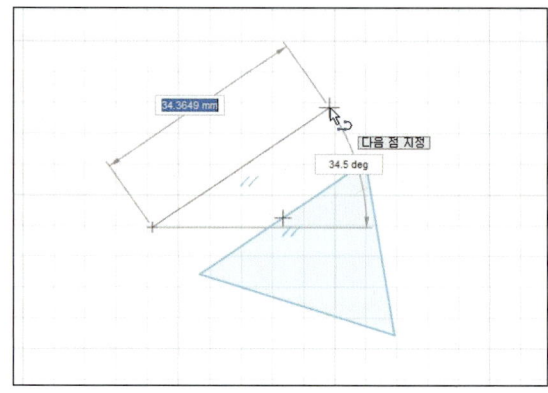

❷ **여러가지 거리 옵션** : 돌출 작성 시, 거리 옵션 외에 돌출이 시작되는 시작면 옵션, 돌출이 끝나는 끝면 옵션 등 다양한 거리 옵션에 대해서 학습했습니다.

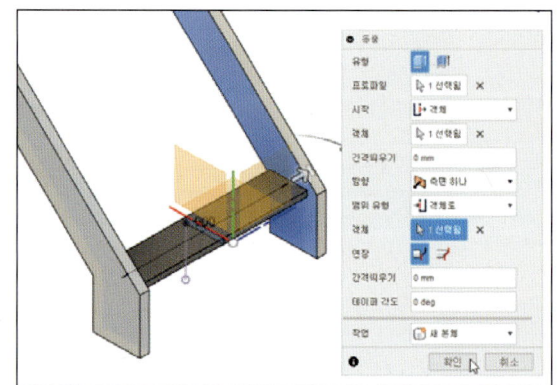

❸ **미러** : 이미 작성한 형상을 사용자가 선택한 면을 기준으로 대칭 작성하는 명령에 대해 학습했습니다.

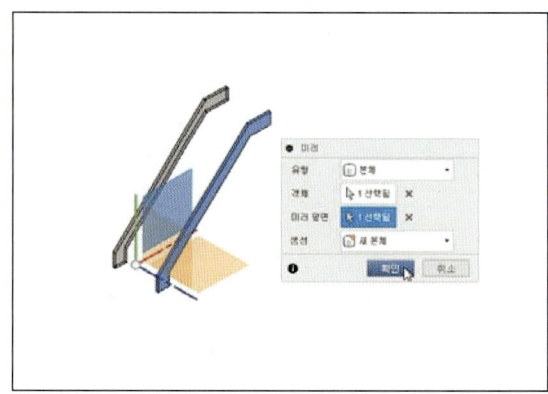

❹ **직사각형 패턴** : 이미 작성한 형상을 사용자가 지정한 방향으로 일정 거리와 개수만큼 선형 방향으로 패턴 복사하는 직사각형 패턴 명령에 대해서 학습했습니다.

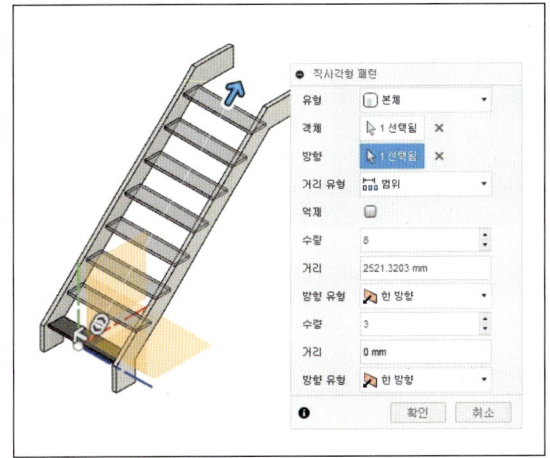

❺ **중간 평면 작성** : 사용자 작업 평면 중의 하나인 두 개의 면의 중간 평면을 작성하는 방법에 대해서 학습했습니다.

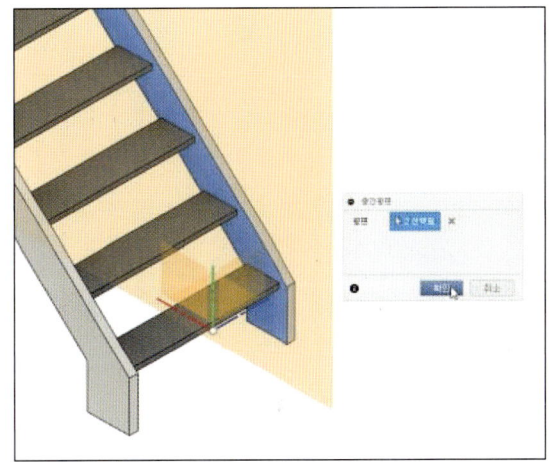

❻ **밀고 당기기** : 작성되어 있는 형상을 이동하거나, 오프셋 두께주기를 할 수 있는 밀고 당기기 명령에 대해서 학습했습니다. 이 예제에서는 밀고 당기기 명령이 단순하게 나오지만 후에 나오는 예제들을 계속 학습하면 좀 더 다양하게 사용하는 방법들을 학습하실 수 있습니다.

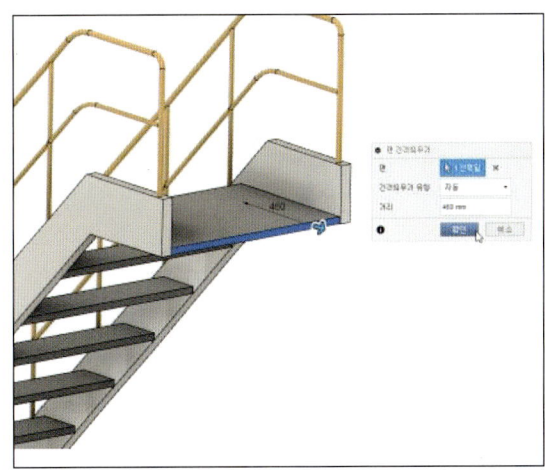

Part 02 솔리드 모델링

# CHAPTER 10 구름다리 모델링 예제

Autodesk Fusion

이번 시간에는 곡선이용 패턴과 대칭 명령을 응용해 구름다리 예제를 작성해 보도록 하겠습니다.

## 01 도면과 학습 목표

이번 시간에 우리가 학습할 예제를 확인해 보도록 하겠습니다.

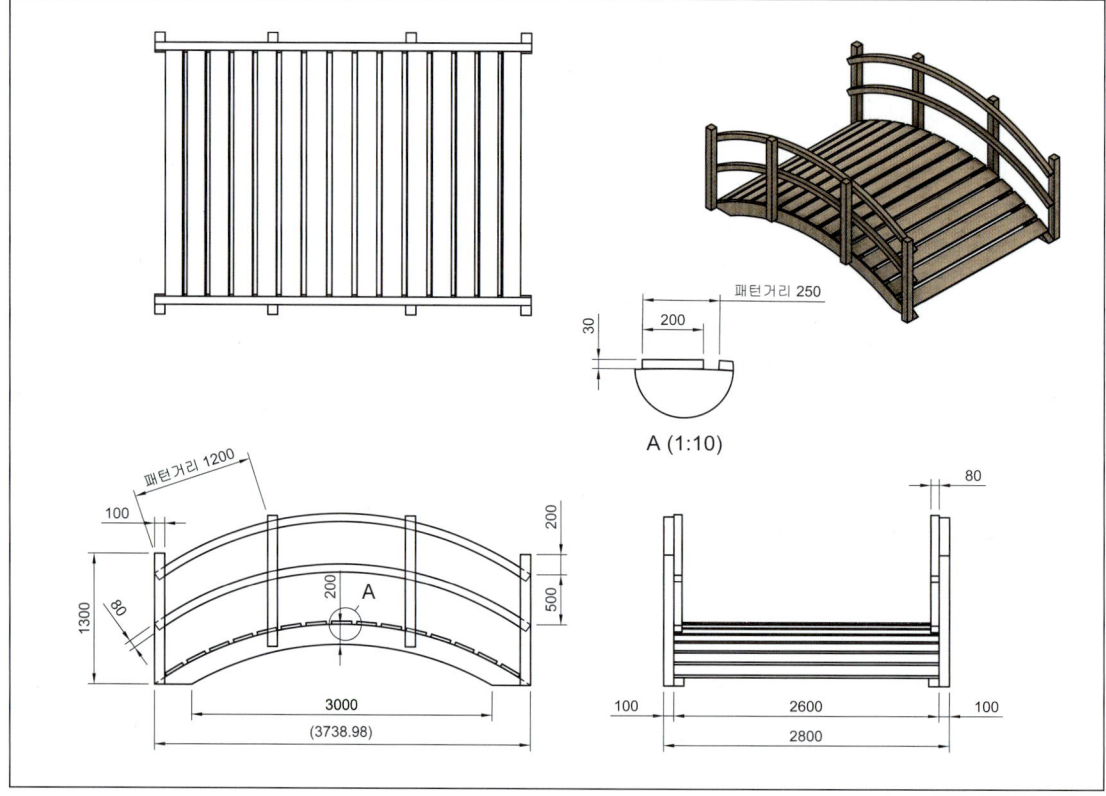

이번 시간에 우리는 다음과 같은 사항을 배우게 됩니다.

- 호 작성하기
- 이동/복사 명령
- 경로 패턴
- 스케치 간격 띄우기 명령

## 02 베이스 피쳐 작성하기

정면도(XY평면)에 스케치를 작성합니다.

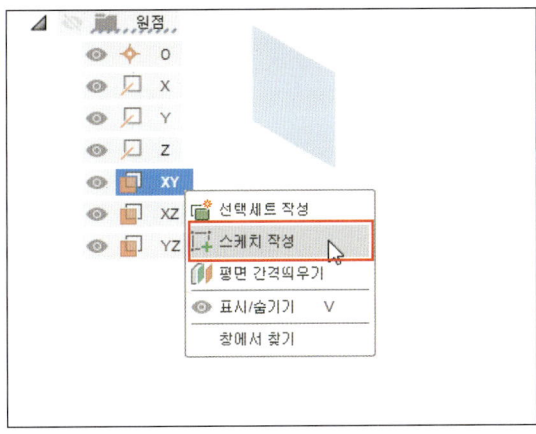

선을 작성해 구성선으로 변경한 다음 원점에 다음과 같이 구속시킵니다.

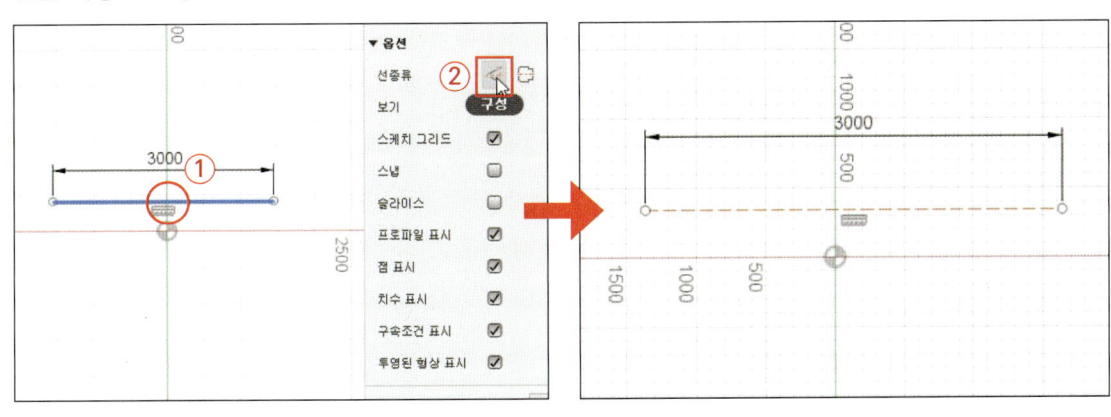

▲ 선 작성(3000mm) → 구성 버튼 클릭  ▲ 구성선으로 변경됨

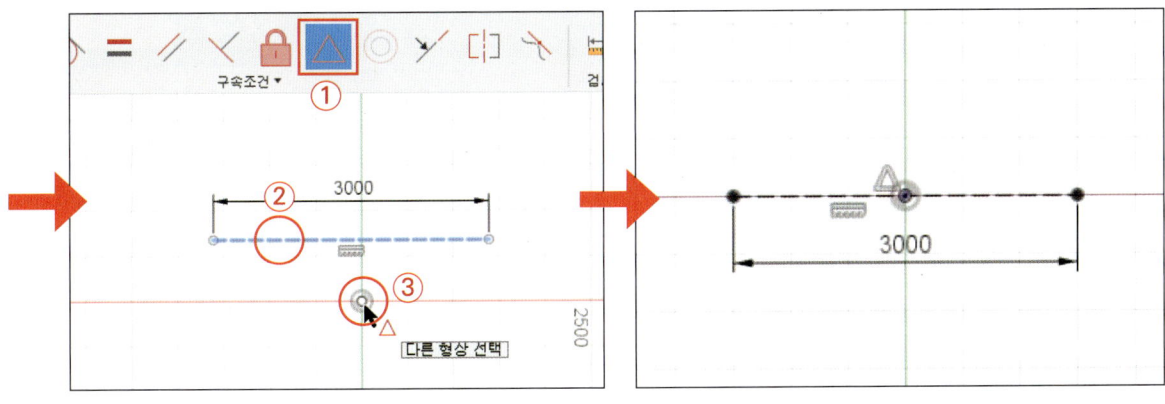

▲ 중간점 구속조건 실행  ▲ 중간점 구속조건 작성 완료

**3점 호** 명령을 실행합니다.

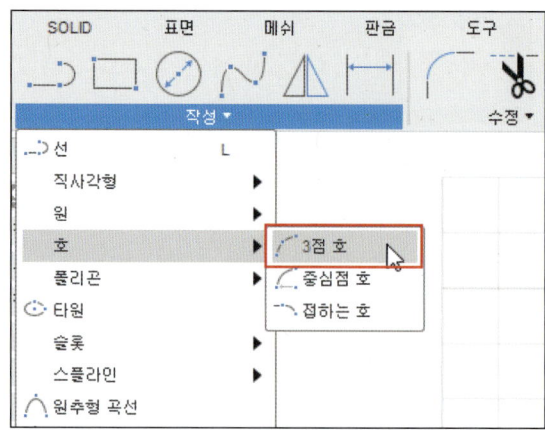

다음과 같이 3점호를 작성합니다.

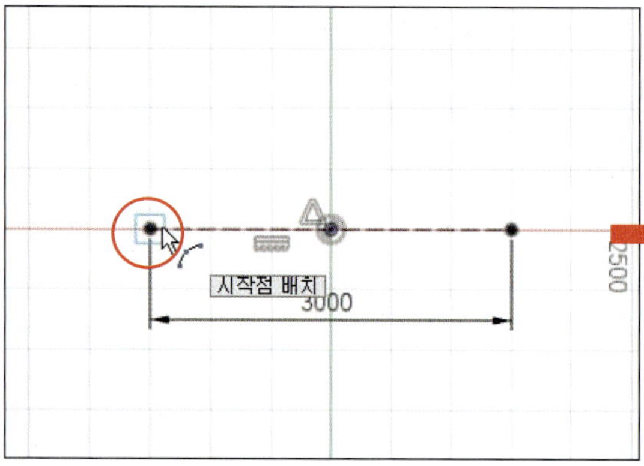

▲ 첫 번째 점 선택

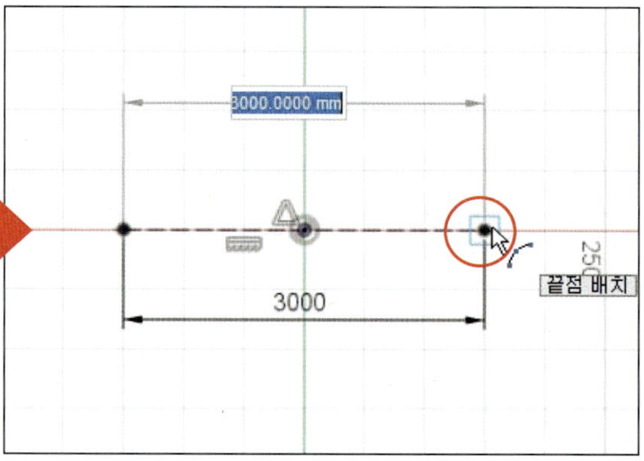

▲ 두 번째 점 선택

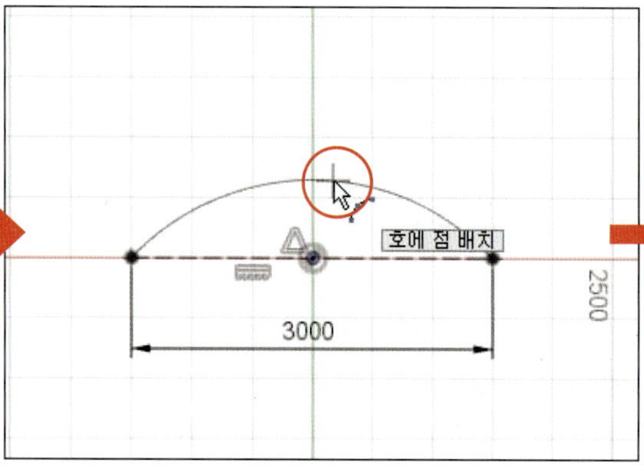

▲ 세 번째 점 선택

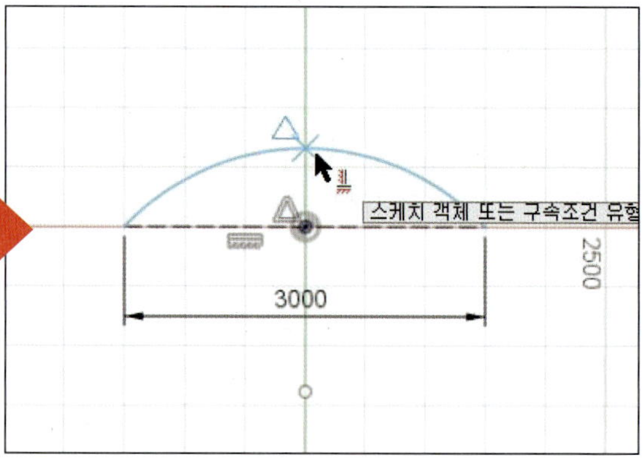

▲ 작성 완료

# Chapter 10 구름다리 모델링 예제

치수 명령을 실행해 쉬프트 키를 누른채로 위 두 개의 점을 클릭해 치수를 작성합니다.

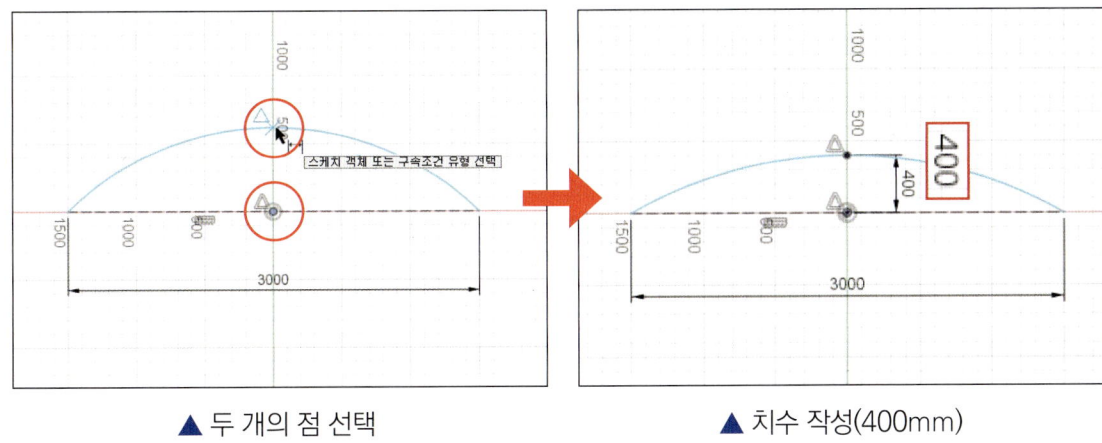

▲ 두 개의 점 선택 　　　　　　　▲ 치수 작성(400mm)

중심점 호 명령을 실행합니다.

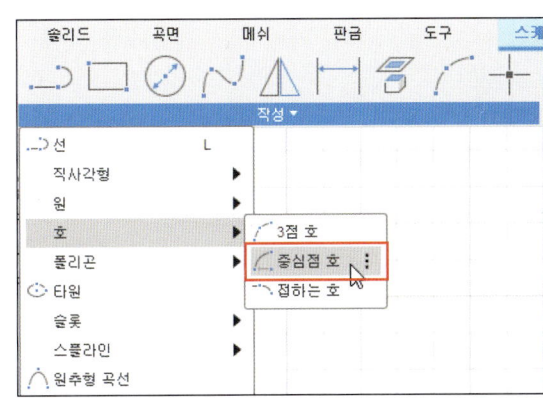

다음과 같이 중심점 호를 작성합니다.

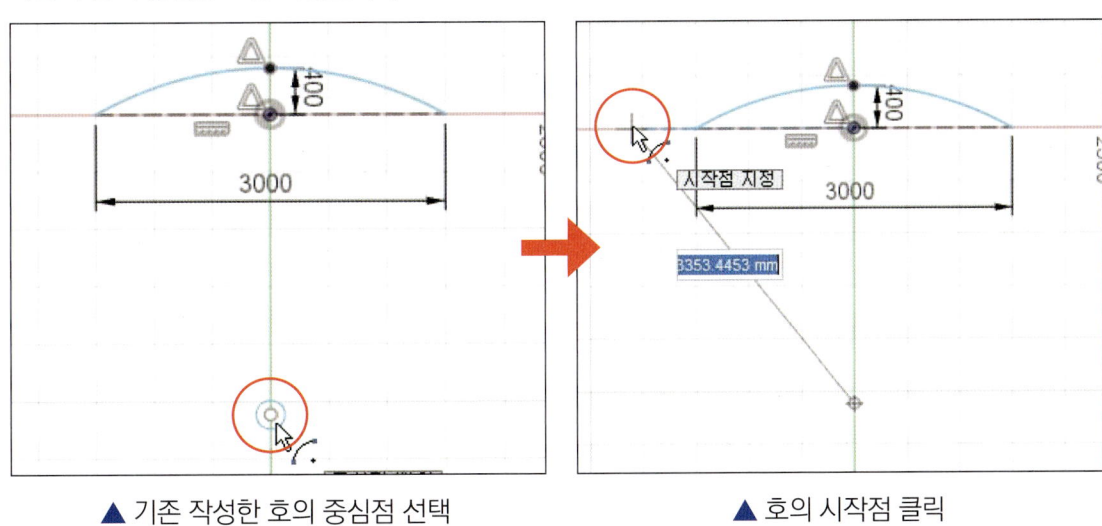

▲ 기존 작성한 호의 중심점 선택 　　　　　　　▲ 호의 시작점 클릭

235

# Part 02 솔리드 모델링

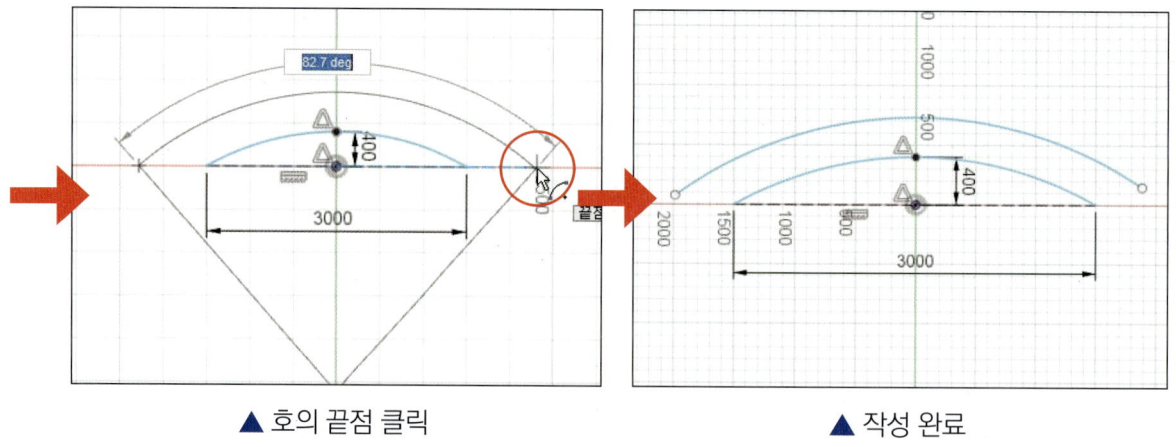

▲ 호의 끝점 클릭 　　　　　　　　　　▲ 작성 완료

선 명령으로 다음과 같이 작성하고 수평 구속조건을 부여합니다.

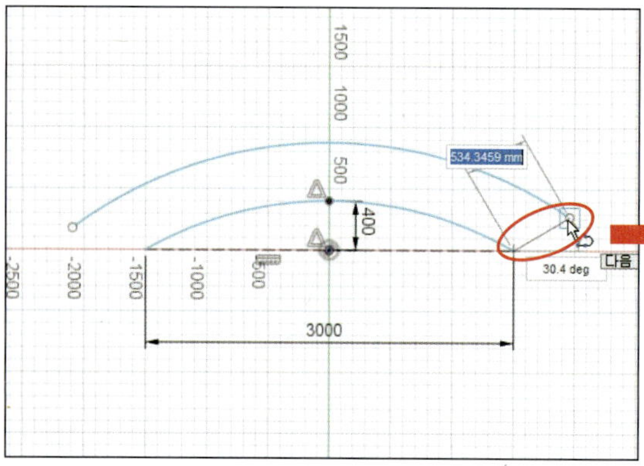

▲ 선 작성 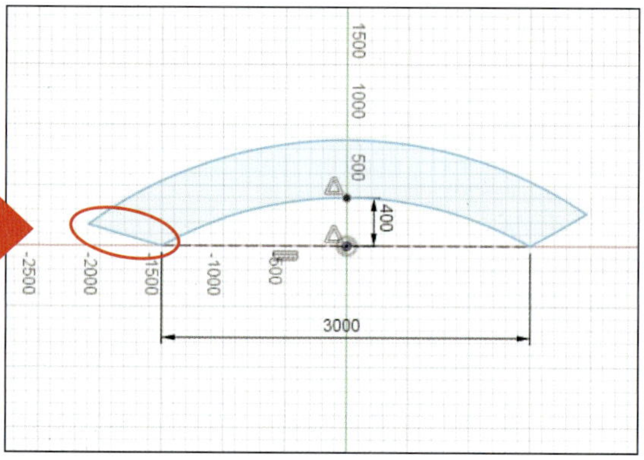 　　　　　　　　　　▲ 반대쪽 선 작성

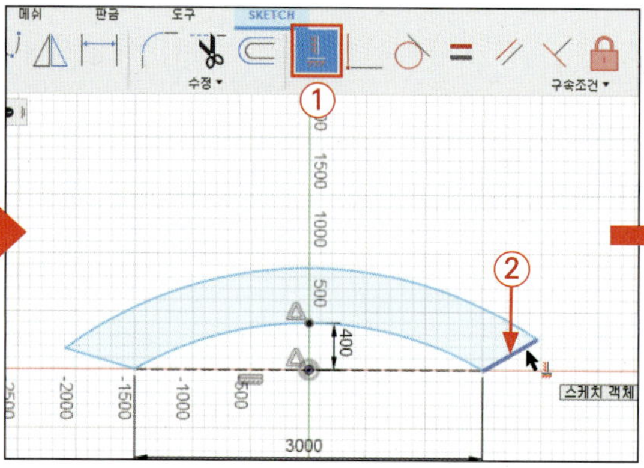

▲ 작성 선에 수평 구속조건 부여 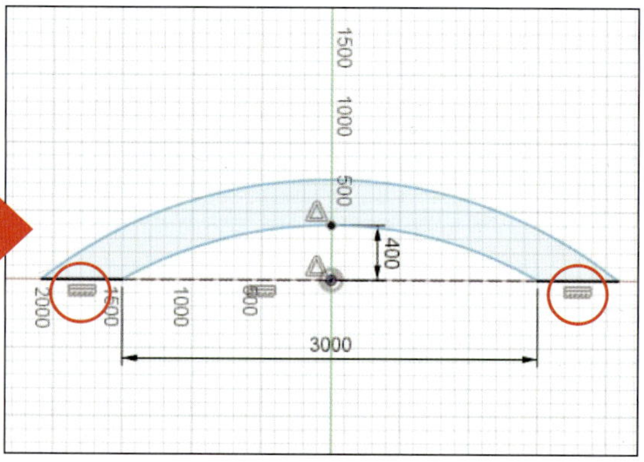 　　　　　　　　　　▲ 반대쪽도 부여

## Chapter 10 구름다리 모델링 예제

치수 명령을 실행해 두 개의 호를 선택해 치수를 작성합니다.

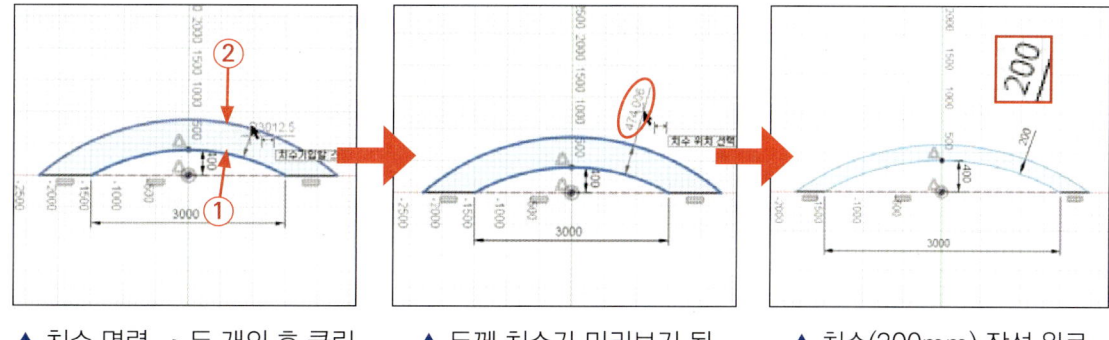

▲ 치수 명령 → 두 개의 호 클릭   ▲ 두께 치수가 미리보기 됨   ▲ 치수(200mm) 작성 완료

### Tip

같은 중심점을 가진 두 개의 호를 선택하면 두께 치수를 작성할 수 있습니다.

작성한 프로파일을 선택해 **돌출** 명령을 실행해 다음과 같이 작성합니다.

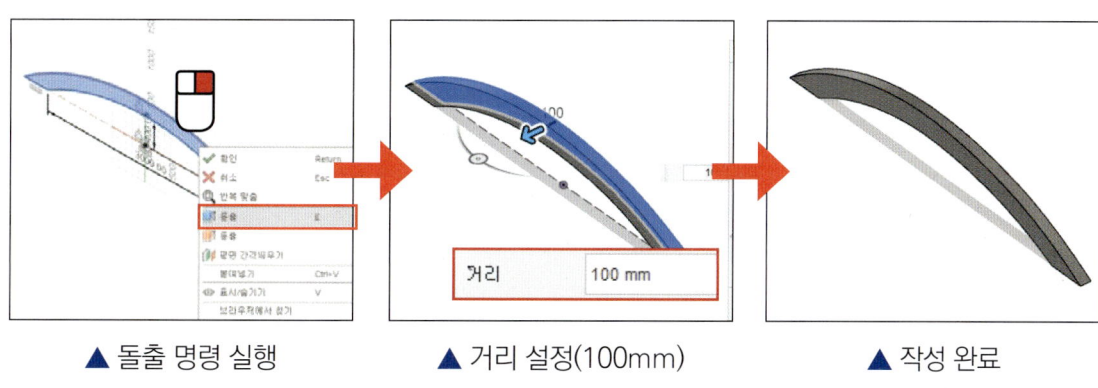

▲ 돌출 명령 실행   ▲ 거리 설정(100mm)   ▲ 작성 완료

**이동/복사** 명령을 실행합니다.

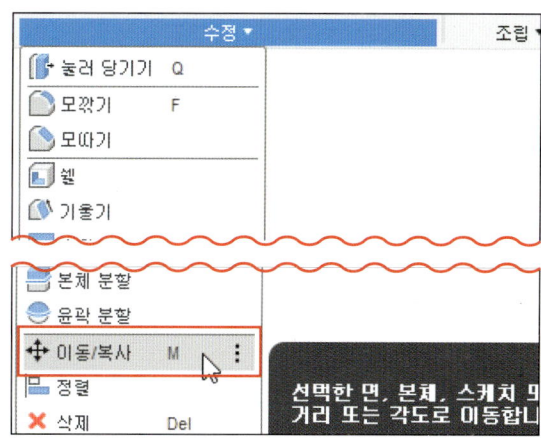

객체 이동을 본체로 선택한 후, 다음 개체를 선택합니다.

이동 핸들의 다음 화살표를 선택합니다.

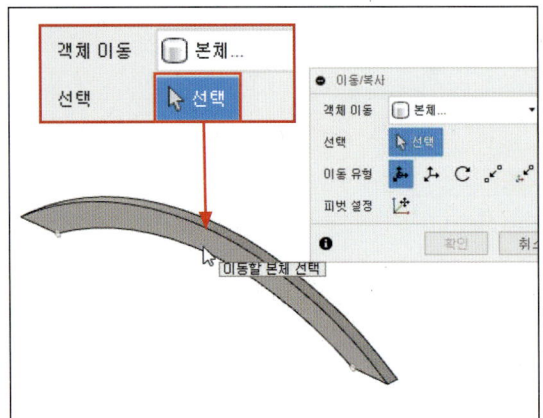
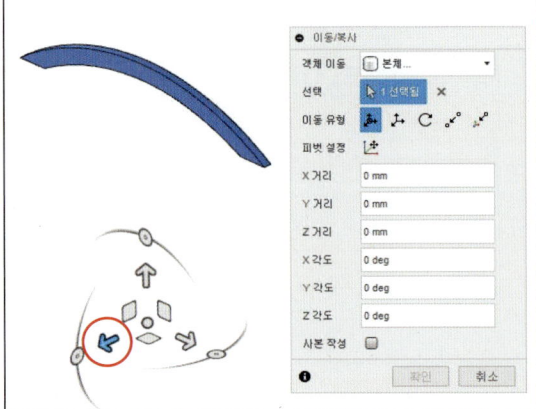

## Tip

### 이동 핸들에 대해서

선택한 객체를 이동/회전할 때 쓰는 핸들입니다.

❶ **핸들 원점** : 현재 화면 시점을 기준으로 자유롭게 이동할 수 있습니다.

❷ **이동 핸들** : 선택한 객체를 이동합니다.

❸ **회전 핸들** : 선택한 객체를 회전합니다.

❹ **면 이동 핸들** : 해당 평면 방향으로 문지르듯이 이동하는 핸들입니다.

화살표를 드래그하면 이동 핸들에 맞춰 형상이 이동합니다. 다음과 같이 이동할 거리를 입력하고 확인 버튼을 클릭합니다.

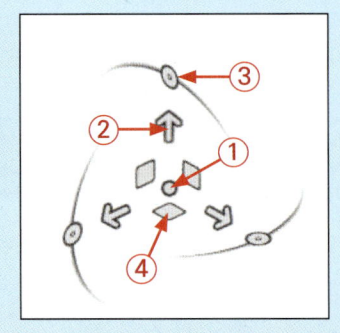

**원점** 항목의 가시성을 켜 보면 다음과 같이 바디가 이동한 것을 알 수 있습니다.

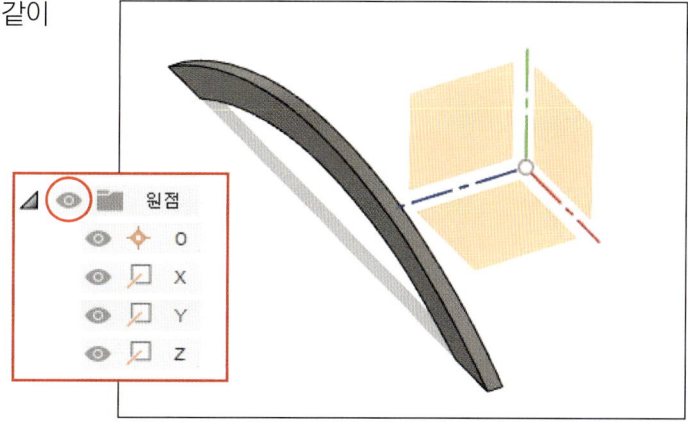

 **Command**

## 이동/복사

형상을 이동 및 복사합니다.

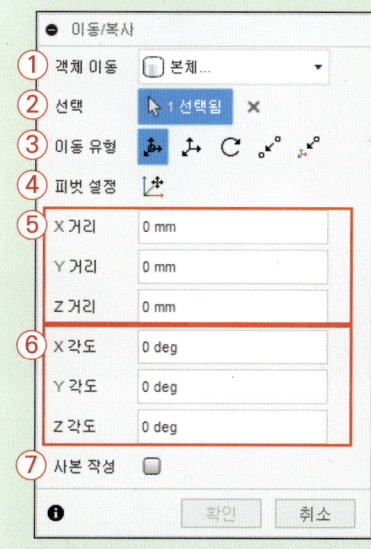

① **객체 이동** : 이동할 개체의 종류를 선택합니다. 면/본체/구성요소/스케치 객체로 나뉩니다.

② **선택** : 이동할 개체를 선택합니다.

③ **이동 유형** : 이동할 유형을 선택합니다. 이동/회전/점대점/점대원점으로 나뉩니다.

④ **피벗 설정** : 기준 핸들을 설정합니다. 선택한 형상에 맞게 정렬됩니다.

⑤ **X, Y, Z 거리** : 이동할 X축, Y축, Z축의 거리를 입력합니다.

⑥ **X, Y, Z 각도** : 회전할 X축, Y축, Z축의 각도를 입력합니다.

⑦ **사본 작성** : 체크하면 원점에 있는 형상은 보존된 채로 복제된 개체가 생성됩니다.

# Part 02 솔리드 모델링

다음 면에 스케치를 작성해 다음과 같이 사각형을 작성합니다.

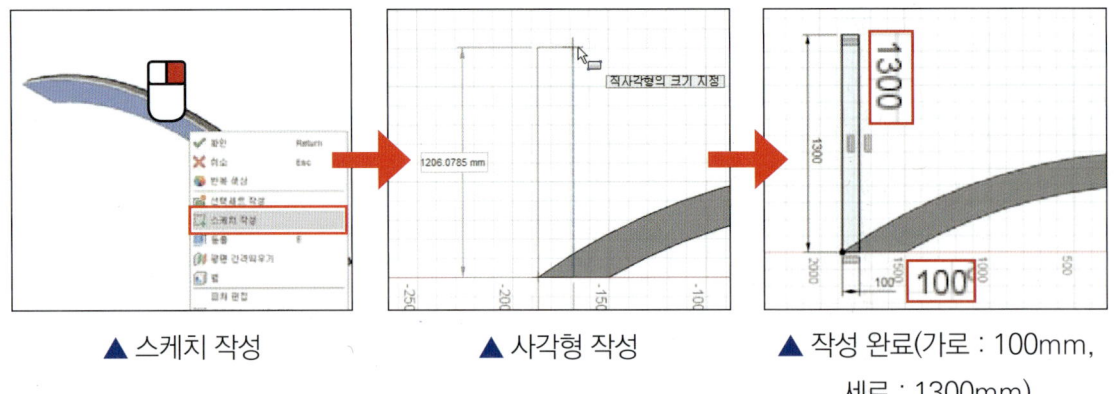

▲ 스케치 작성    ▲ 사각형 작성    ▲ 작성 완료(가로 : 100mm, 세로 : 1300mm)

돌출 명령을 실행해 다음과 같이 작성합니다.

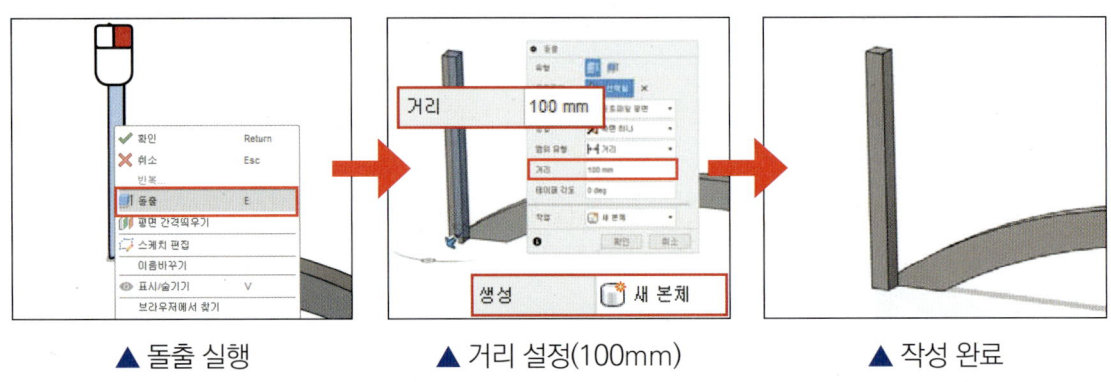

▲ 돌출 실행    ▲ 거리 설정(100mm)    ▲ 작성 완료

## 03 경로 패턴 작성하기

경로 패턴 명령을 실행합니다.

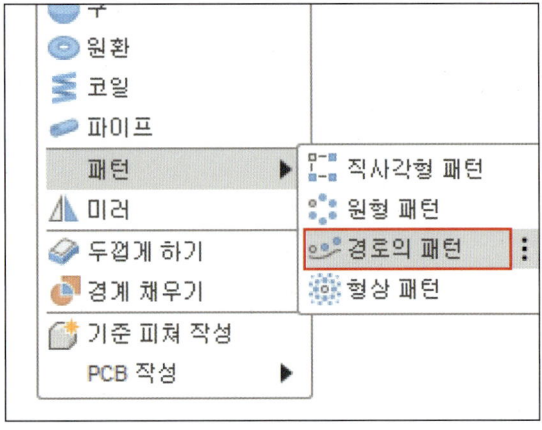

## Chapter 10 구름다리 모델링 예제

유형을 **본체**로 선택한 다음 객체 항목을 선택한 후 객체 항목을 선택합니다.

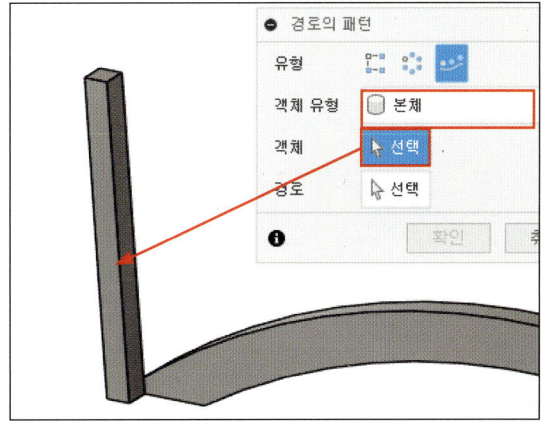

**경로** 항목을 선택한 후 다음 모서리를 선택하면 경로를 따라서 화살표가 표시됩니다.

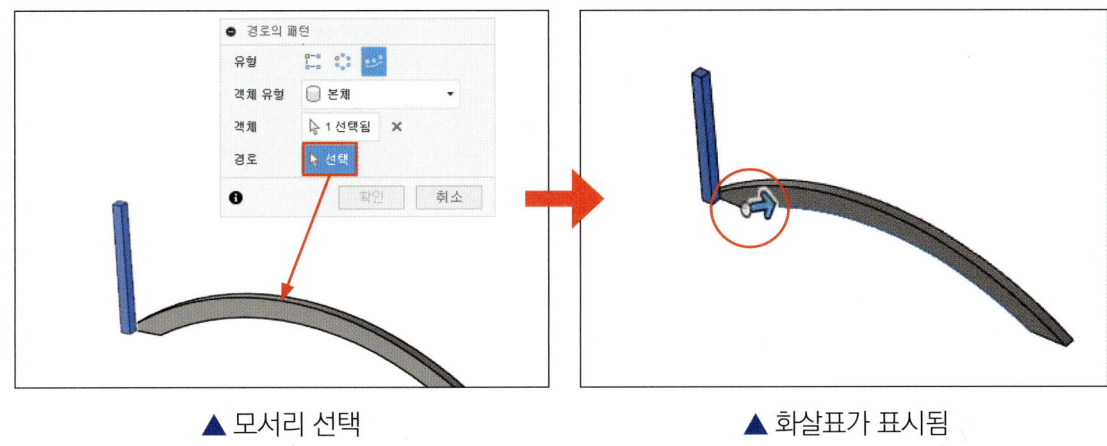

▲ 모서리 선택　　　　　　　　　　　▲ 화살표가 표시됨

화살표를 드래그하면 다음과 같이 경로 패턴이 미리보기가 됩니다. 수량과 거리를 설정한 후 확인 버튼을 클릭하면 다음과 같이 경로 패턴이 작성됩니다.

▲ 거리(1200mm)와 갯수(2) 설정　　　　　　▲ 작성 완료

241

## Part 02 솔리드 모델링

**미러** 명령을 실행해 다음과 같이 작성합니다.

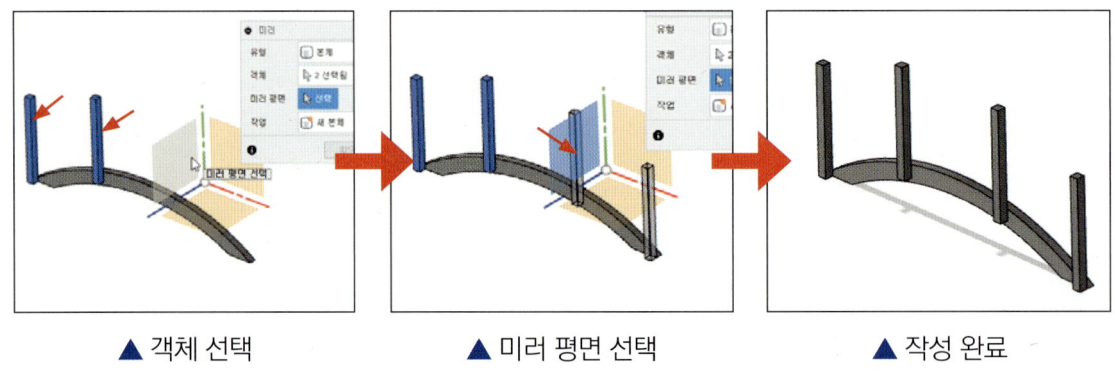

▲ 객체 선택 　　　　▲ 미러 평면 선택 　　　　▲ 작성 완료

다음 면에 스케치를 작성해 **프로젝트** 명령으로 다음 모서리를 선택합니다.

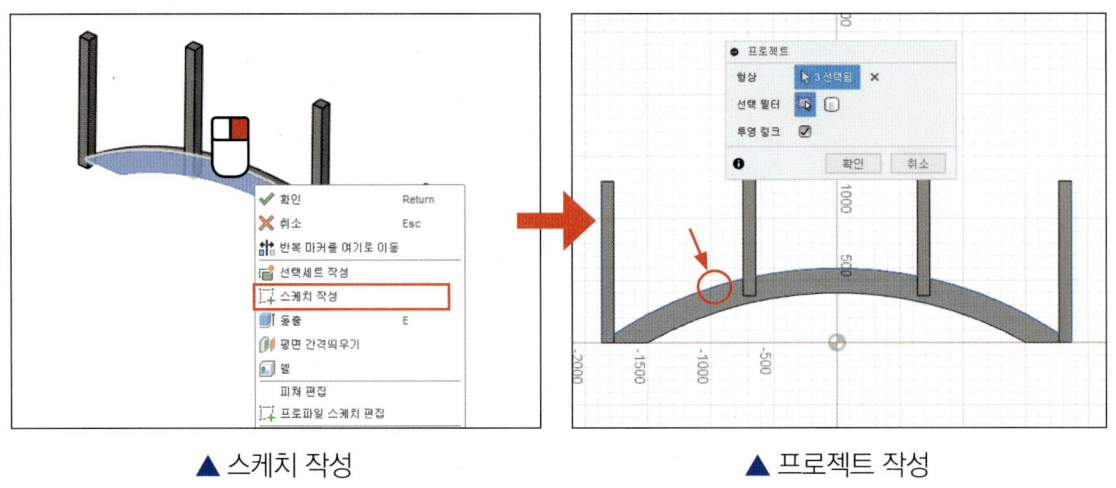

▲ 스케치 작성 　　　　▲ 프로젝트 작성

3점 호 명령으로 다음과 같이 작성한 후, 치수와 구속조건을 작성합니다.

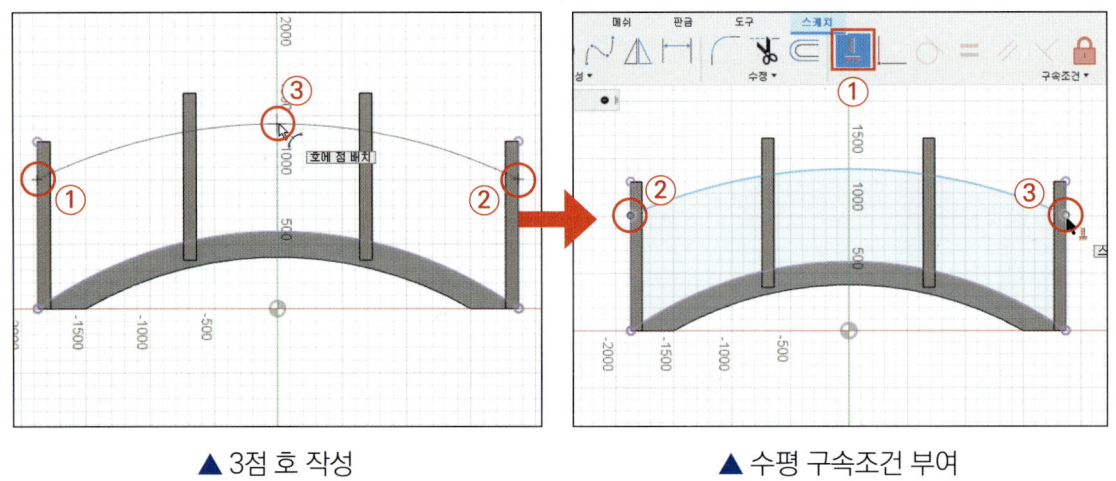

▲ 3점 호 작성 　　　　▲ 수평 구속조건 부여

# Chapter 10 구름다리 모델링 예제

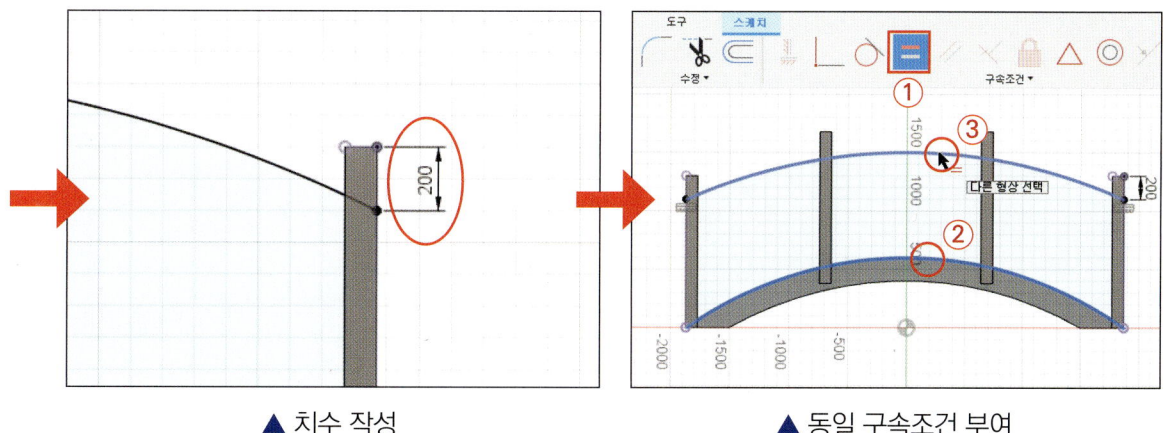

▲ 치수 작성   ▲ 동일 구속조건 부여

**간격 띄우기** 명령을 실행합니다.

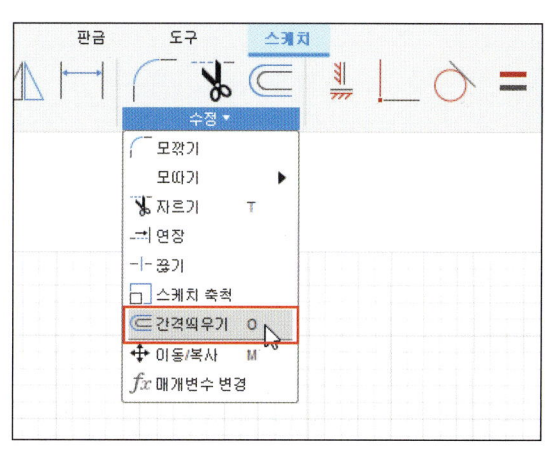

작성한 호를 선택합니다.

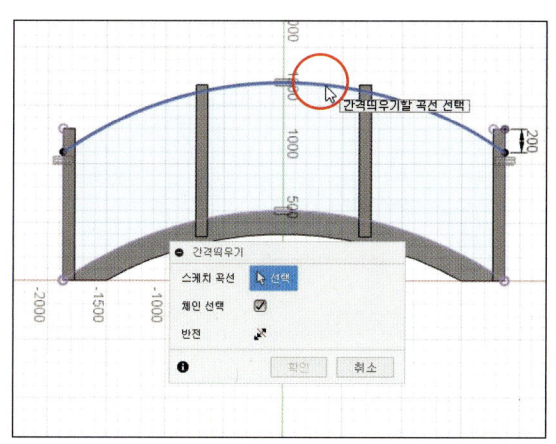

화살표를 아래로 드래그하면 다음과 같이 **간격띄우기 위치**에 치수가 표시됩니다.

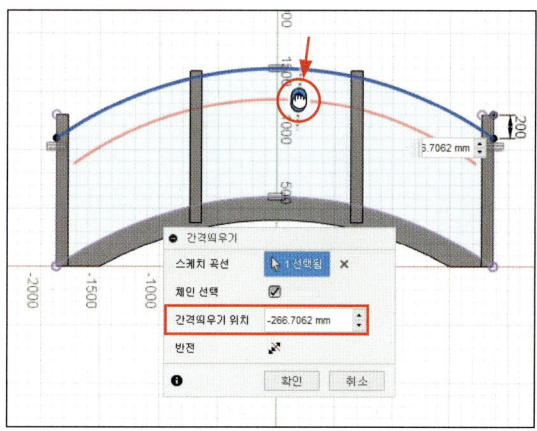

# Part 02 솔리드 모델링

거리를 입력한 후에 확인 버튼을 클릭하면 다음과 같이 간격띄우기 개체가 표시됩니다.

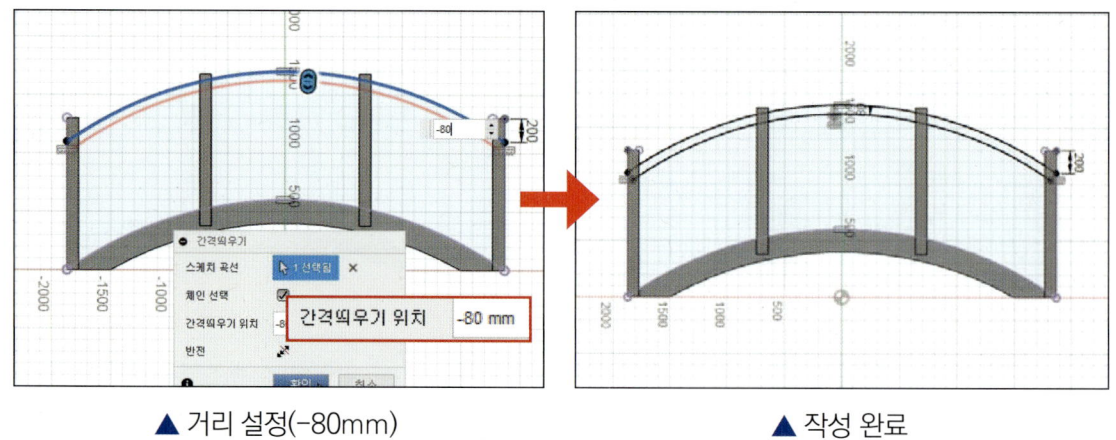

▲ 거리 설정(-80mm)　　　　　▲ 작성 완료

선 명령으로 양쪽 끝에 다음과 같이 작성합니다.

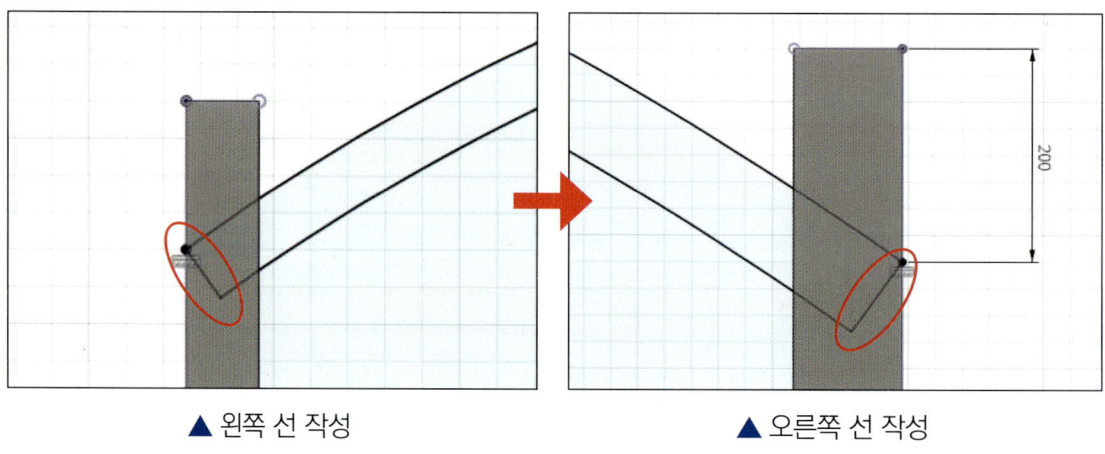

▲ 왼쪽 선 작성　　　　　▲ 오른쪽 선 작성

작성한 프로파일을 선택해 돌출 명령으로 다음과 같이 작성합니다.

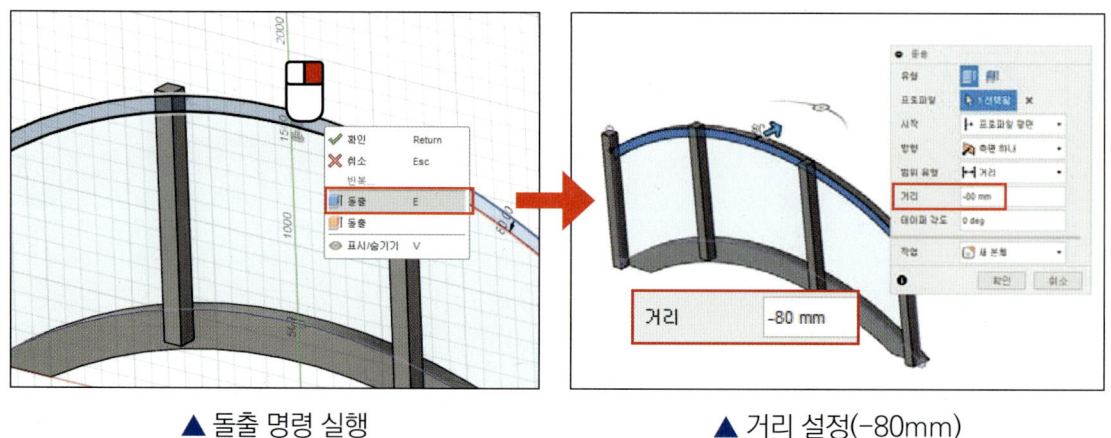

▲ 돌출 명령 실행　　　　　▲ 거리 설정(-80mm)

# Chapter 10 구름다리 모델링 예제

직사각형 패턴 명령으로 다음과 같이 작성합니다.

▲ 거리(-500mm)와 갯수(2) 설정   ▲ 작성 완료

미러 명령으로 다음과 같이 작성합니다.

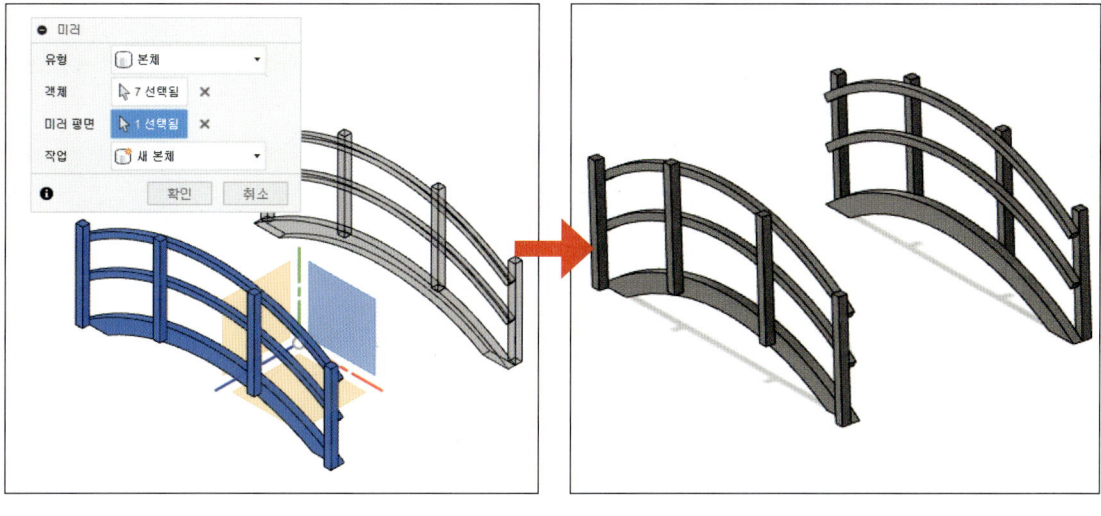

▲ 대칭 개체와 대칭 평면 선택   ▲ 작성 완료

# Part 02 솔리드 모델링

## 04 발판 만들기

정면도에 스케치를 작성해 다음과 같이 사각형을 작성합니다.

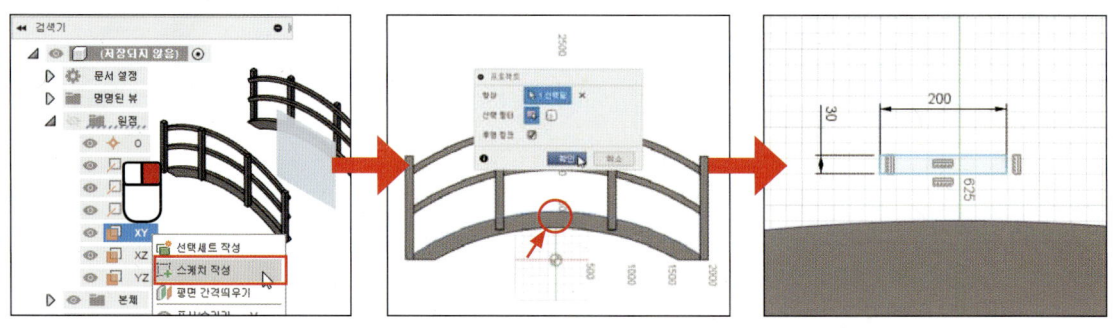

▲ XY(정면도) 평면에 스케치 작성  ▲ 프로젝트 작성  ▲ 사각형 작성

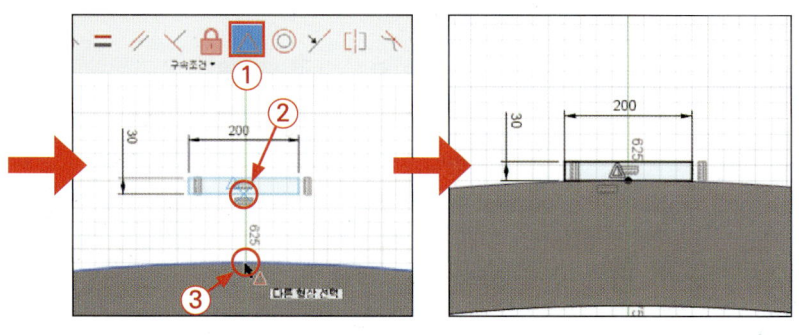

▲ 쉬프트 키+중간점 구속조건  ▲ 작성 완료

돌출 명령으로 다음과 같이 작성합니다.

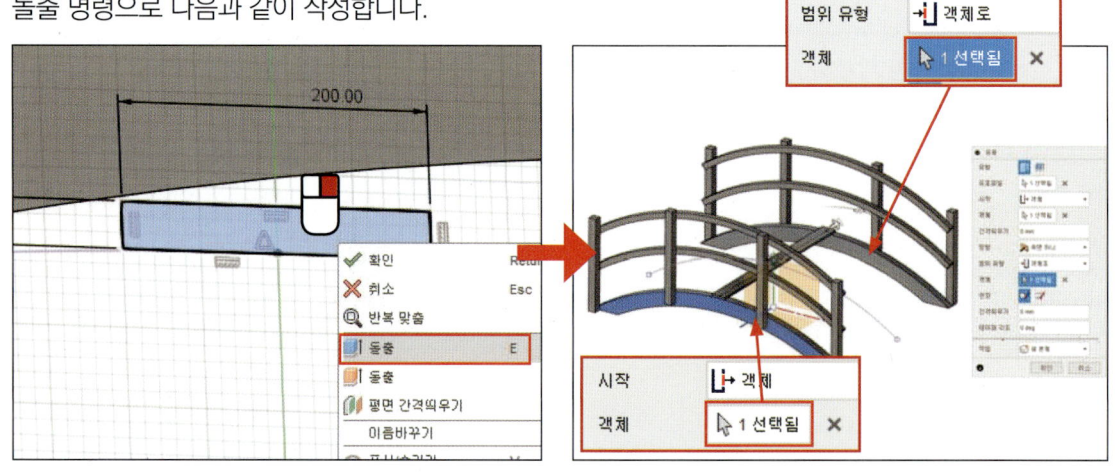

▲ 돌출 명령 실행  ▲ 돌출 설정 후 작성 완료

경로 패턴의 경로 곡선을 작성하기 위해 다음 면에 스케치를 작성합니다.

3점 호 명령을 이용해 다음과 같이 경로 곡선을 작성하고 스케치를 종료합니다.

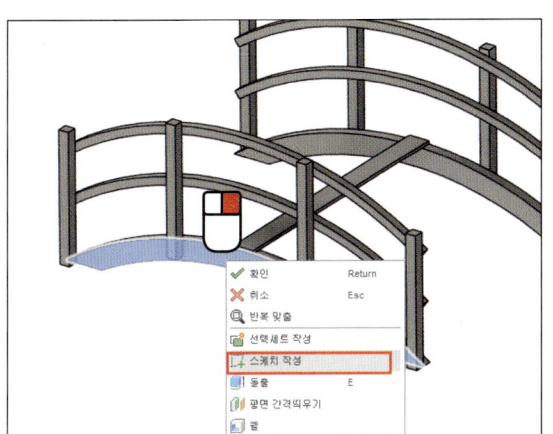
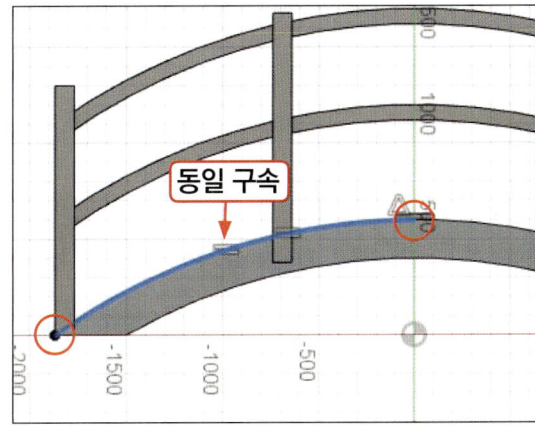

경로 패턴 명령을 실행해 다음과 같이 패턴할 객체와 3점호로 스케치한 곡선을 경로로 선택한 후에 방향 옵션을 확장해 경로 방향 옵션을 선택합니다.

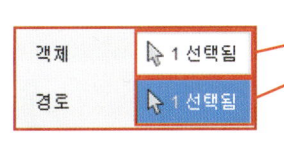
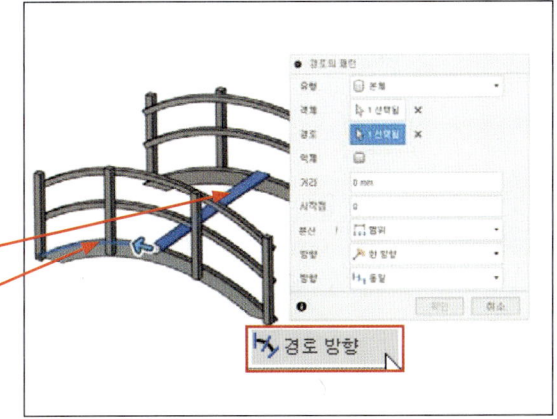

거리와 갯수를 설정하고 거리 유형을 간격으로 설정해 확인 버튼을 클릭하면 다음과 같이 작성됩니다.

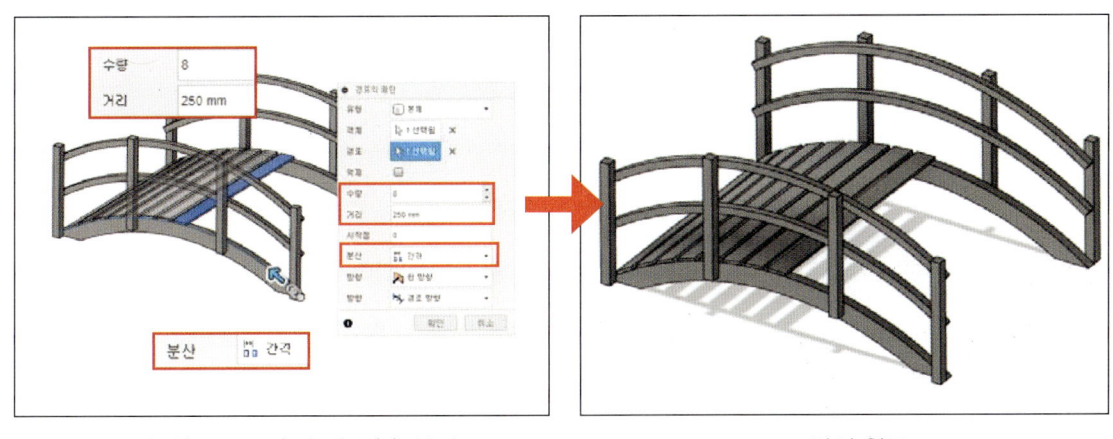

▲ 거리(250mm)와 갯수(8) 설정 　　　　▲ 작성 완료

### 방향 옵션에 대해서

방향 옵션은 다음과 같이 경로에 따라서 패턴할 개체의 방향 관계를 나타내는 옵션입니다.

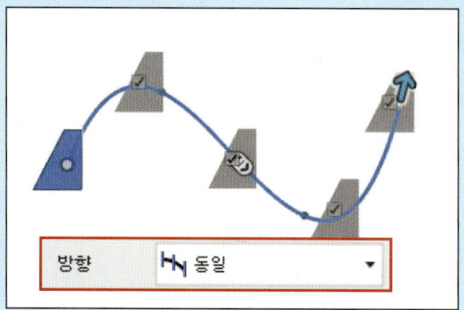

▲ 동일일 때(방향이 바뀌지 않음)

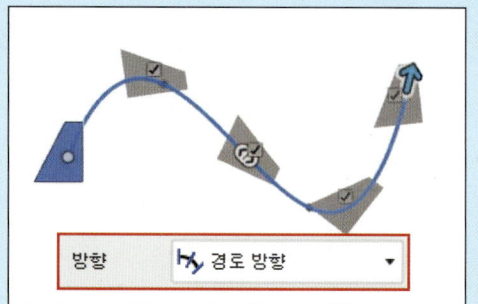

▲ 경로 방향일 때(곡선을 따라 바뀜)

미러 명령으로 다음과 같이 작성합니다

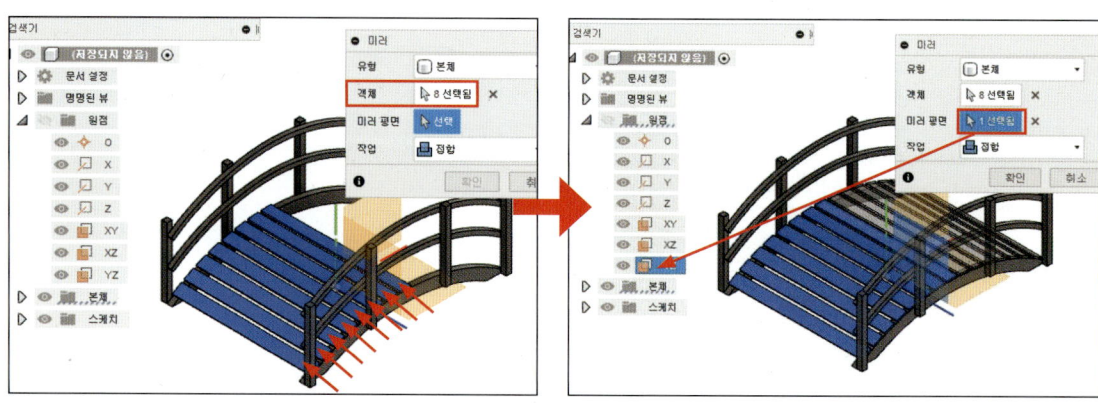

▲ 미러 객체 선택  ▲ 미러 평면 선택

▲ 작성 완료

## Chapter 10 구름다리 모델링 예제

**색상** 명령을 실행해 **목재 - 오크 - 반광택** 항목을 드래그해서 브라우저의 맨 위 파일 이름 항목에 드래그합니다.

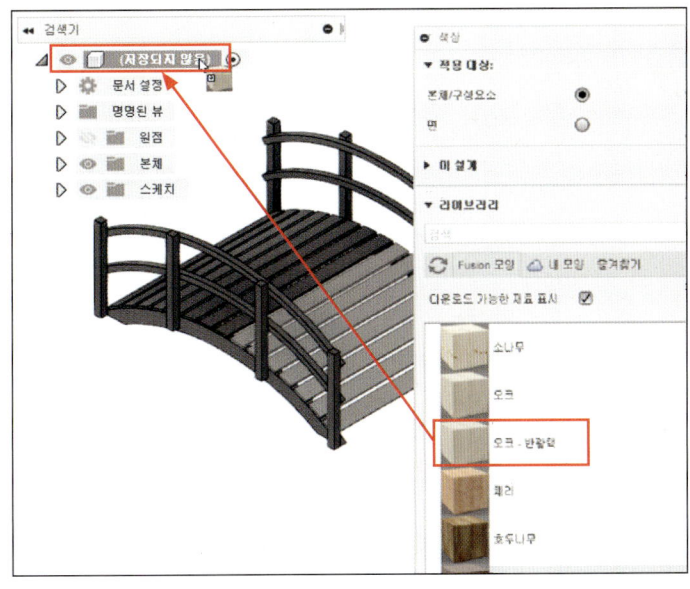

### Tip

이와 같이 전체 모델 색상을 한꺼번에 바꾸고 싶으면 위와 같이 파일 이름에 드래그하면 됩니다.

전체 항목의 색상이 적용되어 구름다리 작성이 완료되었습니다.

▶ YouTube
풀이 과정을 유튜브로 확인해 보세요!

249

 # 총정리

이번 챕터를 통해 우리는 다음과 같은 것들을 배웠습니다.

❶ **호 작성하기** : 스케치 호를 작성하는 방법에 대해서 학습했습니다.

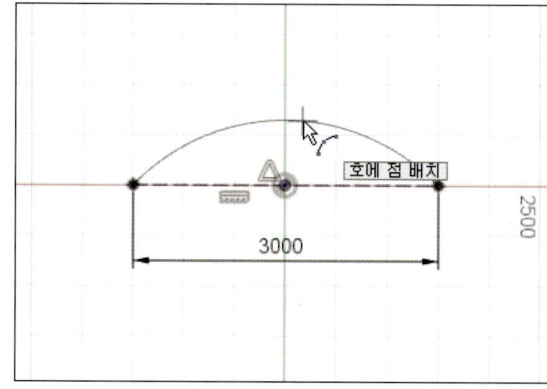

❷ **이동/복사 명령** : 작성된 형상을 이동, 또는 복사하는 명령에 대해서 학습했습니다. 다양한 옵션을 활용해 원하는 방향으로 자유롭게 이동할 수 있으며 회전 핸들을 이용해 회전 이동도 가능합니다.

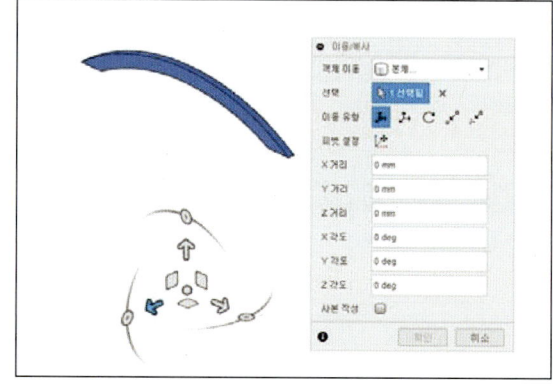

❸ **경로 패턴** : 이미 작성된 형상을 경로에 따라 패턴하는 명령에 대해서 학습했습니다. 이 명령을 응용하면 패턴 방향이 불규칙한 경우에도 자유롭게 패턴이 가능합니다.

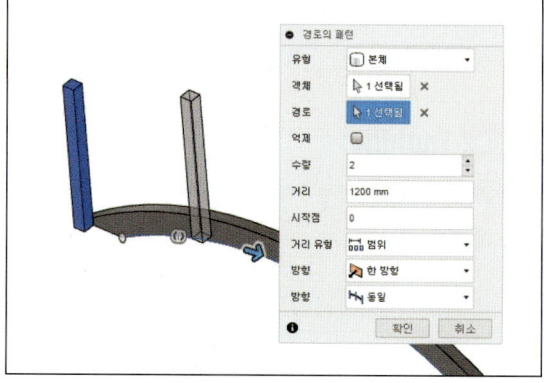

❹ **스케치 간격 띄우기 명령** : 작성한 스케치 형상을 일정 거리만큼 간격 띄우기 하는 명령에 대해서 학습했습니다.

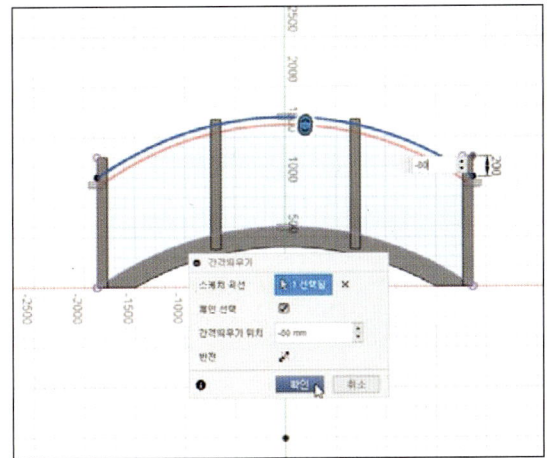

❺ **곡선이용 패턴의 방향 옵션** : 곡선이용 패턴이 경로를 따라가는 정렬 옵션에 대해서 학습했습니다. 이 옵션을 어떻게 활용하느냐에 따라서 형상 정렬을 지정할 수 있습니다.

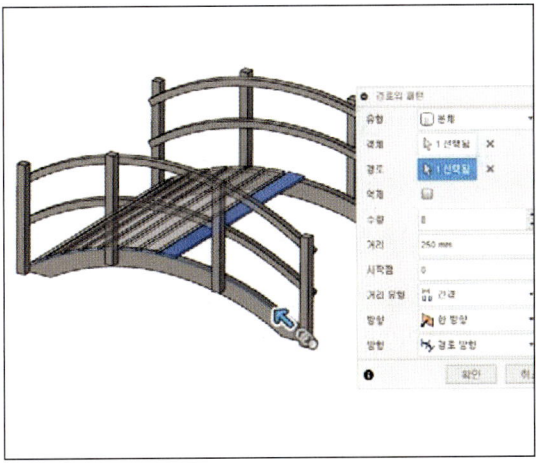

# 연습예제

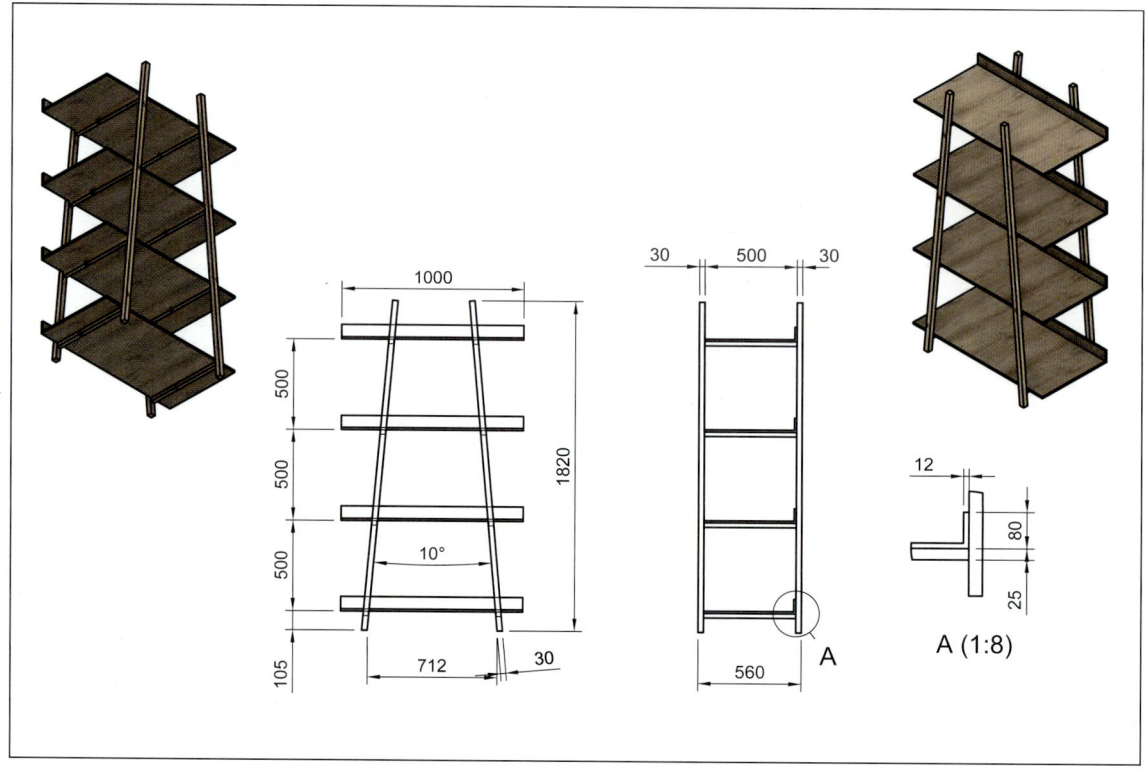

표기되지 않은 치수는 예제파일을 확인해 보세요!

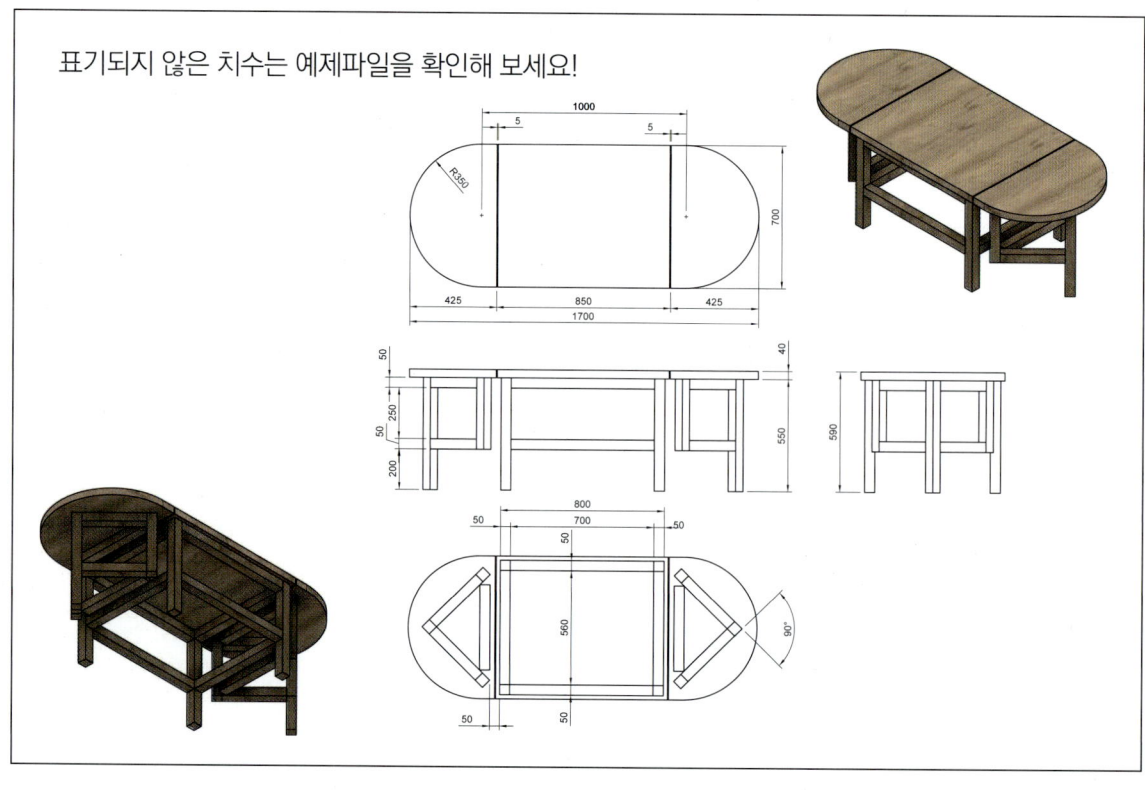

# 연습예제

표기되지 않은 치수는 예제파일을 확인해 보세요!

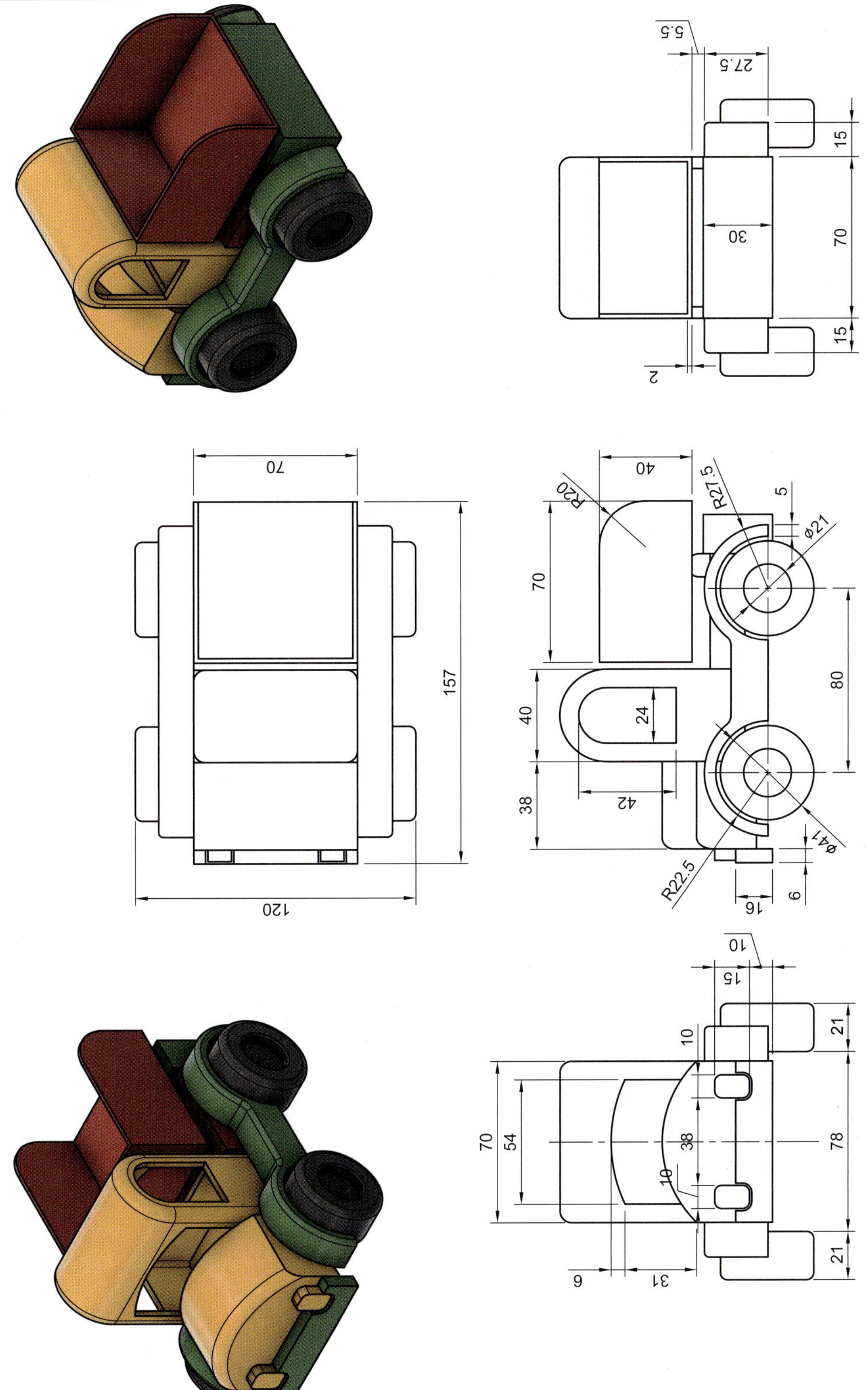

# CHAPTER 11 스퍼기어 모델링 예제

이번 시간에는 매개변수 관리를 응용한 스퍼기어 모델링을 작성해 보도록 하겠습니다.

## 01 도면과 학습 목표

이번 시간에 우리가 학습할 예제를 확인해 보도록 하겠습니다.

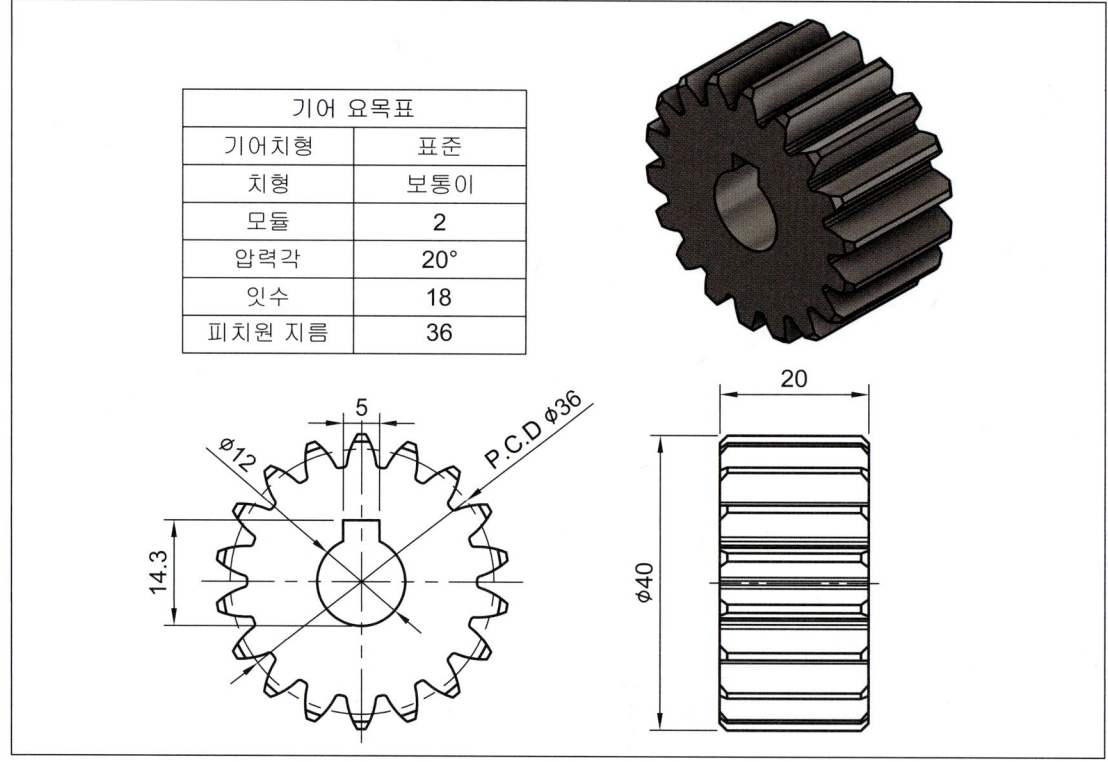

이번 시간에 우리는 다음과 같은 사항을 배우게 됩니다.

- 매개변수 관리창 알아보기
- 사용자 매개변수 작성하기
- 피쳐 패턴에 대해서
- 매개변수를 응용해 모델링 형상 변경하기

## 02 매개변수란?

매개변수란 모델링을 할 때 사용자가 입력하는 수치가 가지는 고유한 주소를 뜻하게 됩니다. 스케치, 피쳐, 조립, 애니메이션 등 다양한 환경에서 사용자가 수치를 입력을 했다면 이 항목은 반드시 매개변수로 존재하게 됩니다.

매개변수의 형식은 다음과 같습니다.

매개변수이름 = 매개변수값

우리가 처음에 스케치를 작성했을 때 선을 작성하고 치수를 입력했다고 해 보겠습니다. 여기서 우리가 작성한 치수는 수치를 가지고 있으므로 이 또한 매개변수로 등록이 됩니다.
Autodesk Fusion은 기본적으로 매개변수의 값은 사용자가 입력하게 하고 매개변수의 이름은 자동으로 갱신되게 됩니다. 자동으로 갱신되는 법칙은 사용자가 임의로 수정하지 않는 이상 첫 번째 글자가 Dimension(치수)를 뜻하는 d0 부터 숫자가 증가하는 식으로 시작하게 됩니다.
따라서 우리가 첫 번째 치수를 100으로 입력했다면 첫 번째 매개변수는 다음과 같이 등록됩니다.

d0 =100mm

여기서 수치 뒤의 단위는 Autodesk Fusion의 기본 단위로 지정되게 됩니다.
매개변수의 이름은 기본적으로 고정이며 수치가 수정되는 개념으로 모델링을 지정하시면 됩니다. 그럼 이러한 기본 개념을 가지고 예제를 진행해 보도록 하겠습니다.

## 03 사용자 매개변수 작성하기

**매개변수 관리** 명령을 실행합니다.

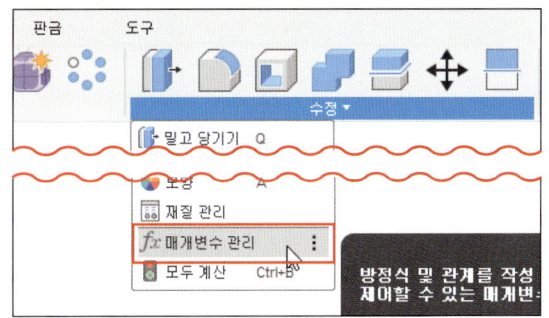

# Part 02 솔리드 모델링

 **Command**

## 매개변수 관리

모델링을 할 때 사용자가 입력하는 치수인 매개변수를 관리하는 창을 표시합니다.

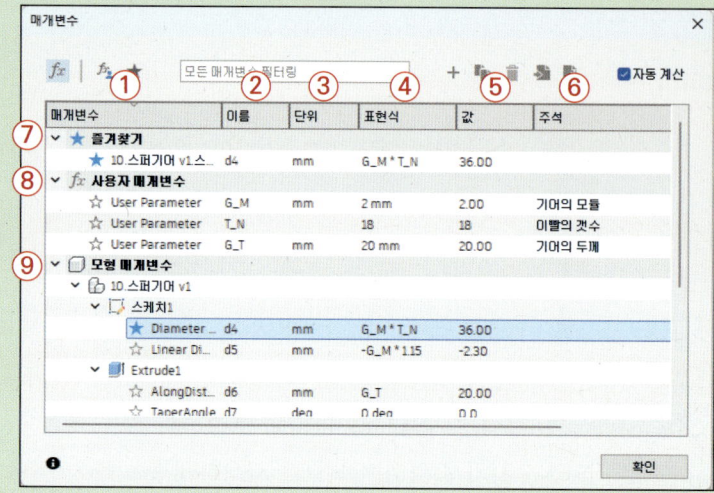

❶ **매개변수** : 매개변수가 어느 부분에서 사용되는지 정보를 표시합니다.

❷ **이름** : 매개변수의 이름을 표시합니다.

❸ **단위** : 매개변수 값의 단위를 표시합니다.

❹ **표현식** : 매개변수 값을 표시합니다.

❺ **값** : 매개변수 값의 계산값을 표시합니다.

❻ **주석** : 매개변수의 주석을 입력할 수 있습니다.

❼ **즐겨찾기** : 매개변수 앞의 별 표시를 체크하면 즐겨찾기에 추가가 됩니다.

❽ **사용자 매개변수** : 사용자가 임의로 매개변수를 입력합니다.

❾ **모형 매개변수** : 모델링 시 입력한 치수의 매개변수가 표시됩니다.

# Chapter 11 스퍼기어 모델링 예제

기어의 모듈 매개변수를 입력하기 위해 **사용자 매개변수 추가** 버튼을 클릭합니다.

다음과 같이 사용자 매개변수 추가 창이 표시됩니다. 다음과 같이 입력한 후에 **확인** 버튼을 클릭합니다.

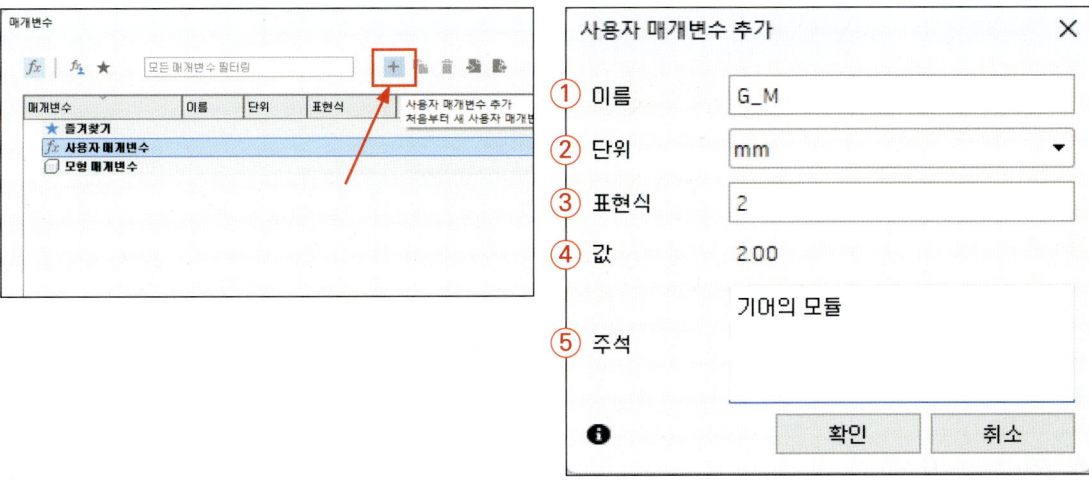

다시 한번 + 버튼을 클릭합니다. 이번엔 기어의 이빨수에 대한 매개변수를 입력합니다. 이빨 갯수는 단위가 존재하지 않으므로 단위 항목을 확장해서 단위 없음을 선택합니다.

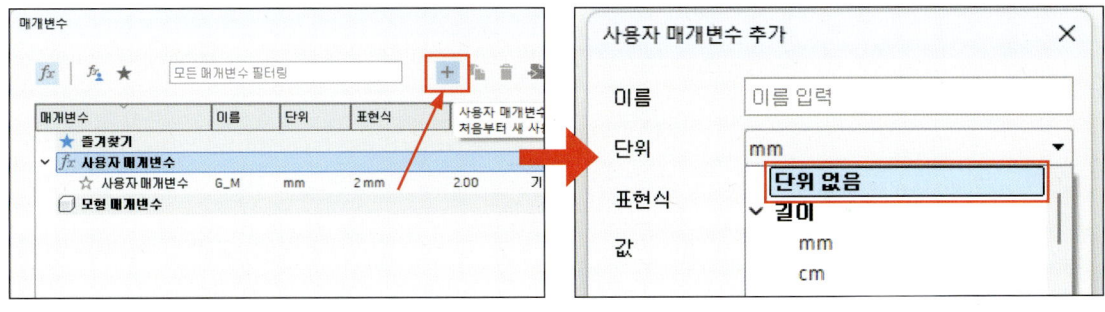

▲ + 버튼 클릭　　　　　　　　　　▲ 단위 없음 선택

나머지 항목을 다음과 같이 입력한 후 **확인** 버튼을 클릭합니다.

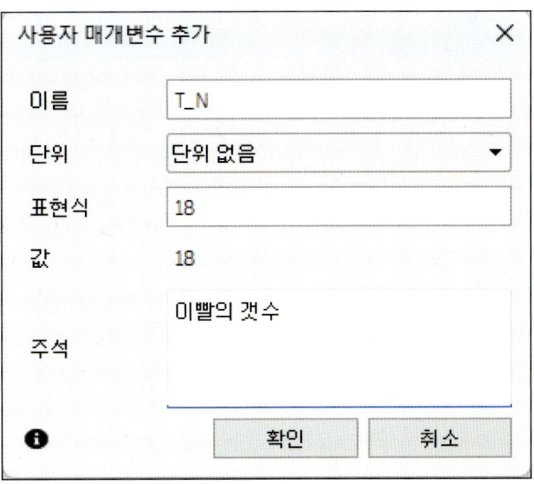

# Part 02 솔리드 모델링

+ 버튼을 클릭해서 기어의 두께 항목 매개변수를 다음과 같이 입력합니다.

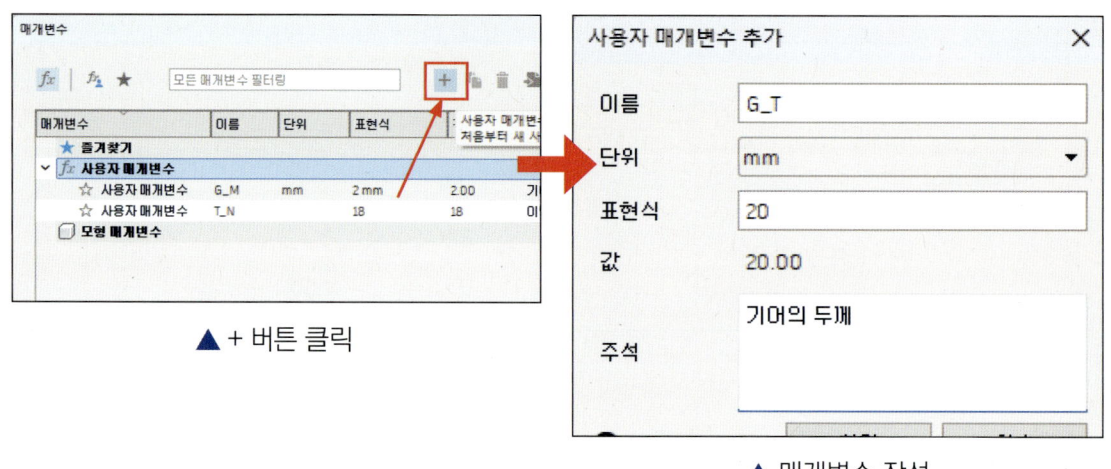

▲ + 버튼 클릭

▲ 매개변수 작성

이와 같이 세 개의 사용자 매개변수가 작성되었습니다.

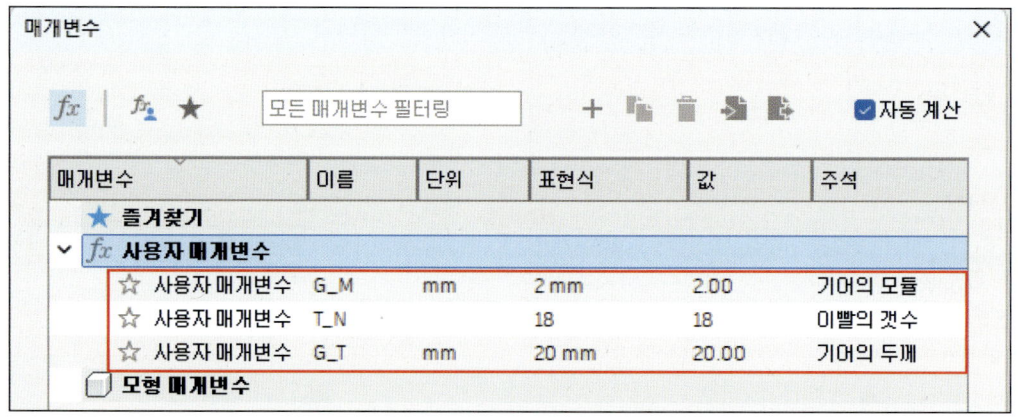

 Tip

### 사용자 매개변수란?

사용자 매개변수는 미리 매개변수를 입력해 놓고 모델링을 시작하는 개념이라고 보시면 되겠습니다. 그런데 왜 미리 매개변수를 지정해 놓느냐 하는 것이 이해가 되지 않으실 수도 있겠습니다. 이는 미리 모델링을 시작하기 전에 기본적인 컨셉 치수를 먼저 기록해 놓고 꺼내쓰는 개념이라고 보시면 되겠습니다. 일반적으로 기본 매개변수는 직접 모델링을 하면서 수치를 입력하지 않으면 작성되지 않습니다. 따라서 사용자가 미리 컨셉을 정해놓고 모델링을 시작할 때 이 사용자 매개변수는 아주 유용한 개념이라고 볼 수 있습니다.

## Chapter 11 스퍼기어 모델링 예제

## 04 베이스 피쳐 작성하기

Autodesk Fusion

정면도에 스케치를 작성해 원을 작성합니다.

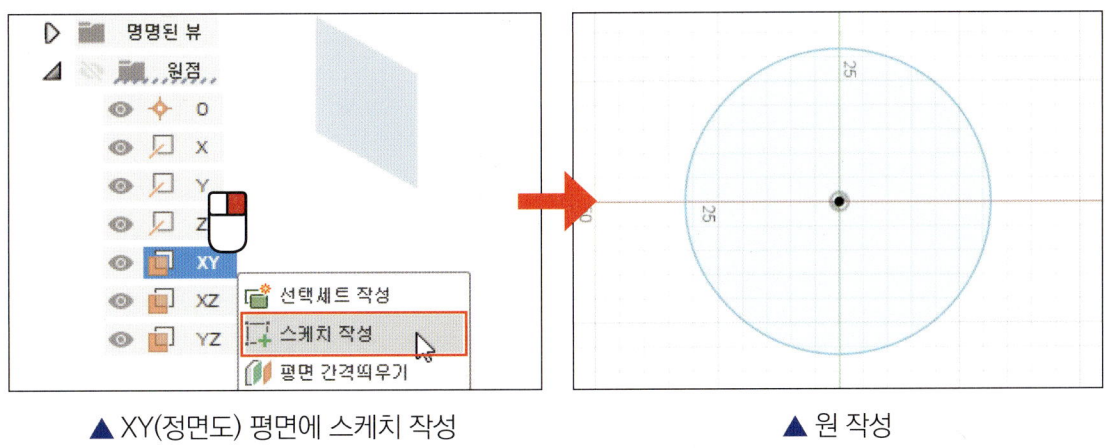

▲ XY(정면도) 평면에 스케치 작성     ▲ 원 작성

치수 명령을 실행해 원을 클릭해 치수를 입력할 준비를 합니다.

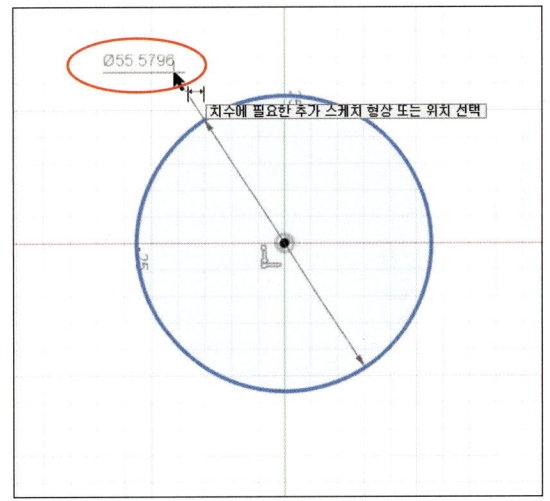

지금 작성하는 원은 기어의 피치원입니다. 기어의 피쳐원의 공식은 아래와 같습니다.

**기어의 모듈 X 기어의 이빨수**

따라서 이를 우리가 입력해야 하는 매개변수의 식으로 나타내면 다음과 같을 것입니다.

G_M * T_N

치수값 입력창에 매개변수의 앞글자만 써도 다음과 같이 등록되어 있는 매개변수가 표시됩니다. 매개변수를 선택하고 *(곱하기) 기호를 붙입니다.

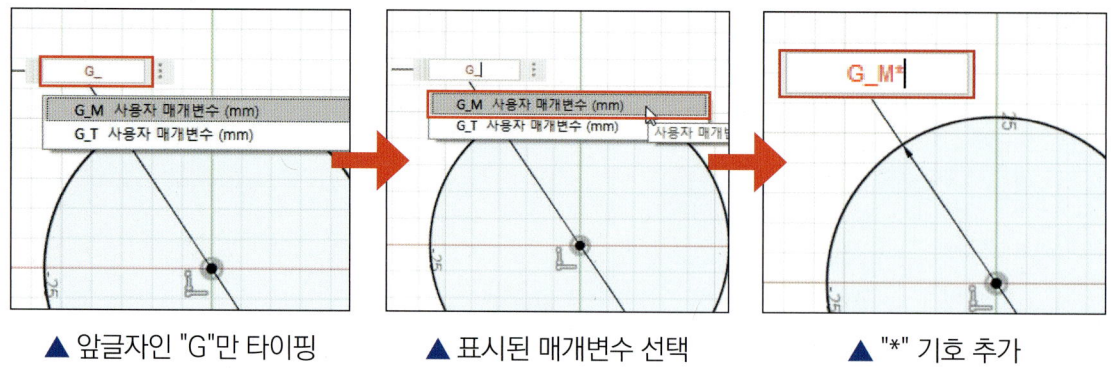

▲ 앞글자인 "G"만 타이핑　　　▲ 표시된 매개변수 선택　　　▲ "*" 기호 추가

이어서 아까와 같은 방법으로 기어의 이빨갯수 매개변수를 불러와서 치수를 완성시킵니다.

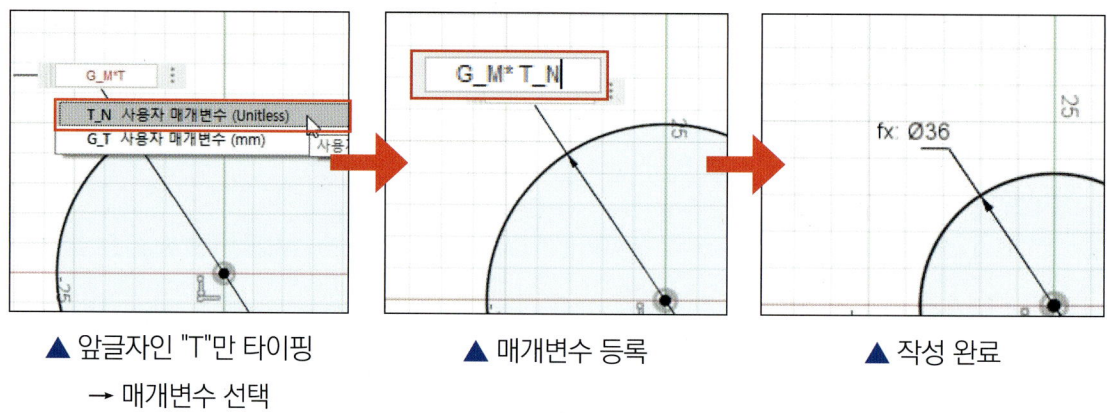

▲ 앞글자인 "T"만 타이핑　　　▲ 매개변수 등록　　　▲ 작성 완료
　→ 매개변수 선택

 Tip

매개변수를 써서 치수를 작성하면 우리가 썼던 매개변수 계산식이 아닌 결과값만 표시됩니다. 매개변수를 링크했다는 증거로 치수 앞에는 fx: 기호가 표시됩니다.

단순히 수치 값을 입력하지 않고 등록된 매개변수를 불러오거나 다른 매개변수끼리 계산을 하면 fx(함수) 마크가 붙게 됩니다.

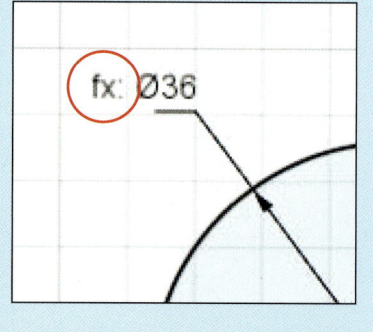

# Chapter 11 스퍼기어 모델링 예제

작성한 원을 구성선으로 바꾼 후 간격띄우기 명령을 실행해 원을 선택해 안쪽으로 다음 수치만큼 간격 띄우기로 작성합니다.

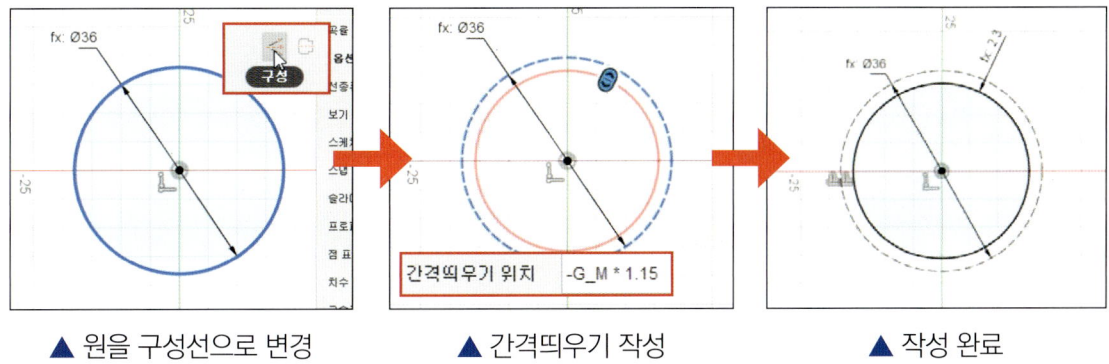

▲ 원을 구성선으로 변경　　　▲ 간격띄우기 작성　　　▲ 작성 완료

### Tip

안쪽으로 작성한 수치는 피치원에서 골 안지름만큼 들어오는 값을 입력합니다.

대개 골 안지름 만큼 들어오는 치수는

"피치 X 1.15"

즉

"G_M * 1.15"

가 됩니다.

돌출 명령으로 다음과 같이 작성합니다. 거리 항목은 기어의 두께 매개변수(G_T)를 불러옵니다.

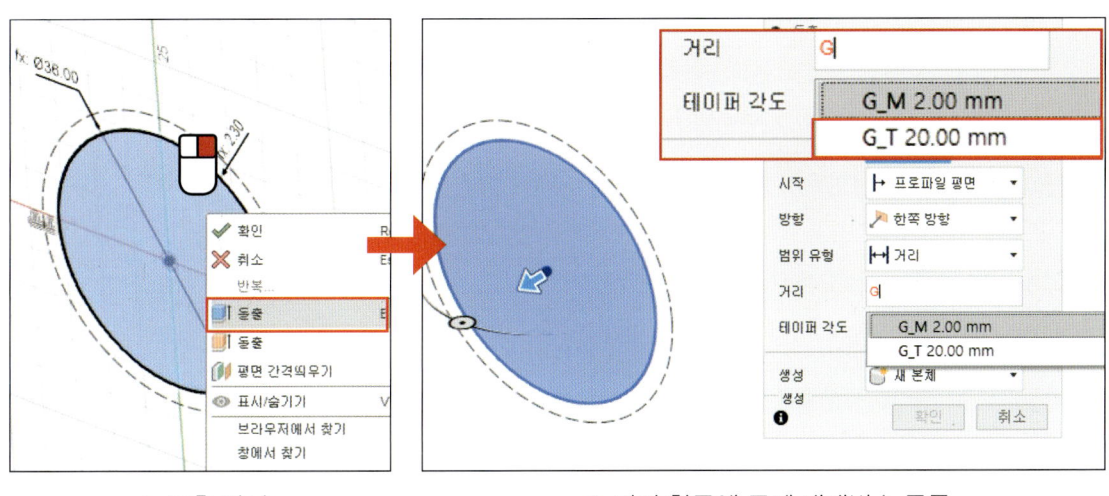

▲ 돌출 작성　　　▲ 거리 항목에 두께 매개변수 등록

261

# Part 02 솔리드 모델링

방향을 대칭으로 설정하고 확인 버튼을 클릭하면 다음과 같이 원통이 작성됩니다.

▲ 방향을 대칭으로 변경                    ▲ 작성 완료

## 05 기어 이빨 작성하기

Autodesk Fusion

다음 면에 스케치를 작성한 후 **스케치1** 항목의 가시성을 켭니다.

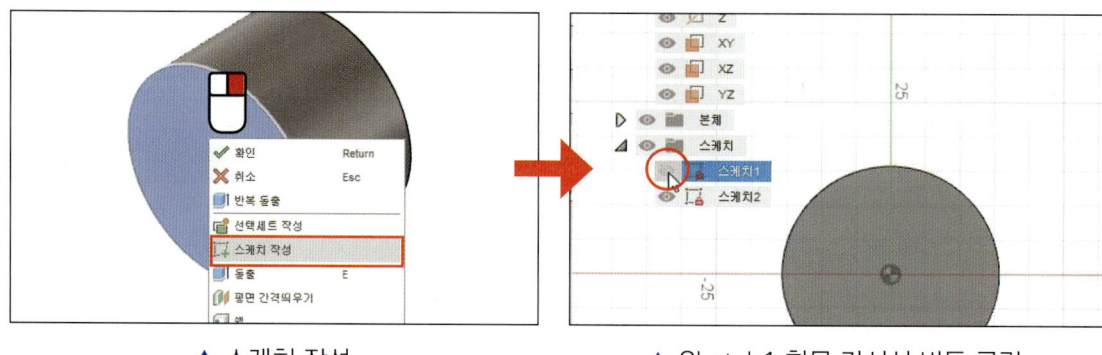

▲ 스케치 작성                    ▲ Sketch1 항목 가시성 버튼 클릭

**형상 투영** 명령으로 다음 두 개의 원을 선택해 스케치 요소로 바꿉니다.

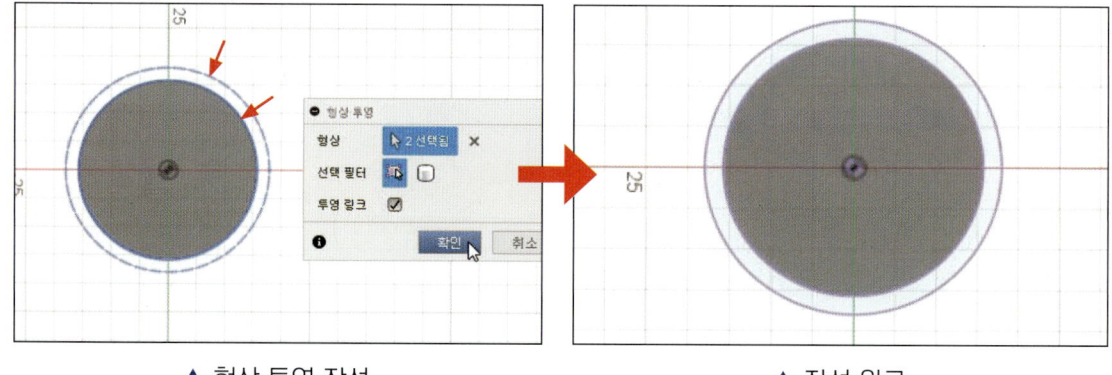

▲ 형상 투영 작성                    ▲ 작성 완료

**간격띄우기** 명령으로 바깥원을 선택해 기어의 피치 만큼 밖으로 간격띄우기 합니다.

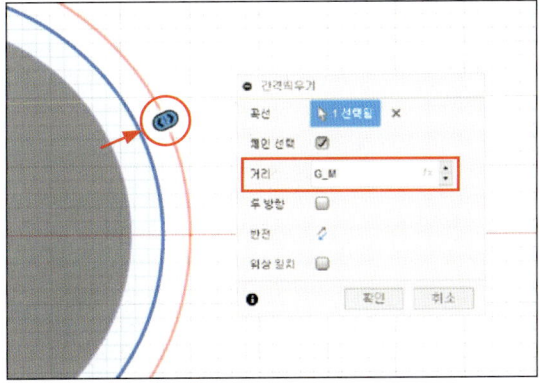

> **Tip**
> 
> 기어의 이끝원은 피치원으로부터 피치만큼 떨어져 있습니다.

다음 개체를 드래그로 선택해서 구성선으로 바꿉니다.

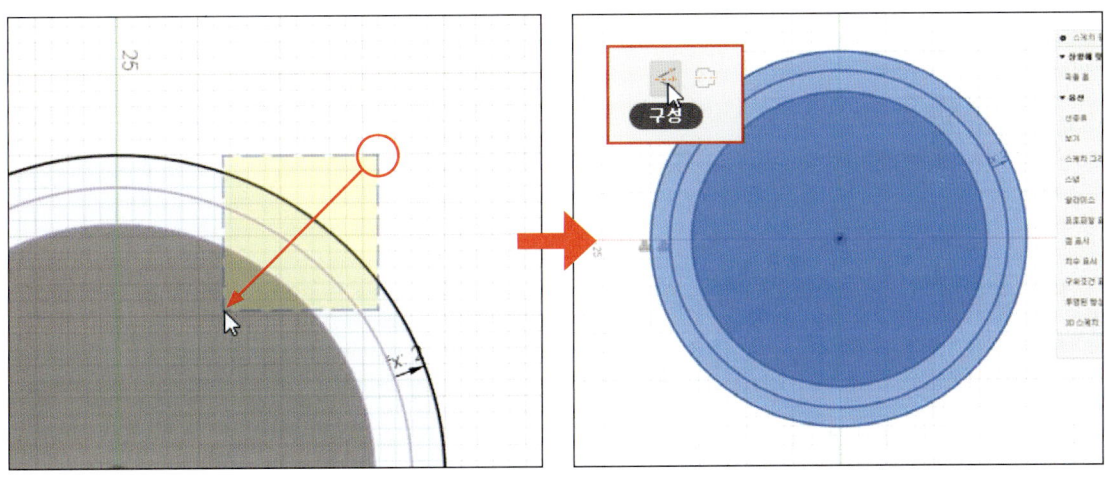

▲ 스케치 개체 선택    ▲ 구성 버튼 클릭

또한 아무것도 선택하지 않은 상태로 **구성** 버튼을 누릅니다. 이제부터 작성하는 선은 자동으로 구성선으로 만들기 위함입니다.

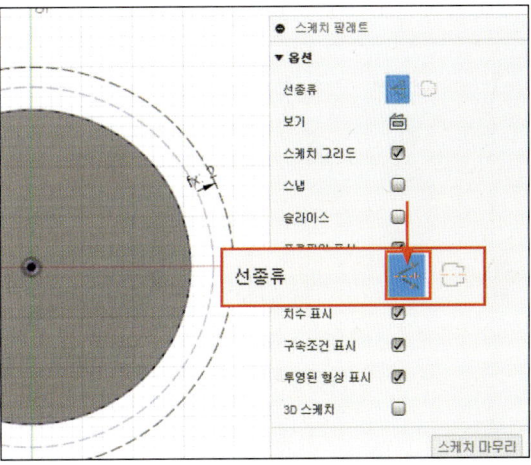

> **Tip**
> 
> 아무것도 선택하지 않은채로 구성선 버튼을 누르면 새로 작성하는 개체는 전부 구성선으로 생성됩니다.

중앙에 수직선을 작성하고 일치 구속조건으로 원점과 일치시켜서 중앙에 배치합니다.

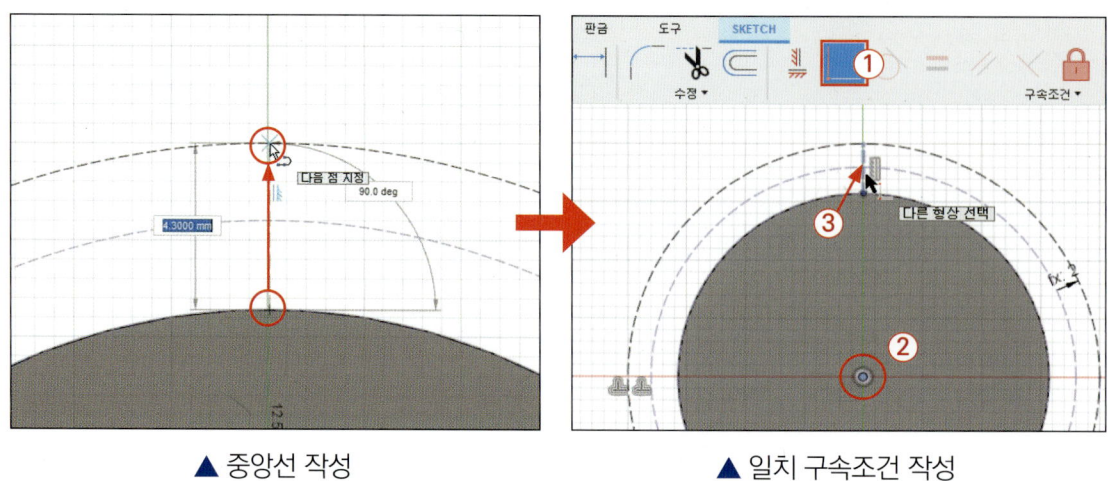

▲ 중앙선 작성 　　　　　　　　　　　▲ 일치 구속조건 작성

기어이빨 공식에 따라서 다음과 같이 이빨 스케치를 작성합니다.

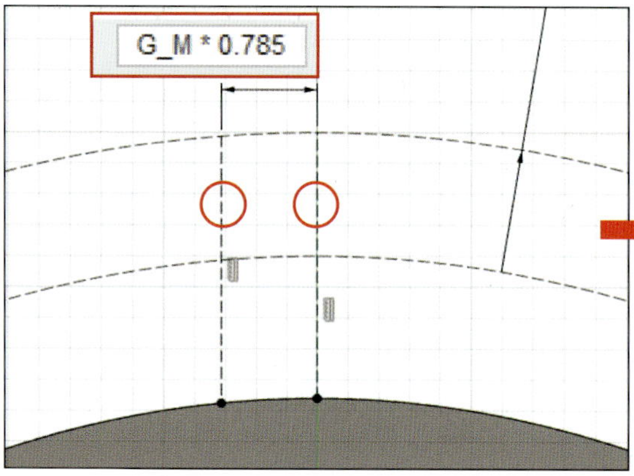

▲ 치수 작성(G_M * 0.785) 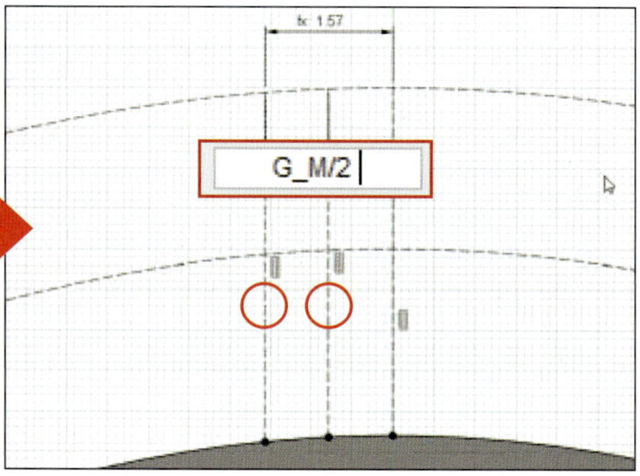 　　　　　▲ 선 작성 후 치수 작성

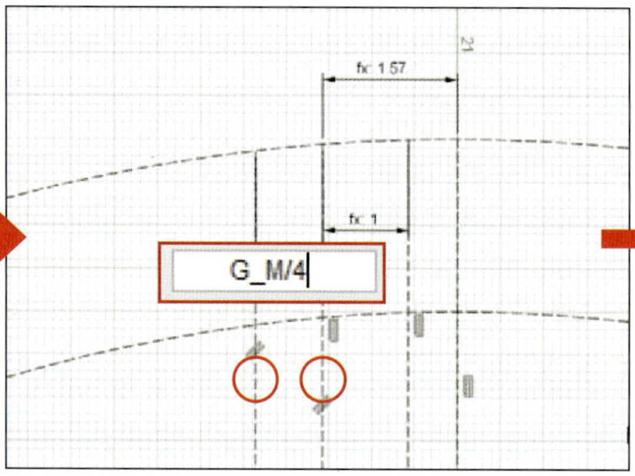

▲ 선 작성 후 치수 작성 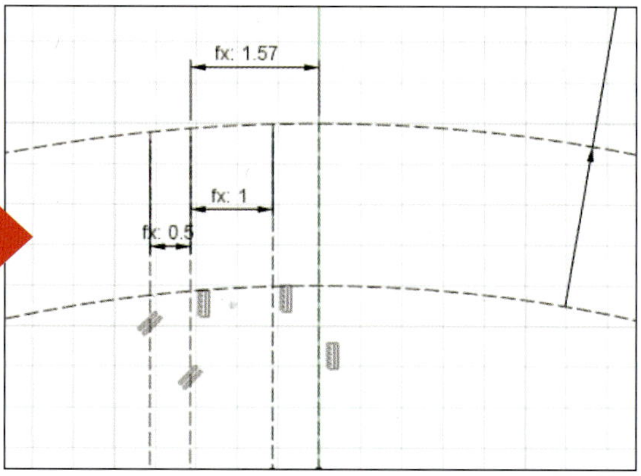 　　　　　　　▲ 작성 완료

점 명령을 실행합니다.

다음 교차점에 점을 작성합니다.

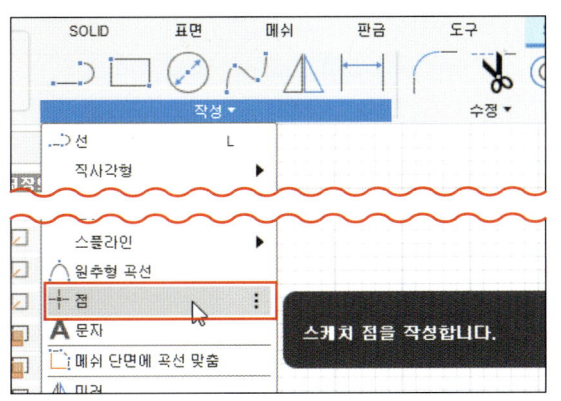
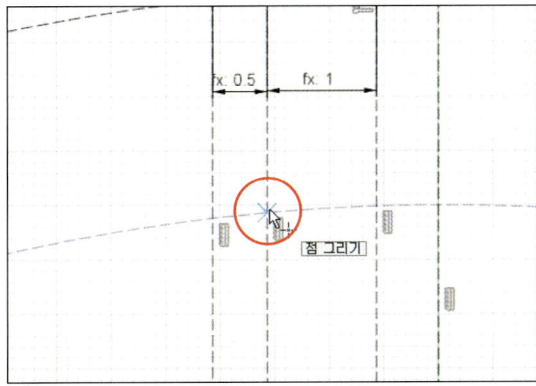

**3점 호** 명령으로 다음과 같이 작성합니다.

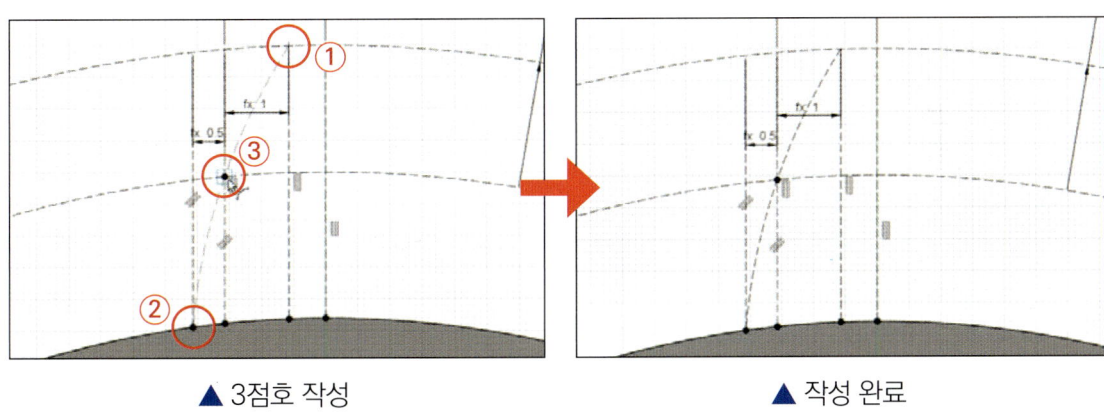

▲ 3점호 작성      ▲ 작성 완료

### Tip

3점호의 스냅은 교차점을 인식하지 못하므로 교차점에 미리 점을 작성해 놓습니다.

작성한 호를 일반선으로 바꿉니다.

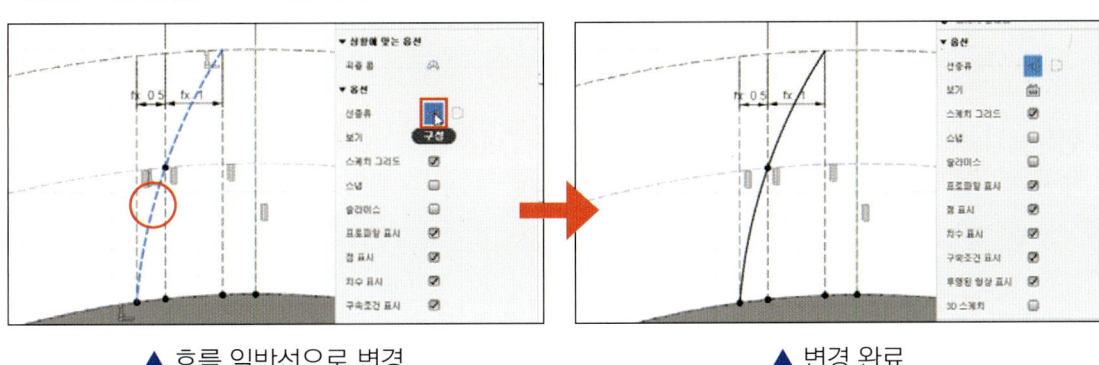

▲ 호를 일반선으로 변경      ▲ 변경 완료

**미러** 명령을 실행합니다.

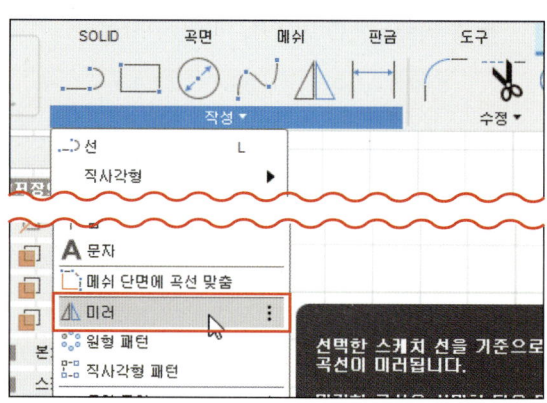

대칭할 개체와 미러선을 다음과 같이 선택하고 확인 버튼을 클릭해 작성합니다.

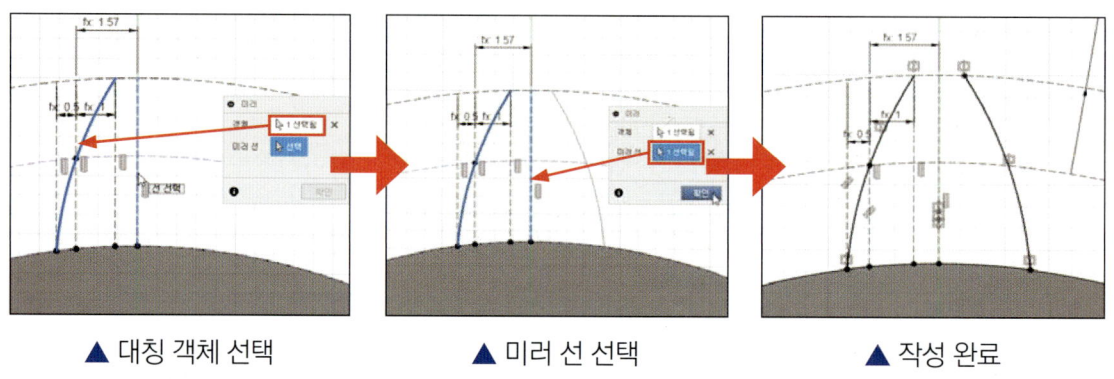

▲ 대칭 객체 선택　　　　▲ 미러 선 선택　　　　▲ 작성 완료

3점 호 명령으로 다음과 같이 위 아래를 막아서 프로파일 영역을 만듭니다.

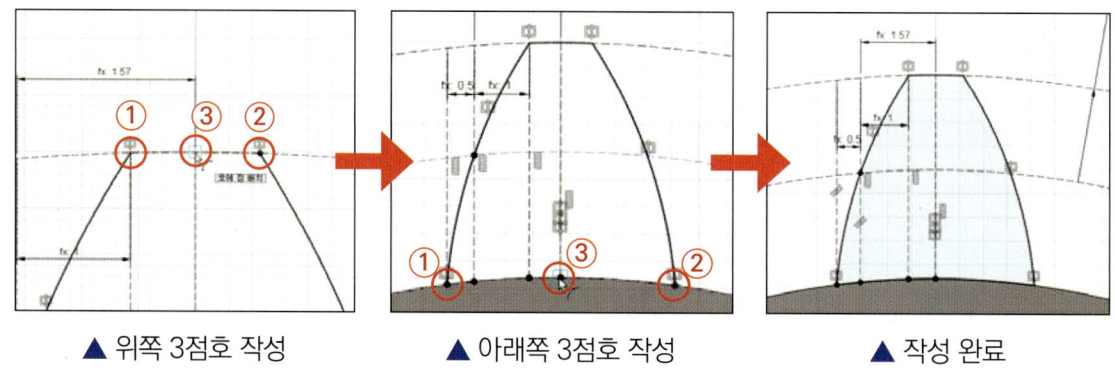

▲ 위쪽 3점호 작성　　　　▲ 아래쪽 3점호 작성　　　　▲ 작성 완료

 Tip

작성하는 개체가 구성선으로 작성된다면 스케치 팔레트에서 구성 버튼을 누름 해제해서 다시 원래대로 돌려놓습니다.

돌출 명령을 실행해 다음과 같이 작성합니다.

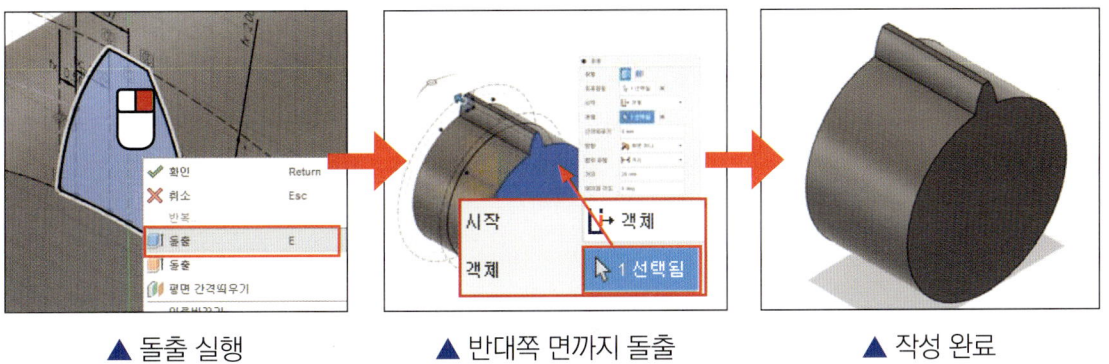

▲ 돌출 실행   ▲ 반대쪽 면까지 돌출   ▲ 작성 완료

챔퍼와 필렛 명령을 실행해 다음과 같이 작성합니다.

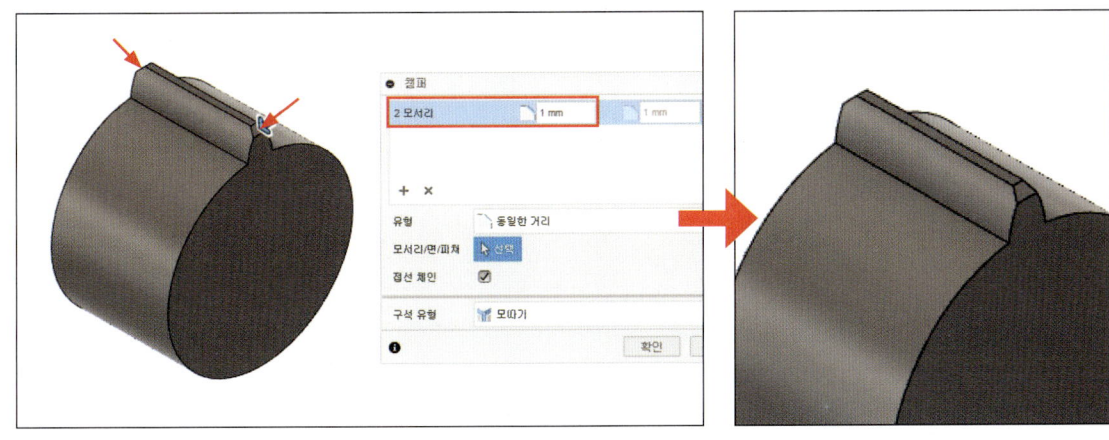

▲ 모따기 작성(거리 : 1mm)   ▲ 작성 완료

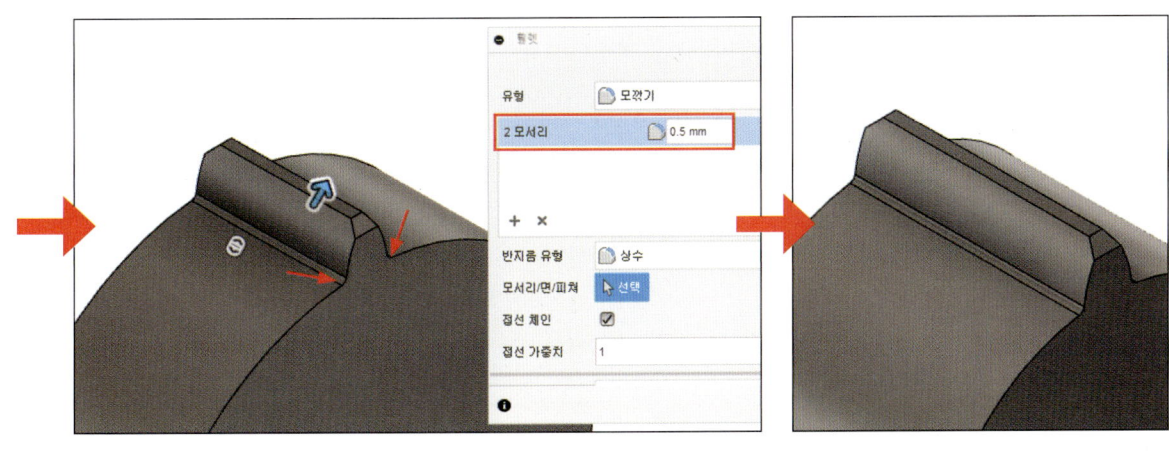

▲ 모깎기 작성(반지름 : 0.5mm)   ▲ 작성 완료

# Part 02 솔리드 모델링

## 06 이빨 원형 패턴하기

원형 패턴 명령을 실행해서 유형을 피쳐로 바꿉니다.

패턴할 개체를 다음과 같이 화면에서 선택하는 것이 아닌 타임라인에서 선택합니다.

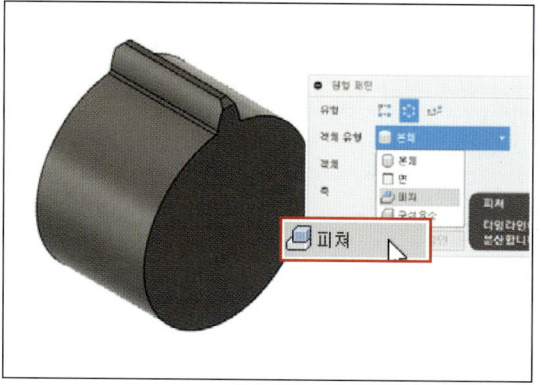
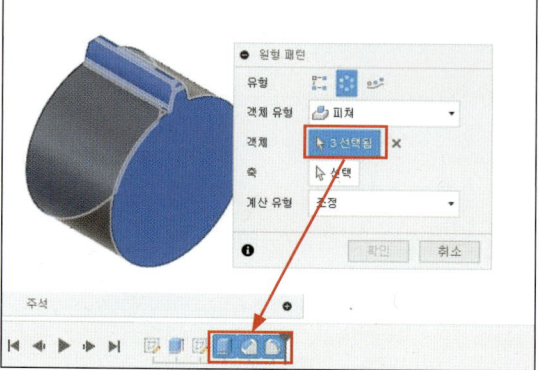

### Tip

**패턴 타입에 대해서**

패턴하려는 개체의 타입에 따라 다음과 같이 나뉩니다. 이 옵션은 직사각형/원형/곡선/대칭 패턴에 공통적으로 적용됩니다.

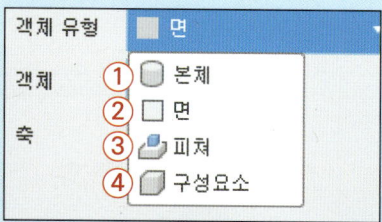

① **본체** : 화면에 생성된 덩어리를 패턴합니다. 덩어리의 구별 개념은 주로 브라우저의 본체 리스트를 따르게 됩니다.

② **면** : 화면에 표시된 면을 선택합니다. 모델링 특성에 따라 면이 패턴된 곳에 기하학적 특성이 맞지 않는다면 패턴이 실패합니다.

③ **피쳐** : 화면이 아닌 타임라인에서 보여지는 피쳐를 선택해 패턴합니다. 이는 형상이 아닌 우리가 작성한 작업을 패턴한다는 개념이라고 보시면 되겠습니다.

④ **구성요소** : 화면에 생성된 컴포넌트, 즉 부품을 패턴합니다.

**축** 항목을 다음 원통을 클릭합니다.

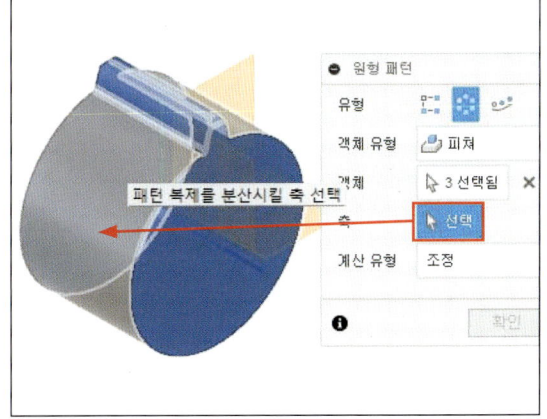

> **Tip**
> 축 항목은 원통의 가상축도 인식합니다.

**수량** 항목을 이빨 갯수 매개변수(T_N)을 선택합니다.

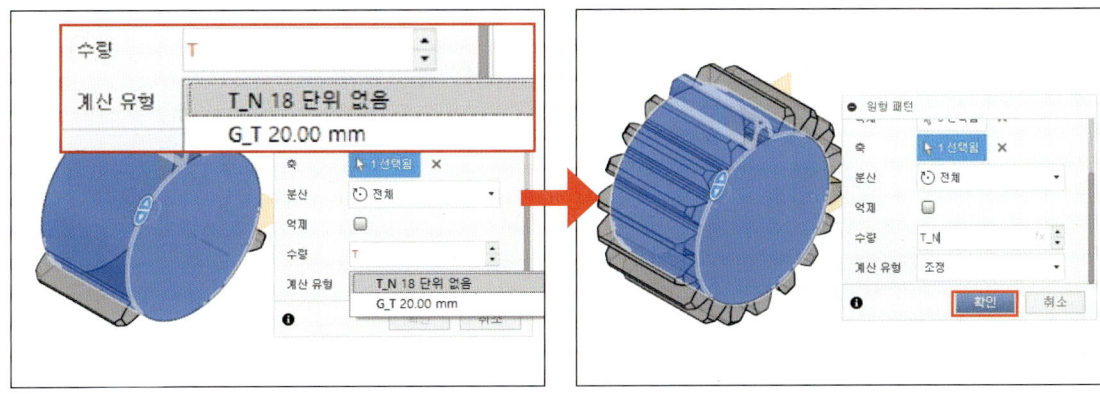

▲ 패턴 갯수 설정(매개변수 : T_N)　　　　▲ 확인 버튼 클릭

OK버튼을 클릭하면 기어 이빨 패턴이 완성됩니다.

> **Tip**
> 치수 입력창에 잘못된 치수 혹은 매개변수 이름을 입력하면 글자색이 빨간색으로 표시됩니다.
> 따라서 글자색이 빨간색이 되었을 때는 무언가 잘못 입력한 것이라 보시면 됩니다.

# 07 매개변수를 이용해 형상 변경하기

Autodesk Fusion

기어의 기본 크기는 보통 기어의 모듈과 잇수와 기어의 두께로 결정됩니다. 앞서 우리가 작성했던 사용자 매개변수가 그러한 값으로 등록되었던 것입니다.

다음과 같이 **매개변수 관리** 명령을 클릭합니다.

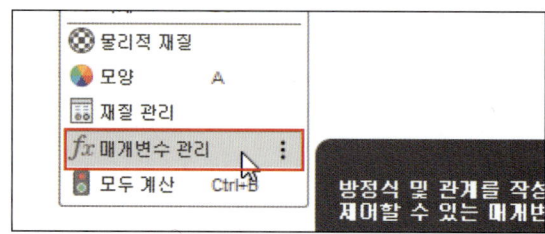

**값** 항목을 수정해서 기어의 형상이 어떻게 변하는지를 확인해 봅시다.

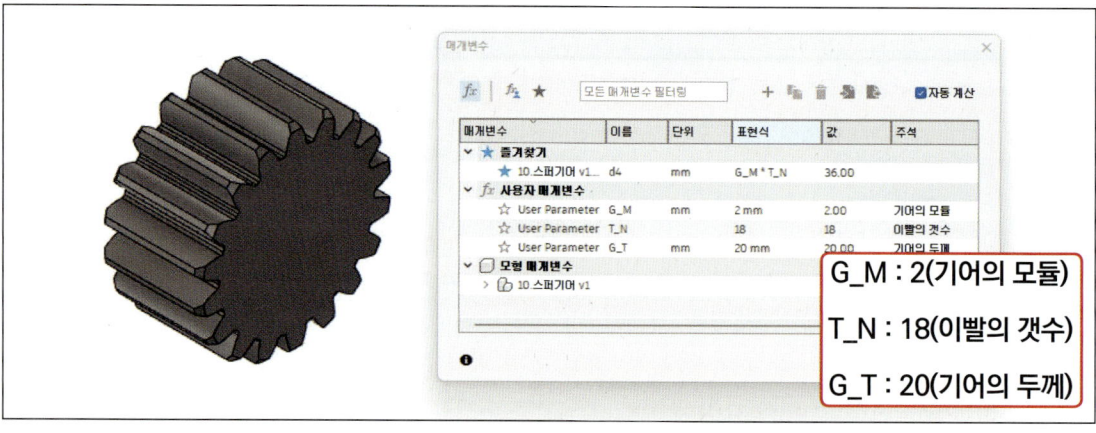

G_M : 2(기어의 모듈)

T_N : 18(이빨의 갯수)

G_T : 20(기어의 두께)

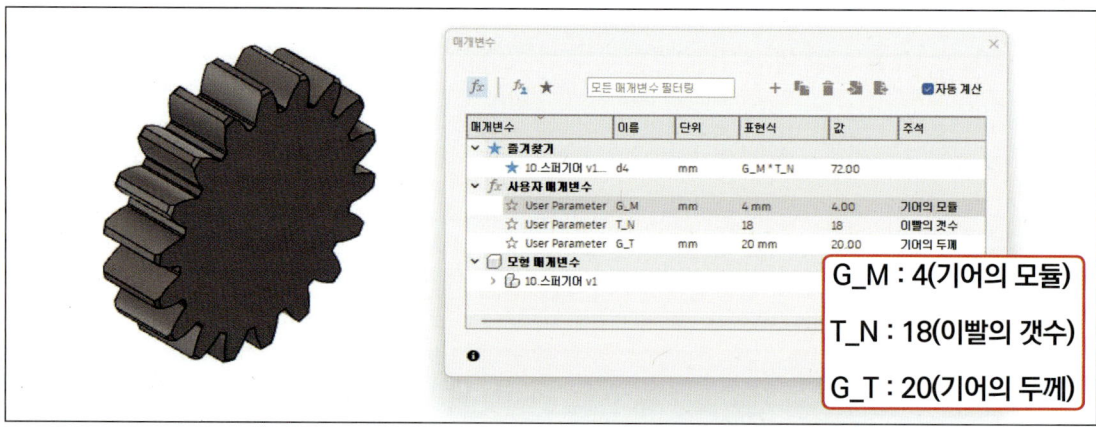

G_M : 4(기어의 모듈)

T_N : 18(이빨의 갯수)

G_T : 20(기어의 두께)

Chapter 11 스퍼기어 모델링 예제

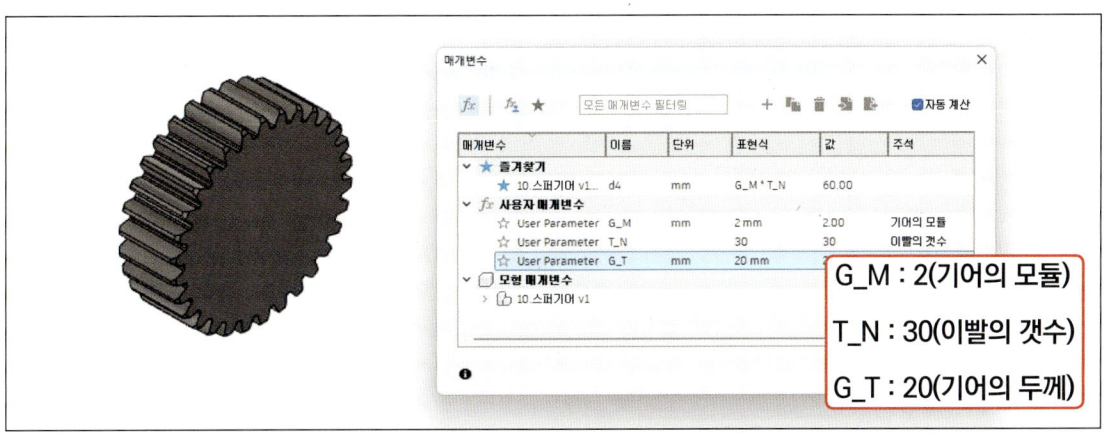

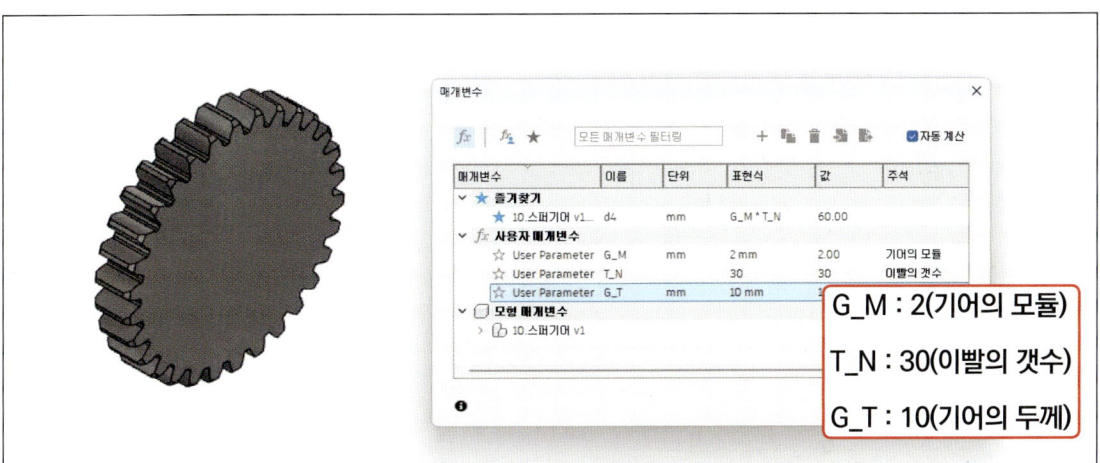

## 08 축 구멍과 키 홈 작성하기

다음 면에 스케치를 작성해서 원을 작성합니다.

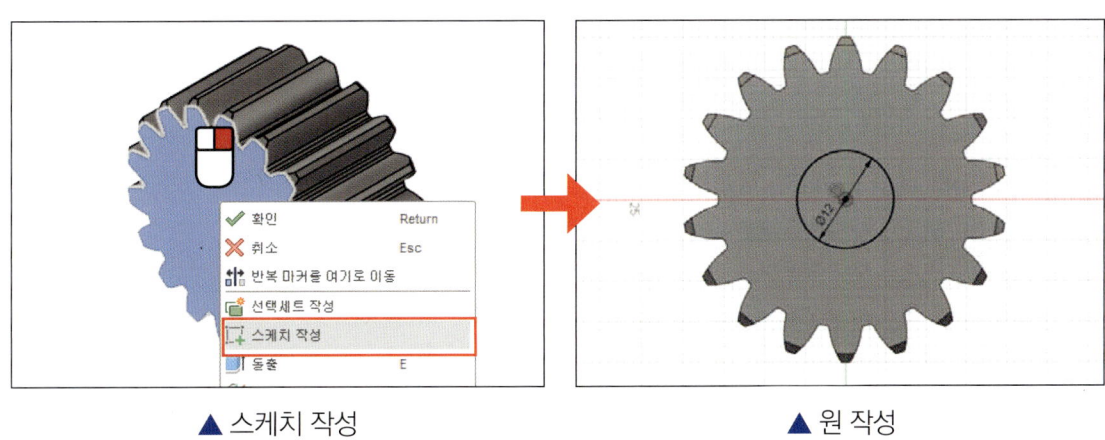

▲ 스케치 작성　　　　　　　　　　　　　　▲ 원 작성

선 명령으로 다음과 같이 작성하고 구속조건과 치수를 작성합니다.

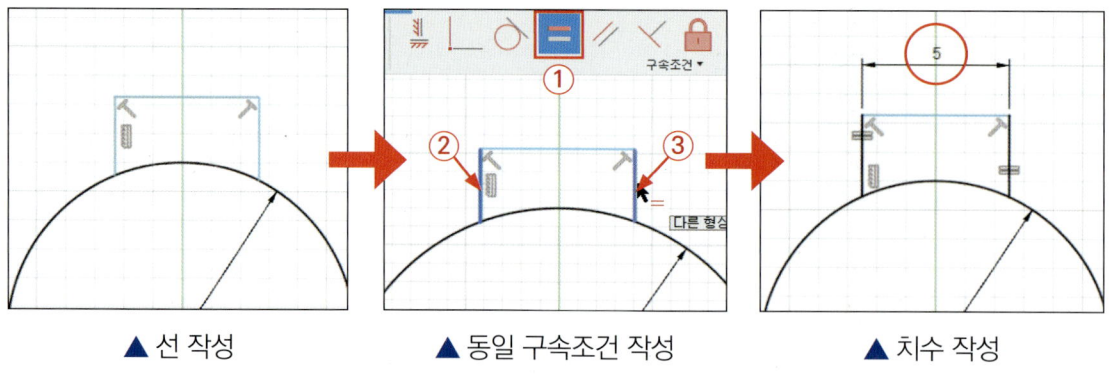

▲ 선 작성　　　　　　▲ 동일 구속조건 작성　　　　　　▲ 치수 작성

치수 명령으로 위의 선을 먼저 선택하고 두 번째로 아래쪽 원을 선택한 후 마우스 우측 버튼을 클릭해서 팝업 메뉴를 표시해서 **원/호 접선 선택**을 클릭합니다.

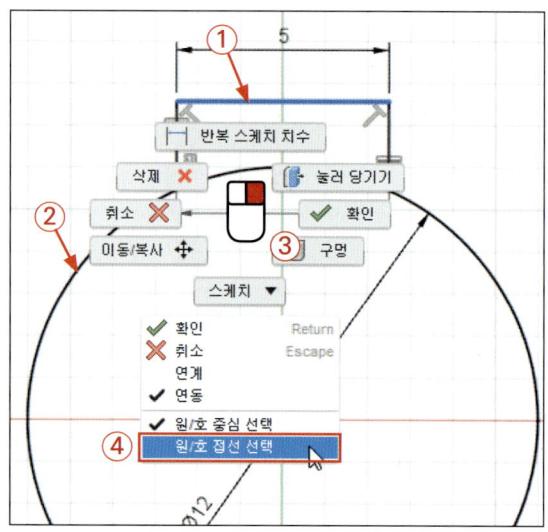

원의 접선 점을 선택해서 다음과 같이 치수를 작성합니다.

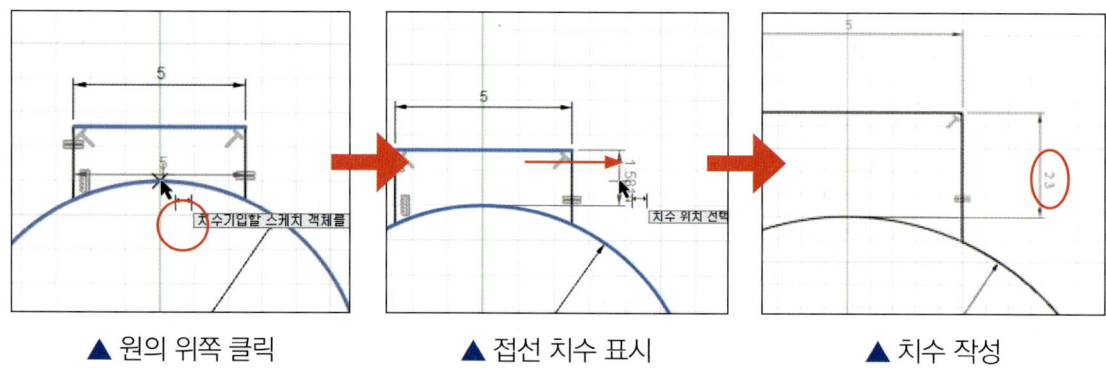

▲ 원의 위쪽 클릭　　　　　　▲ 접선 치수 표시　　　　　　▲ 치수 작성

돌출 명령으로 작성한 원을 선택해 **잘라내기-모두** 옵션으로 다음과 같이 작성합니다.

**스케치3** 항목의 가시성을 켭니다.

돌출 명령으로 키 영역을 선택해 **잘라내기-모두** 옵션으로 다음과 같이 작성합니다.

**스케치3** 항목의 가시성을 꺼서 스케치를 숨깁니다.

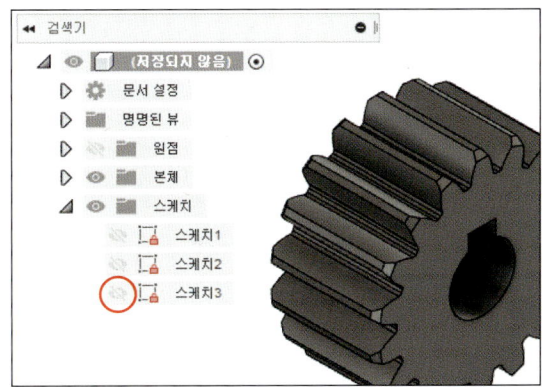

## 09 피쳐 억제로 형상 제어하기

Autodesk Fusion

타임라인에서 마지막에 작성한 돌출 피쳐 아이콘을 마우스 우측 버튼으로 클릭해서 **피쳐 억제**를 클릭합니다.

## Part 02 솔리드 모델링

다음과 같이 피쳐의 색상이 흐려지면서 억제됩니다. 작성한 키 형상도 사라집니다.

다음과 같이 억제했던 피쳐를 마우스 우측 버튼으로 **피쳐 억제 해제**를 클릭합니다.

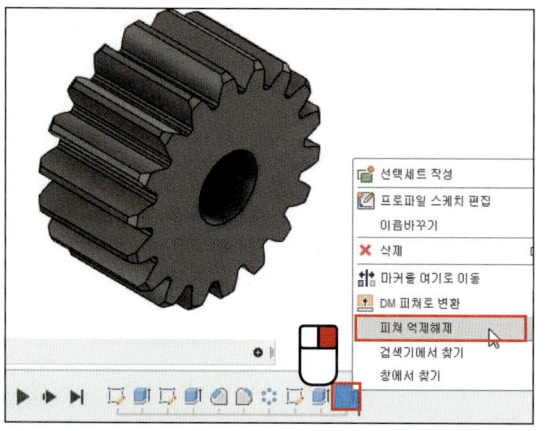

피쳐의 색상이 다시 선명해지면서 사라졌던 키 형상이 다시 나타납니다.

▶ YouTube
풀이 과정을 유튜브로
확인해 보세요!

 **Tip**

위와 같이 피쳐 억제와 피쳐 억제 해제를 이용해 부품의 형상을 제어할 수 있습니다.

 # 총정리

이번 챕터를 통해 우리는 다음과 같은 것들을 배웠습니다.

❶ **매개변수 관리창 알아보기** : 모델을 작성할 때 입력한 치수가 가지는 매개변수를 제어할 수 있는 매개변수 관리창에 대해서 학습했습니다.

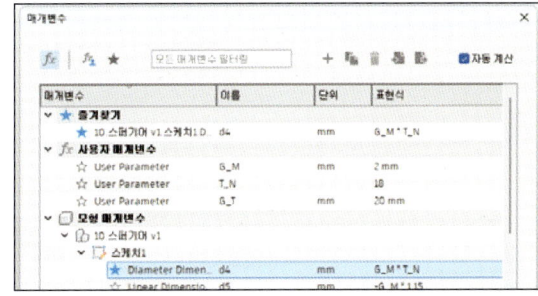

❷ **사용자 매개변수 작성하기** : 사용자가 직접 매개변수를 등록해서 이후 모델링을 할 때 응용해서 사용할 수 있는 사용자 매개변수의 작성에 대해서 학습했습니다.

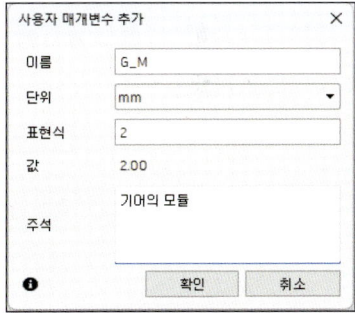

❸ **매개변수를 응용해 모델링 형상 변경하기** : 매개변수의 값을 변경해 모델링을 개념적으로 변경하는 방법에 대해서 학습했습니다.

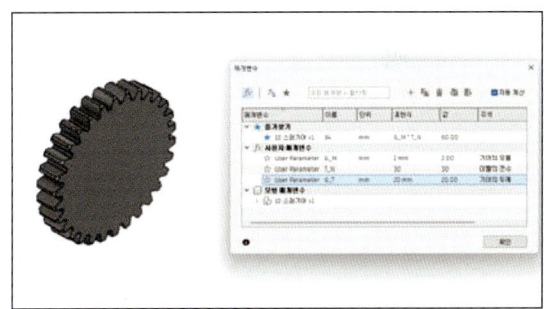

❹ **피쳐의 억제와 억제해제** : 타임라인의 피쳐를 억제 또는 억제해제를 해서 모델링의 형상을 제어하는 방법에 대해서 학습했습니다.

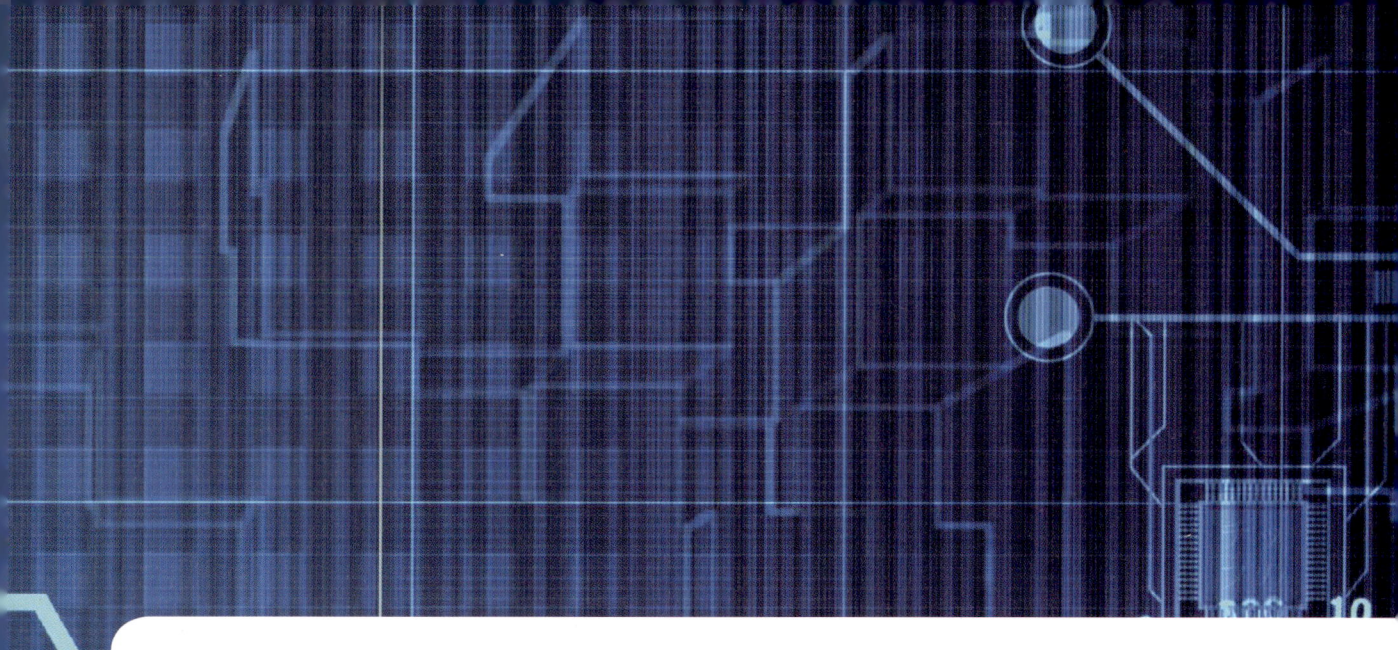

# 곡면 모델링

Chapter 1  곡면 모델링의 개요
Chapter 2  스툴 의자 모델링 예제
Chapter 3  연필 모델링 예제
Chapter 4  컵 홀더 모델링 예제
Chapter 5  마우스 모델링 예제

# Part 03 곡면 모델링

## CHAPTER 01 곡면 모델링의 개요

곡면 모델링의 개요와 명령어에 대해서 알아보도록 하겠습니다.

## 01 곡면 모델링

### 01 곡면 모델링의 개요

곡면 모델링이란 솔리드 모델링과 달리 두께 및 물성치를 가지지 않고 속이 비어있는 면 정보만 가지고 있는 모델링 요소를 뜻합니다.

❶ 솔리드 모델링(Solid Modeling)

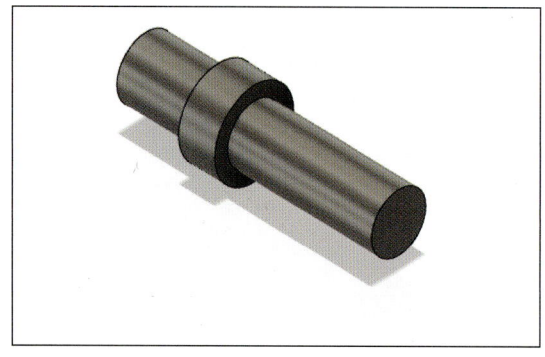

❷ 곡면 모델링(Surface Modeling)

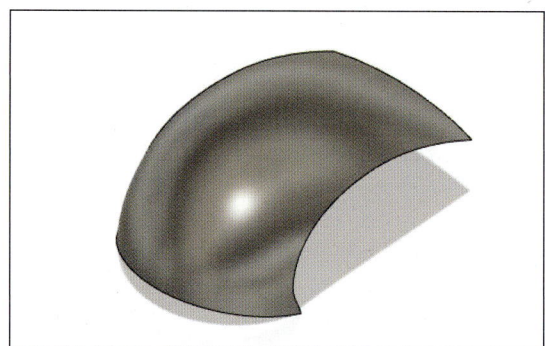

곡면 모델링은 솔리드 모델링과 달리 프로파일 영역이 아닌 프로파일의 곡선을 이용해 피쳐를 작성합니다.

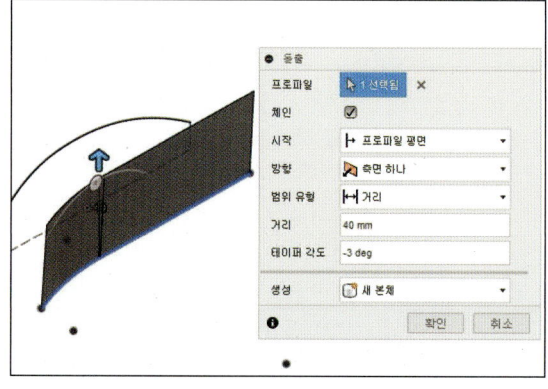

# Chapter 1 곡면 모델링의 개요

## 02 곡면 모델링의 작업 종류

❶ **솔리드 모델링의 보조** : 솔리드 모델링으로 구현하기 힘든 형상을 작성하는데 보조하거나, 그외 작업 도구로 보조하는데 쓰입니다.

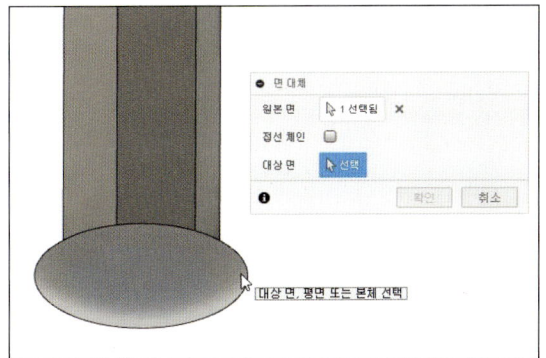

❷ **모델의 외곽 곡면 요소 작성** : 곡면 형상을 가지는 모델의 외곽 형상을 작성하는데 쓰입니다. 하지만 곡면 모델링은 그 자체만으로는 완성된 모델이 되지 않는 경우가 많습니다. 특히 제품 모델링을 하기 위해서는 반드시 물성치가 존재해야 하기 때문에 마지막엔 반드시 솔리드 모델로 마무리를 지어야 합니다.

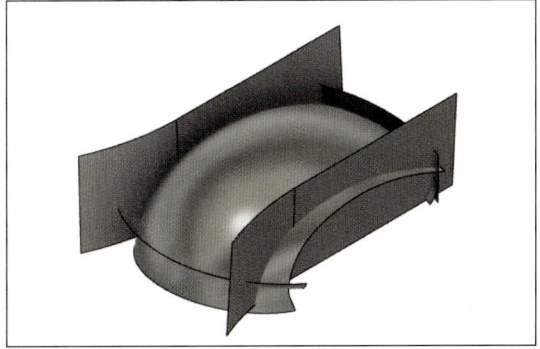

## 02 곡면 모델링 명령어

Autodesk Fusion

곡면 모델링 명령어는 아이콘 툴바의 SURFACE(곡면) 탭을 클릭하면 확인할 수 있습니다.

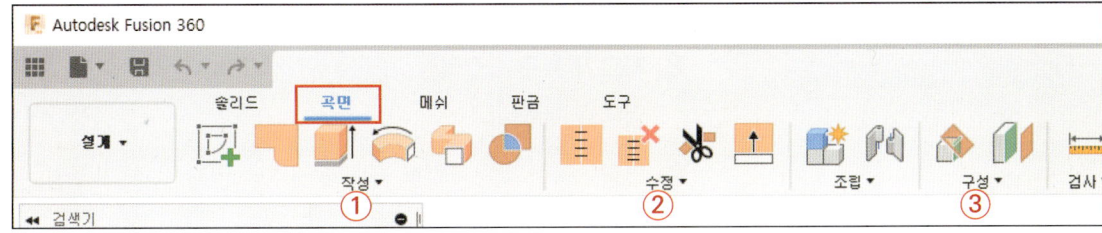

❶ **작성** : 곡면 모델링 형상을 작성하는 명령어 그룹입니다.

❷ **수정** : 작성된 곡면 모델을 수정하는 명령어 그룹입니다.

❸ **구성** : 사용자 작업면, 작업축, 작업점을 작성하는 명령어 그룹입니다. 이 명령어 그룹은 솔리드 모델링 환경 명령과 동일합니다.

# Part 03 곡면 모델링

## 01 작성

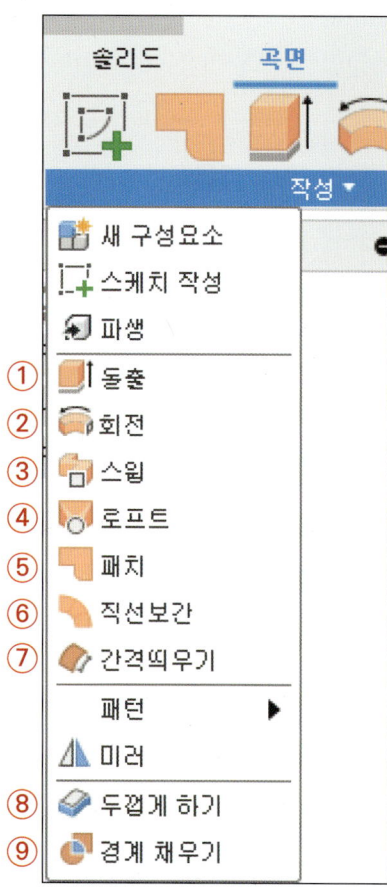

① **돌출** : 작성된 프로파일 곡선에 거리와 각도를 주어서 피쳐를 생성합니다.

② **회전** : 작성된 프로파일 곡선이 축을 기준으로 회전하는 피쳐를 생성합니다.

③ **스윕** : 프로파일이 경로를 따라가는 피쳐를 작성합니다.

④ **로프트** : 같은 평면에 있지 않은 두 개 이상의 프로파일을 연결해서 형상을 만듭니다.

⑤ **패치** : 닫힌 루프의 경계를 인식해 곡면을 작성합니다.

⑥ **직선보간** : 모서리를 선택해 직선보간 곡면을 작성합니다.

⑦ **간격띄우기** : 선택한 면을 간격띄우기 한 곡면 개체를 작성합니다.

⑧ **두껍게 하기** : 면에 두께를 줘서 솔리드를 작성합니다. 이 명령은 솔리드 명령에서 한번 언급했지만 곡면 환경에서도 중요한 명령이기 때문에 다시 한번 설명합니다.

⑨ **경계 채우기** : 폐쇄된 공간을 선택해 독립된 솔리드 덩어리를 생성합니다.

## 02 수정

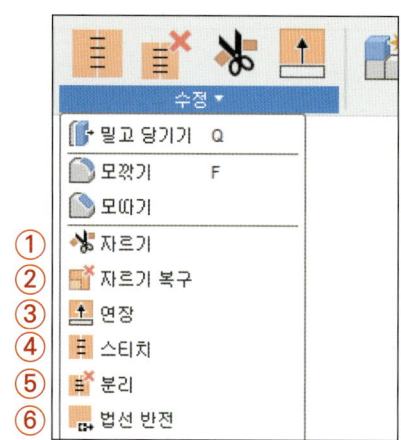

① **자르기** : 참조 곡면을 기준으로 다른 곡면 형상을 자릅니다.

② **자르기 복구** : 잘려진 곡면을 연장하거나 간격, 구멍, 혹은 빈 영역을 채웁니다.

③ **연장** : 곡면의 모서리를 곡률에 맞추어 연장/축소합니다.

④ **스티치** : 여러 개의 곡면 바디를 하나로 합칩니다. 폐쇄된 공간이 탐지되면 솔리드 개체가 추가 생성됩니다.

⑤ **분리** : 스티치 명령으로 합쳐진 곡면을 다시 나눕니다.

⑥ **곡면 반전** : 곡면의 방향을 반전합니다.

# Chapter 1 곡면 모델링의 개요

## 03 검사

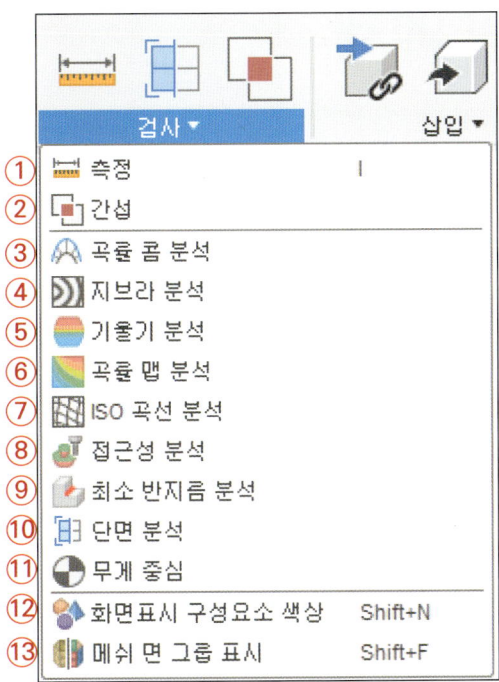

① **측정** : 작성된 형상의 거리, 각도, 면적 등을 측정합니다.

② **간섭** : 솔리드/컴포넌트간의 간섭을 분석합니다.

③ **곡률 콤 분석** : 표면 곡률을 분석합니다.

④ **지브라 분석** : 줄무늬 패턴의 연속성을 이용해 곡면을 분석합니다.

⑤ **기울기 분석** : 모형의 몰드 또는 주조의 기울기 각도를 분석합니다.

⑥ **곡률 맵 분석** : 부품의 면에 색상 그라데이션을 표시하여 곡면을 분석합니다.

⑦ **ISO 곡선 분석** : UV매핑 및 곡률 콤을 적용하여 곡면의 품질을 분석합니다.

⑧ **접근성 분석** : 특정 평면을 기준으로 언더컷 여부를 분석합니다.

⑨ **최소 반지름 분석** : 오목면의 곡률에 대한 최소 반경을 나타내는 색상을 모델에 표시합니다.

⑩ **단면 분석** : 지정한 면에 대해 부품을 잘라내 표시합니다.

⑪ **무게 중심** : 부품의 무게 중심을 원점 표시기로 표시합니다.

⑫ **구성요소 색 순환 전환** : 조립품에서 각 컴포넌트별로 브라우저의 리스트와 타임라인의 피쳐 리스트에서 구분되는 색상을 표시합니다.

⑬ **구성요소 색 순환 전환** : 바디 메쉬에 면 그룹이 색상으로 표시됩니다.

Part 03 곡면 모델링

# CHAPTER 02 스툴 의자 모델링 예제

Autodesk Fusion

이번 시간에는 기본적인 곡면 명령어를 활용해서 스툴 의자 모델링을 작성해 보도록 하겠습니다.

이번 시간에 우리가 학습할 예제를 확인해 보도록 하겠습니다.

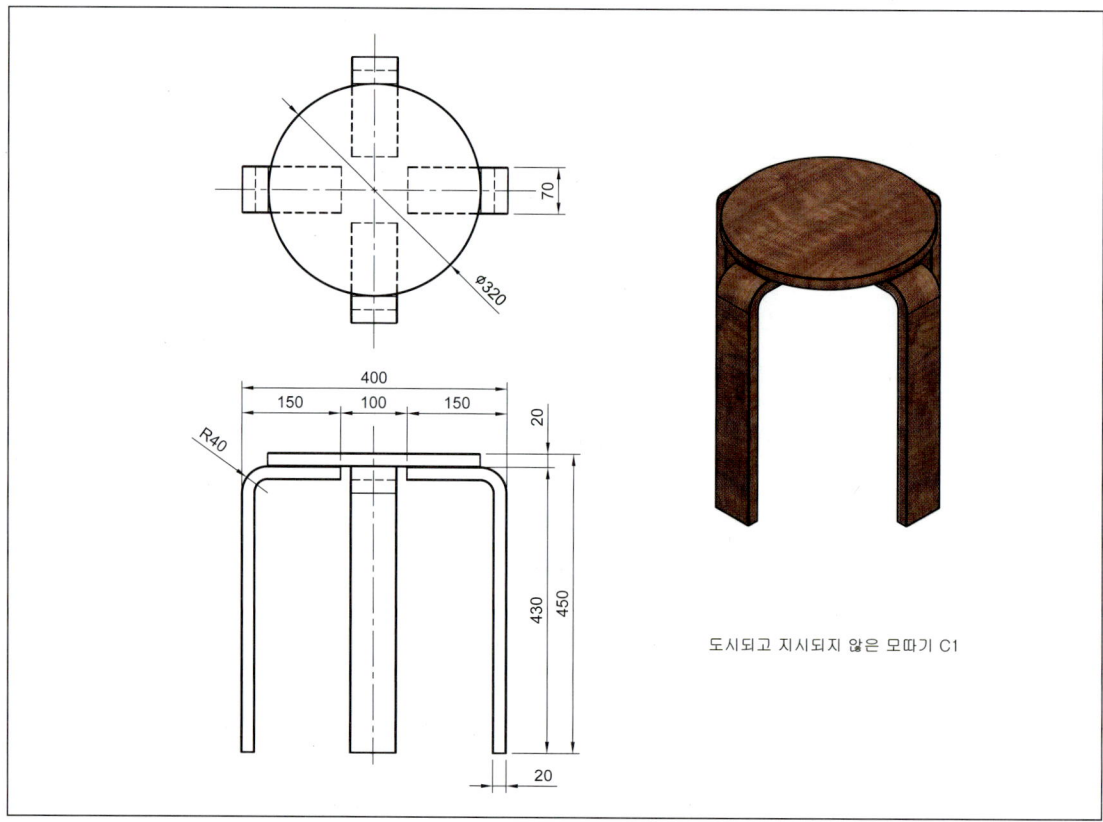

이번 시간에 우리는 다음과 같은 사항을 배우게 됩니다.

- 기본체 형상 작성하기
- 곡면 돌출 사용하기
- 두껍게 하기 활용하기

# Chapter 2 스툴의자 모델링 예제

## 02 베이스 피쳐 작성하기

Autodesk Fusion

**작성 – 원통** 명령을 실행합니다.

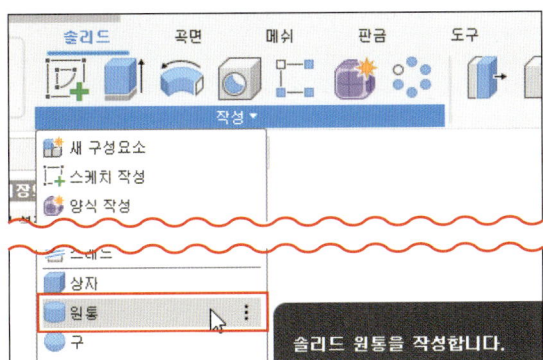

XZ(평면도)를 선택합니다.

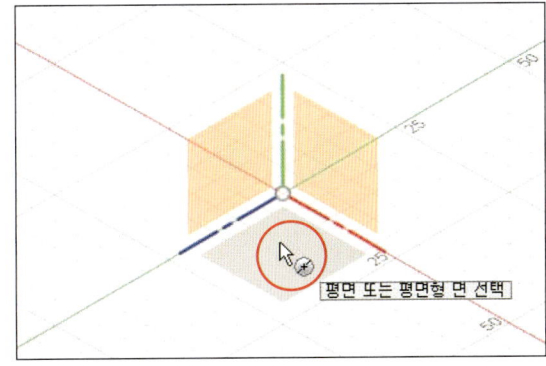

원점을 선택합니다.

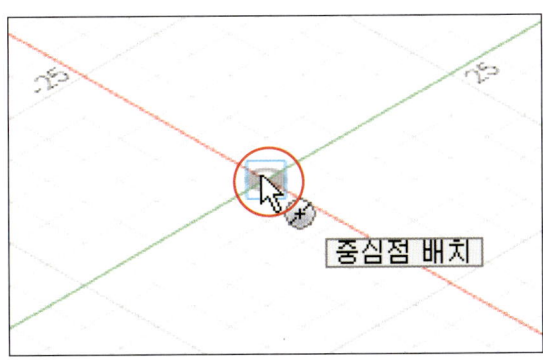

마우스를 움직이면 원 작성이 미리보기됩니다. 지름치수(320mm)를 입력하고 ENTER 키를 누릅니다.

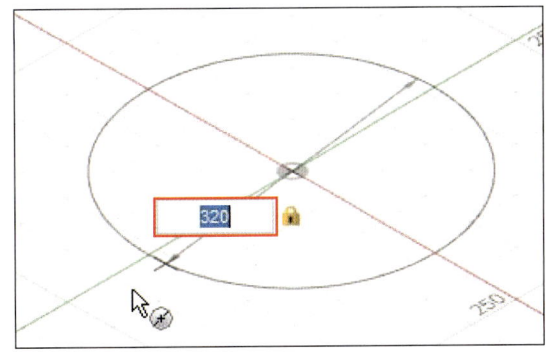

원통 명령어창이 미리보기 됩니다. 높이를 입력(20mm)하고 확인 버튼을 클릭합니다.

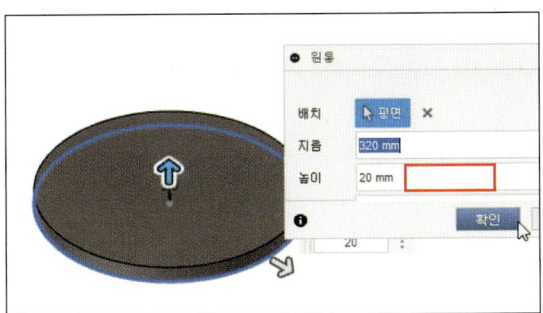

다음과 같이 원통이 작성됩니다.

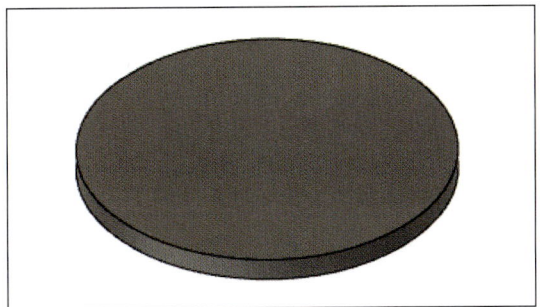

**Command**

# 기본체 작성 명령

간단한 도형을 빠르게 작성할 수 있는 명령어입니다. 아래와 같이 여러가지 형태의 도형을 그릴 수 있습니다.

## 1) 상자

상자 형태를 작성합니다.

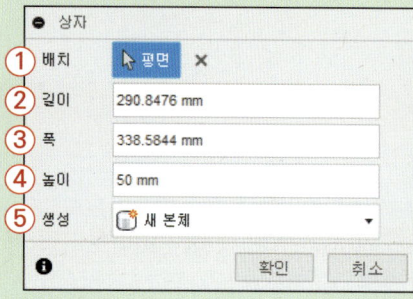

① **배치** : 상자의 밑바닥 스케치를 작성할 면을 선택합니다.

② **길이** : 상자의 길이를 설정합니다.

③ **폭** : 상자의 너비를 설정합니다.

④ **높이** : 상자의 높이를 설정합니다.

⑤ **생성** : 생성 옵션을 선택합니다.

## 2) 원통

원통 형태를 작성합니다.

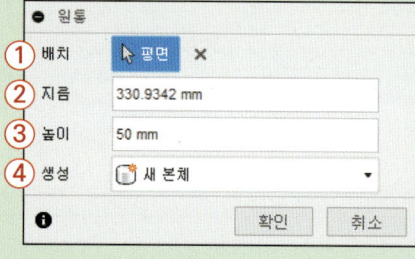

① **배치** : 원통의 밑바닥 스케치를 작성할 면을 선택합니다.

② **지름** : 원통의 지름을 설정합니다.

③ **높이** : 원통의 높이를 설정합니다.

④ **생성** : 생성 옵션을 선택합니다.

## 3) 구

구 형태를 작성합니다.

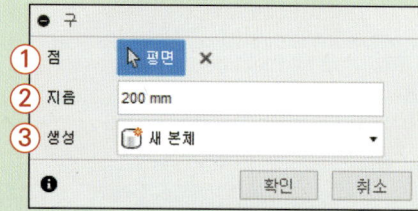

① **점** : 구의 중심점 위치를 선택합니다.

② **지름** : 구의 지름을 설정합니다.

③ **생성** : 생성 옵션을 선택합니다.

## Chapter 2 스툴의자 모델링 예제

### 4) 원환

도넛 형태를 작성합니다.

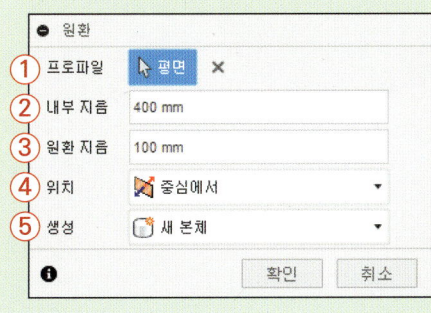

① **프로파일** : 도넛이 배치될 면을 선택합니다.

② **내부 지름** : 도넛의 안지름을 설정합니다.

③ **원환 지름** : 도넛의 바깥 지름을 설정합니다.

④ **위치** : 도넛의 생성 방향을 선택합니다.

⑤ **생성** : 생성 옵션을 선택합니다.

## 03 다리 형상 작성하기

정면도(XY평면)에 스케치를 작성합니다.

선 명령으로 다음과 같이 작성합니다.

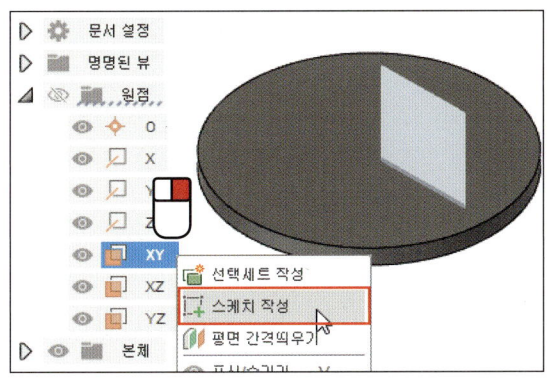
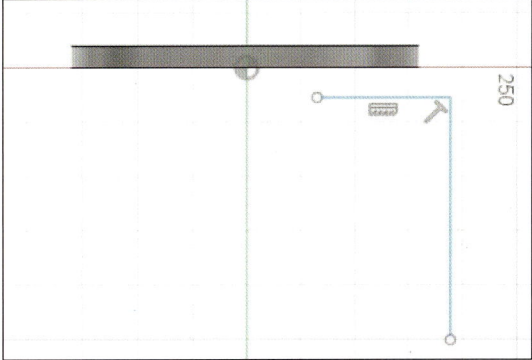

치수와 구속조건을 다음과 같이 부여합니다.

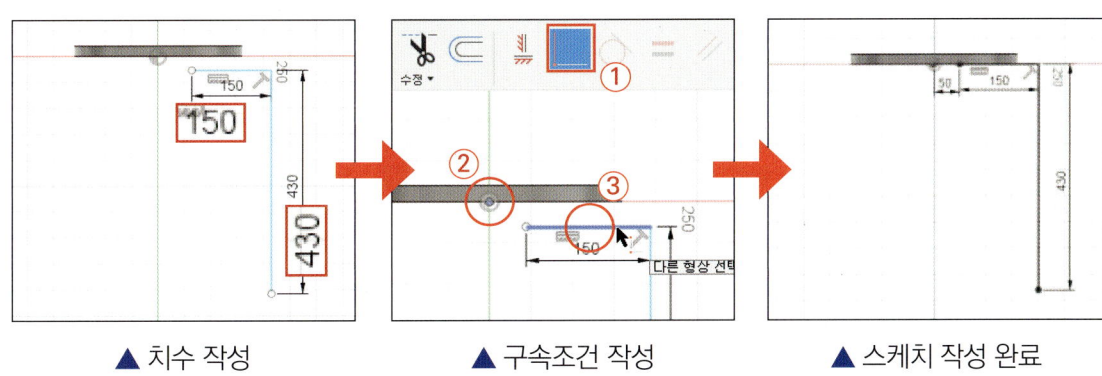

▲ 치수 작성　　　　▲ 구속조건 작성　　　　▲ 스케치 작성 완료

# Part 03 곡면 모델링

곡면 탭에서 **작성-돌출** 명령을 실행합니다.

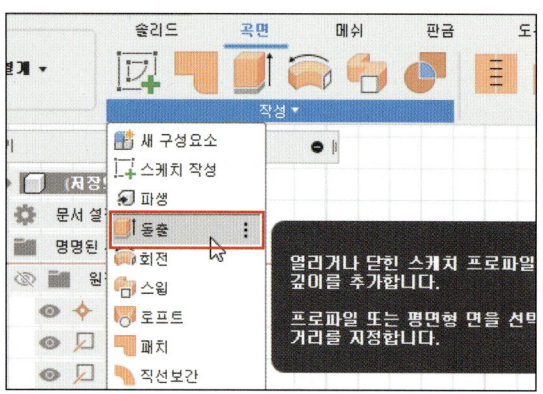

프로파일을 선택한 후 방향을 **대칭**으로 변경합니다.

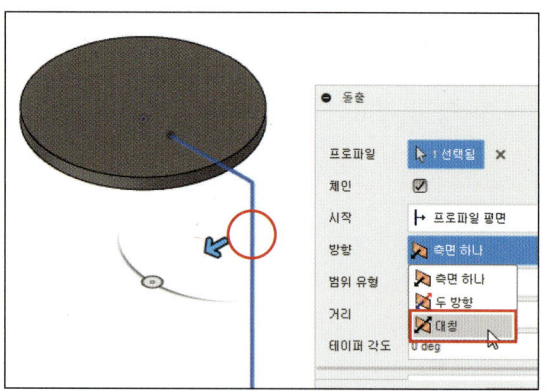

거리를 다음과 같이 입력한 후 **확인** 버튼을 클릭합니다.

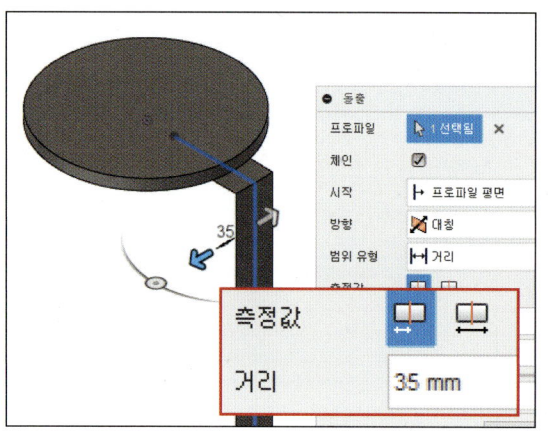

다음과 같이 곡면돌출이 작성됩니다.

모서리를 선택해 팝업 메뉴를 표시한 후 **필렛** 명령을 실행합니다.

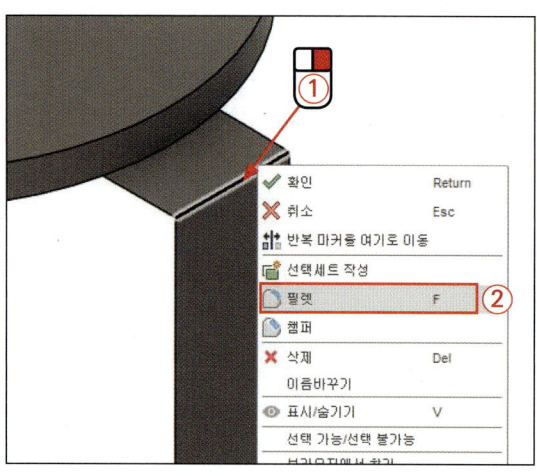

반지름을 다음과 같이 설정(40mm)한 후 **확인** 버튼을 클릭합니다.

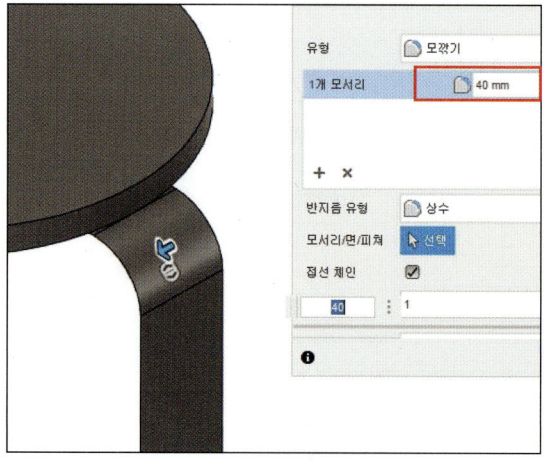

# Chapter 2 스툴의자 모델링 예제

**작성 – 두껍게 하기** 명령을 실행합니다.

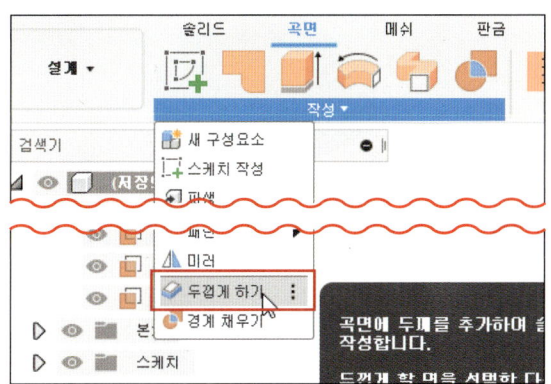

두께를 줄 곡면을 선택합니다.

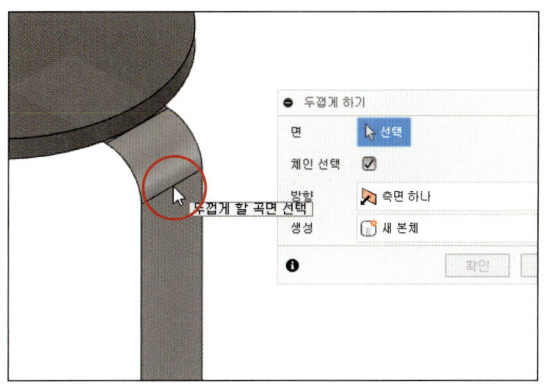

작성한 곡면을 선택해 두께(-20mm)를 입력한 후, **확인** 버튼을 클릭합니다.

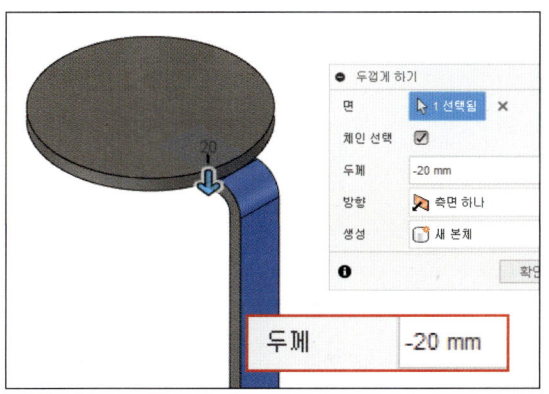

다음과 같이 곡면에 두께주기가 작성되었습니다.

### Command

## 두껍게 하기

면에 두께를 줘서 솔리드를 작성합니다.

① **면** : 두께를 줄 면을 선택합니다.

② **체인 선택** : 선택면의 체인선택 유무를 선택합니다.

③ **두께** : 두께 수치를 설정합니다.

④ **방향** : 두께를 줄 방향을 선택합니다.

⑤ **생성** : 생성 옵션을 선택합니다.

# Part 03 곡면 모델링

필렛 명령을 실행해 다음 모서리를 선택한 후 다음과 같이 작성합니다.

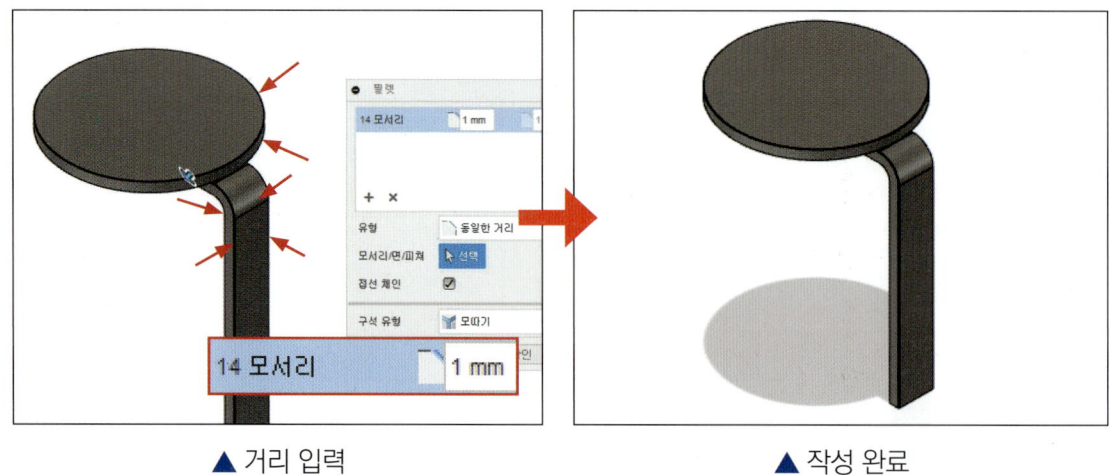

▲ 거리 입력    ▲ 작성 완료

원형 패턴 명령을 실행해 다음과 같이 작성합니다.

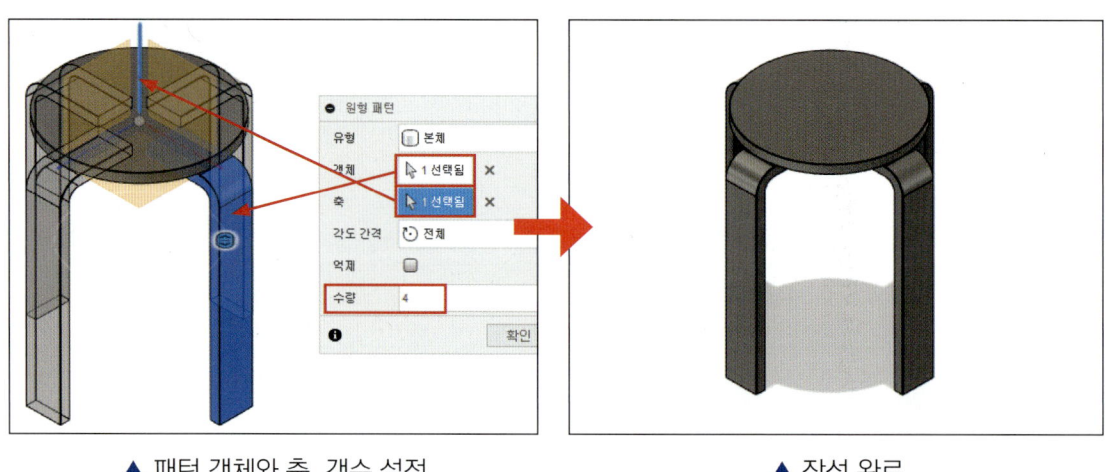

▲ 패턴 객체와 축, 갯수 설정    ▲ 작성 완료

색상 명령을 실행해 다음과 같이 **목재-체리** 항목을 적용합니다.

## Chapter 2 스툴의자 모델링 예제

다음과 같이 스툴 의자 작성이 완료되었습니다.

풀이 과정을 유튜브로
확인해 보세요!

 **Tip**

### 다운로드 재질에 대해서

모양 명령의 라이브러리 항목에는 일반 색상과 다운로드 색상이 있습니다. 일반 색상은 Autodesk Fusion 최초 설치에 같이 포함되어 있는 색상이고 다운로드 색상은 쓰고자 할때 우측의 다운로드 버튼을 클릭해서 색상을 다운로드 받은 다음에 쓸 수 있습니다.

▲ 다운로드 버튼 클릭

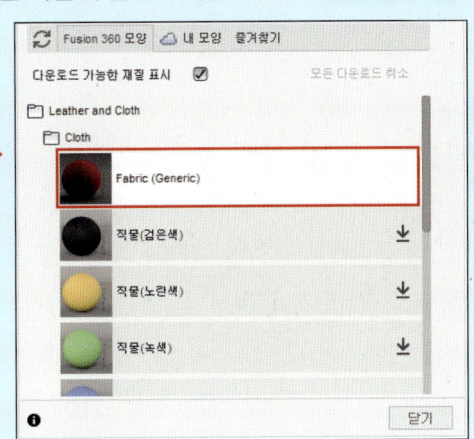

▲ 다운로드 버튼이 사라져서
  쓸 수 있게 됨

 **총정리**

이번 챕터를 통해 우리는 다음과 같은 것들을 배웠습니다.

❶ **기본체 형상 작성하기** : 가장 기본적인 상자, 원기둥, 구체 형상을 작성하는 기본체 형상들에 대해서 학습했습니다.

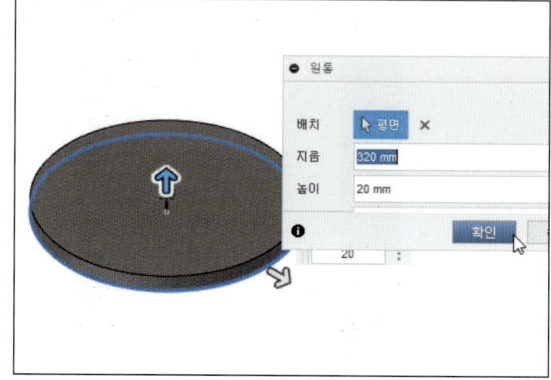

❷ **곡면 돌출 사용하기** : 열린 프로파일을 선택해서 두께를 가지지 않는 곡면 돌출을 작성하는 방법에 대해서 학습했습니다.

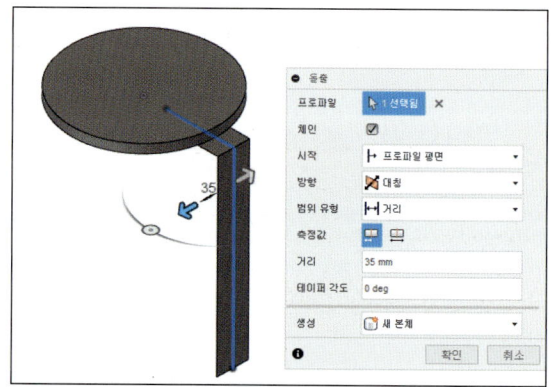

❸ **두껍게 하기 활용하기** : 두께가 없는 곡면에 일정한 두께를 주는 명령에 대해서 학습했습니다. 이 명령을 사용하면 곡면이 간격 띄우기 한 것 같은 형상으로 작성됩니다.

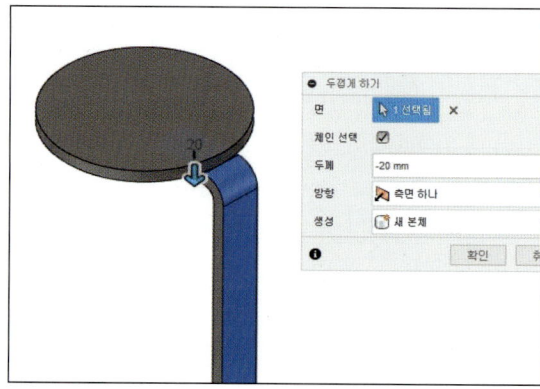

## 연습예제

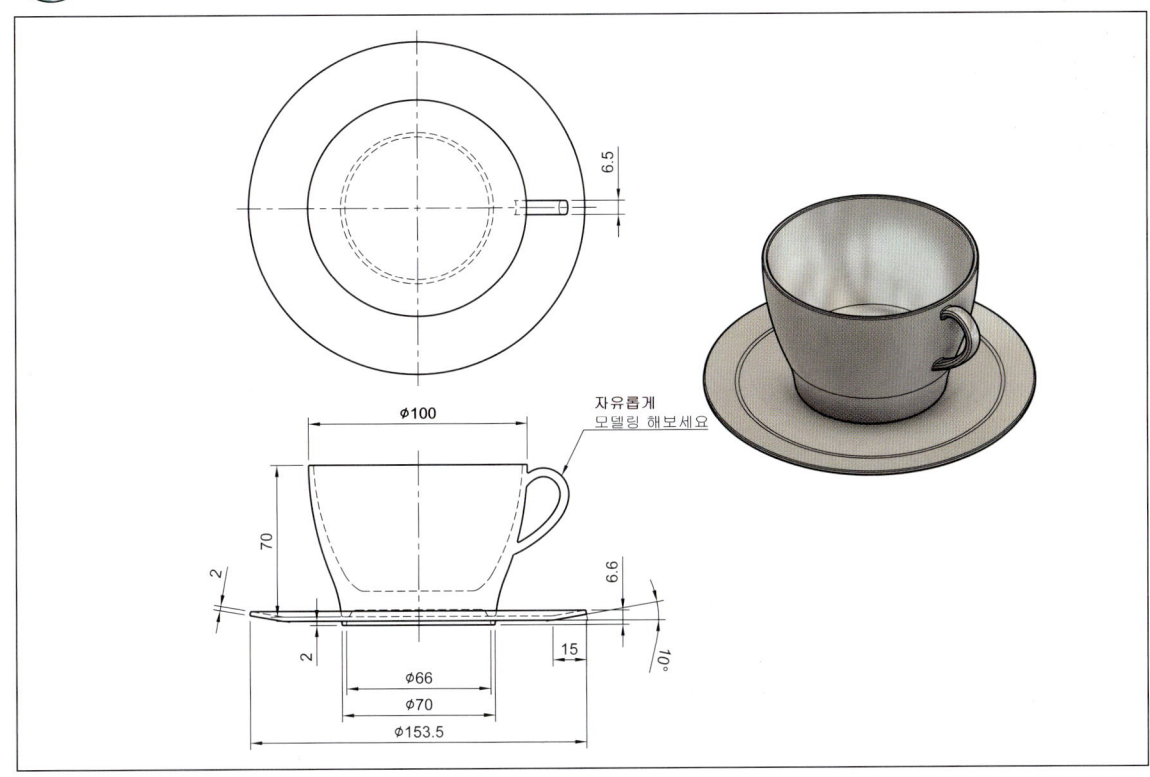

자유롭게 모델링 해보세요

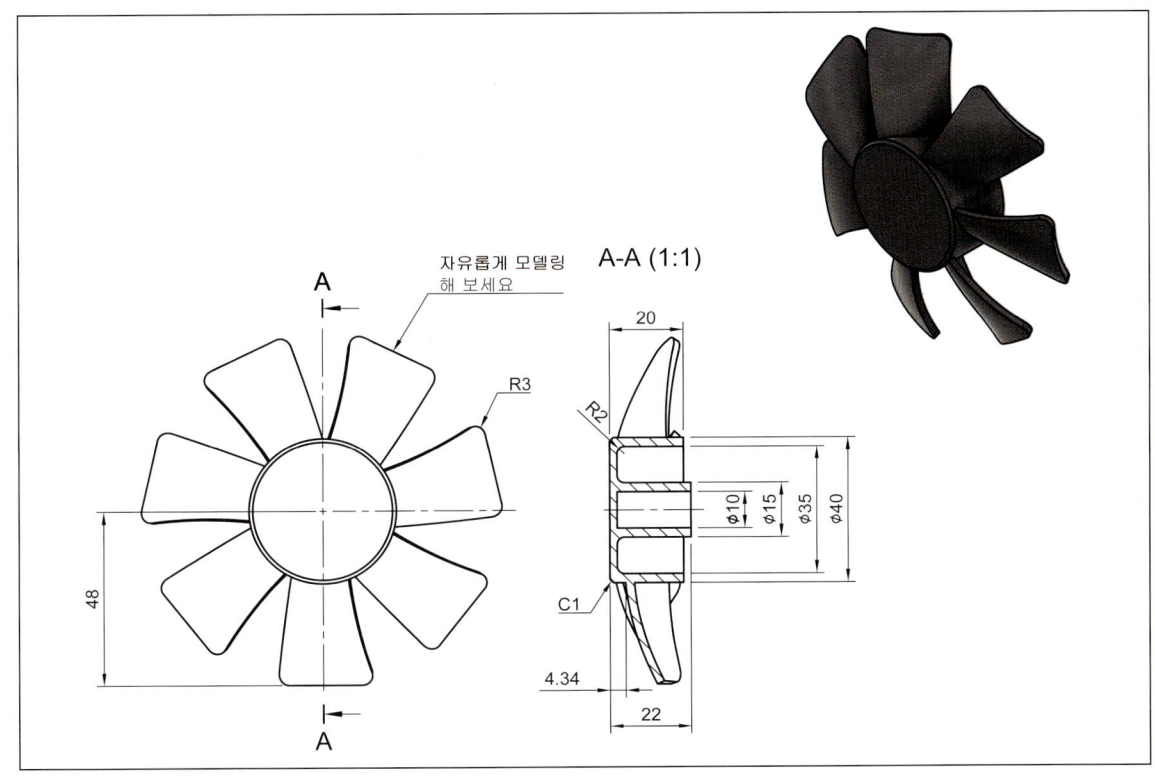

자유롭게 모델링 해 보세요

Part 03 곡면 모델링

# CHAPTER 03 연필 모델링 예제

이번 시간에는 연필 모델링을 작성해 보도록 하겠습니다.

## 01 도면과 학습 목표

이번 시간에 우리가 학습할 예제를 확인해 보도록 하겠습니다.

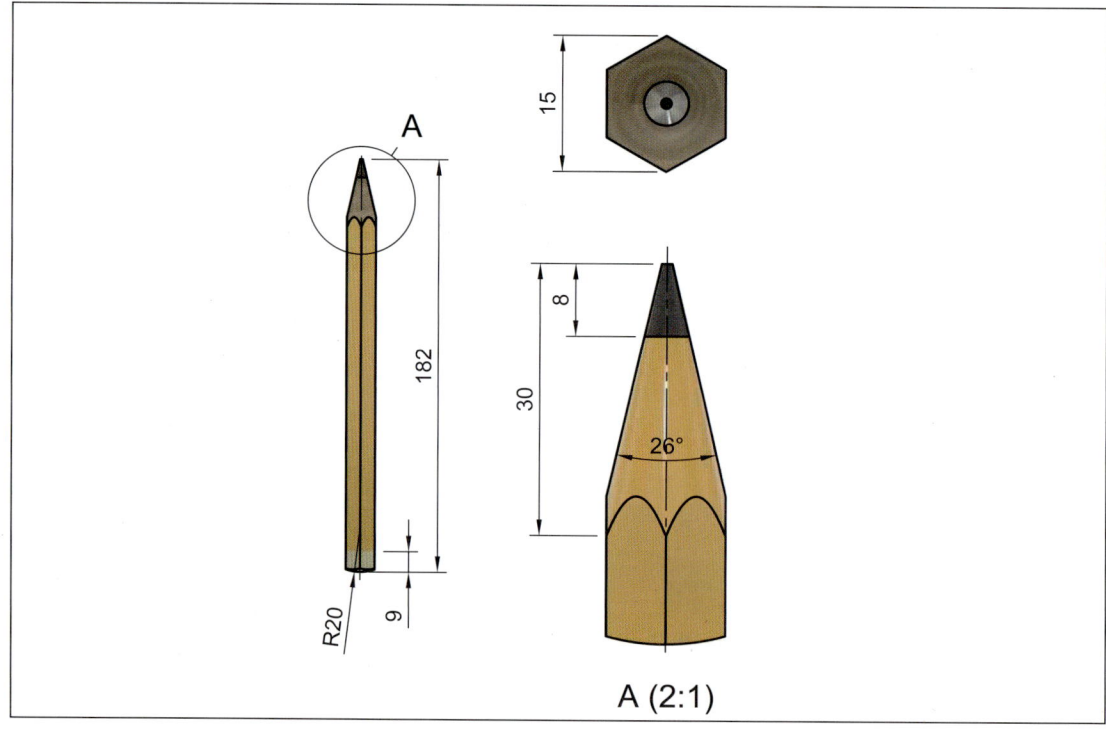

이번 시간에 우리는 다음과 같은 사항을 배우게 됩니다.

- 본체 분할
- 곡면 회전 명령
- 면 대체 명령
- 제거 명령
- 면 분할 명령
- 면 요소에 색상 지정하기

## 02 기본 형상 작성하기

평면도(XZ)에 스케치를 작성해 원을 작성합니다.

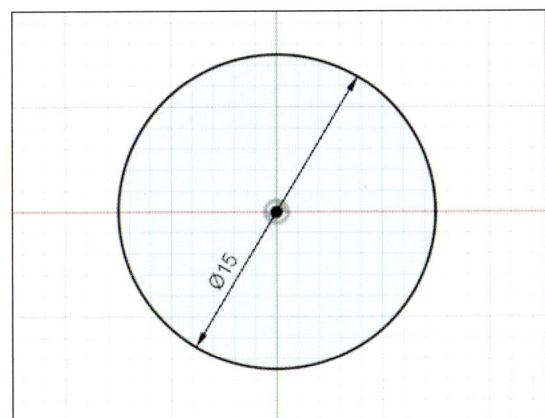

돌출 명령을 실행해 다음과 같이 작성합니다.

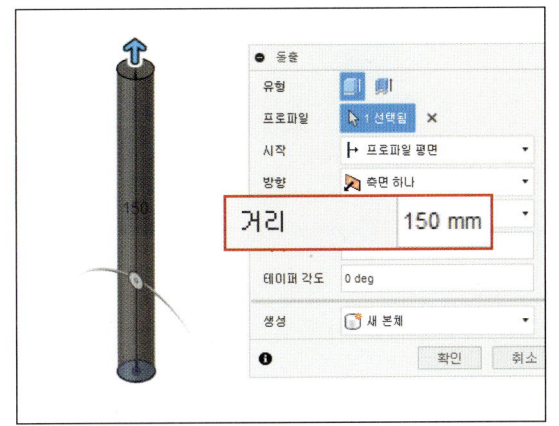

다음 면을 선택해 돌출 명령을 실행합니다.

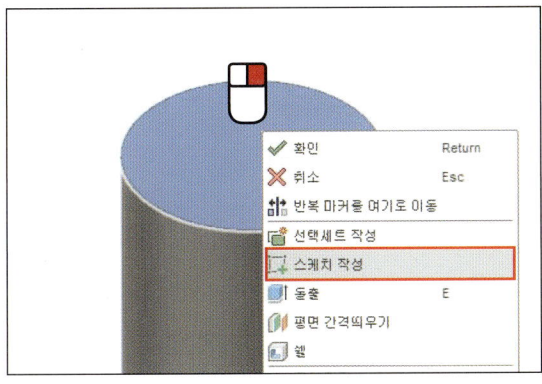

거리와 테이퍼 각도를 다음과 같이 설정합니다.

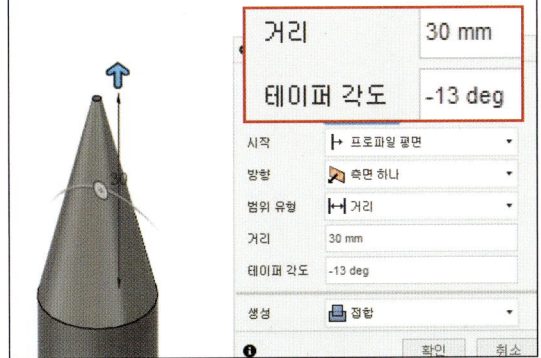

반대쪽 면에 스케치를 작성합니다.

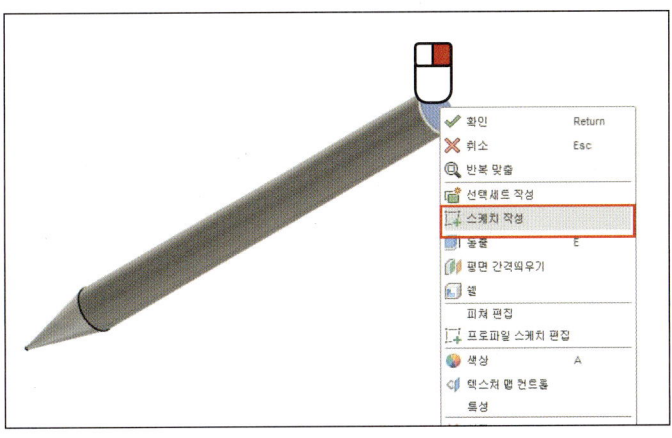

# Part 03 곡면 모델링

다음과 같이 다각형 명령으로 스케치를 작성합니다.

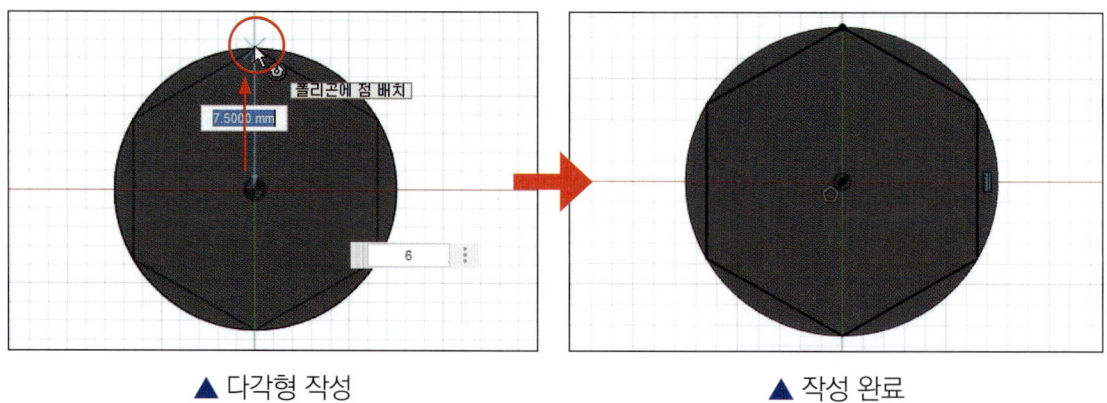

▲ 다각형 작성　　　　　　　　　▲ 작성 완료

돌출 명령으로 다음과 같이 작성합니다.

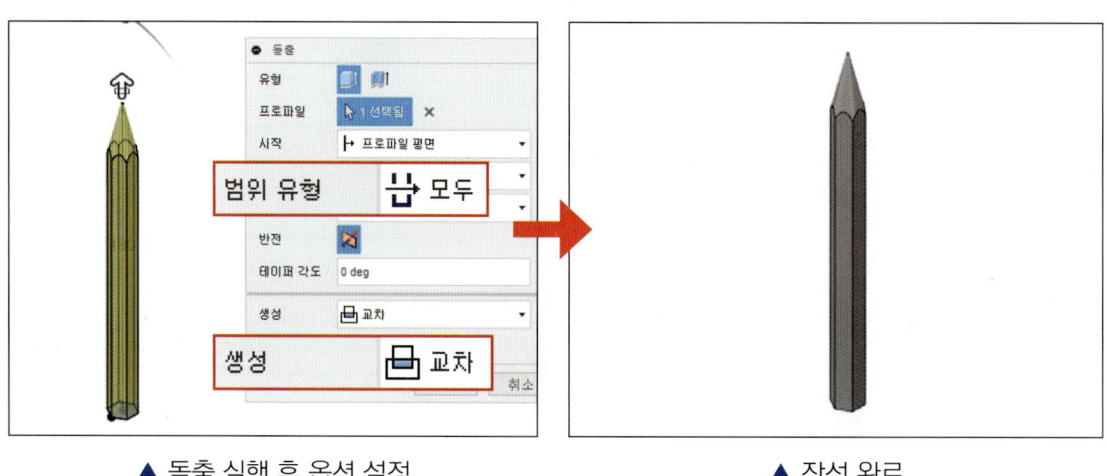

▲ 돌출 실행 후 옵션 설정　　　　▲ 작성 완료

## 03 상세 형상 작성하기

정면도(XY)에 스케치를 작성합니다.　　다음과 같이 선을 작성한 후 치수를 작성합니다.

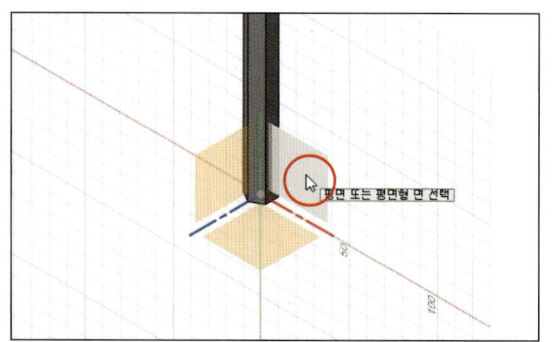
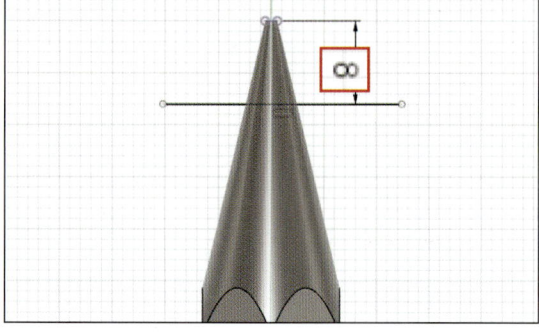

# Chapter 3 연필 모델링 예제

**수정-본체 분할** 명령을 실행합니다.

본체와 분할 도구를 선택한 후 확인 버튼을 클릭합니다.

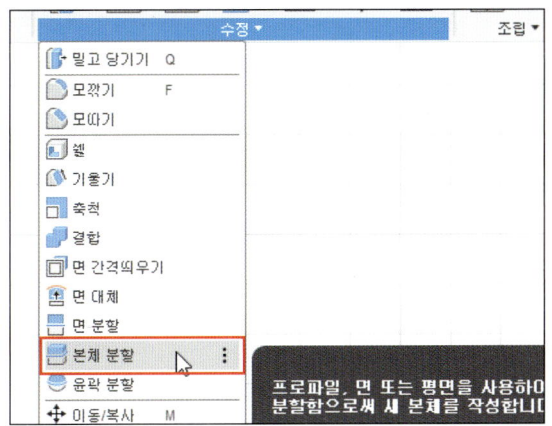

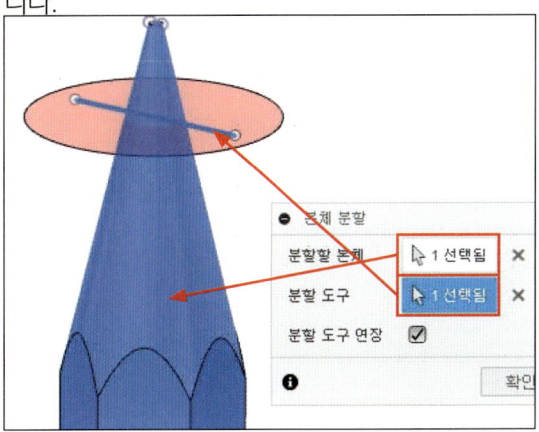

다음과 같이 본체가 나뉘어졌습니다.

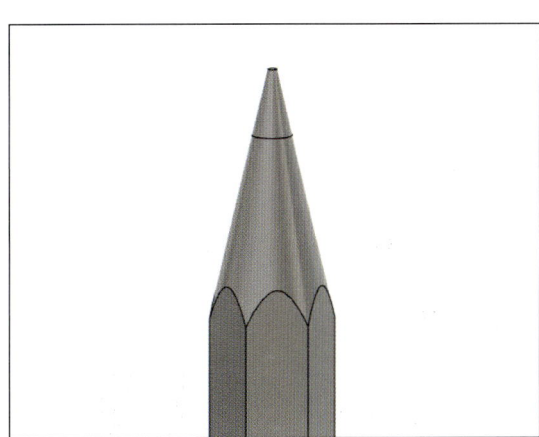

 Command

## 본체 분할

선택한 본체를 스케치 선이나 곡면을 이용해 분할합니다.

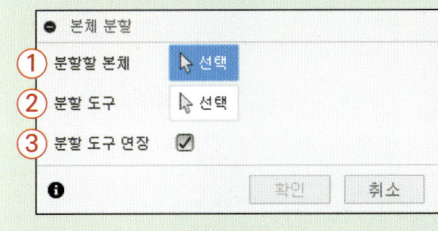

❶ **분할할 본체** : 분할할 본체를 선택합니다.

❷ **분할 도구** : 분할에 사용할 요소를 선택합니다.

❸ **분할 도구 연장** : 체크시 분할 도구 요소를 연장하여 사용합니다.

## 04 연필 끝부분 작성하기

정면도(XY)에 스케치를 작성합니다.

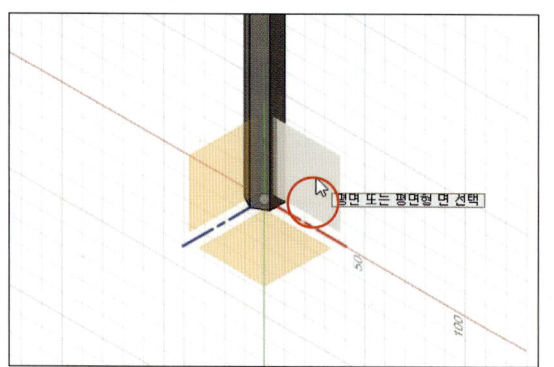

다음과 같이 스케치를 작성합니다.

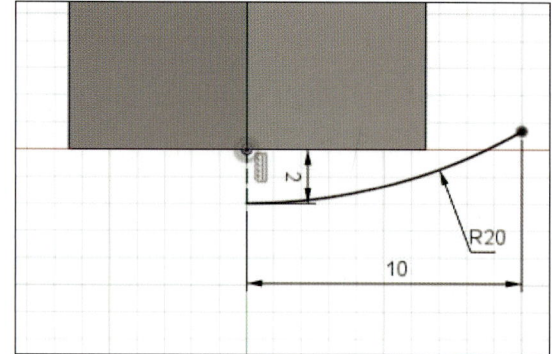

곡면 탭에서 **작성-회전** 명령을 실행합니다.

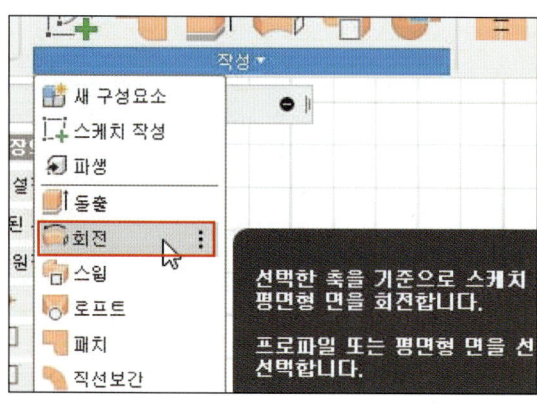

다음과 같이 프로파일과 회전축을 선택한 후 **확인** 버튼을 클릭해 회전 곡면을 작성합니다.

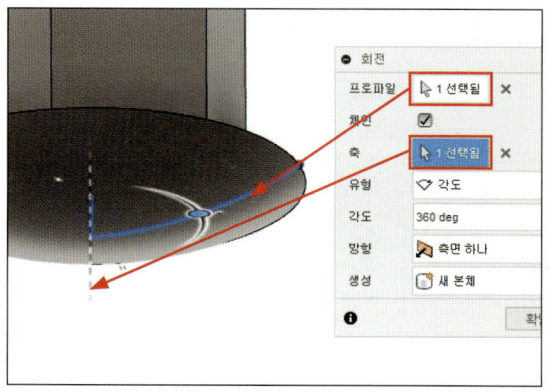

**수정-면 대체** 명령을 실행합니다.

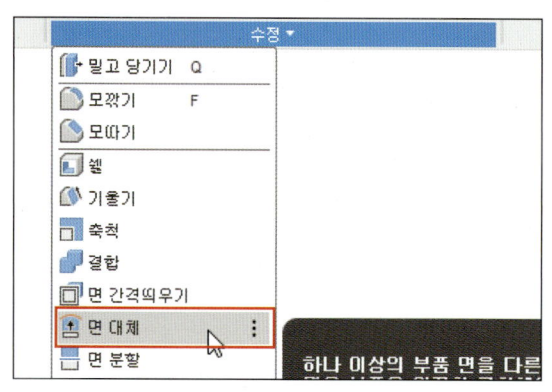

안쪽 면을 선택합니다.

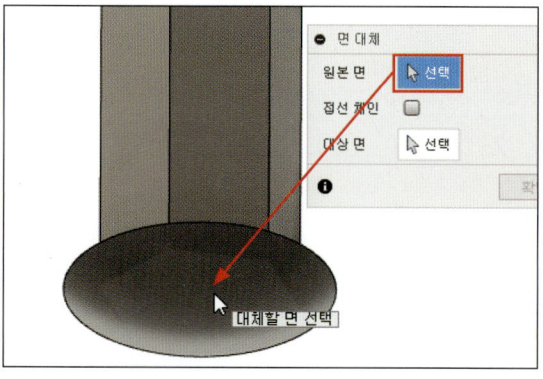

Chapter 3 연필 모델링 예제

### 🔍 Tip

**다른요소 선택하기**

다음과 같이 선택하고자 하는 객체가 다른 객체에 겹쳐져 있거나 가려져 있을때 다음과 같이 선택하고자 하는 요소가 위치하는 곳에 마우스 왼쪽 버튼을 누르고 있으면 다음과 같이 다른요소 선택 리스트가 표시됩니다.

▲ 마우스 왼쪽 버튼 누르고 있기
→ 다른요소 선택 리스트 표시

▲ 리스트 클릭해서 선택

▲ 원하는 요소가 선택됨

바깥쪽 면을 선택합니다.

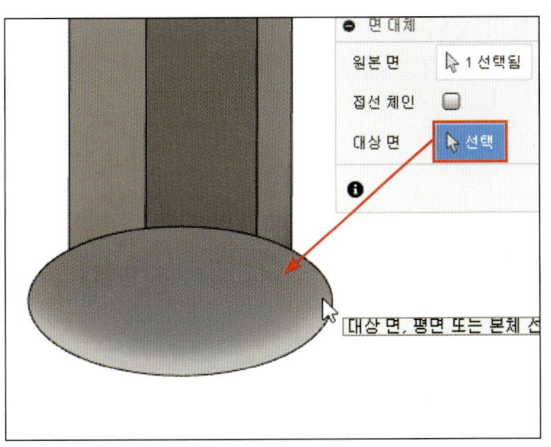

**확인** 버튼을 클릭하면 면이 대체됩니다.

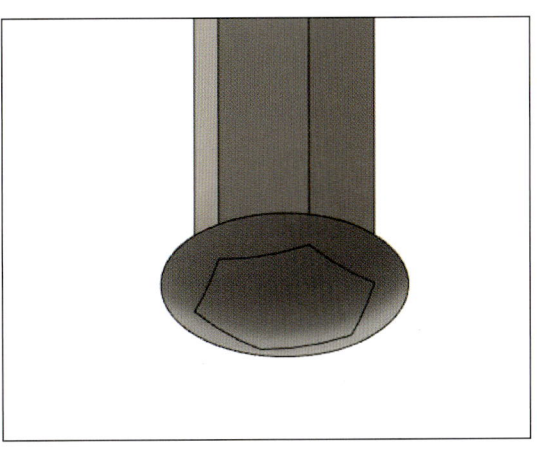

297

## Part 03 곡면 모델링

  **Command**

### 면 대체

기존면을 다른 면으로 대체합니다.

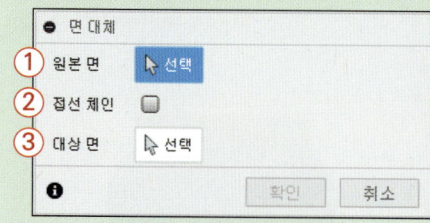

① **원본 면** : 바꿀 기존 면을 선택합니다.

② **접선 체인** : 접선으로 연결되어 있는 면을 한꺼번에 선택합니다.

③ **대상 면** : 대체할 면을 선택합니다.

브라우저의 본체 항목에서 작성한 곡면 본체를 선택해 **제거** 명령을 클릭합니다.

다음과 같이 곡면 본체 항목이 삭제되었습니다.

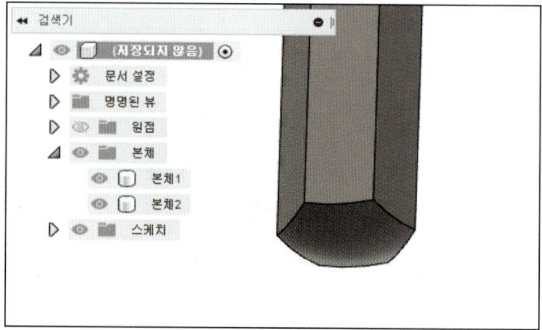

**Tip**

### 삭제에 대해서

내가 작성한 본체를 삭제할 때에는 해당 본체를 작성할 때 쓴 피쳐들도 모두 삭제하게 됩니다. 따라서 삭제되는 피쳐가 다른 작성 본체에 영향을 미치는 경우에는 에러가 발생합니다.

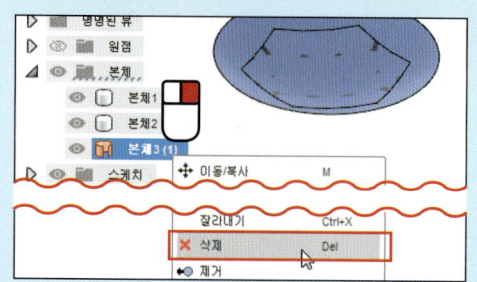
▲ 삭제 클릭

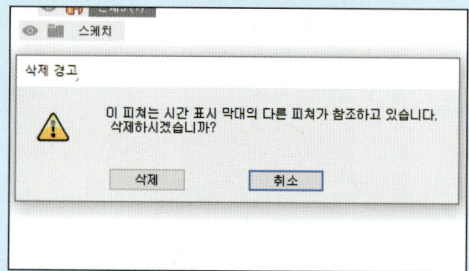
▲ 영향이 미치는 다른 피쳐에 에러가 발생

## 제거에 대해서

위에서 설명한 삭제 명령과 달리 직접 제거 피쳐를 작성해 명령어로써 본체를 제거하게 됩니다.
이 경우에는 다른 피쳐나 본체에 영향을 주지 않습니다.

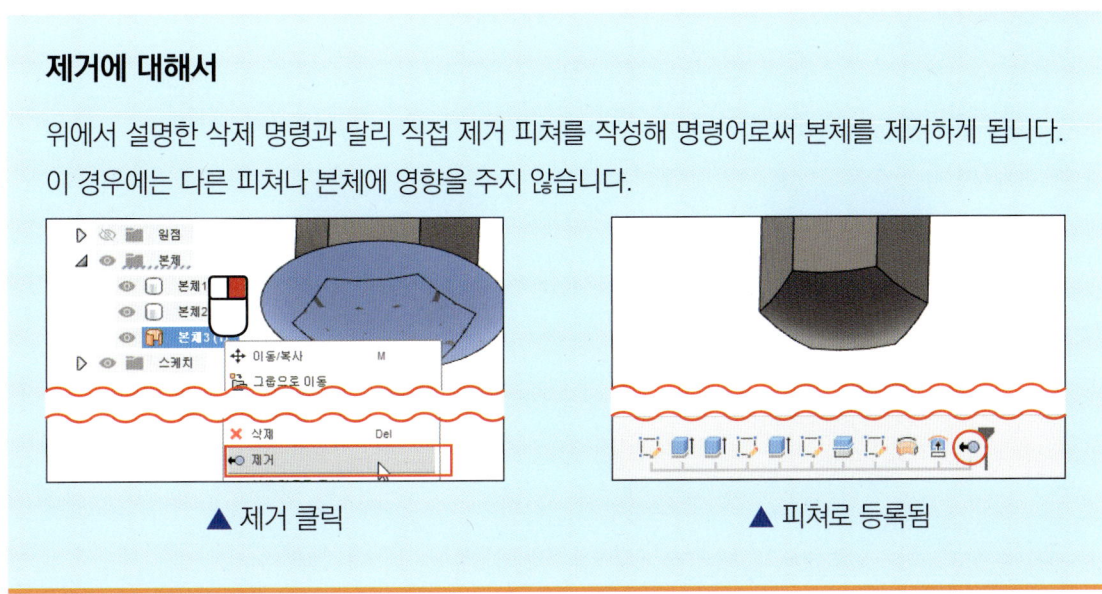

▲ 제거 클릭　　　　　　　　　　　　　　　▲ 피쳐로 등록됨

정면도에 스케치를 작성한 후에 다음과 같이 스케치를 작성합니다.

**수정-면 분할** 명령을 실행합니다.

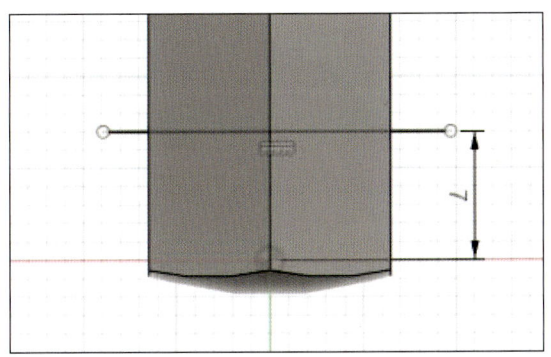

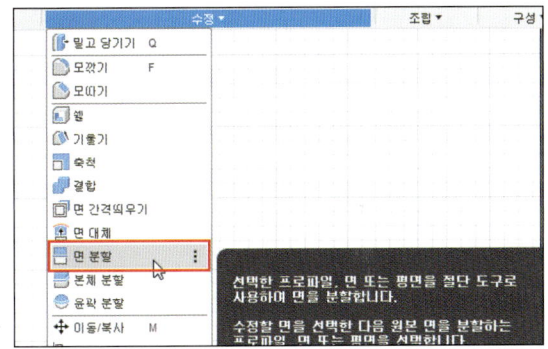

분할할 면 항목을 다음과 같이 선택합니다.

분할 도구를 다음과 같이 선택한 후 **확인** 버튼을 클릭합니다.

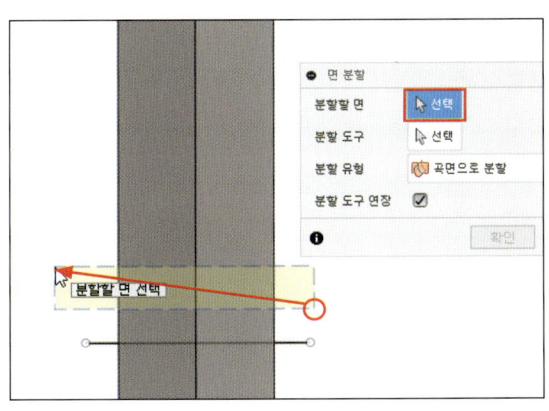

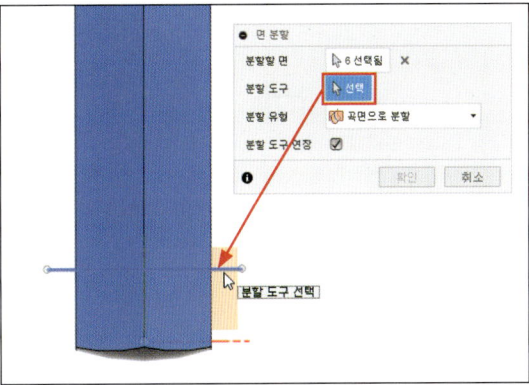

Part 03 곡면 모델링

 **Tip**

### 창 선택(Window Selection)과 걸치기 선택(Cross Selection)의 차이

다음과 같이 오른쪽으로 드래그해서 선택하는 경우에는 창 선택(Window Selection)으로 선택 영역안에 전부 포함되어야 선택되고, 왼쪽으로 드래그해서 선택하는 경우에는 걸치기 선택(Cross Selection)으로 선택 영역에 조금만 걸쳐도 선택되게 됩니다.

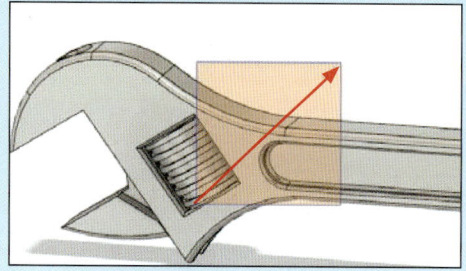
▲ 창 선택(Window Selection)

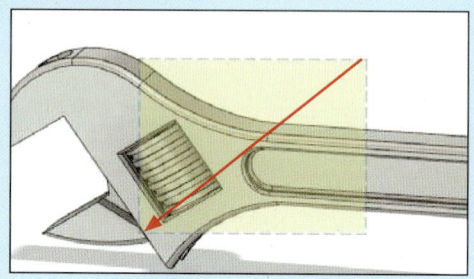
▲ 걸치기 선택(Cross Selection)

다음과 같이 면이 나누어졌습니다.

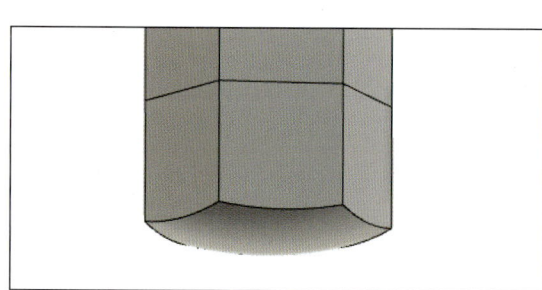

 **Command**

## 면 분할

선택한 면을 스케치 선이나 곡면을 이용해 분할합니다.

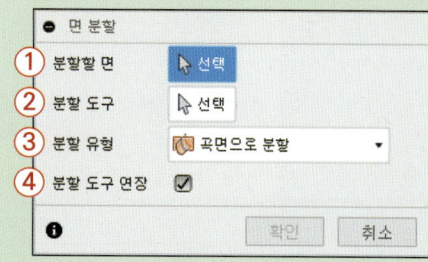

① **분할할 면** : 분할할 면을 선택합니다.

② **분할 도구** : 분할에 사용할 요소를 선택합니다.

③ **분할 유형** : 분할 유형을 선택합니다.

④ **분할 도구 연장** : 체크시 분할 도구 요소를 연장하여 사용합니다.

## 05 색상 지정하기

**색상** 명령을 실행해 다음과 같이 전체 색상을 지정합니다.

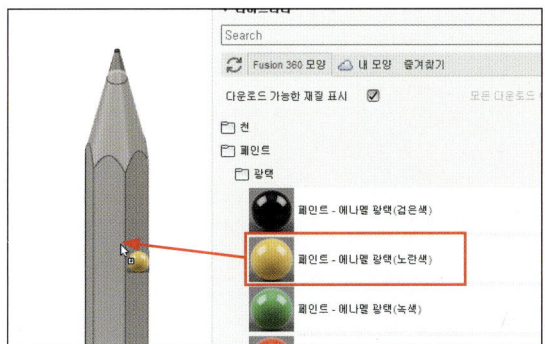

연필심 항목에 다음과 같이 색상을 지정합니다.

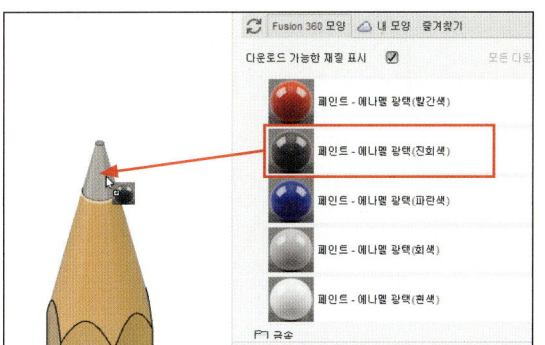

**적용 대상**을 **면**으로 바꾼 후 연필나무 부분을 다음 색상을 지정합니다.

아래쪽 면 항목을 다음과 같이 드래그해서 선택합니다.

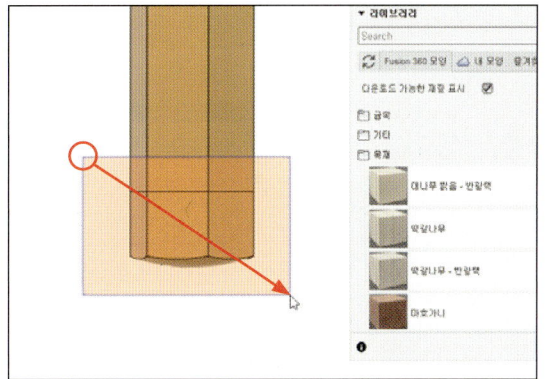

선택한 면에 다음 색상을 드래그해서 적용합니다.

다음과 같이 연필을 작성하였습니다.

 **총정리**

이번 챕터를 통해 우리는 다음과 같은 것들을 배웠습니다.

❶ **본체 분할** : 본체 분할 통해 작성한 스케치 요소 및 기타 요소로 하나의 본체를 분할하는 방법에 대해서 학습했습니다.

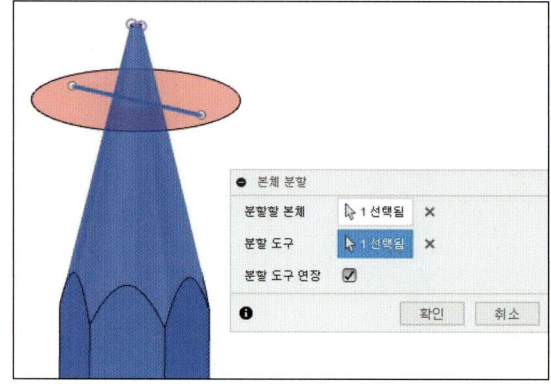

❷ **곡면 회전 명령** : 열린 스케치 프로파일을 응용해 모델링에 참조가 되면 회전 곡면 형태를 작성하는 법을 학습했습니다.

❸ **면 대체** : 면 대체 명령을 통해서 기존 면을 다른 면으로 대체하는 명령을 학습했습니다. 이 명령은 기존 솔리드의 단순한 평면을 작성되어지거나 불러와진 다른 곡면 형상으로 대체할 수 있습니다.

❹ **객체 제거** : 복잡한 모델링을 수행하다 보면 불필요한 요소들이 많아지기 마련입니다. 객체 제거 명령을 이용해 불필요해진 객체들을 제거하는 명령에 대해서 학습했습니다.

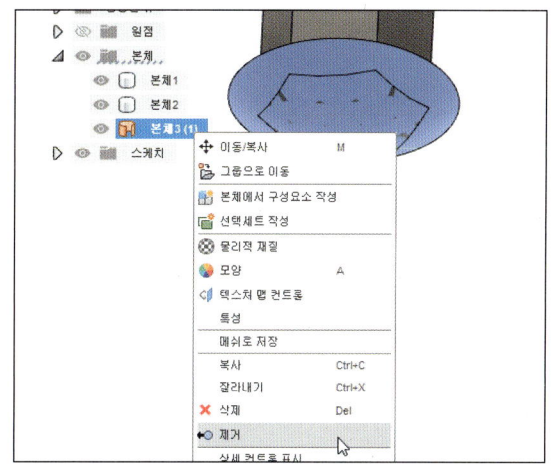

❺ **면 나누기** : 하나의 솔리드 상태를 유지하면서 모서리를 추가하는 개념으로 면 나누기 명령을 학습했습니다. 면 나누기 명령은 이와같이 단순하게 사용할수도 있고 복잡한 모델링 요소를 작성할 때에도 큰 도움이 됩니다.

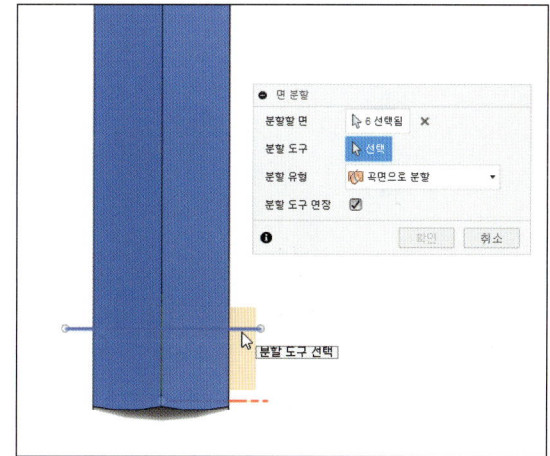

❻ **면 요소에 색상 지정하기** : 색상 적용 타입을 면으로 바꾸어 솔리드 전체에 같은 색상을 적용하는 것이 아닌 하나의 솔리드 안에서도 각각의 면에 다른 색상을 적용하는 방법을 학습했습니다. 이 방법은 좀 더 다채롭고 디테일한 색상을 지정하는데 많은 도움이 됩니다.

Part 03 곡면 모델링

# CHAPTER 04 컵 홀더 모델링 예제

Autodesk Fusion

이번 시간에는 컵 홀더 모델링을 작성해 보도록 하겠습니다.

## 01 도면과 학습 목표

Autodesk Fusion

이번 시간에 우리가 학습할 예제를 확인해 보도록 하겠습니다.

이번 시간에 우리는 다음과 같은 사항을 배우게 됩니다.

- 솔리드 모델링과 곡면 모델링의 조화로운 사용방법
- 패턴 계산 옵션과 면 삭제 명령

# Chapter 4 컵 홀더 모델링 예제

## 02 기본 형상 작성하기

Autodesk Fusion

정면도(XY)에 스케치를 작성해 다음과 같이 작성합니다.

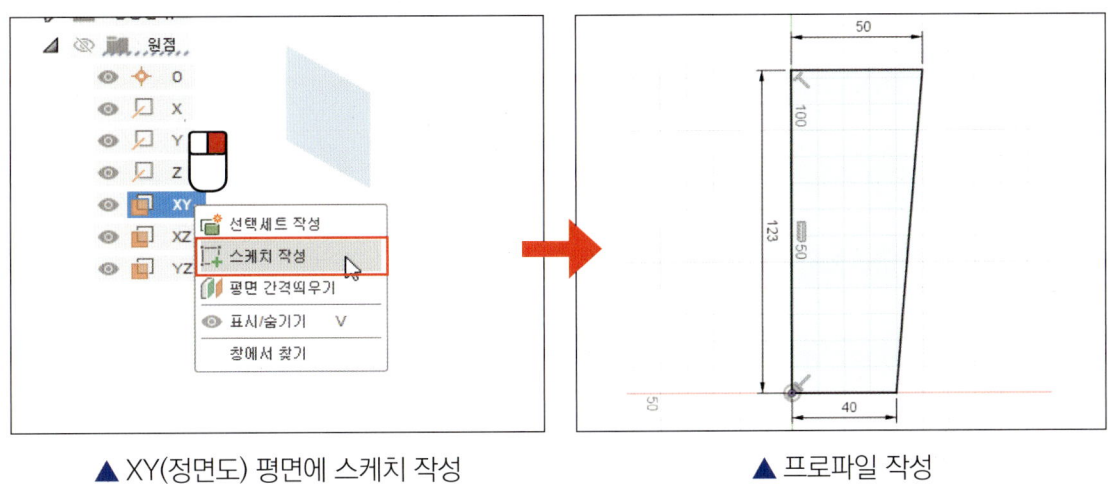

▲ XY(정면도) 평면에 스케치 작성     ▲ 프로파일 작성

추가로 뚜껑 부분의 스케치를 다음과 같이 작성합니다.

**호-접하는 호** 명령을 실행합니다.

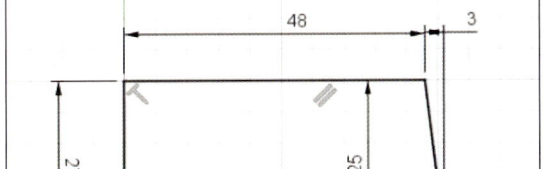
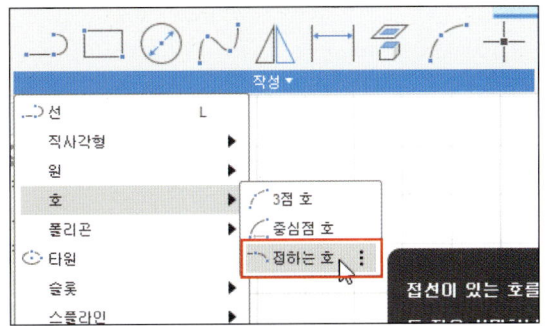

작성된 선의 끝점을 선택해 다음과 같이 작성합니다.

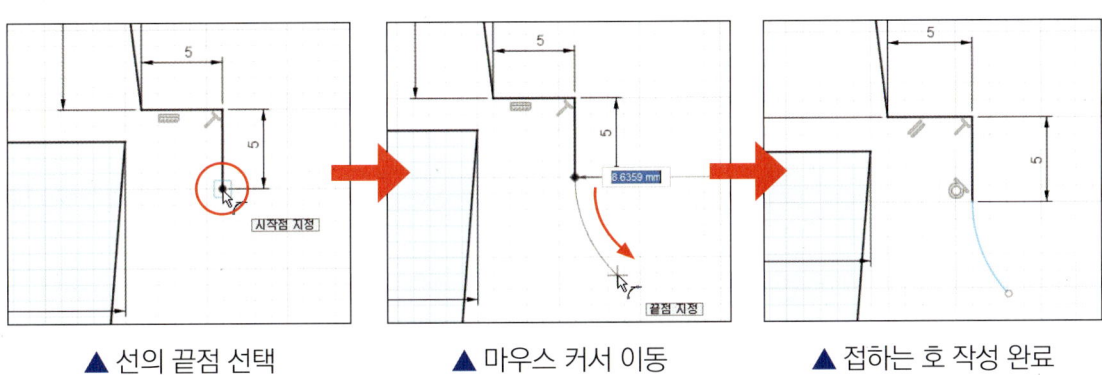

▲ 선의 끝점 선택     ▲ 마우스 커서 이동     ▲ 접하는 호 작성 완료

# Part 03 곡면 모델링

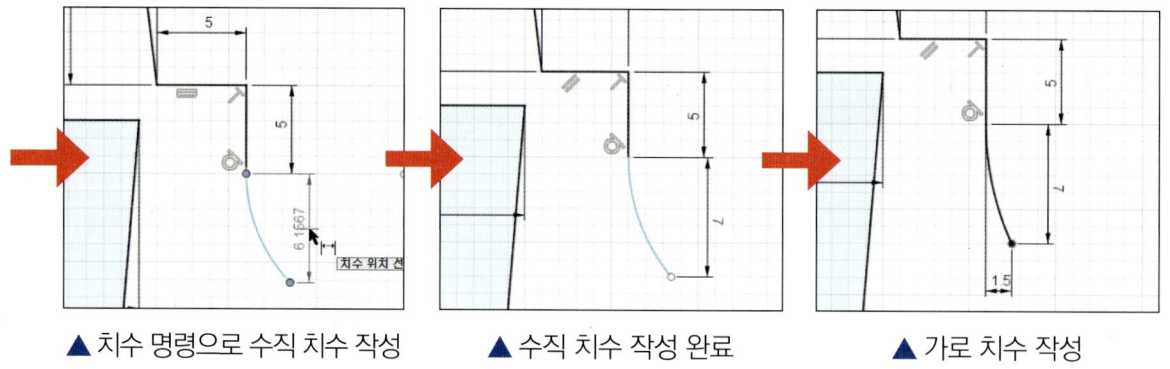

▲ 치수 명령으로 수직 치수 작성    ▲ 수직 치수 작성 완료    ▲ 가로 치수 작성

선을 다음과 같이 작성해 스케치를 마무리합니다.

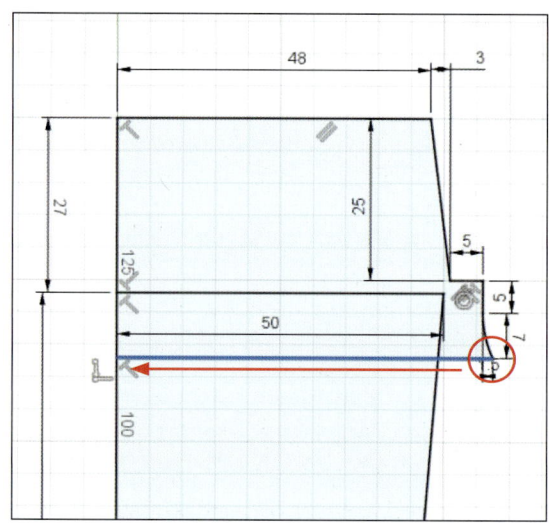

회전 명령을 실행해 다음과 같이 작성합니다.

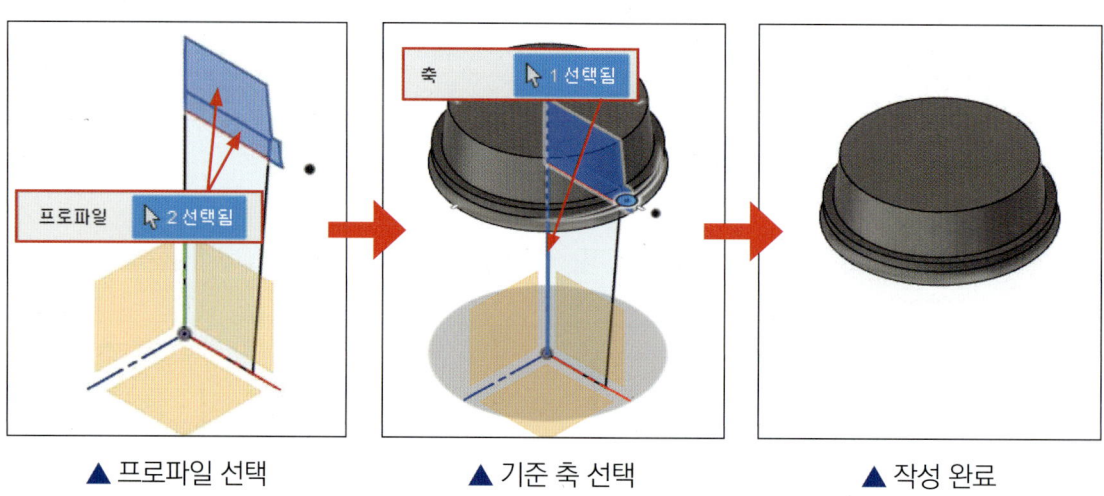

▲ 프로파일 선택    ▲ 기준 축 선택    ▲ 작성 완료

브라우저의 스케치 항목에서 스케치1의 가시성 버튼을 클릭해 표시합니다.

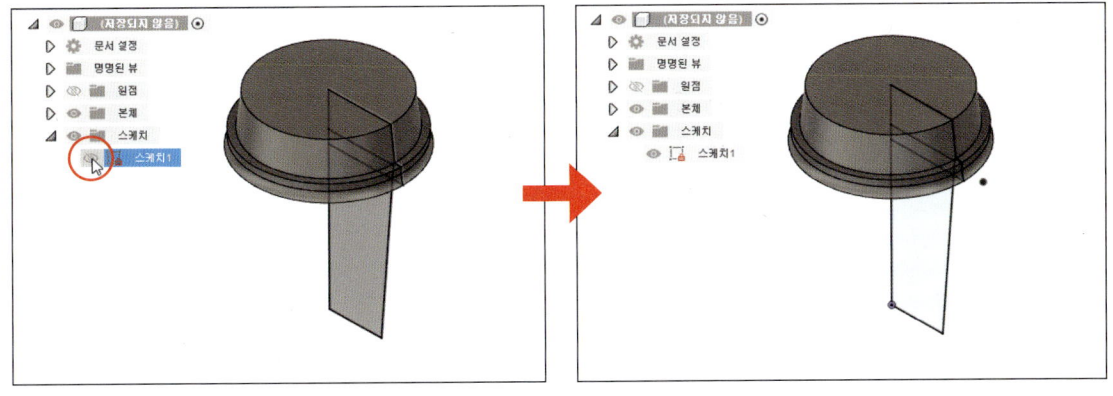

▲ 가시성 버튼 클릭　　　　　　　　▲ 스케치가 표시됨

회전 명령을 실행해서 다음과 같이 작성합니다.

▲ 프로파일과 기준 축 선택　　　　　▲ 새 본체 옵션 선택 후 확인

## 03 세부 형상 작성하기

스케치1의 가시성 버튼을 클릭해 다시 숨깁니다.

# Part 03 곡면 모델링

윗면에 스케치를 작성해 다음과 같이 작성합니다.

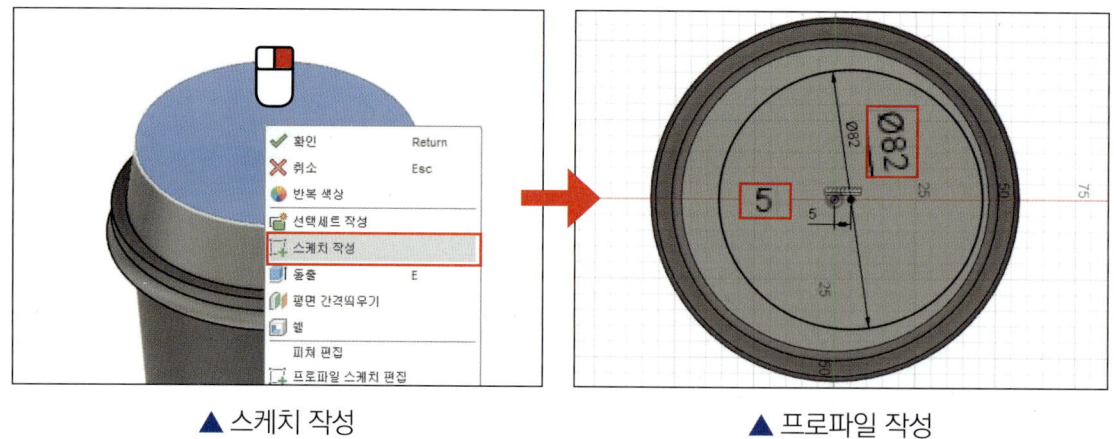

▲ 스케치 작성　　　　　▲ 프로파일 작성

돌출 명령을 실행해 다음과 같이 작성합니다.

▲ 면을 선택 후 돌출 명령 실행　　　　　▲ 옵션 설정 후 확인 버튼 클릭

정면도(XY평면)에 스케치를 작성합니다.　　　　　형상 투영 명령으로 다음 모서리를 투영합니다.

## Chapter 4 컵 홀더 모델링 예제

선 명령으로 다음과 같이 작성합니다.

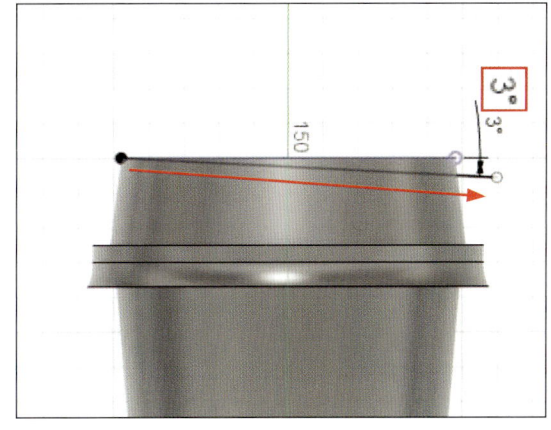

**본체 분할** 명령을 실행해 다음과 같이 작성합니다.

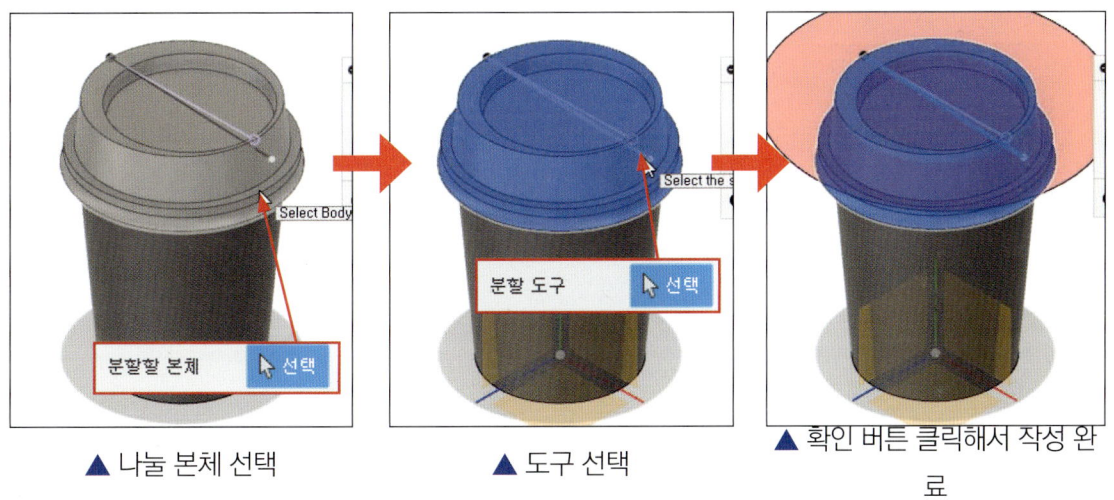

▲ 나눌 본체 선택  ▲ 도구 선택  ▲ 확인 버튼 클릭해서 작성 완료

브라우저에서 잘라진 본체 항목을 선택해 **제거**합니다.

▲ 본체 제거  ▲ 본체 제거 피쳐가 추가됨

# Part 03 곡면 모델링

정면도(XY평면)에 스케치를 작성해 슬롯 명령으로 다음과 같이 작성합니다.

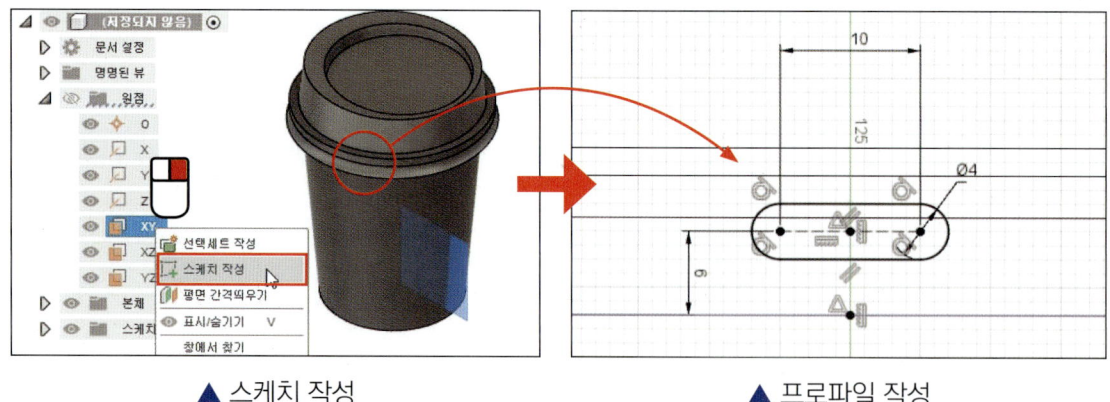

▲ 스케치 작성   ▲ 프로파일 작성

**면 분할** 명령을 실행해 다음과 같이 작성합니다.

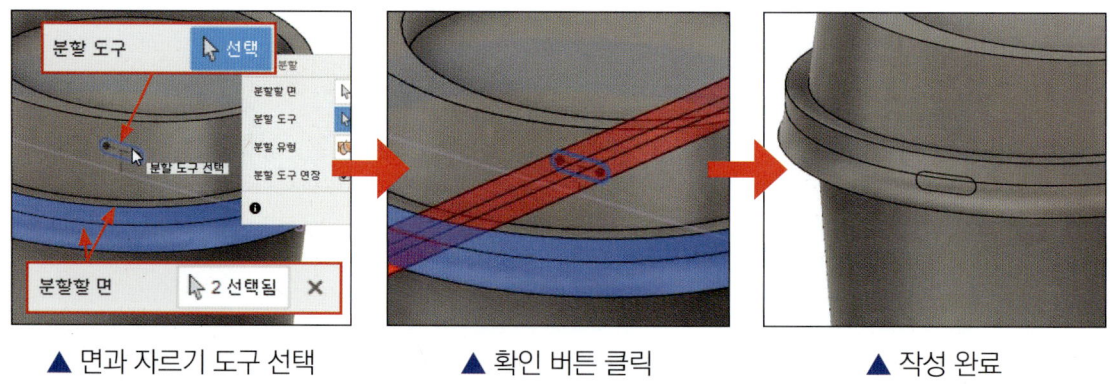

▲ 면과 자르기 도구 선택   ▲ 확인 버튼 클릭   ▲ 작성 완료

반대쪽의 나눠진 면을 선택해 **삭제** 명령을 실행합니다.

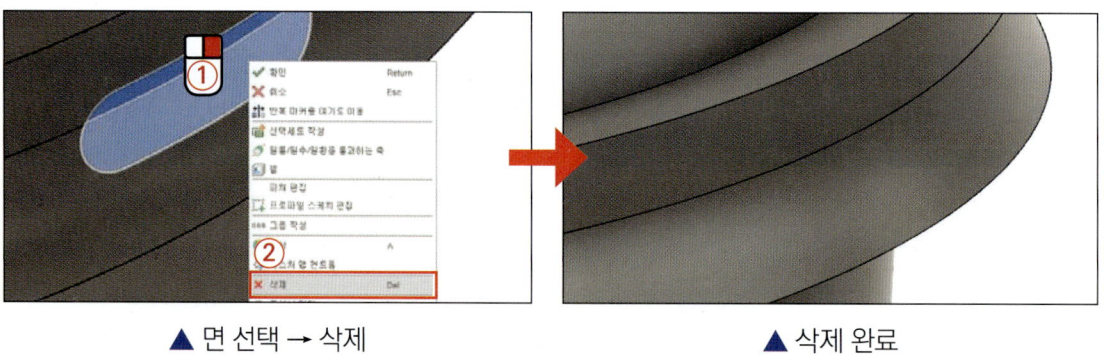

▲ 면 선택 → 삭제   ▲ 삭제 완료

> **Tip**
> 
> 필요없는 면은 선택해서 삭제하면 위 그림과 같이 사라집니다.

밀고 당기기 명령을 실행해 다음과 같이 작성합니다.

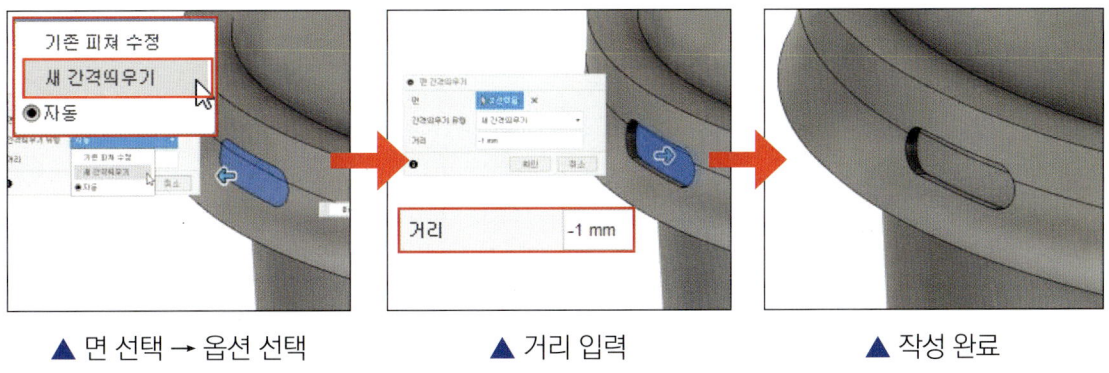

▲ 면 선택 → 옵션 선택　　▲ 거리 입력　　▲ 작성 완료

필렛 명령을 실행해 다음과 같이 작성합니다.

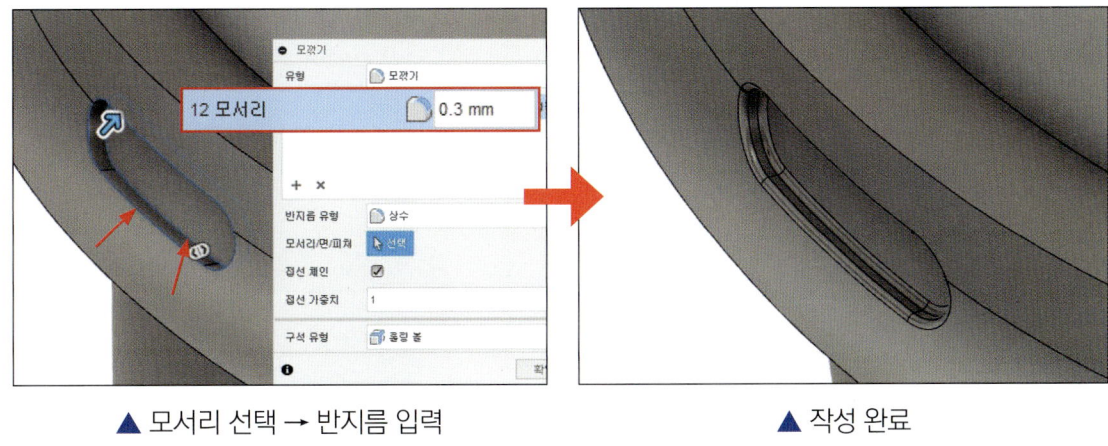

▲ 모서리 선택 → 반지름 입력　　▲ 작성 완료

원형 패턴 명령을 실행해 유형을 피쳐로 바꾼 후 타임라인에서 작성된 다음 피쳐를 선택합니다.　　계산 옵션을 **최적화**로 변경합니다.

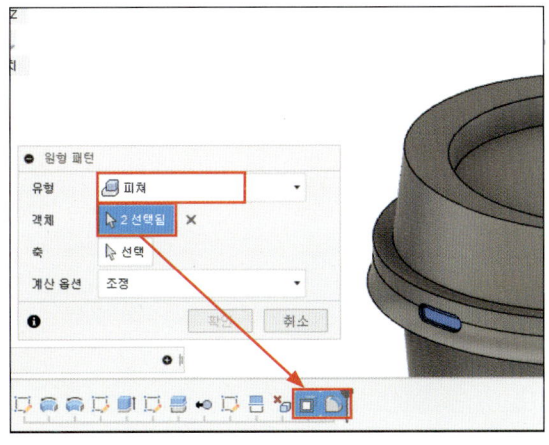 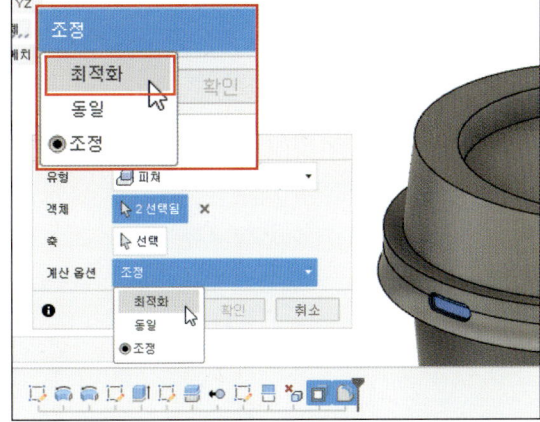

 **Tip**

### 계산 옵션에 대해서

패턴 종류의 피쳐를 작성할 때에는 다음과 같이 계산 설정을 선택할 수 있습니다.

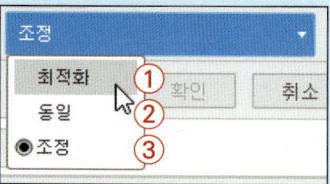

❶ **최적화** : 최적의 계산으로 패턴합니다.

❷ **동일** : 원본과 동일 계산으로 패턴합니다.

❸ **조정** : 패턴되는 위치에 조정되는 형상을 패턴합니다.

축을 원통으로 선택하고 **수량**을 지정(15)한 후 확인 버튼을 클릭합니다.

다음과 같이 원형패턴이 작성되었습니다.

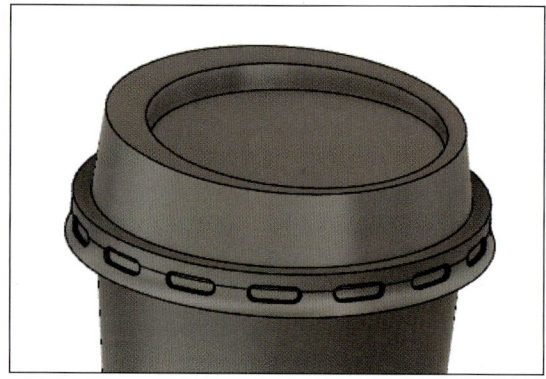

 **Tip**

### 면 타입 패턴에 대해서

유형을 **면**으로 한 다음에 생성된 면을 선택해서 패턴을 하는 방법도 있습니다. 다만 이 옵션은 선택 클릭수가 많아져 번거로워지는 경향이 있습니다.

따라서 이러한 개체를 한꺼번에 선택하기 위해서는 창 선택으로 드래그로 한꺼번에 선택하면 됩니다.

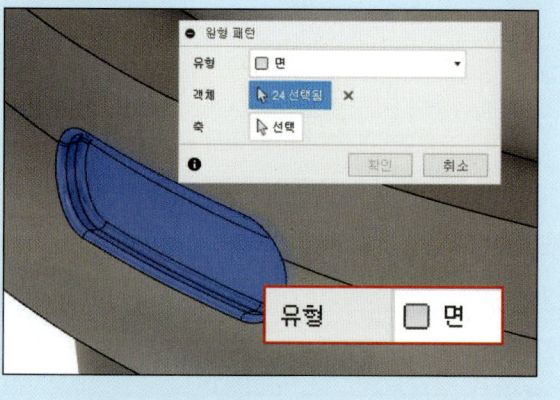

## 04 마무리 형상 다듬기

**필렛** 명령으로 다음과 같이 작성합니다.

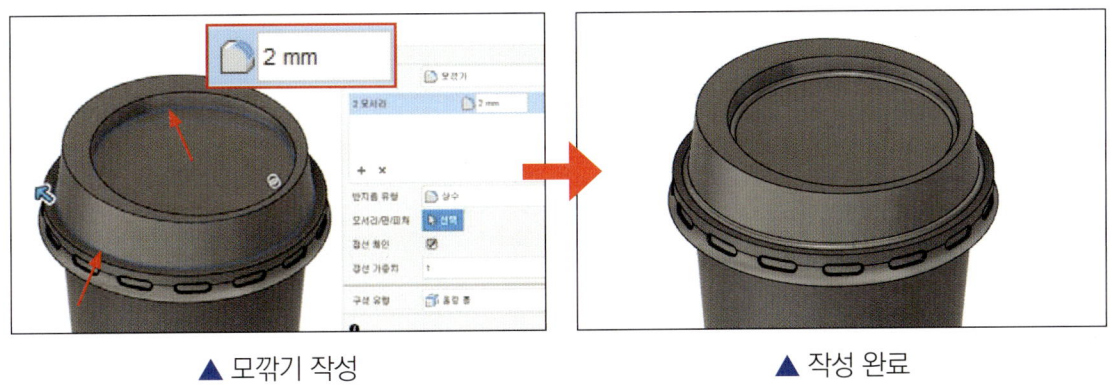

▲ 모깎기 작성 　　　　　　　　▲ 작성 완료

다시 챔퍼 명령으로 다음과 같이 작성합니다.

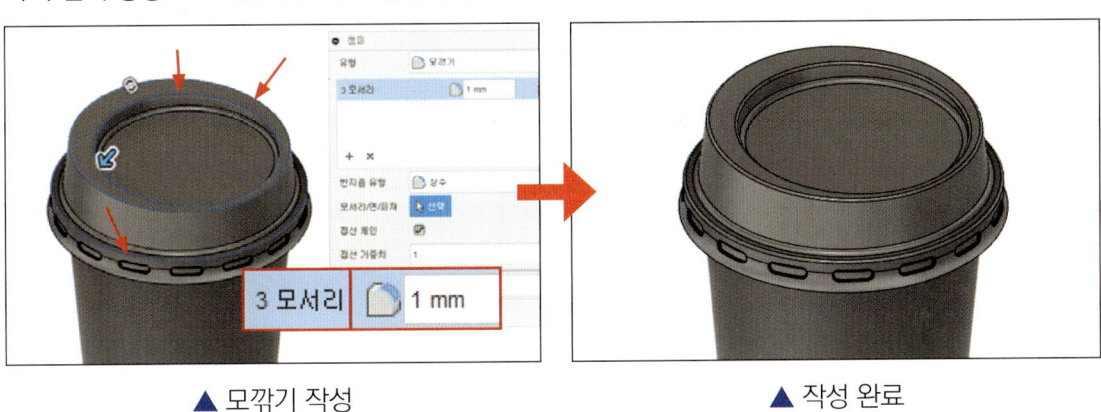

▲ 모깎기 작성 　　　　　　　　▲ 작성 완료

윗뚜껑의 세부 작성을 위해 방해가 되는 아래쪽 본체를 다음과 같이 잠시 숨깁니다.

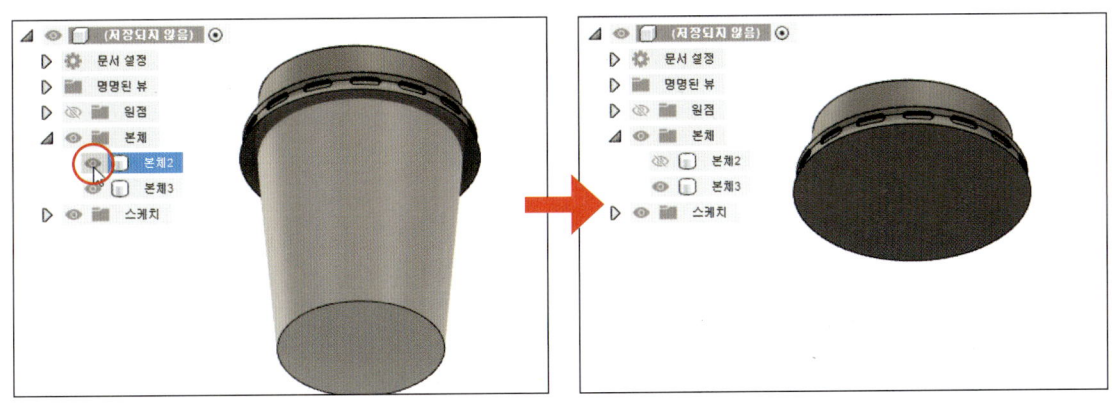

▲ 브라우저에서 본체 가시성 해제 　　　　　　　　▲ 본체가 사라짐

# Part 03 곡면 모델링

쉘 명령을 실행해 다음과 같이 작성합니다.

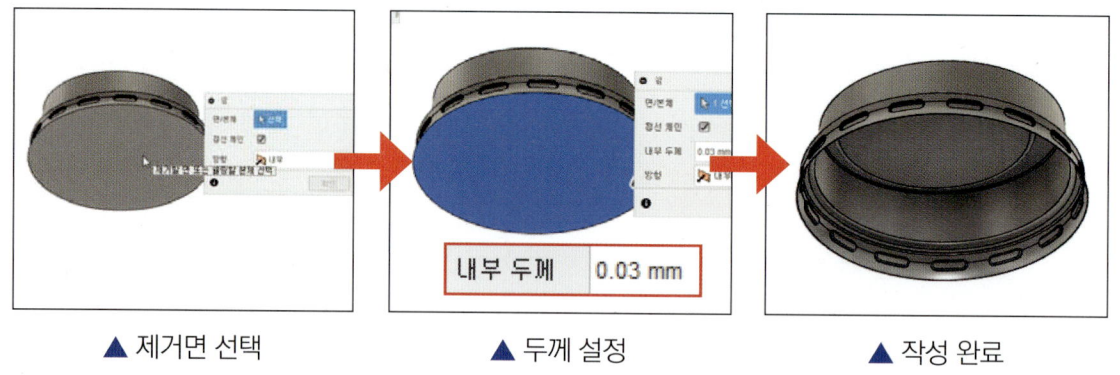

▲ 제거면 선택    ▲ 두께 설정    ▲ 작성 완료

다음 면에 스케치를 작성해 다음과 같이 프로파일을 작성합니다.

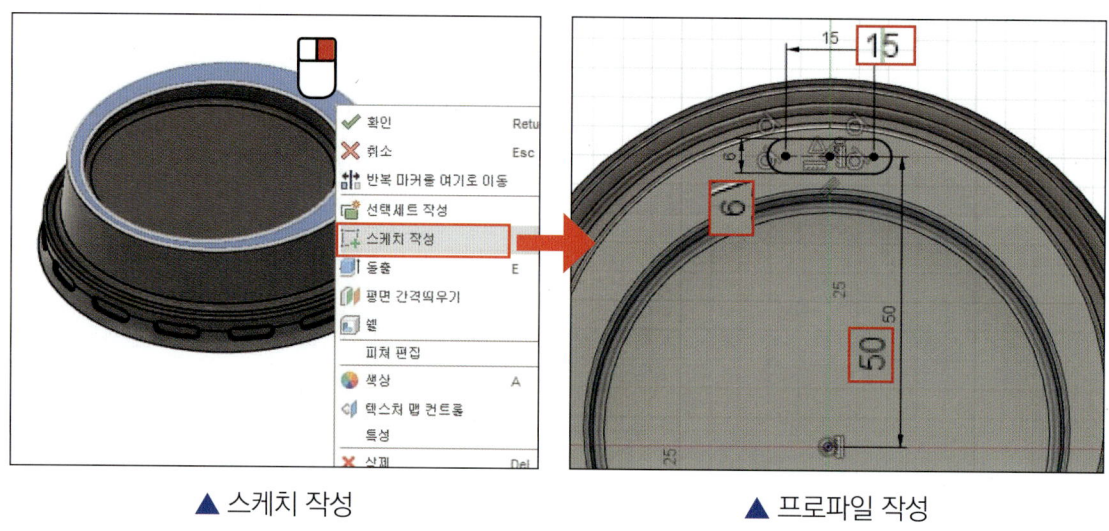

▲ 스케치 작성    ▲ 프로파일 작성

돌출 명령을 실행해 다음과 같이 작성합니다.

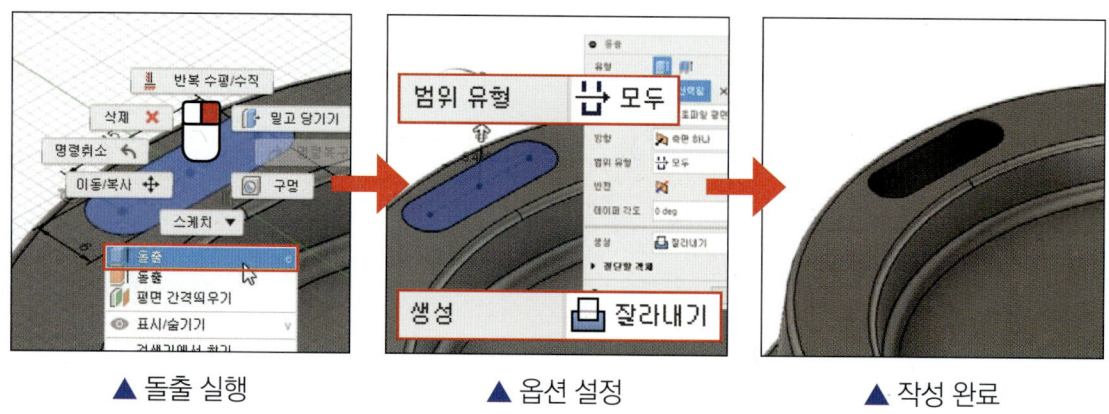

▲ 돌출 실행    ▲ 옵션 설정    ▲ 작성 완료

이전에 숨겼던 본체 항목을 브라우저에서 다시 표시합니다.

다음 면에 스케치를 작성해 다음과 같이 프로파일을 작성합니다.

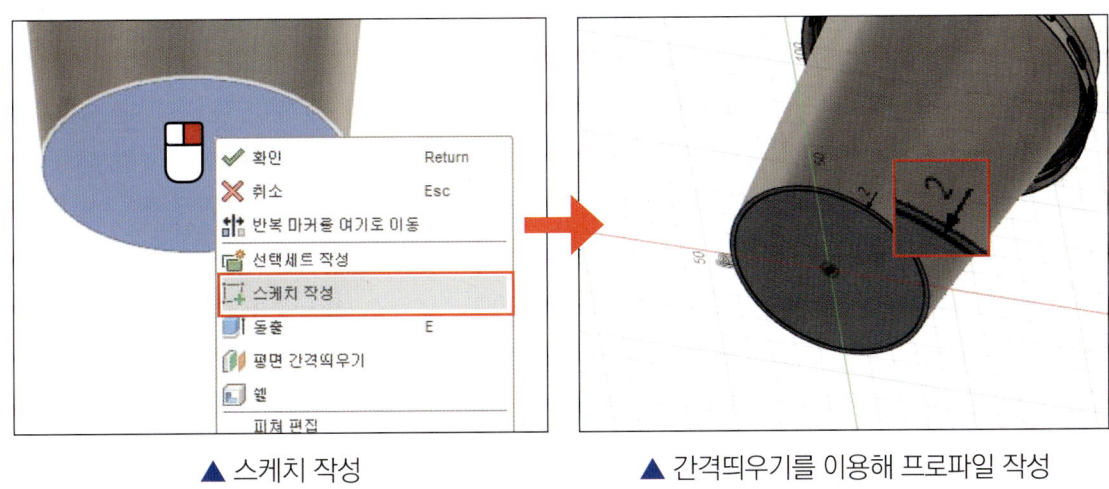

▲ 스케치 작성　　　　　　▲ 간격띄우기를 이용해 프로파일 작성

돌출 명령을 실행해 다음과 같이 작성합니다.

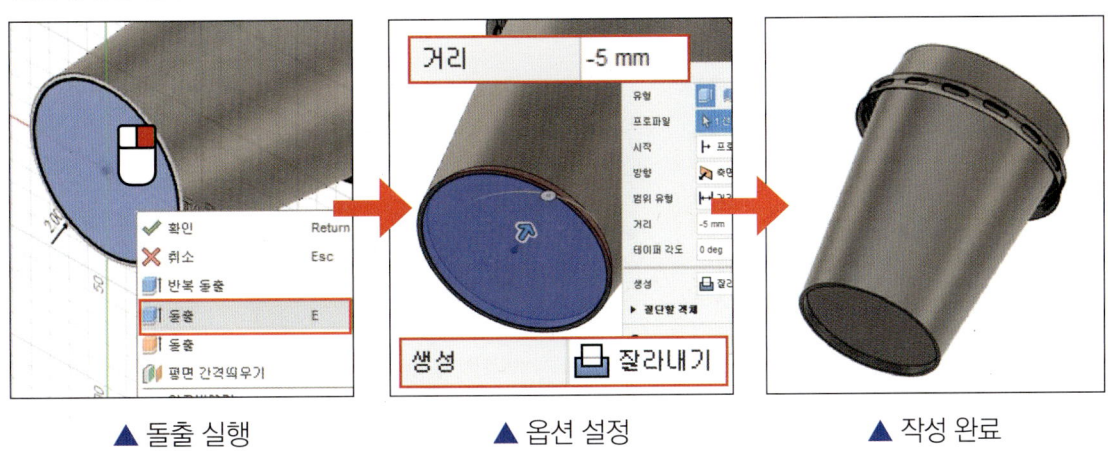

▲ 돌출 실행　　　　▲ 옵션 설정　　　　▲ 작성 완료

# Part 03 곡면 모델링

아래쪽의 세부 작성을 위해 방해가 되는 뚜껑 본체를 다음과 같이 잠시 숨깁니다.

▲ 브라우저에서 본체 가시성 해제 　　　　▲ 본체가 사라짐

쉘 명령으로 다음과 같이 작성합니다.

▲ 면 선택 → 두께 입력 　　　　▲ 작성 완료

파이프 명령으로 다음과 같이 작성합니다.

▲ 바깥쪽 모서리 선택 　　　　▲ 파이프 크기 입력 → 확인 버튼 클릭

아래쪽 모서리에 모따기 명령으로 다음과 같이 작성합니다.

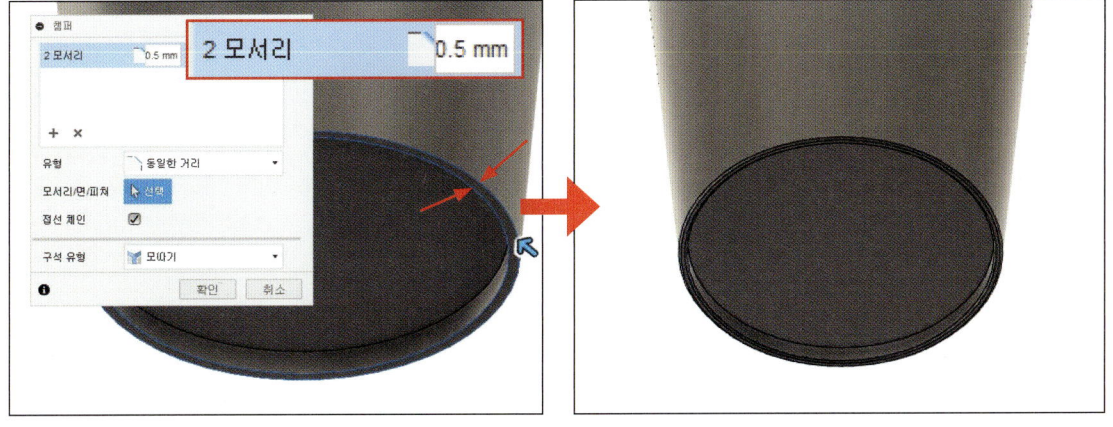

▲ 모따기 작성　　　　　　▲ 작성 완료

이전에 숨겼던 본체 항목을 브라우저에서 다시 표시합니다.

모양 명령을 실행해 아래쪽 본체에 다음 항목을 적용합니다.(플라스틱 → ABS(흰색))

# Part 03 곡면 모델링

위쪽 뚜껑에 다음 항목을 적용합니다.
페인트 → 광택 → 페인트 에나멜 광택
(검은색)

다음과 같이 컵 홀더가 작성되었습니다.

풀이 과정을 유튜브로
확인해 보세요!

 **총정리**

이번 챕터를 통해 우리는 다음과 같은 것들을 배웠습니다.

**① 접하는 호 작성하기** : 접하는 호 명령으로 기존에 작성한 곡선에서 접선 구속조건이 포함된 호를 작성하는 방법을 학습했습니다. 별도로 접선 구속조건을 부여할 필요가 없어서 편리한 명령입니다.

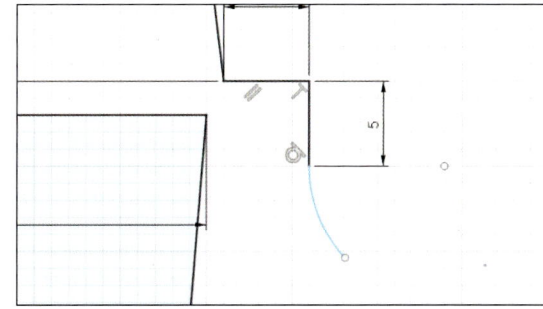

**② 쓸모없는 면 삭제 명령으로 없애기** : 면 나누기 명령은 관통 옵션으로 작동하기 때문에 반대쪽에 원치 않는 면이 생성됩니다. 여기서 삭제 명령을 이용해서 불필요한 면을 제거하는 방법에 대해서 학습했습니다.

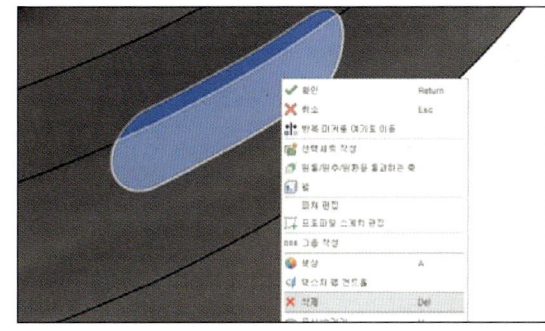

**③ 패턴의 계산 옵션에 대해서** : 패턴 명령은 어떠한 계산 방법을 선택했느냐에 따라서 패턴 형상이 달라질 수도 있습니다. 여기서 우리는 여러가지 패턴 계산 옵션을 학습함으로써 패턴을 좀 더 능숙하게 다룰 수 있게 되었습니다.

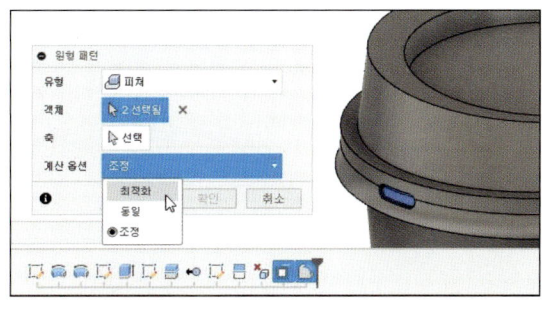

**④ 모서리에 파이프 작성하기** : 파이프 명령은 단순히 파이프 형상을 작성하는 것이 아닌 모서리에 볼록한 형태를 만들어주는 것도 가능합니다. 이번 시간에 우리는 파이프의 활용방법중의 하나인 모서리에 파이프를 작성하는 방법을 학습했습니다.

# Part 03 곡면 모델링

## CHAPTER 05 마우스 모델링 예제

이번 시간에는 마우스를 모델링해 보도록 하겠습니다.

## 01 도면과 학습 목표

이번 시간에 우리가 학습할 예제를 확인해 보도록 하겠습니다.

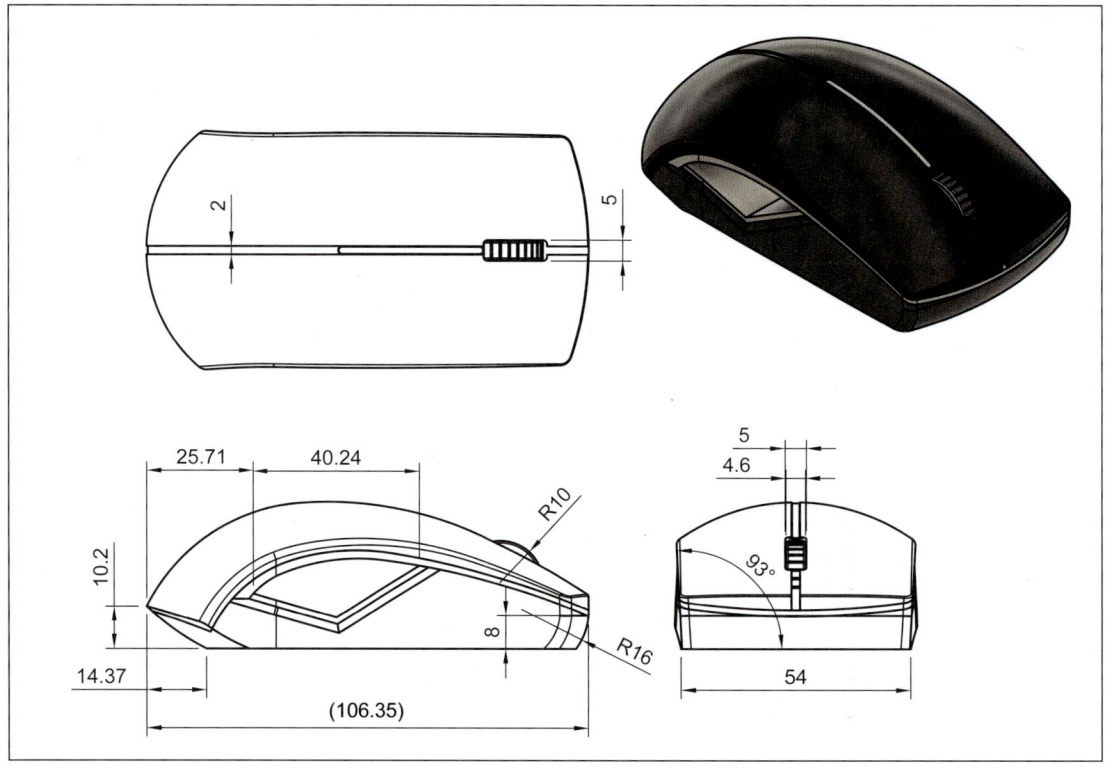

이번 시간에 우리는 다음과 같은 사항을 배우게 됩니다.

- 곡면 로프트 명령
- 곡면 스윕 명령
- 경계 채우기 명령
- 곡면 자르기 / 연장 명령
- 스티치 명령

## 02 마우스 윗면 작성하기

Autodesk Fusion

정면도(XY 평면)에 스케치를 작성합니다.

선 명령과 구성선 옵션을 활용해 다음과 같이 작성합니다.

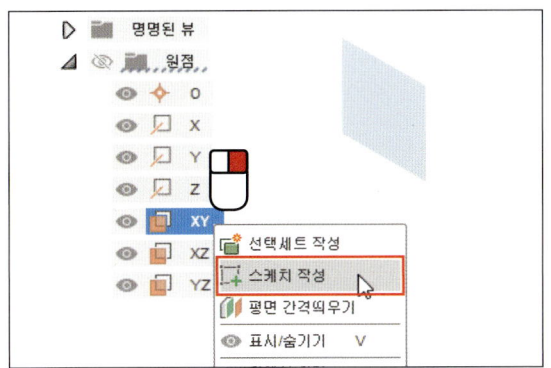

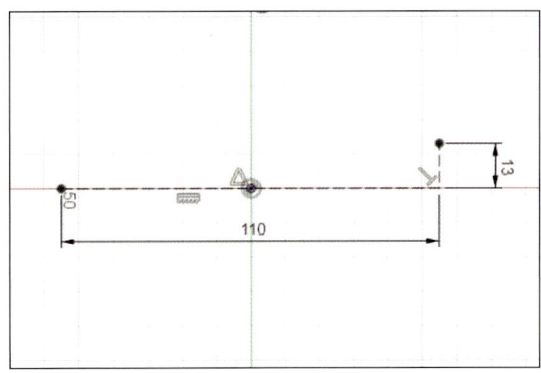

나머지 프로파일을 다음과 같이 작성합니다.

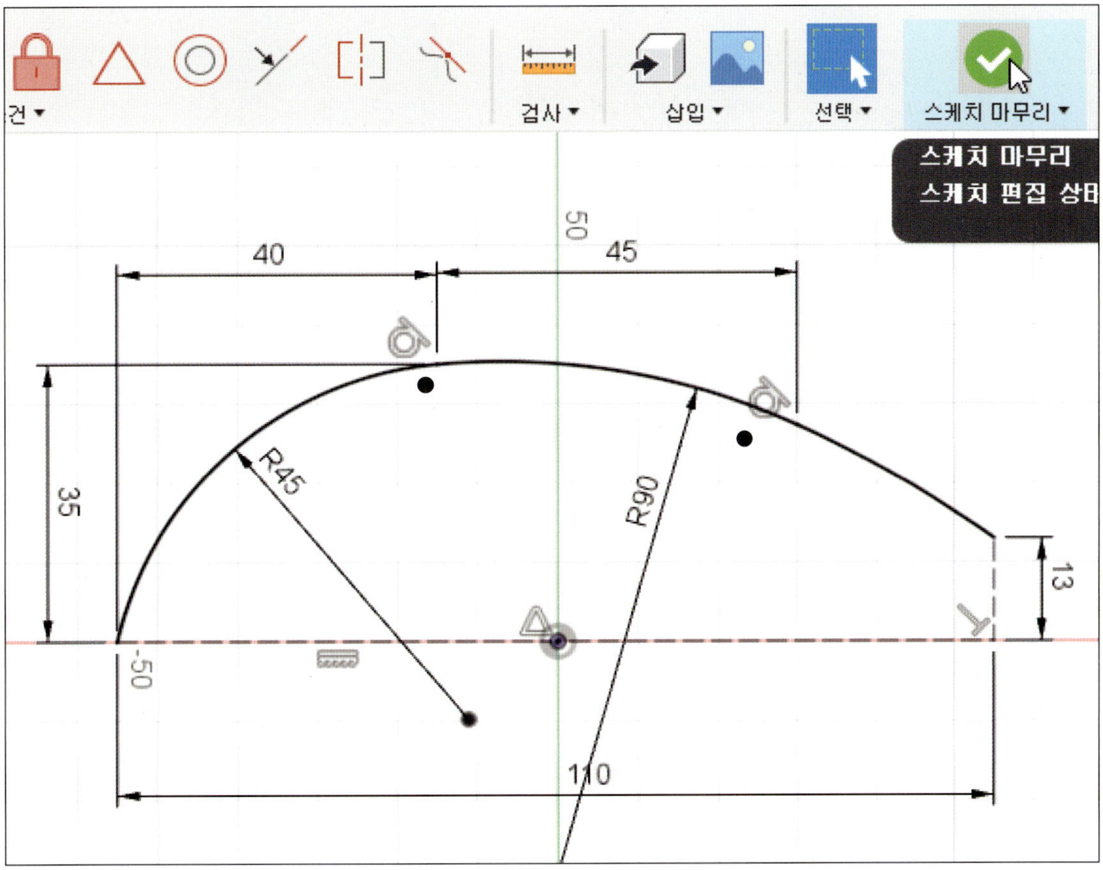

**구성-경로를 따라 평면** 명령을 실행합니다.

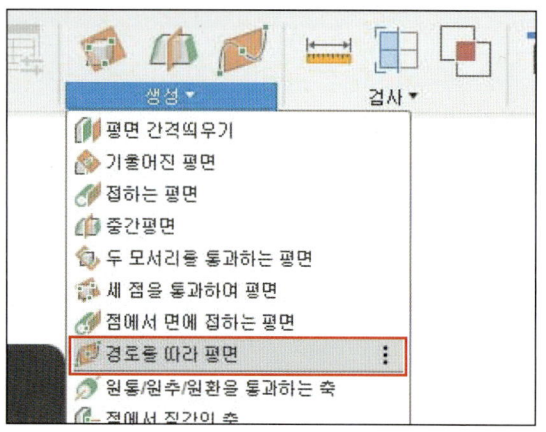

스케치의 다음 경로를 선택합니다.

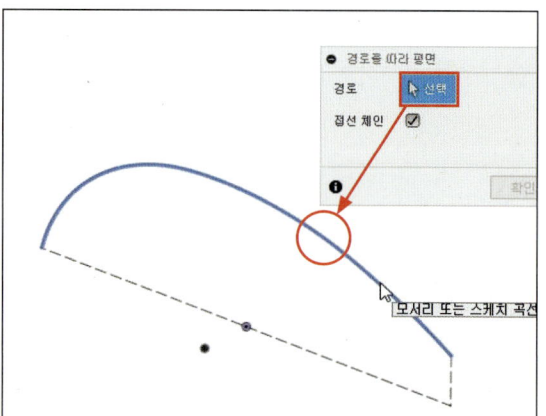

위치 화살표를 맨 끝으로 끌어서 다음과 같이 거리를 0으로 한 다음 확인 버튼을 클릭합니다.

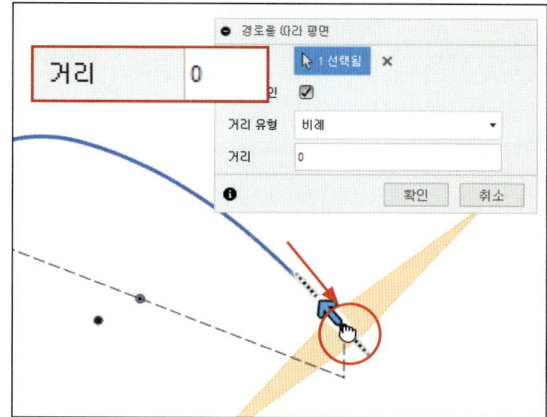

 Tip

**거리 항목에 대해서**

경로를 따라가는 면 항목의 거리 옵션은 선택한 곡선의 출발점을 0, 끝점을 1로 설정한 후 그 안의 거리를 입력해 곡선상의 위치 거리를 설정할 수 있습니다.

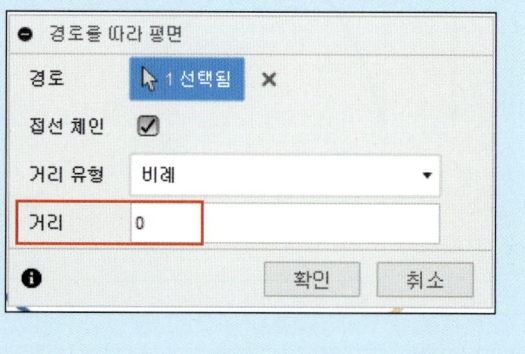

작성한 면을 선택해 스케치를 작성합니다.

3점호를 작성합니다.

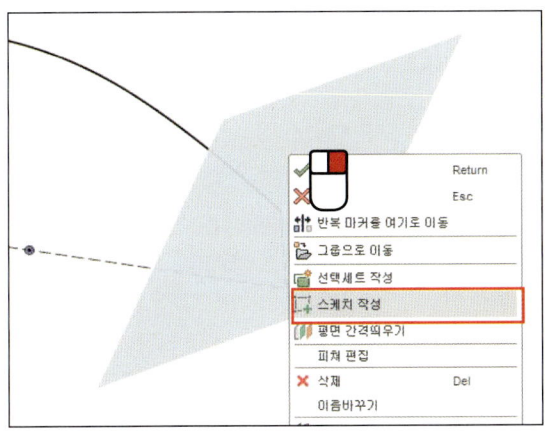
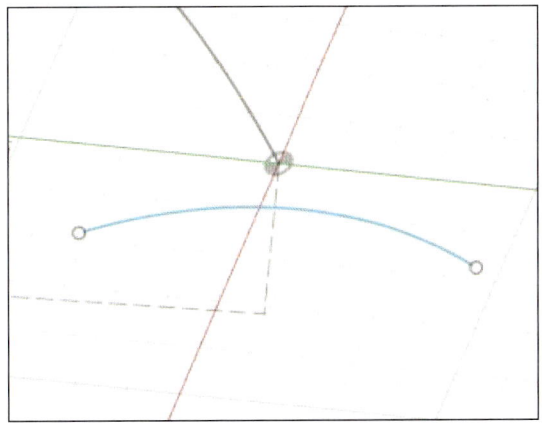

호의 양쪽 점에 수평 구속조건을 부여합니다.

중간점 구속조건으로 호의 중간점과 경로의 끝점을 선택합니다.

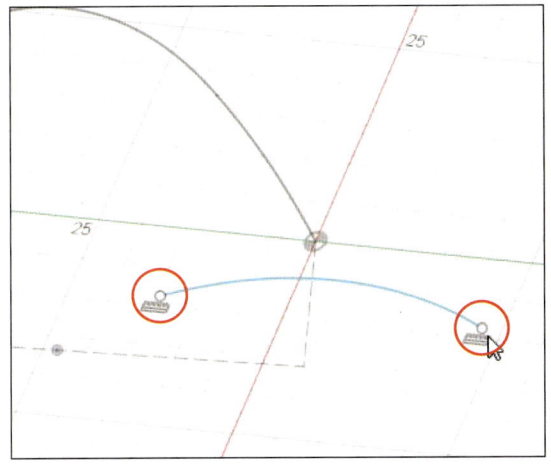
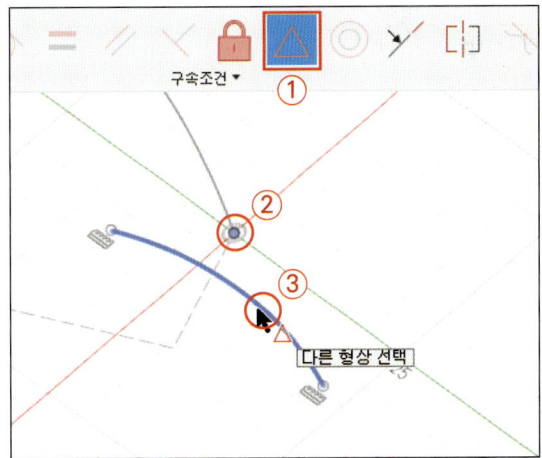

다음과 같이 치수를 작성한 후 스케치를 마무리합니다.

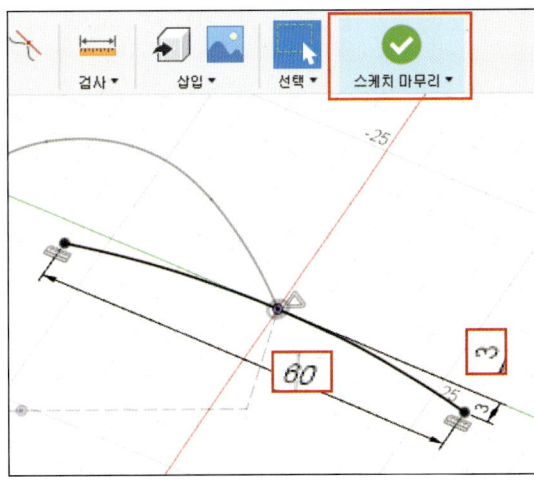

# Part 03 곡면 모델링

아까와 마찬가지로 경로를 따라 평면 명령으로 경로를 선택하고 화살표를 드래그해서 끌면 다음 위치에 자동 스냅되게 됩니다. 확인 버튼을 클릭해 면을 작성합니다.

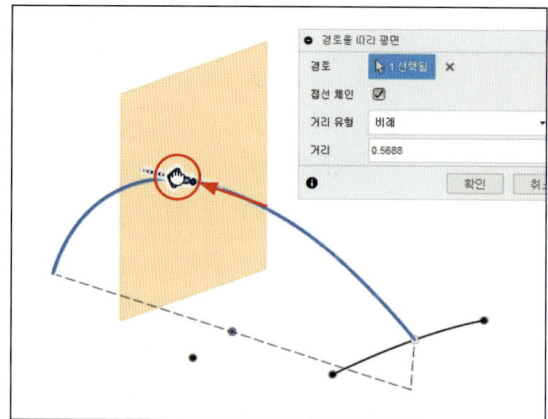

 **Tip**

### 자동 스냅이란?

이전에 스케치를 작성할 때에 3개의 호를 이어서 경로를 작성한 것을 기억하실 겁니다. 경로를 따라 평면으로 드래그하면 호가 이어진 끝점에 화살표가 자동으로 스냅되게 됩니다.

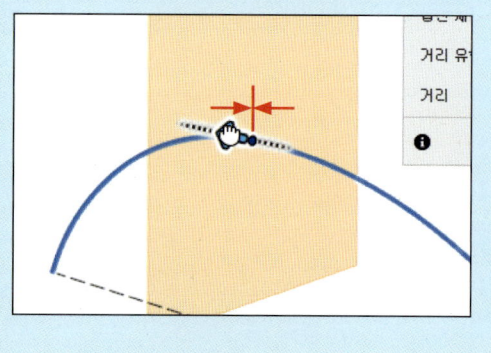

작성한 면을 선택해 스케치를 작성합니다.

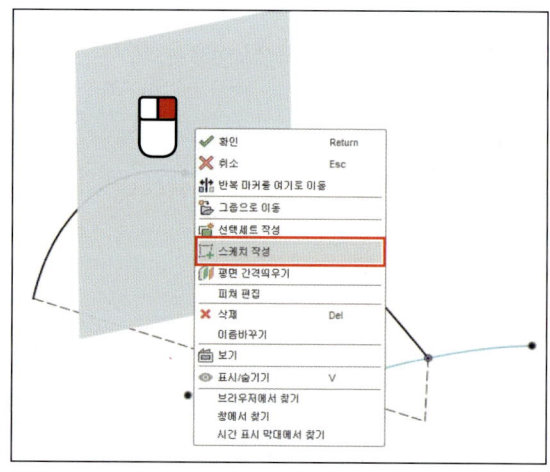

아까와 마찬가지로 호를 작성해 구속조건과 치수를 부여하고 치수를 마무리합니다.

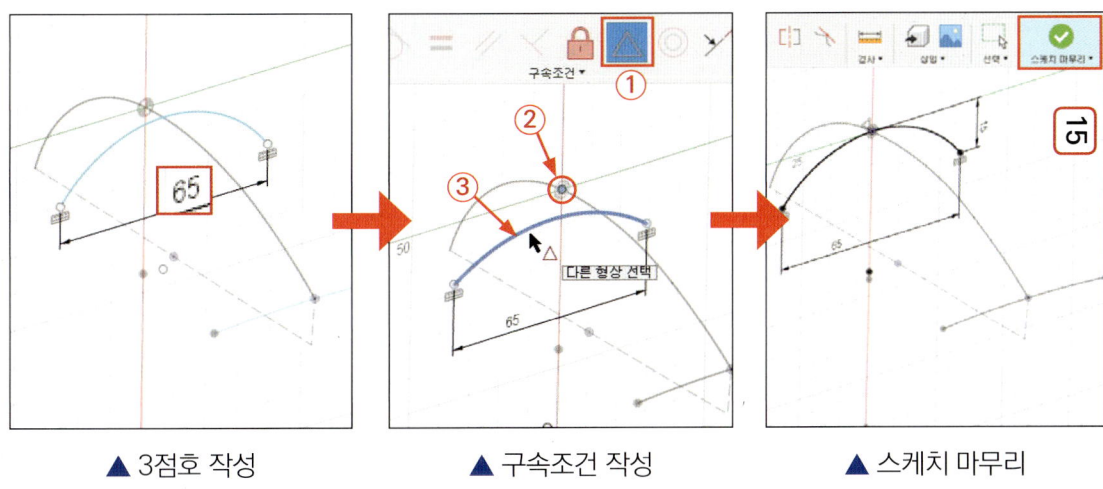

위의 두 번과 같은 순서로 경로의 끝점에 면을 작성하고 스케치를 작성합니다.

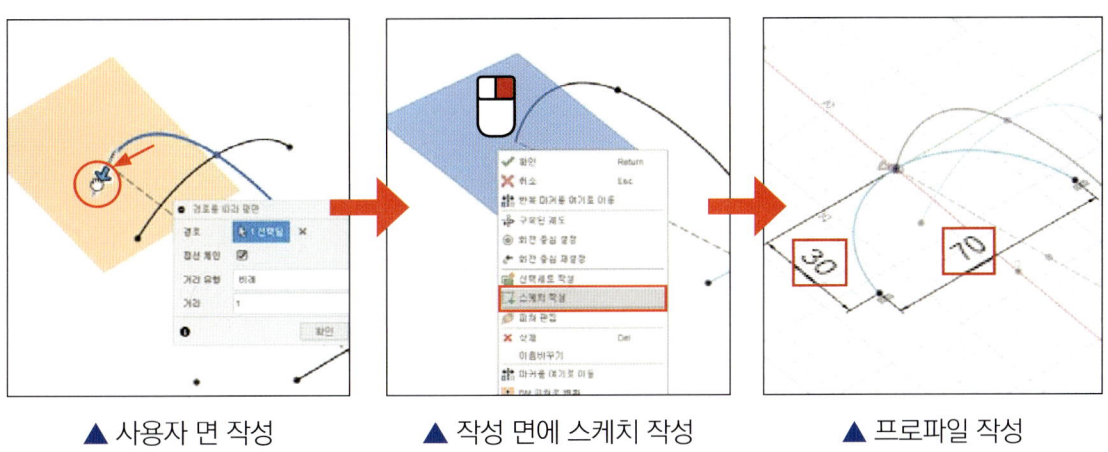

다음과 같이 경로와 3개의 프로파일이 작성되었습니다.

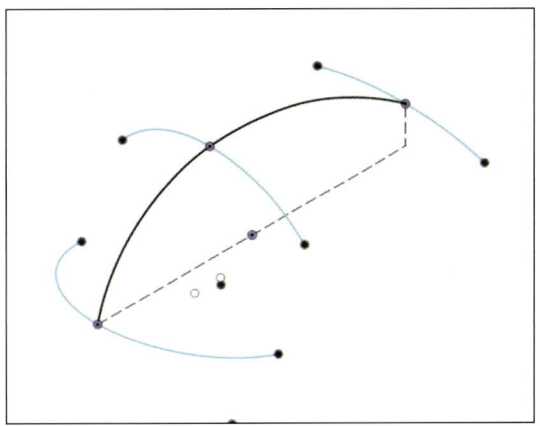

**작성-로프트** 명령을 실행합니다.

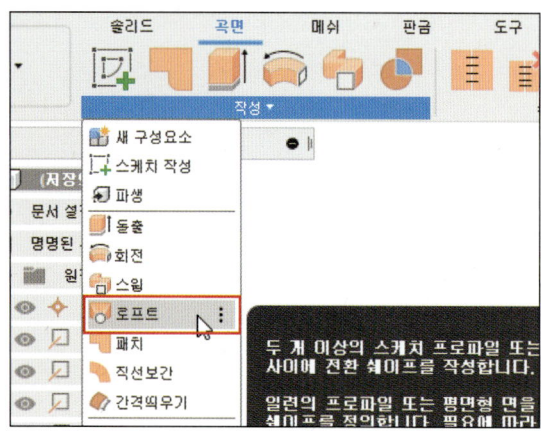

프로파일 항목에 다음과 같이 작성한 3개의 호를 선택합니다.

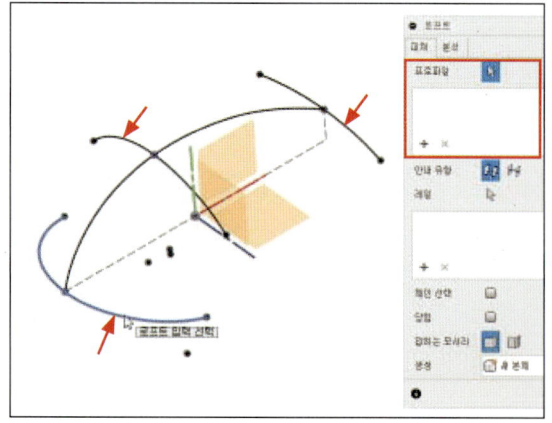

**레일** 항목을 선택한 후에 경로선을 선택합니다.

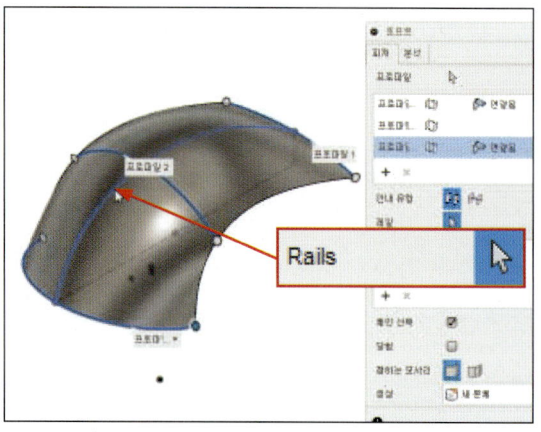

로프트 형상이 경로의 형상에 맞춤으로 수정됩니다. 확인 버튼을 클릭합니다.

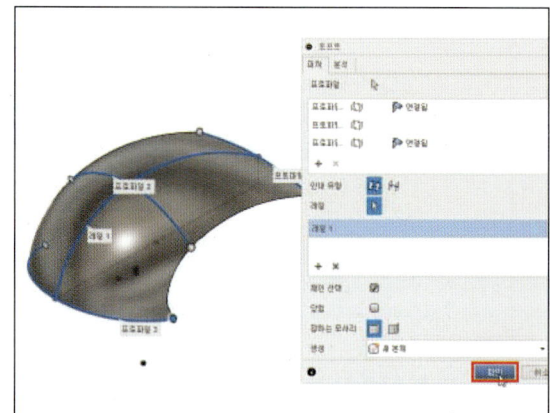

다음과 같이 윗면 형상의 로프트 곡면이 작성되었습니다.

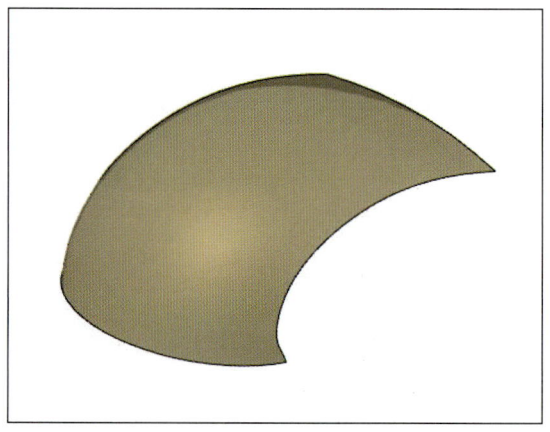

# Chapter 5 마우스 모델링 예제

**수정-법선 반전** 명령을 실행합니다.

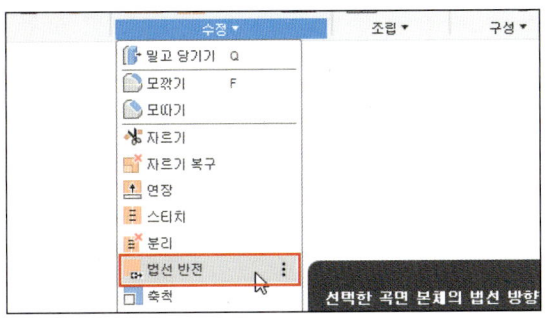

작성한 윗면을 선택한 후 확인 버튼을 클릭합니다.

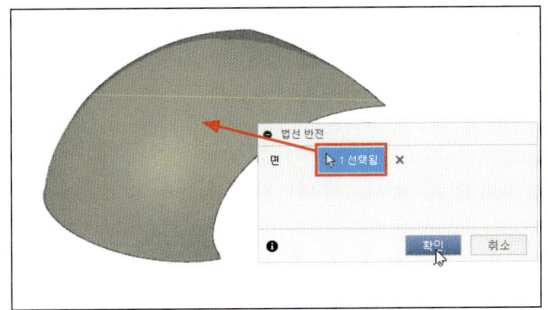

다음과 같이 면이 반전되었습니다.

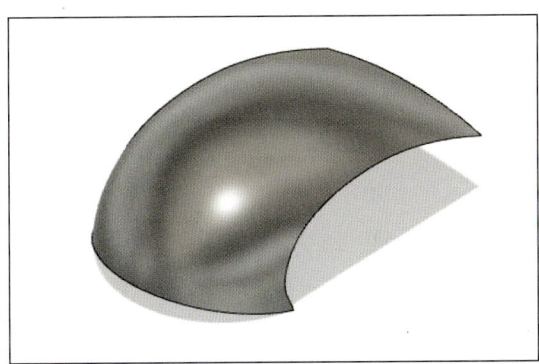

## 🔍 Tip

### 면의 방향에 대해서

곡면은 + 방향과 - 방향이 존재합니다. 이는 피쳐의 생성시 정방향을 정하기 위함인데 아래 그림과 같이 +방향과 -방향은 다음과 같은 색상을 가집니다.

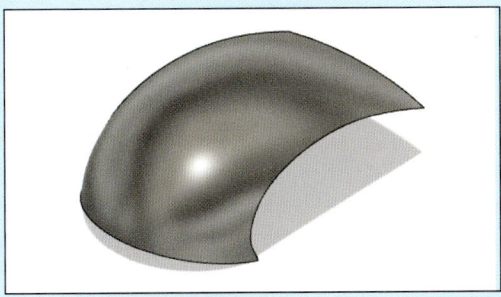

▲ + 방향

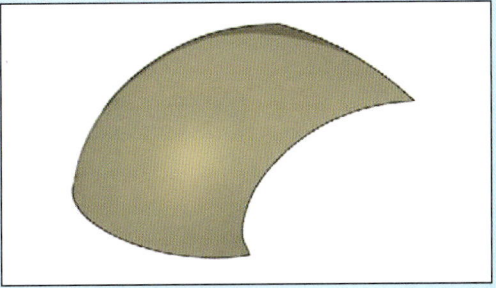

▲ - 방향

단, 위의 예제는 후에 항목들을 합쳐서 솔리드로 작성할 것이기 때문에 곡면의 +/- 방향이 의미는 없습니다.

# Part 03 곡면 모델링

## 03 앞 / 뒤 / 좌 /우 곡면 작성하기

Autodesk Fusion

브라우저 항목에서 작성한 곡면은 숨기고 처음 작성한 스케치1 항목은 표시합니다.

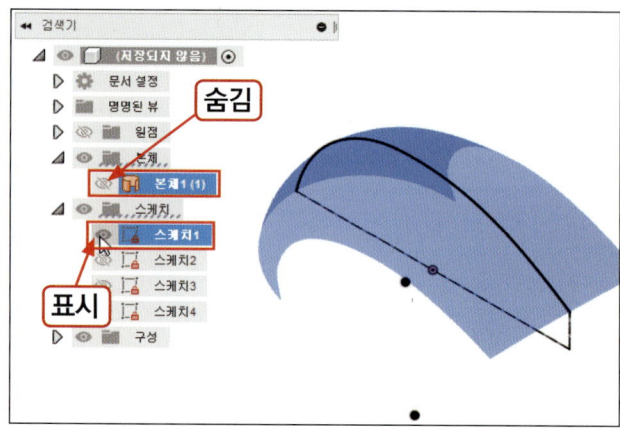

평면도(XZ 평면)에 스케치를 생성해 다음과 같이 프로파일을 작성합니다.

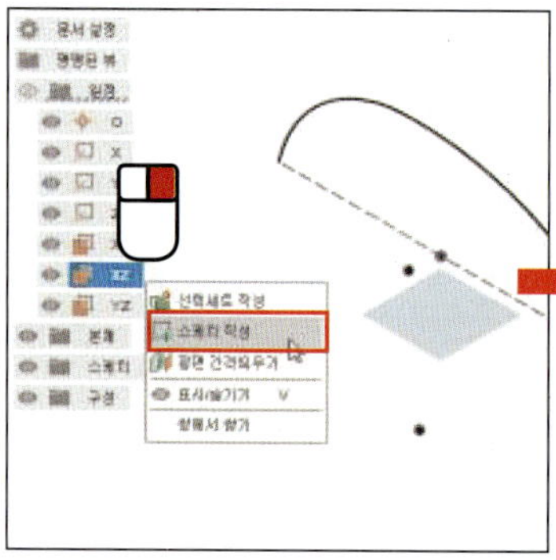

▲ 스케치 작성(XZ 평면) 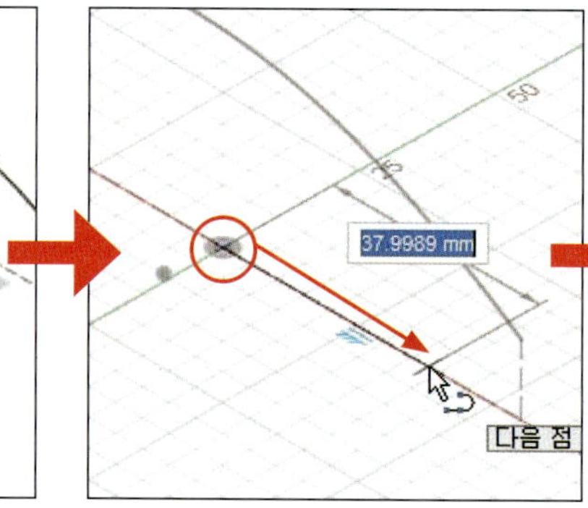    ▲ 원점에서 선 작성 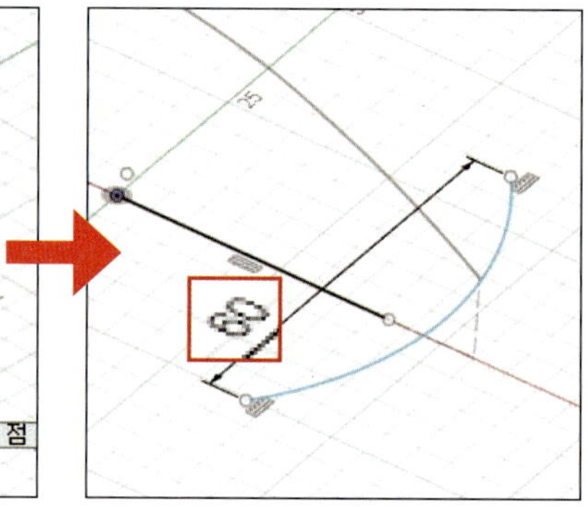    ▲ 3점호 작성

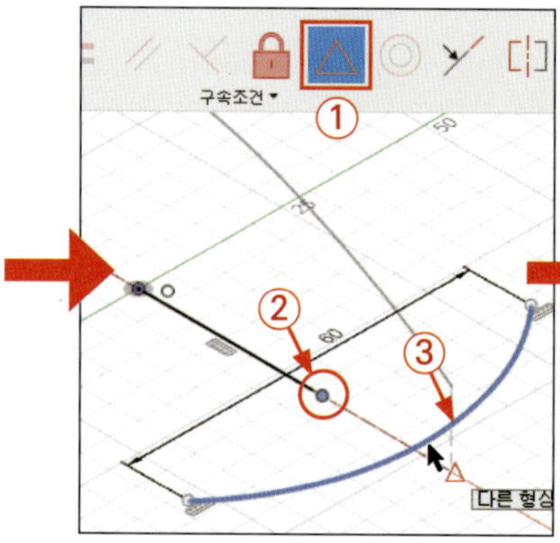

▲ 구속조건 작성 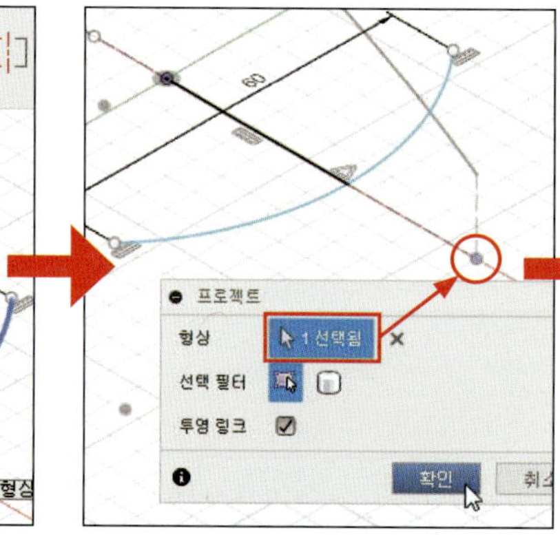    ▲ 끝점 형상투영 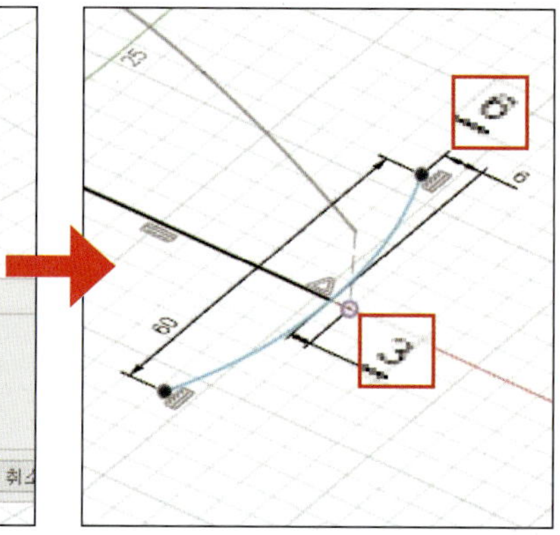    ▲ 치수 입력 후 마무리

정면도(XY 평면)에 스케치를 생성해 다음과 같이 프로파일을 작성합니다.

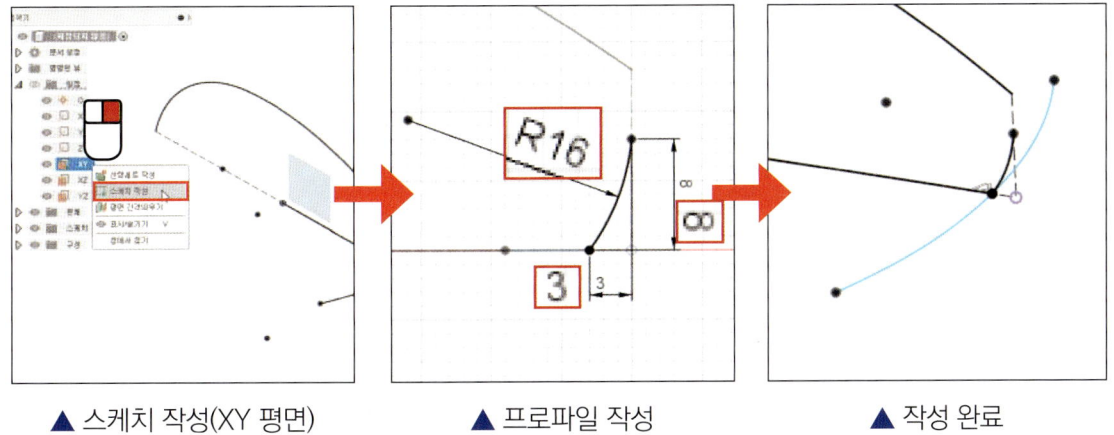

▲ 스케치 작성(XY 평면)   ▲ 프로파일 작성   ▲ 작성 완료

**작성-스윕** 명령을 실행합니다.

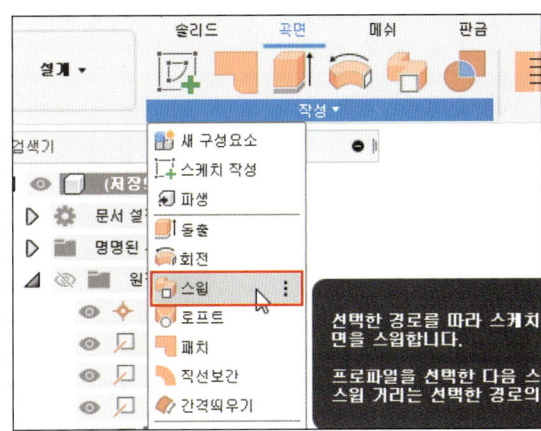

프로파일과 경로를 다음과 같이 선택해 스윕 곡면을 작성합니다.

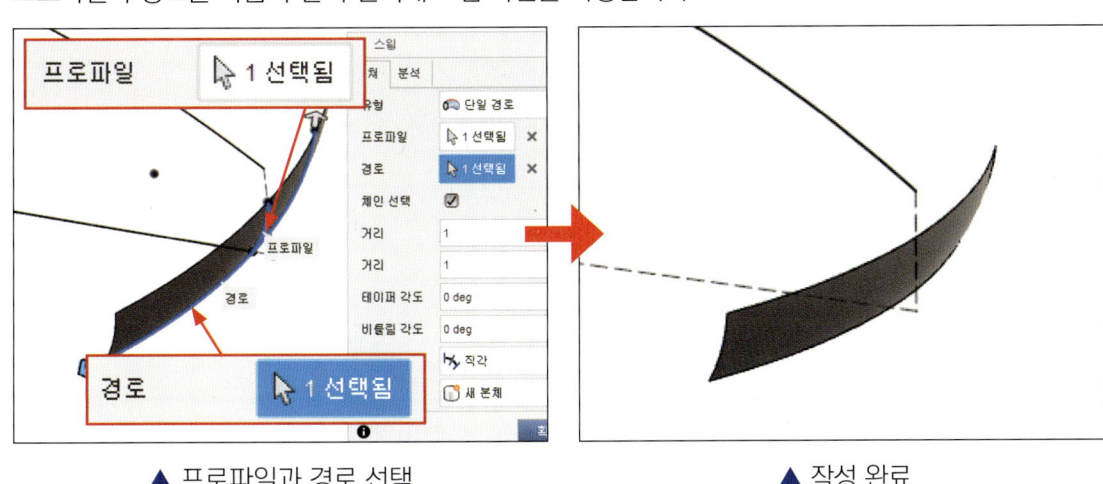

▲ 프로파일과 경로 선택   ▲ 작성 완료

# Part 03 곡면 모델링

평면도(XZ 평면)에 스케치를 생성해 다음과 같이 프로파일을 작성한 후 곡면 돌출 명령으로 다음과 같이 작성합니다.

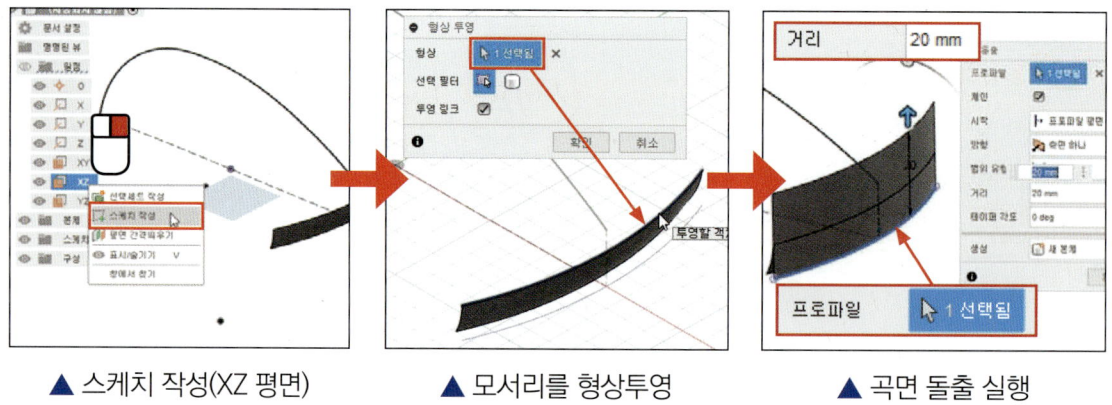

▲ 스케치 작성(XZ 평면)    ▲ 모서리를 형상투영    ▲ 곡면 돌출 실행

작성된 곡면은 숨기고 정면도(XY 평면)에 스케치를 생성해 다음과 같이 프로파일을 작성합니다.

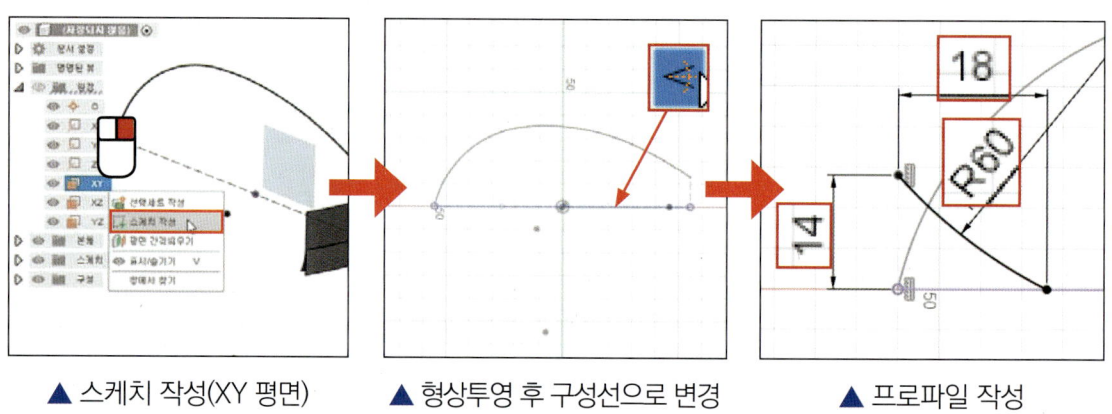

▲ 스케치 작성(XY 평면)    ▲ 형상투영 후 구성선으로 변경    ▲ 프로파일 작성

평면도(XZ 평면)에 스케치를 생성해 다음과 같이 프로파일을 작성합니다.

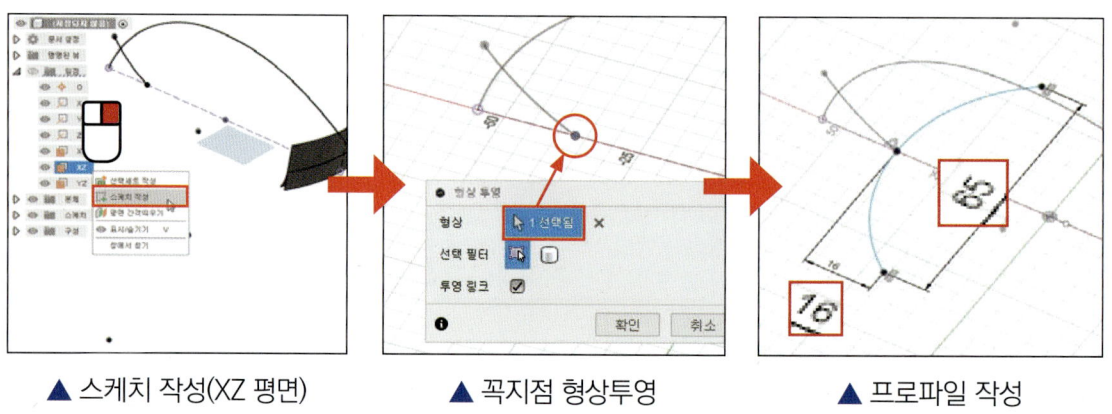

▲ 스케치 작성(XZ 평면)    ▲ 꼭지점 형상투영    ▲ 프로파일 작성

곡면 스윕 명령을 실행해 다음과 같이 작성합니다.

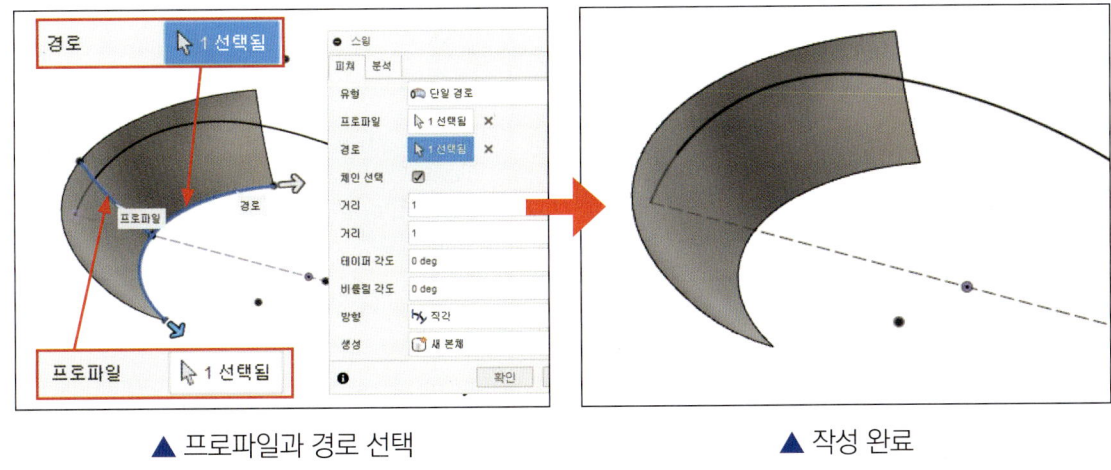

▲ 프로파일과 경로 선택    ▲ 작성 완료

작성된 곡면은 숨기고 평면도(XZ 평면)에 스케치를 생성해 다음과 같이 프로파일을 작성합니다.

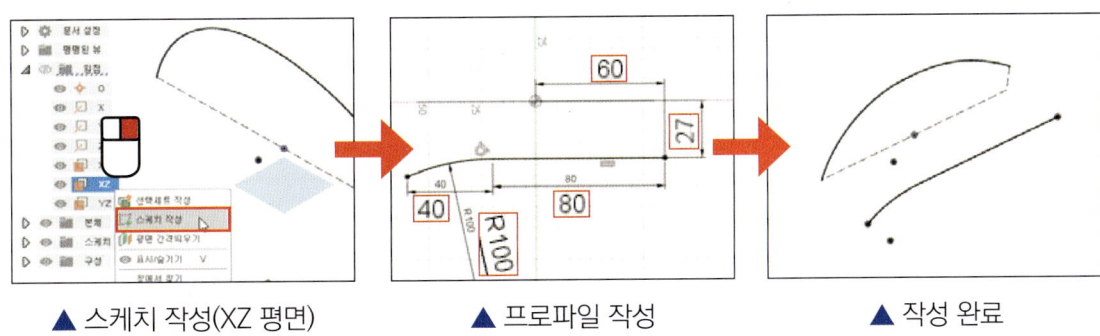

▲ 스케치 작성(XZ 평면)    ▲ 프로파일 작성    ▲ 작성 완료

곡면 돌출 명령으로 다음과 같이 작성합니다.

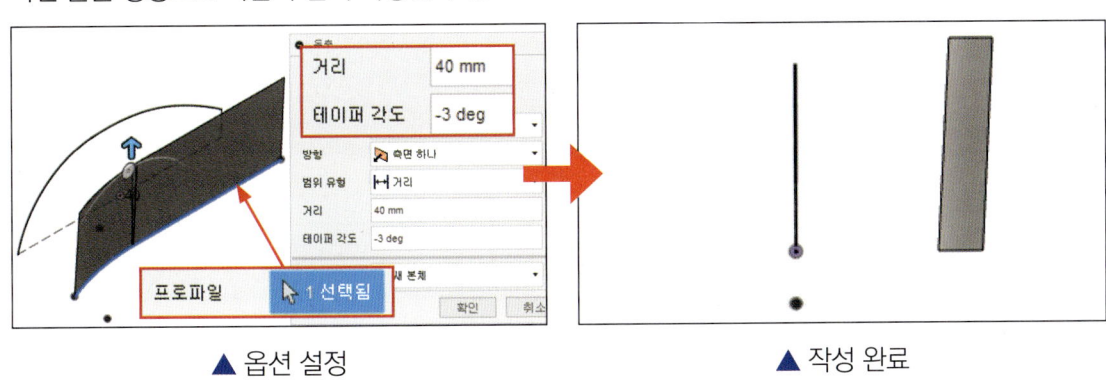

▲ 옵션 설정    ▲ 작성 완료

> **Tip**
> 곡면 돌출에서 테이퍼 각도를 주게 되면 곡면의 정방향으로 구배가 작성됩니다.

## Part 03 곡면 모델링

미러 명령으로 다음과 같이 작성합니다.

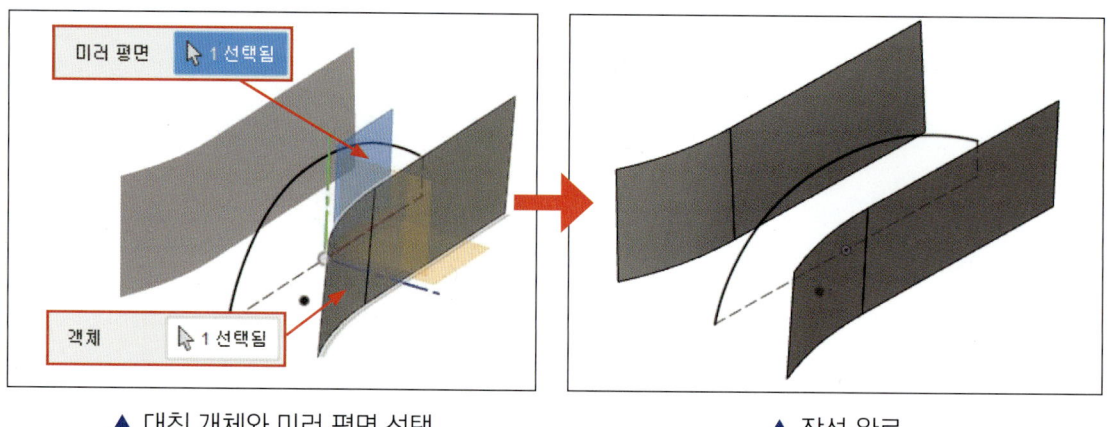

▲ 대칭 개체와 미러 평면 선택　　　　　▲ 작성 완료

브라우저 항목에서 모든 본체를 표시해 여태까지 작성한 모든 곡면 본체를 확인합니다.

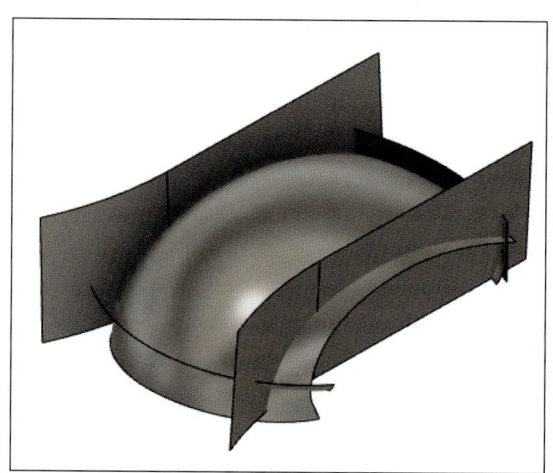

## 04-1 기본덩어리 작성하기-1, 경계 채우기 명령 활용하기

**작성-경계 채우기** 명령을 실행합니다.

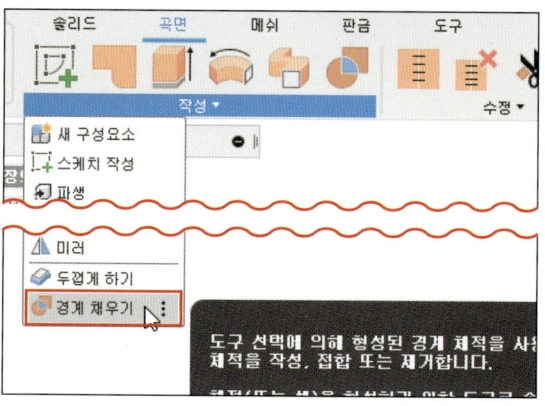

 Tip

### 잘못된 선택의 예

Select Tools(도구)를 다음과 같이 드래그로 선택하면 원점항목의 면까지 선택이 되기 때문에 생성되어야 하는 셀 항목이 필요 이상으로 많이 분할됩니다.

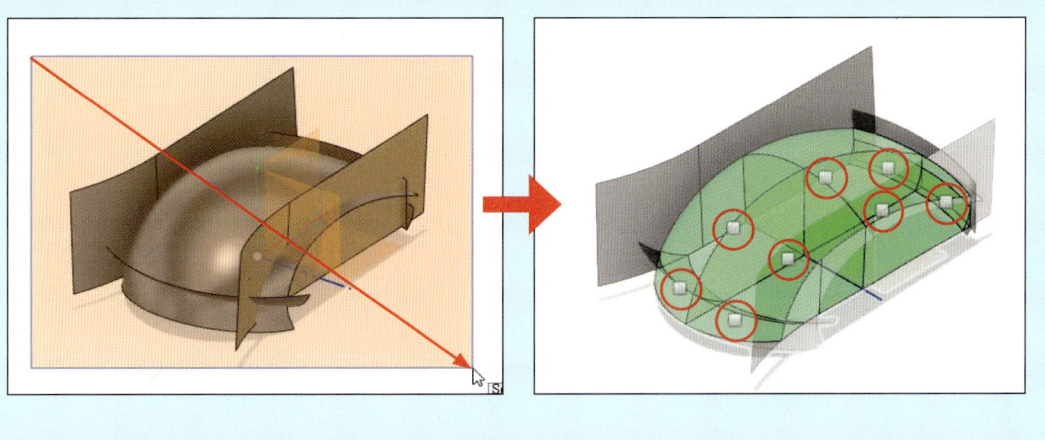

브라우저의 본체 항목에서 쉬프트 키를 눌러서 첫 번째 곡면 본체부터 마지막 본체 항목까지 모두 선택합니다.

조각이 작성되기 위해서는 아래면도 막아야 합니다. 이미 원점 항목에 평면도(XZ 평면)이 존재하므로 추가로 선택합니다.

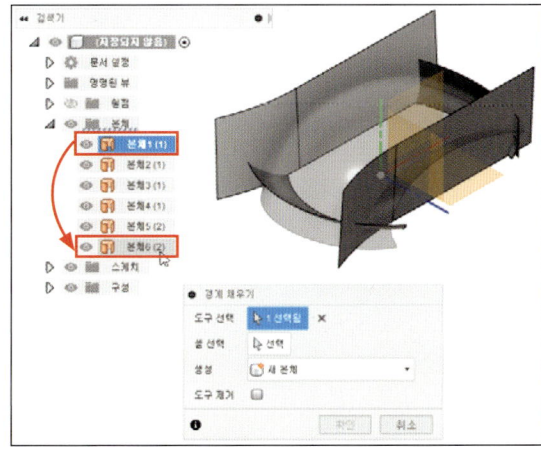
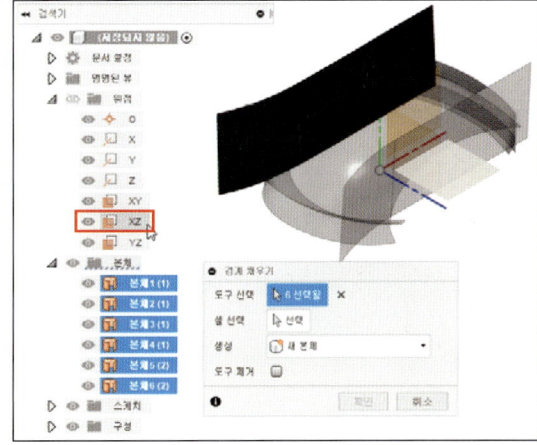

 Tip

원점 항목에 있는 원점 축과 원점 평면은 길이나 넓이가 정해져 있는 것이 아닌 무한 길이와 무한 넓이를 가진 항목이라고 보시면 됩니다.

# Part 03 곡면 모델링

셀 선택 항목을 선택하면 다음과 같이 사방이 막힌 외부의 영역이 표시됩니다. 중앙의 셀을 선택하고 확인 버튼을 클릭합니다.

브라우저의 곡면 본체 항목들을 숨깁니다.

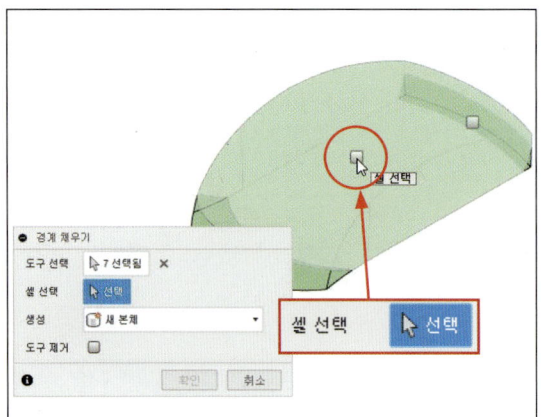
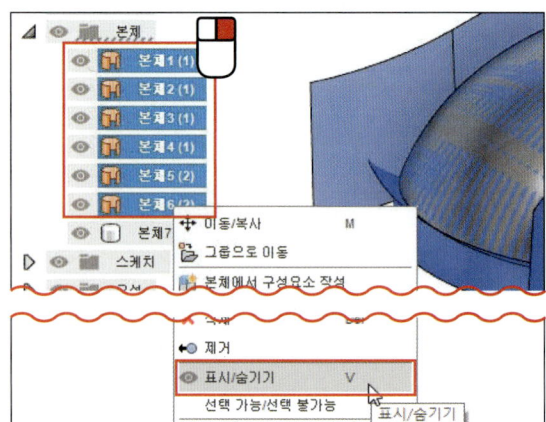

다음과 같이 **경계 채우기** 명령으로 작성된 덩이리가 완성되었습니다.

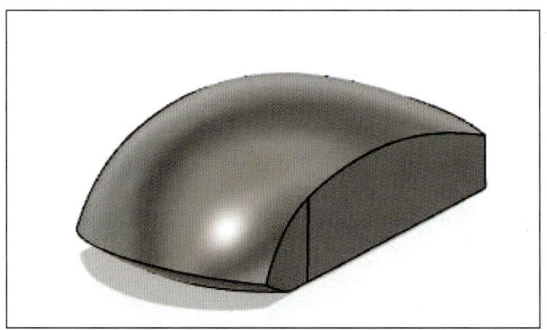

## 04-2 기본덩어리 작성하기-2, 여러가지 곡면 명령 활용하기
Autodesk Fusion

이번 시간에는 여러가지 곡면 명령을 활용해서 다른 방법으로 기본 덩어리를 만들어 보도록 하겠습니다.

작성했던 **경계 채우기** 피쳐를 삭제한 후에 작업을 시작해 보도록 하겠습니다.

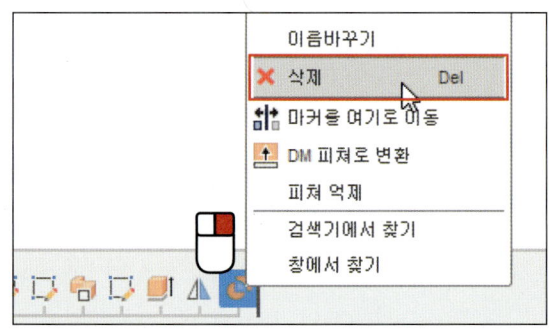

334

# Chapter 5 마우스 모델링 예제

다음과 같이 덩어리 만들기 직전으로 돌아갑니다.

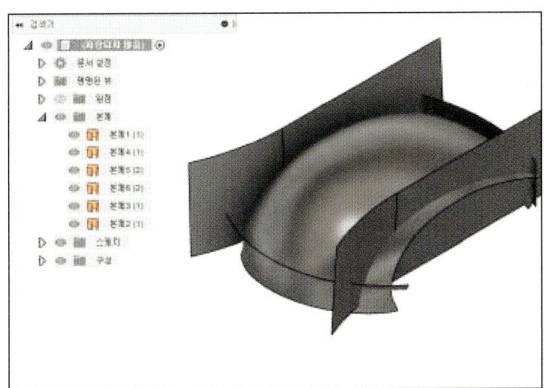

**수정-자르기** 명령을 실행합니다.

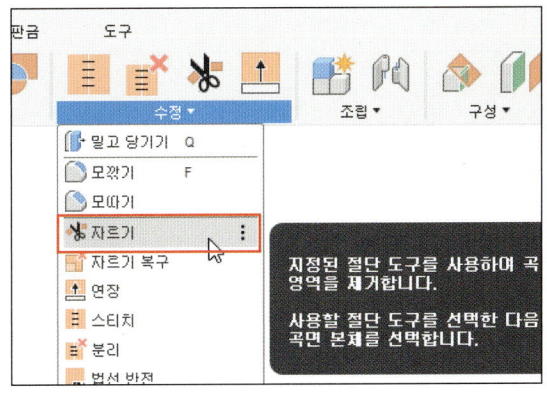

자르기 기준이 될 면을 선택합니다.

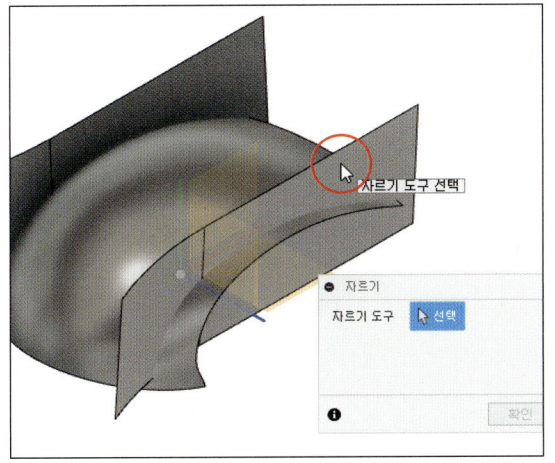

자를면을 선택하면 자르기 기준이 될 면을 기준으로 잘리게 됩니다.

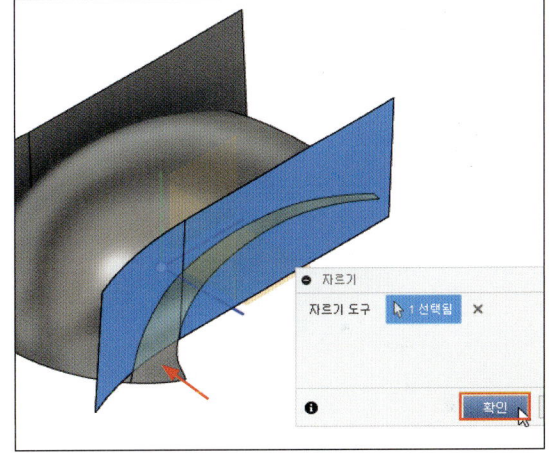

확인 버튼을 클릭하면 면이 잘리게 됩니다.

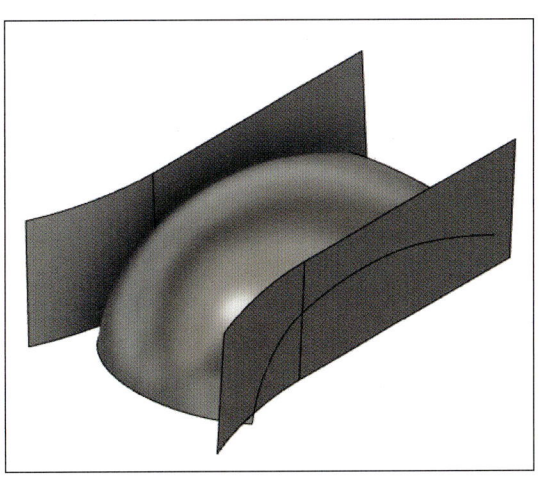

## Part 03 곡면 모델링

만약 면이 모자라서 자르기가 안될 경우에는 **수정-연장** 명령을 실행합니다.

연장할 모서리를 선택합니다.

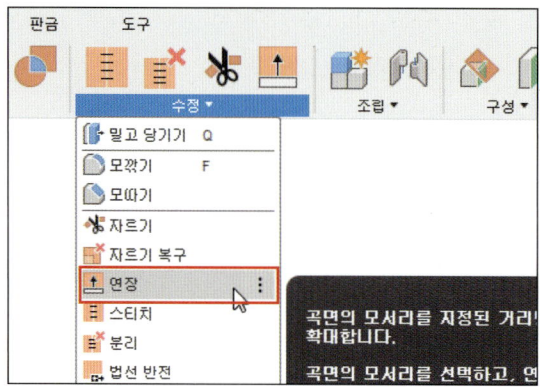
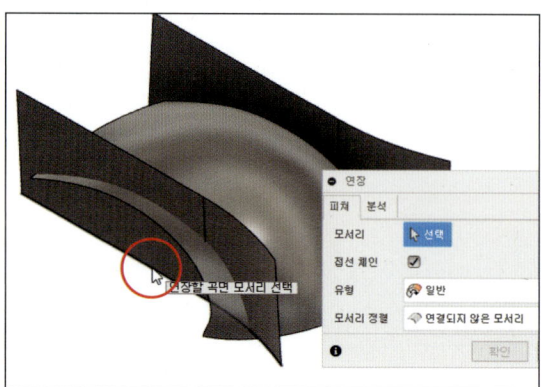

화살표를 드래그한 후 확인 버튼을 클릭합니다.

다음과 같이 면이 연장됩니다.

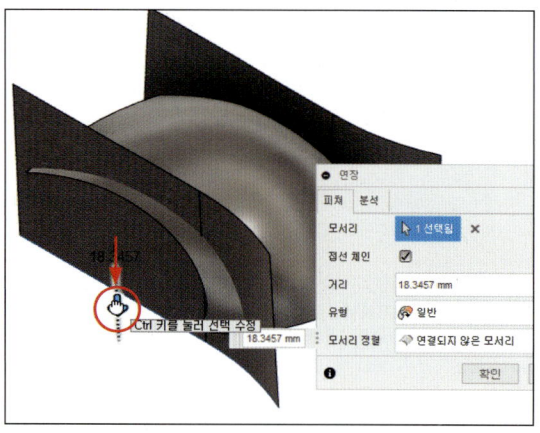

### Command

### 연장

곡면 모서리를 연장시킵니다.

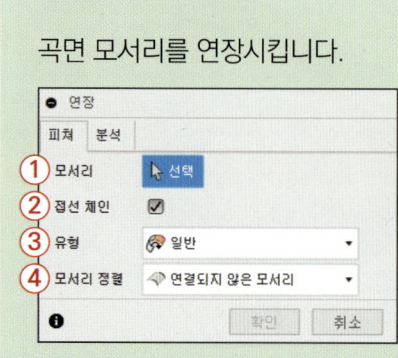

❶ **모서리** : 연장할 모서리를 선택합니다.

❷ **접선 체인** : 모서리의 체인 선택을 지원합니다.

❸ **유형** : 곡면을 연장하는 타입을 결정합니다.

❹ **모서리 정렬** : 연장하는 모서리의 정렬 옵션을 선택합니다.

자르기 명령으로 다음과 같이 면을 자릅니다.

앞쪽 면을 자르기 위해서 두 개의 면만 제외하고 나머지 곡면 본체는 숨깁니다.

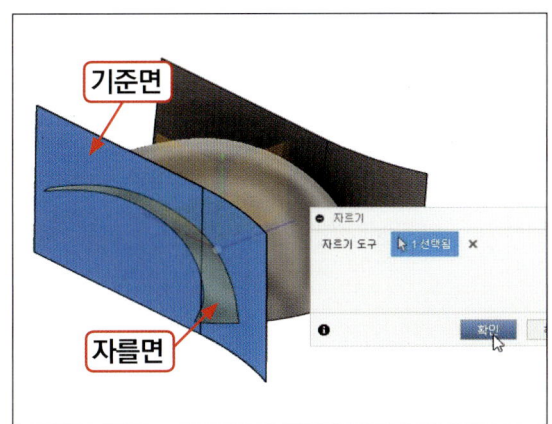
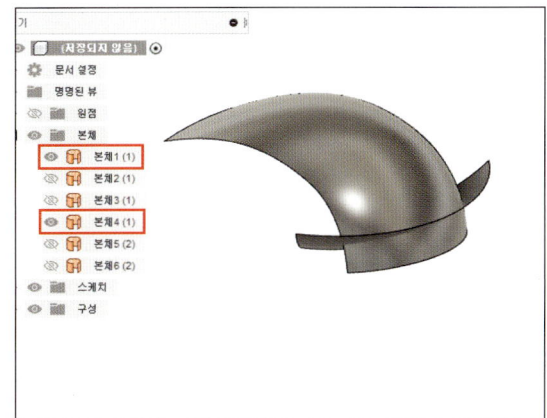

자르기 명령으로 다음과 같이 면을 자릅니다.(각각 명령어를 따로 실행해 자릅니다.)

▲ 아래쪽 면 자름　　　　▲ 앞쪽 면 자름　　　　▲ 자르기 완성

작업이 끝난 앞쪽 면을 숨기고 뒷면을 나타낸 다음 두 개의 면을 다음과 같이 면을 자릅니다.

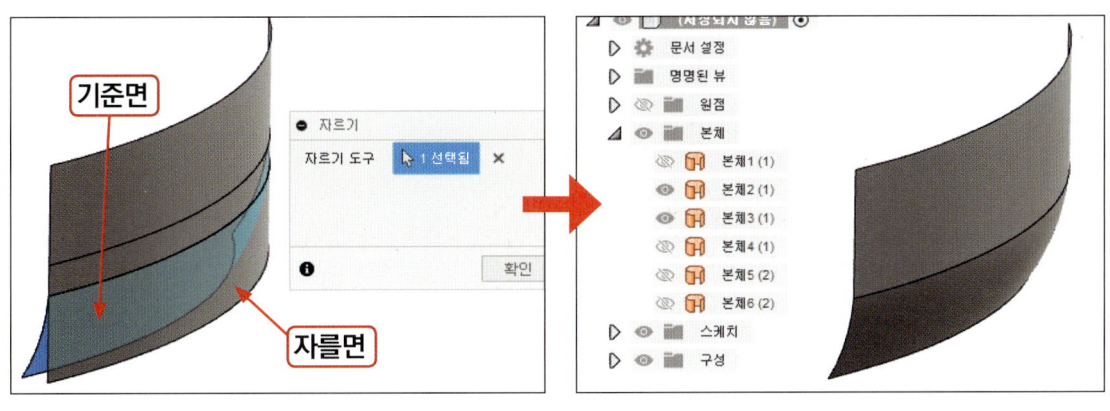

▲ 뒷면에 있는 두 개의 곡면 자르기 작업　　　　▲ 작성 완료

# Part 03 곡면 모델링

윗면을 기준으로 옆면과 뒷면을 다음과 같이 자릅니다.

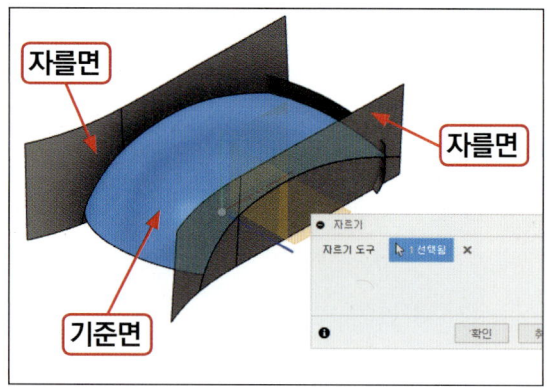

**수정-스티치** 명령을 실행합니다.

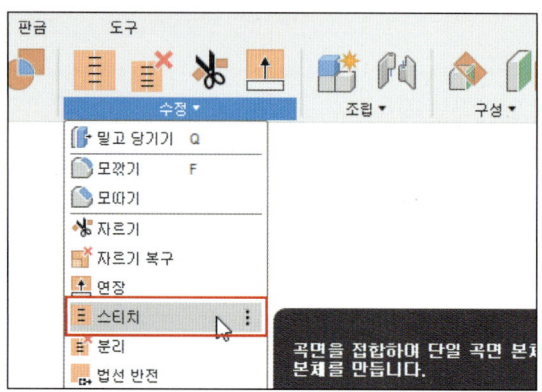

뒤쪽 두개의 곡면을 선택해서 하나로 붙입니다.

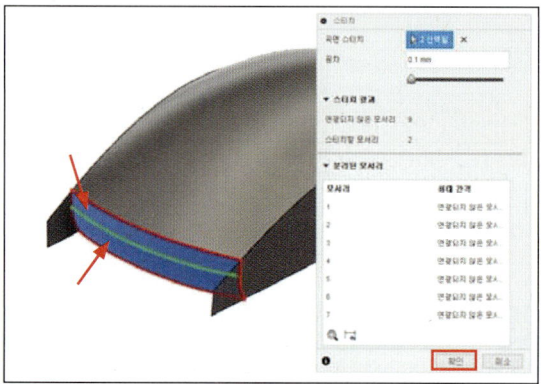

## Command

### 스티치

여러개의 곡면을 붙여서 하나의 곡면으로 만듭니다.

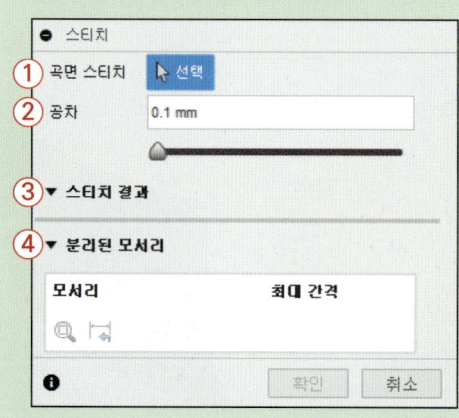

❶ **곡면 스티치** : 붙일 곡면을 선택합니다.

❷ **공차** : 붙일 곡면끼리의 허용 공차를 지정합니다.

❸ **스티치 결과** : 서로 결합된 모서리와 떨어진 모서리의 개수를 표시합니다.

❹ **분리된 모서리** : 결합되지 않은 모서리의 리스트를 표시합니다.

## Chapter 5 마우스 모델링 예제

자르기 명령으로 다음과 같이 뒷면을 기준으로 옆면을 자릅니다.

스티치 명령을 실행해 다음과 같이 곡면 본체들을 선택한 후 확인버튼을 클릭합니다.

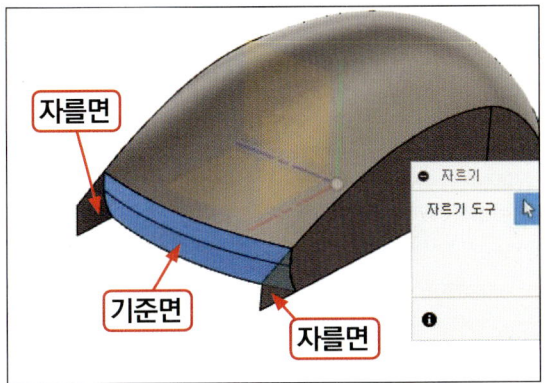
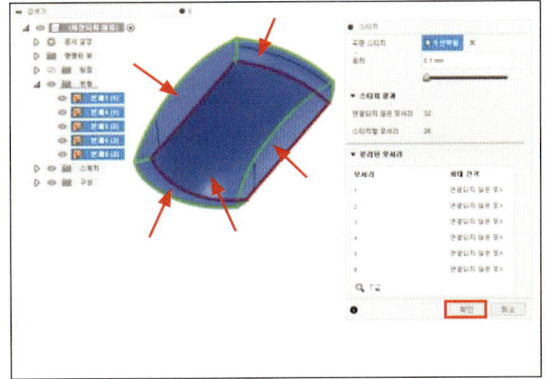

**작성-패치** 명령을 실행합니다.

아래쪽 모서리를 선택합니다.

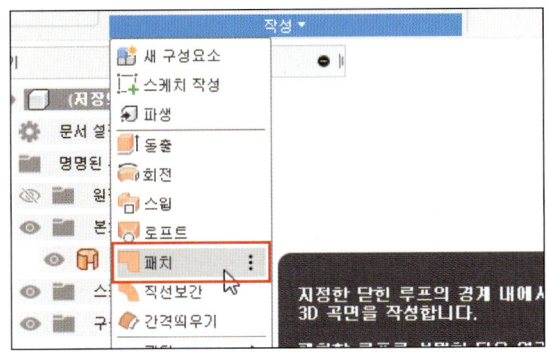
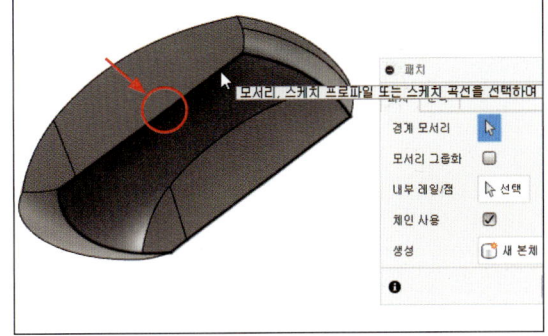

### Tip

곡면들을 전부 붙여야 체인 선택으로 모서리를 한꺼번에 선택할 수 있습니다.

패치 명령이 미리보기가 되면 확인 버튼을 클릭합니다.

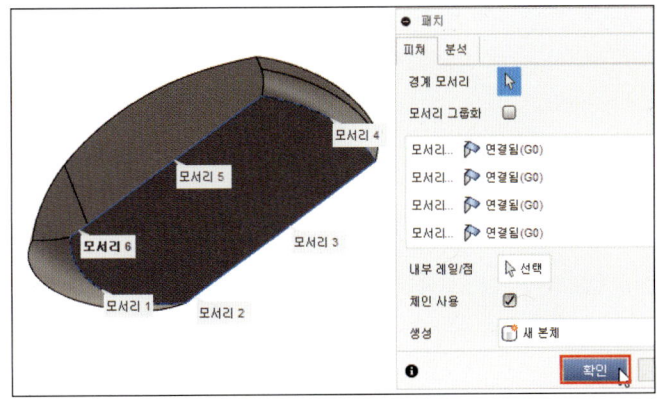

339

# Part 03 곡면 모델링

**스티치** 명령을 실행해서 두 개의 곡면을 선택해서 확인 버튼을 클릭합니다. 붙인 곡면의 내부에 막힌 공간이 탐지되므로 자동으로 솔리드 개체로 변경됩니다.

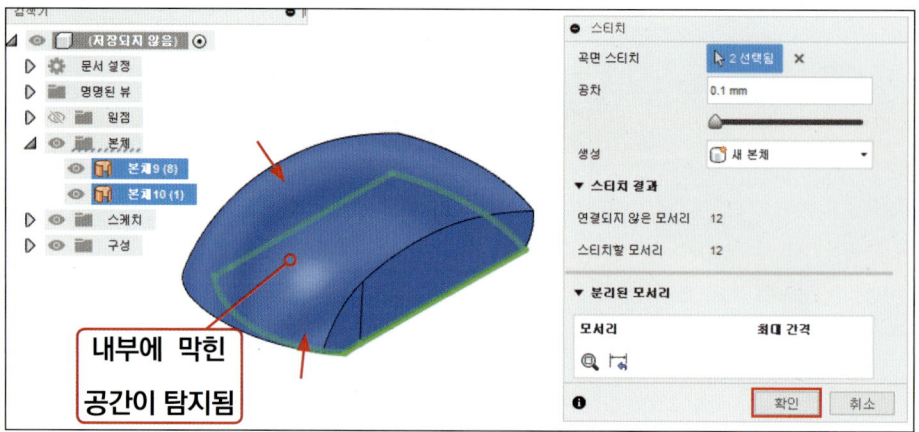

**필렛** 명령을 실행해서 **반지름 유형**을 **변수**로 선택합니다.

다음 모서리를 선택합니다.

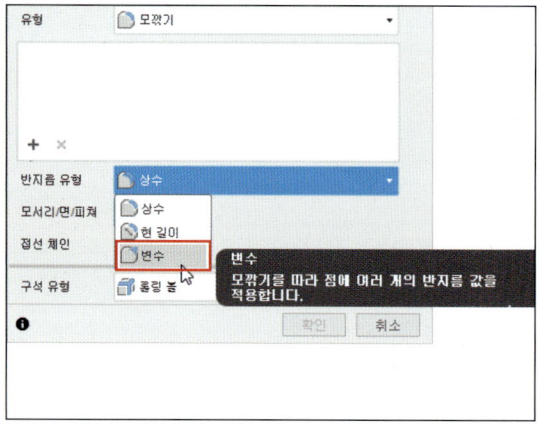
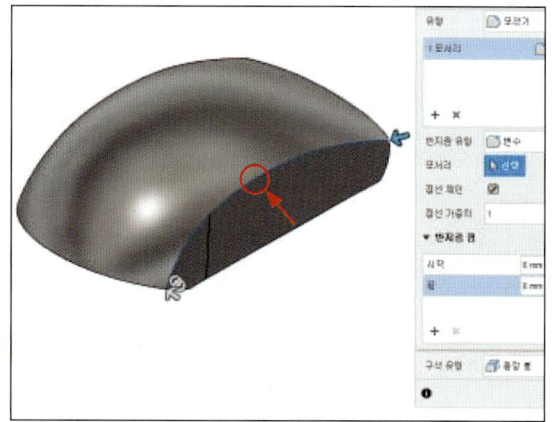

**시작**과 **끝** 반지름을 다음과 같이 설정합니다.

**선택 세트를 추가합니다** 버튼을 클릭합니다.

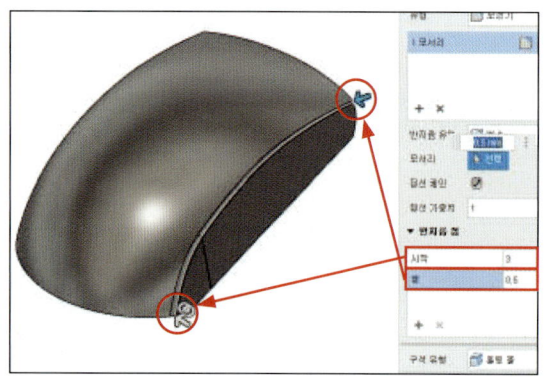
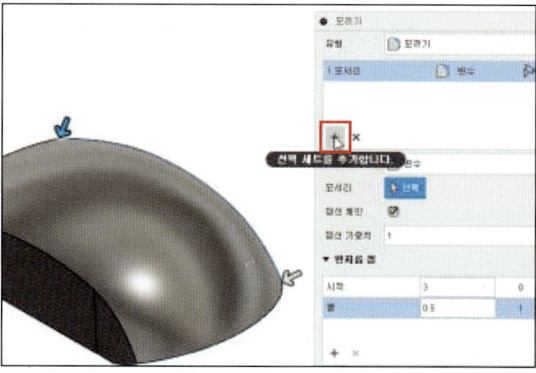

다음 모서리를 선택합니다.

**시작**과 **끝** 반지름을 다음과 같이 설정합니다.

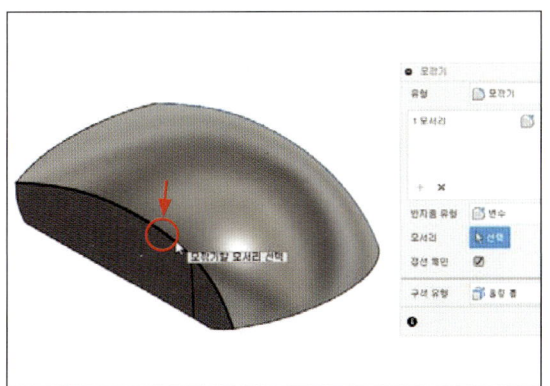
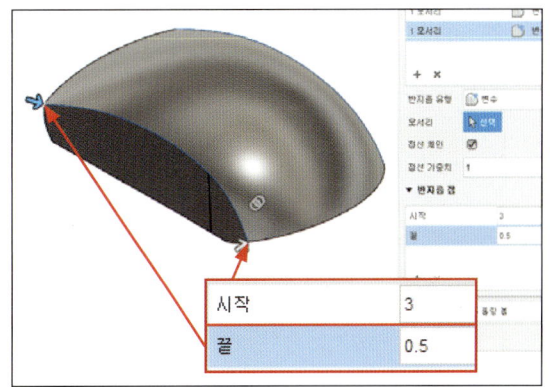

다음과 같이 모깎기가 작성되었습니다.

 Tip

가변 모서리의 시작 끝 위치는 가끔 반대로 될 경우가 있으므로 만약 반대로 된다면 입력하는 값을 서로 바꿔서 입력합니다.

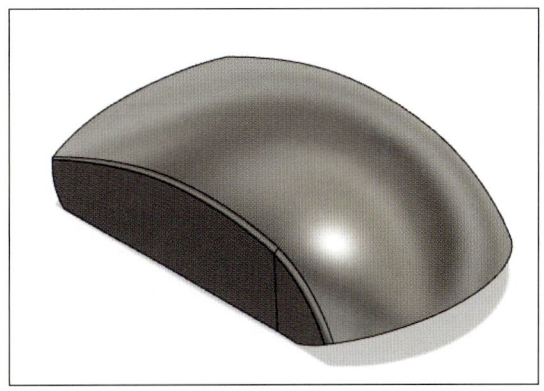

**필렛** 명령을 실행해서 **접선 체인** 옵션을 체크 해제합니다.

다음 모서리를 선택합니다.

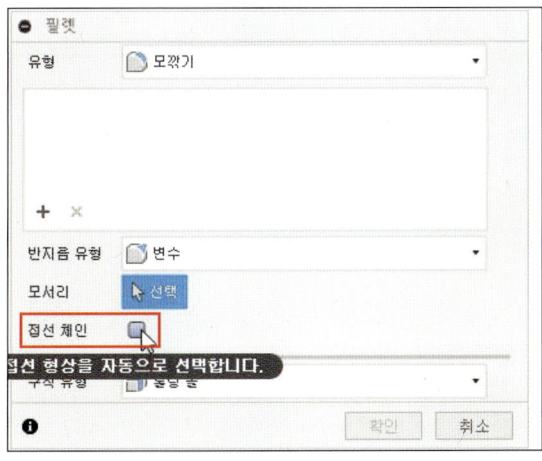
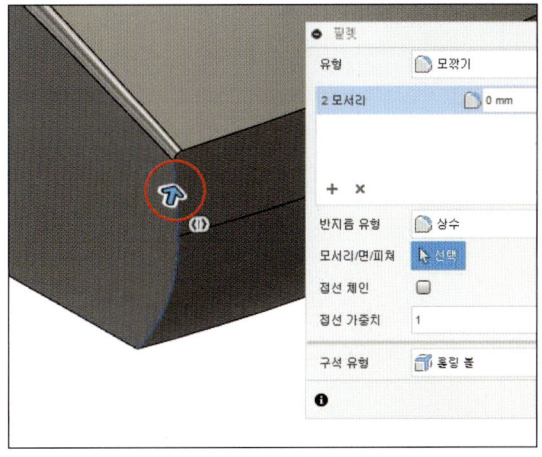

# Part 03 곡면 모델링

반대쪽 모서리도 선택한 후 반지름을 설정한 후 확인 버튼을 클릭합니다.

모깎기가 작성되었습니다.

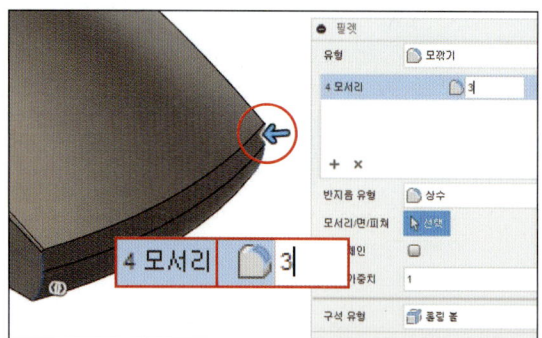
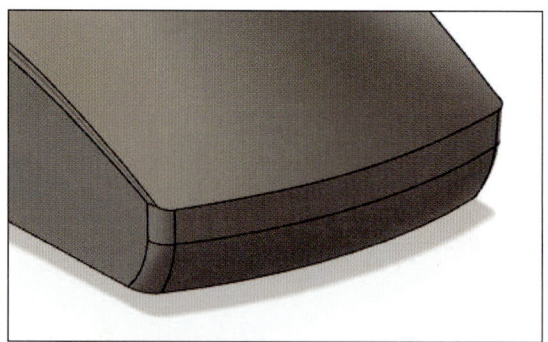

## 05 부품 분할하기

정면도(XY 평면)에 스케치를 작성합니다.

3점 호를 작성한 후에 원점을 기준으로 다음과 같이 치수를 작성합니다.

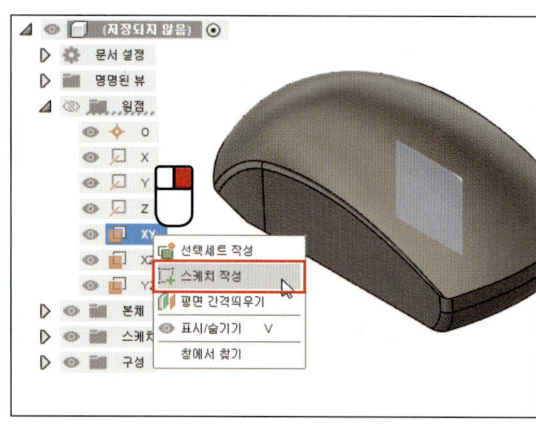
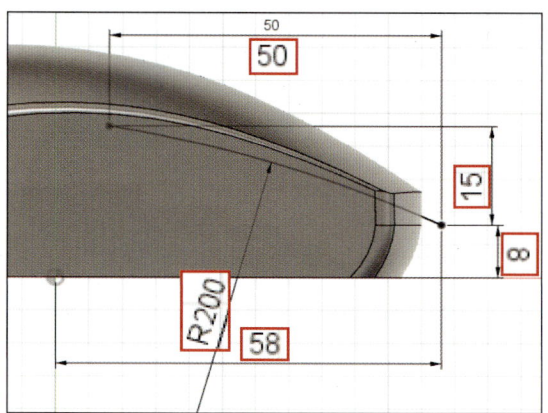

다음과 같이 스케치를 작성해 마무리합니다.

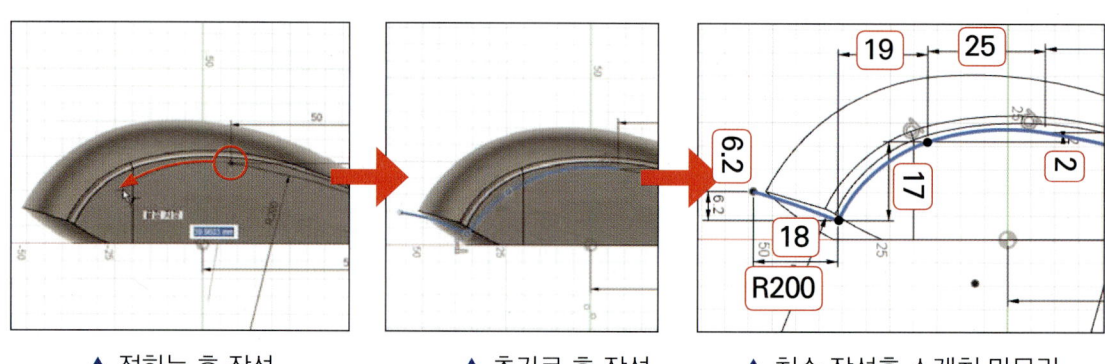

▲ 접하는 호 작성      ▲ 추가로 호 작성      ▲ 치수 작성후 스케치 마무리

# Chapter 5 마우스 모델링 예제

  Tip

곡면 디자인에서는 모든 치수를 작성하지는 않지만 같은 결과의 예제를 만들기 위해서 여기서는 모든 치수를 작성하는 것으로 합니다.

**색상** 명령으로 덩어리에 하얀색을 적용합니다. (페인트 → 광택 → 페인트 에나멜 광택(하얀색) )

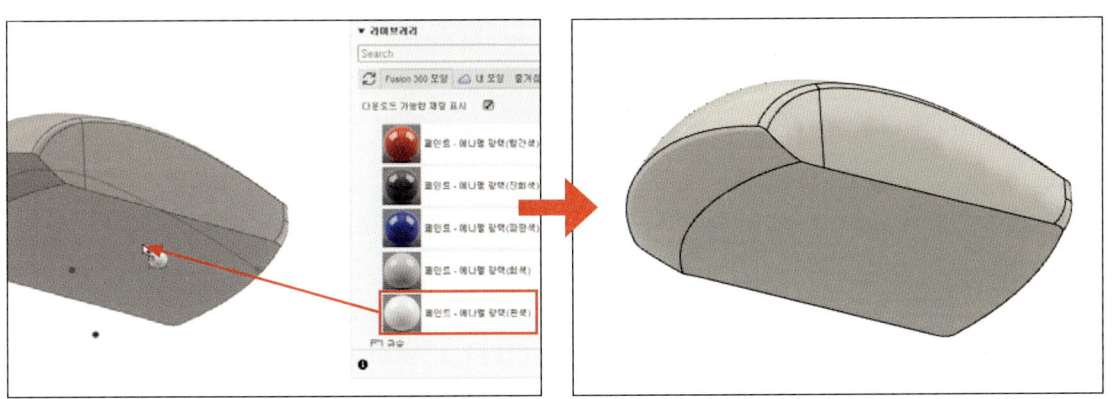

본체 분할 명령으로 다음과 같이 본체를 자릅니다.

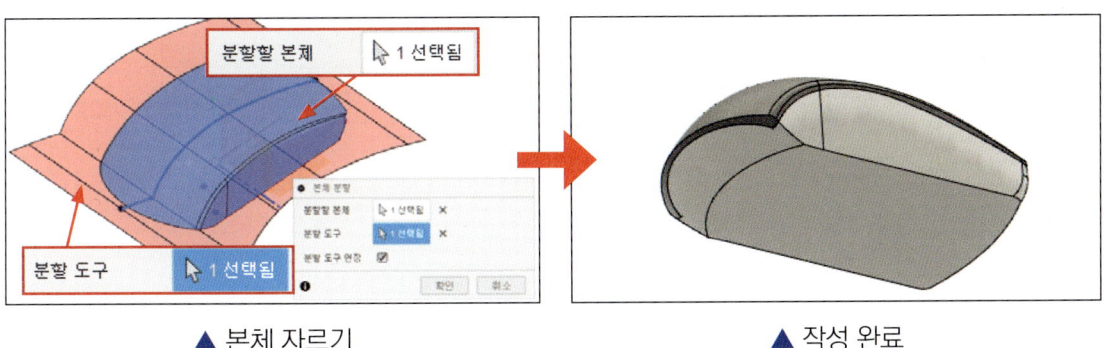

▲ 본체 자르기                    ▲ 작성 완료

아랫면에 스케치를 작성합니다.

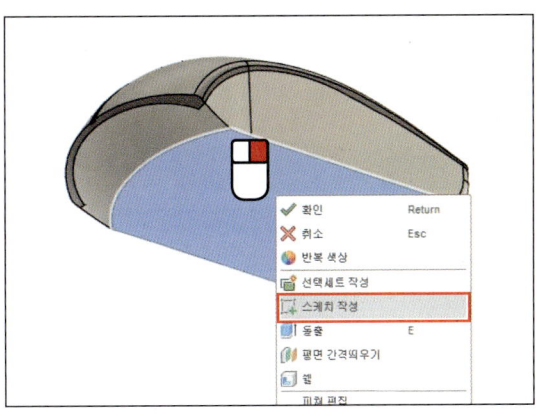

343

스케치 프로파일을 작성합니다.

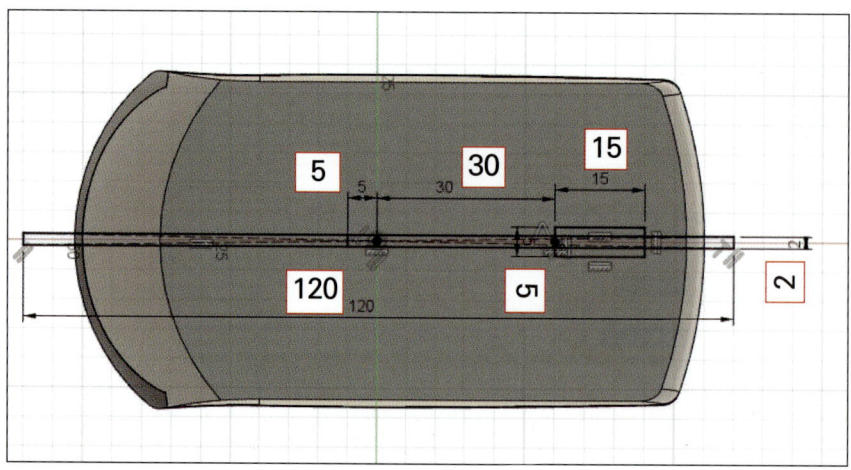

돌출 명령으로 다음과 같이 작성합니다.

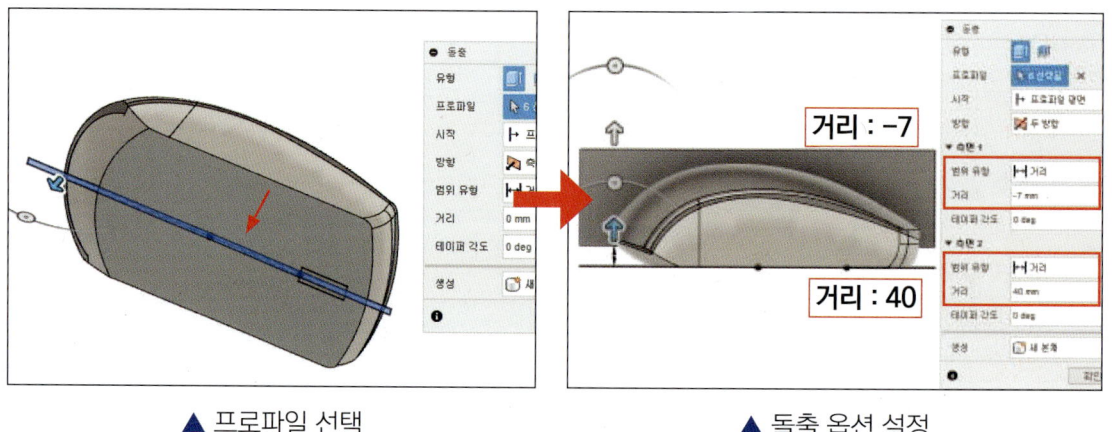

▲ 프로파일 선택    ▲ 돌출 옵션 설정

본체 분할 명령으로 다음과 같이 본체를 자릅니다.

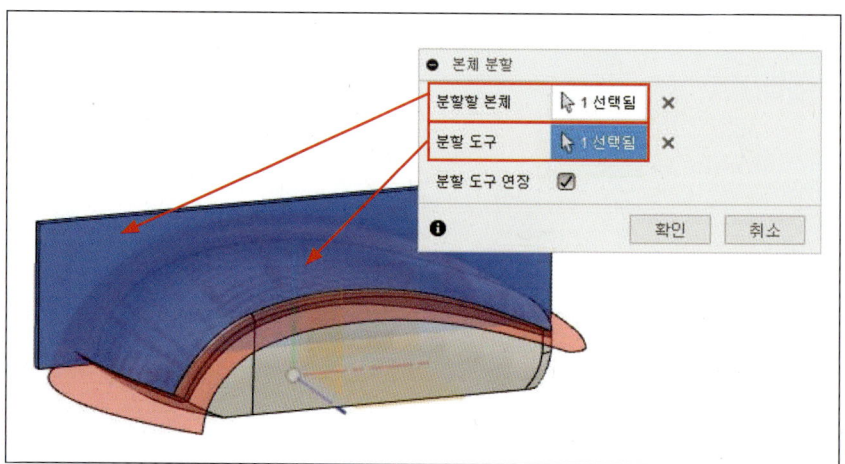

잘린 아래쪽 본체를 본체 항목에서 선택해서 제거합니다.

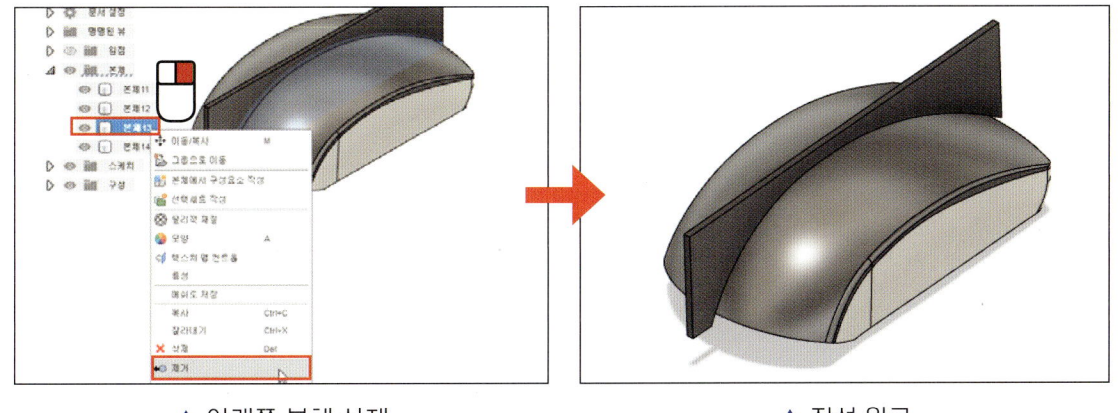

▲ 아래쪽 본체 삭제　　　　　　　　　　　▲ 작성 완료

다음 면을 선택해 밀고당기기 명령을 실행합니다.

다음과 같이 거리를 입력한 후에 확인버튼을 클릭합니다.

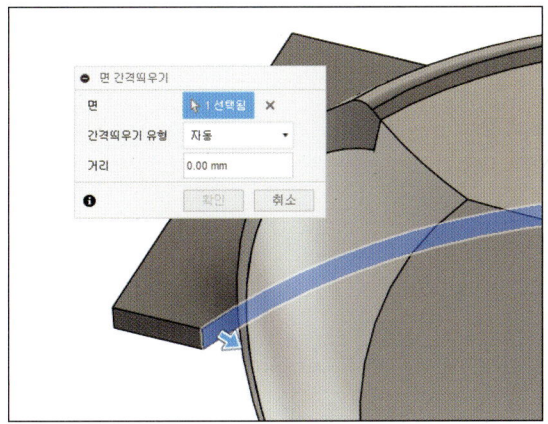
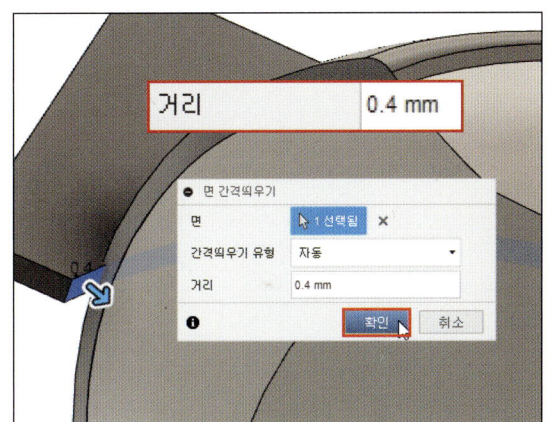

결합 명령을 실행해 다음과 같이 작성합니다.

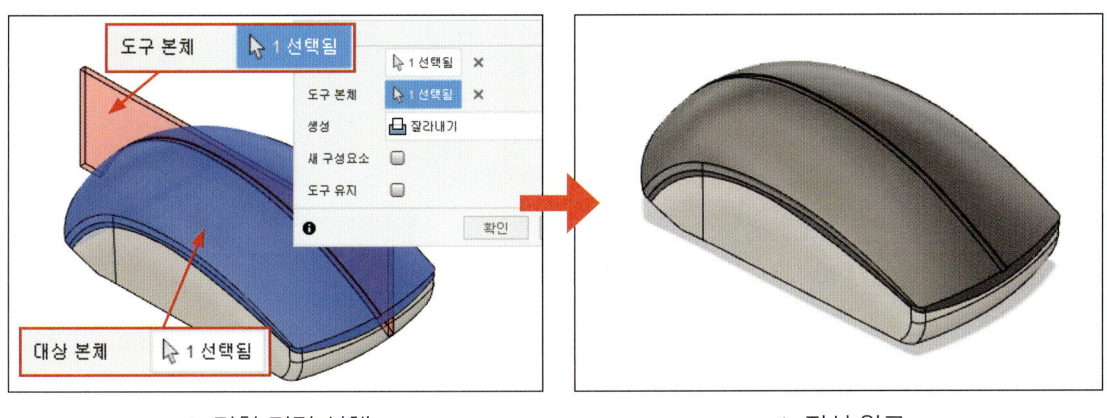

▲ 결합 명령 실행　　　　　　　　　　　▲ 작성 완료

# Part 03 곡면 모델링

이전에 마지막으로 작성한 스케치를 다시 표시합니다.

돌출 명령으로 다음 프로파일을 선택합니다.

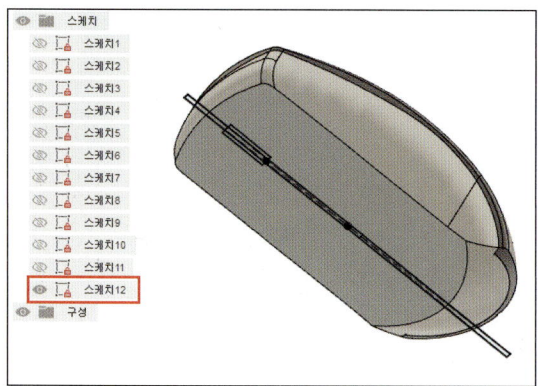
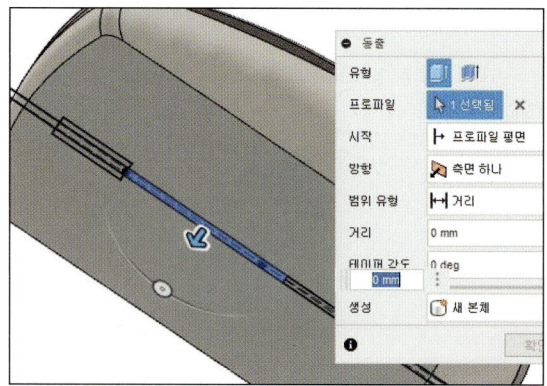

다음과 같이 옵션을 설정해서 돌출 명령을 마무리합니다.

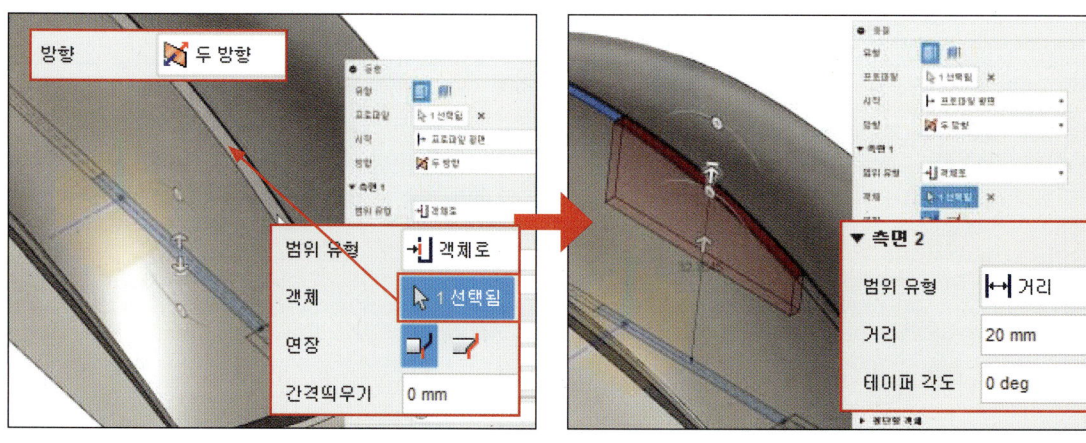

▲ 두 거리 타입 → 끝면 선택
▲ 거리 2 거리 입력

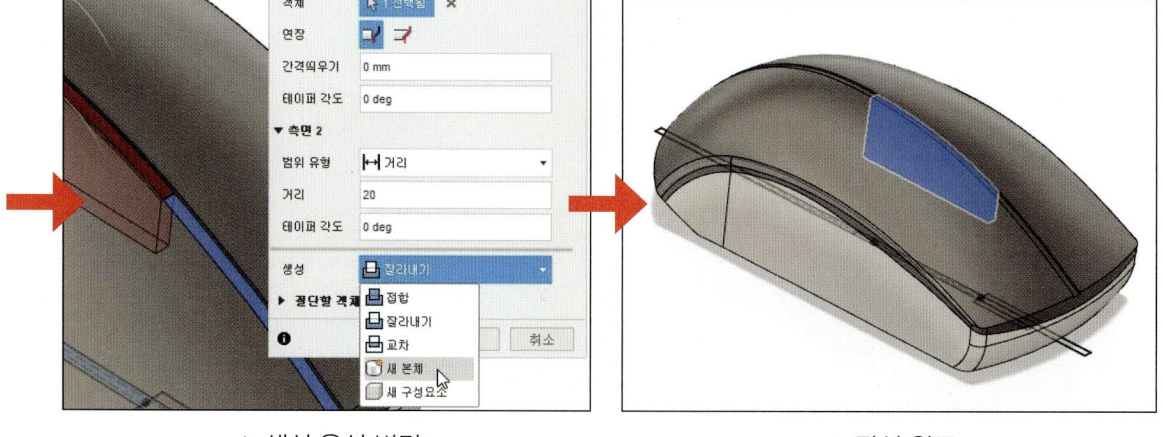

▲ 생성 옵션 변경
▲ 작성 완료

방금 작성한 본체를 선택해서 **분리** 명령을 실행합니다.

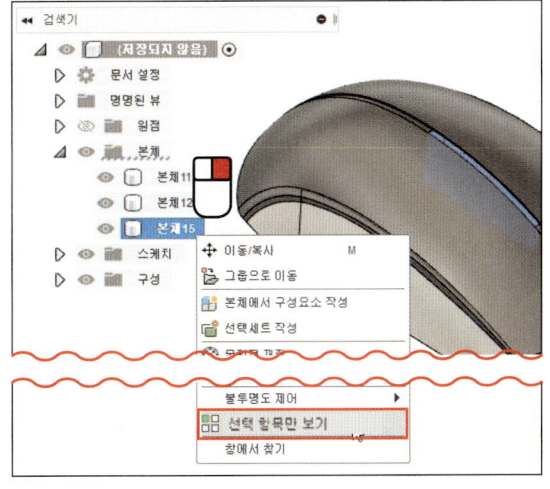

필렛 명령을 실행해서 다음 모서리에 모깎기를 작성합니다.

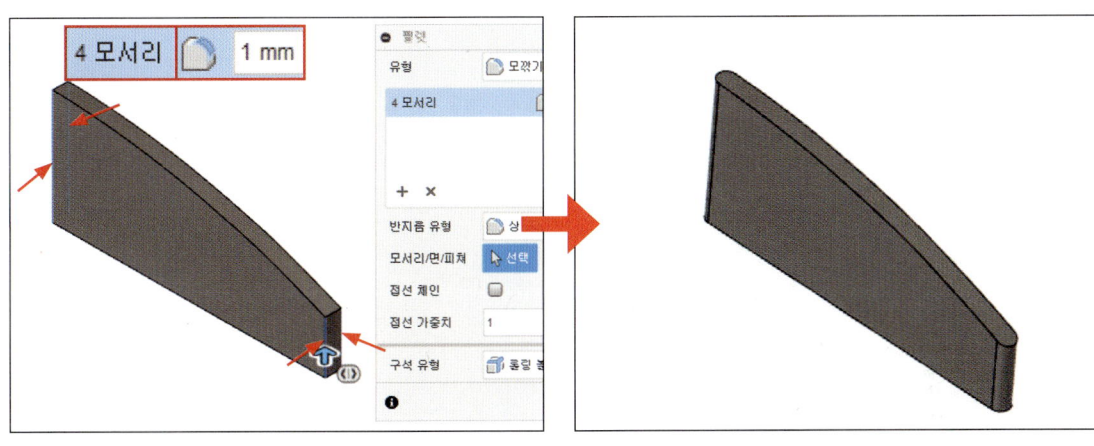

▲ 모깎기 작성                                    ▲ 작성 완료

다시 본체를 선택해서 **분리해제** 명령을 실행하면 다시 전부 나타납니다.

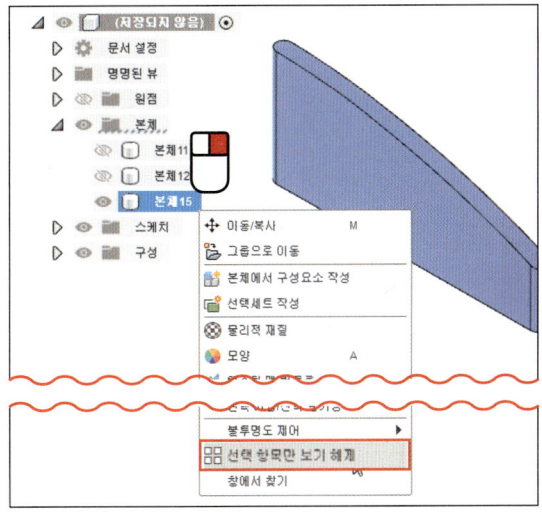

# Part 03 곡면 모델링

 **Tip**

## 선택 항목만 보기(Isolate)와 선택 항목만 보기 해제(Unisolate)에 대해서

**선택 항목만 보기** 명령은 작성된 본체가 많아서 다른 본체가 작업하고자 하는 본체와 간섭되거나 방해가 되어서 하나의 본체만 놓고 작업하고자 할때 쓰는 명령입니다. 이 명령은 본체가 너무 많은 경우 일일이 본체들을 숨길수가 없기 때문에 특정 본체만 남기고 모든 본체를 숨기는 역할을 합니다.

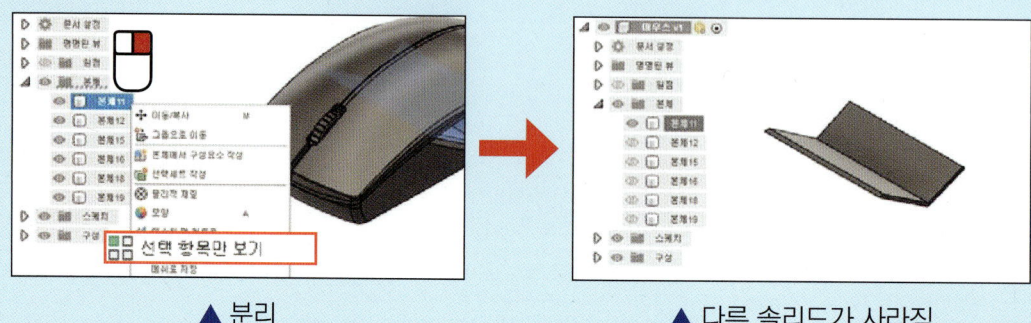

▲ 분리　　　　　　　　　　　　　　▲ 다른 솔리드가 사라짐

다시 모든 본체를 표시하고 싶으면 분리했었던 본체를 선택해 **선택 항목만 보기 해제**를 누르시면 다시 모든 본체가 표시됩니다.

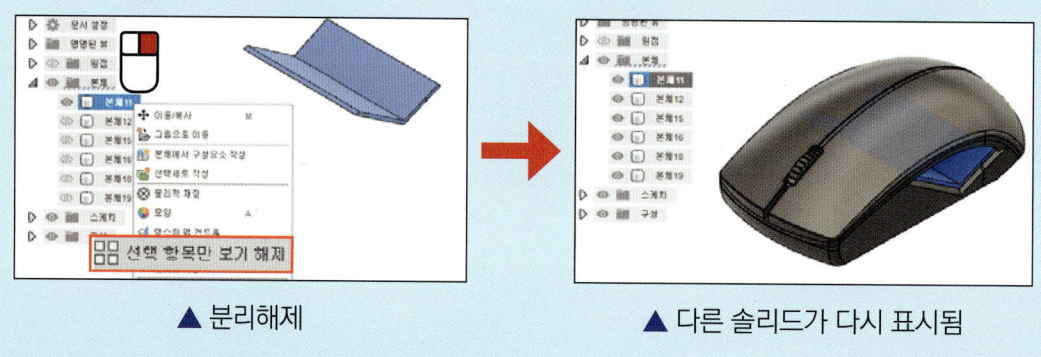

▲ 분리해제　　　　　　　　　　　　▲ 다른 솔리드가 다시 표시됨

**선택 항목만 보기 명령**은 두 번 연속으로 사용할 수 없습니다.

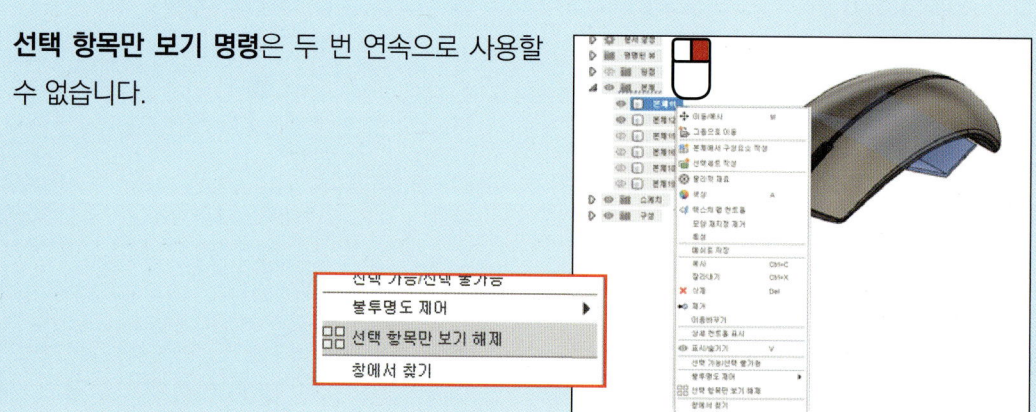

## Chapter 5 마우스 모델링 예제

결합 명령을 실행해 다음과 같이 작성합니다.

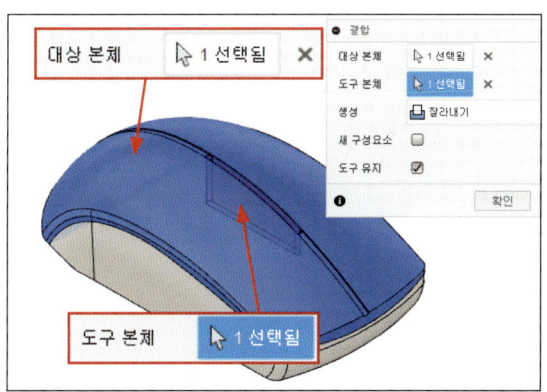

다시 조각 본체를 분리합니다.

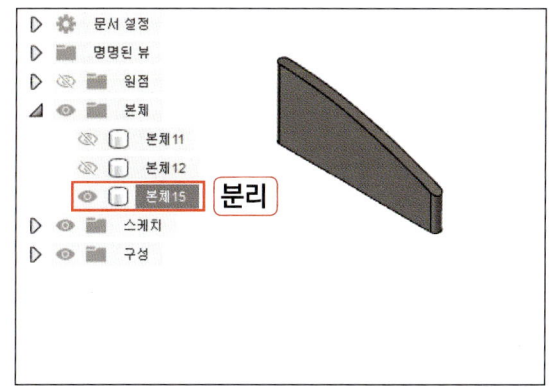

밀고 당기기 명령을 실행합니다.

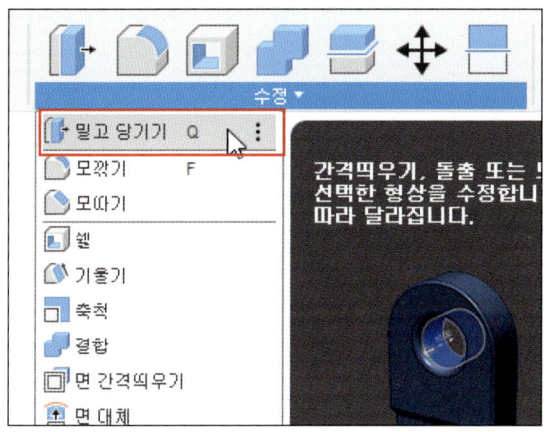

하나의 면을 선택한 후에 **간격띄우기 유형**을 **새 간격띄우기**로 선택합니다.

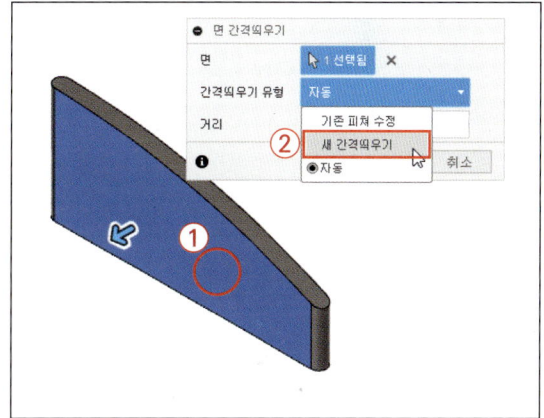

이어서 다른 면들을 모두 선택한 후 거리를 다음과 같이 입력하고 확인 버튼을 클릭합니다.

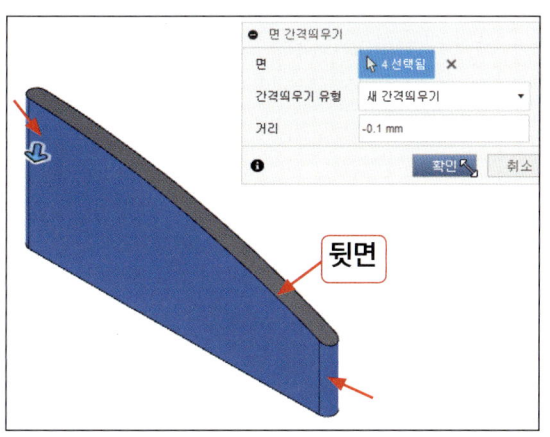

다음 모서리에 필렛을 작성합니다.

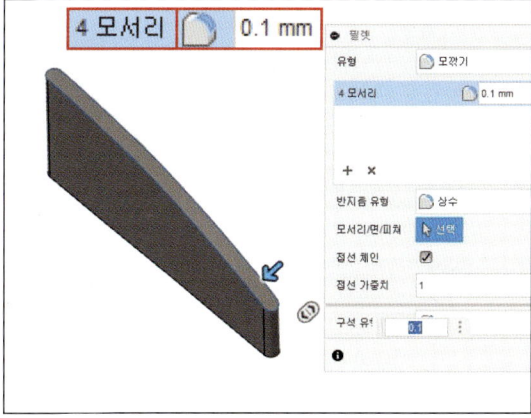

349

# Part 03 곡면 모델링

**Command**

## 본체 분할

선택한 면을 스케치 선이나 곡면을 이용해 분할합니다.

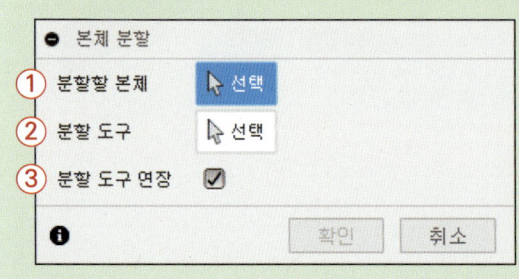

❶ **분할할 본체** : 분할할 형상을 선택합니다.

❷ **분할 도구** : 분할에 사용할 요소를 선택합니다.

❸ **분할 도구 연장** : 체크시 분할 도구 요소를 연장하여 사용합니다.

분리해제 명령으로 모든 본체를 다시 표시한 다음 자세히 확대해서 살펴봅니다. 다음과 같이 틈새 모양이 생겼습니다.

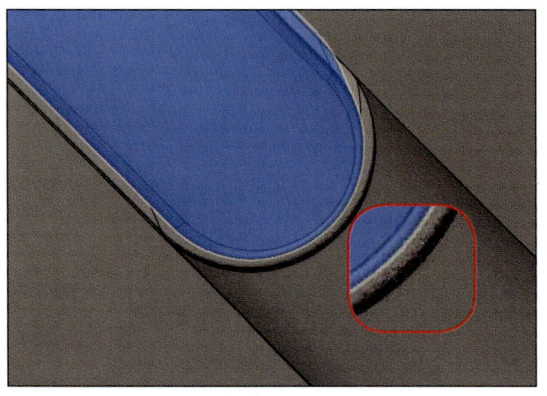

이동/복사 명령으로 다음 본체를 선택합니다.

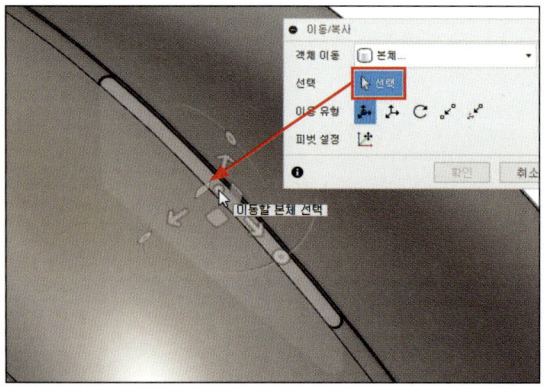

**피벗 설정** 버튼을 클릭합니다.

**원점** 항목의 원점 항목을 선택합니다.

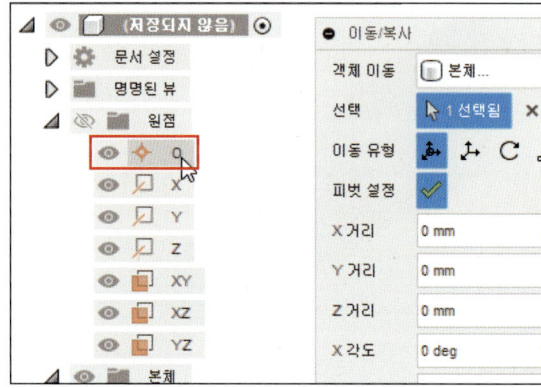

피벗 설정 항목의 **종료** 버튼을 클릭합니다.

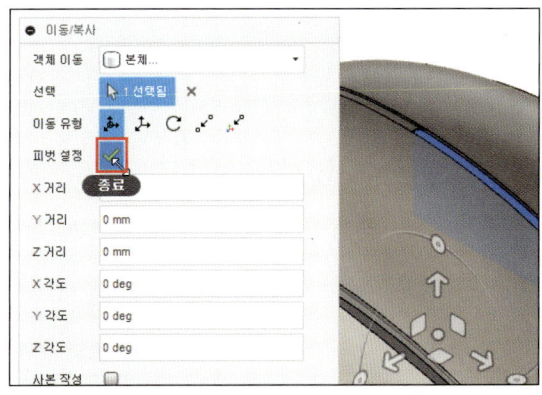

 Tip

피벗 설정으로 좌표계 핸들의 위치를 다시 조정합니다. 해당 본체를 선택하면 곡면에 맞추어져서 조정 핸들이 틀어지게 되므로 원점 항목을 선택해 좌표계 핸들을 똑바로 서게 맞춥니다.

이동 핸들을 선택해 위로 드래그합니다.

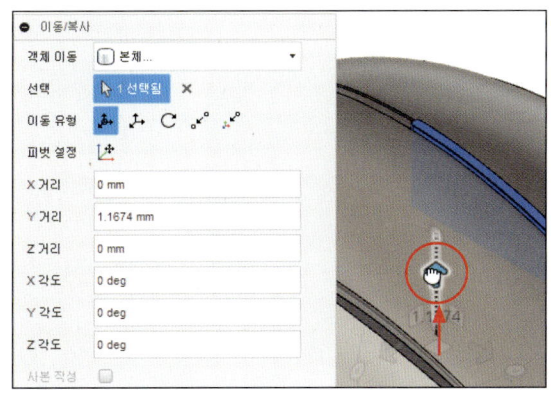

거리를 입력한 후 확인 버튼을 클릭합니다.

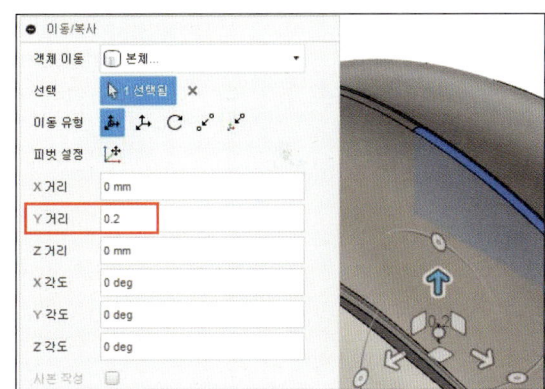

다음과 같이 해당 항목을 확대해 보면 형상이 위로 살짝 올라와 있는 것을 알 수 있습니다.

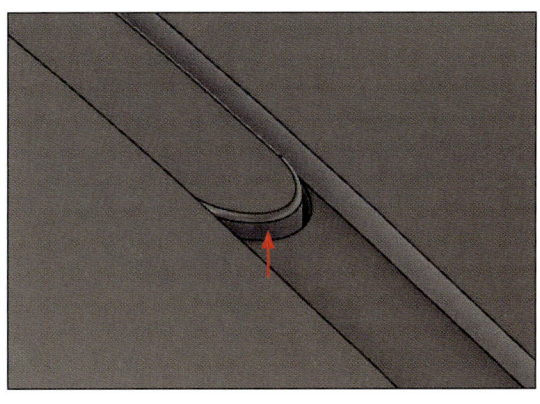

# Part 03 곡면 모델링

## 06 휠 부품 작성 및 색상 지정하기

다시 아래쪽의 스케치 가시성 버튼을 켜서 화면에 표시합니다.

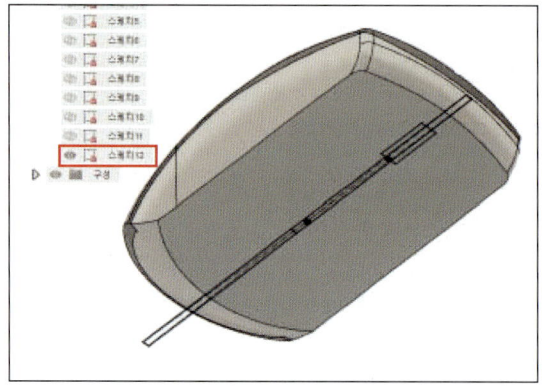

돌출 명령으로 다음 프로파일을 선택합니다.

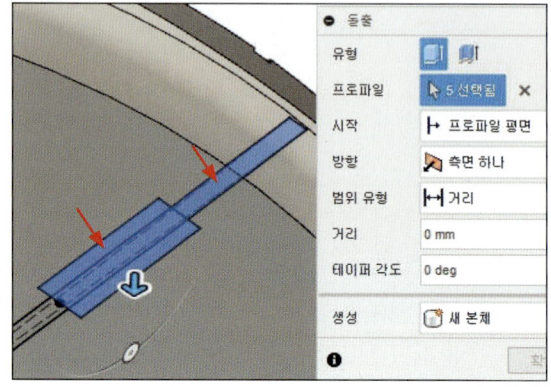

다음과 같이 돌출 옵션을 설정합니다.

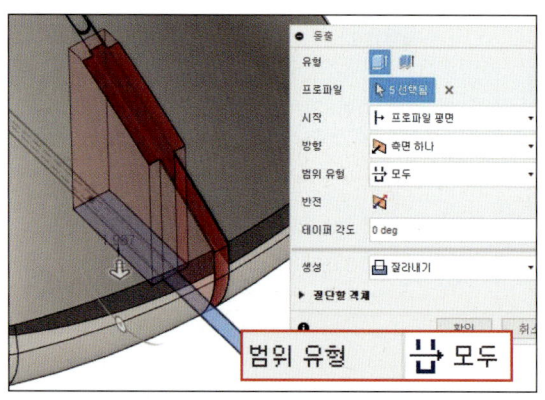

**절단할 객체** 항목을 확장해서 **본체11** 항목을 체크 해제합니다. 아래쪽 본체는 자를 오브젝트에서 제외됩니다.

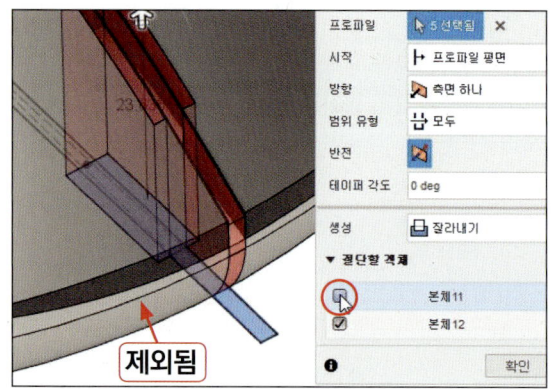

확인버튼을 클릭하면 다음과 같이 돌출이 작성됩니다.

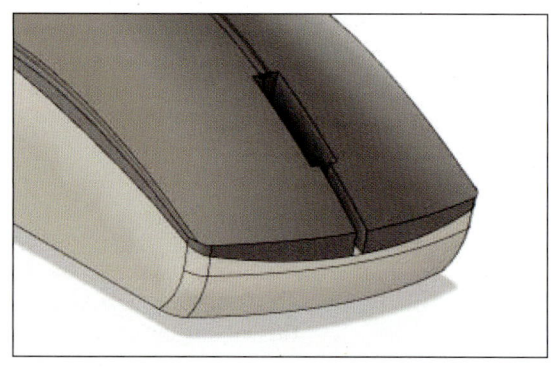

Tip

작업 순서에 따라서 본체 이름이 바뀔 수도 있습니다. 반드시 사용자가 하나씩 체크 및 체크해제를 해서 자르는 구간이 바뀌는 것을 눈으로 확인하도록 합니다.

정면도(XY 평면)에 스케치를 작성합니다.

다음 모서리를 형상투영합니다.

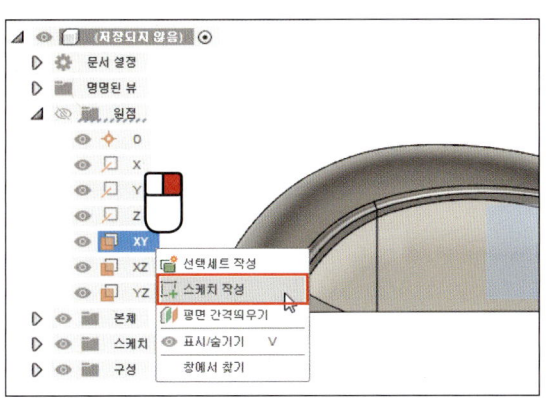
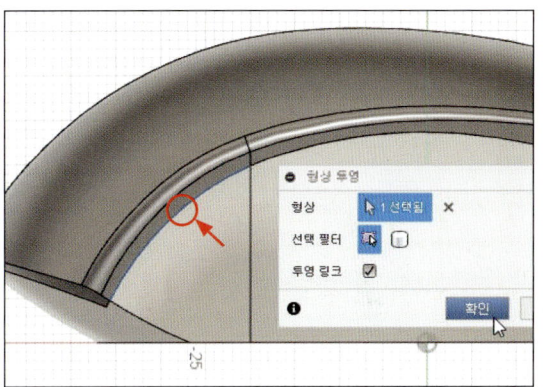

다음과 같이 선과 호, 치수 명령으로 작성합니다.

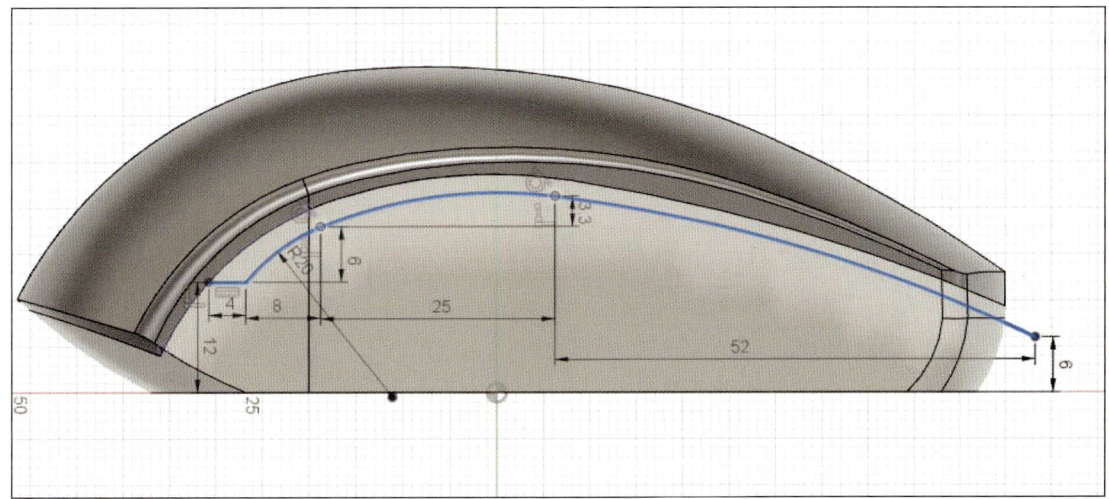

Tip

곡면 디자인에서는 모든 치수를 작성하지는 않지만 위와 같은 결과의 예제를 만들기 위해서 모든 치수를 작성하는 것으로 합니다.

# Part 03 곡면 모델링

**본체 분할** 명령을 실행해 다음과 같이 작성합니다.

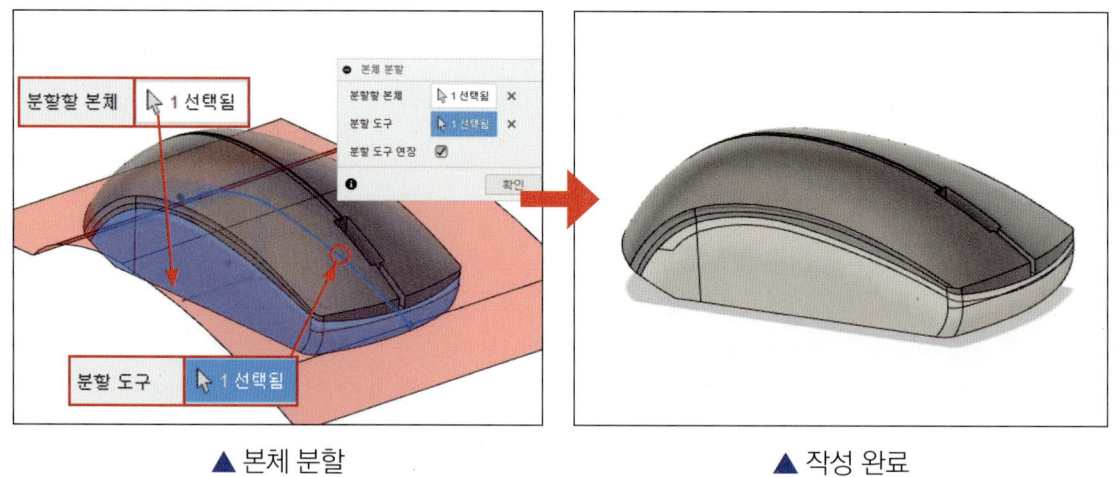

▲ 본체 분할                    ▲ 작성 완료

정면도(XY 평면)에 스케치를 작성해 다음과 같이 프로파일을 작성합니다.

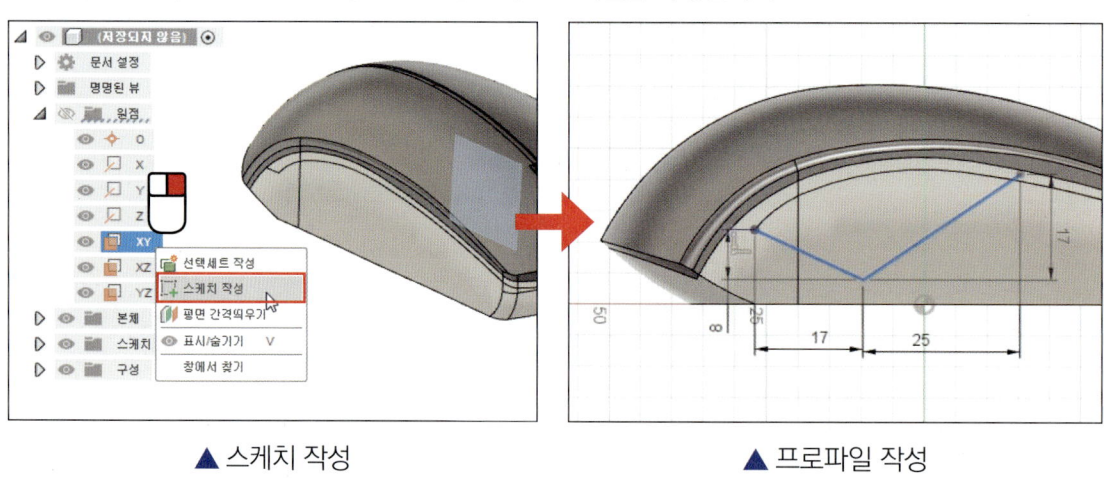

▲ 스케치 작성                  ▲ 프로파일 작성

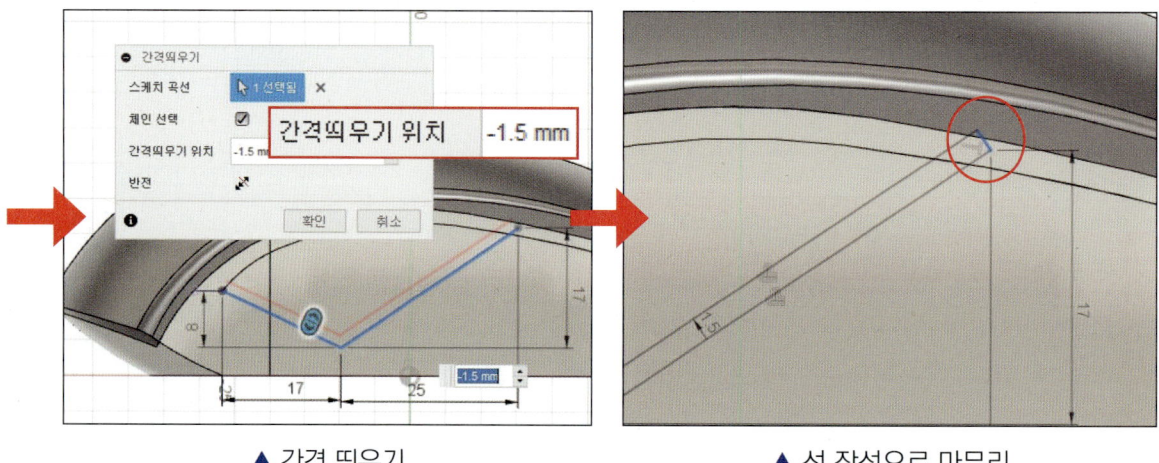

▲ 간격 띄우기                  ▲ 선 작성으로 마무리

Chapter 5 마우스 모델링 예제

본체 분할 명령을 실행해 다음과 같이 작성합니다.

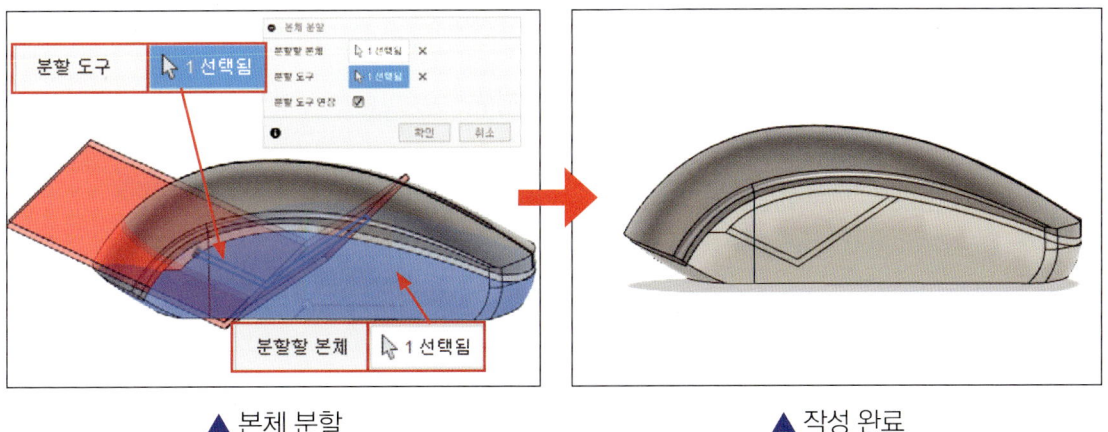

▲ 본체 분할 　　　　　　　　　　　　　▲ 작성 완료

중앙의 본체를 브라우저에서 선택해 제거합니다.

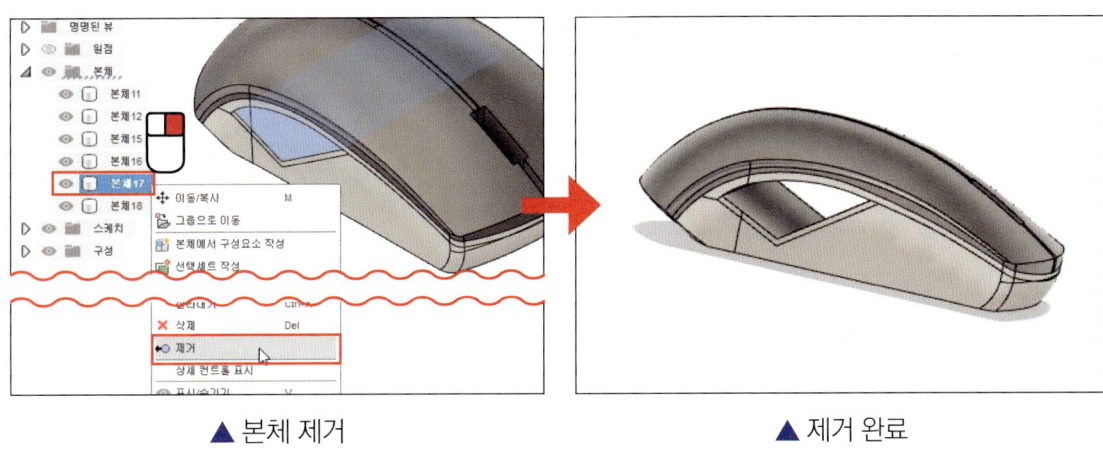

▲ 본체 제거 　　　　　　　　　　　　　▲ 제거 완료

**밀고 당기기** 명령으로 다음과 같이 양쪽 면을 안쪽으로 거리를 입력해 이동합니다.

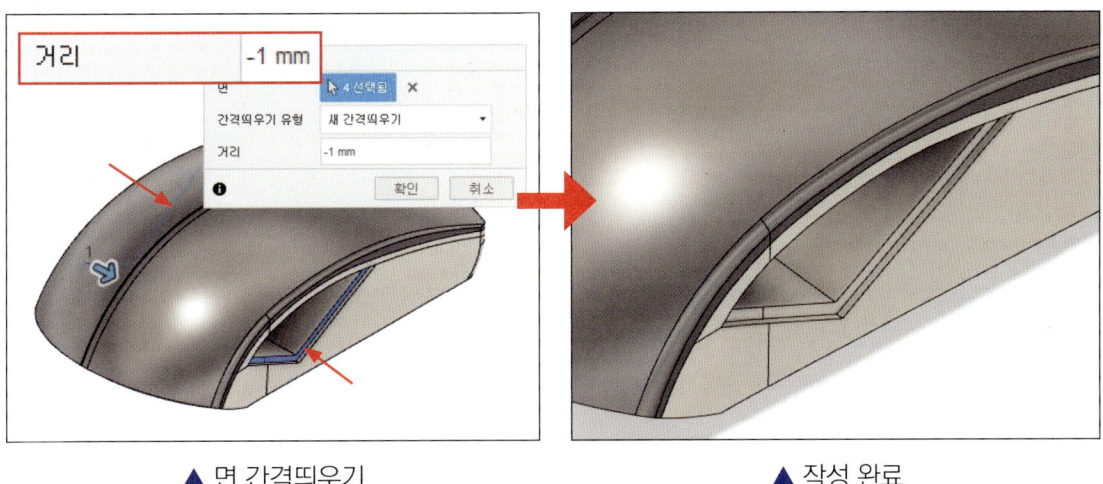

▲ 면 간격띄우기 　　　　　　　　　　　▲ 작성 완료

355

**챔퍼** 명령을 실행해 유형을 **두 거리**로 바꿉니다.

다음 모서리를 선택합니다.

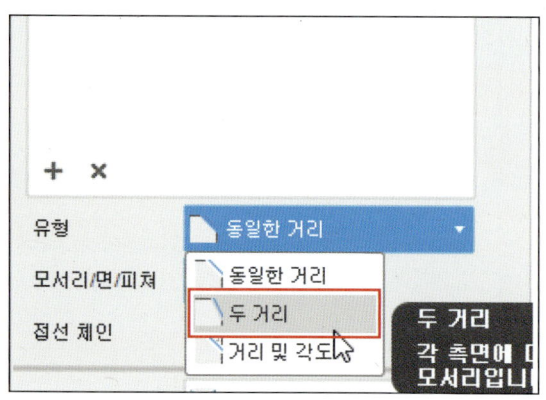
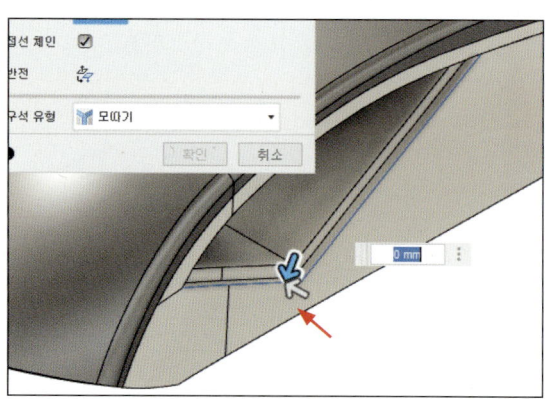

두 거리를 다음과 같이 입력해 챔퍼를 작성합니다.

반대쪽도 마찬가지로 모따기를 작성합니다.

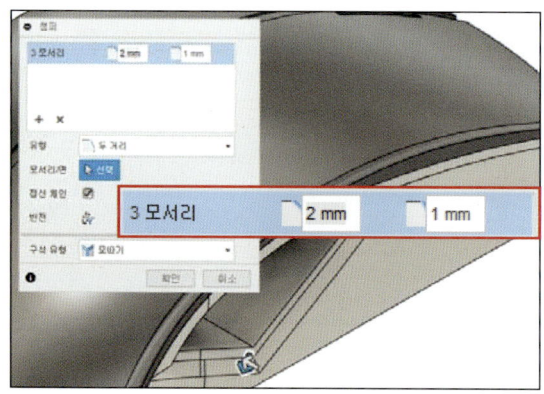
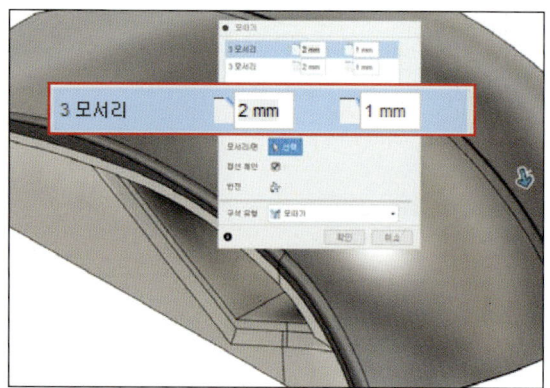

다음 모서리에 필렛을 작성합니다.

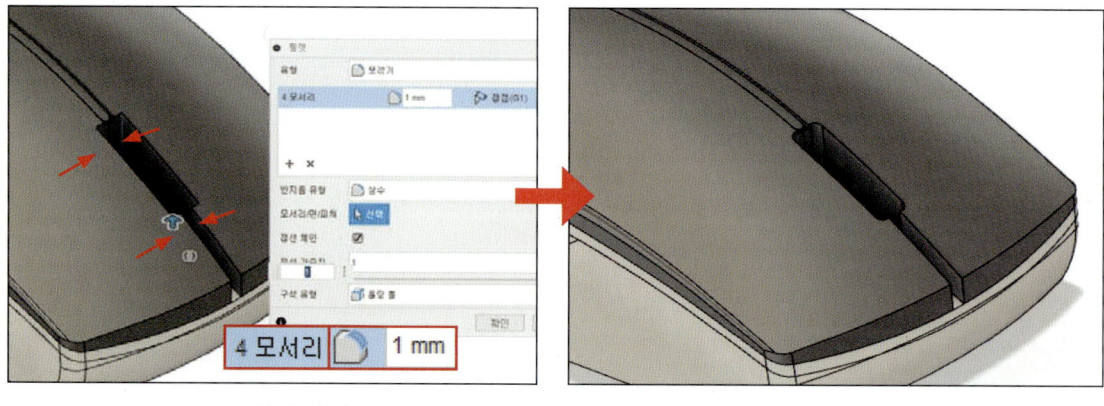

▲ 모깎기 작성 　　　　　　　　　▲ 작성 완료

정면도(XY 평면)에 스케치를 작성합니다.

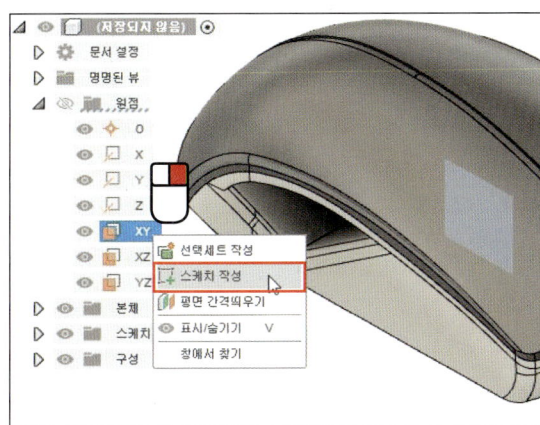

원 명령으로 다음과 같이 작성합니다.

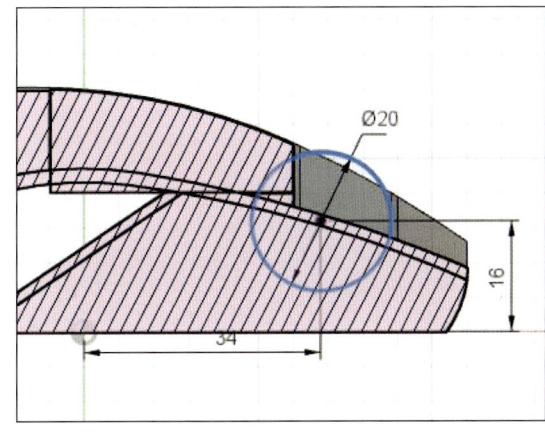

돌출 명령으로 다음과 같이 작성합니다.

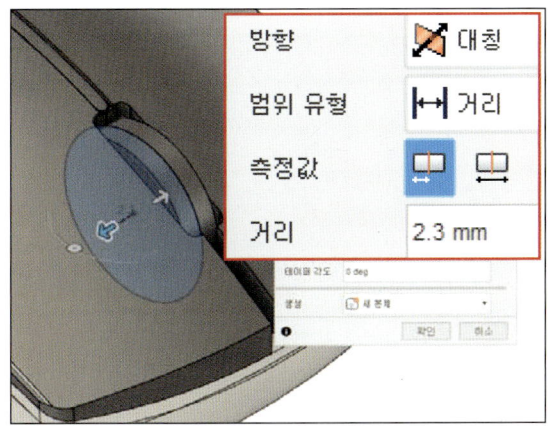

다음 모서리에 모깎기를 작성합니다.

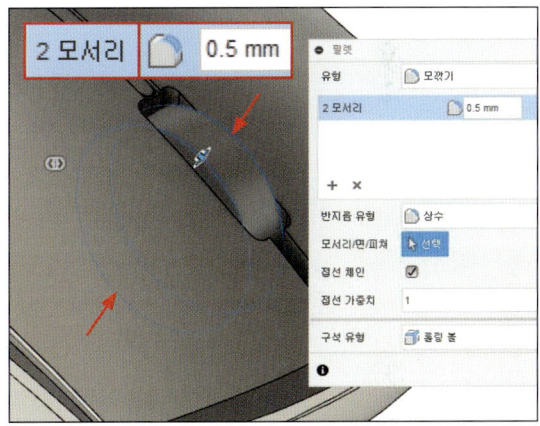

다음 면에 스케치를 작성합니다.

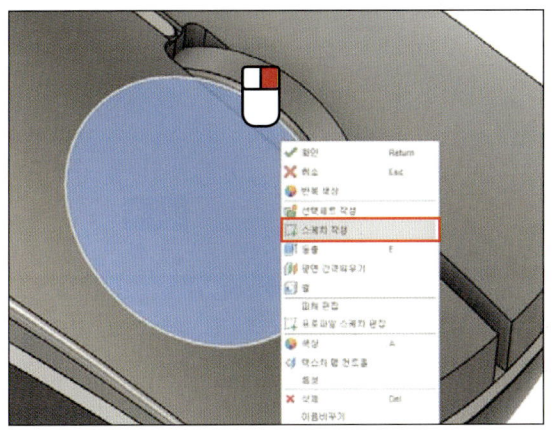

선 명령으로 다음과 같이 작성합니다.

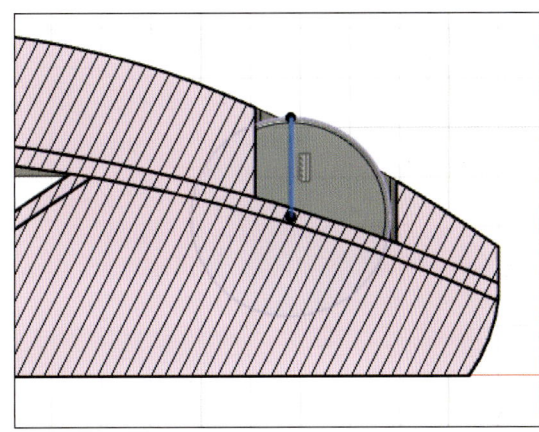

# Part 03 곡면 모델링

면 분할 명령으로 다음과 같이 작성합니다.

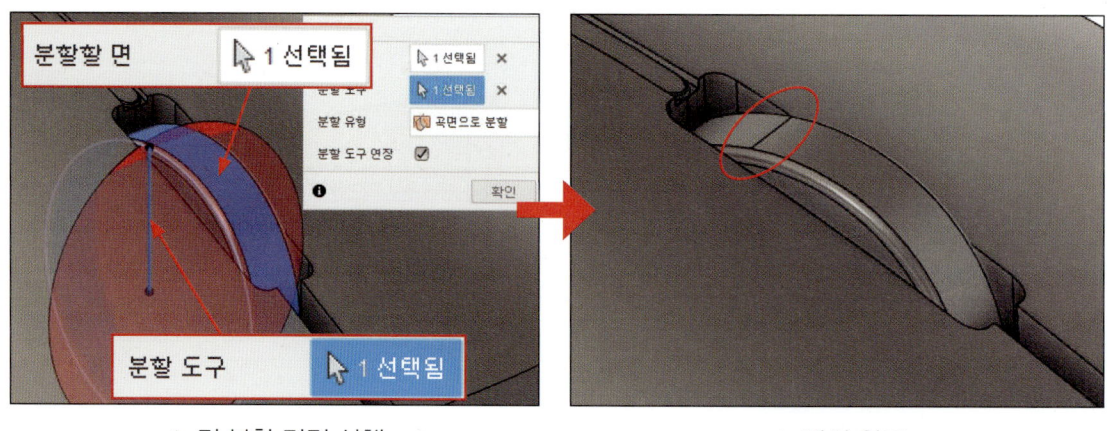

▲ 면 분할 명령 실행 　　　　　▲ 작성 완료

파이프 명령으로 다음과 같이 작성합니다.

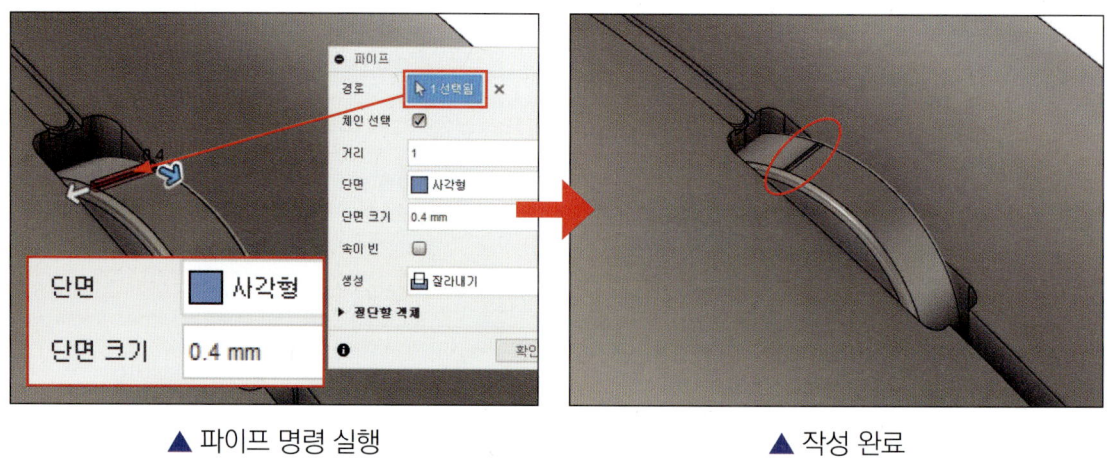

▲ 파이프 명령 실행 　　　　　▲ 작성 완료

원형 패턴 명령으로 다음과 같이 작성합니다.

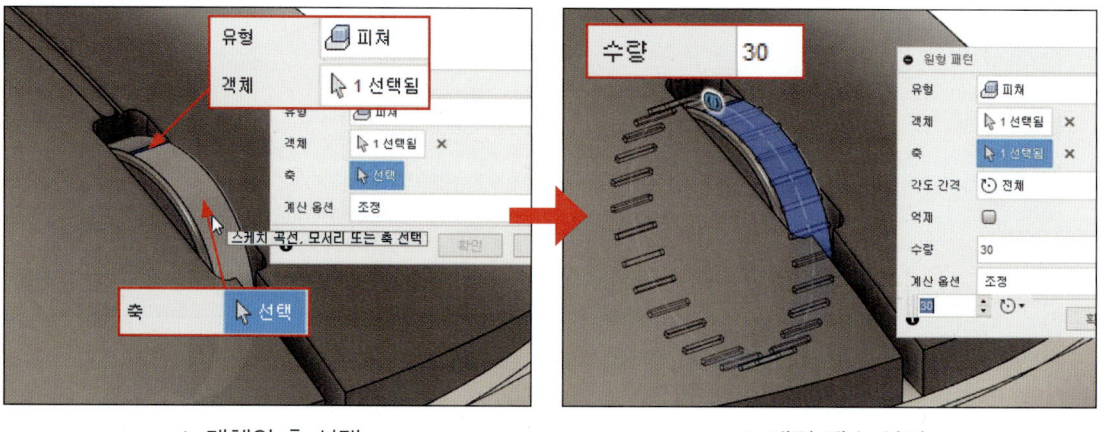

▲ 개체와 축 선택 　　　　　▲ 패턴 갯수 설정

모깎기 명령으로 다음과 같이 작성합니다.

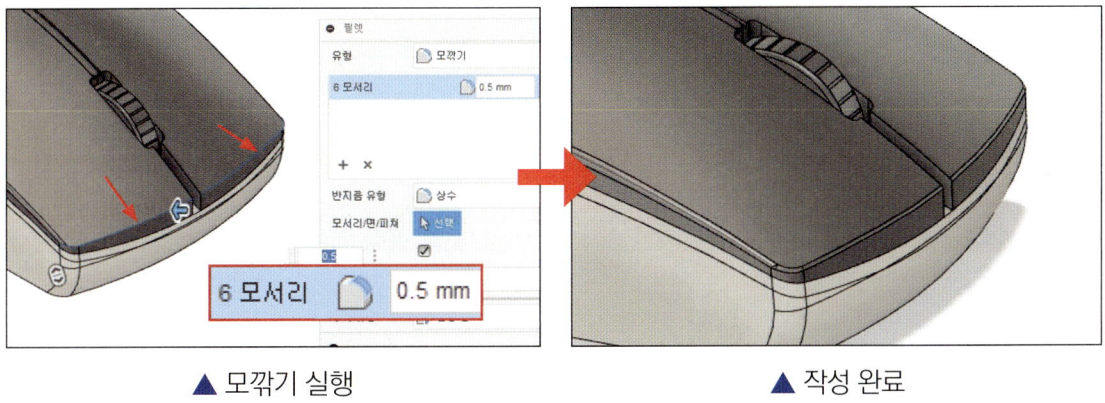

▲ 모깎기 실행　　　　　　　　　　　▲ 작성 완료

다음 세 개의 본체에 알루미늄 색상을 적용합니다. (금속 → 알루미늄 → 알루미늄 - 연마)

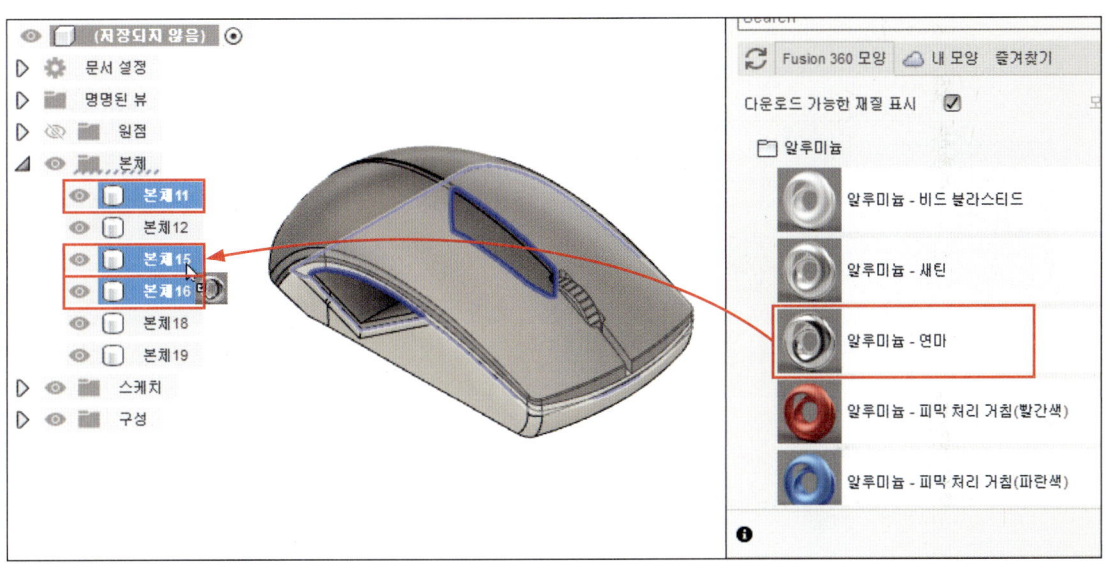

위뚜껑 본체에 다음 색상을 적용합니다.
(페인트 → 광택 → 페인트 에나멜 광택(검은색))

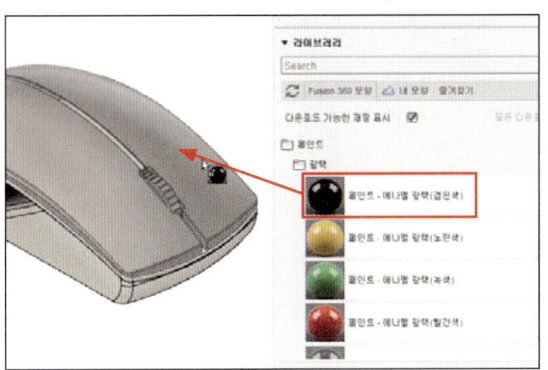

아래쪽 본체에 다음 색상을 적용합니다.
(플라스틱 → 텍스처 → 플라스틱 - 텍스처 - 임의)

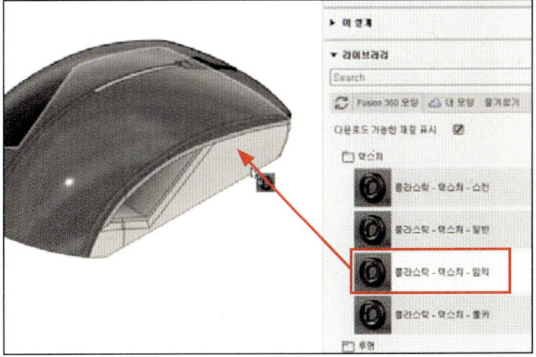

마지막으로 적용한 색상을 선택해 복사합니다.

복제된 색상을 선택해 편집합니다.

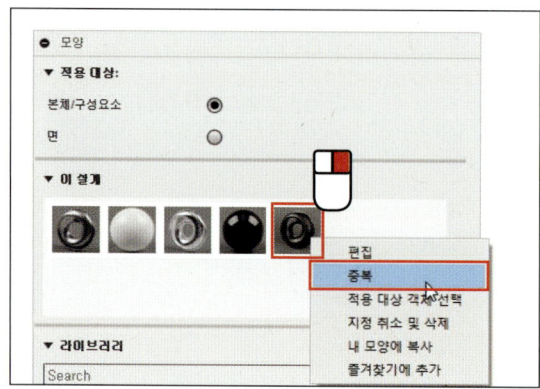
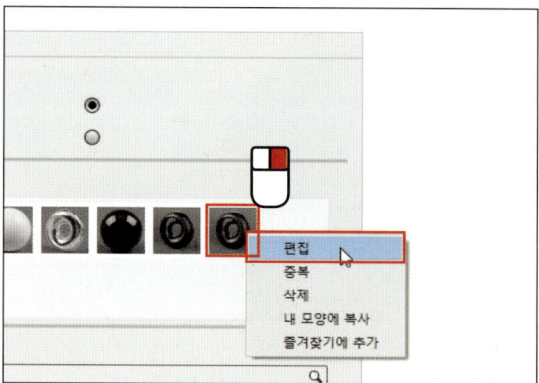

색상을 다음과 같이 바꾼 후 종료 버튼을 클릭합니다.

바꾼 색상을 다시 아래쪽 본체에 적용합니다.

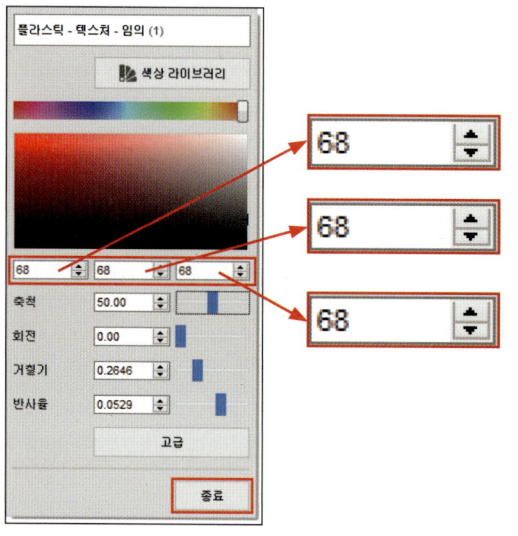
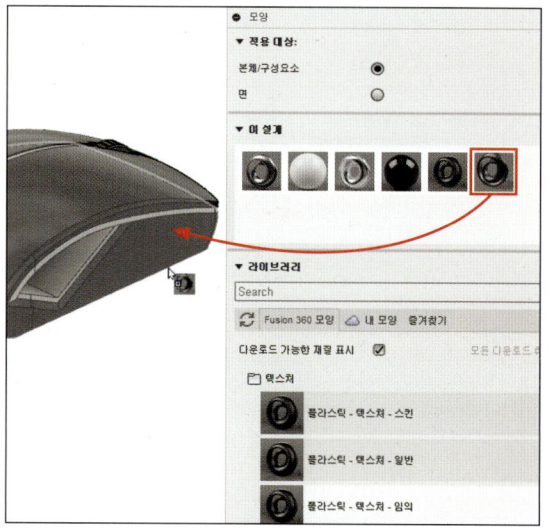

휠 본체에 바뀐 색상을 적용합니다.

적용 대상 타입을 **면**으로 변경합니다.

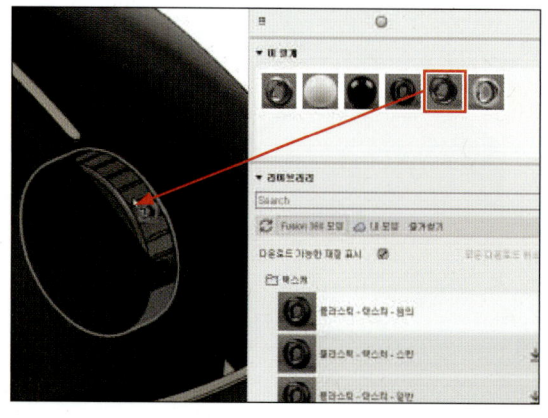
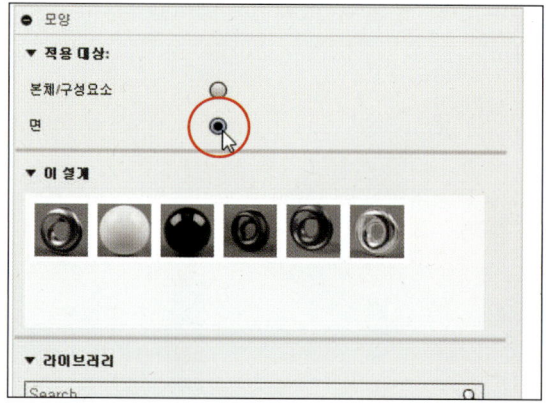

옆면에 다음 색상을 적용합니다.

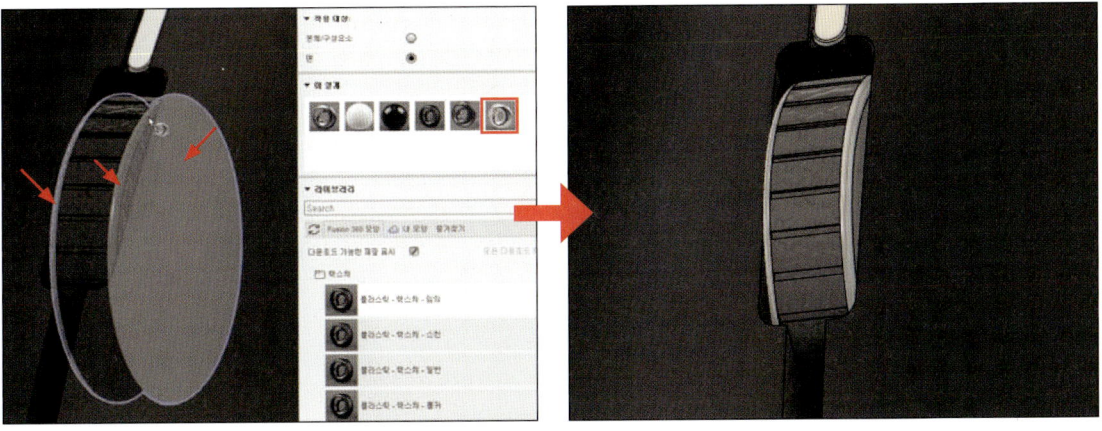

마우스 모델링이 완성되었습니다.

▶ YouTube
풀이 과정을 유튜브로
확인해 보세요!

 **총정리**

이번 챕터를 통해 우리는 다음과 같은 것들을 배웠습니다.

❶ **곡면 로프트** : 마우스의 윗면을 작성하기 위해 여러개의 열린 프로파일을 이용해 곡면 로프트 형상을 작성하는 법을 학습했습니다. 또한 가이드 레일을 추가해 로프트의 형상을 제어하는 방법도 알아보았습니다.

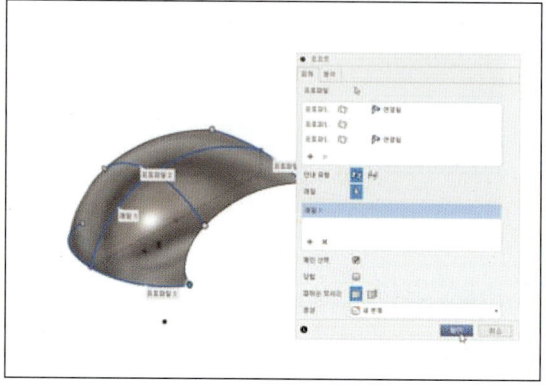

❷ **법선 반전** : 작성된 곡면은 앞/뒤 면이 존재합니다. 법선 반전 명령으로 작성된 곡면의 앞/뒤 면을 반전하는 방법에 대해서 학습했습니다.

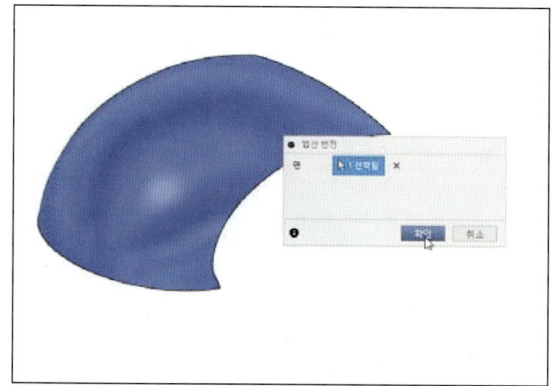

❸ **곡면 스윕** : 열린 프로파일과 경로를 이용해 곡면 스윕 형태를 작성하는 방법을 학습했습니다.

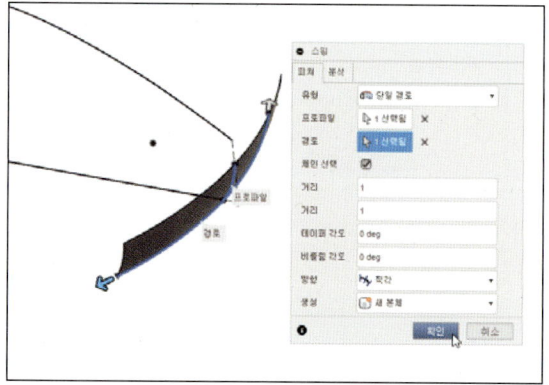

❹ **경계 채우기 명령** : 곡면들로 막혀있는 공간을 솔리드 형태로 바꾸는 경계 채우기 명령에 대해서 학습했습니다. 앞서 설명했듯이 곡면 객체는 독립적으로는 완성된 솔리드 형상이 아니게 됩니다. 따라서 곡면 개체의 형상을 활용해 솔리드 형상을 만드는 방법에 대한 것을 알아보았습니다.

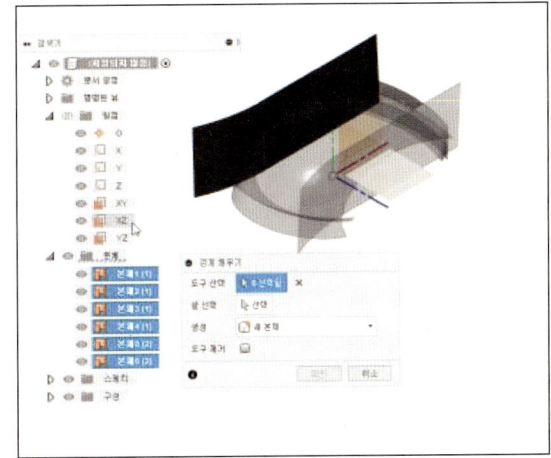

❺ **곡면 자르기 / 연장 명령** : 작성된 곡면들이 크기가 크거나 부족해서 원활한 곡면 작업을 수행할 수 없을 때 쓰는 명령인 곡면 자르기와 연장 명령에 대해서 학습했습니다.

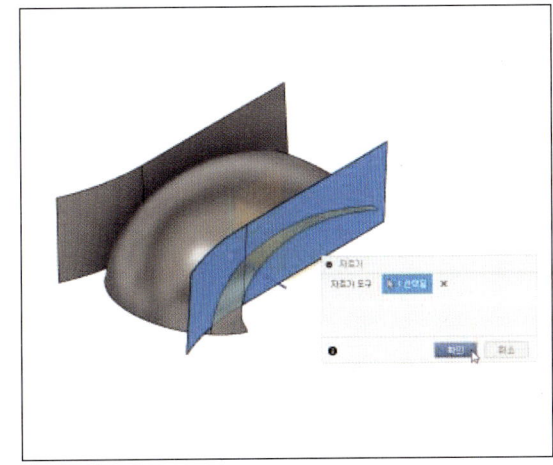

❻ **스티치** : 곡면 개체들을 하나로 합치는 스티치 명령에 대해서 학습했습니다. 이 스티치 명령은 곡면 본체를 하나로 합치는 것은 물론 붙인 곡면들로 인해 내부에 막혀있는 공간이 인식되면 솔리드 개체로 바꾸는 특성이 있다는 것도 알아보았습니다.

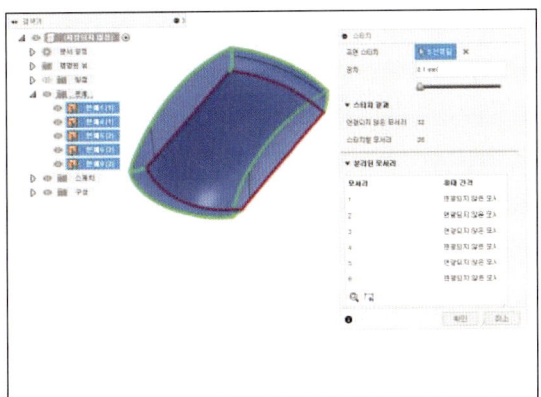

 **연습예제**

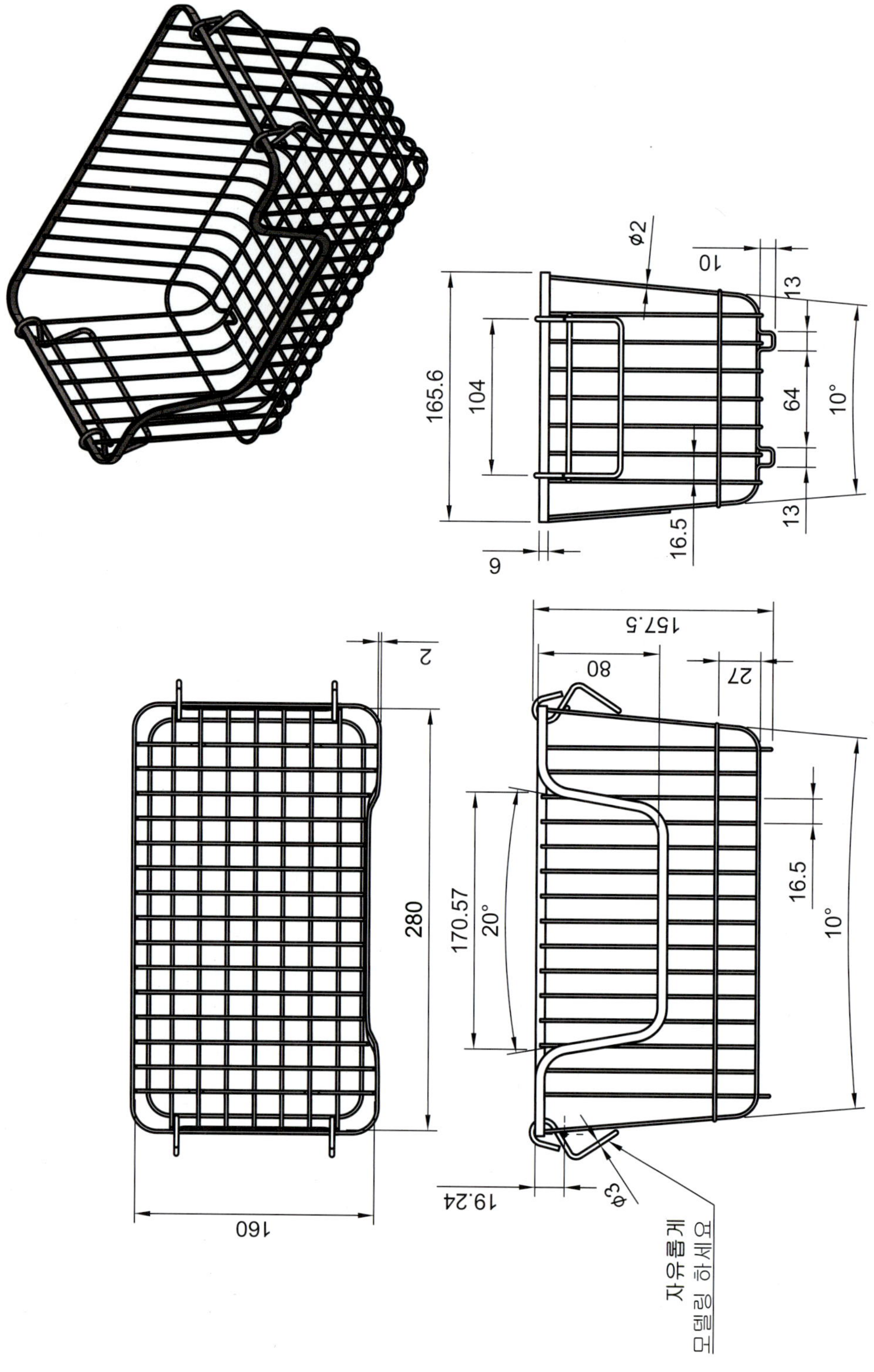

 **연습예제**

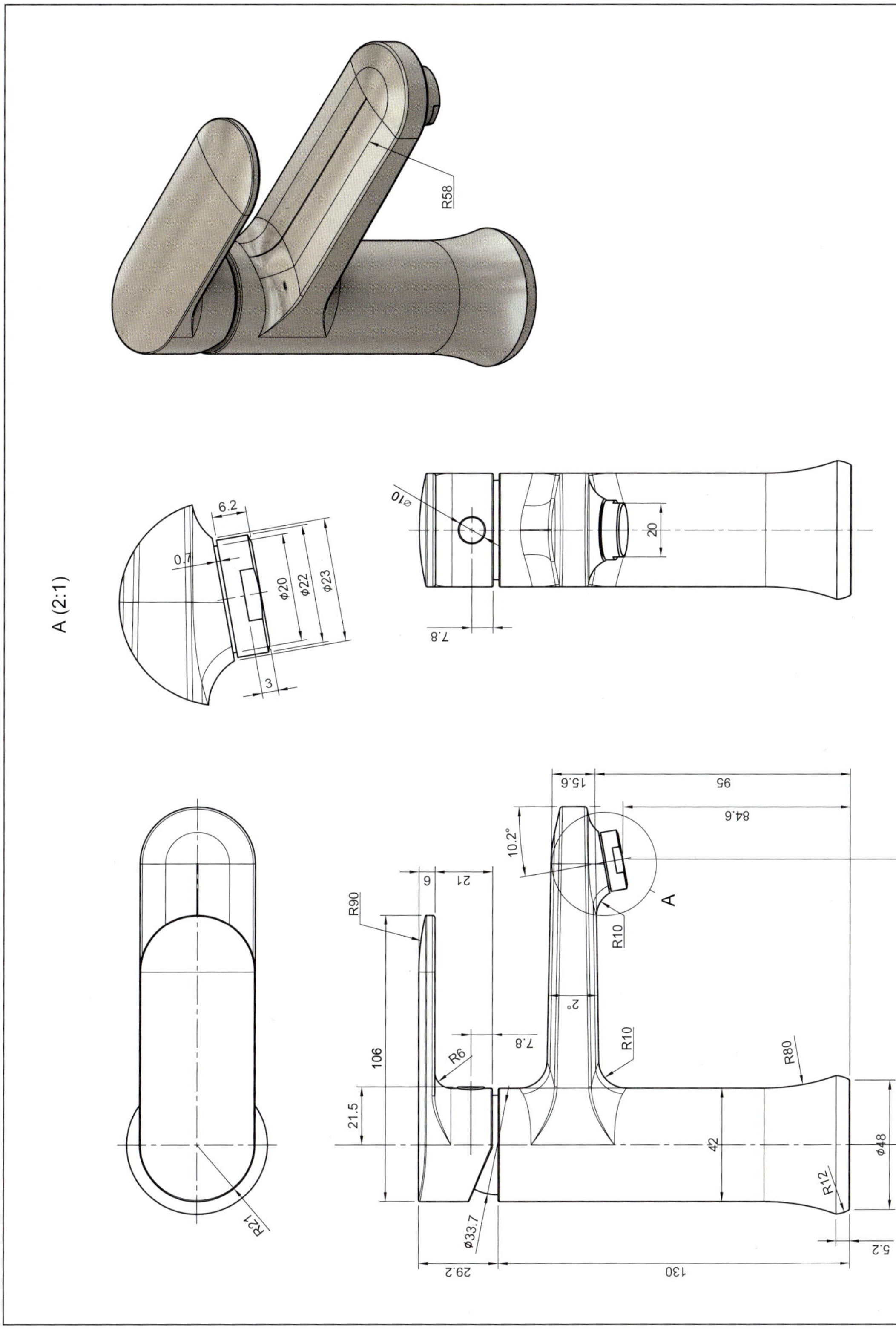

표기되지 않은 치수는 예제파일을 확인해 보세요!

# 판금 모델링

Chapter 1　판금 모델링의 개요
Chapter 2　판금 브라켓 모델링 예제
Chapter 3　판금 커버 모델링 예제
Chapter 4　판금 도어 1 모델링 예제
Chapter 5　판금 도어 2 모델링 예제
Chapter 6　판금 센서 커버 모델링 예제
Chapter 7　솔리드 모델링을 판금으로 변환하기

# CHAPTER 01 판금 모델링의 개요

판금 모델링의 개요와 명령어에 대해서 알아보도록 하겠습니다.

## 01 판금 모델링

### 01 판금 모델링의 개요

판금 모델링이란 일정한 두께를 가진 판재를 접어서 만드는 개념의 부품을 모델링하는 것을 뜻합니다. 따라서 반드시 하나의 부품 환경에서는 판금의 두께는 일정해야 하며 다른 두께를 가지는 판금을 작성할 수 없습니다.

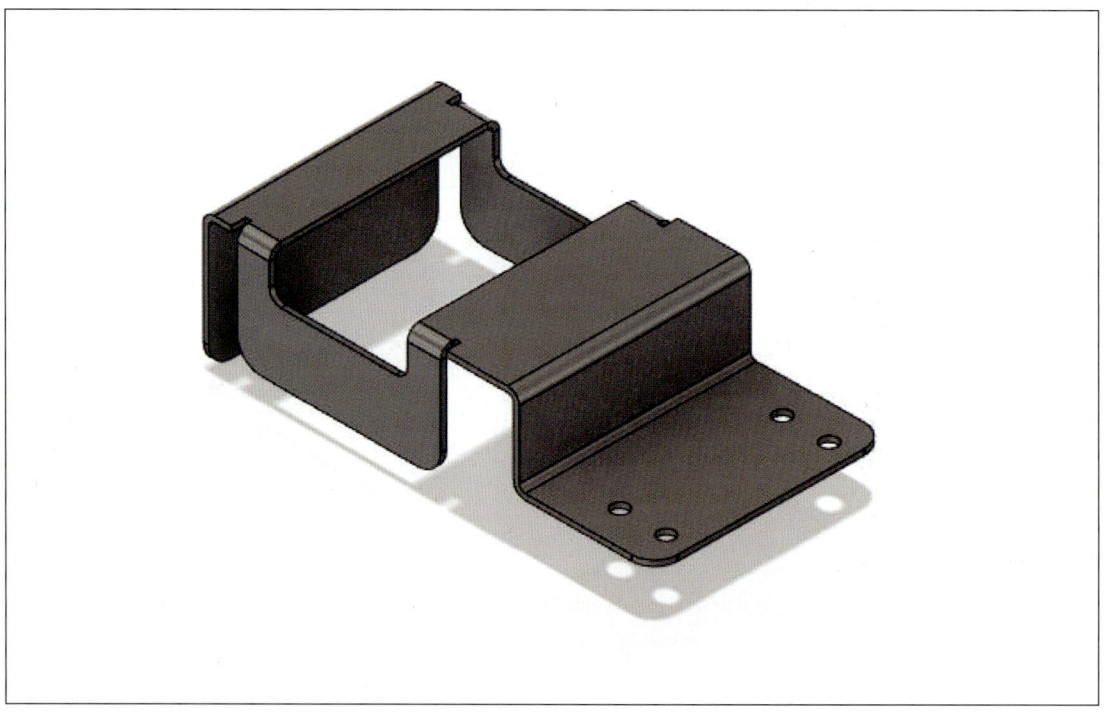

# Chapter 1 판금 모델링의 개요

## 02  판금 모델링의 특징

판금 모델링은 일반적으로는 사용방법이 솔리드 모델링과 유사하지만 다음과 같은 특징이 있습니다.

❶ **판금 규칙** : 이 판금규칙은 판금 부품을 작성할 때 매우 중요한 요소입니다. 판금 규칙에는 판금 부품의 재질과 두께, 절곡 각도 및 절곡부 굽힘 상수를 포함합니다. 이 규칙은 나중에 모델링을 마치고 플랫 패턴을 할 때 굉장히 중요한 영향을 끼칩니다.

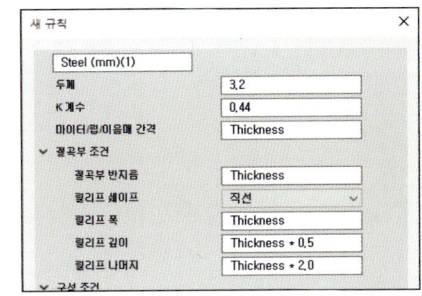

❷ **플랫 패턴** : 실무에서 판금 모델링을 하는 이유는 판금 전개도를 얻기 위해서라고 할 만큼 판금 모델링의 결과로 전개도를 얻는 것은 매우 중요한 일입니다. 이 전개도를 만드는 명령어가 바로 플랫 패턴이며 이 플랫 패턴시에 재질의 연신율(재질이 늘어남)에 따라 절곡부로 인해 플랫 패턴에 영향을 끼치게 되며 이때 연신율에 가장 많은 영향을 끼치는 것이 바로 판금 규칙입니다.

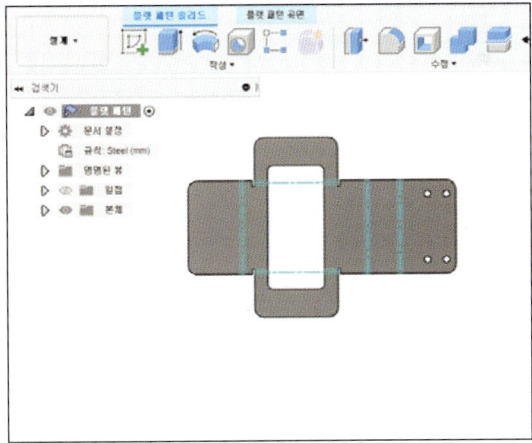

❸ **도면 및 DWG** : 판금 모델링과 플랫 패턴 형상을 아무리 잘 만들어낸다 하더라도 이를 도면으로 내보내지 못하면 그 용도가 많이 줄어들 수 밖에 없습니다. 퓨전 360은 플랫 패턴 환경에서 바로 DWG나 PDF 파일로 전개도를 내보낼 수 있고 또한 도면 환경에서 플랫 패턴 형상을 전개도로 불러와 작성할 수 있습니다.

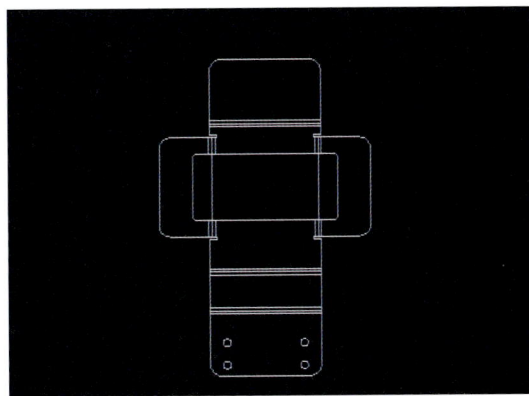

# Part 04 판금 모델링

## 02 판금 모델링 명령어

Autodesk Fusion

판금 모델링 명령어는 아이콘 툴바의 SHEET METAL(판금) 탭을 클릭하면 확인할 수 있습니다.

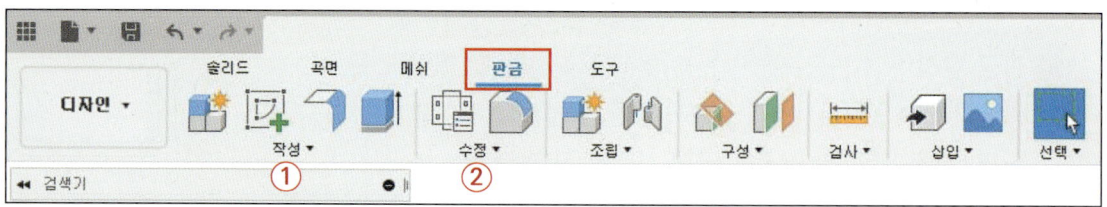

❶ **작성**: 판금 모델링 형상을 작성하는 명령어 그룹입니다.

❷ **수정** : 작성된 판금 모델을 수정하는 명령어 그룹입니다.

### 01 작성

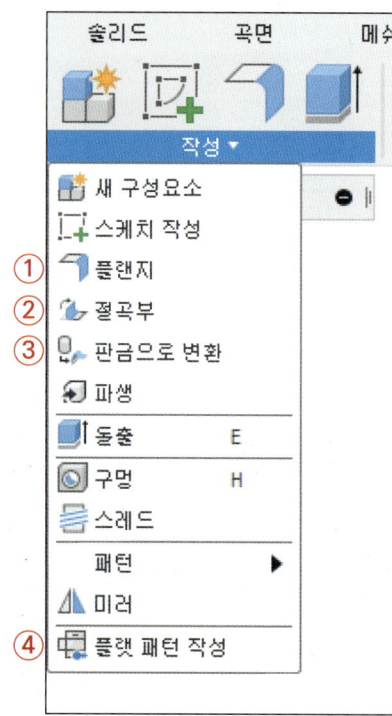

❶ **플랜지** : 판금의 기본 형상을 작성하는 명령입니다. 선택하는 개체에 따라 다양한 형상의 판금을 작성할 수 있습니다.

❷ **절곡부** : 스케치 선을 작성해 판금의 절곡부를 작성합니다.

❸ **판금으로 변환** : 일반 솔리드 모델링을 판금 부품으로 변환합니다.

❹ **플랫 패턴 작성** : 작성한 판금을 전개도 형태로 변경하는 명령입니다.

# Chapter 1 판금 모델링의 개요

## 02 수정

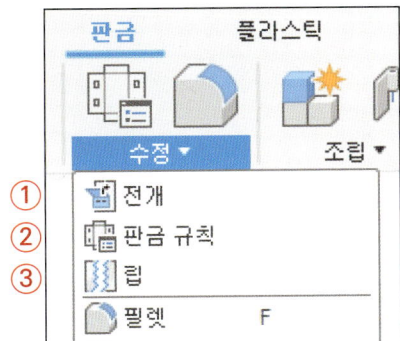

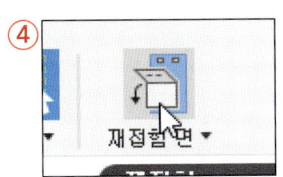

❶ **전개** : 절곡부 명령 혹은 플랜지 명령으로 생성된 절곡부를 인식해 판금을 편 상태로 만듭니다.

❷ **판금 규칙** : 판금의 기본 규칙을 설정하는 명령입니다.

❸ **립** : 두 점을 잇거나 모서리를 선택해 판금 형상을 잘라냅니다.

❹ **재접힘 면** : 전개 명령으로 편 절곡부를 자동으로 다시 접습니다.

# Part 04 판금 모델링

## CHAPTER 02 판금 브라켓 모델링 예제

이번 시간에는 기본적인 판금 명령어를 활용해서 판금 브라켓 부품을 작성해 보도록 하겠습니다.

### 01 도면과 학습 목표

이번 시간에 우리가 학습할 예제를 확인해 보도록 하겠습니다.

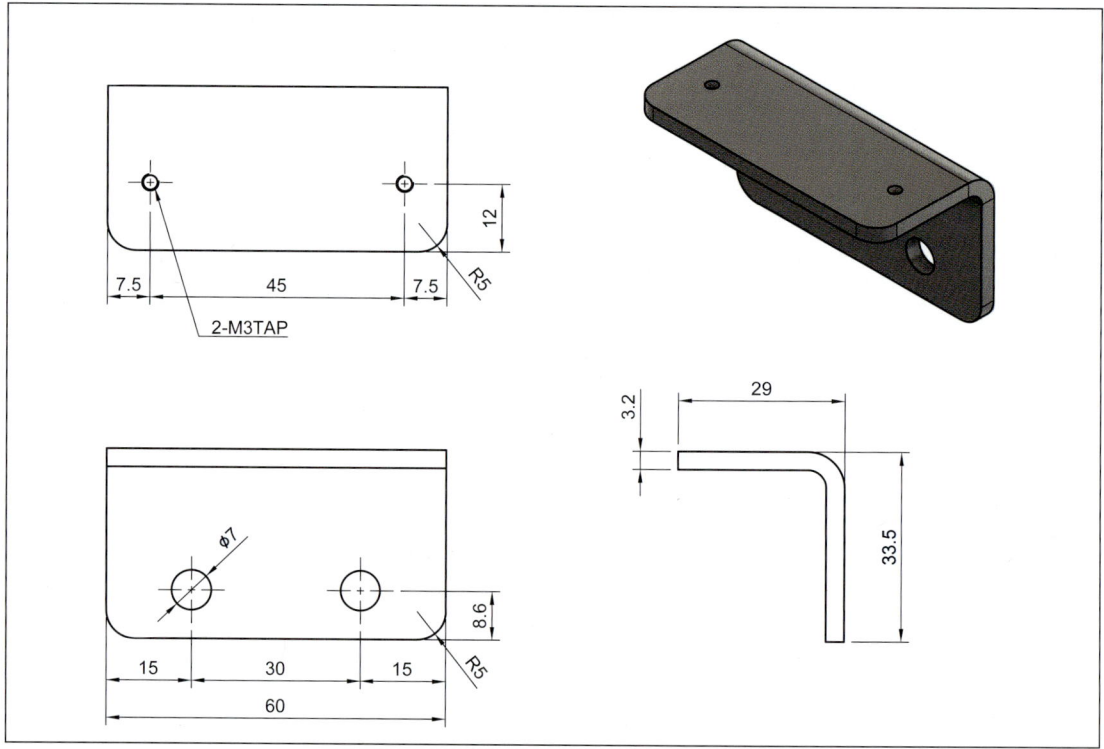

이번 시간에 우리는 다음과 같은 사항을 배우게 됩니다.

- 판금 규칙 알아보기
- 플랜지 명령으로 컨투어 플랜지 형상 작성하기

# 02 판금 규칙 작성하기

**판금** 탭을 클릭해 판금 환경으로 전환합니다.

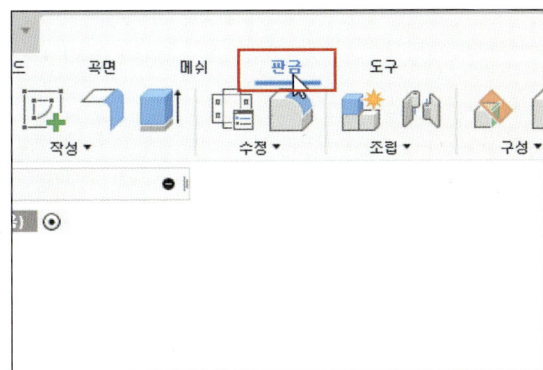

**수정 - 판금 규칙** 명령을 실행합니다.

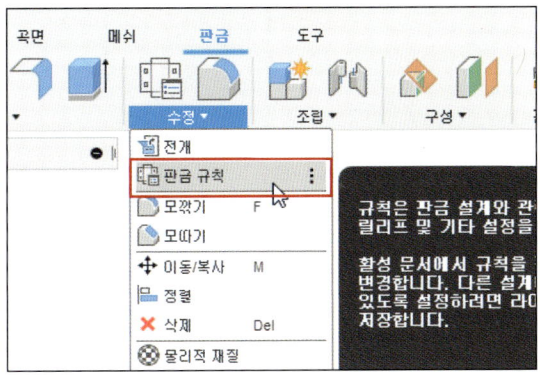

**라이브러리** 항목의 Steel 항목을 선택해 **새 규칙**을 클릭합니다.

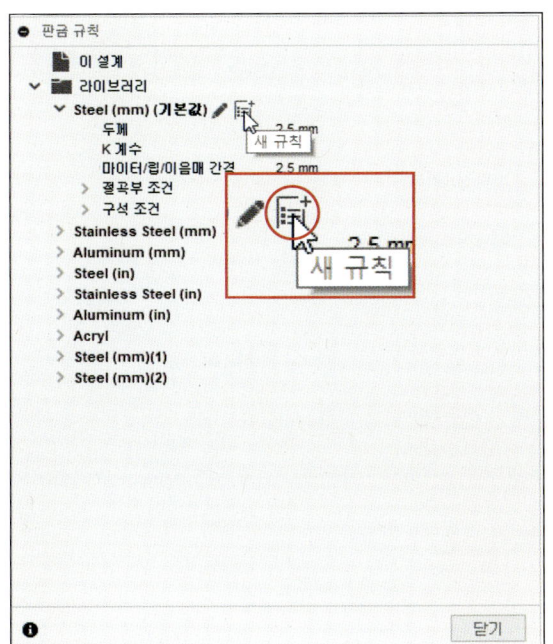

다음과 같이 새 규칙 항목에서 **두께** 항목을 다음과 같이 수정합니다.

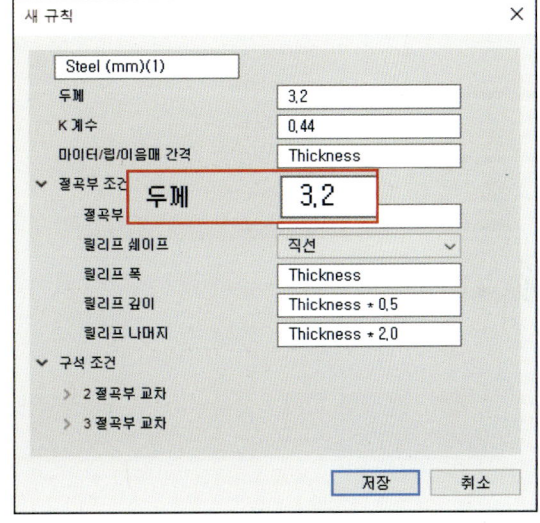

 **Tip**

새 규칙을 클릭하면 해당 항목의 설정을 복제한 새로운 규칙을 만들 수 있습니다.

# Part 04 판금 모델링

**Command**

## Sheet Metal Rules(판금 규칙)

판금 규칙 항목은 다음과 같은 옵션이 있습니다.

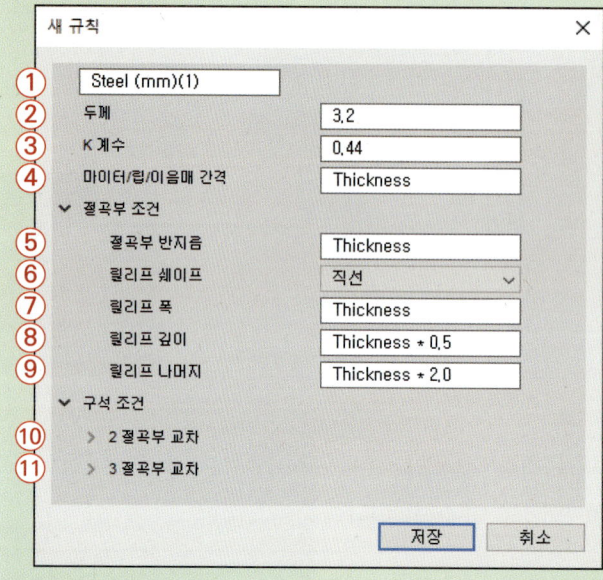

① **이름** : 판금 규칙의 이름을 설정합니다.

② **두께** : 판금의 두께를 설정합니다.

③ **K 계수** : 판금의 기본 굽힘 상수인 K 계수 값을 설정합니다.

④ **마이터 / 립 / 이음매 간격** : 마이터, 립, 이음매의 기본 틈새를 설정합니다.

⑤ **절곡부 반지름** : 판금 형상 작성시 생성되는 절곡부의 기본 반지름을 설정합니다.

⑥ **릴리프 쉐이프** : 릴리프가 생성되는 형태를 설정합니다.

⑦ **릴리프 폭** : 릴리프가 생성되는 형태의 폭을 설정합니다.

⑧ **릴리프 깊이** : 릴리프가 생성되는 형태의 깊이를 설정합니다.

⑨ **릴리프 나머지** : 릴리프의 자투리 크기를 설정합니다.

⑩ **2 절곡부 교차** : 절곡부가 2개의 코너에서 만나는 형태와 크기를 설정합니다.

⑪ **3 절곡부 교차** : 절곡부가 3개의 코너에서 만나는 형태와 크기를 설정합니다.

다음과 같이 새로운 규칙이 추가됩니다.

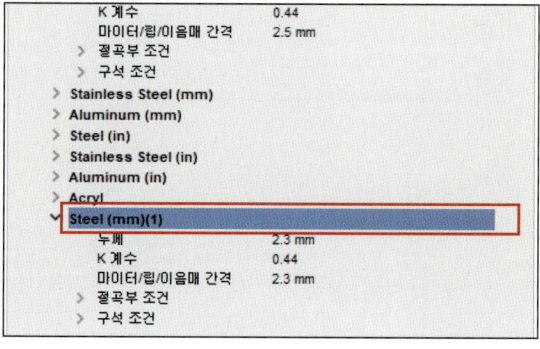

## Chapter 2 판금 브라켓 모델링 예제

### 03 플랜지 작성하기

우측면도(YZ 평면)에 스케치를 작성합니다.

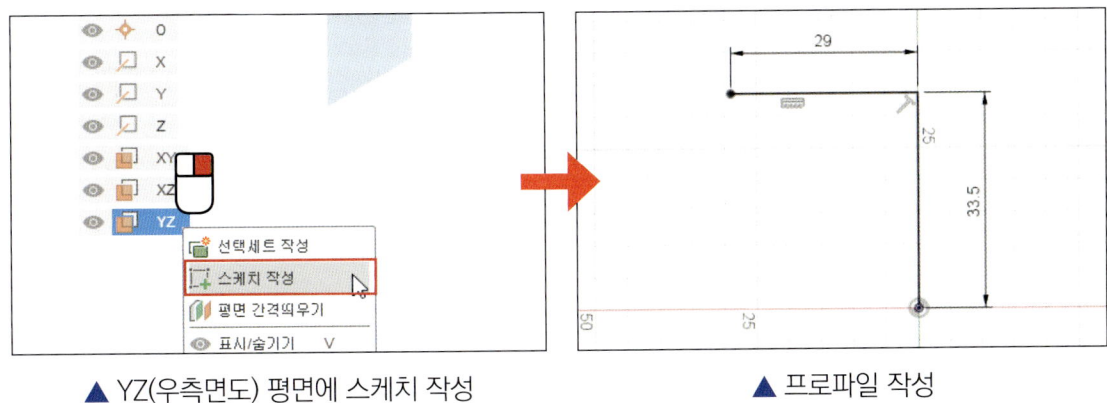

▲ YZ(우측면도) 평면에 스케치 작성   ▲ 프로파일 작성

**작성 – 플랜지** 명령을 실행합니다.

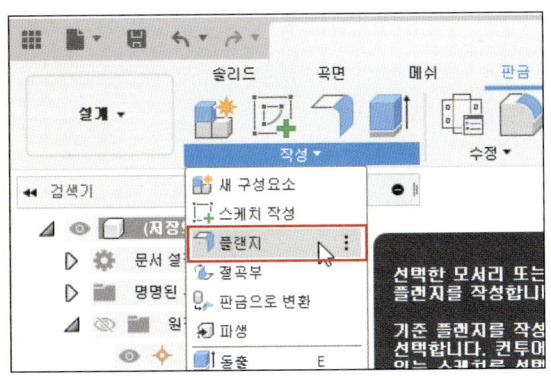

작성한 스케치 선을 선택합니다.

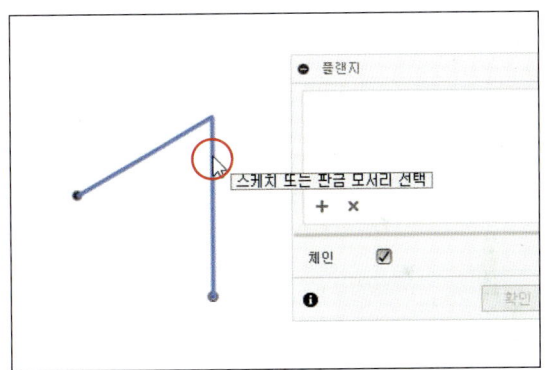

**판금 규칙** 항목에서 이전에 작성한 판금 규칙 항목을 선택합니다.

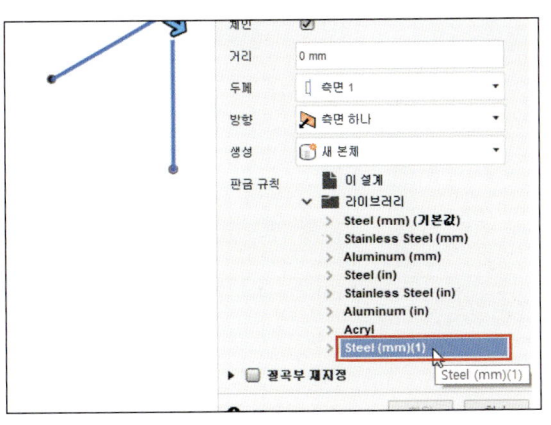

**거리** 항목을 다음과 같이 설정합니다.

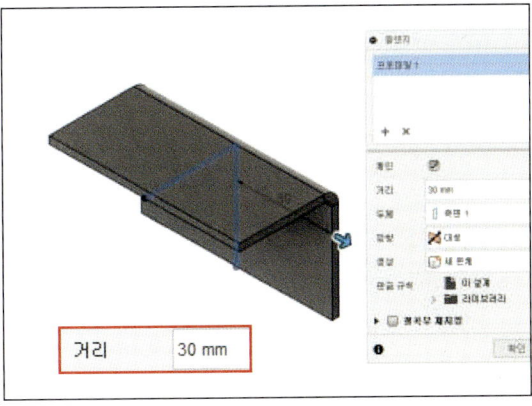

375

# Part 04 판금 모델링

**방향** 항목을 다음과 같이 변경합니다.

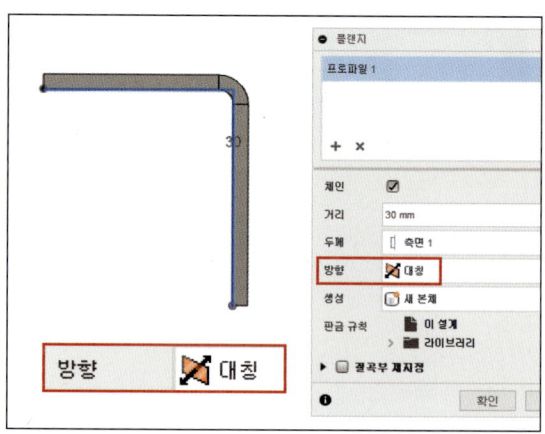

**두께** 항목을 변경하면 판금 두께가 다음과 같이 안쪽으로 생성됩니다.

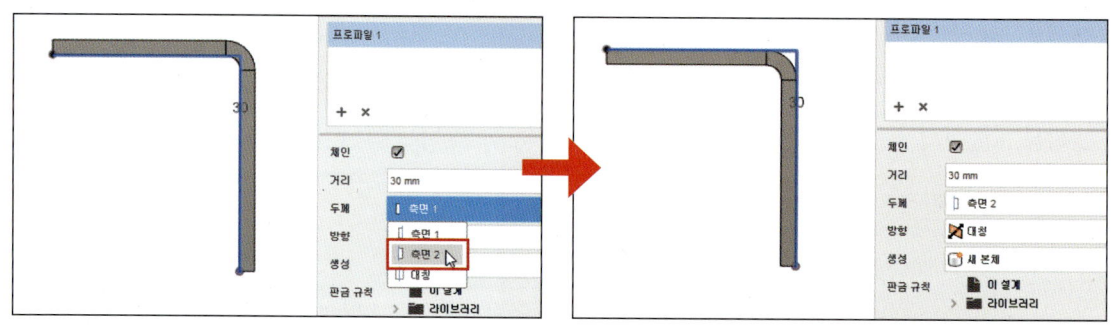

▲ 두께 항목 변경　　　　　　　▲ 두께 방향이 안쪽으로 변경됨

### Tip

**두께 항목에 대해서**

두께 항목은 다음과 같이 판금면이 생성되는 방향을 설정해 줍니다. 다음과 같이 옵션에 따라 판금면이 생성되는 방향이 바뀌게 됩니다.

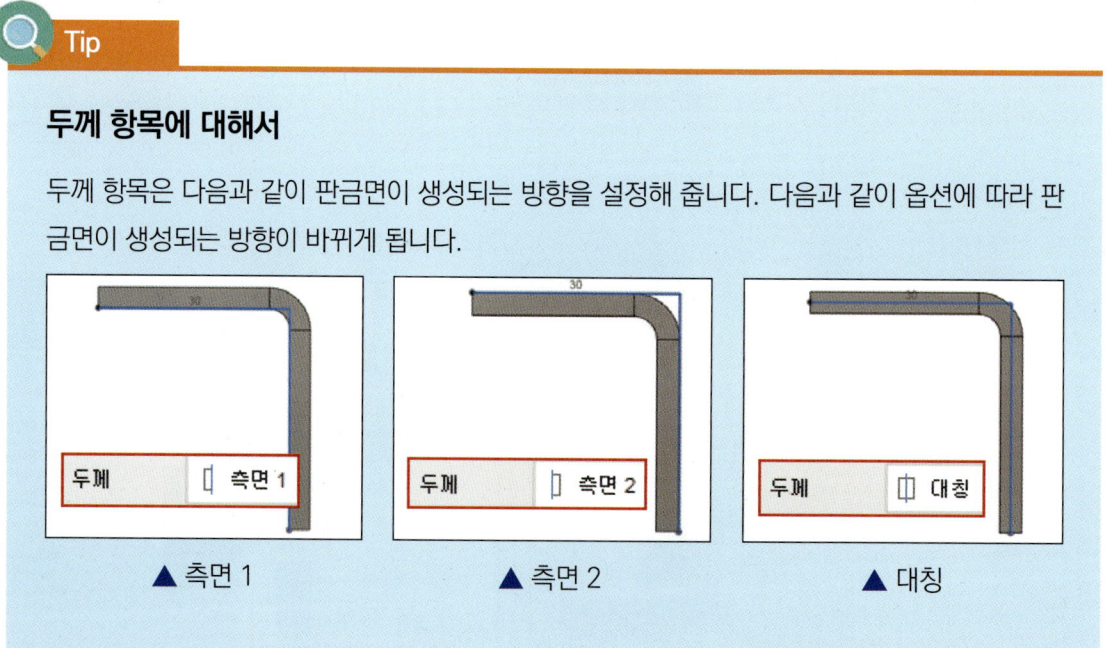

▲ 측면 1　　　　　　▲ 측면 2　　　　　　▲ 대칭

# Chapter 2 판금 브라켓 모델링 예제

확인 버튼을 클릭하면 판금 플랜지가 생성됩니다.

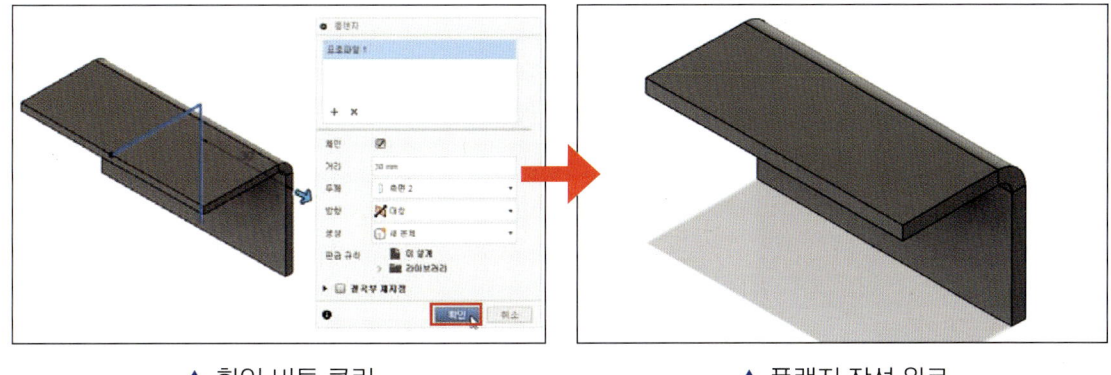

▲ 확인 버튼 클릭　　　　　　　　　　　▲ 플랜지 작성 완료

 Command

## 플랜지

플랜지 명령은 판금의 여러가지 형상을 작성해 주는 가장 기본적인 명령입니다. 어떠한 형상을 선택하느냐에 따라서 생성하는 판금의 형상이 바뀝니다.

❶ **기본 면 생성** : 프로파일 영역을 선택해 기본 면을 생성합니다.

❷ **컨투어 플랜지 형** : 열린 프로파일을 선택해 컨투어 플랜지 형의 판금을 생성합니다.

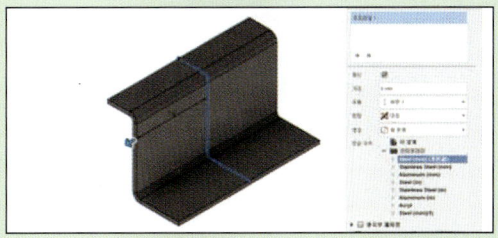

❸ **모서리 플랜지** : 스케치가 아닌 이미 작성되어 있는 모서리를 선택해 플랜지 형상을 작성합니다.

## Tip

**규칙 전환에 대해서**

브라우저에서 다른 규칙으로 전환하면 다음과 같이 해당 판금 규칙을 따르는 규칙으로 교체되며 판금 모델링도 이에 영향을 받아 수정됩니다.

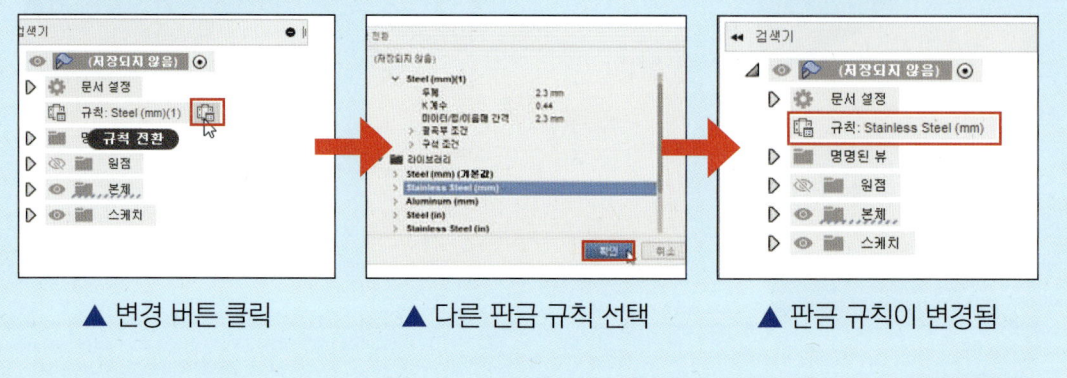

▲ 변경 버튼 클릭　　▲ 다른 판금 규칙 선택　　▲ 판금 규칙이 변경됨

## 04 구멍과 모깎기 작성하기

Autodesk Fusion

다음 면에 스케치를 생성해 프로파일을 작성합니다.

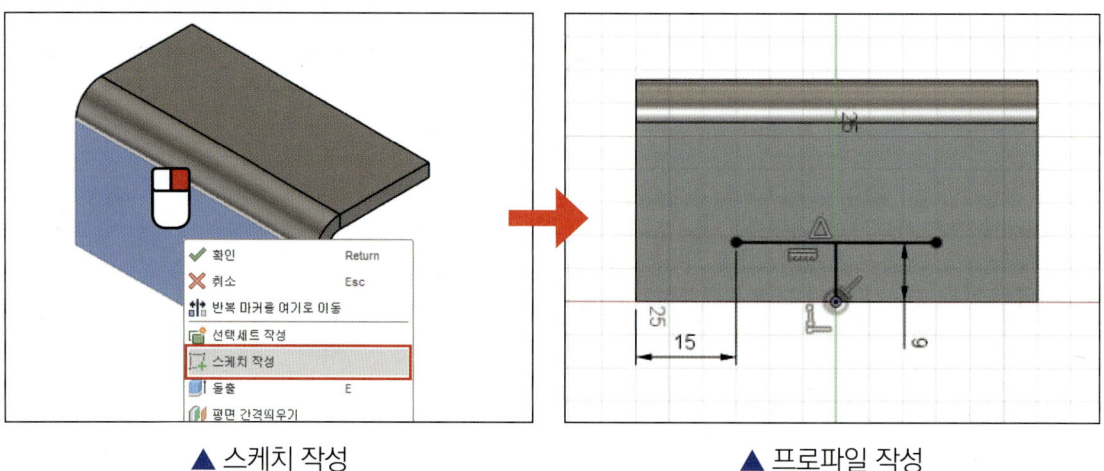

▲ 스케치 작성　　　　　　　　　▲ 프로파일 작성

## Tip

구멍과 모깎기 / 모따기 명령은 솔리드 모델링과 동일한 명령을 사용합니다.

홀 명령으로 다음과 같이 작성합니다.

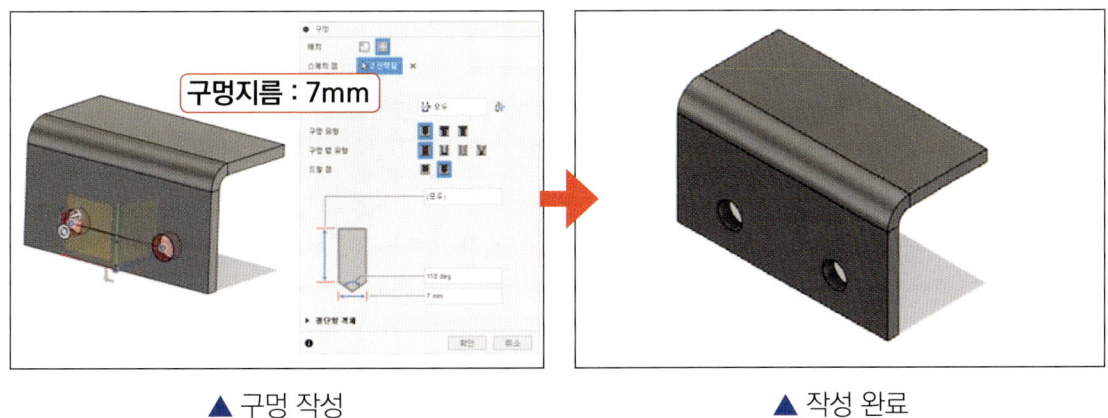

▲ 구멍 작성          ▲ 작성 완료

다음 면에 스케치를 생성해 프로파일을 작성합니다.

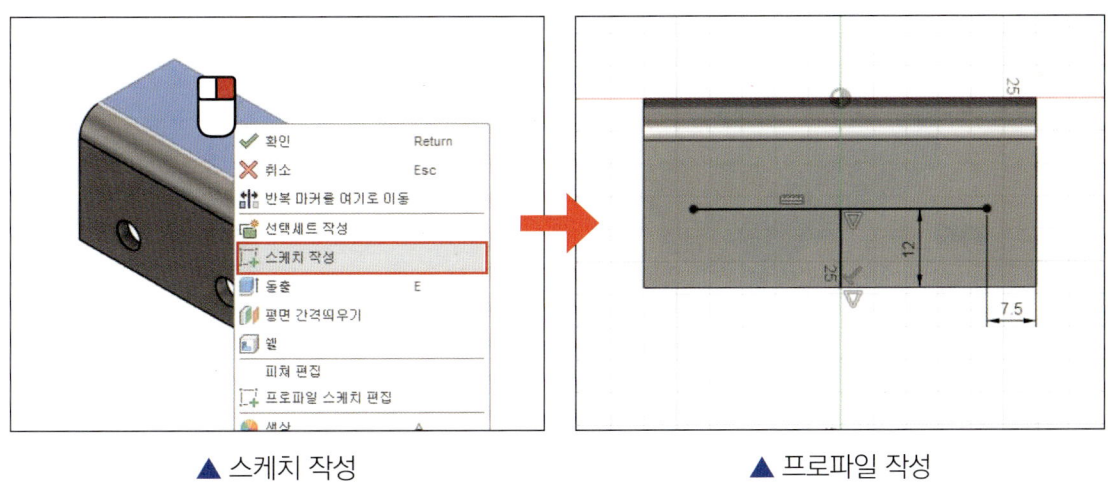

▲ 스케치 작성          ▲ 프로파일 작성

홀 명령으로 다음과 같이 작성합니다.     모깎기 명령을 실행해 다음과 같이 작성합니다.

 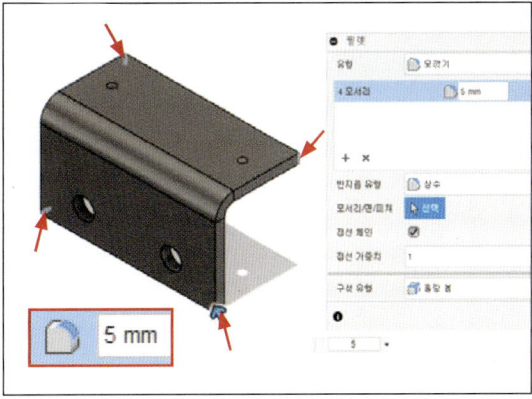

# Part 04 판금 모델링

다음과 같이 판금 브라켓 부품이 작성되었습니다.

풀이 과정을 유튜브로
확인해 보세요!

 **총정리**

이번 챕터를 통해 우리는 다음과 같은 것들을 배웠습니다.

❶ **판금 규칙** : 판금의 기본 두께와 절곡부 굽힘값 및 변형률 등 판금의 형상을 작성하는데 중요한 규칙이 되는 판금 규칙에 대해서 학습했습니다.

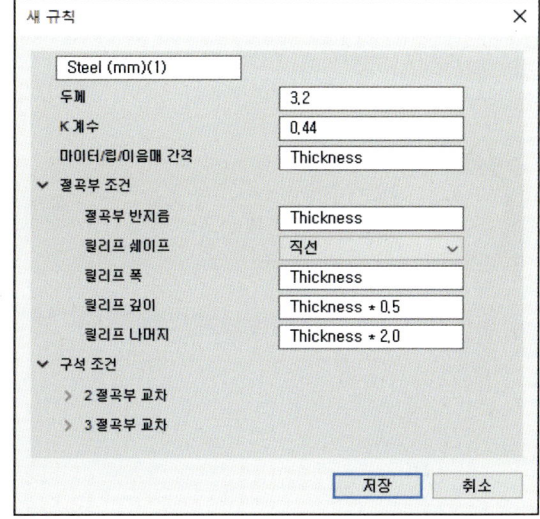

❷ **플랜지 - 컨투어 형상** : 열린 프로파일의 형태로 뽑아내는 컨투어 플랜지 형상을 작성하는 방법에 대해서 학습했습니다. 플랜지 명령은 어떠한 프로파일이나 형상을 선택하느냐에 따라 다양한 형태로 작성됩니다. 이번 시간에는 그 첫 번째로 컨투어 플랜지 형상 작성에 대해서 알아보았습니다.

# Part 04 판금 모델링

## CHAPTER 03 판금 커버 모델링 예제

이번 시간에는 기본적인 판금 명령어를 활용해서 판금 커버 부품을 작성해 보도록 하겠습니다.

### 01 도면과 학습 목표

이번 시간에 우리가 학습할 예제를 확인해 보도록 하겠습니다.

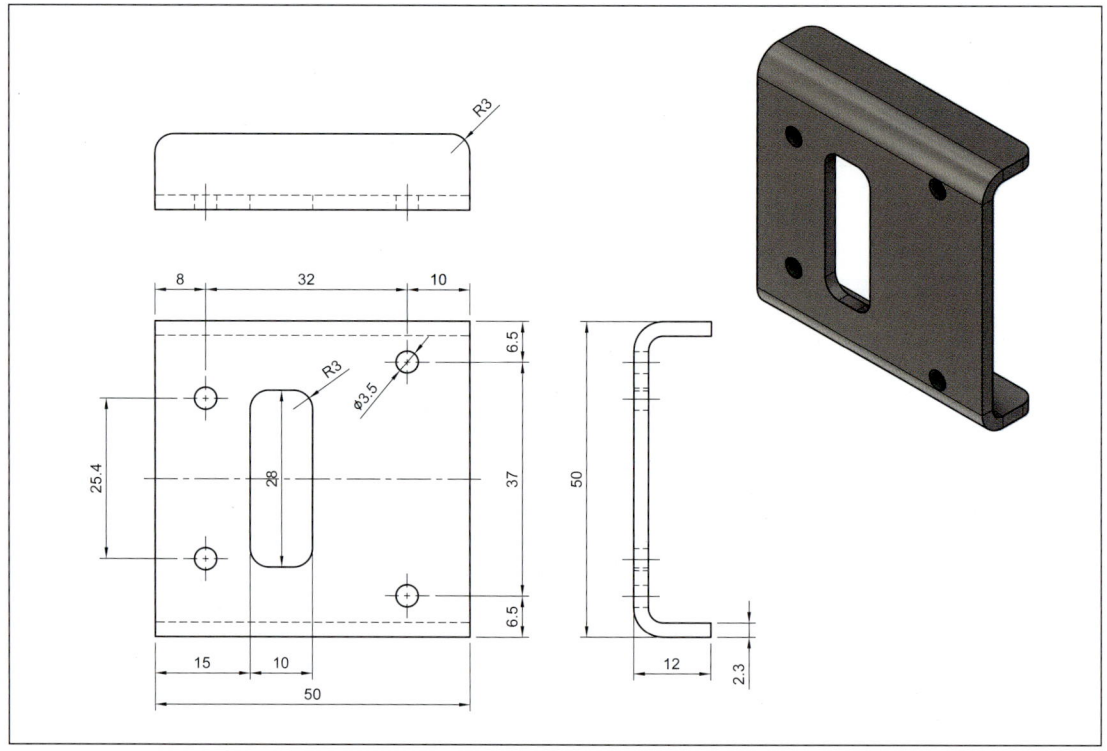

이번 시간에 우리는 다음과 같은 사항을 배우게 됩니다.

- 컨투어 플랜지형 판금 형태 작성하기
- 규칙 변경하여 판금의 형태 바꾸기

# Chapter 3 판금 커버 모델링 예제

## 02 기본 플랜지 형상 작성하기

Autodesk Fusion

정면도(XY 평면)에 스케치를 생성해 프로파일을 작성합니다.

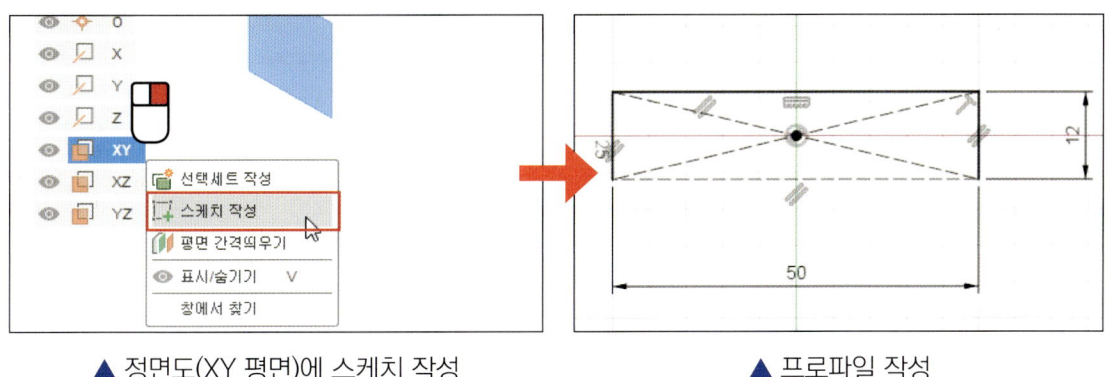

▲ 정면도(XY 평면)에 스케치 작성      ▲ 프로파일 작성

**플랜지** 명령을 실행해 다음 스케치 선을 선택합니다.

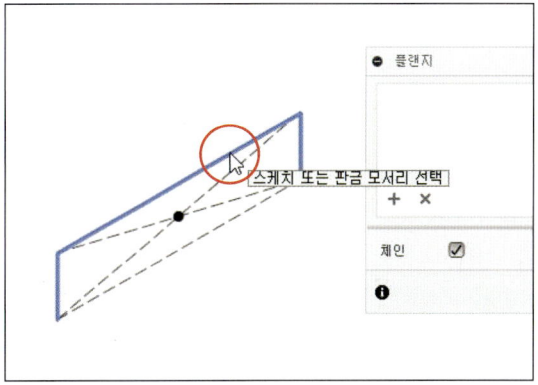

> **Tip**
> 구성선으로 변경된 선은 루프선으로 이어지지 않습니다.

거리와 방향 및 두께생성 방향을 다음과 같이 설정한 후 **확인** 버튼을 클릭해 플랜지를 작성합니다.

▲ 세부 옵션 설정      ▲ 플랜지 작성 완료

## Part 04 판금 모델링

판금 규칙 명령을 실행해 다음 두께를 가지는 새로운 규칙을 생성합니다.

브라우저에서 **규칙 전환** 버튼을 클릭합니다.

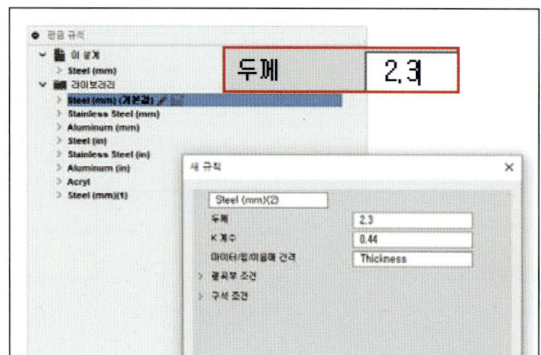

판금 규칙 명령으로 새로 만든 규칙을 선택한 후 **확인** 버튼을 클릭하면 판금 플랜지의 두께가 변경된 규칙으로 바뀌게 됩니다.

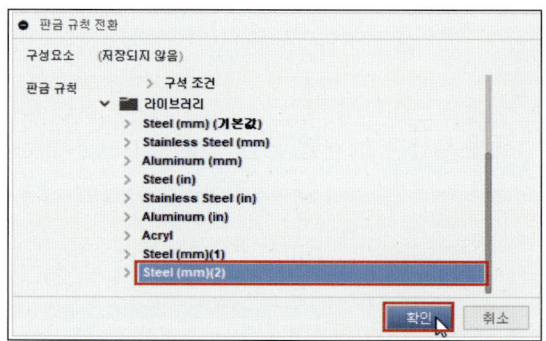

## 03 마무리 피쳐 작성하기

다음 면에 스케치를 생성해 프로파일을 작성합니다.

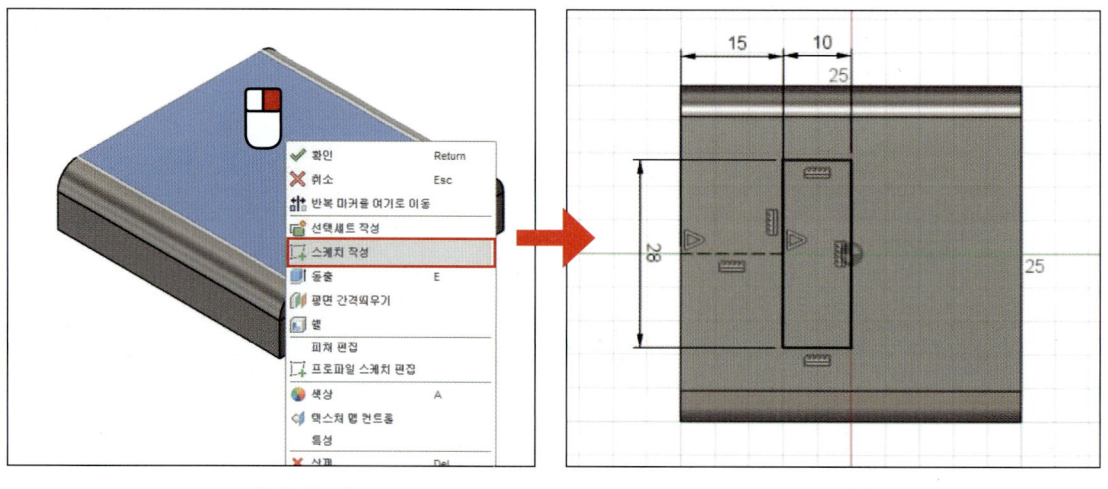

▲ 스케치 작성　　　　　　▲ 프로파일 작성

**돌출** 명령으로 다음과 같이 작성합니다.　　**필렛** 명령으로 다음과 같이 작성합니다.

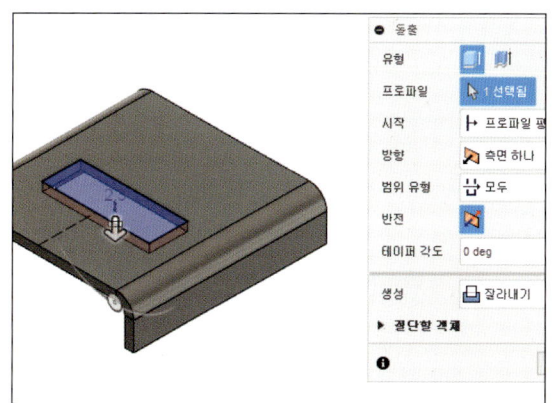 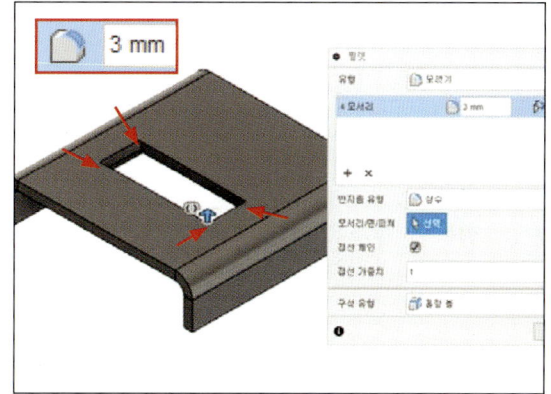

다음 면에 스케치를 생성해 프로파일을 작성합니다.

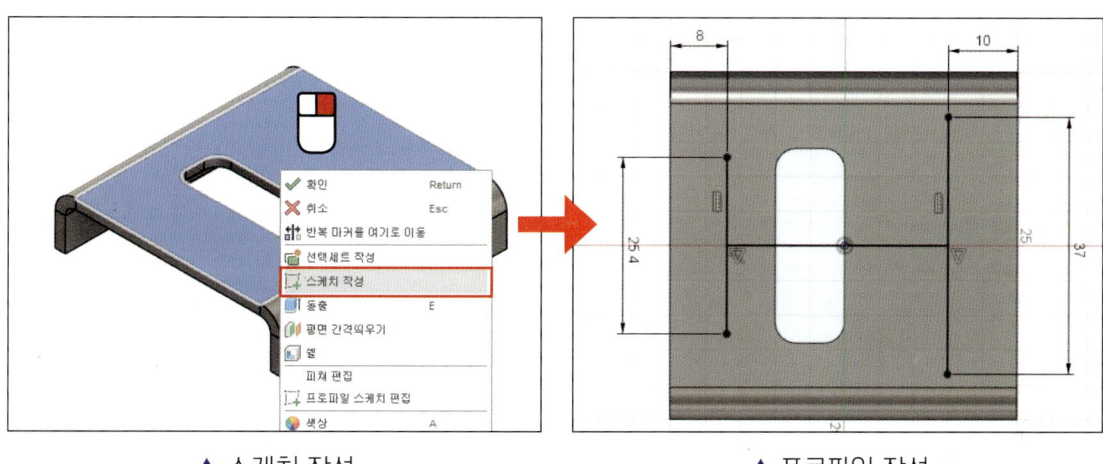

▲ 스케치 작성　　　　　　　　　　　▲ 프로파일 작성

**홀** 명령으로 다음과 같이 작성합니다.　　**필렛** 명령으로 다음과 같이 작성합니다.

# Part 04 판금 모델링

다음과 같이 판금 커버가 작성되었습니다.

풀이 과정을 유튜브로
확인해 보세요!

## 연습예제

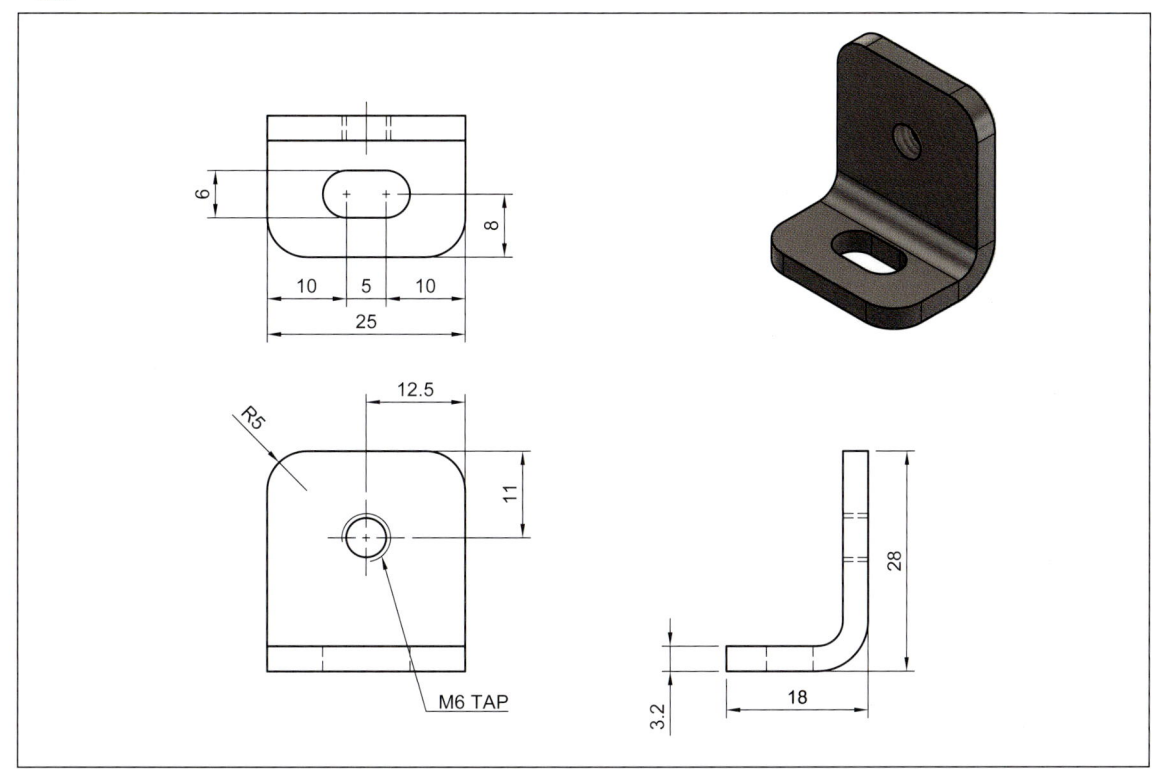

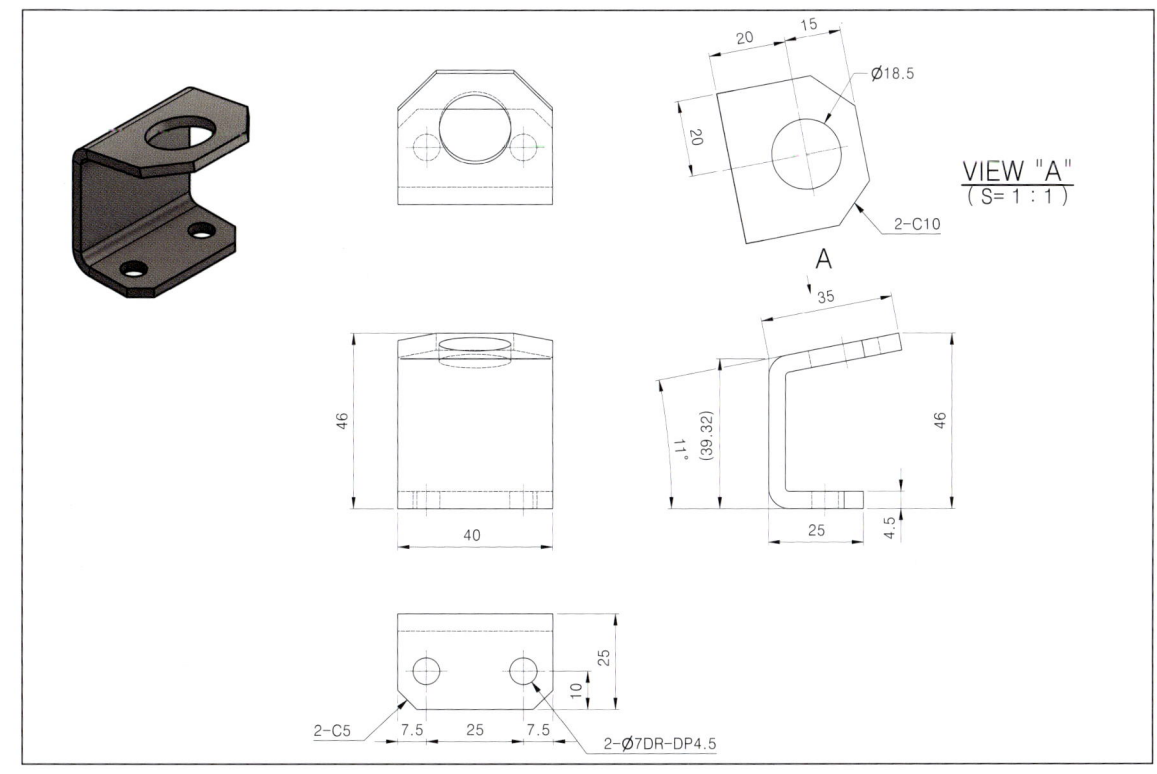

# Part 04 판금 모델링

## CHAPTER 04 판금 도어 1 모델링 예제

이번 시간에는 판금 플랜지 면 생성 옵션과 모서리 플랜지 생성 옵션을 이용하여 판금 도어를 작성해 보도록 하겠습니다.

### 01 도면과 학습 목표

이번 시간에 우리가 학습할 예제를 확인해 보도록 하겠습니다.

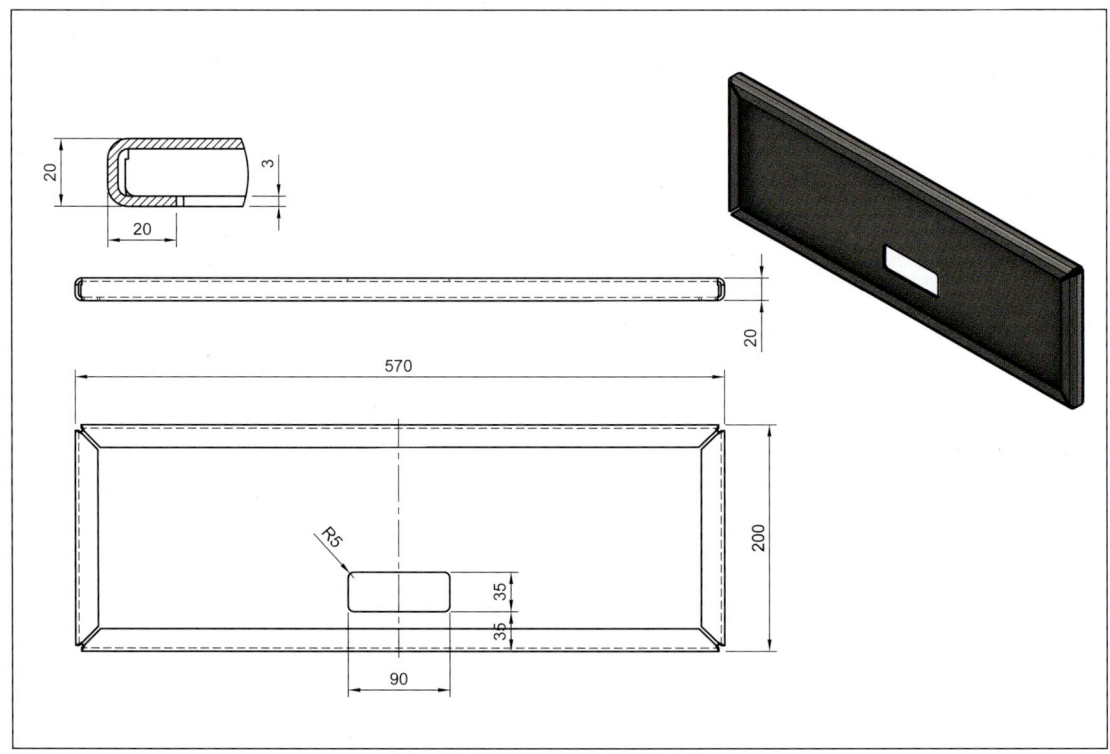

이번 시간에 우리는 다음과 같은 사항을 배우게 됩니다.

- 판금 플랜지 면 작성
- 판금 플랜지 모서리 작성

## 02 판금 플랜지 면 작성하기

판금 규칙 명령에서 다음과 같이 두께를 3mm로 가지는 새로운 판금 규칙을 생성합니다.

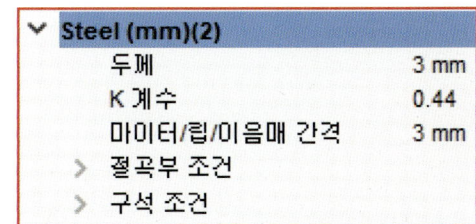

평면도(XZ 평면)에 스케치를 생성해 프로파일을 작성합니다.

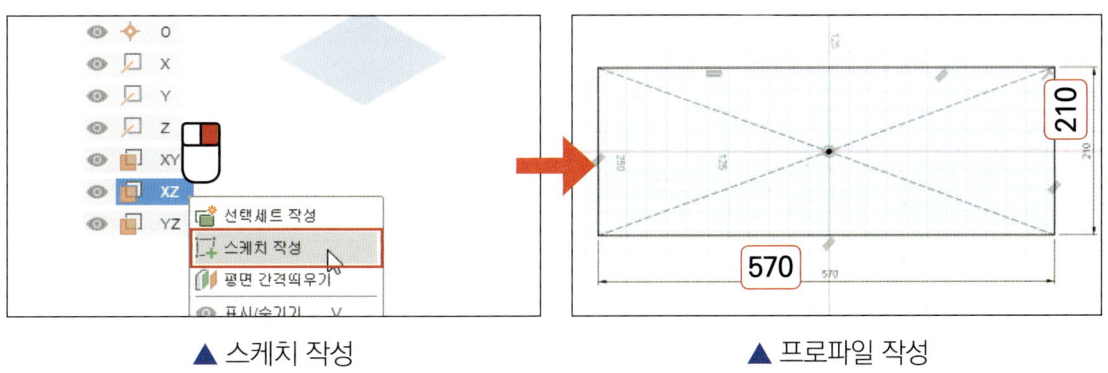

▲ 스케치 작성   ▲ 프로파일 작성

**플랜지** 명령을 실행해 프로파일을 선택해 다음과 같이 작성합니다.

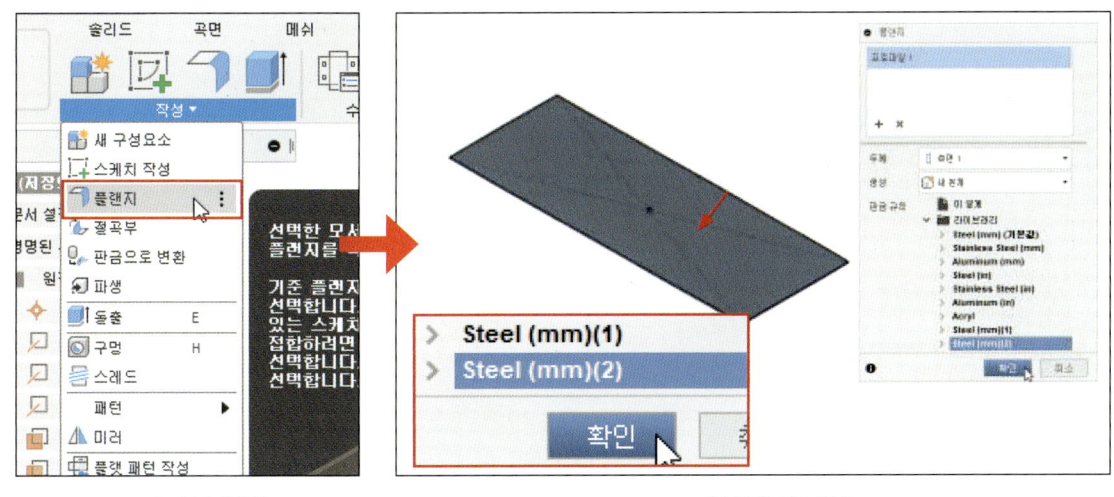

▲ 명령어 실행   ▲ 면 플랜지 작성

# Part 04 판금 모델링

▲ 작성 완료

### Tip
플랜지 명령으로 프로파일 영역을 선택하면 판금 규칙의 두께를 가지는 판을 만들 수 있습니다.

## 03 모서리 플랜지 작성하기
Autodesk Fusion

**플랜지** 명령을 실행해 위쪽 모서리를 선택합니다.

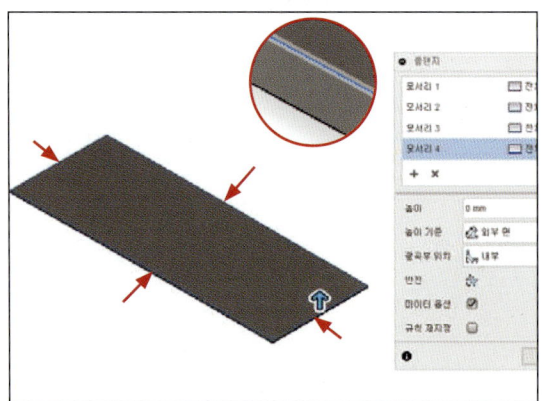

화살표를 위로 드래그하면 다음과 같이 모서리 플랜지 작성이 미리보기가 됩니다.

### Tip
플랜지 명령을 실행해 판금 모서리를 선택하면 다음과 같이 모서리 플랜지를 작성할 수 있습니다.

## Chapter 4 판금 도어 1 모델링 예제

### 🔍 Tip

**모서리 플랜지 옵션에 대해서**

플랜지 명령에서 모서리를 선택하면 다음과 같이 모서리 플랜지를 위한 옵션으로 변경되게 됩니다.

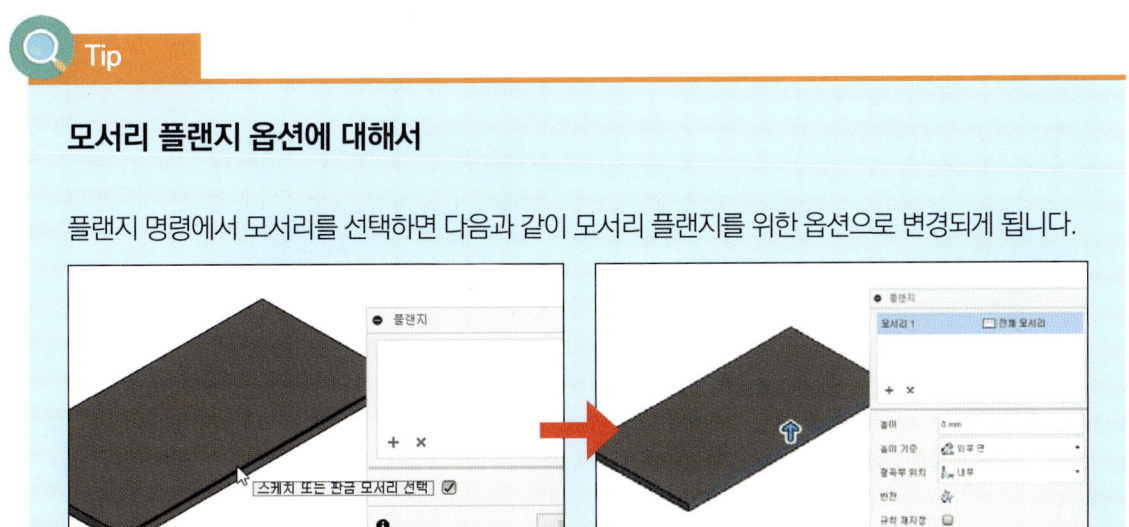

**높이**를 다음과 같이 변경해 확인 버튼을 클릭합니다.

다음과 같이 모서리 플랜지 형상이 작성되었습니다.

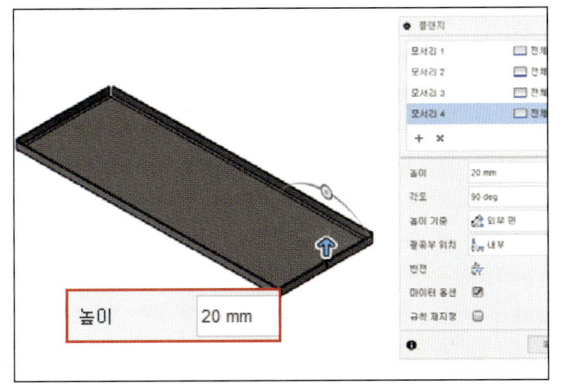

다시 한번 플랜지 명령을 실행해 안쪽 모서리를 선택합니다.

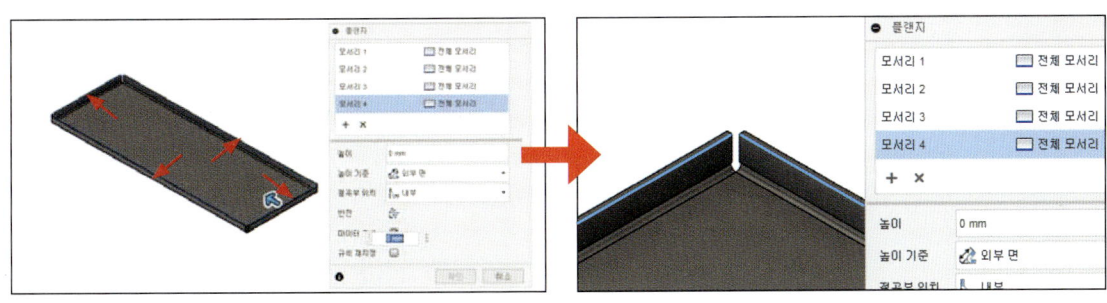

▲ 안쪽 모서리 선택 　　　　　　　　　▲ 확대한 모습

391

# Part 04 판금 모델링

화살표를 안쪽으로 드래그하면 다음과 같이 모서리 플랜지 작성이 미리보기가 됩니다.

높이를 다음과 같이 입력하고 **확인** 버튼을 클릭합니다.

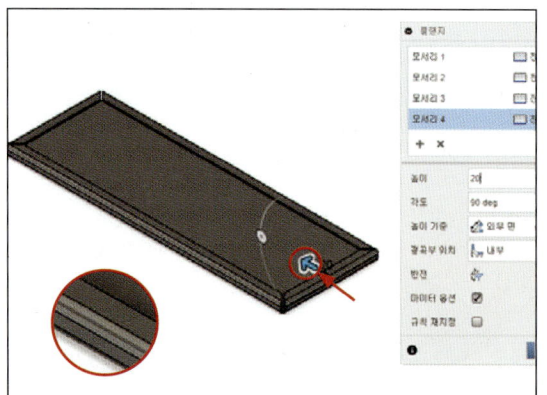

 **Tip**

## 모서리 플랜지 옵션 설정에 대해서

플랜지 명령이 모서리 플랜지 옵션으로 변경되면 다음과 같은 추가 옵션이 표시됩니다.

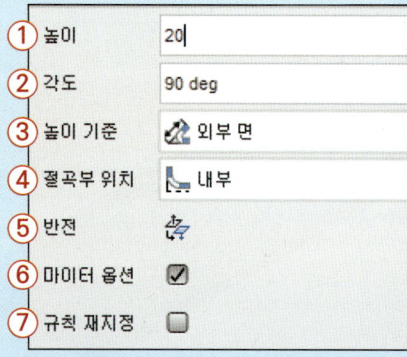

❶ **높이** : 작성되는 모서리 플랜지의 높이를 설정합니다.

❷ **각도** : 작성되는 모서리 플랜지의 각도를 설정합니다.

❸ **높이 기준** : 작성되는 모서리 플랜지의 길이에 대한 데이텀의 위치를 선택합니다.

❹ **절곡부 위치** : 모서리 플랜지가 절곡되는 위치의 기준을 선택합니다.

❺ **반전** : 판금 모서리 플랜지의 생성 방향을 뒤집습니다.

❻ **마이터 옵션** : 판금 모서리 플랜지가 서로 겹치는 구간에 대한 형태에 대한 옵션을 선택합니다. 체크 해제하면 판금 규칙의 마이터 옵션을 무시하므로 판금 형태에 오류가 발생할 수 있습니다.

❼ **규칙 재지정** : 현재의 판금 규칙을 무시하고 현재 작성하는 플랜지에 한해서 다른 판금 규칙을 설정합니다.

다음과 같이 모서리 플랜지가 작성되었습니다.

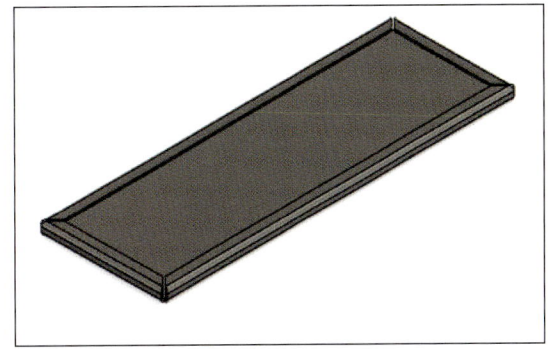

## 04 마무리 피쳐 작성하기

다음 면에 스케치를 생성해 프로파일을 작성합니다.

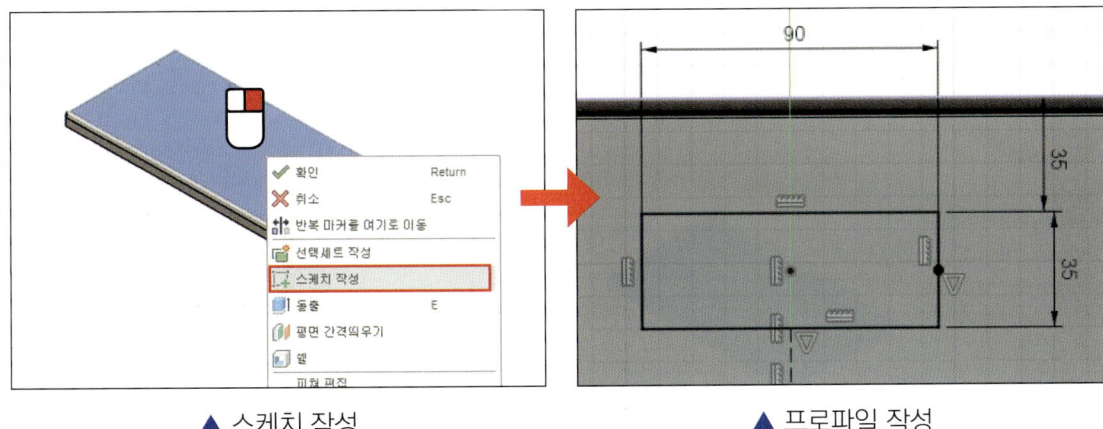

▲ 스케치 작성    ▲ 프로파일 작성

**돌출** 명령으로 다음과 같이 작성합니다.

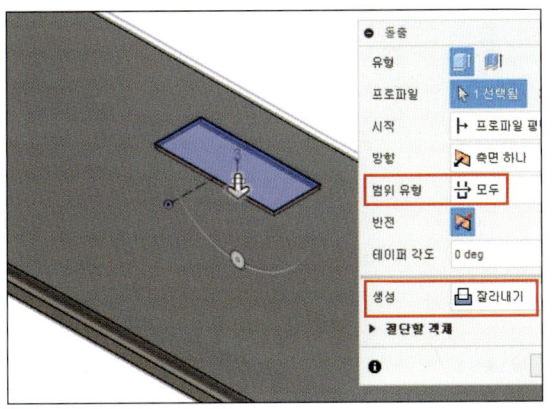

**필렛** 명령으로 다음과 같이 작성합니다.

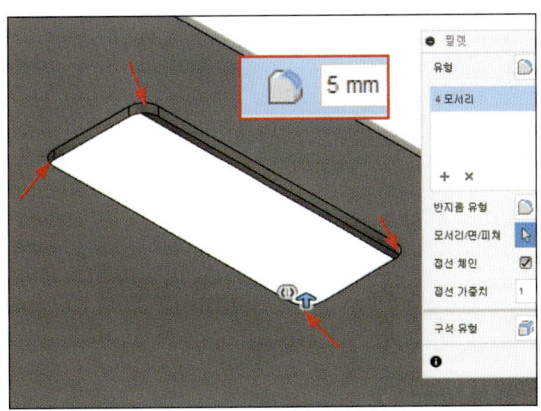

393

# Part 04 판금 모델링

다음과 같이 판금 도어가 작성되었습니다.

풀이 과정을 유튜브로
확인해 보세요!

##  총정리

이번 챕터를 통해 우리는 다음과 같은 것들을 배웠습니다.

❶ **판금 플랜지 면 작성** : 닫힌 프로파일을 선택해 판금 플랜지 면을 작성하는 방법에 대해서 학습했습니다. 판금 플랜지 면은 가장 기본적인 판금 형태 작성 방법입니다.

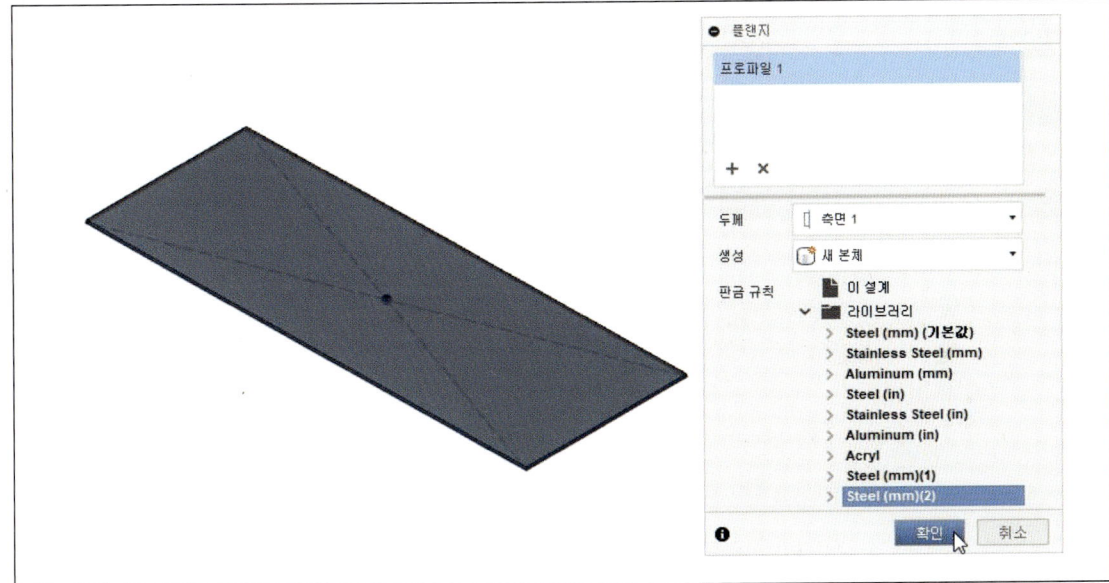

❷ **판금 플랜지 모서리 작성** : 이미 생성된 판금 형태의 모서리를 선택해 모서리 플랜지를 작성하는 방법에 대해서 학습했습니다.

# Part 04 판금 모델링

## CHAPTER 05 판금 도어 2 모델링 예제

이번 시간에는 판금 플랜지 면 생성 옵션과 모서리 플랜지 생성 옵션을 응용하여 판금 도어 모델링을 작성해 보도록 하겠습니다.

### 01 도면과 학습 목표

이번 시간에 우리가 학습할 예제를 확인해 보도록 하겠습니다.

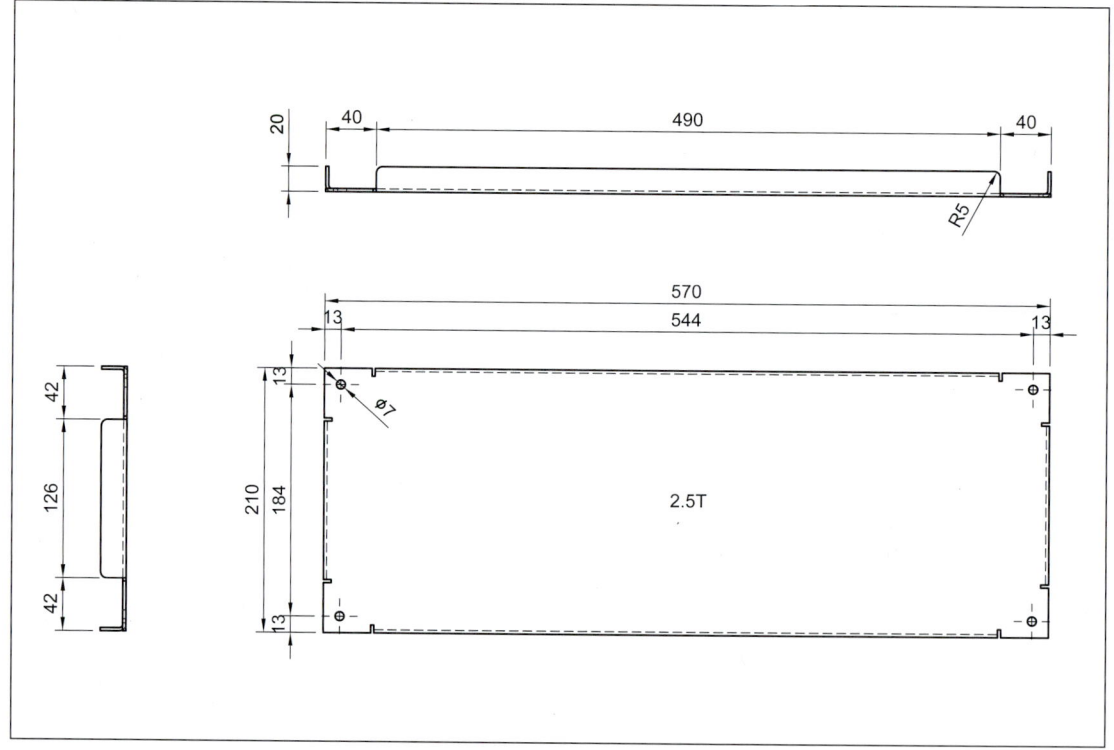

이번 시간에 우리는 다음과 같은 사항을 배우게 됩니다.

- 플랜지의 모서리 폭 옵션

# Chapter 5 판금 도어 2 모델링 예제

## 02 판금 플랜지 면과 모서리 작성하기

정면도(XY 평면)에 스케치를 생성해 프로파일을 작성합니다.

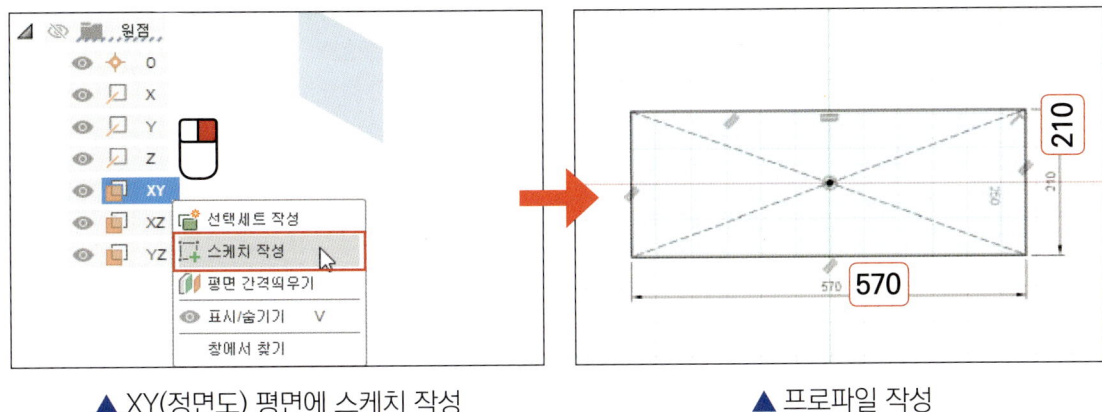

▲ XY(정면도) 평면에 스케치 작성　　　　▲ 프로파일 작성

**플랜지** 명령을 실행해 다음과 같이 기본 플레이트를 작성합니다.

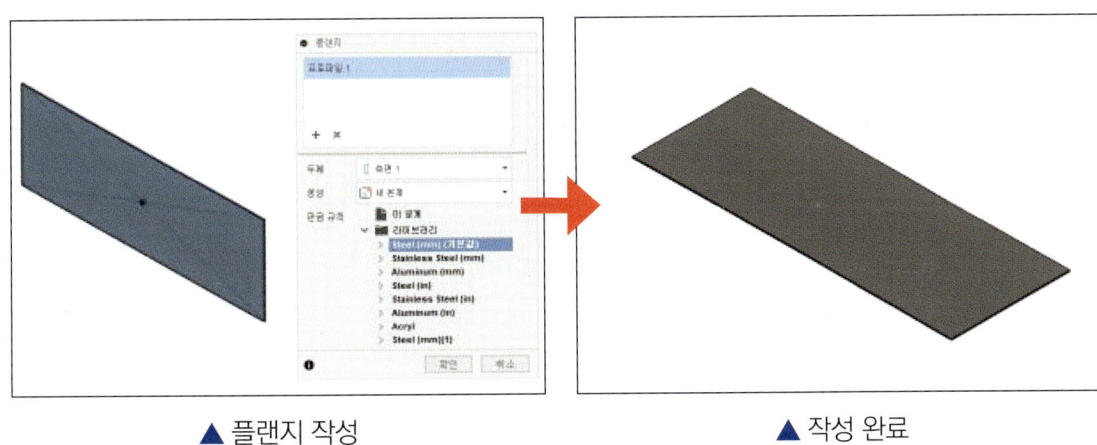

▲ 플랜지 작성　　　　▲ 작성 완료

**플랜지** 명령을 실행해 다음 모서리를 선택합니다.　모서리 옵션을 **대칭**으로 변경합니다.

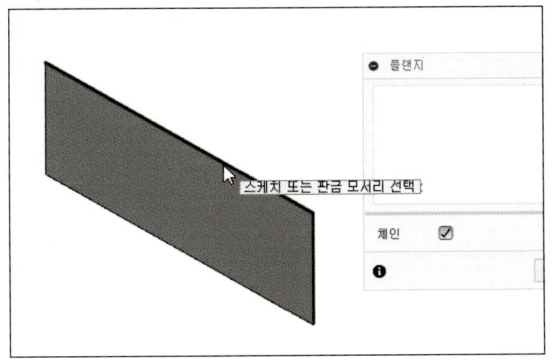
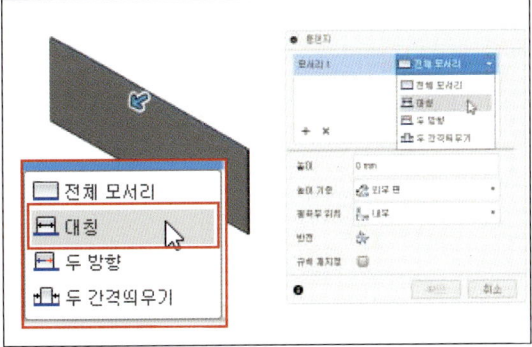

397

**거리** 옵션과 **높이** 옵션을 다음과 같이 설정합니다.

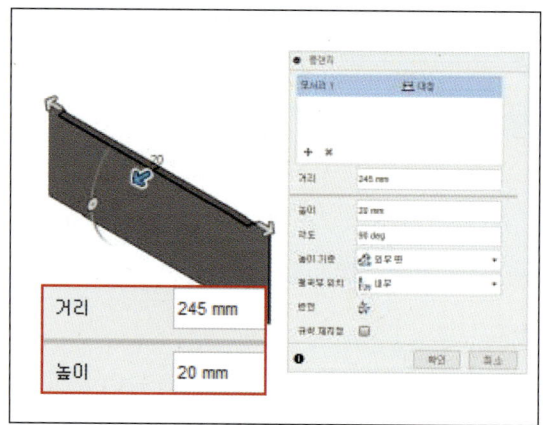

**새 선택 추가** 버튼을 클릭합니다.

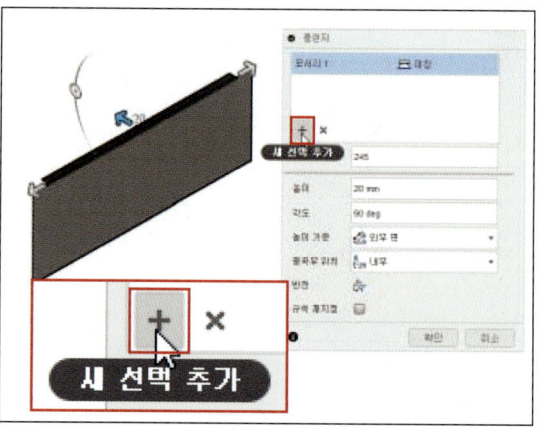

모서리를 선택해 마찬가지로 높이와 거리 옵션을 설정합니다.

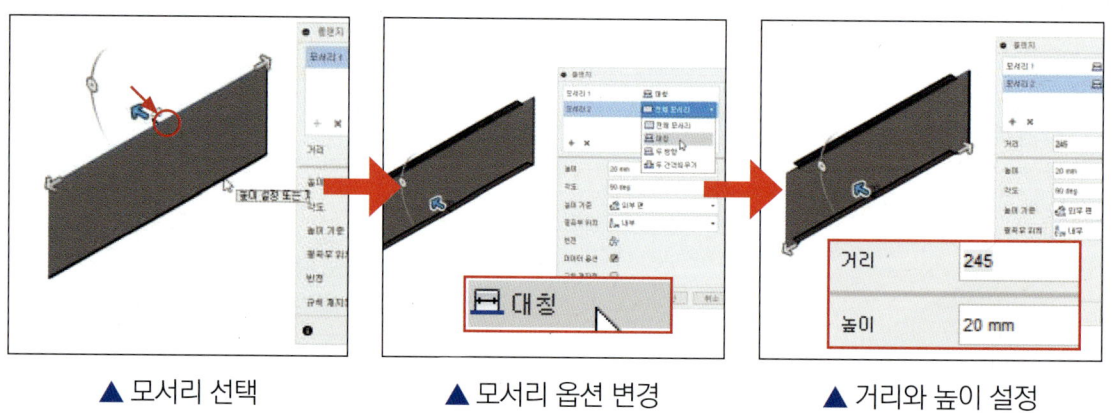

▲ 모서리 선택 　　　▲ 모서리 옵션 변경 　　　▲ 거리와 높이 설정

짧은쪽 모서리의 플랜지도 작성하기 위해 **새 선택 추가** 버튼을 클릭합니다.

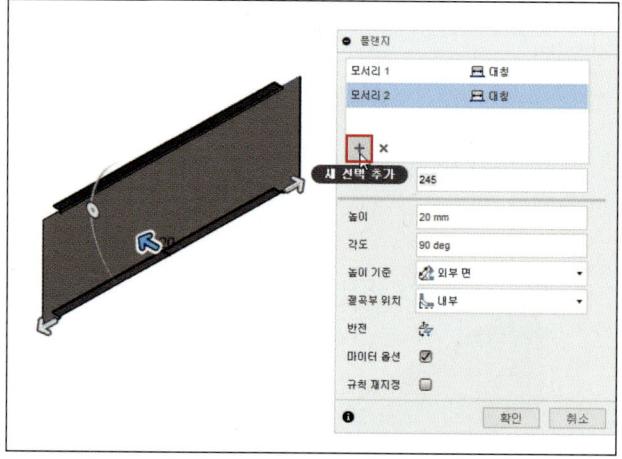

# Chapter 5 판금 도어 2 모델링 예제

모서리를 선택해 마찬가지로 높이와 거리 옵션을 설정합니다.

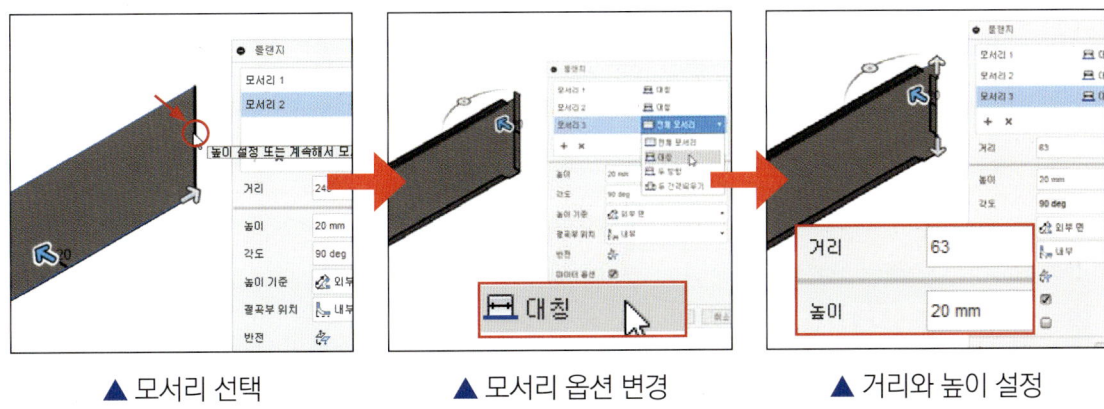

▲ 모서리 선택　　　　　▲ 모서리 옵션 변경　　　　　▲ 거리와 높이 설정

마찬가지로 반대쪽 모서리도 선택해 이전과 동일한 설정으로 작성한 뒤 확인 버튼을 클릭해 플랜지를 작성합니다.

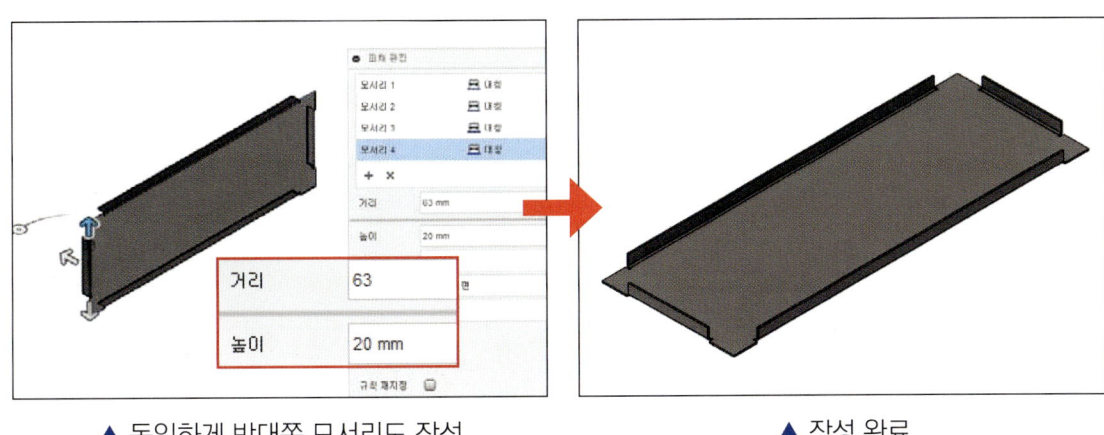

▲ 동일하게 반대쪽 모서리도 작성　　　　　▲ 작성 완료

## Tip

### 모서리 폭 옵션에 대해서

모서리 폭 옵션에는 다음과 같은 종류가 있습니다.

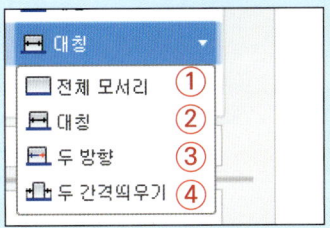

❶ **전체 모서리** : 선택한 모서리의 전체 길이만큼 플랜지 폭이 설정됩니다.

❷ **대칭 폭** : 선택한 모서리의 중앙에서부터 대칭된 거리만큼 플랜지가 작성됩니다.

# Part 04 판금 모델링

❸ **두 방향** : 선택한 모서리의 중앙에서부터 양쪽으로 다른 길이의 플랜지를 작성할 수 있습니다.

❹ **두 간격띄우기** : 선택한 두 개의 참조면으로부터 떨어진 거리만큼 판금이 작성됩니다.

## 03 구멍과 모깎기 작성하기

Autodesk Fusion

다음 면에 스케치를 생성해 프로파일을 작성합니다.

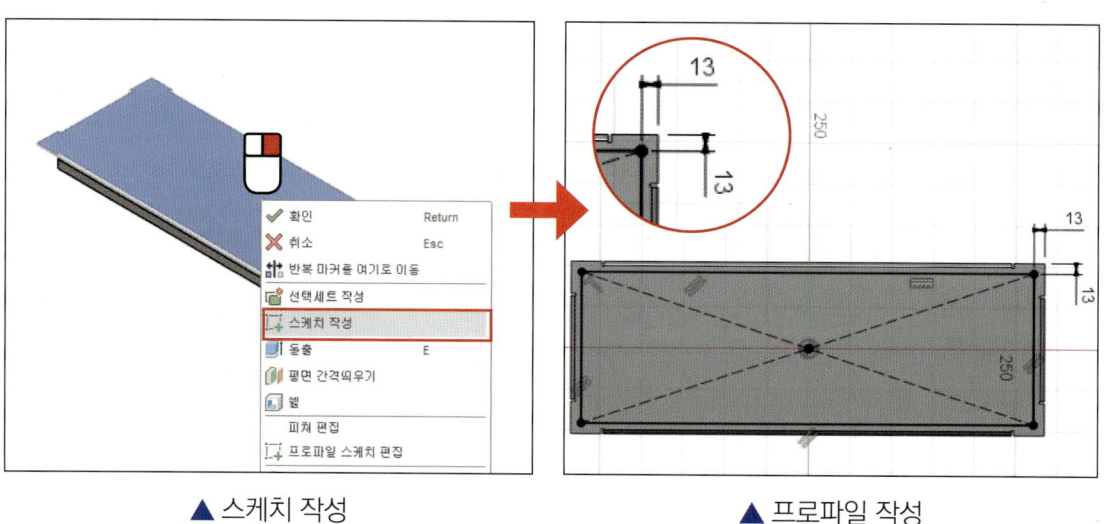

▲ 스케치 작성    ▲ 프로파일 작성

**홀** 명령을 실행해 다음과 같이 작성합니다.    **필렛** 명령을 실행해 다음과 같이 작성합니다.

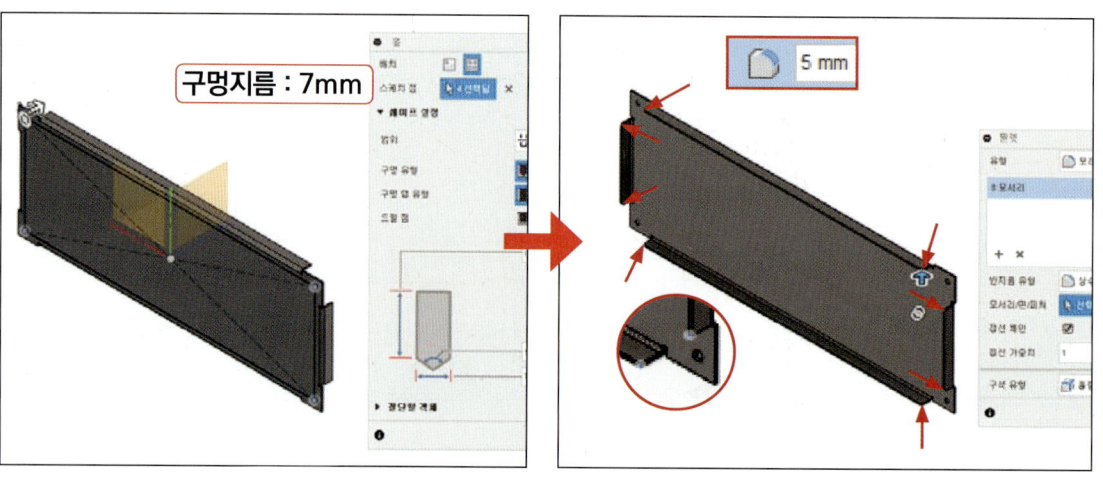

## Chapter 5 판금 도어 2 모델링 예제

다음과 같이 판금 커버가 작성되었습니다.

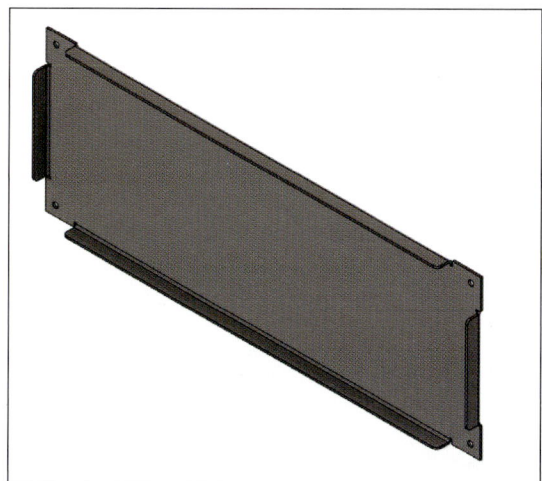

풀이 과정을 유튜브로
확인해 보세요!

# Part 04 판금 모델링

## CHAPTER 06 판금 센서 커버 모델링 예제

이번 시간에는 판금 모델링의 여러가지 명령어를 응용하여 판금 센서 커버 모델링을 작성해 보도록 하겠습니다.

### 01 도면과 학습 목표

이번 시간에 우리가 학습할 예제를 확인해 보도록 하겠습니다.

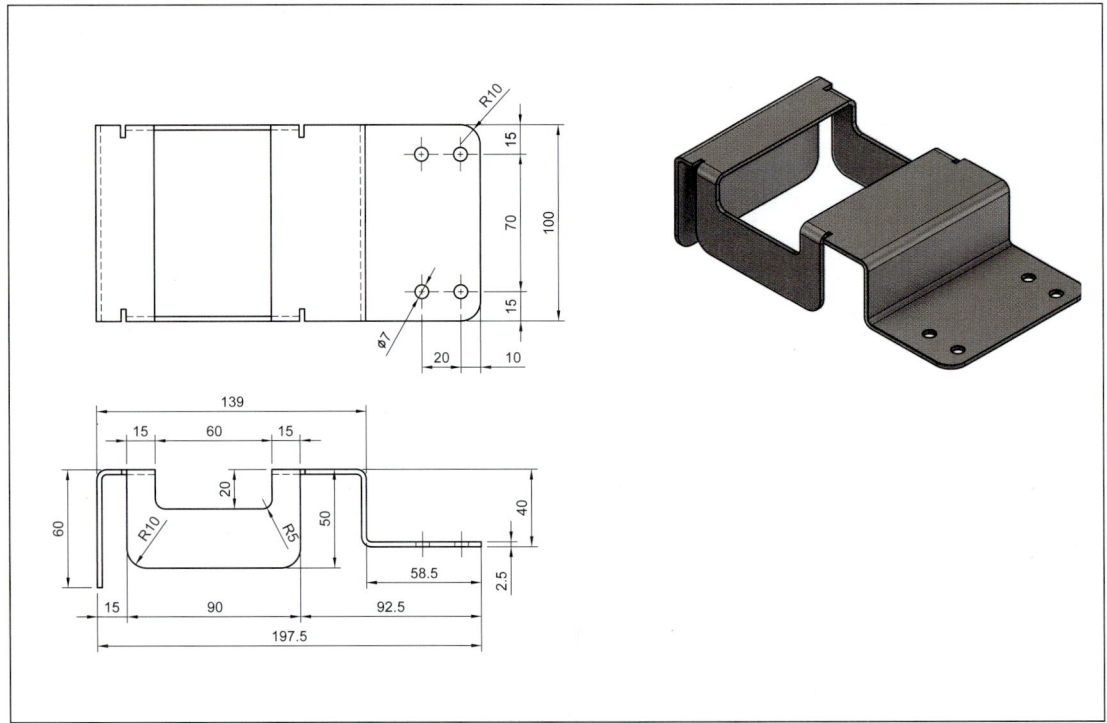

이번 시간에 우리는 다음과 같은 사항을 배우게 됩니다.

- 절곡부 명령
- 펴기 명령
- 플랫 패턴 작성하기
- DXF 파일로 내보내기

# Chapter 6 판금 센서 커버 모델링 예제

## 02 판금 플랜지 면과 절곡부 작성하기

평면도(XZ 평면)에 스케치를 생성해 프로파일을 작성합니다.

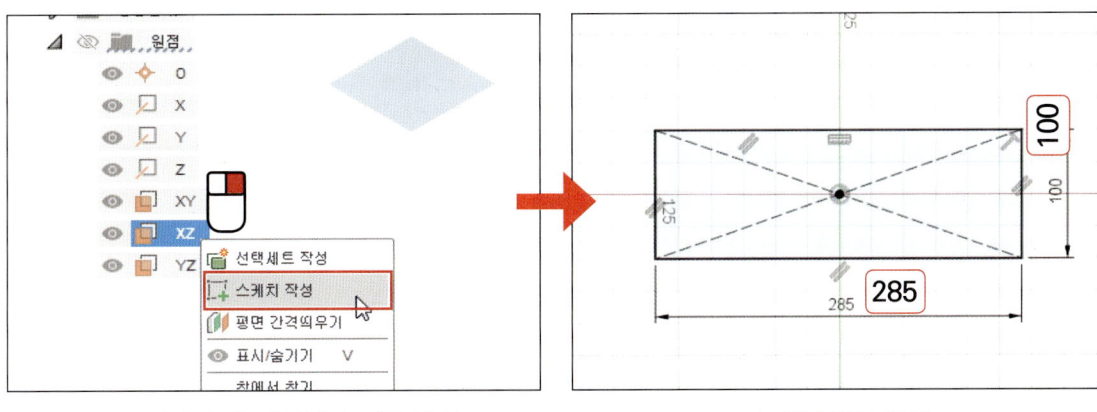

▲ XZ(평면도) 평면에 스케치 작성   ▲ 프로파일 작성

**플랜지** 명령을 실행해 다음과 같이 작성합니다.

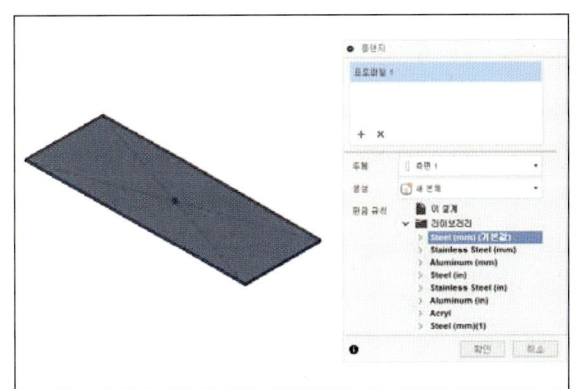

다음 면에 스케치를 생성하고 다음과 같이 스케치 선을 작성합니다.

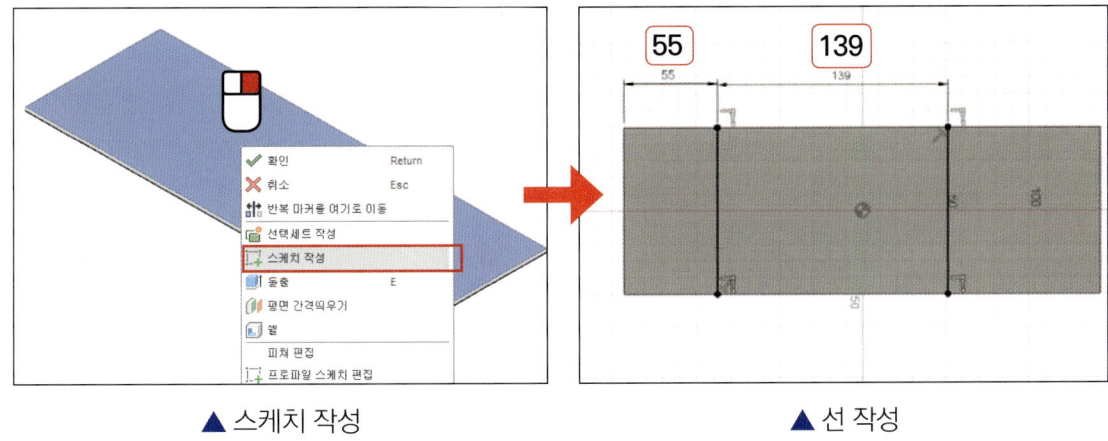

▲ 스케치 작성   ▲ 선 작성

**작성 - 절곡부** 명령을 실행합니다.

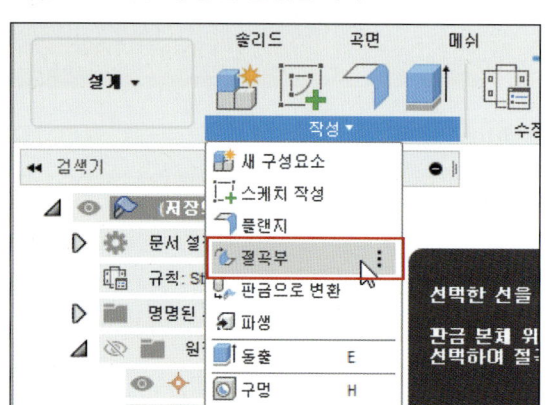

**고정 면**을 선택합니다.

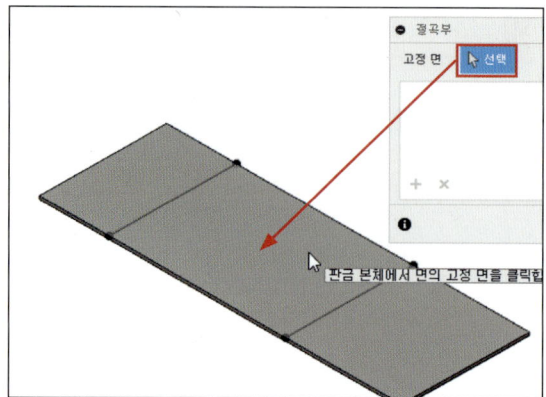

다음 모서리를 선택합니다.

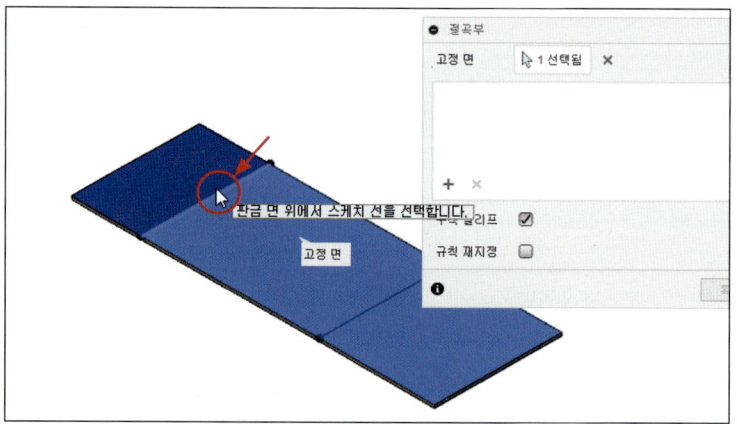

다음과 같이 스케치 선을 기준으로 구부러집니다. **절곡부 반전** 버튼을 클릭하면 구부러진 방향이 반대쪽으로 변경됩니다.

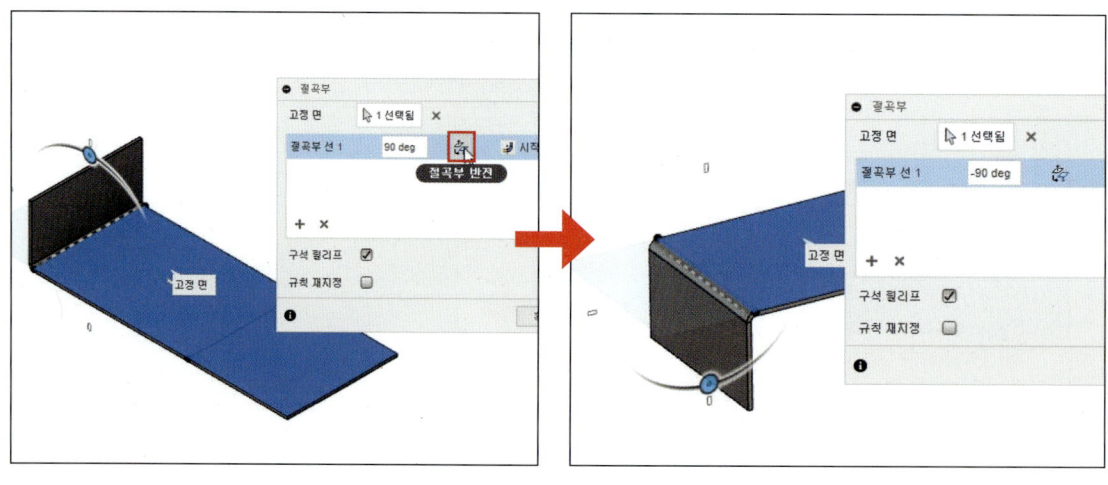

▲ Flip Bend 클릭                    ▲ 반대쪽으로 구부러짐

## Chapter 6 판금 센서 커버 모델링 예제

**절곡부 선 위치**를 **끝**으로 바꿉니다.

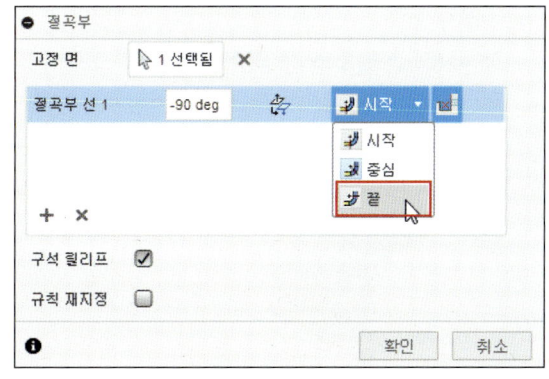

다음과 같이 구부러진 위치가 선의 끝에 일치됩니다.

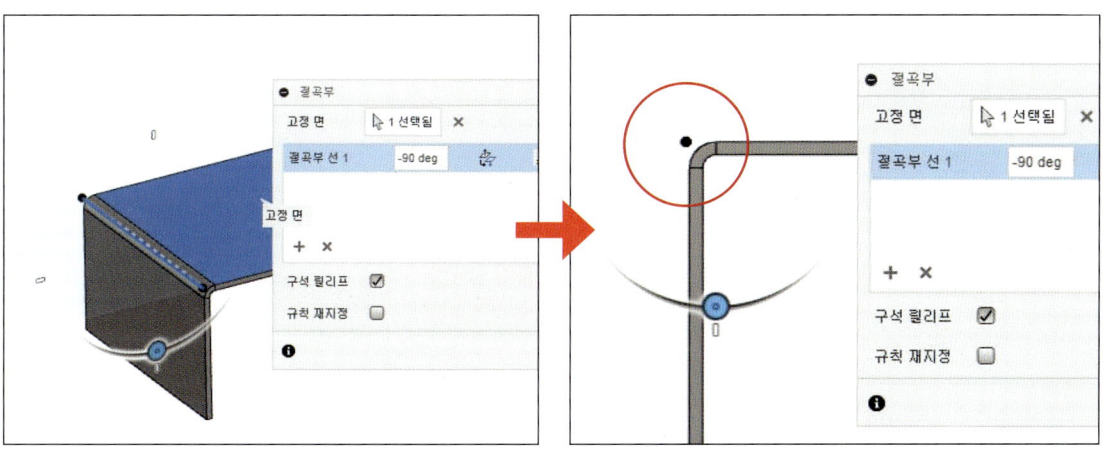

▲ 구부러진 끝선이 스케치에 일치됨 　　　　▲ 옆에서 본 모습

**새 선택 추가** 버튼을 클릭합니다.　　　　다음 모서리를 선택합니다.

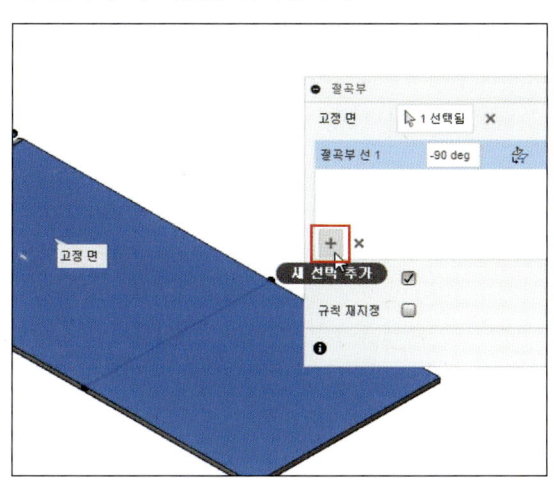 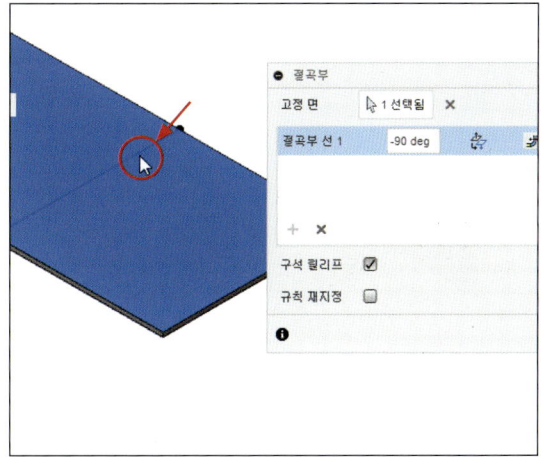

# Part 04 판금 모델링

마찬가지로 **절곡부 선 위치**를 **끝**으로 바꿉니다.

다음과 같이 구부리기 명령을 이용해 판금 형상이 구부러졌습니다.

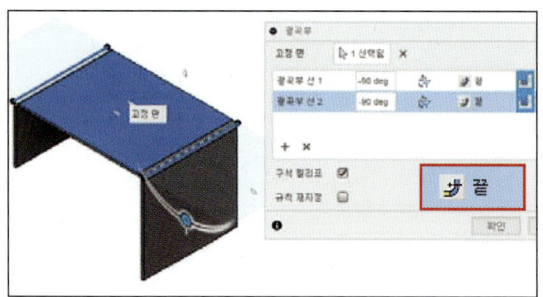

 Command

### 절곡부 명령에 대해서

스케치 선을 이용해 판금의 절곡부를 작성합니다.

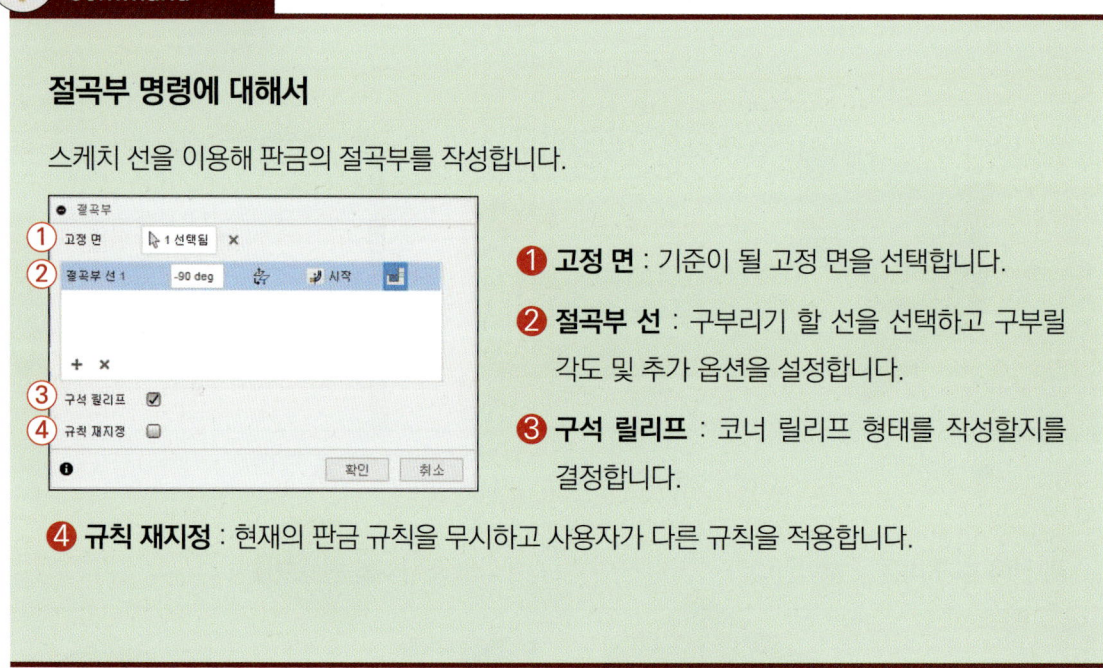

❶ **고정 면** : 기준이 될 고정 면을 선택합니다.

❷ **절곡부 선** : 구부리기 할 선을 선택하고 구부릴 각도 및 추가 옵션을 설정합니다.

❸ **구석 릴리프** : 코너 릴리프 형태를 작성할지를 결정합니다.

❹ **규칙 재지정** : 현재의 판금 규칙을 무시하고 사용자가 다른 규칙을 적용합니다.

다음 면에 스케치를 생성하고 다음과 같이 스케치 선을 작성합니다.

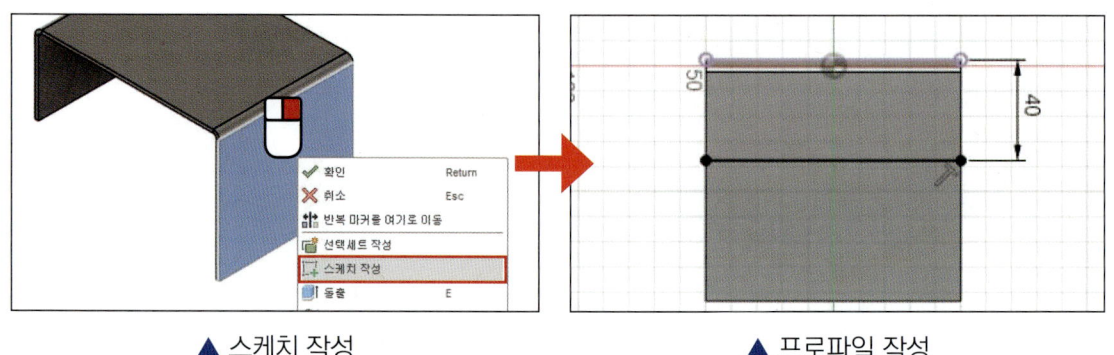

▲ 스케치 작성 　　　　　　　　▲ 프로파일 작성

# Chapter 6 판금 센서 커버 모델링 예제

**절곡부** 명령을 실행해 고정면과 선을 선택합니다.

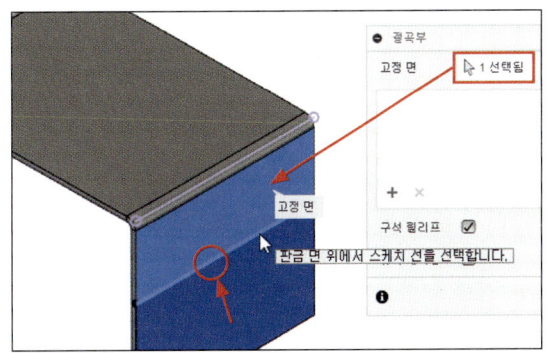

**절곡부 선 위치**를 옵션을 **끝**으로 바꾼 후 확인 버튼을 클릭하면 다음과 같이 작성됩니다.

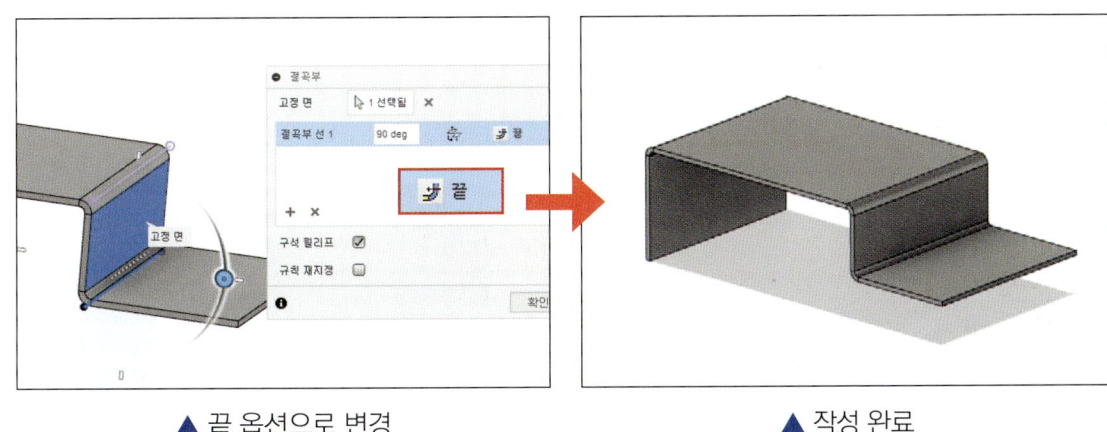

▲ 끝 옵션으로 변경 　　　　　　　▲ 작성 완료

## 03 모서리 플랜지 작성하기

Autodesk Fusion

**플랜지** 명령을 실행해 다음 모서리를 선택한 후 높이를 설정합니다.

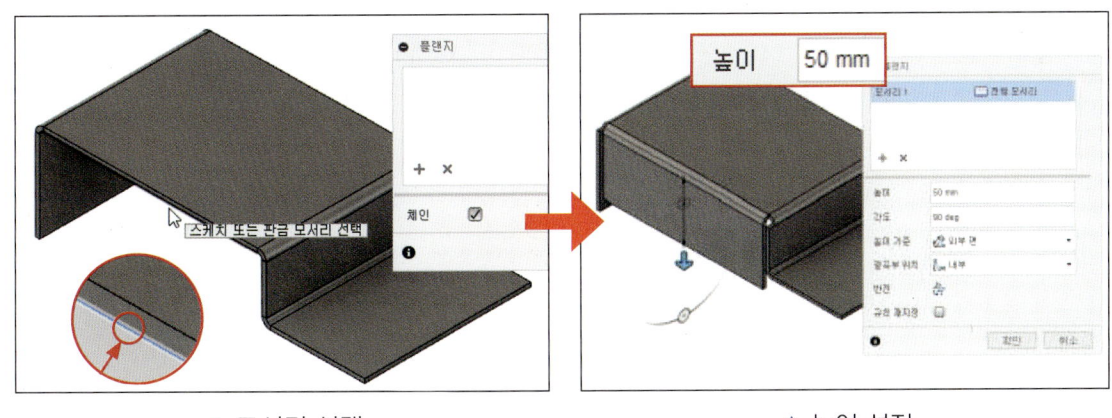

▲ 모서리 선택 　　　　　　　▲ 높이 설정

모서리 옵션을 **두 간격띄우기**로 변경합니다.

**참조1** 항목이 자동 선택되어 있으므로 X 버튼을 클릭해 선택 제거합니다.

다음 면을 선택하고 참조 거리를 설정합니다.

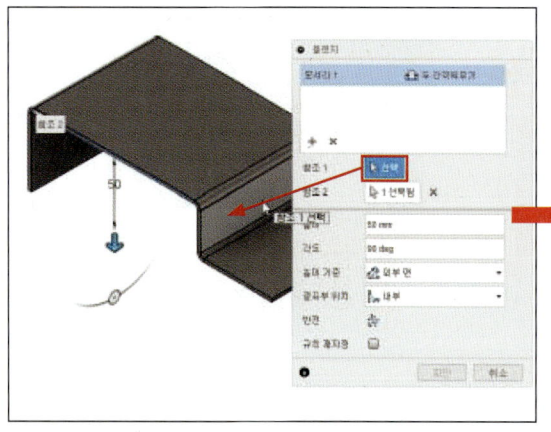
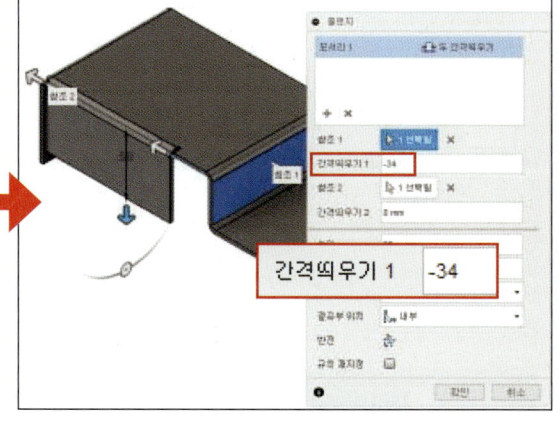

▲ 참조 면 선택　　　　　　　▲ 간격띄우기1 거리 설정

**참조2** 항목이 자동 선택되어 있으므로 X 버튼을 클릭해 선택 제거합니다.

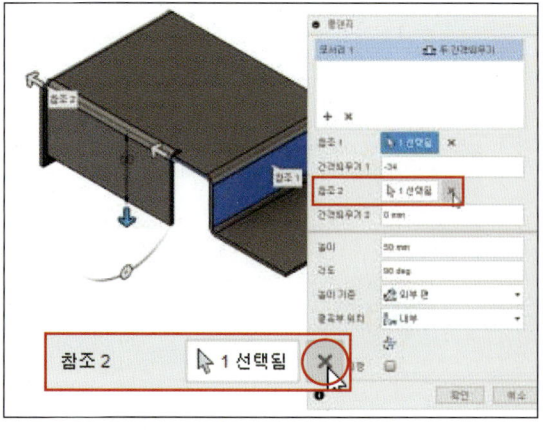

다음 면을 선택하고 참조 거리를 설정합니다.

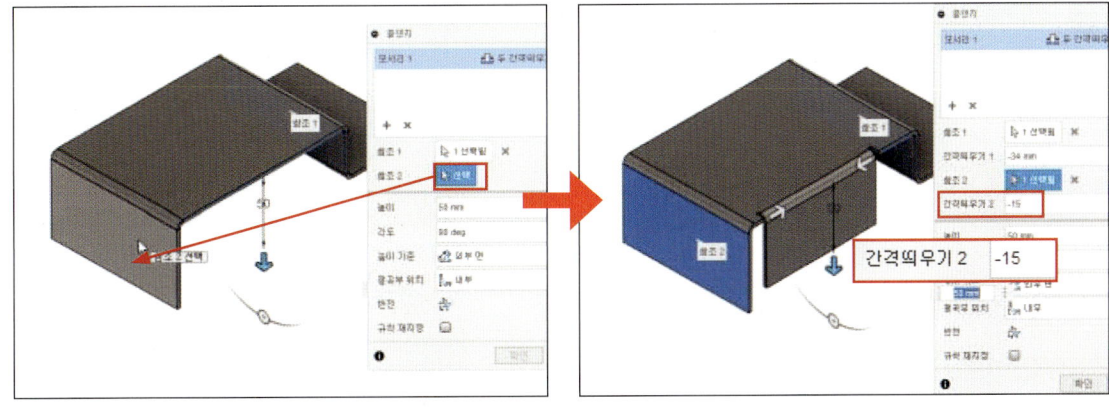

▲ 참조 면 선택                    ▲ 간격띄우기2 거리 설정

**확인** 버튼을 클릭하면 다음과 같이 모서리 플랜지가 작성됩니다.

**대칭** 명령을 실행해 방금 작성한 모서리 플랜지를 대칭합니다.

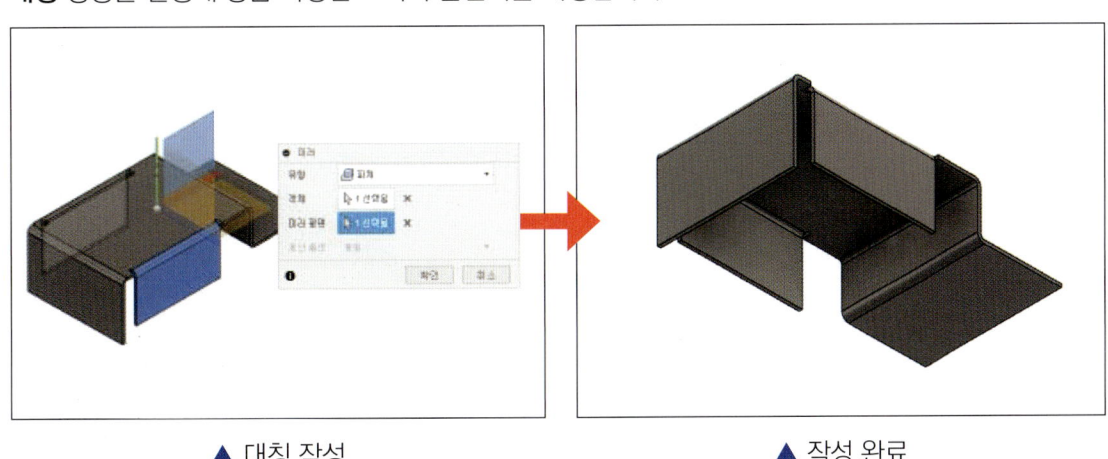

▲ 대칭 작성                       ▲ 작성 완료

# Part 04 판금 모델링

## 04 전개 / 재접힘 명령 활용하기

**수정 – 전개** 명령을 실행합니다.

**고정 도면요소**를 선택합니다.

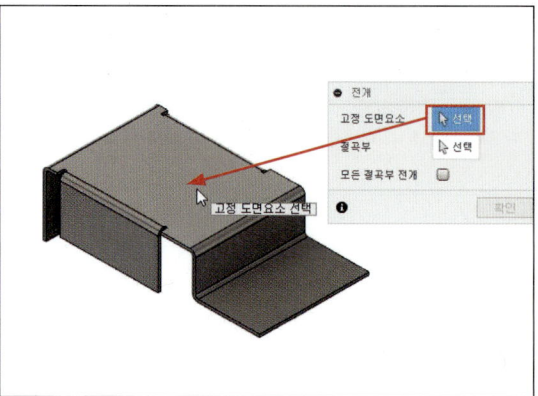

절곡부 요소를 그림과 같이 초록색으로 표시된 두 군데의 요소를 선택합니다.

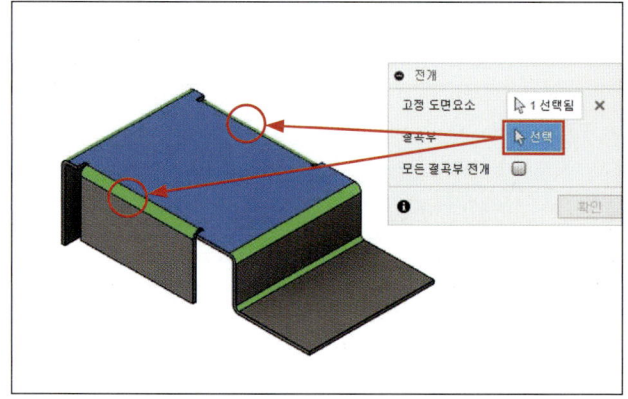

펴진 형상이 미리보기가 되면 다음과 같이 **확인** 버튼을 클릭해 마무리합니다.

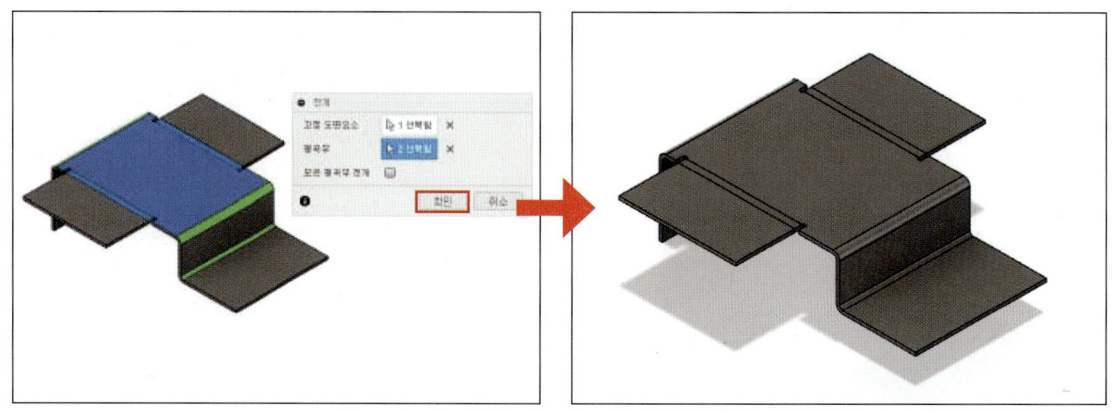

▲ 미리보기 확인 → 확인 버튼 클릭    ▲ 작성 완료

# Chapter 6 판금 센서 커버 모델링 예제

## 전개 명령에 대해서

절곡부 명령 혹은 플랜지 명령으로 생성된 절곡부를 인식해 판금을 편 상태로 만듭니다.

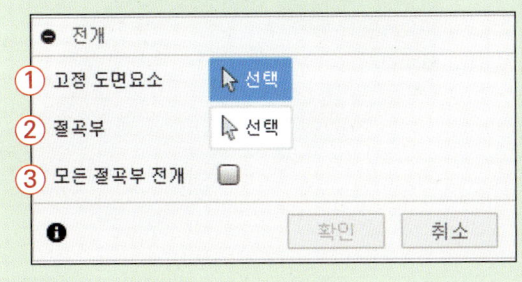

① **고정 도면요소** : 기준이 될 고정 면을 선택합니다.

② **절곡부** : 펴기를 실행할 절곡부를 선택합니다.

③ **모든 절곡부 전개** : 모든 절곡부를 폅니다.

다음 면에 스케치를 생성해 프로파일을 작성합니다.

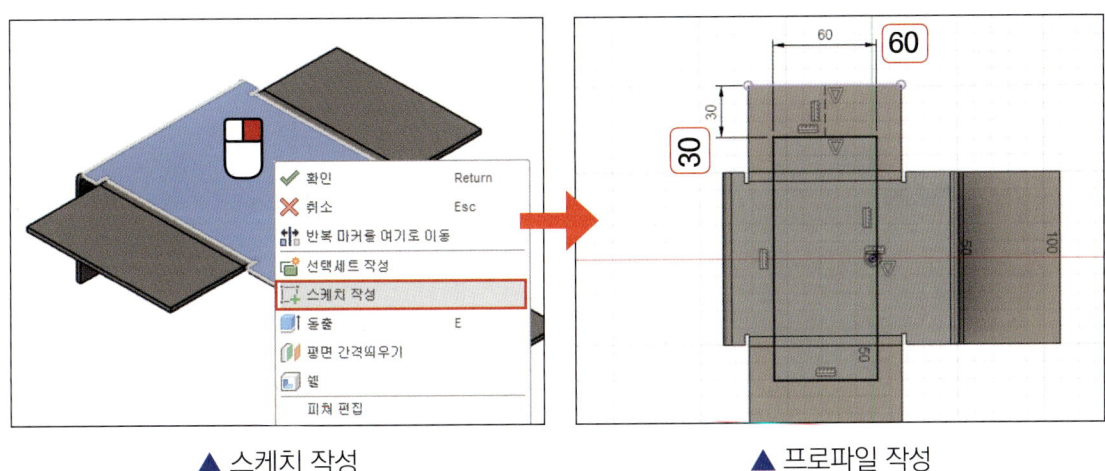

▲ 스케치 작성      ▲ 프로파일 작성

**돌출** 명령을 실행해 다음과 같이 작성합니다.

**필렛** 명령을 실행해 다음과 같이 작성합니다.

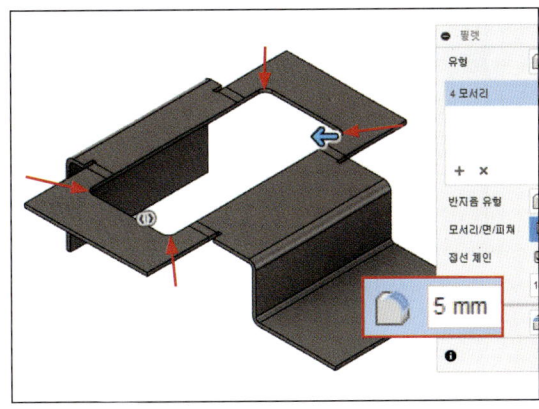

# Part 04 판금 모델링

아이콘 툴바의 **재접힘 면** 명령을 실행합니다.

전개 명령으로 펴졌던 면이 자동으로 다시 접기 상태로 되돌아갑니다.

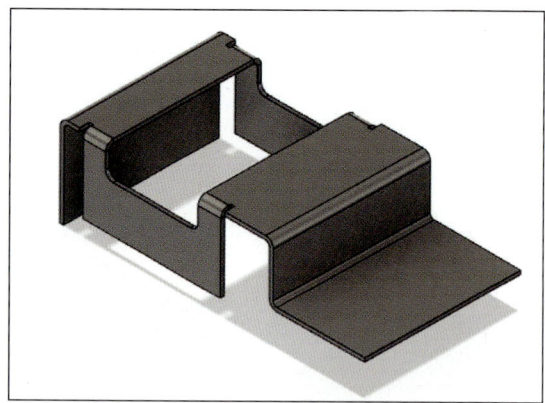

다음 면에 스케치를 생성해 프로파일을 작성합니다.

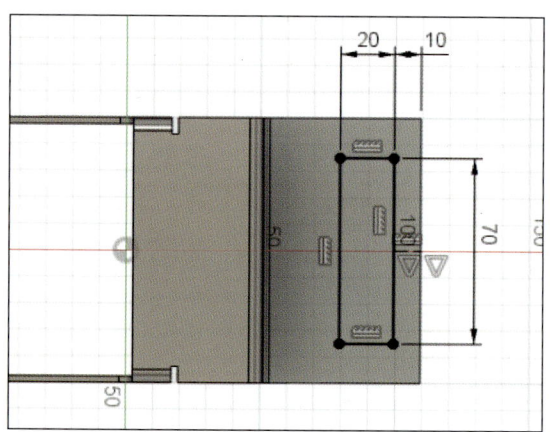

**홀** 명령을 실행해 다음과 같이 작성합니다.

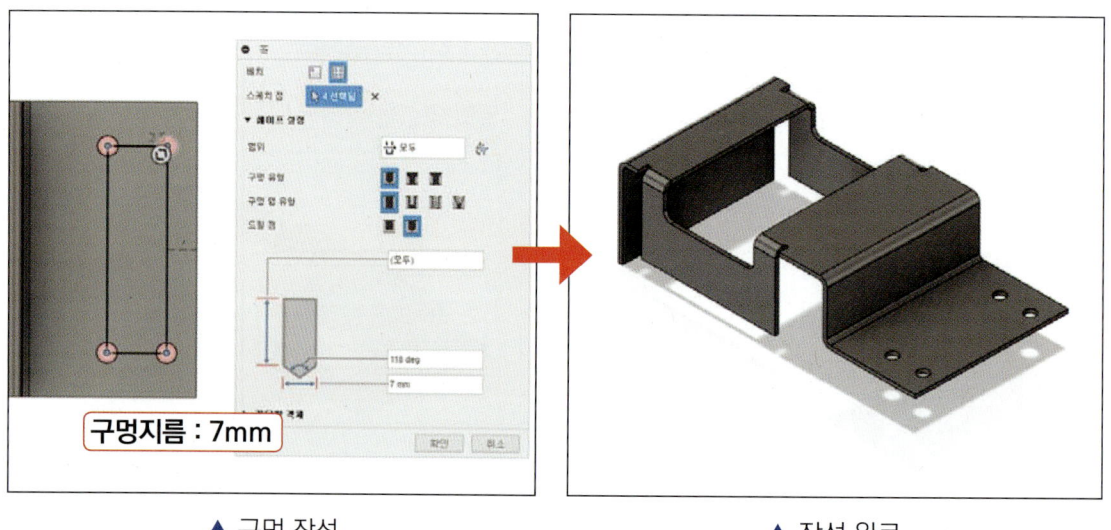

▲ 구멍 작성    ▲ 작성 완료

Chapter 6 판금 센서 커버 모델링 예제

**필렛** 명령을 실행해 다음과 같이 작성합니다.

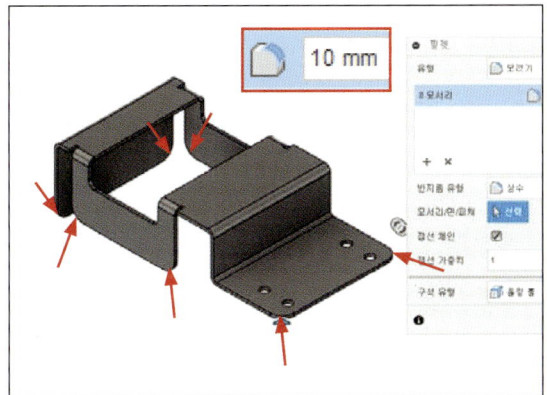

다음과 같이 판금 부품이 작성되었습니다.

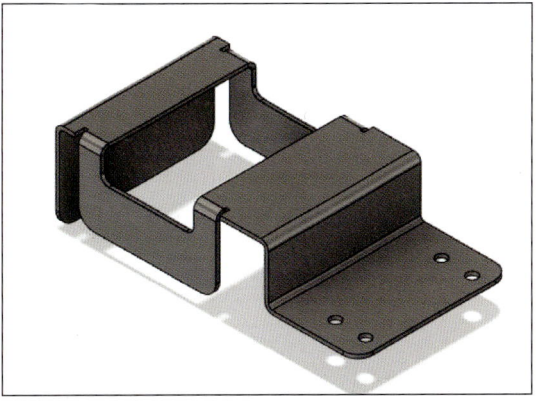

## 05 플랫 패턴 작성하기

**작성 – 플랫 패턴 작성** 명령을 클릭합니다.

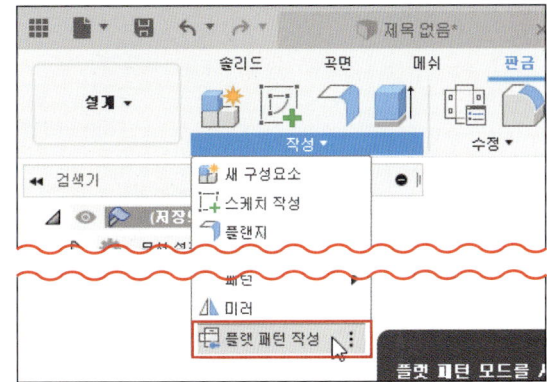

**고정 면**을 선택한 후 확인 버튼을 클릭하면 플랫 패턴 모드로 전환됩니다.

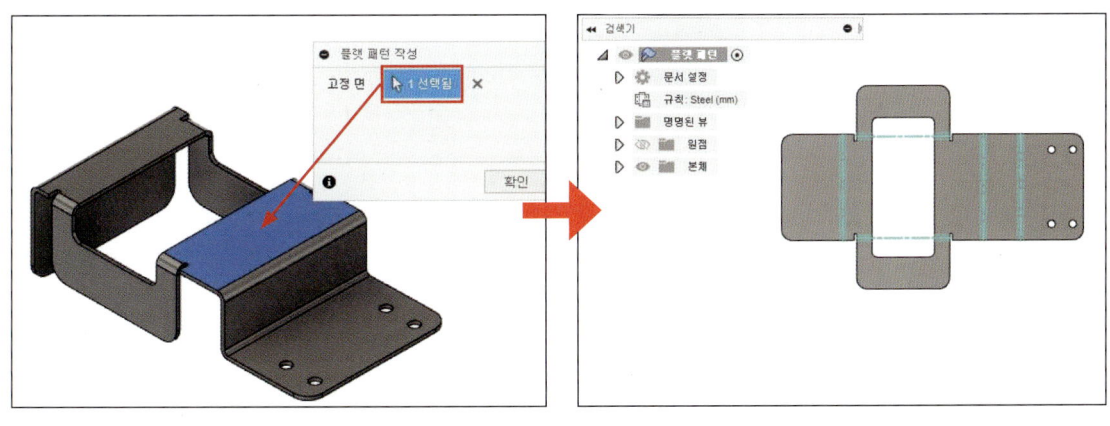

▲ 고정 면 선택     ▲ 플랫 패턴 모드로 전환

**Command**

### 플랫 패턴 작성에 대해서

작성한 판금을 전개도 형태로 변경하는 명령입니다. 이전에 배웠던 전개/재접힘 명령과는 달리 이 명령은 판금 작업의 마지막 마무리라고 생각하시면 됩니다.

플랫 패턴으로 전환하게 되면 검색기의 이름이 **플랫 패턴 솔리드/곡면**으로 변경됩니다. 또한 플랫 패턴 상태에서의 솔리드 모델링과 곡면 모델링을 추가로 할 수 있게 됩니다.

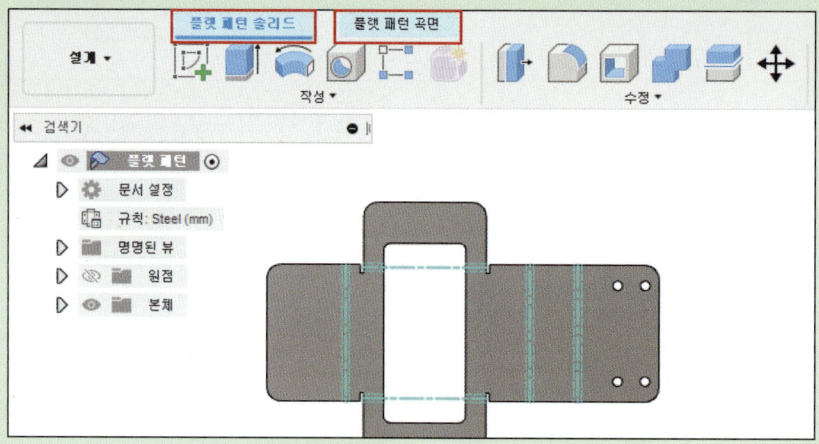

플랫 패턴은 작성이란 개념이 있기 때문에 한 번 작성하고 다시 판금 모델 상태로 돌아가면 검색기에 플랫 패턴 항목이 추가됩니다.

플랫 패턴은 도면에서 전개도 도면을 작성할 때 사용됩니다. 도면 환경에서 판금 모델링을 표현할 때 플랫 패턴 옵션을 체크해서 전개도 형상을 작성합니다.

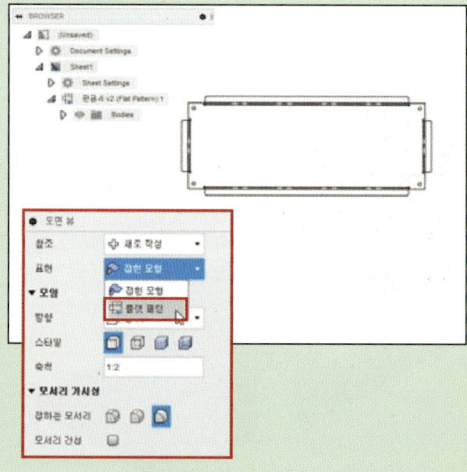

Chapter 6 판금 센서 커버 모델링 예제

## 06 DXF 파일로 내보내기

Autodesk Fusion

Export Flat Pattern as DXF(플랫 패턴을 DXF 파일로 내보내기) 명령을 실행합니다.

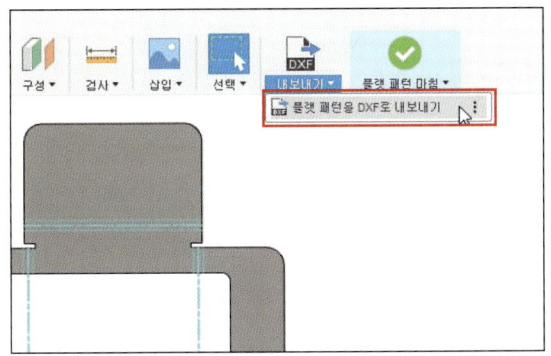

확인 버튼을 클릭합니다.

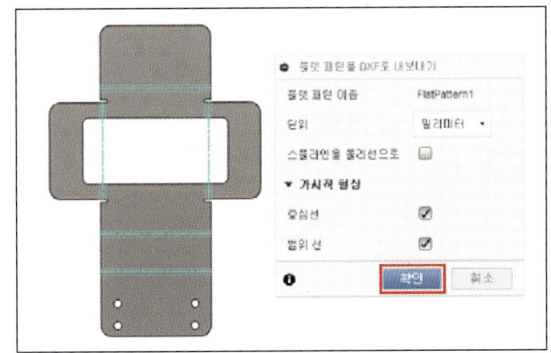

내 컴퓨터에 저장에 체크하고 다음 버튼을 누릅니다.

원하는 위치에 파일 이름을 지정해 저장합니다.

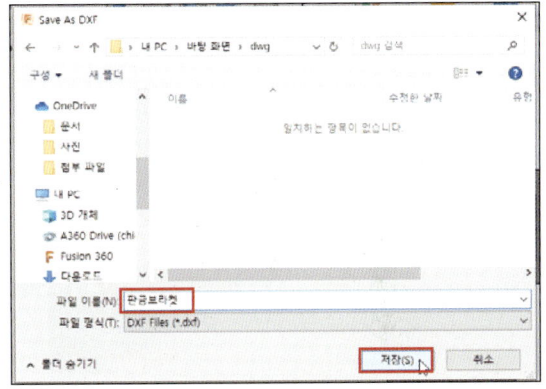

캐드 프로그램에서 열기 명령을 실행해 저장한 DXF 파일을 엽니다.

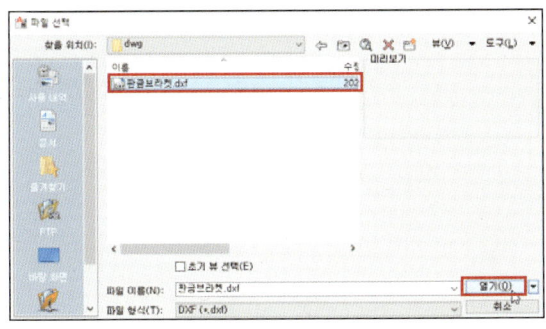

다음과 같이 캐드 파일로 플랫 패턴 형상이 넘어간 것을 확인할 수 있습니다.

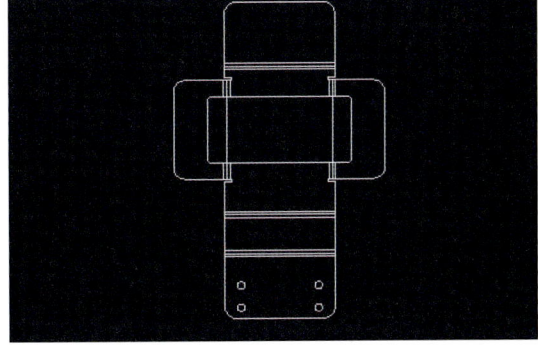

415

# Part 04 판금 모델링

**플랫 패턴 마침** 명령을 클릭합니다.

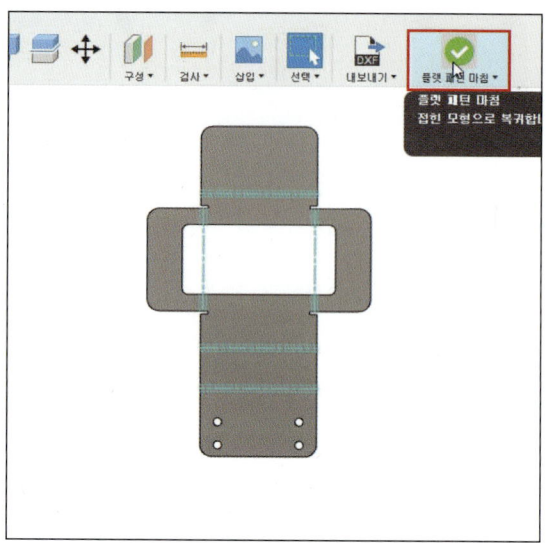

다음과 같이 판금 모델 형상으로 복귀하게 됩니다.

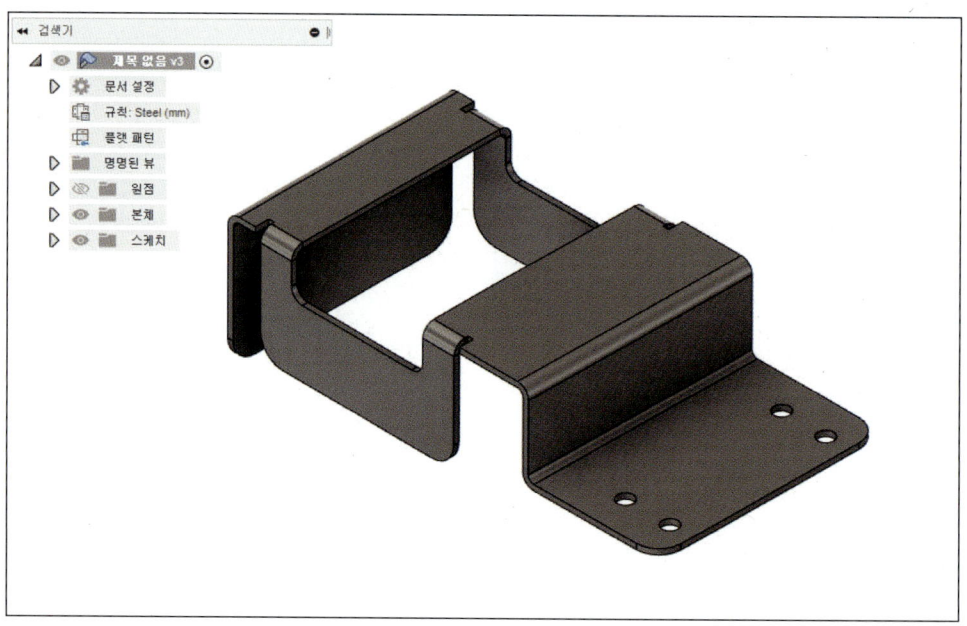

풀이 과정을 유튜브로
확인해 보세요!

#  총정리

이번 챕터를 통해 우리는 다음과 같은 것들을 배웠습니다.

❶ **절곡부** : 스케치 선을 이용해서 판금을 구부리는 명령에 대해서 학습했습니다. 이 절곡부 명령은 전개도가 있는 상태의 판금 도면을 절곡 상태로 만들때에도 많이 쓰이게 됩니다.

❷ **전개 명령** : 절곡부 명령으로 작성된 절곡부 혹은 플랜지 명령으로 만들어진 절곡부 등 판금 명령으로 생성된 절곡부를 펴는 명령에 대해서 학습했습니다.

❸ **플랫 패턴 작성** : 작성된 판금 부품을 전개도 형상으로 변경하는 플랫 패턴 작성에 대해서 학습했습니다. 이 플랫 패턴 명령은 판금 작업의 마지막 마무리 작업으로써 이 작업을 마치면 전개도 형상을 도면으로 작성할 수 있게 됩니다.

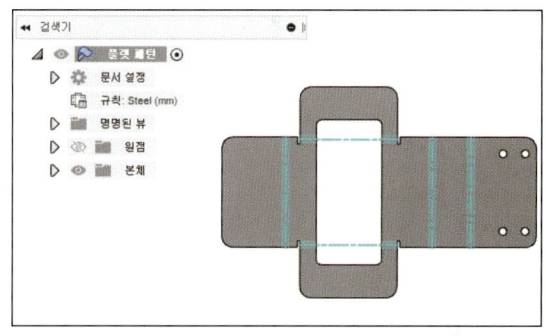

❹ **DXF 파일로 내보내기** : 도면 환경을 거치지 않고도 작성된 플랫 패턴 형상을 도면 파일로 내보내는 방법에 대해서 학습했습니다.

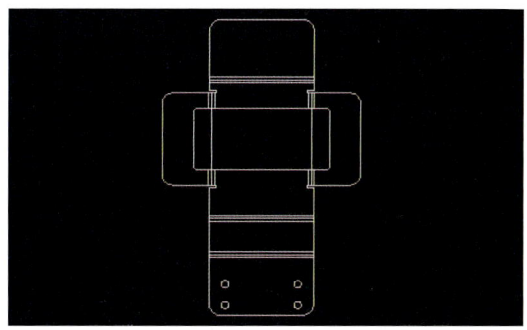

 ## 연습 예제

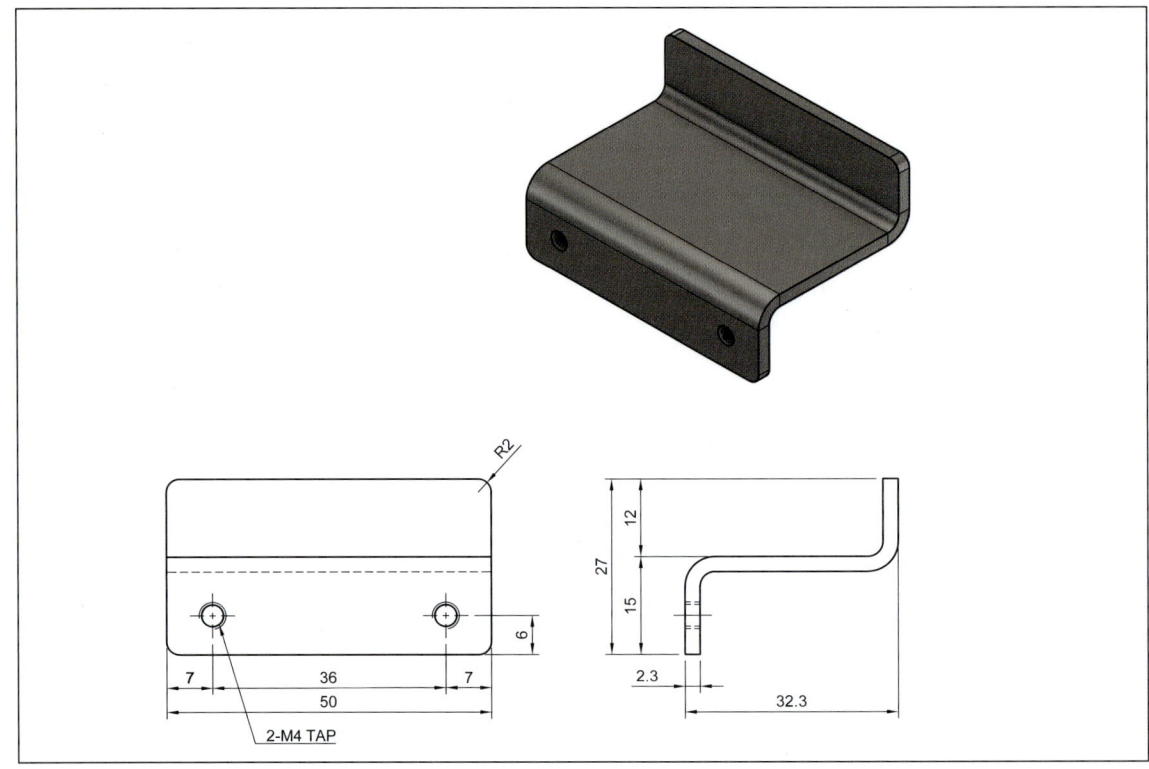

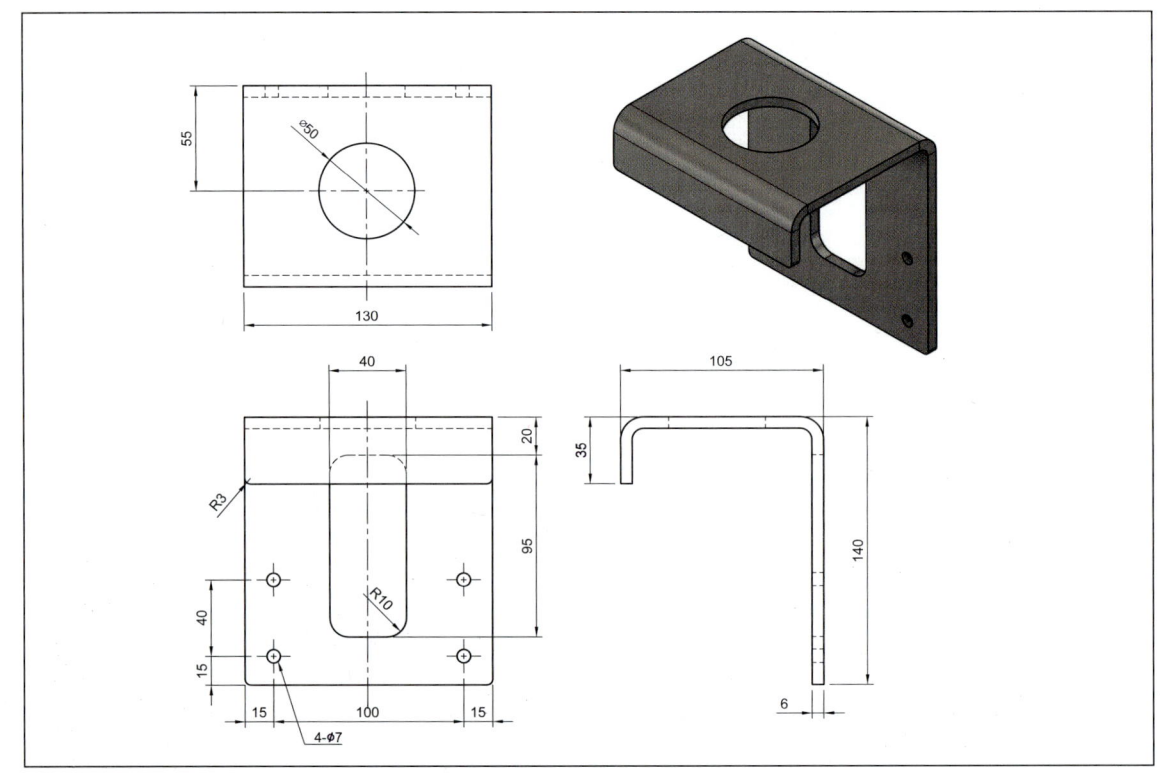

## 연습 예제

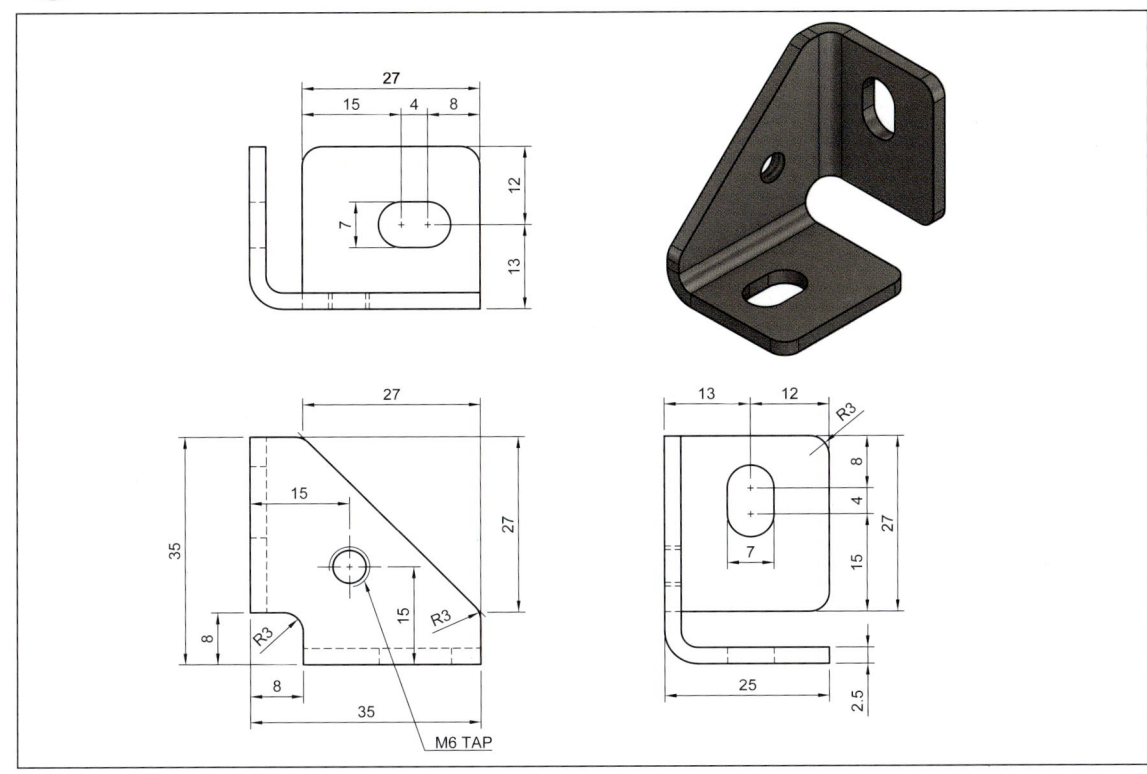

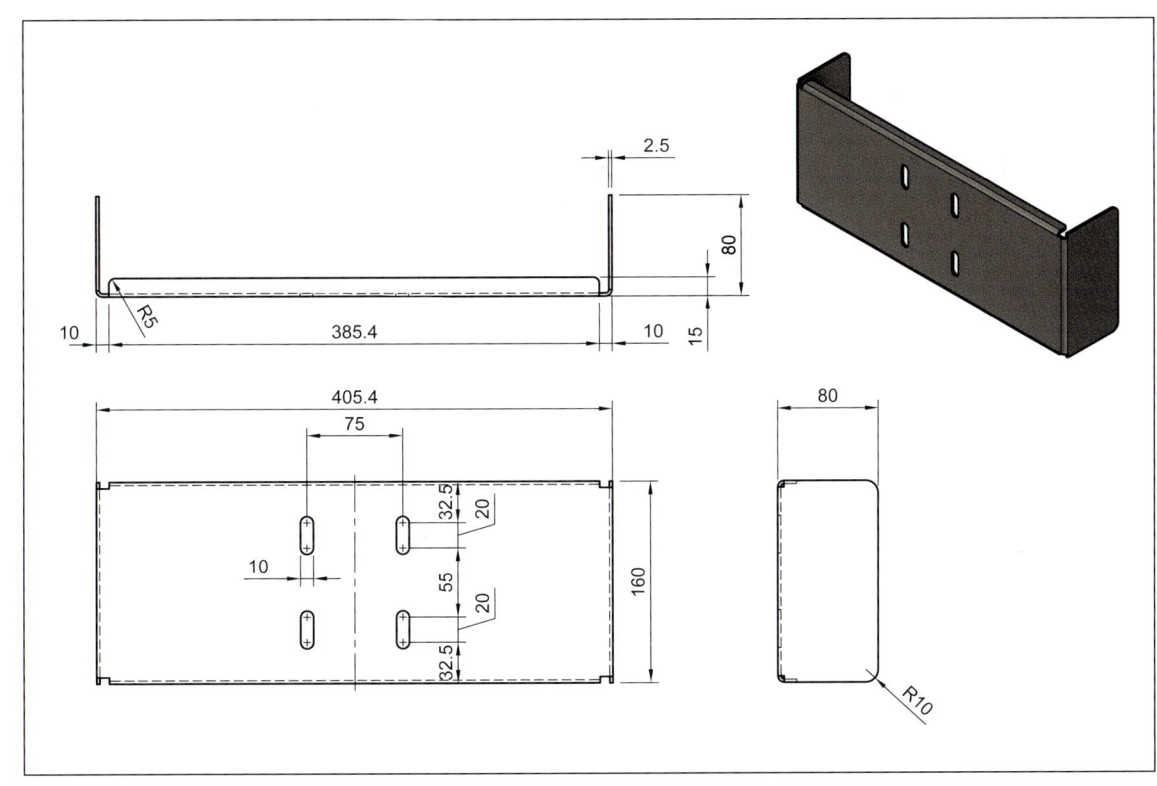

Part 04 판금 모델링

# CHAPTER 07 솔리드 모델링을 판금으로 변환하기

Autodesk Fusion

이번 시간에는 기존에 작성된 솔리드 모델링을 판금으로 변환하는 방법에 대해서 알아보도록 하겠습니다.

## 01 도면과 학습 목표

Autodesk Fusion

이번 시간에 우리가 학습할 예제를 확인해 보도록 하겠습니다.

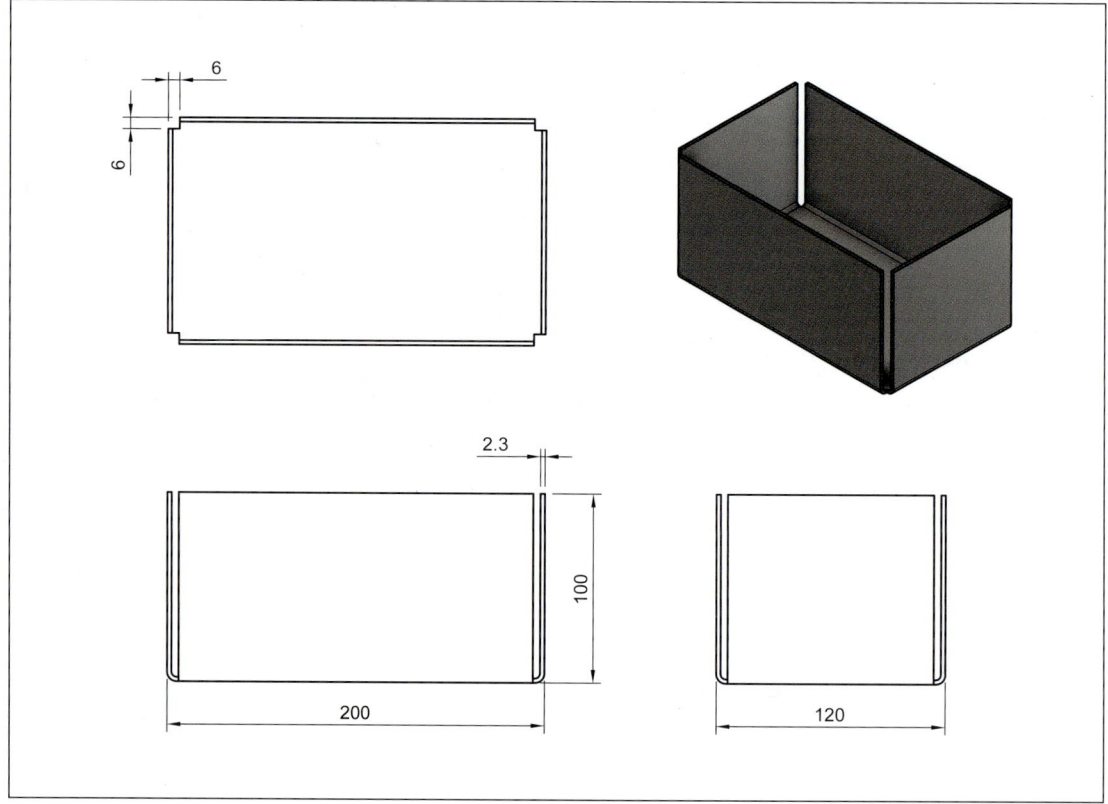

이번 시간에 우리는 다음과 같은 사항을 배우게 됩니다.

- 판금 모델링으로 변환하기 위한 솔리드 모델링의 조건
- 판금으로 변환하기

## Chapter 7 솔리드 모델링을 판금으로 변환하기

### 02 솔리드 모델링 작성하기

Autodesk Fusion

평면도(XZ 평면)에 스케치를 생성해 프로파일을 작성합니다.

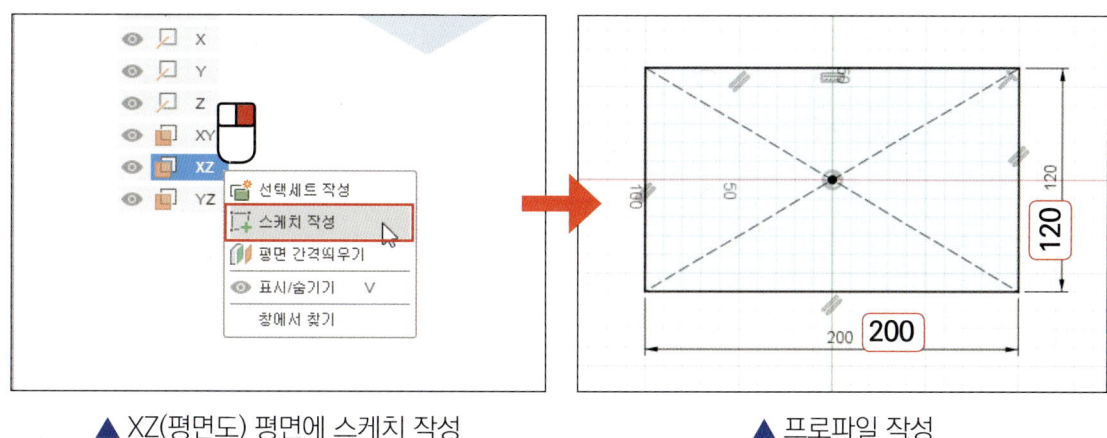

▲ XZ(평면도) 평면에 스케치 작성    ▲ 프로파일 작성

**돌출** 명령을 실행해 다음과 같이 작성합니다.

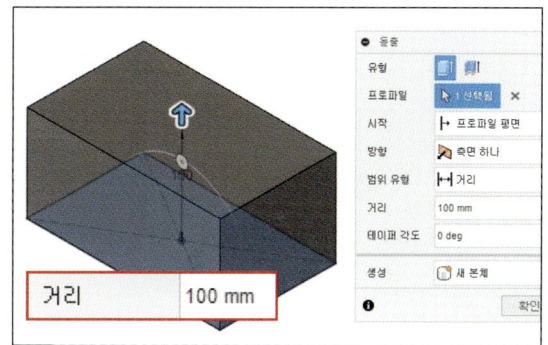

**필렛** 명령을 실행해 다음과 같이 작성합니다.

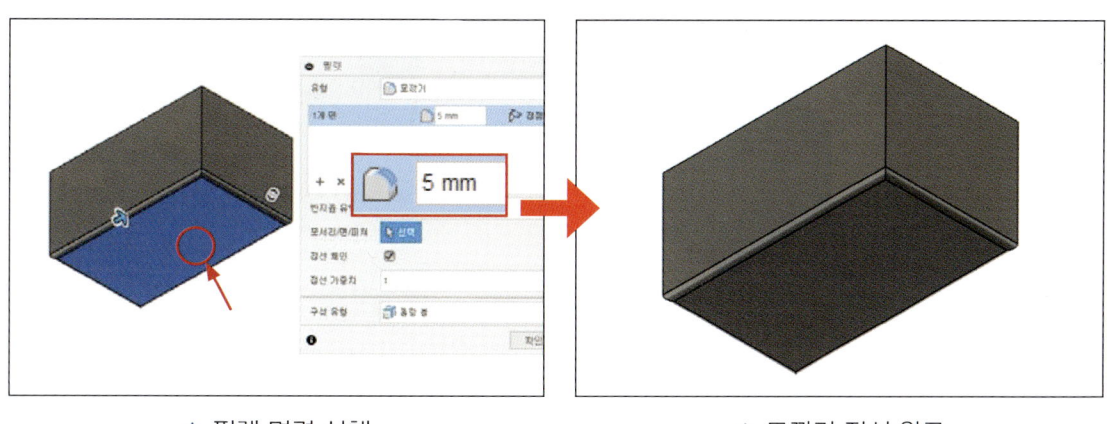

▲ 필렛 명령 실행    ▲ 모깎기 작성 완료

421

# Part 04 판금 모델링

**쉘** 명령을 실행해 다음과 같이 작성합니다.

▲ 쉘 면 선택　　　　▲ 두께 설정　　　　▲ 작성 완료

다음 면에 스케치를 생성해 프로파일을 작성합니다.

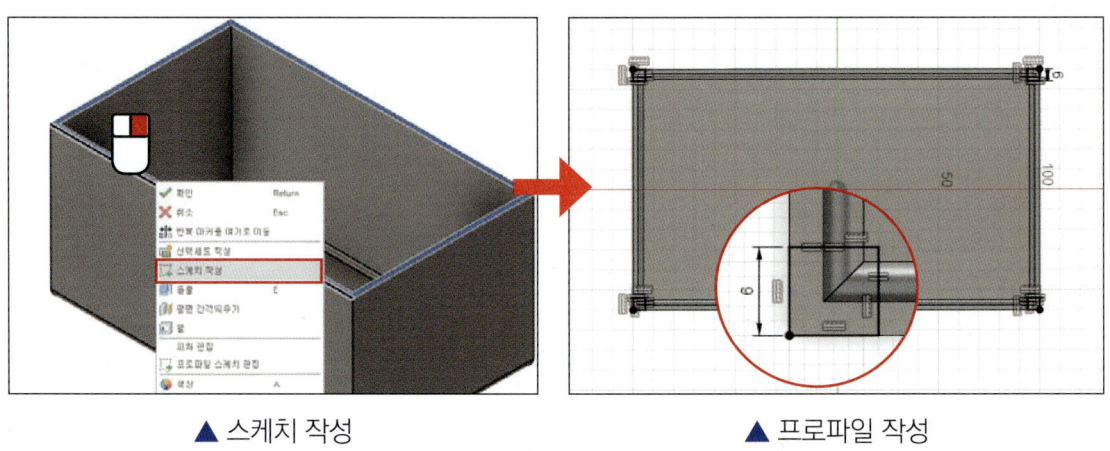

▲ 스케치 작성　　　　▲ 프로파일 작성

**돌출** 명령을 실행해 다음과 같이 작성합니다.

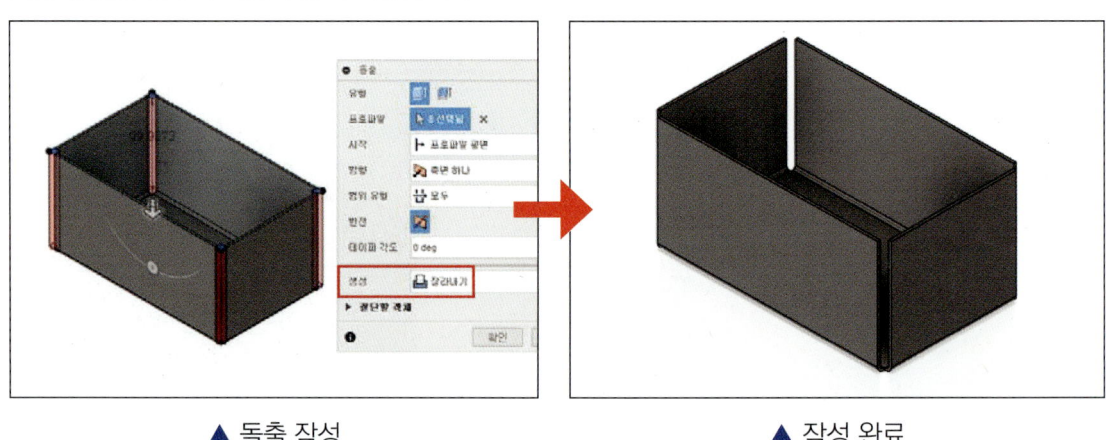

▲ 돌출 작성　　　　▲ 작성 완료

# Chapter 7 솔리드 모델링을 판금으로 변환하기

## 03 판금으로 변환하기

Autodesk Fusion

판금 탭을 클릭해서 **판금 규칙** 명령을 실행해 다음과 같이 쉘 명령으로 만든 두께와 같은 두께를 가지는 판금 규칙을 새로 생성합니다.

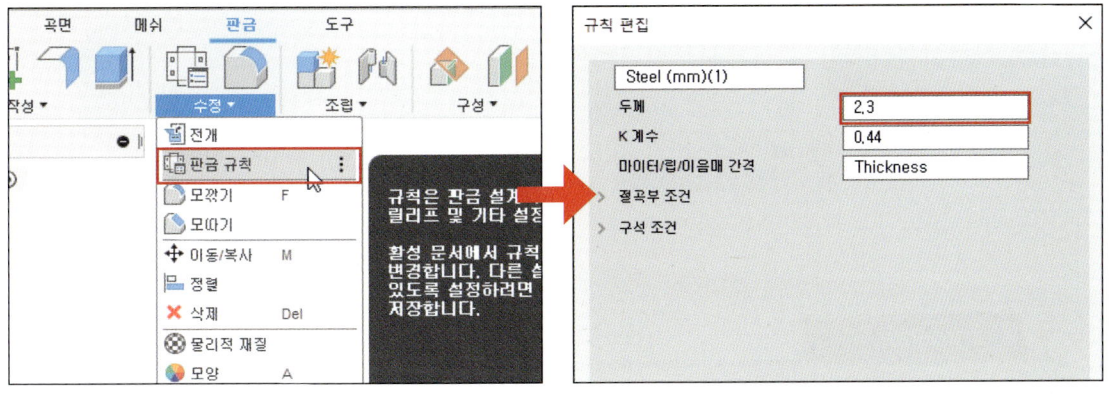

▲ 판금 규칙 실행　　　　　　　▲ 새 판금 규칙 작성

 Tip

판금 전환을 위해서는 위와 같이 모델의 전체 두께와 판금 규칙의 기본 두께가 일치해야 합니다.

**작성 – 판금으로 변환** 명령을 실행합니다.　　**원본** 항목을 선택합니다.

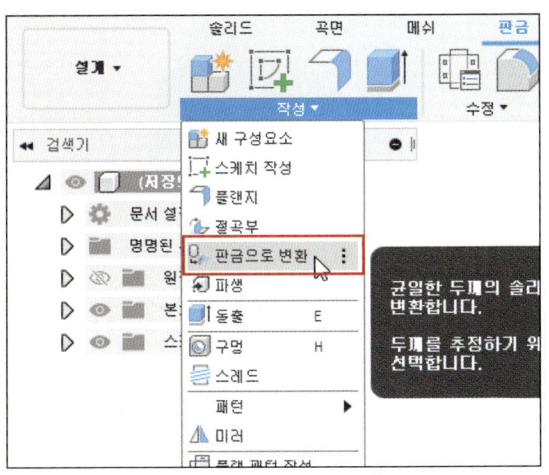　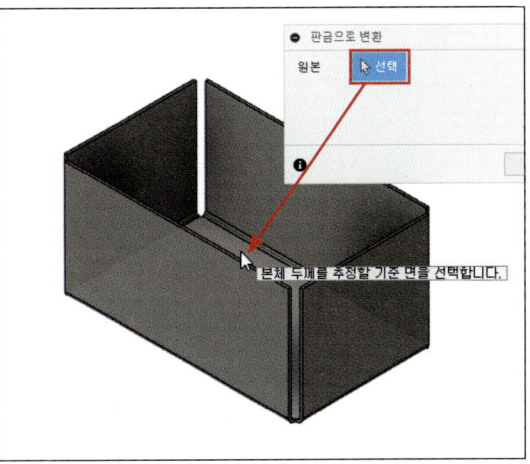

423

# Part 04 판금 모델링

판금 규칙에서 이전에 새로 생성한 규칙을 선택한 후에 **확인** 버튼을 클릭합니다.

다음과 같이 부품 마크가 판금으로 바뀌면서 성공적으로 판금으로 변환된 것을 확인할 수 있습니다.

 **Command**

### 판금으로 변환에 대해서

일반 솔리드 모델링이 성공적으로 판금 부품으로 변경되기 위해서는 다음과 같이 세 가지 조건이 필요합니다.

❶ **판금 규칙 두께와 모델링의 두께가 동일해야 함**
 : 모델링의 두께가 연속적으로 같은 두께를 가지고 있어야 하며, 두께가 판금 규칙 두께와 동일해야 합니다.

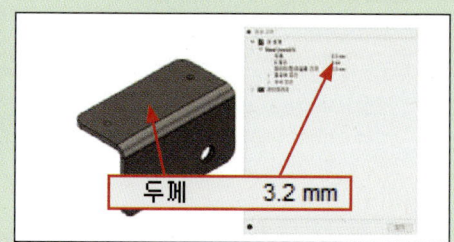

❷ **기준이 될 평면이 존재해야 함** : 플랫 패턴의 기준이 되는 면이 존재해야 플랫 패턴이 가능하므로 평면이 하나 이상 존재해야 합니다.

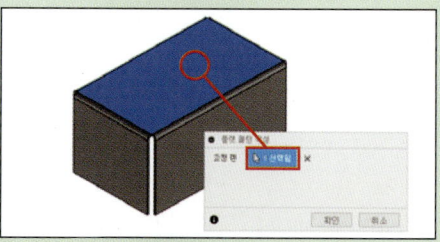

❸ **플랫 패턴이 가능한 형상이어야 함** : 하나의 펴진 단면으로 변환되는 플랫 패턴이 가능해야 하므로 플랫 패턴이 가능한 형상이어야 합니다.

## Chapter 7 솔리드 모델링을 판금으로 변환하기

플랫 패턴 명령을 실행해 무사히 판금으로 변환되었는지를 확인해 봅니다.

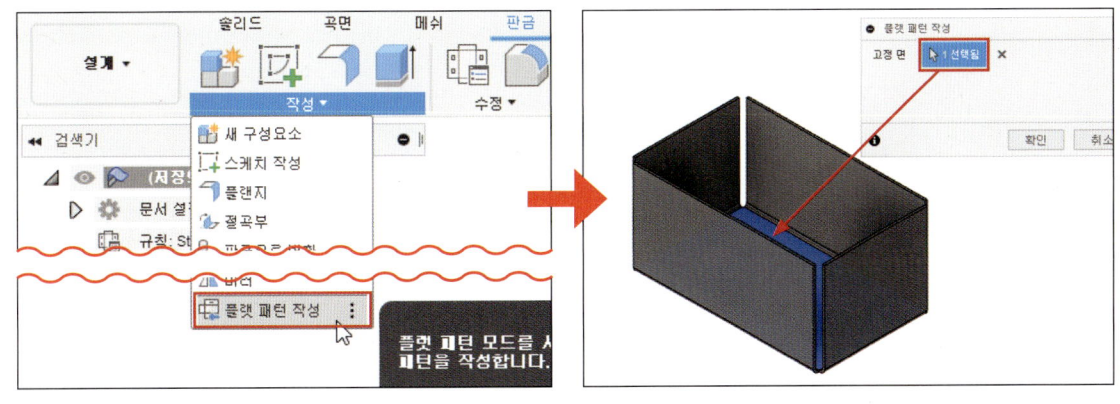

▲ 플랫 패턴 작성 실행 　　　　　　　▲ 고정 면 선택

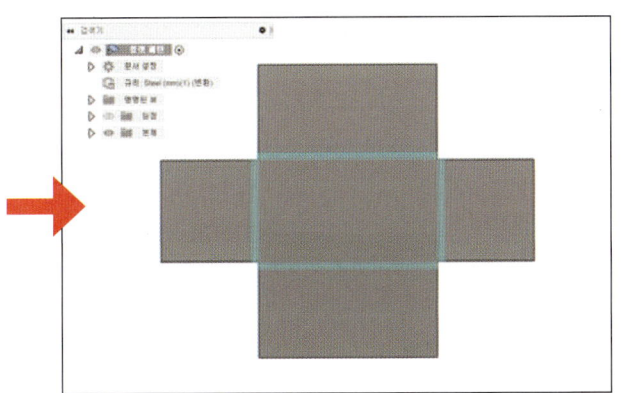

▲ 플랫 패턴 작성 완료

풀이 과정을 유튜브로
확인해 보세요!

425

# 자유형 모델링

Chapter 1　자유형 모델링의 개요
Chapter 2　강당 의자 모델링 예제
Chapter 3　포크 모델링 예제
Chapter 4　컨셉 고래 모델링 예제
Chapter 5　코끼리 캐릭터 모델링 예제

# CHAPTER 01 자유형 모델링의 개요

이번시간에는 간단한 자유형 명령을 이용해서 강당의자를 작성해 보도록 하겠습니다.

## 01 자유형 모델링

### 01 자유형 모델링의 개요

자유형 모델링은 Autodesk Fusion의 T-Spline 모듈을 이용한 자유형 모델링 기법입니다. Vertex가 불리는 각각의 절점을 잇는 Edge와 그 Edge가 둘러싸 만드는 Face로 이루어진 덩어리를 자유롭게 수정하여 원하는 형상을 만들어 냅니다.

## 02 자유형 모델링의 순서

자유형 모델링의 순서는 다음과 같습니다.

❶ **기본 형상 만들기** : 기본적인 덩어리 형상을 만듭니다. 만들고자 하는 모델의 기본형태에 따라서 다양한 형태로 시작합니다. 처음의 형상을 어떤것으로 시작하느냐에 따라서 모델링의 난이도와 편의성이 크게 차이가 나게 됩니다.

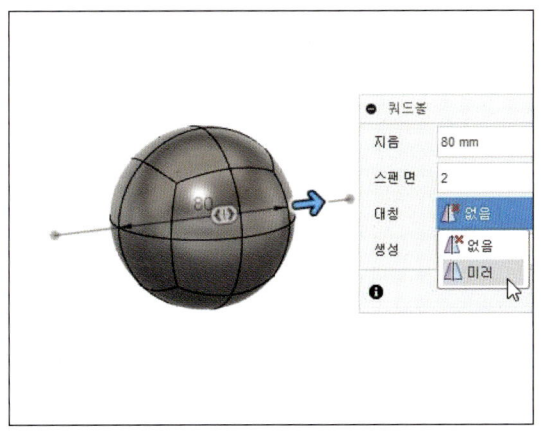

❷ **형상 편집하기** : 형상 편집 명령을 이용해 모델을 자유롭게 수정합니다. 이 형상 편집 명령이야 말로 자유형 환경에서 가장 중요한 명령어 중의 하나입니다.

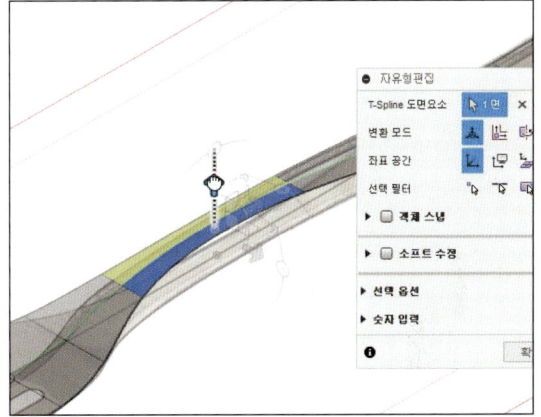

❸ **기타 명령어로 모양 다듬기** : 사실 이 작업은 형상 편집 후에 하는 작업이 아닙니다. 자유형 환경은 Autodesk Fusion의 모델링 환경에서 유일하게 작성한 명령이 타임라인에 남지않는 유일한 환경입니다. 한마디로 Non-History 방식이므로 처음 기본 형상을 작성하는 것을 제외하고는 순서에 상관없이 자유롭게 작업하면 됩니다.

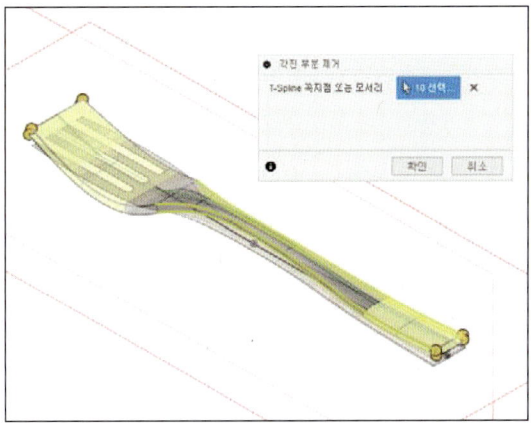

# Part 05 자유형 모델링

❹ **작업을 마치고 솔리드 환경으로 복귀하기** : 자유형 환경을 마치고 솔리드 모델링으로 복귀하게 되면 다음과 같이 타임라인에 자유형 작성 피쳐가 생성됩니다. 새로운 환경에서 완전히 새로운 자유형 모델링을 하려면 다시 자유형 모델링 명령을 누르면 되지만 기존 덩어리를 수정하려면 해당 피쳐를 더블클릭해서 편집 모드로 들어가야 합니다.

## 03  자유형 모델링의 특징

❶ **자유형 모델링은 자유다** : 여태까지 우리가 학습한 모델링 명령어들은 전부 다 주어진 정확한 치수와 모양이 존재했습니다. 하지만 자유형 모델링은 주어진 치수가 존재하지도 않고 정확한 치수로 모델을 제어하지도 않기 때문에 모델링을 하는 사람마다 전부 다 다른 형상이 만들어집니다. 따라서 여러분들은 아마 이 책에 나와있는 자유형 모델링 예제를 완전히 똑같이 만들지는 못할 겁니다.

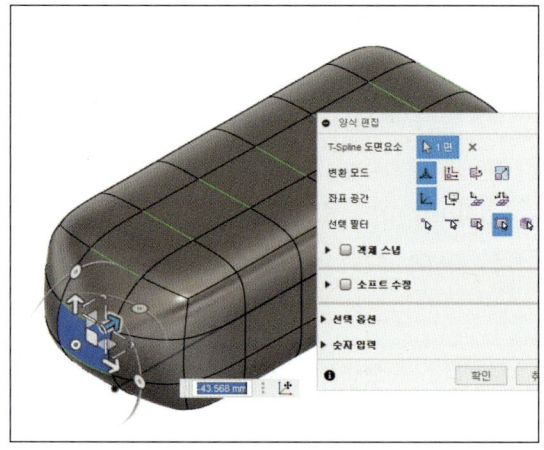

❷ **미적 감각과 꾸준한 연습이 필요하다** : 앞서 설명했듯이 자유형 모델링은 다른 모델링과는 달리 정해진 치수가 없으므로 저마다 다른 모양이 나오게 됩니다. 이럴때 필요한 것이 기본적인 미적 감각과 공간인지 능력입니다. 3차원 환경에서 얼마나 우리가 원하는 형상에 접근할수 있느냐에 대한 감각이 있어야 합니다. 또한 자유형 모델링이야 말로 다른 모델링에 비해서 연습이 가장 많이 필요한 모델링 방법입니다.

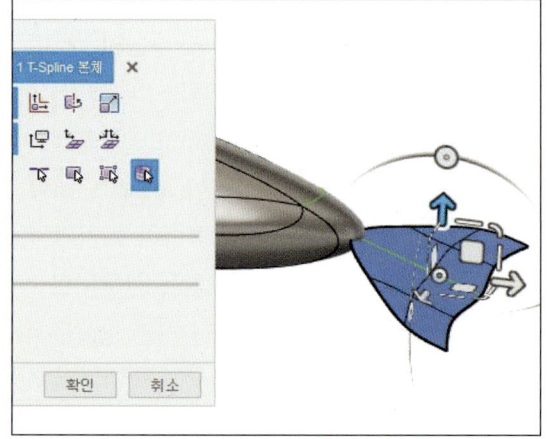

❸ **자유형 모델링의 결과물** : 자유형 모델링을 마치고 솔리드 모델링으로 복귀할 때, 작성된 덩어리가 터진 곳 없이 폐쇄된 형태이면 솔리드 덩어리가 되고, 열린 공간이 존재한 채로 복귀하는 곡면 모델링이 됩니다.

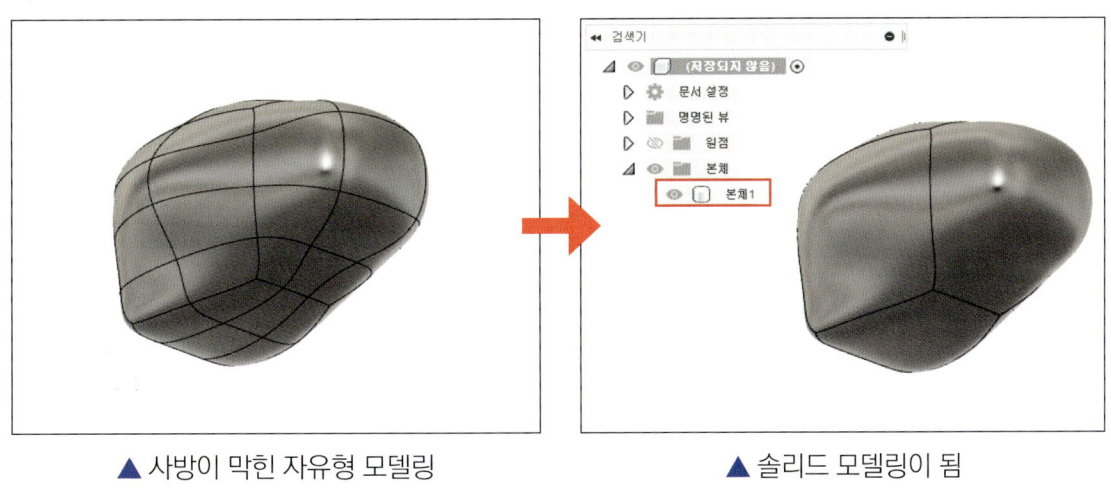

▲ 사방이 막힌 자유형 모델링　　　　▲ 솔리드 모델링이 됨

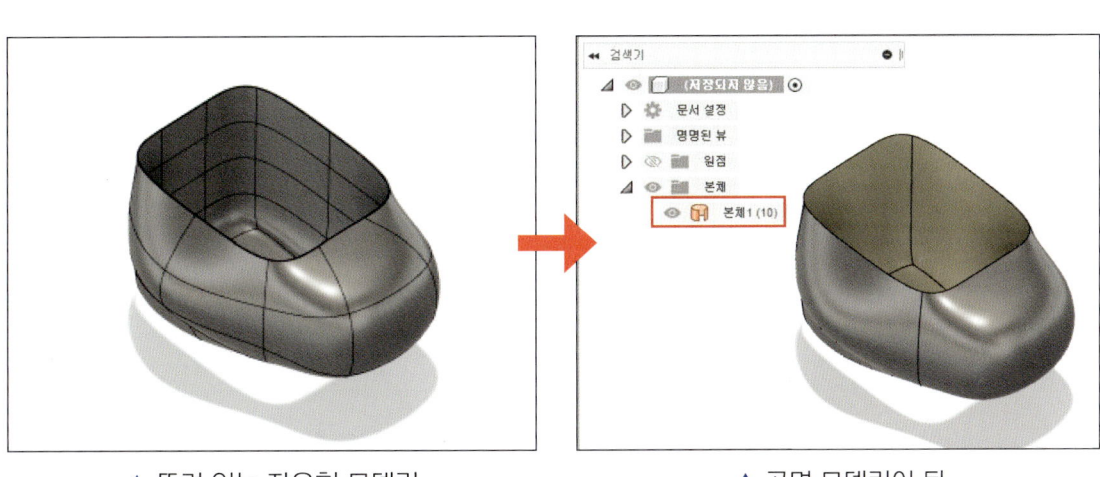

▲ 뚫려 있는 자유형 모델링　　　　▲ 곡면 모델링이 됨

# Part 05 자유형 모델링

## 02 자유형 모델링 명령어

자유형 모델링 환경은 다음과 같이 솔리드 모델링 환경의 작성에서 **양식 작성** 명령을 클릭하면 됩니다.

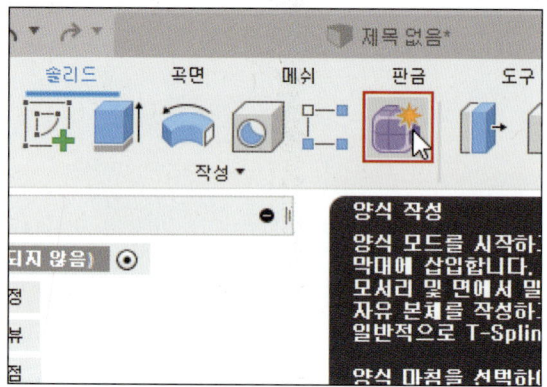

다음과 같이 자유형 환경이 열리게 됩니다. 스케치와 같은 단독 환경이라고 보시면 됩니다.

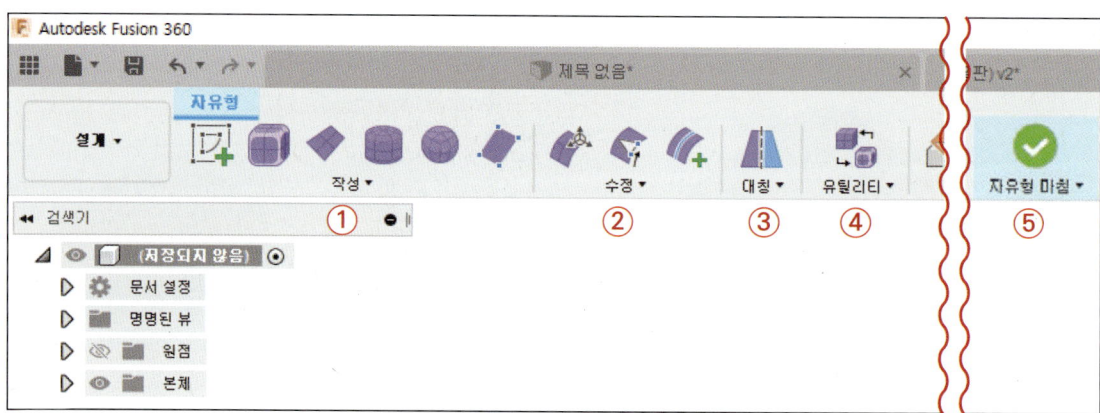

❶ **작성** : 자유형 모델링 형상을 작성하는 명령어 그룹입니다.

❷ **수정** : 작성된 자유형 모델을 수정하는 명령어 그룹입니다.

❸ **대칭** : 자유형 개체에 대칭 옵션을 삽입할 수 있는 명령어 그룹입니다.

❹ **유틸리티** : 자유형 환경에서 오류 수정, 요소 변환 등 여러가지를 수행하는 명령어 그룹입니다.

❺ **자유형 마침** : 자유형 환경을 마치고 다시 솔리드 모델링 환경으로 복귀합니다.

# Chapter 1 자유형 모델링의 개요

## 01 작성

① **상자** : 상자 모양의 자유형 개체를 작성합니다.

② **평면** : 평면 모양의 자유형 개체를 작성합니다.

③ **원통** : 원통 모양의 자유형 개체를 작성합니다.

④ **구** : 구 모양의 자유형 개체를 작성합니다.

⑤ **원환** : 도넛 모양의 자유형 개체를 작성합니다.

⑥ **쿼드볼** : 사각형 격자를 가진 구 모양의 자유형 개체를 작성합니다.

⑦ **파이프** : 작성한 경로를 따라가는 파이프 모양의 자유형 개체를 작성합니다.

⑧ **면** : 점을 이어서 자유형 개체를 작성합니다.

⑨ **돌출** : 스케치 프로파일을 이용해 돌출 자유형 개체를 작성합니다.

⑩ **회전** : 스케치 프로파일이 축을 중심으로 회전하는 형상의 자유형 개체를 작성합니다.

⑪ **스윕** : 스케치 프로파일이 경로를 따라가는 모양의 자유형 개체를 작성합니다.

⑫ **로프트** : 두 개 이상의 프로파일을 연결하는 모양의 자유형 개체를 작성합니다.

# Part 05 자유형 모델링

## 02 수정

① **자유형 편집** : 작성된 자유형 개체를 편집합니다.

② **곡선으로 편집** : 구동 곡선을 사용하여 T-Spline 모서리를 편집합니다.

③ **모서리 삽입** : 자유형 개체에 모서리를 추가합니다.

④ **세분화** : 자유형 개체의 면을 세분화합니다.

⑤ **점 삽입** : 두 개의 점을 이용해 T-Spline 모서리를 삽입합니다.

⑥ **모서리 병합** : 모서리를 결합합니다.

⑦ **브리지** : 서로 떨어진 자유형 개체를 이어줍니다.

⑧ **구멍 채우기** : 구멍난 자유형 개체를 채워줍니다.

⑨ **지우기 및 채우기** : 일부 자유형 개체를 지우고 다시 형상을 채웁니다.

⑩ **꼭지점 용접** : 서로 떨어진 점을 붙입니다.

⑪ **용접 불가능 모서리** : 서로 결합된 모서리를 분리합니다.

⑫ **각지게 만들기** : 부드러운 모서리를 날카롭게 변경합니다.

⑬ **각진 부분 제거** : 날카로운 모서리를 부드럽게 변경합니다.

⑭ **베벨 모서리** : 모서리를 사각 면 개체로 변경합니다.

⑮ **모서리 슬라이딩** : 자유형 형태 내에서 해당 모서리를 형태에 따라 슬라이드 이동합니다.

⑯ **부드럽게** : 자유형 개체의 면 곡률을 부드럽게 변경합니다.

⑰ **원통형으로 만들기** : 균일하지 않은 T-Spline 형상을 부드러운 원통형 형상으로 만듭니다.

⑱ **당기기** : 자유형 개체의 제어점들을 선택한 평면으로 이동합니다.

⑲ **평면화** : 자유형 개체의 제어점들을 평탄화 시킵니다.

⑳ **직선화** : 자유형 개체의 제어점들을 원하는 방향으로 직선 정렬 시킵니다.

㉑ **일치** : 자유형 개체의 모서리를 다른 모서리와 일치시킵니다.

㉒ **삽입** : 자유형 개체의 형태를 용도에 맞게 보간시킵니다.

# Chapter 1 자유형 모델링의 개요

㉓ **두껍게 하기** : 자유형 개체의 면에 두께를 생성합니다.

㉔ **동결** : 선택한 자유형 개체를 동결/동결해제시킵니다.

## 03 대칭

❶ **미러 – 내부** : 본체 자체의 대칭 관계를 생성합니다.

❷ **원형 – 내부** : 본체 자체의 원형대칭 관계를 생성합니다.

❸ **미러 – 중복** : 대칭 본체를 생성합니다.

❹ **원형 – 중복** : 원형패턴 복사 본체를 생성합니다.

❺ **대칭 지우기** : 본체에 부여된 대칭 관계를 삭제합니다.

❻ **대칭 분리** : 여러 개의 대칭 본체 중 선택한 본체만 대칭 관계를 삭제합니다.

## 04 유틸리티

❶ **화면표시 모드** : 자유형 개체의 표시 모드를 결정합니다.

❷ **본체 복구**: 작성 오류가 난 자유형 개체의 형상을 복구합니다 ㅏ.

❸ **균일화** : 자유형 개체의 곡률을 균일화 시킵니다.

❹ **변환** : 솔리드-곡면-메쉬-자유형 개체를 서로 교환 변환합니다.

❺ **향상된 성능 사용** : 품질이 아닌 빠른 성능 위주로 모드를 변환합니다.

Part 05 자유형 모델링

# CHAPTER 02 강당 의자 모델링 예제

이번시간에는 간단한 자유형 명령을 이용해서 강당의자를 작성해 보도록 하겠습니다.

## 01 도면과 학습 목표

이번 시간에 우리가 학습할 예제를 확인해 보도록 하겠습니다.

이번 시간에 우리는 다음과 같은 사항을 배우게 됩니다.

 -자유형 환경 시작하기
 -면 작성하기
 -형태 작성시 대칭 옵션 알아보기
 -양식 편집 알아보기

# Chapter 2 강당 의자 모델링 예제

## 02 의자 본체 작성하기

Autodesk Fusion

다음과 같이 우측면도(YZ평면)에 스케치를 작성해 프로파일을 작성합니다.

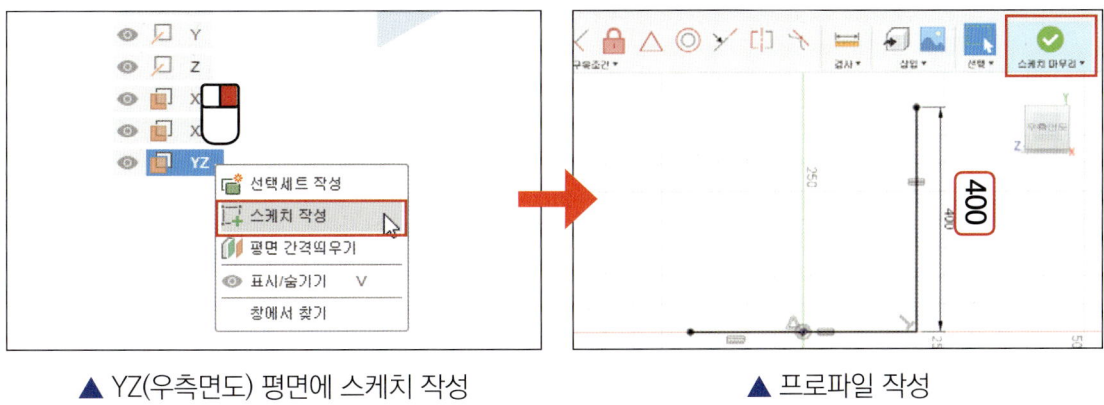

▲ YZ(우측면도) 평면에 스케치 작성    ▲ 프로파일 작성

 Tip

전체 크기에 대한 감을 잡기 위해서 전체적인 크기와 비슷한 뼈대 스케치를 작성합니다.

**자유형 작성** 명령을 실행해 자유형 환경을 시작합니다.    **작성 – 평면** 명령을 실행합니다.

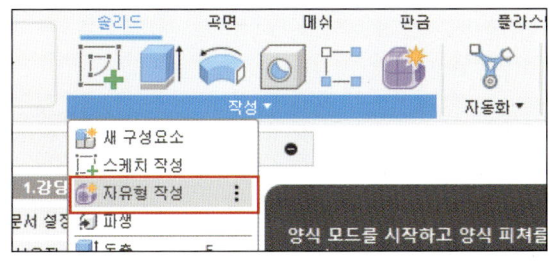   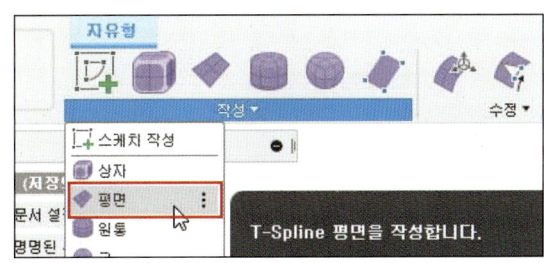

평면도(XZ평면)을 선택합니다.    원점을 클릭합니다.

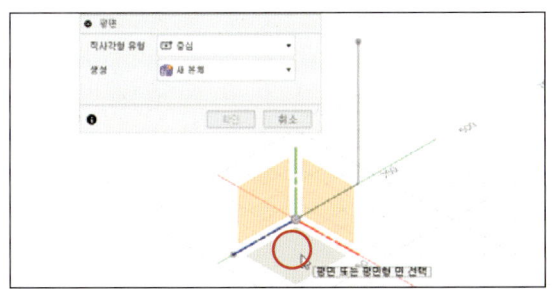   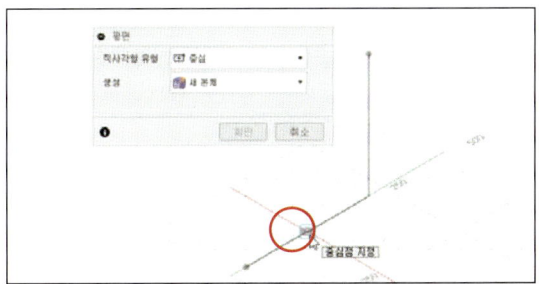

마우스를 움직이면 다음과 같이 사각형이 작성됩니다.

길이 면과 폭 면 옵션을 설정합니다.

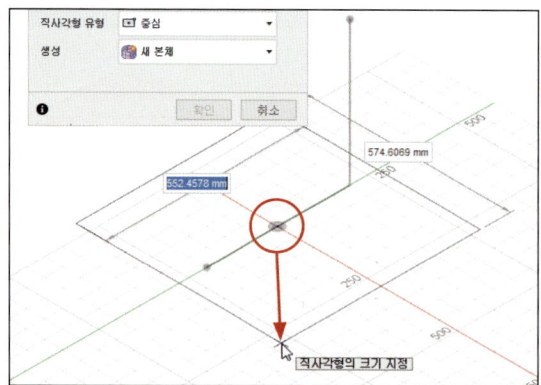
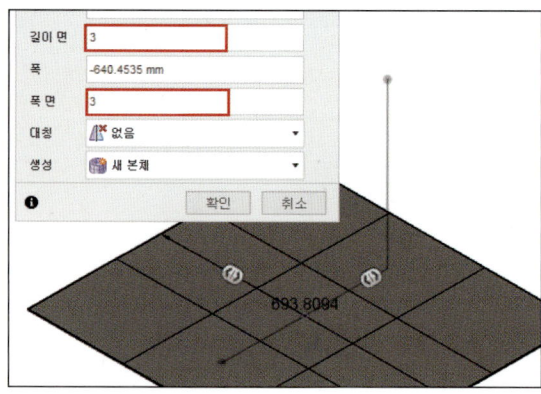

대칭 옵션을 **미러**로 선택합니다.

길이 대칭 옵션에 체크하고 **확인** 버튼을 클릭하면 평면이 작성됩니다.

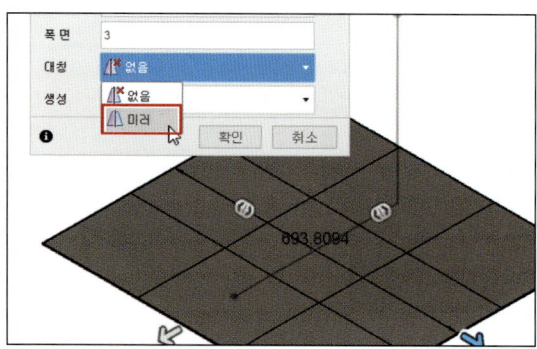

 Command

## 평면

가장 기본적인 면을 만듭니다. 가로 세로의 격자의 갯수와 거리를 지정해 작성합니다.

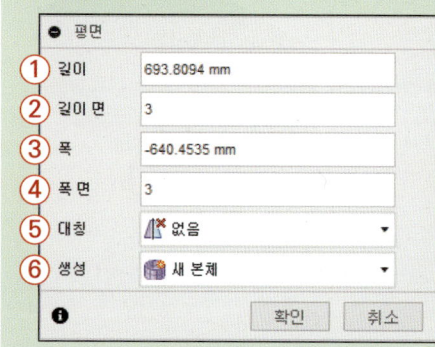

① **길이** : 면의 길이를 설정합니다.

② **길이 면** : 길이 방향의 격자 갯수를 설정합니다.

③ **폭** : 면의 폭을 설정합니다.

④ **폭 면** : 폭 방향의 격자 갯수를 설정합니다.

⑤ **대칭** : 작성할 면의 대칭 옵션을 설정합니다.

⑥ **생성** : 생성 옵션을 선택합니다.

Tip

### 대칭 옵션에 대해서

대칭 옵션은 작성하는 자유형 형태에 길이 / 너비 / 높이 방향으로 대칭 옵션을 자체적으로 적용하는 옵션입니다. 해당 대칭 옵션은 어떠한 대칭 옵션이 적용되느냐에 따라서 대칭 수정되는 방향이 바뀌게 됩니다.

**1. 한 방향 대칭**

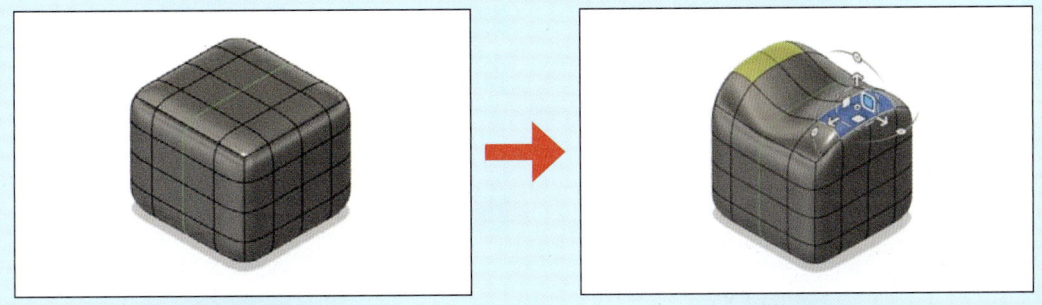

**2. 양 방향 대칭**

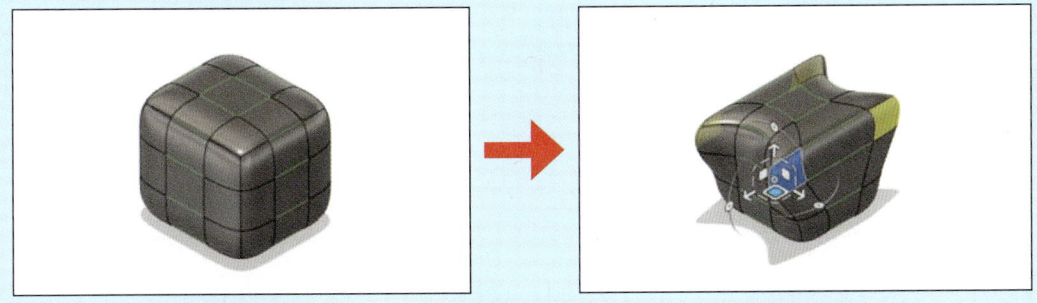

**3. 원형 패턴 대칭**

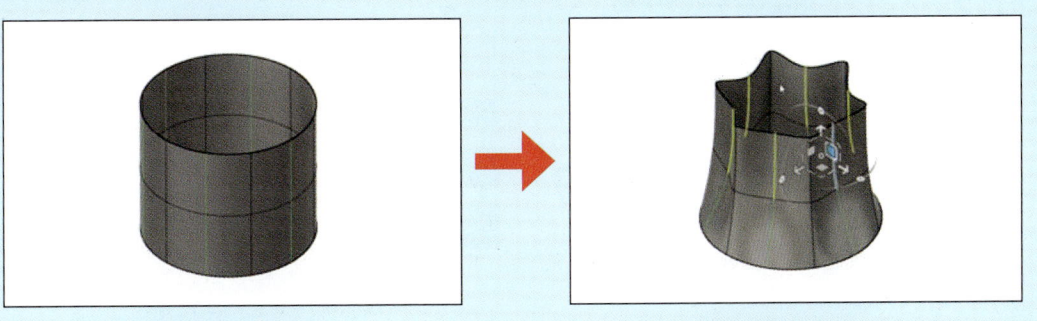

**수정 – 양식 편집** 명령을 실행합니다.

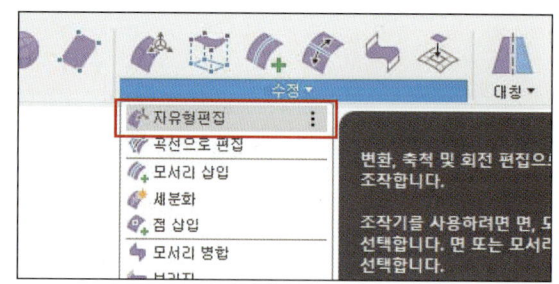

모서리를 더블클릭해서 선택한 다음 위로 드래그해서 움직입니다.

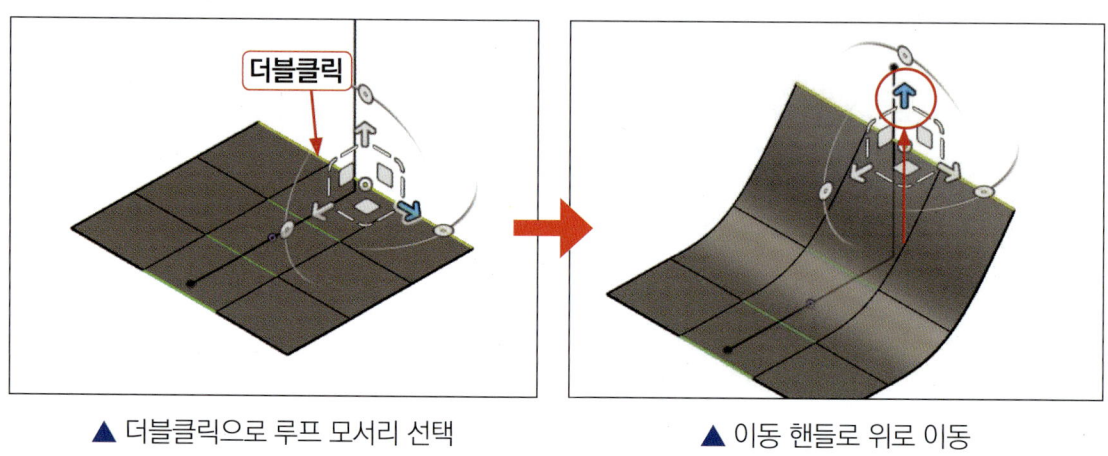

▲ 더블클릭으로 루프 모서리 선택                    ▲ 이동 핸들로 위로 이동

 **Tip**

모서리를 더블클릭하면 루프로 연결된 모서리가 한꺼번에 선택됩니다.

중간 모서리를 더블클릭해서 다음과 같이 움직입니다.

끝점을 선택해 다음과 같이 이동합니다.

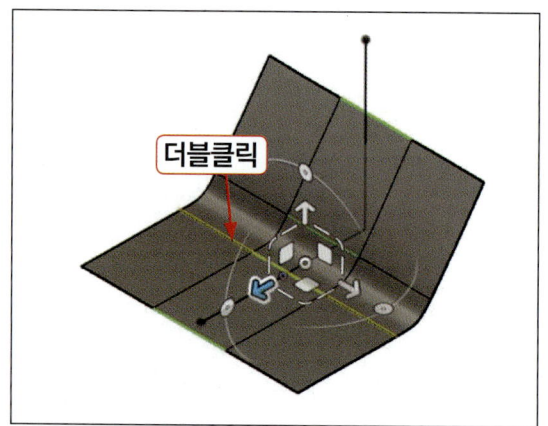 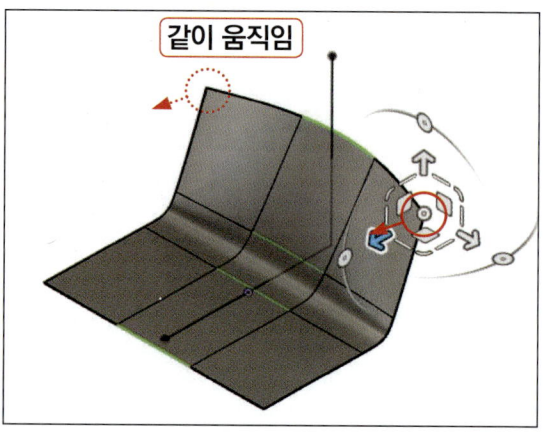

## Chapter 2 강당 의자 모델링 예제

아래쪽 끝점을 선택해 다음과 같이 이동합니다.

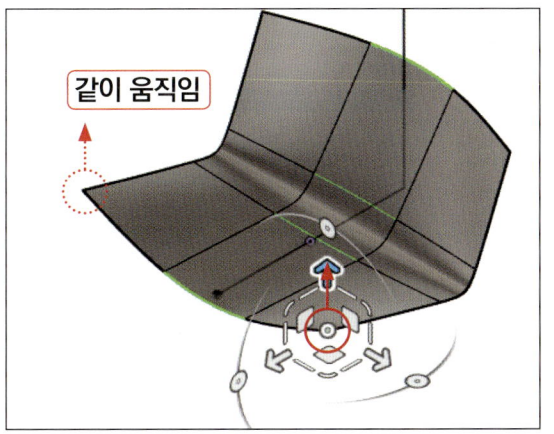

최종적으로 움직여 다음과 같이 형상을 맞춥니다.

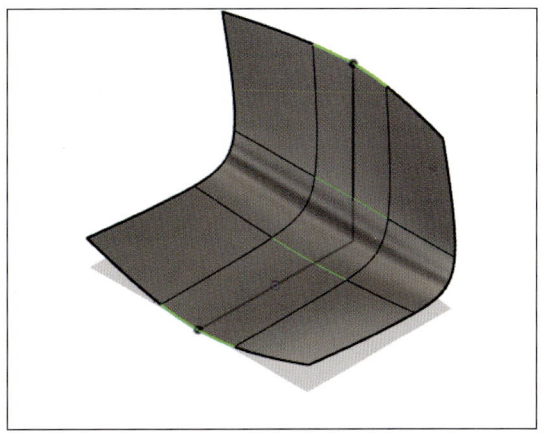

정면에서 바라봤을때 다음 형상에 근접하도록 합니다.

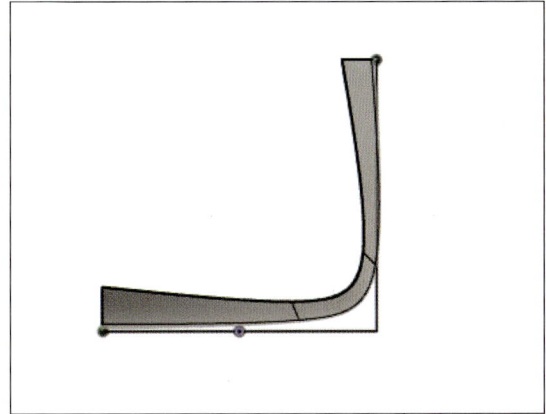

현재 그림은 옆모습이 너무 넓으므로 **선택 필터** 항목을 **본체**로 선택합니다.

축척 핸들을 선택해 다음과 같이 이동해 폭을 좁힙니다.

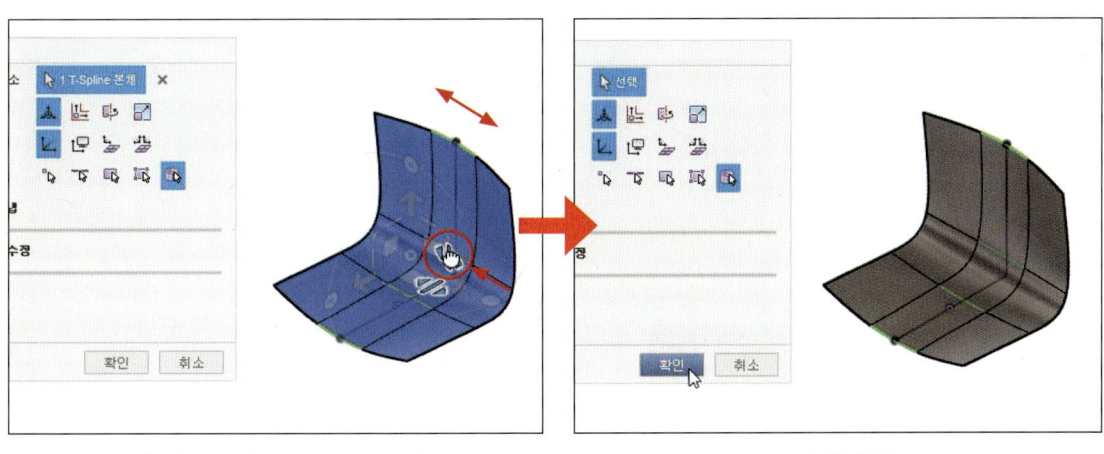

▲ 축척 핸들을 안쪽으로 드래그      ▲ 폭이 좁혀짐

441

# Part 05 자유형 모델링

**양식 마침** 명령을 실행해 솔리드 모델링 모드로 복귀합니다.

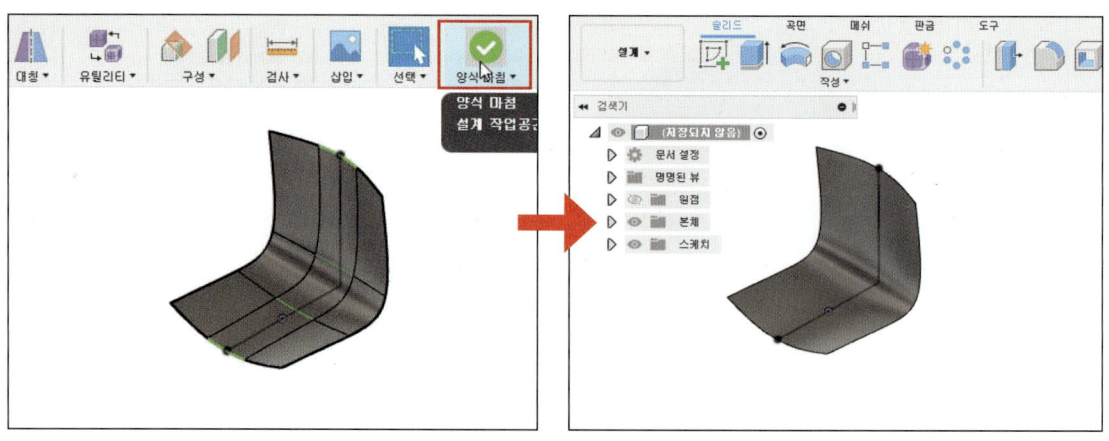

▲ 양식 마침 클릭 　　　　　▲ 솔리드 모델링 환경으로 복귀함

## Command

### 자유형 편집

작성된 폼 형상의 꼭지점/모서리/면을 자유롭게 이동/회전/축척 합니다.

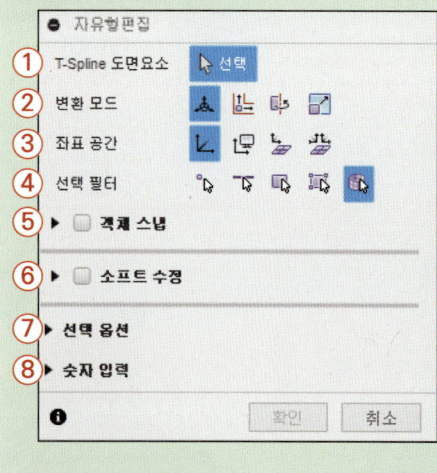

❶ **T-Spline 도면 요소** : 선택한 개체를 표시합니다.

❷ **변환 모드** : 선택 개체의 변형 모드를 선택합니다.

❸ **좌표 공간** : 좌표계의 유형을 선택합니다.

❹ **선택 필터** : 선택 필터의 유형을 선택합니다.

❺ **객체 스냅** : 정점 편집시에 스케치 선에 자동 정렬됩니다.

❻ **소프트 수정** : 객체 편집시에 힘이 분산되어 적용하는 효과를 설정합니다.

❼ **선택 옵션** : 선택한 객체에 대해서 다양한 형태로 선택하는 옵션을 설정합니다.

❽ **숫자 입력** : 이동, 회전, 축척에 대한 값을 정확하게 입력하여 수정합니다.

## 1. 변환 모드

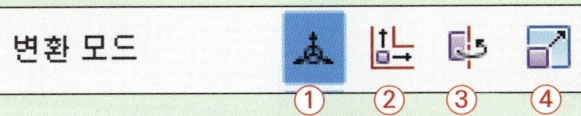

❶ **다중** : 이동/회전/축척을 한꺼번에 수행할 수 있는 통합 핸들입니다.

❷ **변환** : 선택한 객체를 이동합니다.

❸ **회전** : 선택한 객체를 회전합니다.

❹ **축척** : 선택한 객체의 축척을 조정합니다.


## 2. 좌표 공간

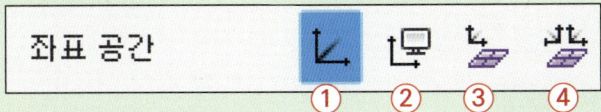

❶ **공간** : 표준 좌표계를 표시합니다.

❷ **뷰 공간** : 화면에 표시되는 방향에 좌표계가 정렬됩니다.

❸ **선택 공간** : 선택한 객체의 평면 상태에 맞춰서 좌표계가 정렬됩니다.

❹ **도면요소당 로컬** : 선택한 객체의 고유 형태에 맞게 좌표계가 정렬됩니다.


## 3. 선택 필터

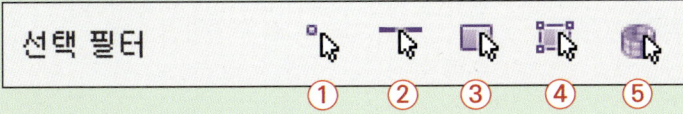

❶ **꼭지점** : 점 객체를 선택합니다.

❷ **모서리** : 모서리 객체를 선택합니다.

❸ **면** : 면 객체를 선택합니다.

❹ **모두** : 점 / 모서리 / 면 객체를 모두 선택합니다.

❺ **본체** : 본체 객체를 선택합니다. 객체에 대칭 옵션이 설정되어 있을때 본체 자체를 이동시키려면 본체 옵션을 선택하는 것이 좋습니다.

# Part 05 자유형 모델링

**두껍게 하기** 명령을 실행해 작성된 곡면에 다음과 같이 두께를 부여합니다.

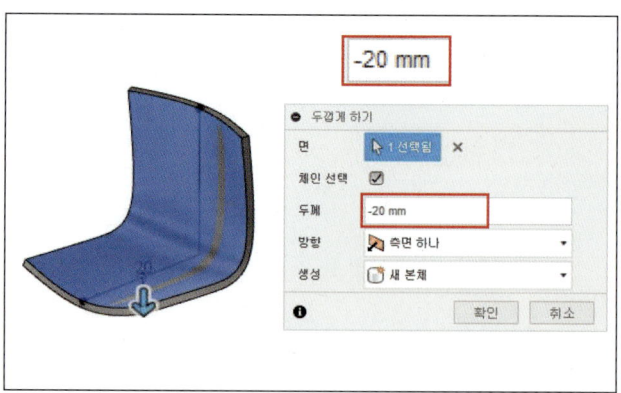

## 03 의자 다리 작성하기

평면도 (XZ 평면)에 스케치를 작성해 프로파일을 작성합니다.

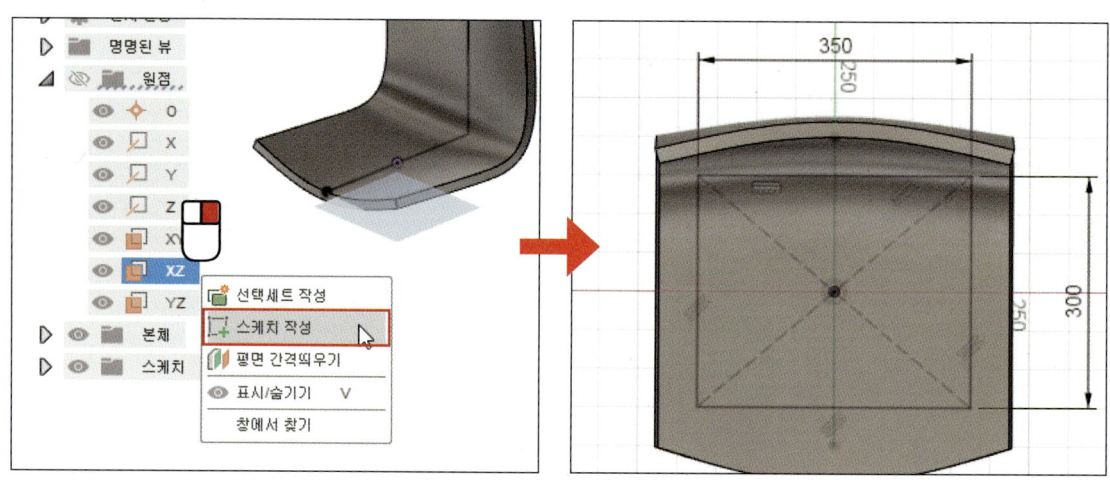

▲ XZ(평면도) 평면에 스케치 작성     ▲ 프로파일 작성

돌출 명령을 실행해 다음과 같이 작성합니다.

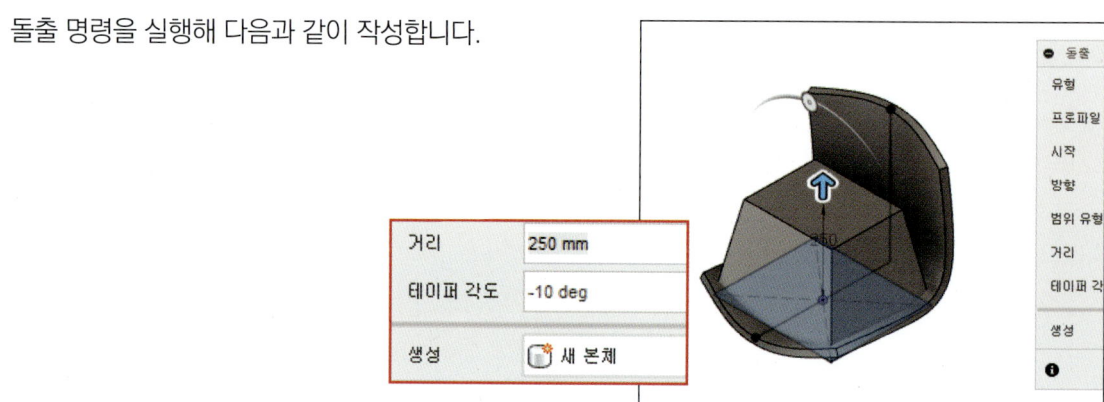

**이동/복사** 명령을 실행해 본체를 다음과 같이 이동합니다.

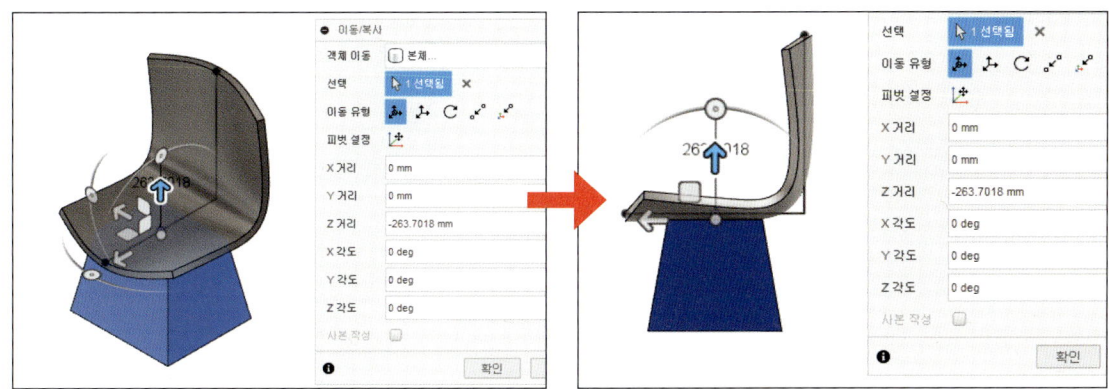

▲ 본체 이동    ▲ 옆에서 본 형태

작업에 방해가 되는 본체와 스케치 개체를 다음과 같이 숨깁니다.

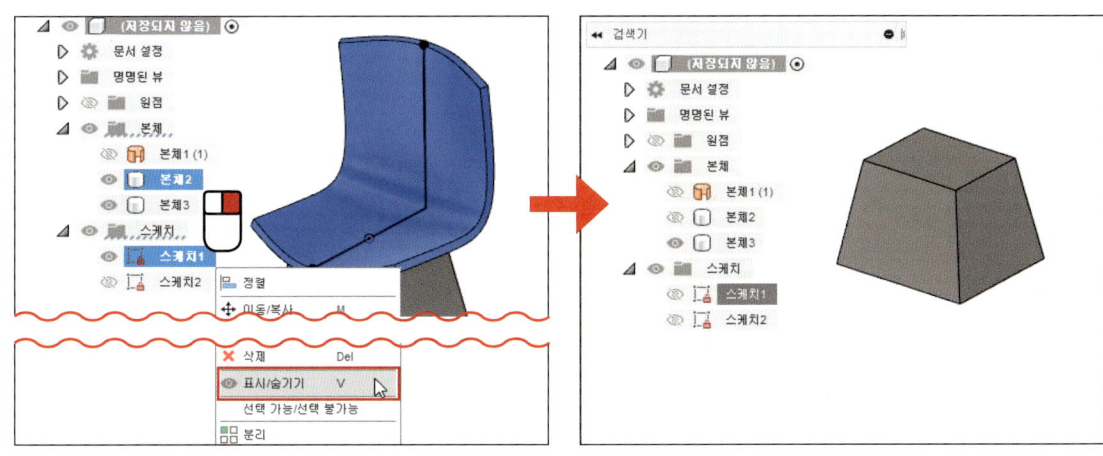

▲ 표시/숨기기 클릭    ▲ 본체와 스케치를 숨김 상태가 됨

정면도(XY 평면)에 스케치를 작성해 프로파일을 작성합니다.

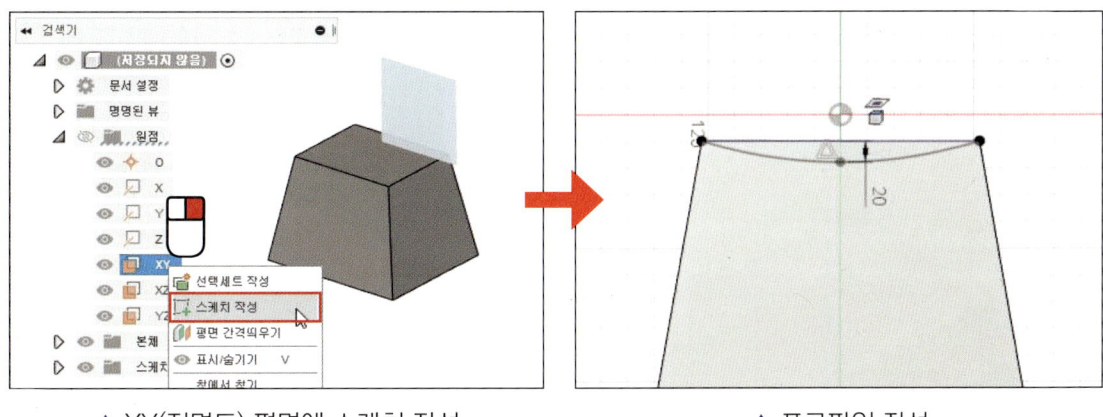

▲ XY(정면도) 평면에 스케치 작성    ▲ 프로파일 작성

**본체 분할** 명령을 실행해 다음과 같이 작성합니다.   잘린 본체를 다음과 같이 삭제합니다.

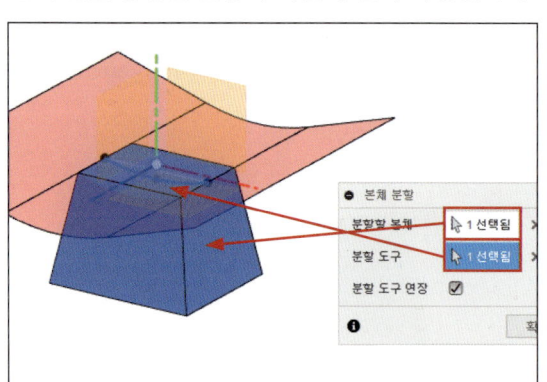 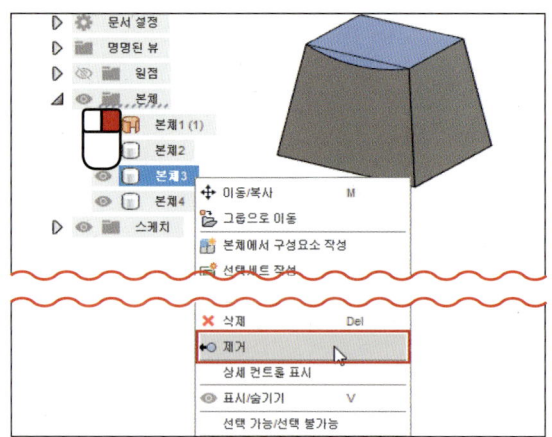

**필렛** 명령을 실행해 다음과 같이 작성합니다.   **파이프** 명령을 실행해 모서리를 선택합니다.

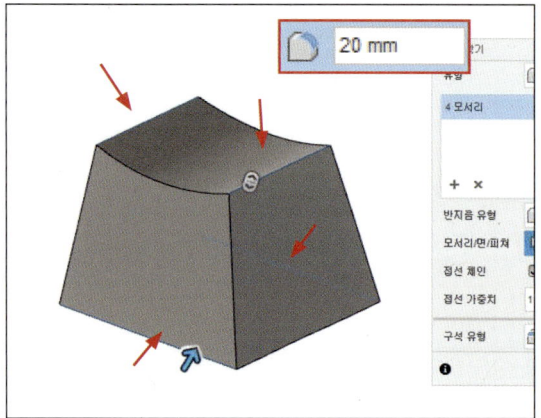 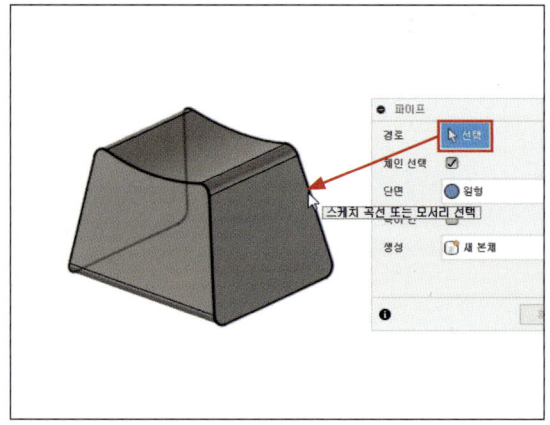

다음과 같이 옵션을 설정한 후에 파이프 작성을 완료합니다.

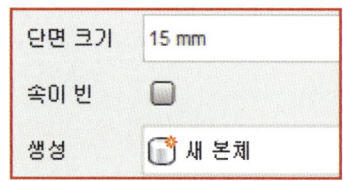 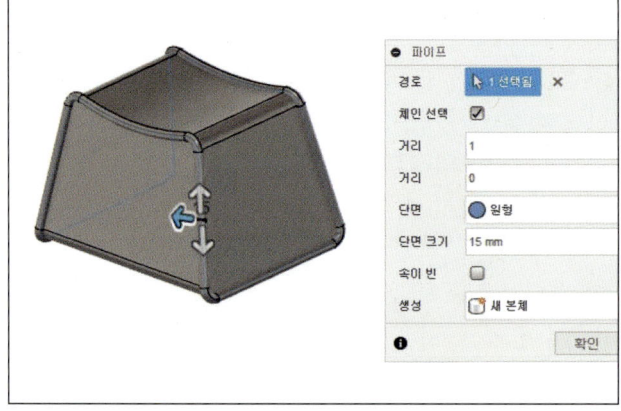

# Chapter 2 강당 의자 모델링 예제

다음과 같이 중앙 본체 항목을 삭제합니다.

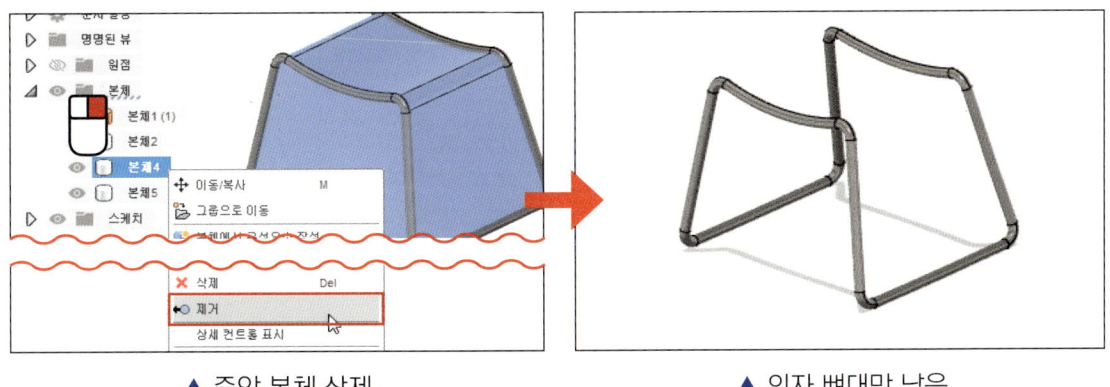

▲ 중앙 본체 삭제   ▲ 의자 뼈대만 남음

본체2 항목을 다시 표시합니다.

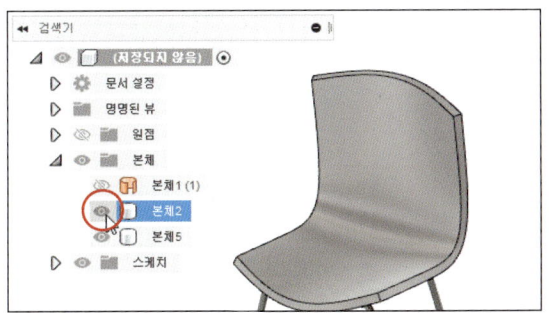

필렛 명령으로 다음과 같이 작성합니다.

아래쪽 뼈대에 비해 의자쪽 형태가 너무 크므로 아래쪽 타임라인에서 자유형 피쳐를 편집합니다.

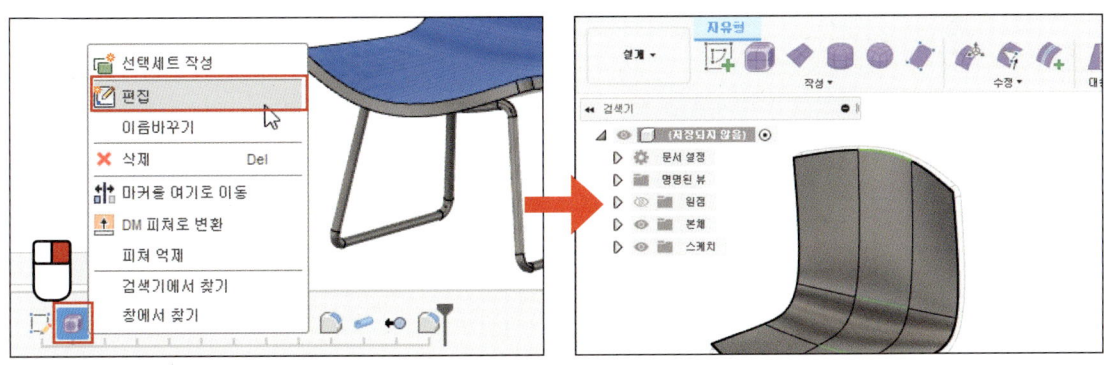

▲ 자유형 피쳐 편집   ▲ 자유형 환경으로 돌아옴

 **Tip**

이미 작성된 자유형의 형상을 수정하기 위해서는 새로운 자유형 환경을 만드는 것이 아니라 타임라인에 있는 자유형 피쳐를 수정하면 됩니다.

# Part 05 자유형 모델링

**자유형 편집** 명령을 실행해 다음과 같이 폼 형태를 작게 수정한 후 **양식 마침**을 클릭합니다.

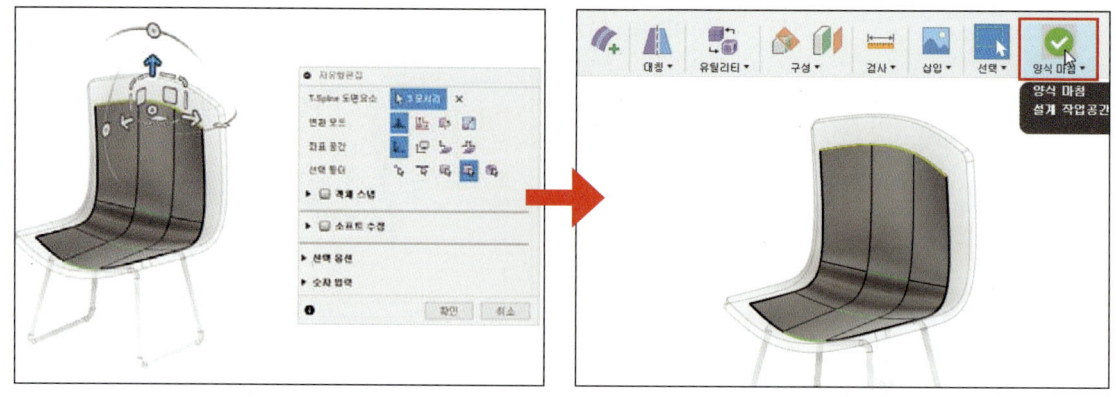

▲ 크기를 작게 수정  ▲ 폼 환경 종료

모양 명령을 실행해 **목재 – 소나무** 항목을 적용합니다.

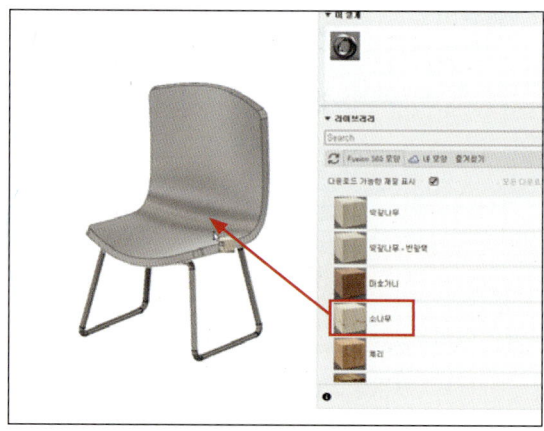

다음과 같이 강당의자 작성이 완료되었습니다.

풀이 과정을 유튜브로 확인해 보세요!

 **총정리**

이번 챕터를 통해 우리는 다음과 같은 것들을 배웠습니다.

**❶ 평 작성하기** : 자유형의 가장 기본적인 형태인 면을 작성하는 방법에 대해서 학습했습니다.

**❷ 형태 작성시 대칭 옵션 알아보기** : 대칭 옵션의 개념에 대해서 알아보았고 여러가지 대칭 옵션의 종류에 따라서 어떻게 영향을 미치는지에 대해서 학습했습니다.

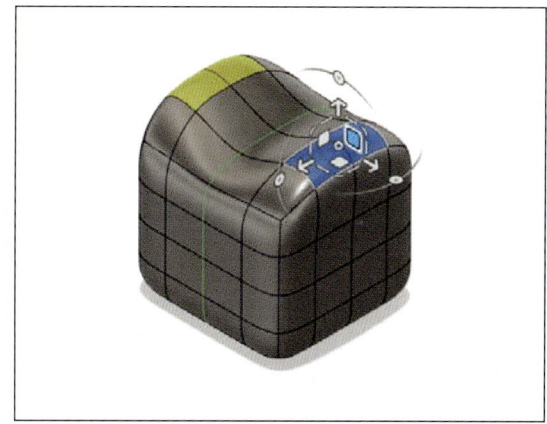

**❸ 양식 편집 알아보기** : 자유형 환경에서 가장 중요하다고 할 수 있는 양식 편집 명령으로 자유형 형태를 어떻게 편집하는지에 대해서 학습했습니다.

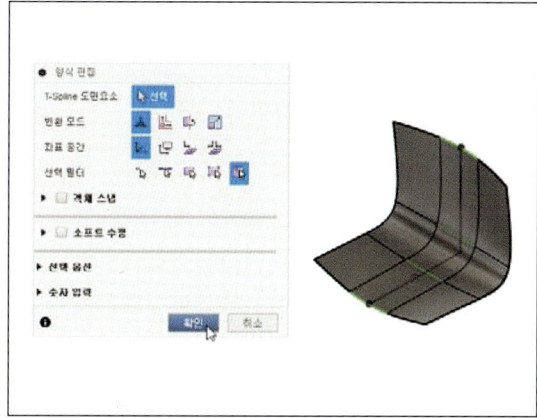

# Part 05 자유형 모델링

## CHAPTER 03 포크 모델링 예제

이번시간에는 여러 가지 자유형 명령을 활용하여 포크 모델링을 해 보도록 하겠습니다.

### 01 도면과 학습 목표

이번 시간에 우리가 학습할 예제를 확인해 보도록 하겠습니다.

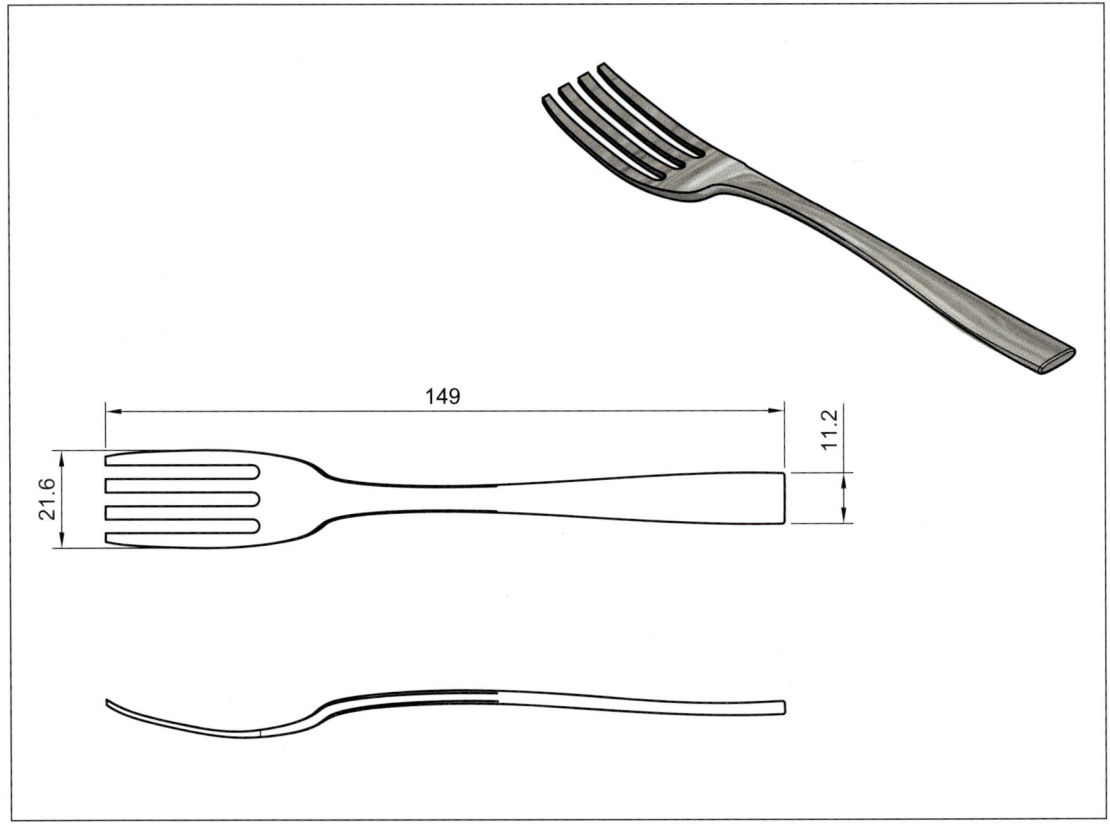

이번 시간에 우리는 다음과 같은 사항을 배우게 됩니다.

  -캔버스 명령 알아보기
  -이미지에 맞춰 형상 작성하기
  -두껍게 하기 명령 알아보기

## 02 이미지 배치하기

Autodesk Fusion

이번 시간에는 이미지를 불러와 맞추어가며 모델링하는 방법에 대해 알아보도록 하겠습니다.

정면도(XY평면)에 스케치를 작성해 다음과 같이 프로파일을 작성한 후 스케치를 종료합니다.

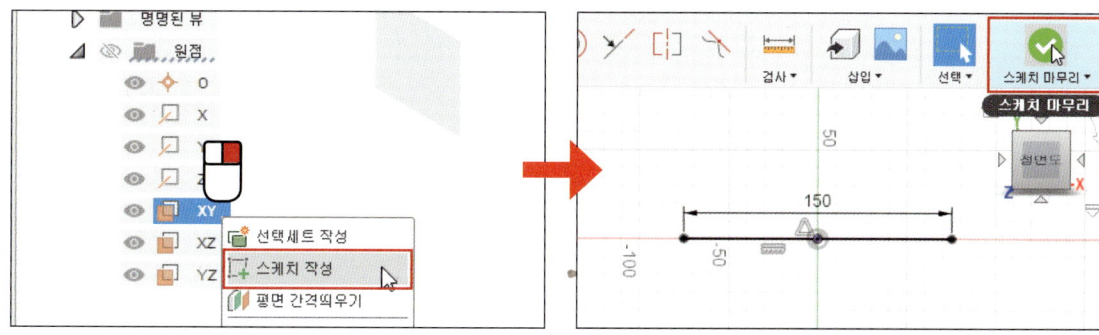

▲ XY(정면도) 평면에 스케치 작성    ▲ 프로파일 작성

**삽입 – 캔버스** 명령을 실행합니다.    **내 컴퓨터에서 삽입** 버튼을 클릭합니다.

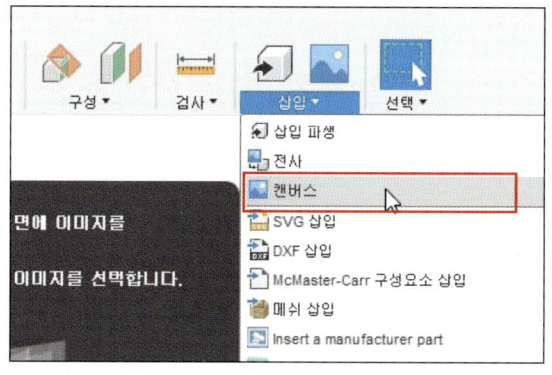 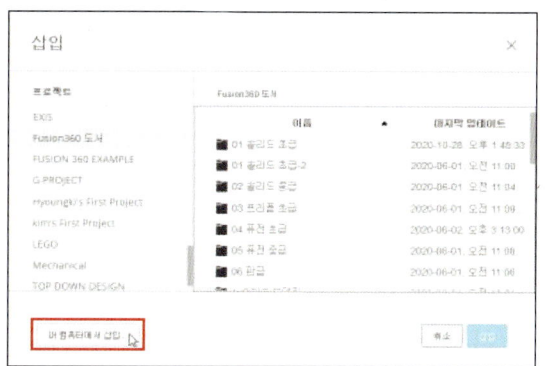

예제파일로 제공된 포크2.png 이미지를 선택해 열기를 클릭합니다.

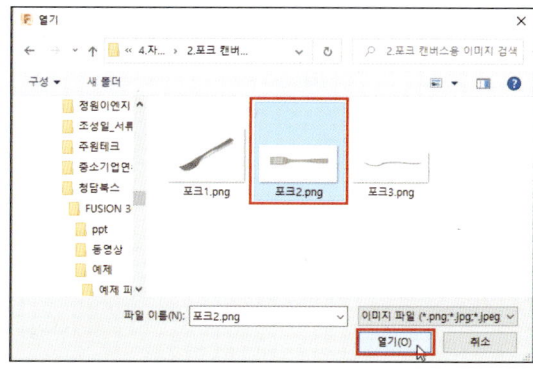

451

# Part 05 자유형 모델링

평면도(XZ 평면)을 클릭하면 다음과 같이 이미지가 표시됩니다.

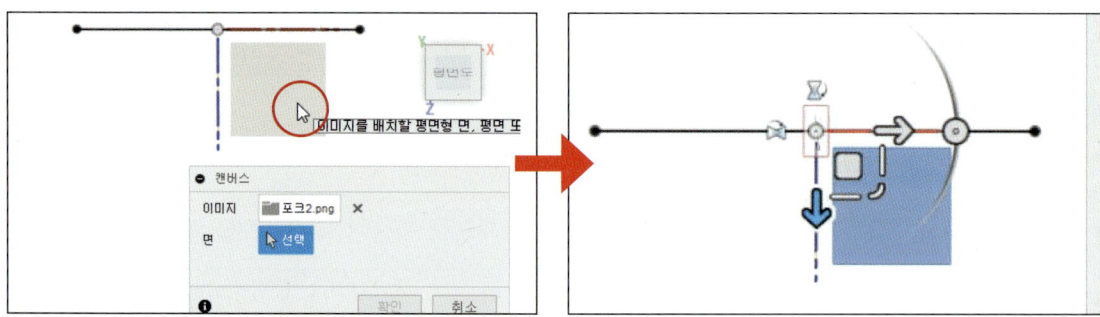

▲ 평면도(XZ 평면)을 클릭    ▲ 이미지가 표시됨

이동/회전/축척 핸들을 이용해서 다음과 같이 스케치에서 그려놓은 선의 전체 길이와 이미지의 전체 크기를 맞춘 후 확인 버튼을 클릭해 명령을 마칩니다.

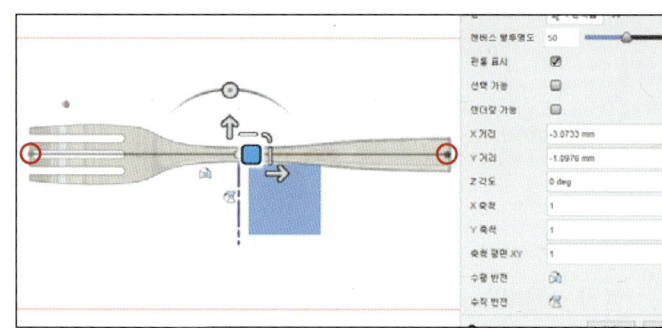

## 🔔 Command

### 캔버스

작업 환경의 면에 이미지를 배치합니다.

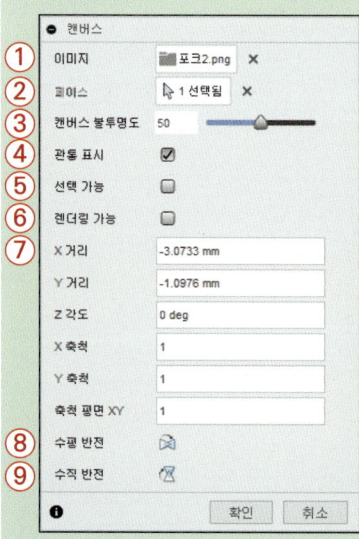

❶ **이미지** : 화면에 배치할 이미지를 선택합니다.

❷ **페이스** : 이미지를 배치할 면을 선택합니다.

❸ **캔버스 불투명도** : 배치한 이미지의 불투명도를 설정합니다.

❹ **관통 표시** : 배치한 이미지가 모델링에 가려지지 않습니다.

❺ **선택 가능** : 배치한 이미지를 선택할 수 있게 합니다.

❻ **렌더링 가능** : 렌더링 환경에서 이미지도 렌더링 됩니다.

❼ **수치 입력** : 이동, 회전, 축척에 대한 값을 정확하게 입력하여 수정합니다.

❽ **수평 반전** : 이미지를 수평으로 뒤집습니다.

# Chapter 3 포크 모델링 예제

**❾ 수직 반전** : 이미지를 수직으로 뒤집습니다.

다시 **캔버스** 명령을 실행해 포크3.png 이미지를 선택합니다.

정면도를 선택합니다.

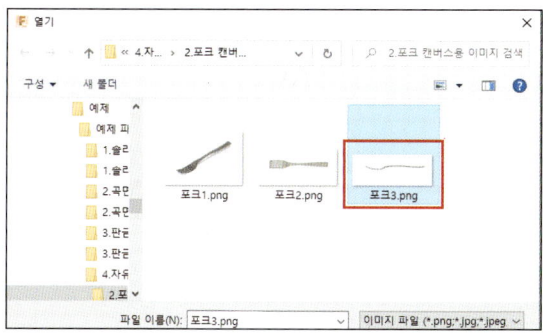
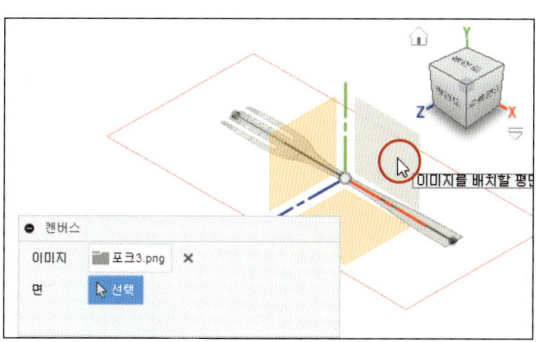

이미지가 미리보기되면 마찬가지로 이미지의 크기와 위치를 설정합니다.

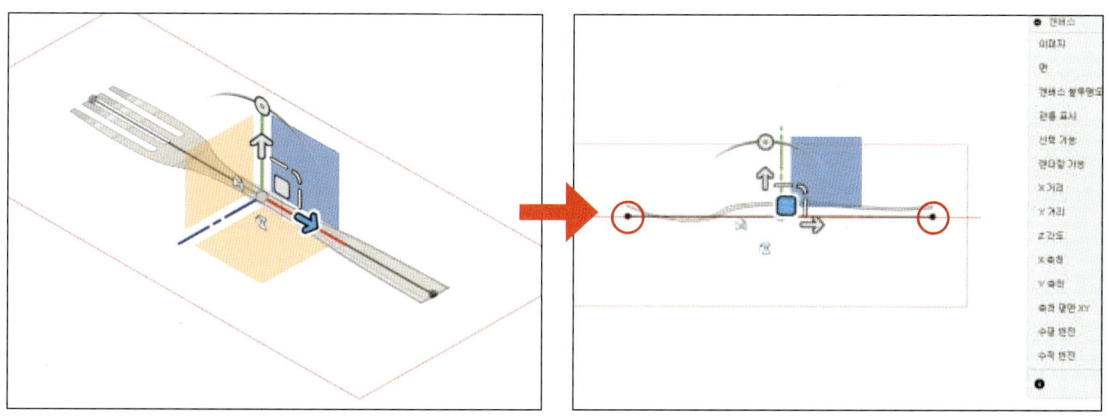

▲ 이미지가 표시됨　　　　　　　▲ 스케치 선에 크기를 맞춤

다음과 같이 포크의 평면도와 정면도 이미지가 배치되었습니다.

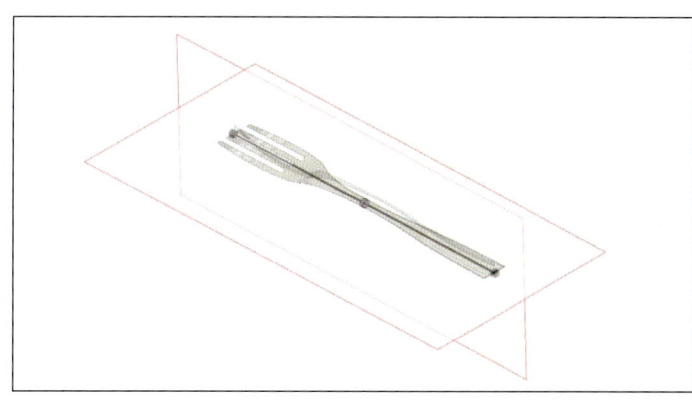

453

## 03 기본 폼 형상 작성하기

**양식 작성** 명령을 실행해 자유형 환경을 시작합니다.   **작성 – 평면** 명령을 실행합니다.

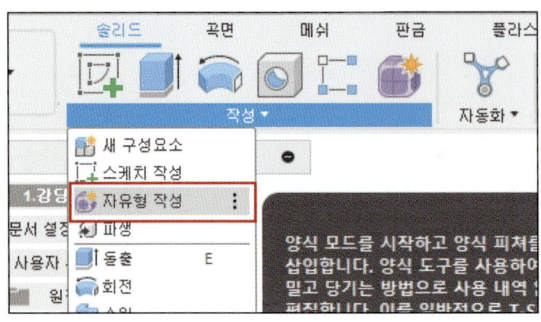 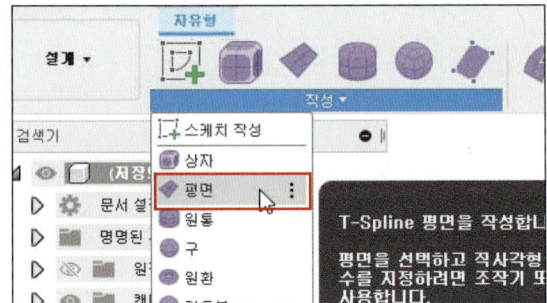

평면도에 다음과 같이 면을 작성합니다.

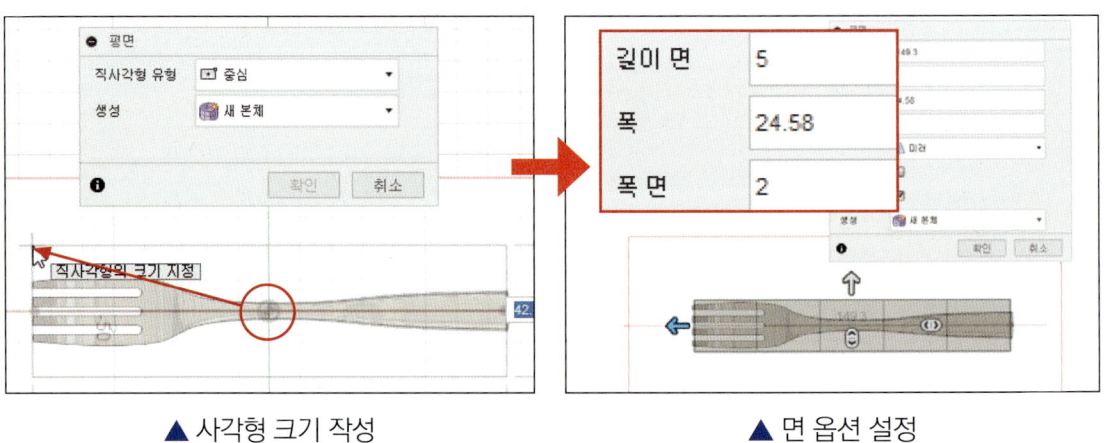

▲ 사각형 크기 작성    ▲ 면 옵션 설정

**자유형 편집** 명령을 실행해 끝점을 선택해 다음과 같이 이동합니다.

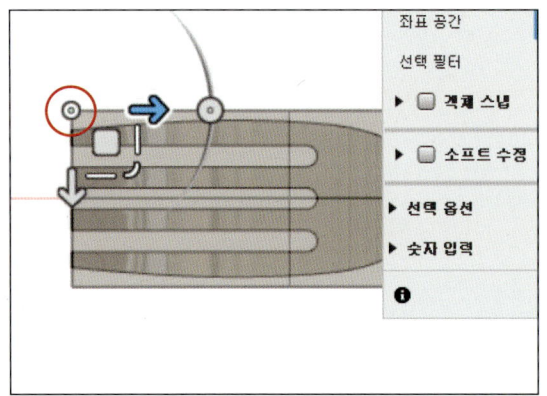 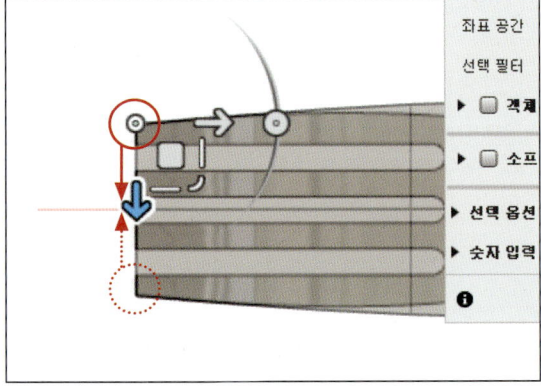

# Chapter 3 포크 모델링 예제

마찬가지로 다른 점들도 이동시켜 다음과 같이 형태를 이미지와 비슷하게 변경합니다.

현재 평면에 세그먼트가 모자라므로 **수정 - 모서리 삽입** 명령을 실행합니다.

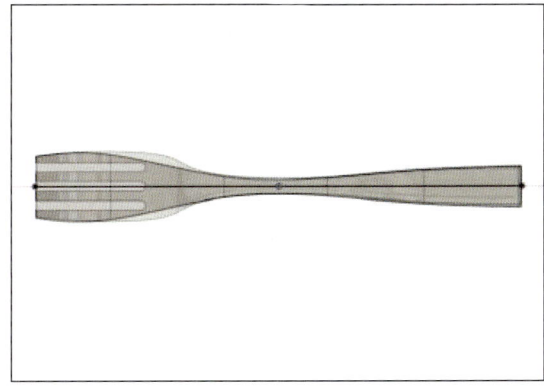

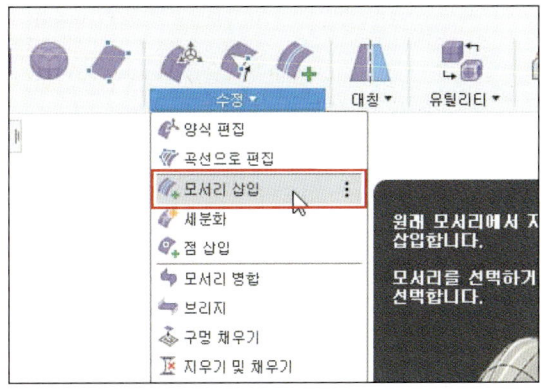

다음 모서리를 선택하면 추가되는 모서리가 다음과 같이 미리보기가 됩니다.

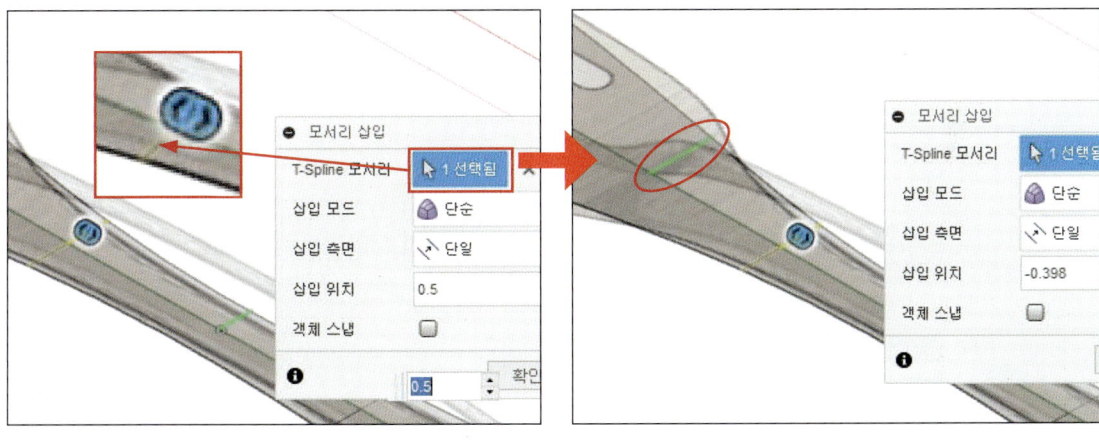

▲ 모서리 선택　　　　　　　　　　▲ 추가 모서리가 미리보기 됨

확인 버튼을 클릭하면 다음과 같이 모서리가 표시됩니다.

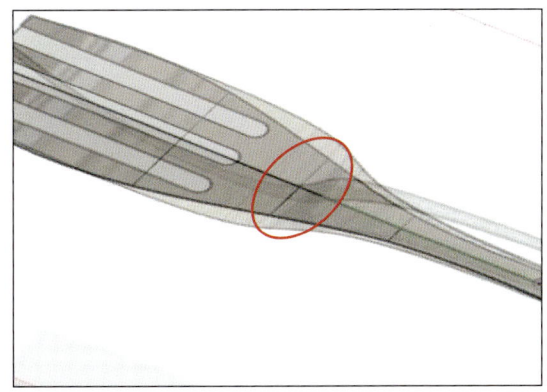

# Part 05 자유형 모델링

## 🔔 Command

### 모서리 삽입

작성된 자유형 형상의 모서리 개체를 기준으로 모서리를 추가합니다.

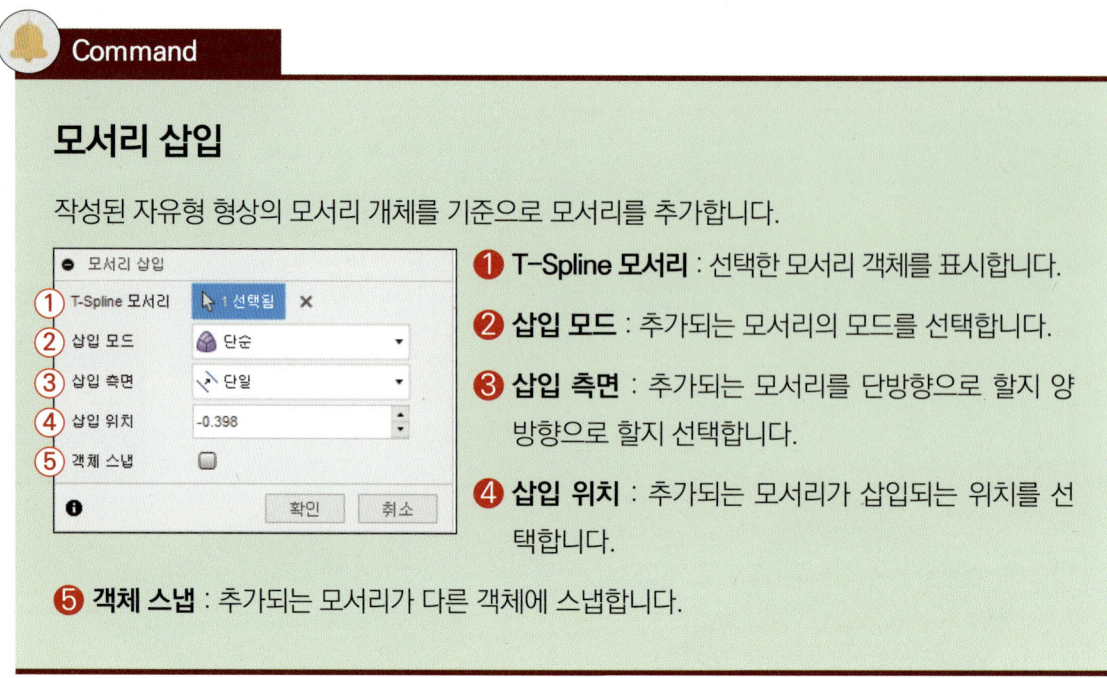

❶ **T-Spline 모서리** : 선택한 모서리 객체를 표시합니다.

❷ **삽입 모드** : 추가되는 모서리의 모드를 선택합니다.

❸ **삽입 측면** : 추가되는 모서리를 단방향으로 할지 양방향으로 할지 선택합니다.

❹ **삽입 위치** : 추가되는 모서리가 삽입되는 위치를 선택합니다.

❺ **객체 스냅** : 추가되는 모서리가 다른 객체에 스냅합니다.

마찬가지로 오른쪽 끝에서도 모서리를 추가합니다.

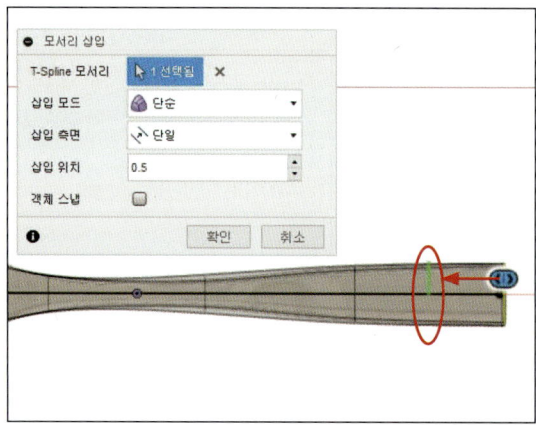

**자유형 편집** 명령을 실행해 다음과 같이 각 모서리의 끝점과 이미지를 맞춥니다.

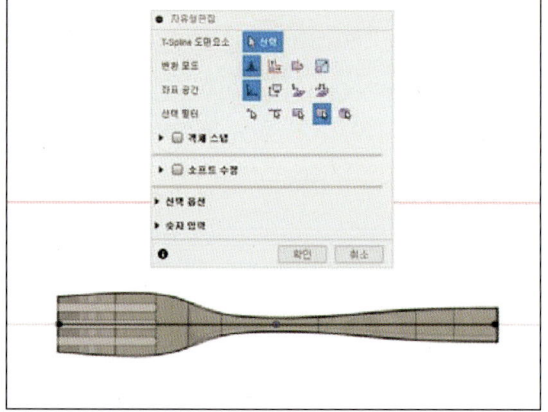

## 🔍 Tip

이러한 방법으로 부족한 모서리를 원하는 대로 추가하면서 Edit Form(폼 편집) 명령을 이용해 형태를 맞추어 나갑니다.

Chapter 3 포크 모델링 예제

이제 화면을 회전해서 높이 관계를 확인한 후, 다음과 같이 형상을 수정해 나갑니다.

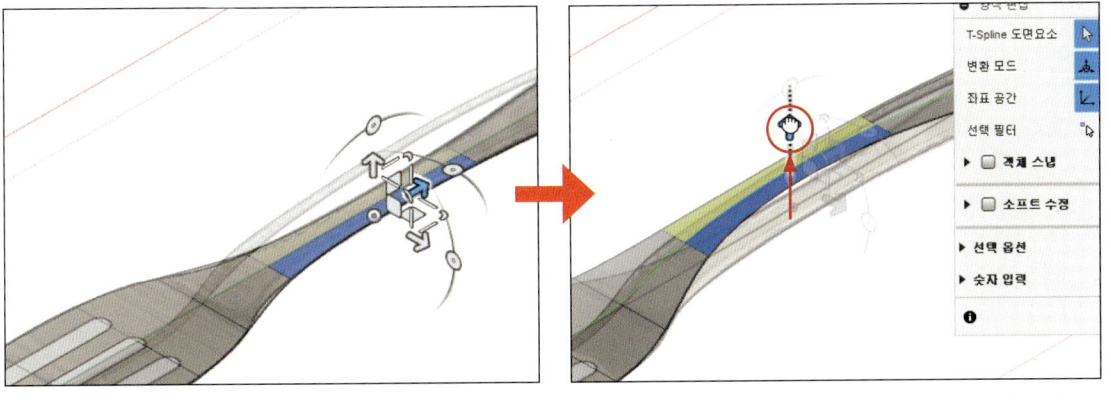

▲ 화면 회전으로 높이 관계 확인   ▲ 다음 면을 선택해 위로 이동해 형상을 맞춤

마찬가지로 정면과 평면을 비교하면서 균형을 맞추면서 이미지와 모델링의 형상을 맞춥니다.

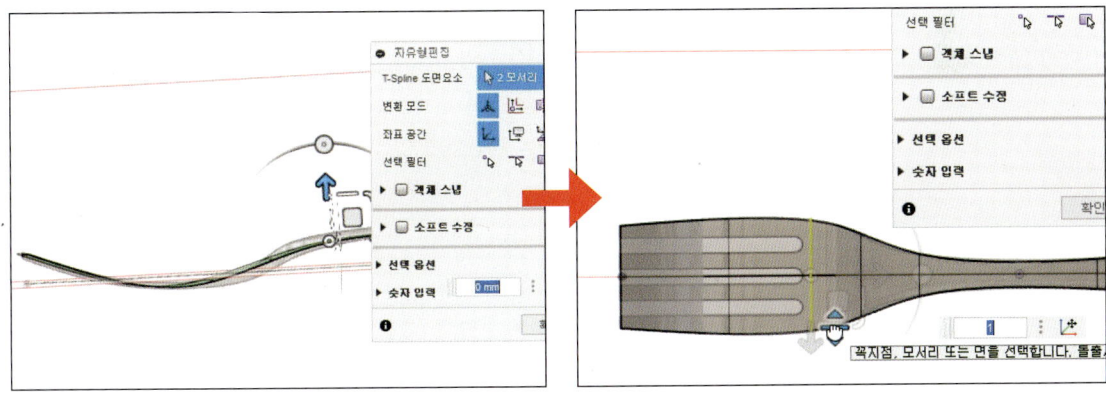

▲ 포크 앞쪽 높이 맞춤   ▲ 포크 앞쪽 폭 세부 조정

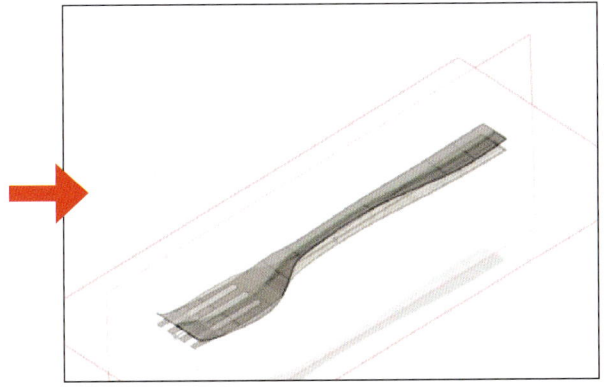

▲ 입체적으로 전체 모양 맞춤

> **Tip**
>
> 이미지에 모델링을 맞출시에 평면을 맞추고 나면 정면이 틀어지는 상황이 발생하고 정면을 맞추고 나면 평면이 틀어지는 현상이 발생합니다. 따라서 형상을 한 번에 완성시키려 하지 말고 차근차근 균형을 맞추어 가면서 모델링을 수정하는 것이 중요합니다.

# Part 05 자유형 모델링

## 04 두께 형상 작성하기

**수정 – 두껍게 하기** 명령을 실행합니다.

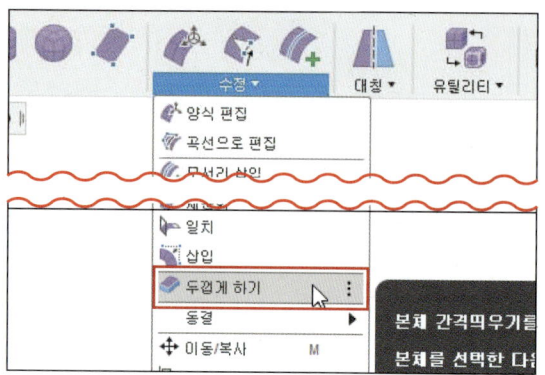

형상을 선택합니다.

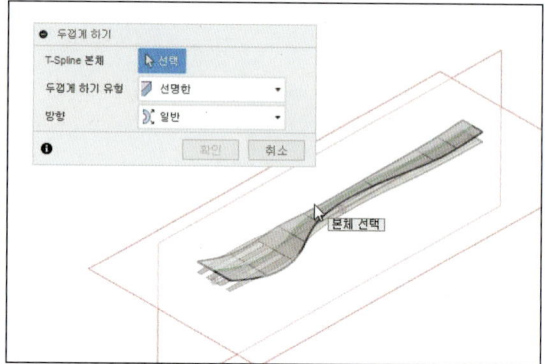

방향과 옵션을 선택한 후에 **확인** 버튼을 클릭합니다.

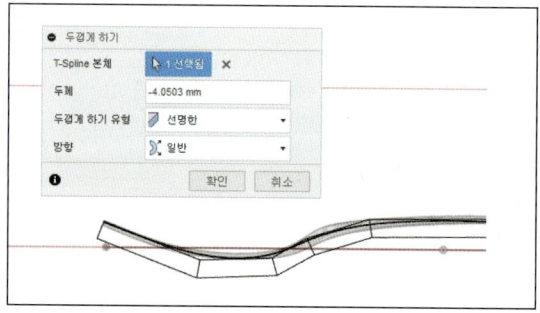

다음과 같이 두께가 작성되었습니다.

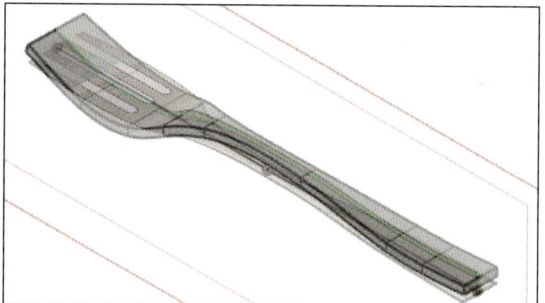

### 🔔 Command

#### 두껍게 하기

작성된 자유형의 면 개체에 두께를 주어 형태를 만듭니다.

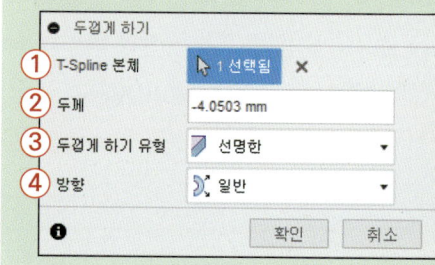

❶ **T-Spline 본체** : 두께를 줄 객체를 선택합니다.

❷ **두께** : 두께를 설정합니다.

❸ **두껍게 하기 유형** : 생성되는 두께의 모서리 타입을 선택합니다.

❹ **방향** : 두께가 생성되는 방향을 선택합니다.

## Chapter 3 포크 모델링 예제

캔버스 항목으로 불러들여온 이미지를 전부 숨깁니다.

**수정 – 각진 부분 제거** 명령을 실행합니다.

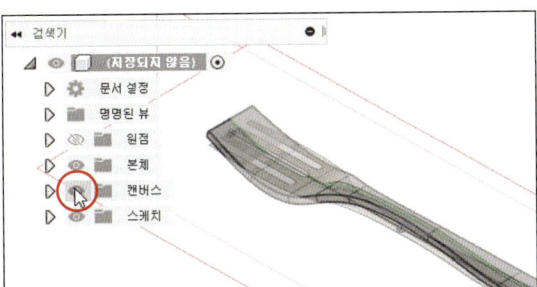
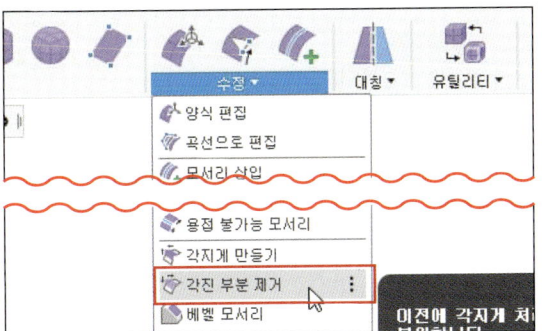

다음 모서리를 선택한 후 확인 버튼을 클릭하면 해당 모서리가 모서리가 둥글게 변경됩니다.

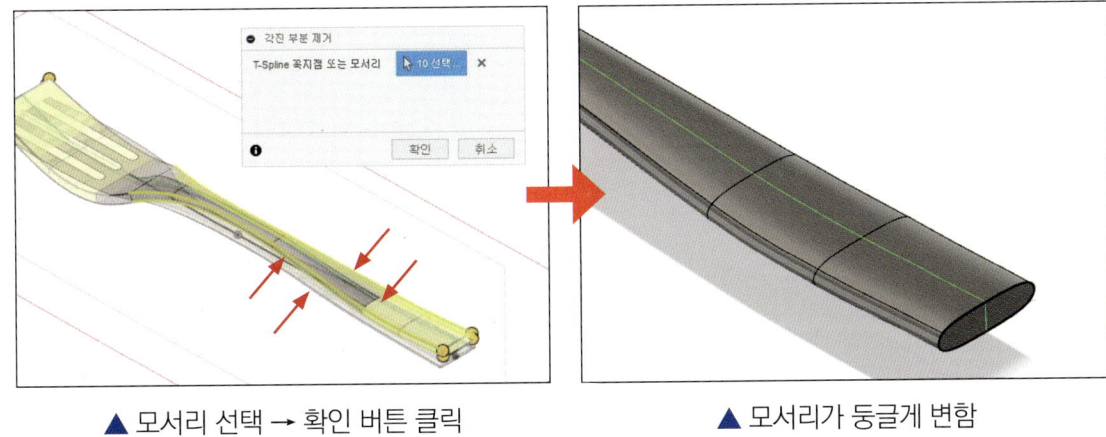

▲ 모서리 선택 → 확인 버튼 클릭  ▲ 모서리가 둥글게 변함

포크의 전반부가 모두 같은 두께를 가지는 것이 아니므로 **자유형 편집** 명령을 실행해 다음과 같이 각 부위별로 두께를 다르게 편집합니다.

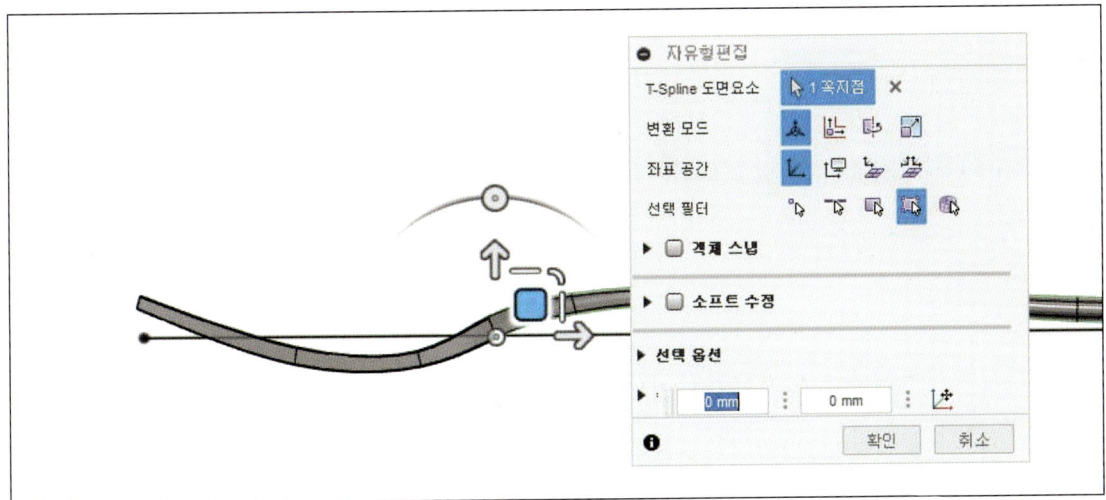

459

# Part 05 자유형 모델링

이제 각 부위에 대해서 세세하게 편집하면서 포크 모양의 디테일을 수정합니다.

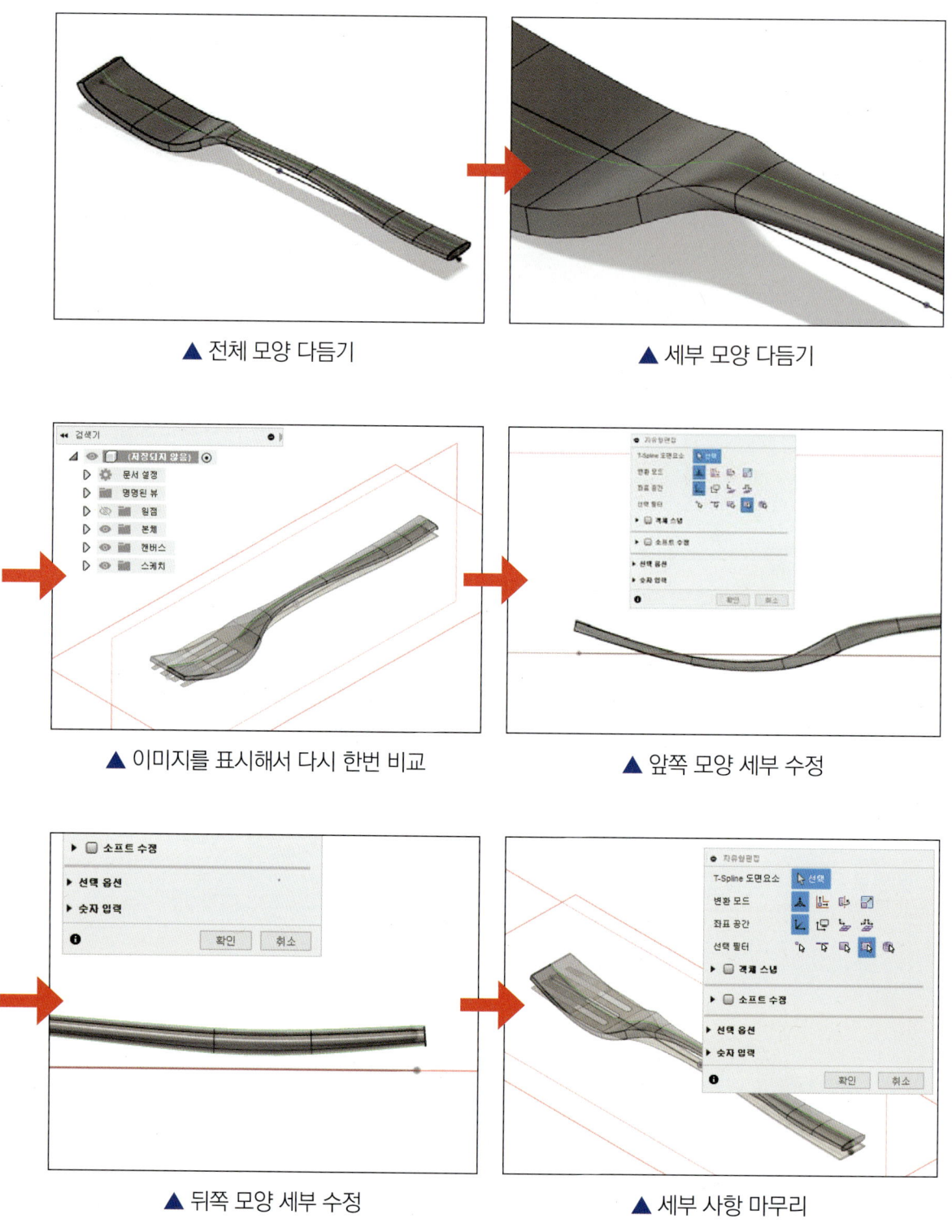

▲ 전체 모양 다듬기 　　　▲ 세부 모양 다듬기

▲ 이미지를 표시해서 다시 한번 비교 　　　▲ 앞쪽 모양 세부 수정

▲ 뒤쪽 모양 세부 수정 　　　▲ 세부 사항 마무리

**양식 마침** 명령을 클릭해 자유형 환경을 마칩니다.

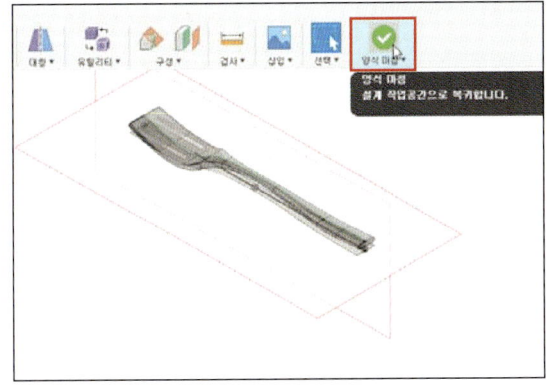

 Tip

자유형 모델링의 형상 다듬기는 정해준 순서가 없습니다. 반드시 위 순서대로 한다는 생각은 버리고 자유롭게 편집해 보도록 합니다.

## 05 세부 형상 다듬기

Autodesk Fusion

평면도(XZ평면)에 스케치를 작성해서 다음과 같이 프로파일을 작성합니다.

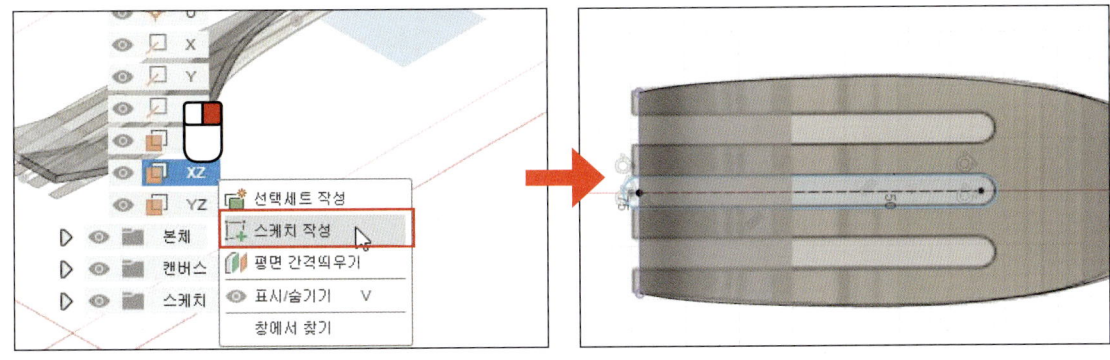

▲ XZ(평면도) 평면에 스케치 작성 　　　　▲ 프로파일 작성

**돌출** 명령을 실행해 다음과 같이 작성합니다.

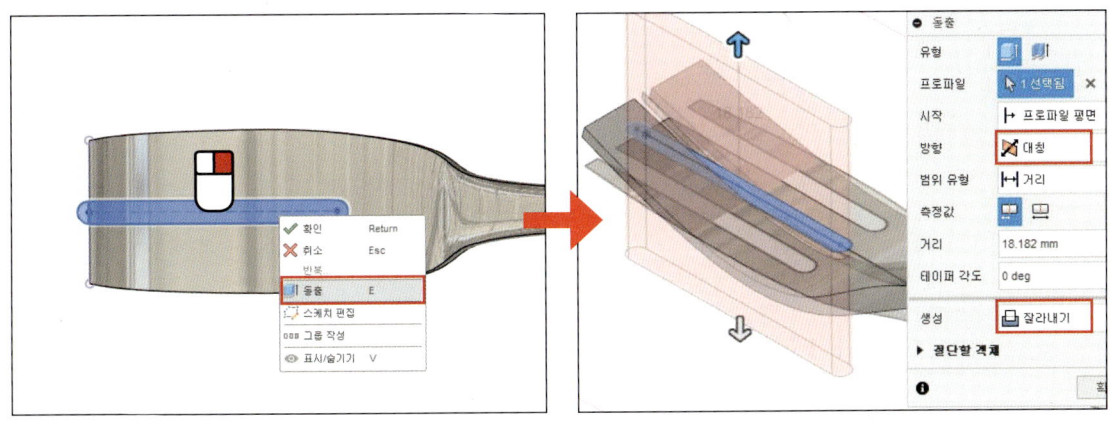

▲ 돌출 명령 실행 　　　　▲ 돌출 옵션 설정

461

# Part 05 자유형 모델링

**직사각형 패턴** 명령을 실행해 다음과 같이 작성합니다.

▲ 직사각형 패턴 실행 　　　　　　　　　▲ 작성 완료

**필** 명령을 실행해 다음과 같이 작성합니다.

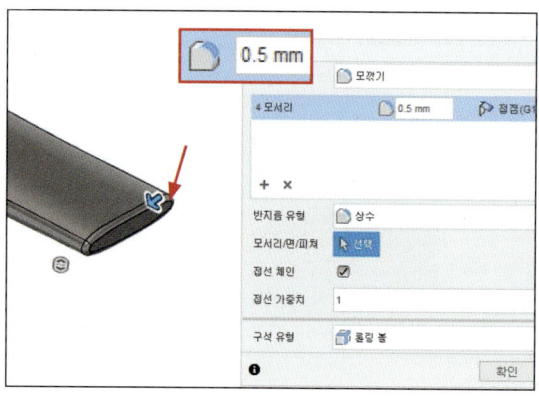

**모양** 명령을 실행해 **금속-크롬-크롬** 항목을 적용합니다.

다음과 같이 포크 작성을 완료했습니다.

풀이 과정을 유튜브로
확인해 보세요!

 **총정리**

이번 챕터를 통해 우리는 다음과 같은 것들을 배웠습니다.

❶ **캔버스 명령 알아보기** : 이미지에 맞춰 모델링을 하기 위해 캔버스 명령으로 이미지를 화면에 배치하는 방법에 대해서 학습했습니다.

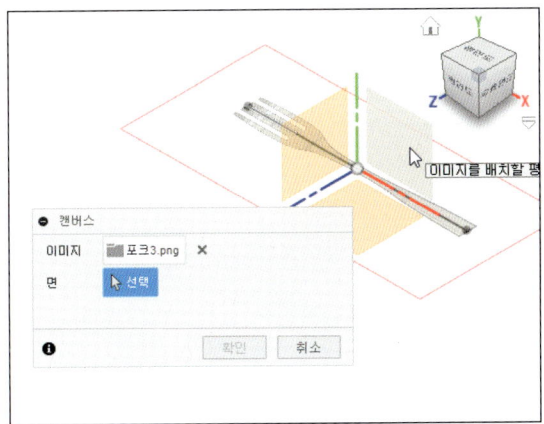

❷ **이미지에 맞춰 형상 작성하기** : 이미지를 화면에 맞춰서 어떤 방식으로 모델링을 하는지에 대해서 여러가지 요령을 학습했습니다.

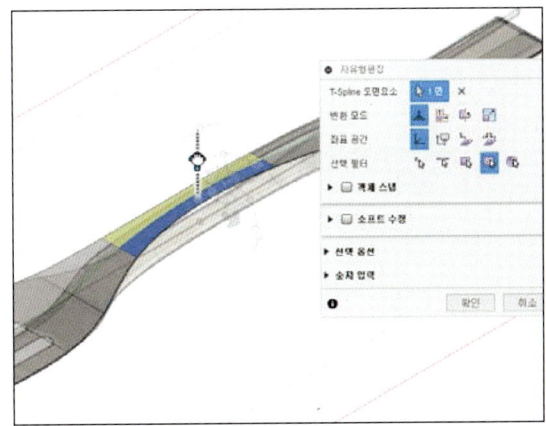

❸ **두껍게 하기** : 두껍게 하기 명령으로 자유형 개체에 두께를 주어 수정하는 방법에 대한 것을 학습했습니다.

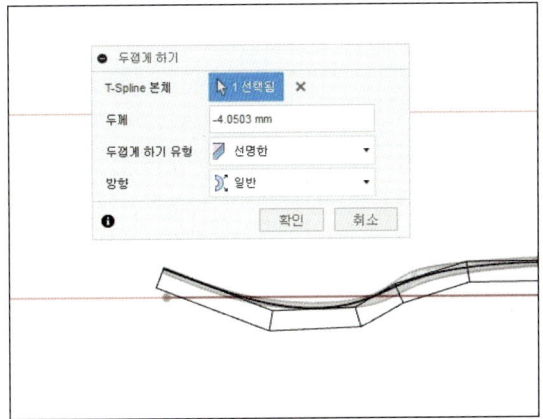

# 연습 예제

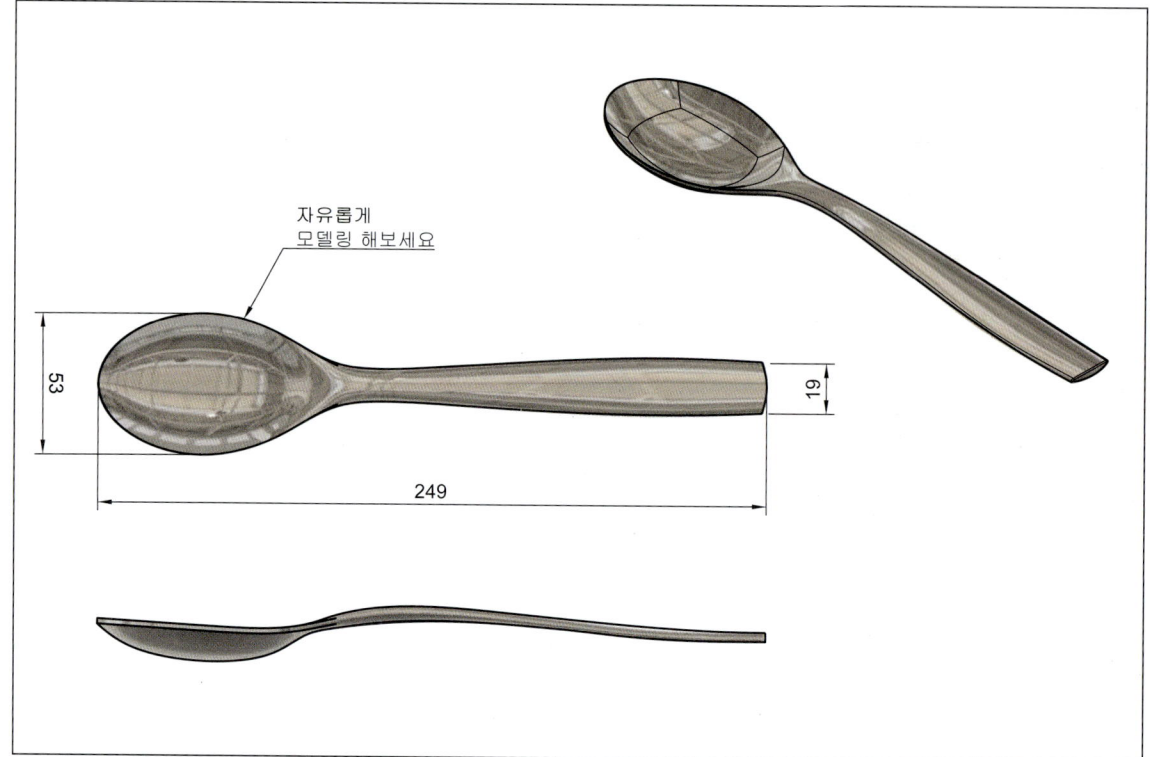

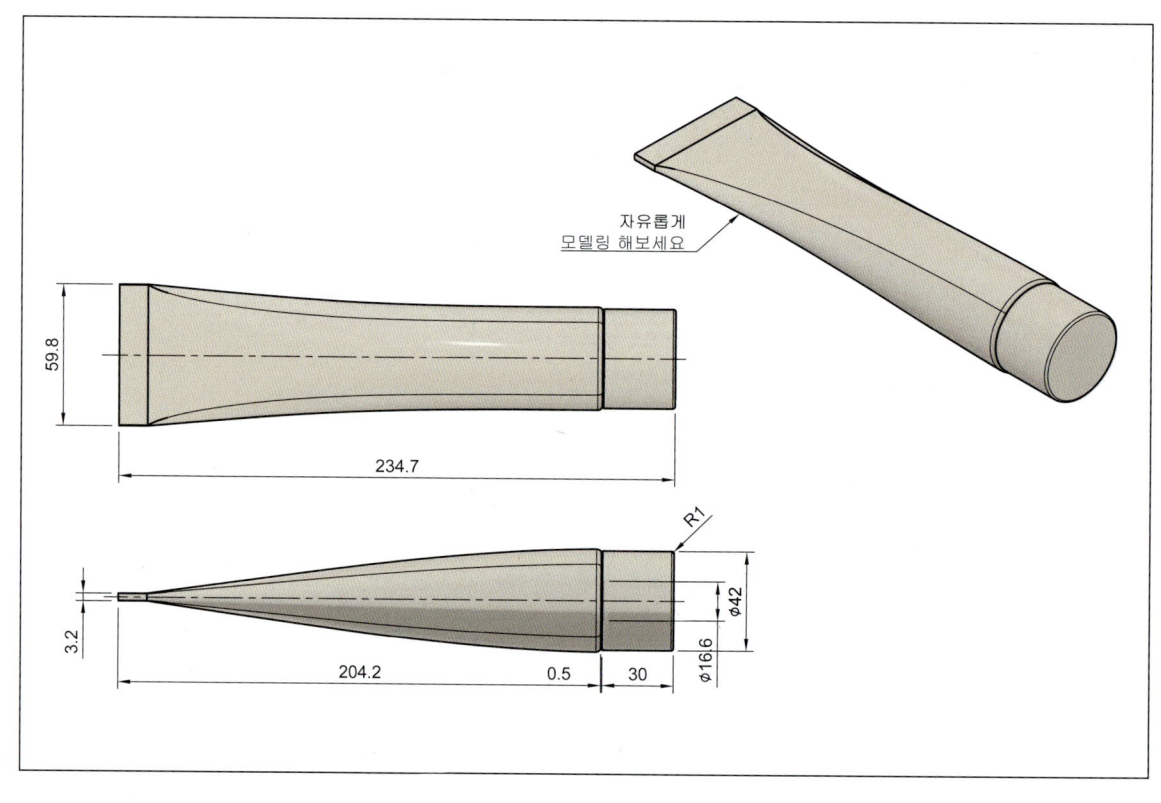

## 연습 예제

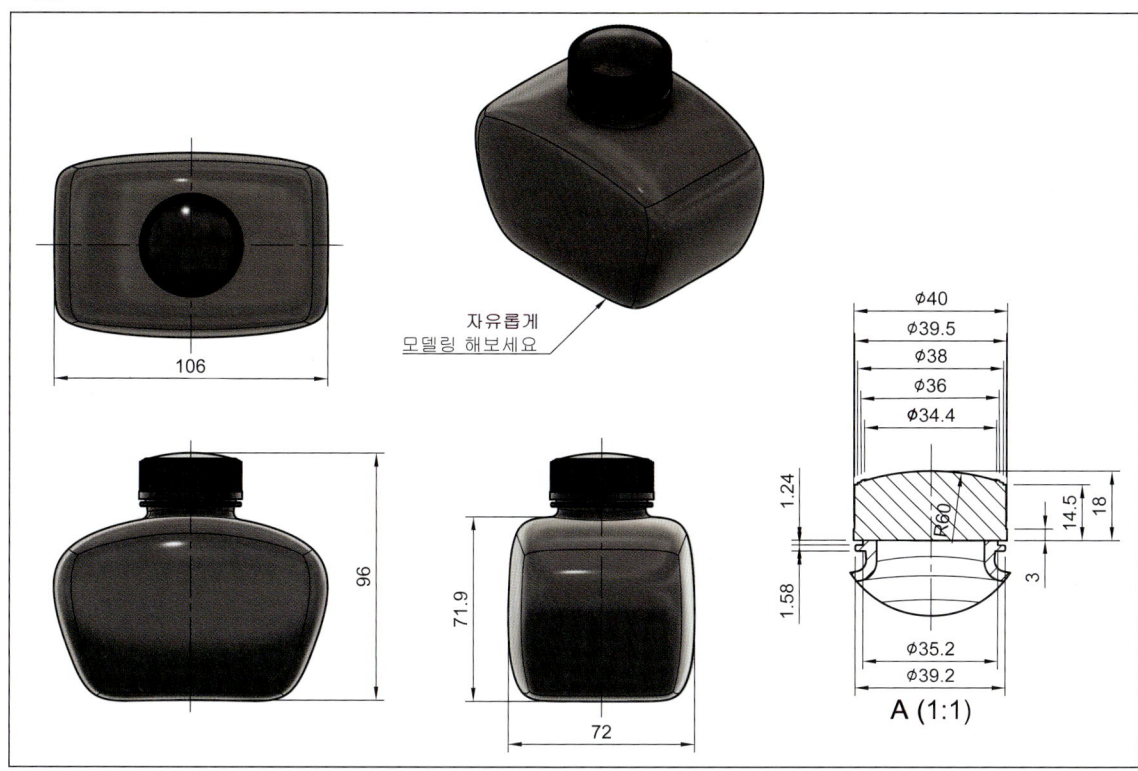

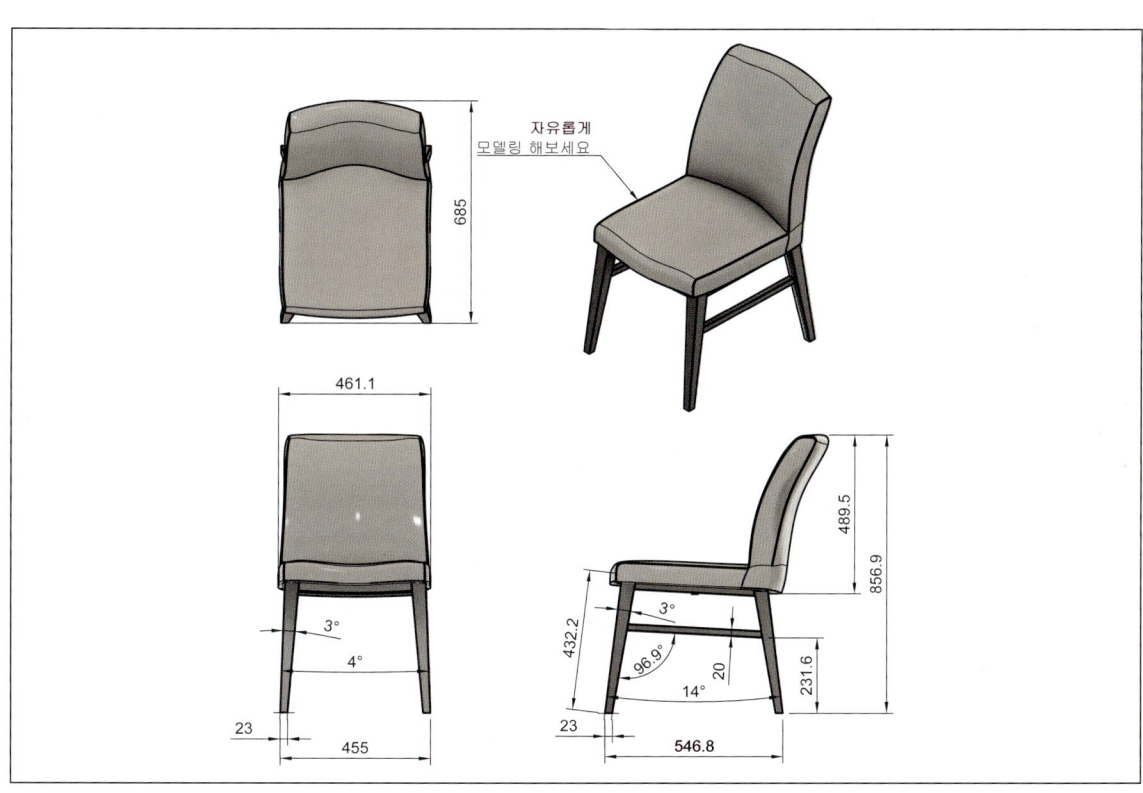

# Part 05 자유형 모델링

## CHAPTER 04 컨셉 고래 모델링 예제

이번시간에는 자유형과 솔리드를 혼합해서 응용한 컨셉 고래 모델링을 작성해 보도록 하겠습니다.

### 01 도면과 학습 목표

이번 시간에 우리가 학습할 예제를 확인해 보도록 하겠습니다.

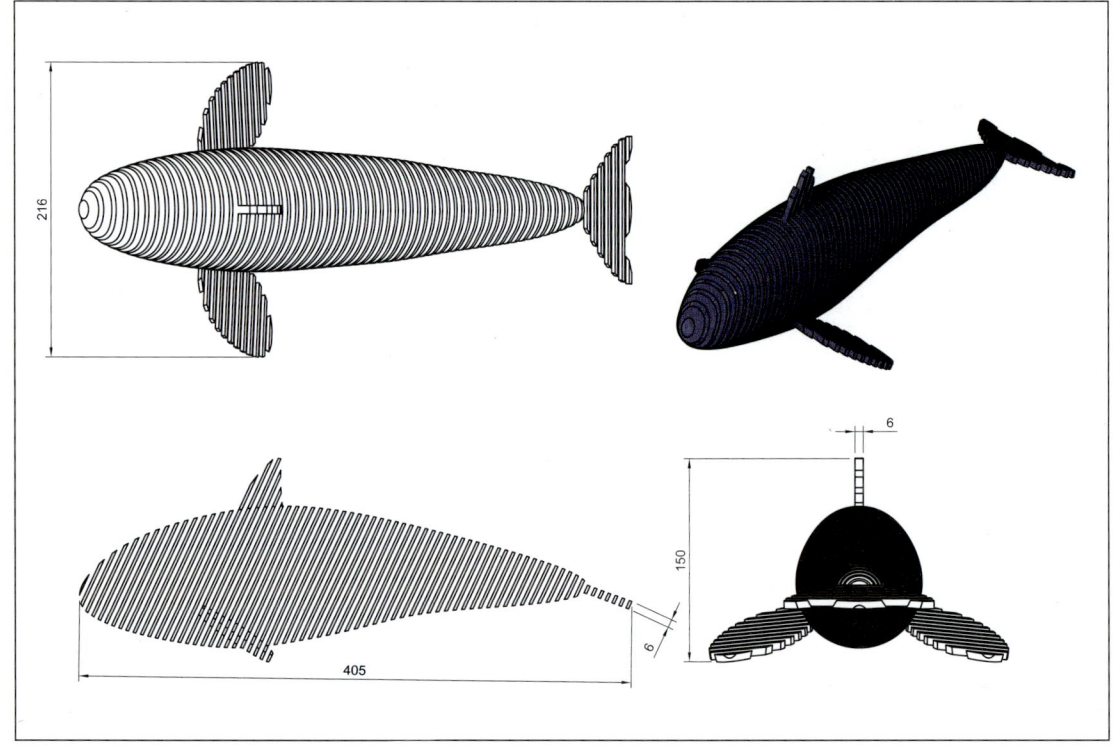

이번 시간에 우리는 다음과 같은 사항을 배우게 됩니다.

- 꼭지점 삭제하여 형상 수정하기
- 대칭 옵션이 설정된 상태로 형태 수정하기
- 자유형 개체와 솔리드 개체 융합하여 모델링하기

## 02 기본 형상 작성하기

정면도(XY평면)에 스케치를 작성해 프로파일을 작성합니다.

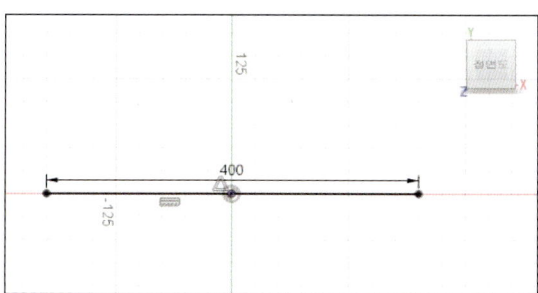

**작성 – 자유형 작성** 명령을 실행해 폼 환경을 시작합니다.

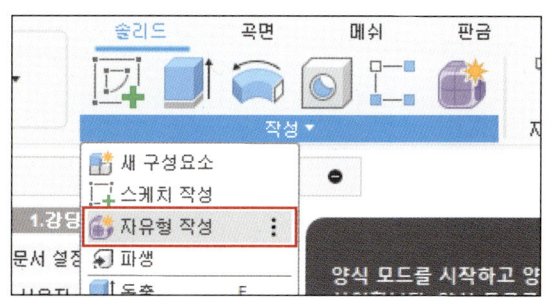

**작성 – 상자** 명령을 실행합니다.

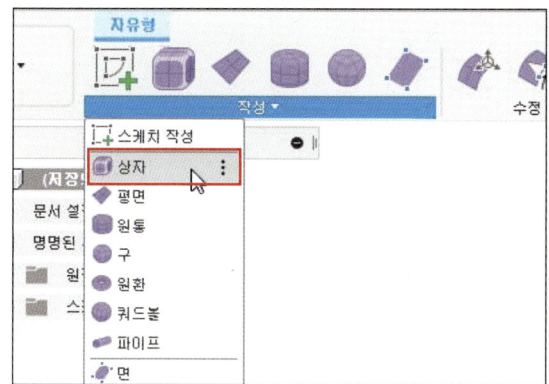

평면도(XZ평면)을 선택합니다.

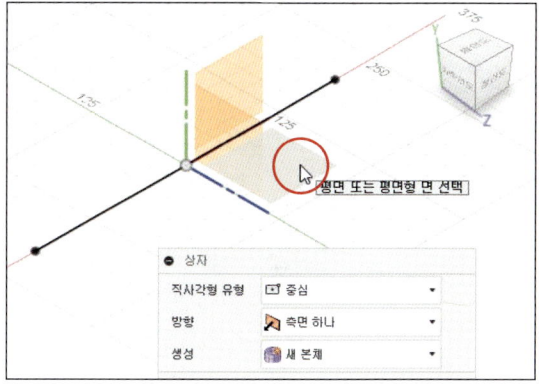

원점을 선택해 사각형을 작성합니다.

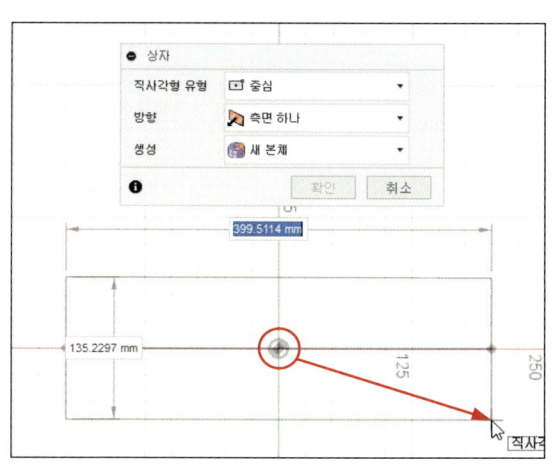

상자가 미리보기가 되면 대칭 항목을 **미러**로 바꿉니다.

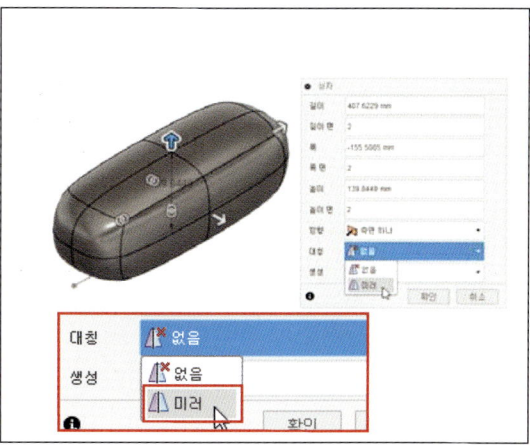

# Part 05 자유형 모델링

 **Tip**

## 대칭과 미러의 차이가 뭔가요?

이 두 개의 단어는 단순한 뜻은 비슷하지만 포괄적으로는 많이 다릅니다. 굳이 해석으로써의 차이를 따지자면 대칭은 전체적인 균형 및 대칭된 조화를 뜻하는 것이고 미러는 대칭되어 존재한다는 비교적 작은 뜻을 의미합니다. 하지만 굳이 이 두 개의 옵션 단어에 대해서 너무 심각하게 받아들이지 말고 둘 다 대칭을 의미한다고 단순하게 생각해도 됩니다.

**폭 대칭** 항목에 체크하면 다음과 같이 박스 모델링의 중앙 모서리가 초록색으로 표시됩니다.

다음과 같이 각 **면**의 갯수를 다음과 같이 지정한 후 **확인** 버튼을 클릭해서 박스를 작성합니다.

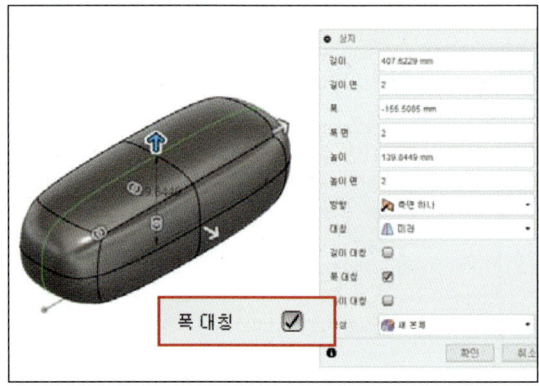

**자유형 편집** 명령을 실행해 다음과 형상을 편집합니다.

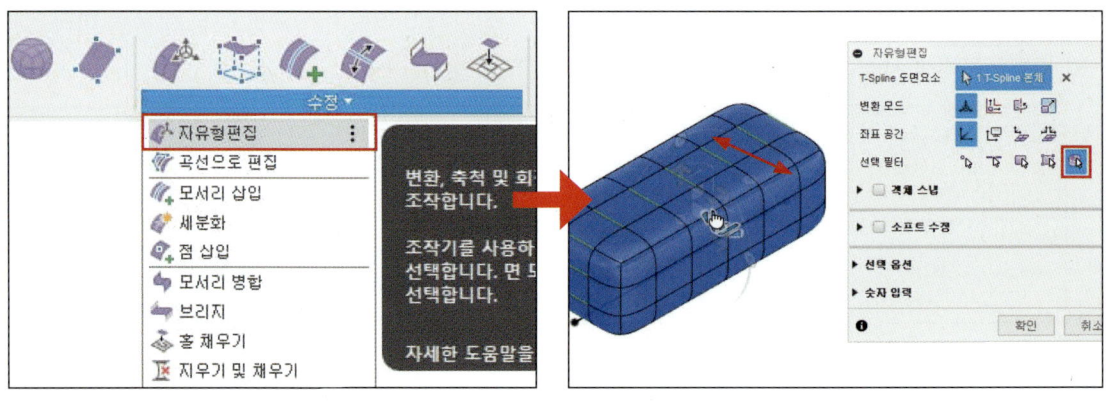

▲ 양식 편집 명령 실행      ▲ 전체 폭 조정

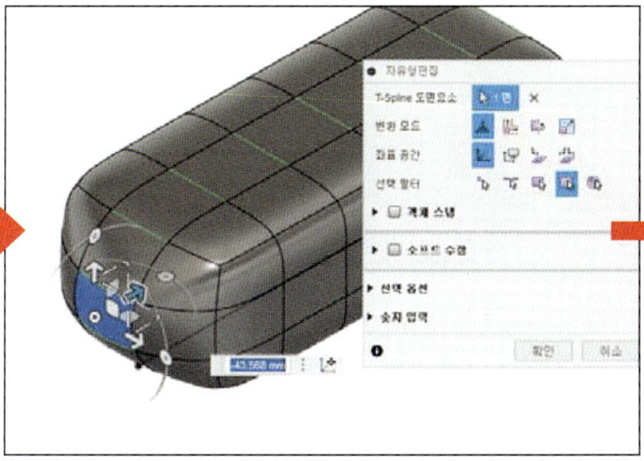

# Chapter 4 컨셉 고래 모델링 예제

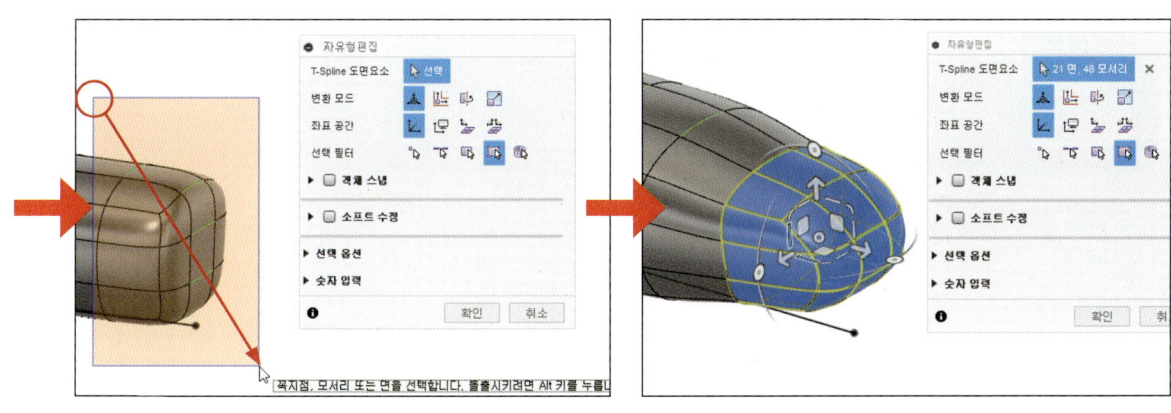

▲ 앞쪽 형상 수정  ▲ 외곽 모서리 조정

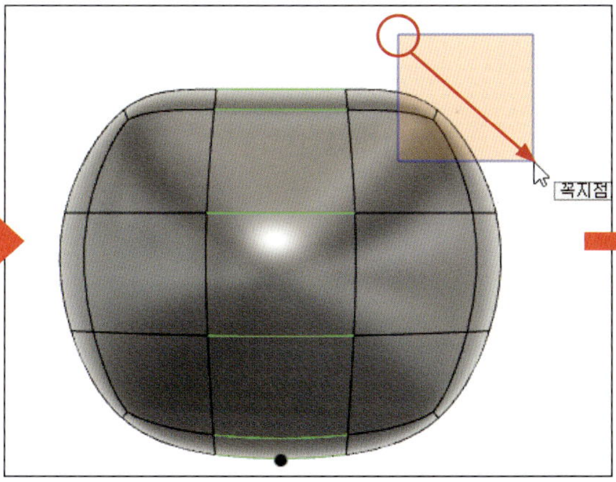

▲ 외곽 모서리 선택 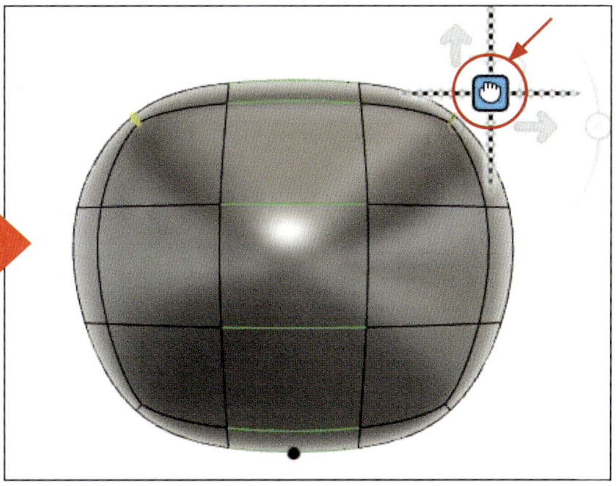 ▲ 안쪽으로 이동

▲ 뒤쪽 형상 선택 ▲ 축척을 줄임

# Part 05 자유형 모델링

양식 편집 명령을 마친 후 아래쪽 모서리를 더블클릭합니다.

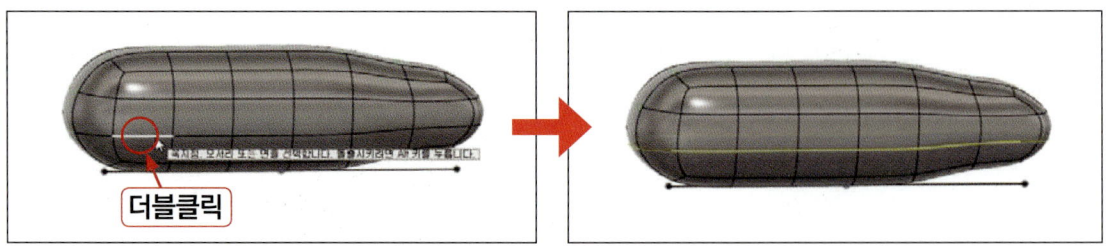

▲ 모서리 더블클릭 　　　　　　　　　▲ 루프 선택됨

키보드에서 **Delete 키**를 누르면 다음과 같이 모서리가 삭제됩니다.

다시 **양식 편집** 명령을 실행해 형태를 다음과 같이 수정합니다.

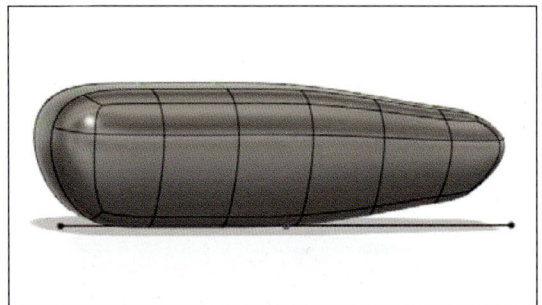
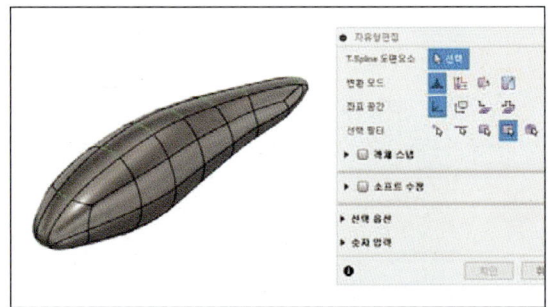

 **Tip**

모서리를 삭제하려면 반드시 양식 편집 명령을 종료해야 합니다.

## 03 지느러미 형상 작성하기

**작성 – 평면** 명령을 실행해서 직사각형 유형을 **2점**으로 변경합니다.

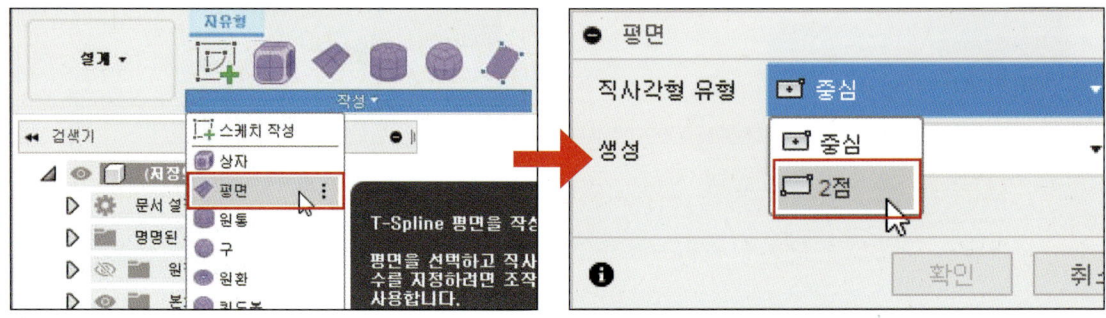

▲ 평면 명령 실행 　　　　　　　　　▲ 사각형 타입 변경

## Chapter 4 컨셉 고래 모델링 예제

평면도를 선택한 다음 사각형을 다음과 같이 작성합니다.

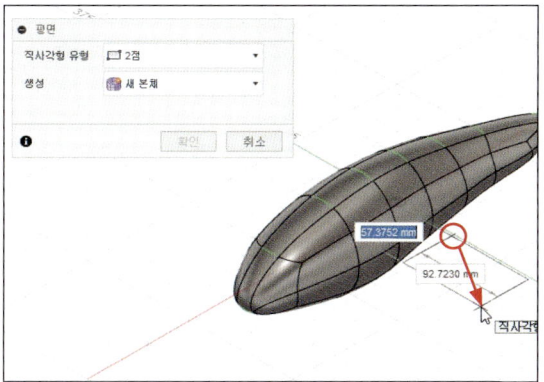

다음과 같이 설정한 후 확인 버튼을 클릭해 작성합니다.

작성된 면의 각 끝점을 선택해 **삭제** 명령을 실행합니다.

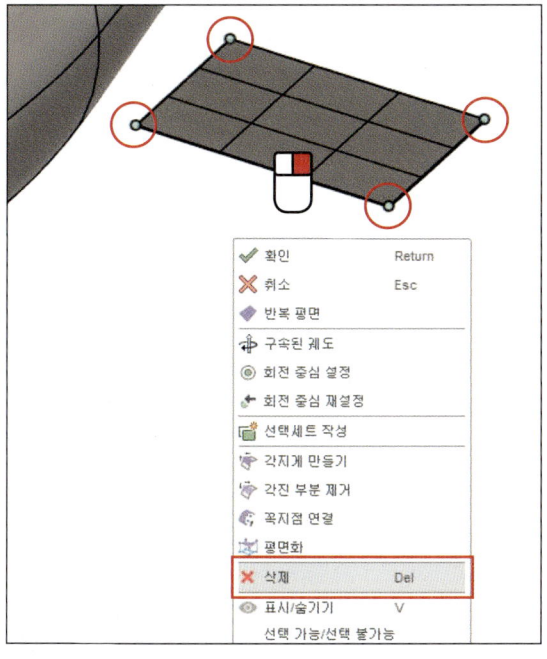

다음과 같이 끝점이 삭제되면서 면이 둥글게 변경됩니다.

### Tip

마우스 우측 버튼 메뉴로 삭제 명령을 클릭해도 되고 키보드의 Delete(삭제) 버튼을 눌러도 됩니다.

**자유형 편집** 명령을 실행해 크기와 위치를 다음과 같이 변경합니다.

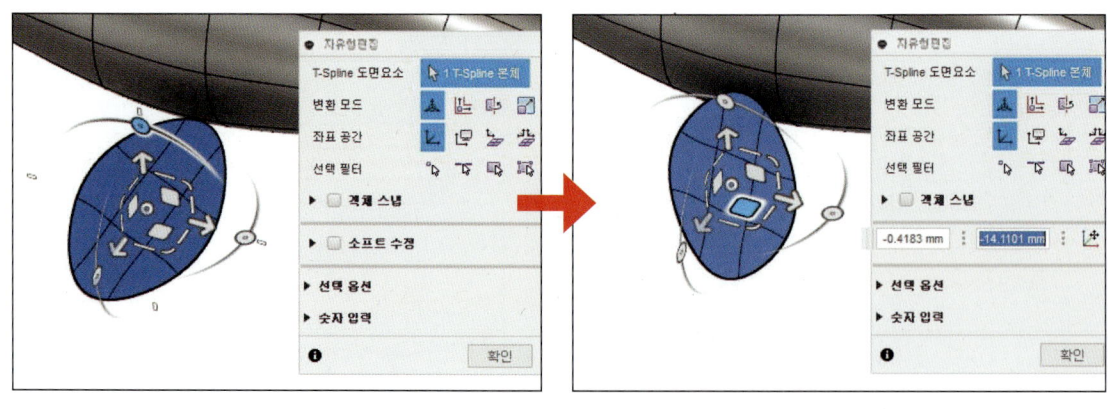

▲ 크기와 위치 각도 변경　　　　▲ 위치 변경

이제 꼬리지느러미를 작성하기 위해 **평면** 명령을 실행해서 평면도에 다음과 같이 작성합니다.

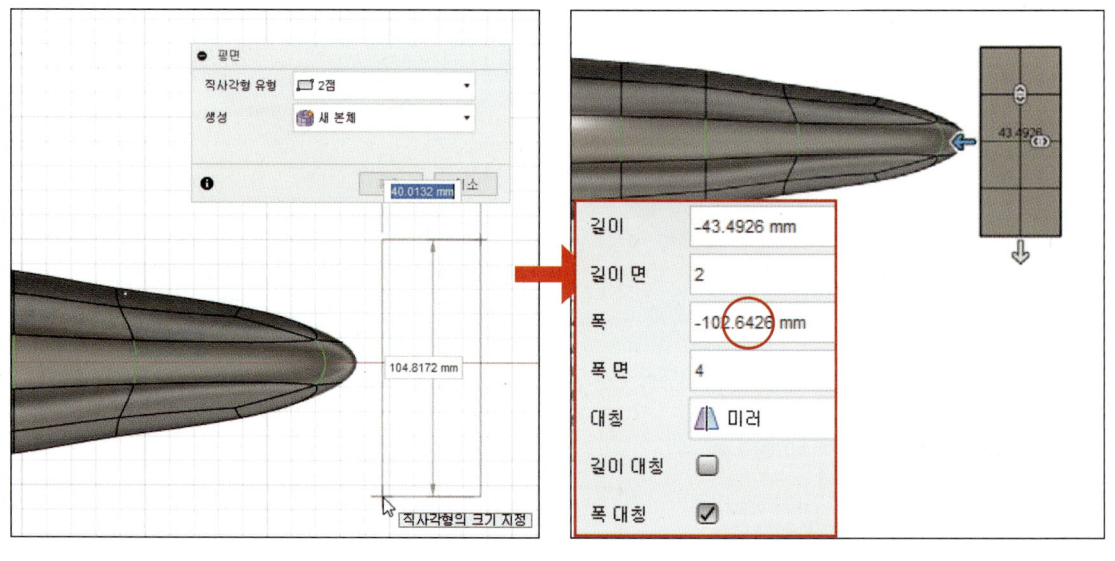

▲ 평면 작성　　　　▲ 평면 옵션 설정

다음 끝점을 삭제합니다.

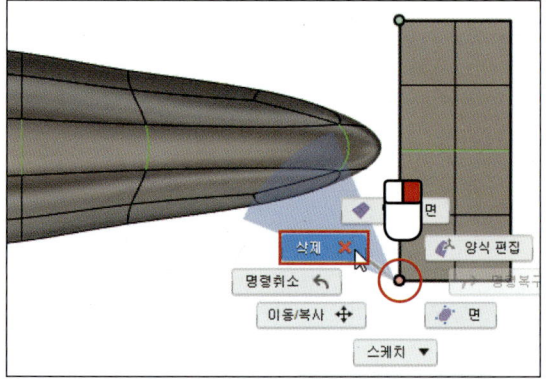

> **Tip**
> 작성한 면이 대칭 상태이므로 한쪽 점만 지워도 반대편 점도 함께 지워집니다.

**양식 편집** 명령을 실행해 형태와 위치를 다음과 같이 수정합니다.

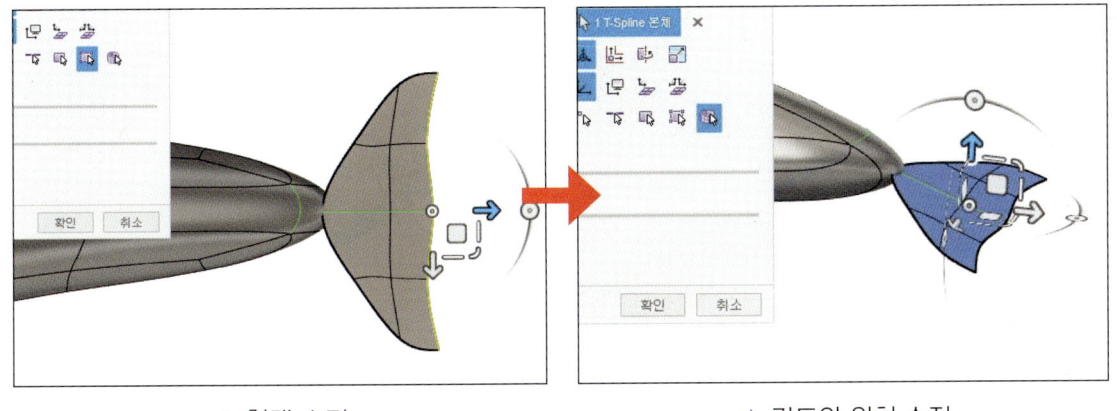

▲ 형태 수정    ▲ 각도와 위치 수정

**양식 마침** 명령을 클릭해서 자유형 환경을 마칩니다.

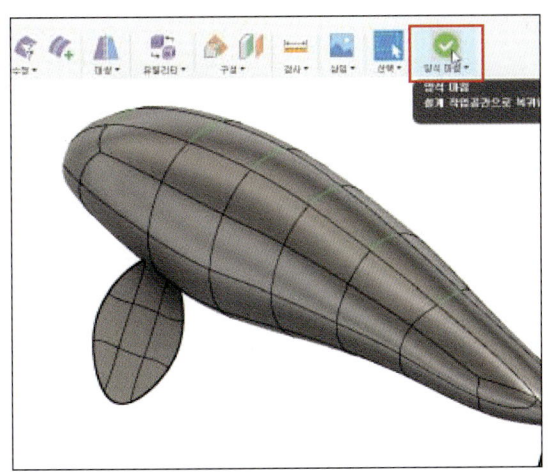

정면도(XY평면)에 스케치를 생성해 프로파일을 작성합니다.

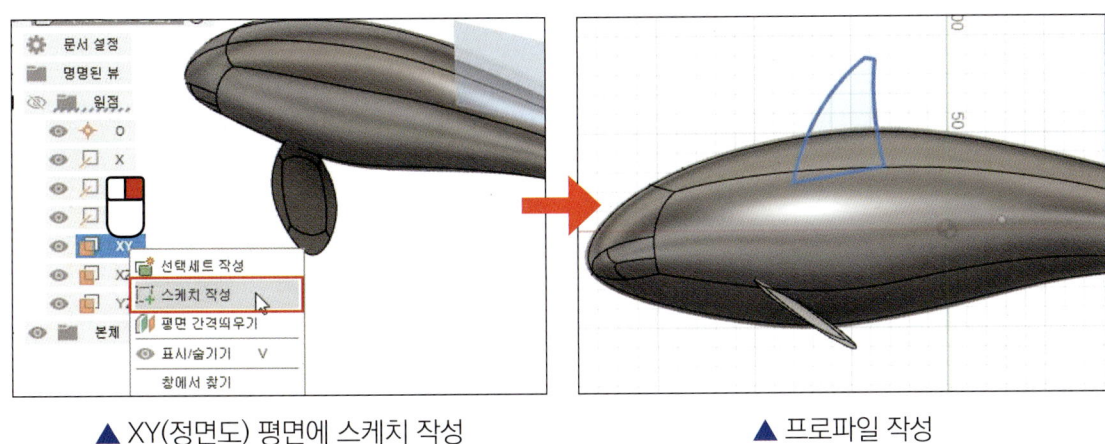

▲ XY(정면도) 평면에 스케치 작성    ▲ 프로파일 작성

473

# Part 05 자유형 모델링

**돌출** 명령을 실행해 다음과 같이 작성합니다.

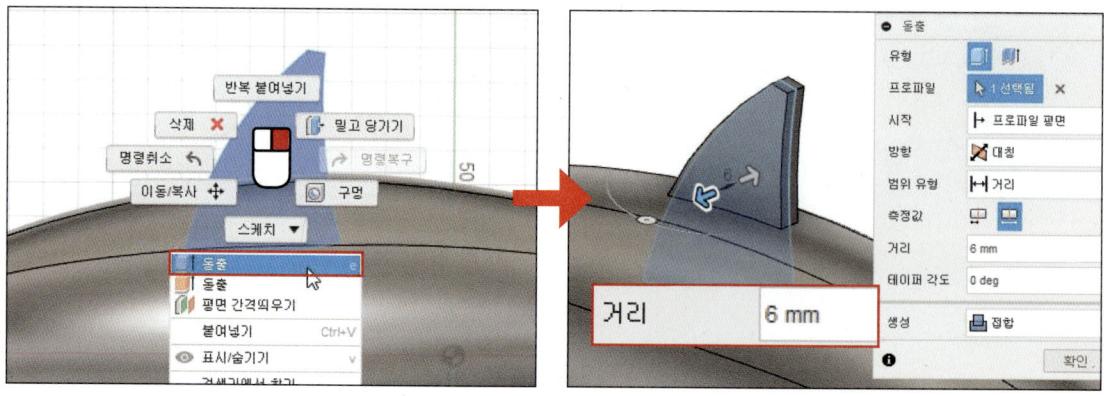

▲ 돌출 명령 실행　　　　　▲ 돌출 옵션 설정

**두껍게 하기** 명령을 실행해 다음과 같이 작성합니다.

꼬리지느러미 형상도 **두껍게 하기** 명령을 실행해 다음과 같이 작성합니다.

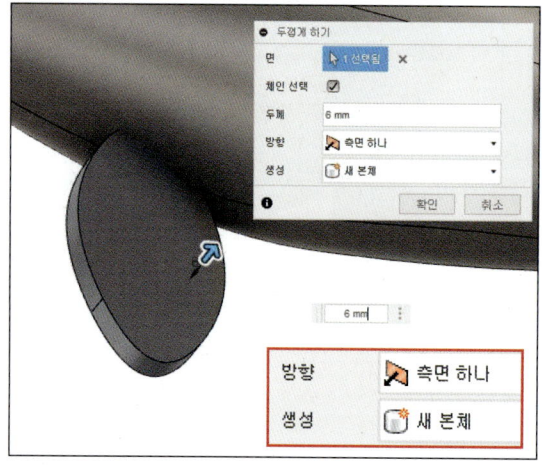
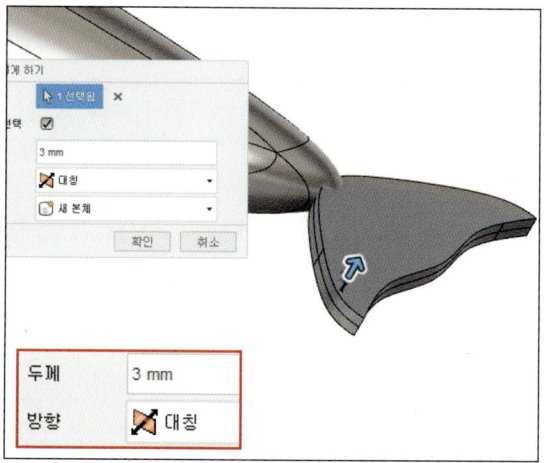

**미러** 명령을 실행해 다음과 같이 작성합니다.

**결합** 명령을 실행해 다음과 같이 작성합니다.

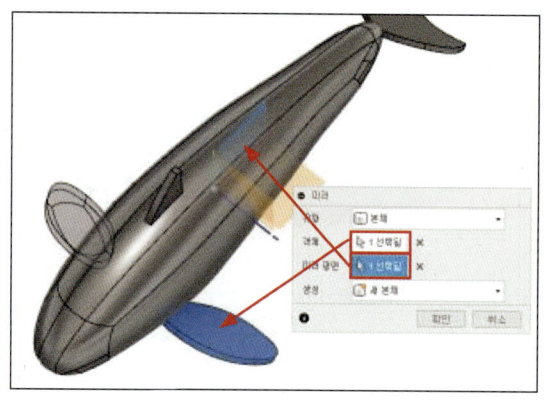
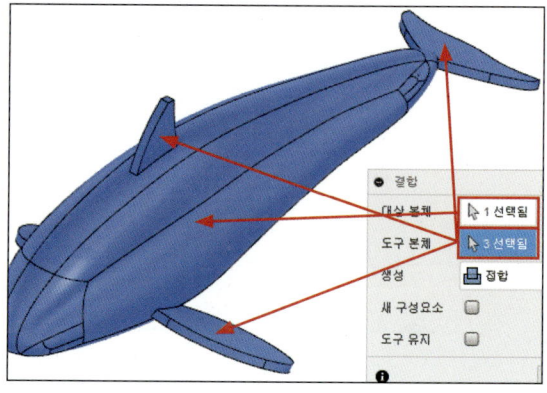

## 04 응용 형태 작성하기

정면도(XY평면)에 스케치를 생성합니다.

**3점 사각형** 명령을 실행합니다.

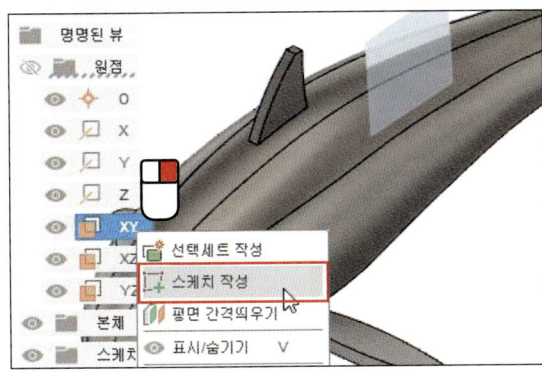
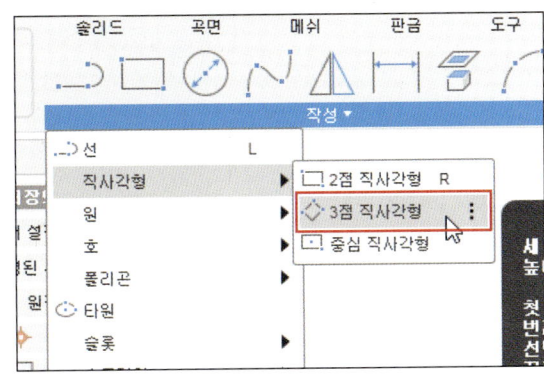

다음과 같이 3점 사각형을 작성합니다.

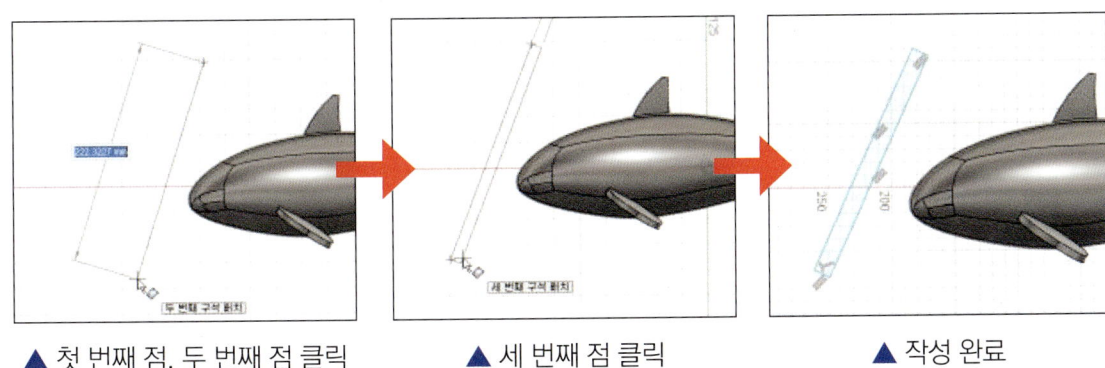

▲ 첫 번째 점, 두 번째 점 클릭    ▲ 세 번째 점 클릭    ▲ 작성 완료

폭 치수를 다음과 같이 작성합니다.

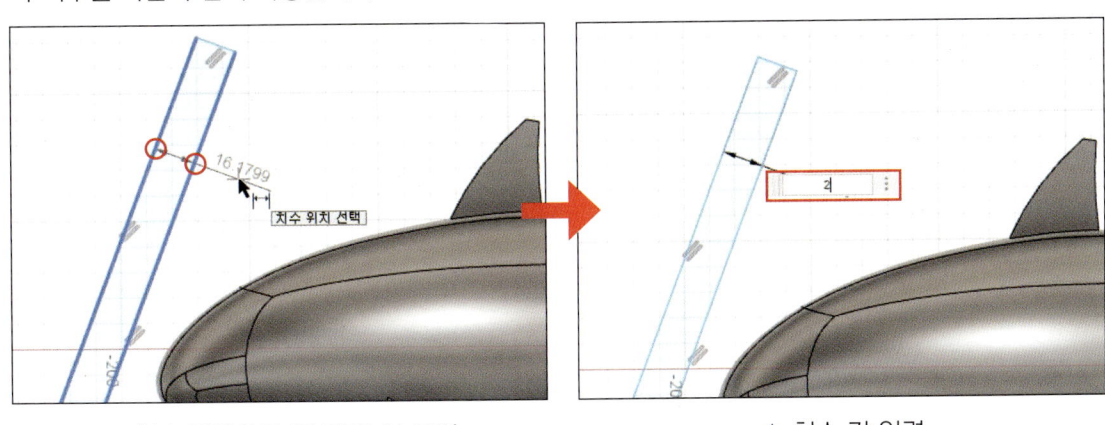

▲ 치수 명령으로 두 개의 선 클릭    ▲ 치수 값 입력

# Part 05 자유형 모델링

**돌출** 명령을 실행해 다음과 같이 작성합니다.

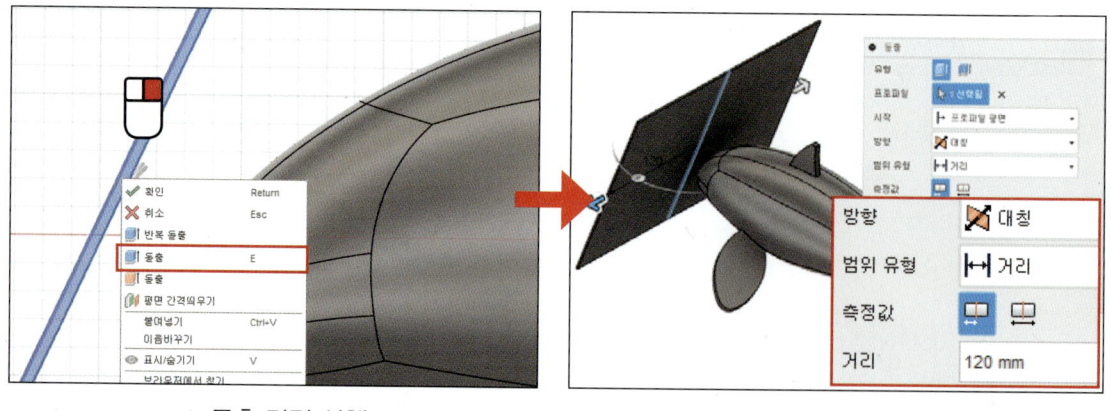

▲ 돌출 명령 실행    ▲ 돌출 돌출 옵션 설정

모양 명령을 실행해 **페인트 – 광택 – 페인트 에나멜 광택(파란색)** 항목을 적용합니다.

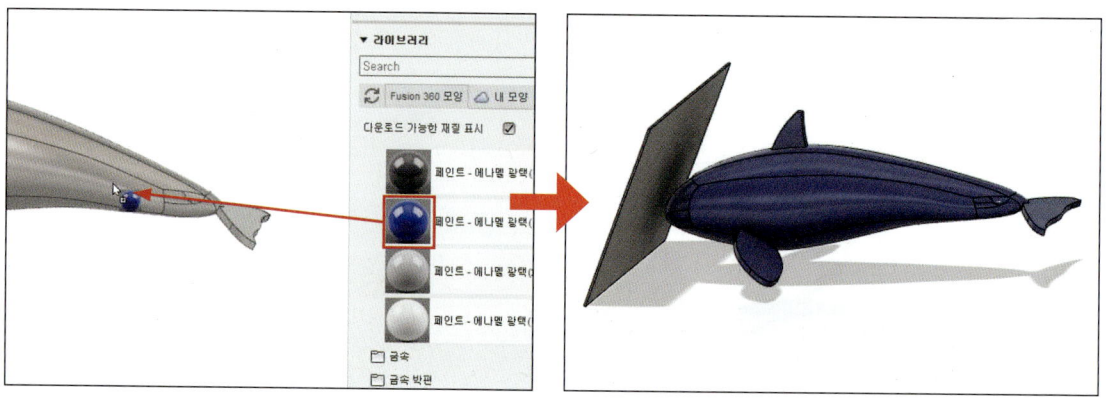

▲ 돌출 명령 실행    ▲ 돌출 명령 실행

**직사각형 패턴** 명령을 실행해 다음과 같이 작성합니다.

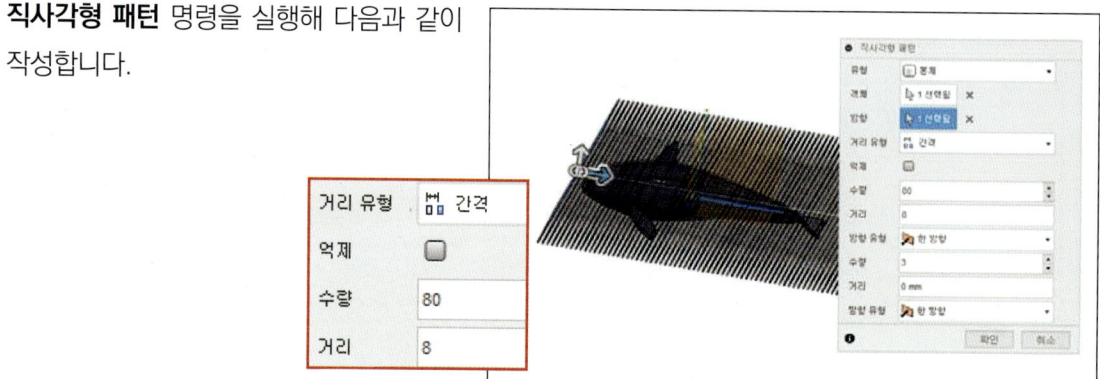

## Chapter 4 컨셉 고래 모델링 예제

**합치기** 명령을 실행해 Target Body를 선택합니다.

**도구 본체** 항목을 선택해 마우스를 걸치기 선택으로 드래그해서 직사각형 패턴된 모든 본체를 선택합니다.

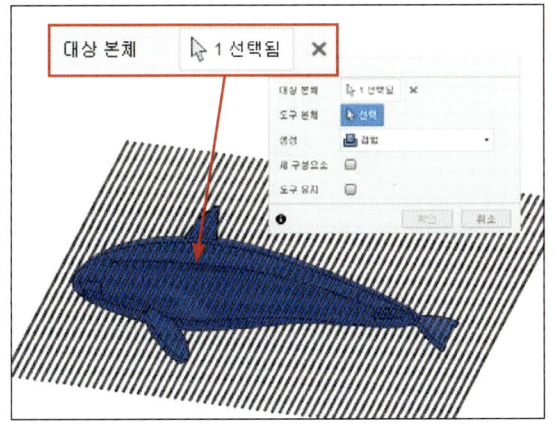

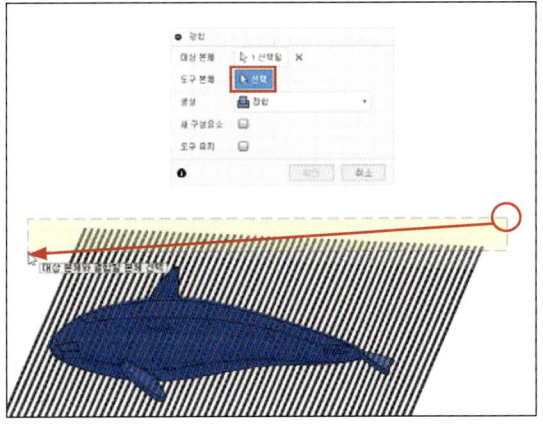

생성 옵션을 **교차**로 변경하고 확인 버튼을 클릭합니다.

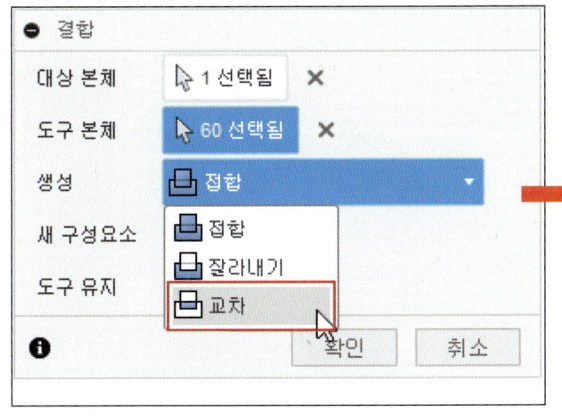

▲ 생성 옵션 수정

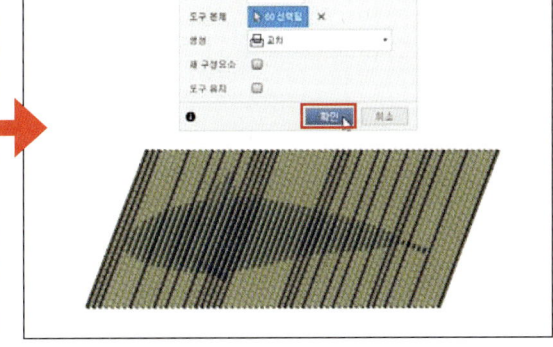

▲ 확인 버튼 클릭

다음과 같이 컨셉 고래가 완성되었습니다.

풀이 과정을 유튜브로
확인해 보세요!

477

 **총정리**

이번 챕터를 통해 우리는 다음과 같은 것들을 배웠습니다.

❶ **꼭지점 삭제하여 형상 수정하기** : 자유형 개체의 꼭지점을 삭제하여 형상을 수정하는 방법에 대해서 학습했습니다. 마찬가지로 자유형 개체의 모서리나 면을 삭제하면 어떻게 형상이 변하는지도 연습해 보도록 합시다.

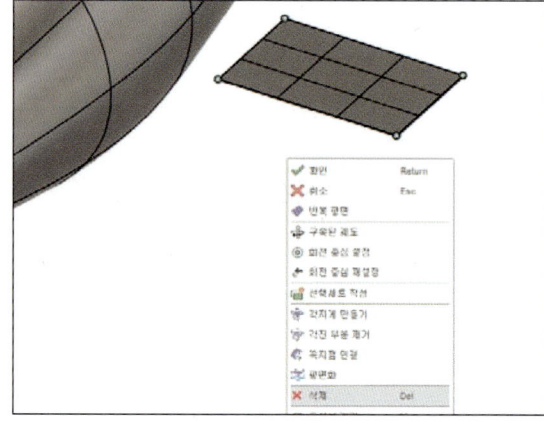

❷ **대칭 옵션이 설정된 상태로 형태 수정하기** : 대칭 옵션이 자유형 개체에 적용되었을 때 형상 편집 명령으로 어떻게 수정하여야 하는지에 대해서 학습하였습니다.

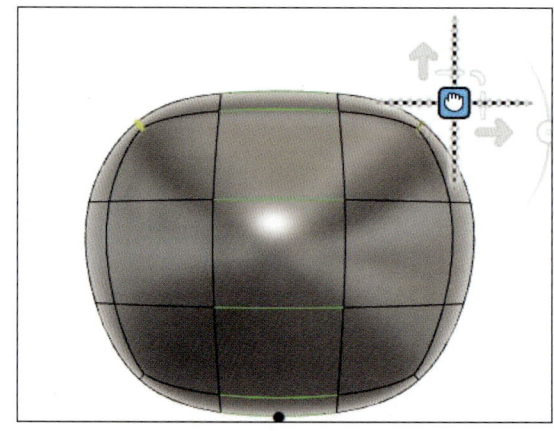

❸ **자유형 개체와 솔리드 개체 융합하여 모델링하기** : 완성된 자유형 개체와 솔리드 개체를 융합하여 형상을 만드는 방법을 학습하였습니다. 이렇게 다른 성질의 개체를 융합하여 모델링하는 방식이 바로 퓨전 모델링 방식입니다.

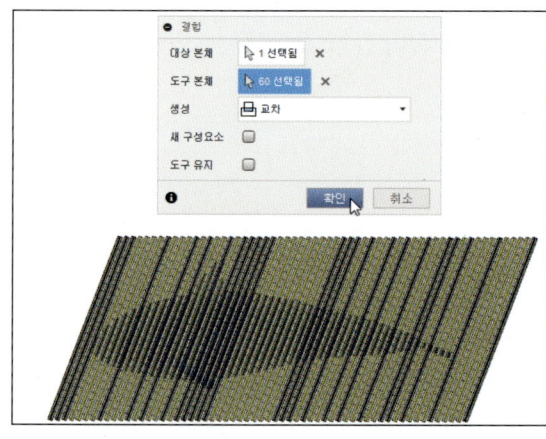

# 연습예제

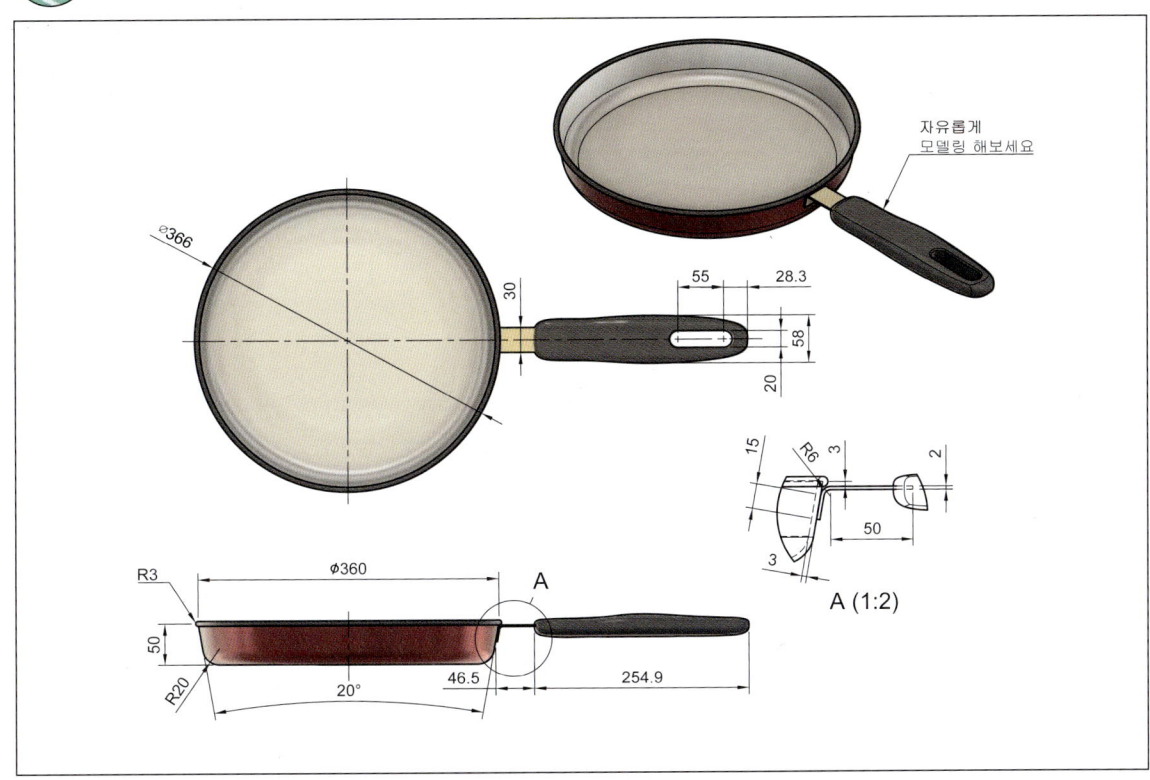

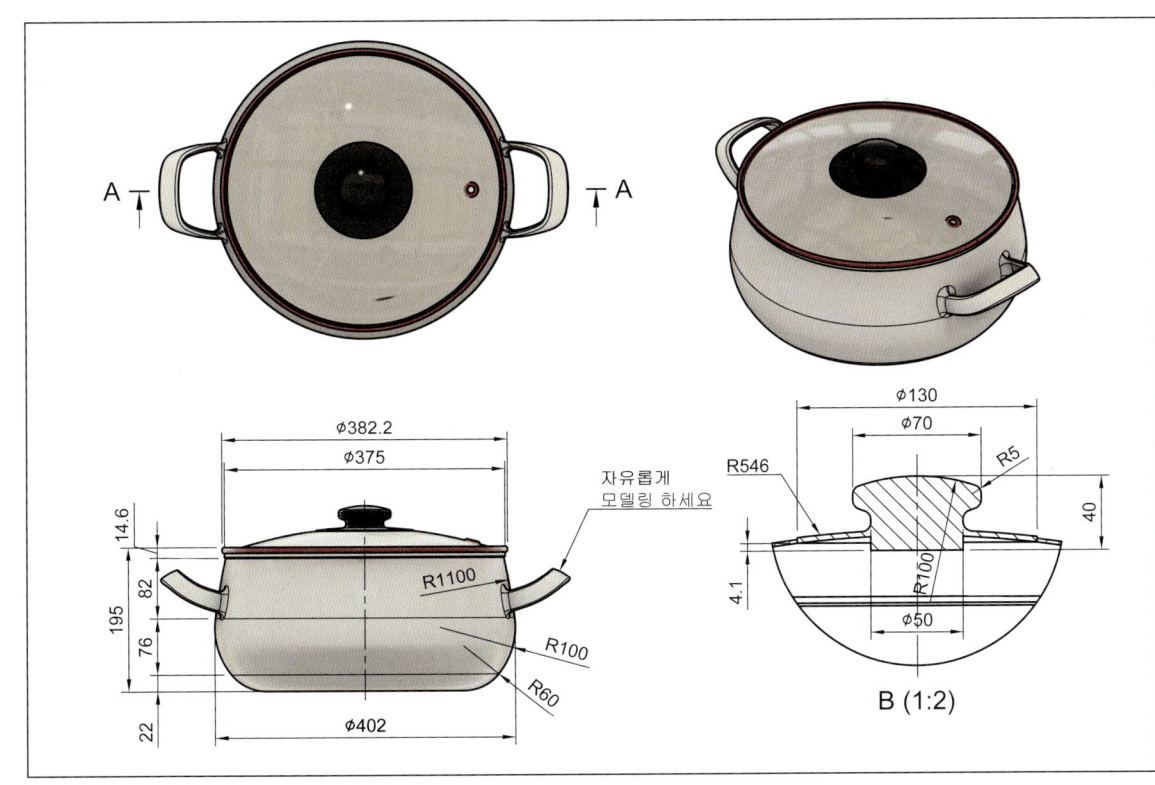

Part 05 자유형 모델링

# CHAPTER 05 코끼리 캐릭터 모델링 예제

Autodesk Fusion

이번시간에는 자유형과 솔리드를 혼합해서 응용한 컨셉 고래 모델링을 작성해 보도록 하겠습니다.

## 01 도면과 학습 목표

이번 시간에 우리가 학습할 예제를 확인해 보도록 하겠습니다.

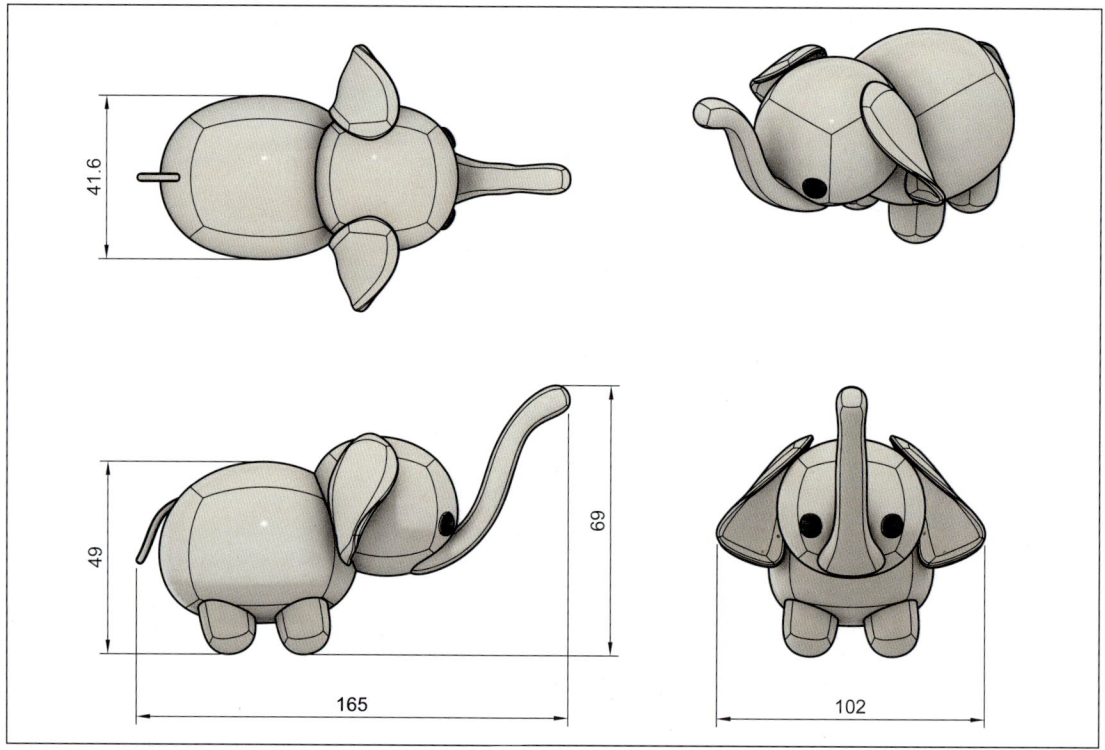

이번 시간에 우리는 다음과 같은 사항을 배우게 됩니다.

- 기본체 형상 작성하기
- 곡면 돌출 사용하기
- 두께주기 활용하기

## Chapter 5 코끼리 캐릭터 모델링 예제

## 02 기본 형상 작성하기

Autodesk Fusion

정면도(XY평면)에 스케치를 작성해 프로파일을 작성합니다.

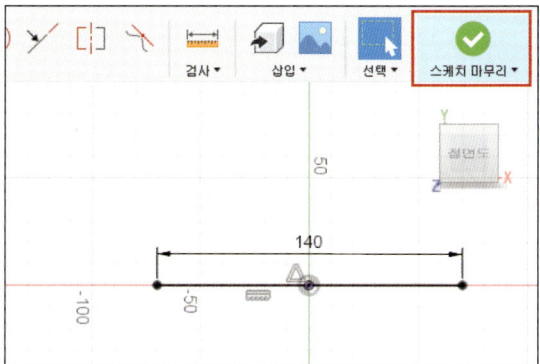

**양식 작성** 명령을 실행해 폼 환경을 시작합니다.

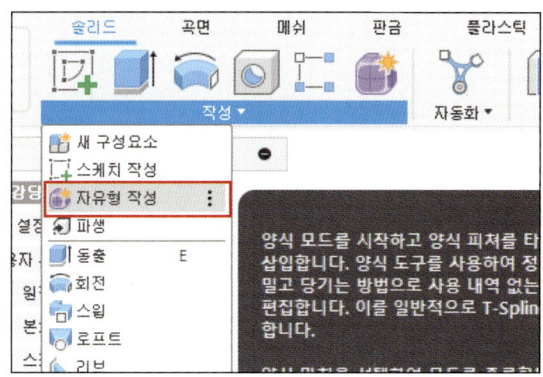

**쿼드볼** 명령을 실행합니다.

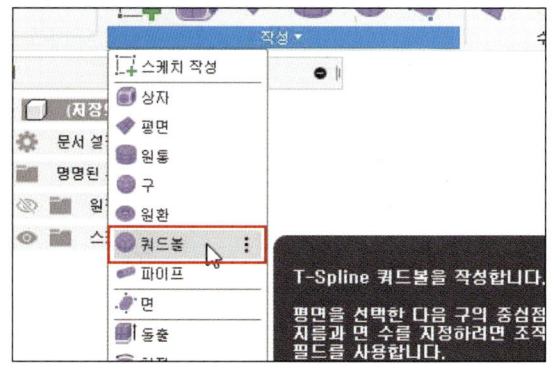

정면도를 선택합니다.

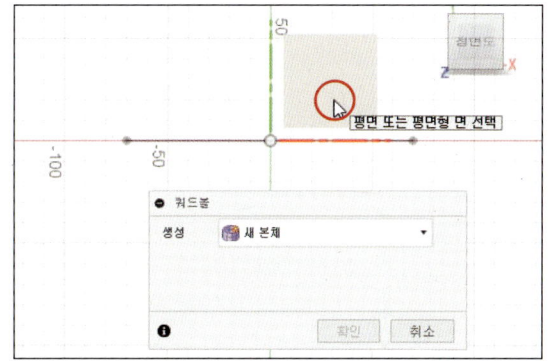

원점을 선택합니다.

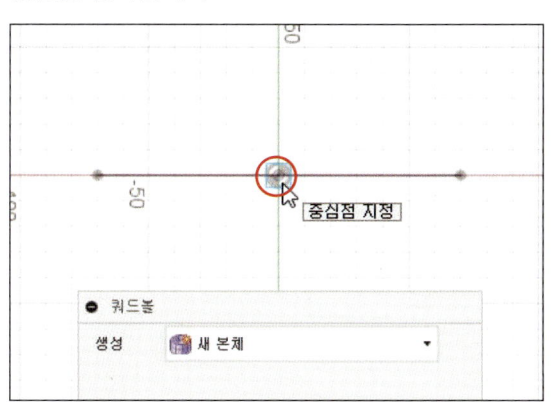

지름과 스팬 면의 갯수를 설정한 후에 대칭 옵션을 **미러**로 변경합니다.

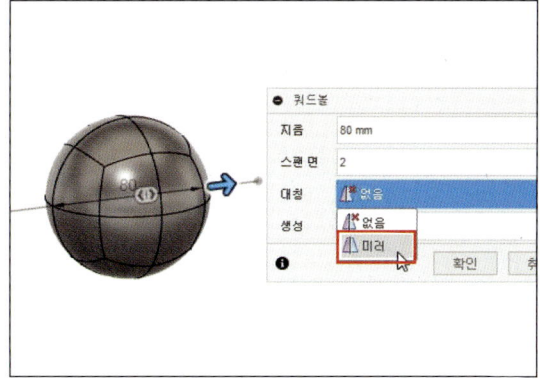

481

# Part 05 자유형 모델링

**확인** 버튼을 클릭해 쿼드볼 작성을 마무리합니다.

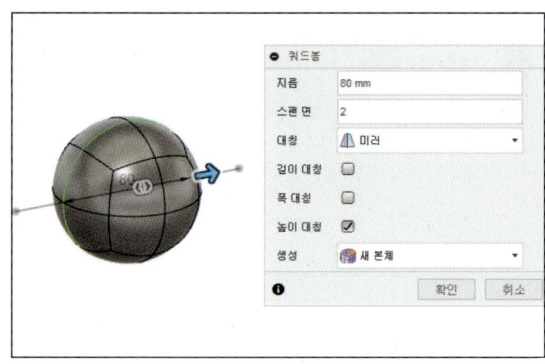

**자유형 편집** 명령을 실행해 다음과 같이 쿼드볼의 형상을 변경합니다.

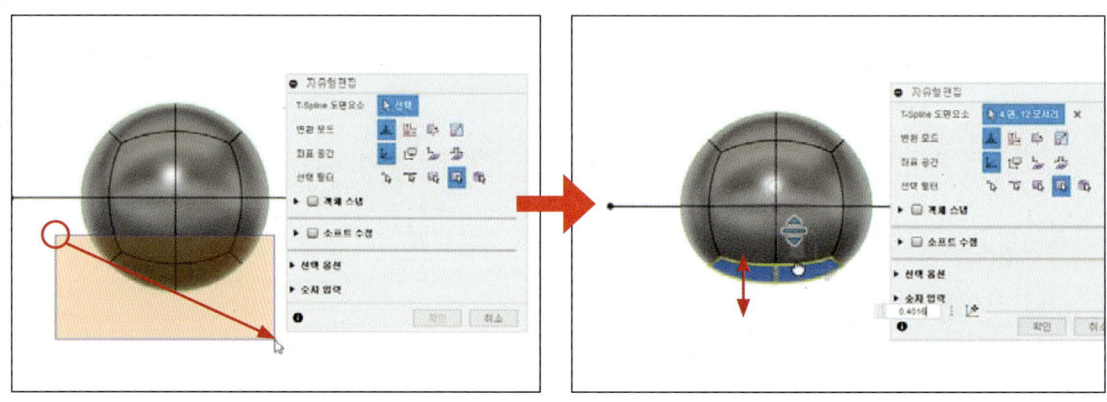

▲ 아래 면들 선택     ▲ 축척 핸들로 눌린 상태로 변경

▲ 축척 핸들로 전체 높이를 눌림 상태로 바꿈     ▲ 평면도에서 전체 너비의 축척을 줄임

### Tip

그 외에 상상하는 대로 형태를 수정해서 코끼리 인형의 몸통 형태를 만들어 나갑니다.

**쿼드볼** 명령을 실행해 다음과 같이 설정해 다음 위치에 작성합니다.

**자유형 편집** 명령을 실행해 다음과 같이 쿼드볼의 형상을 변경합니다.

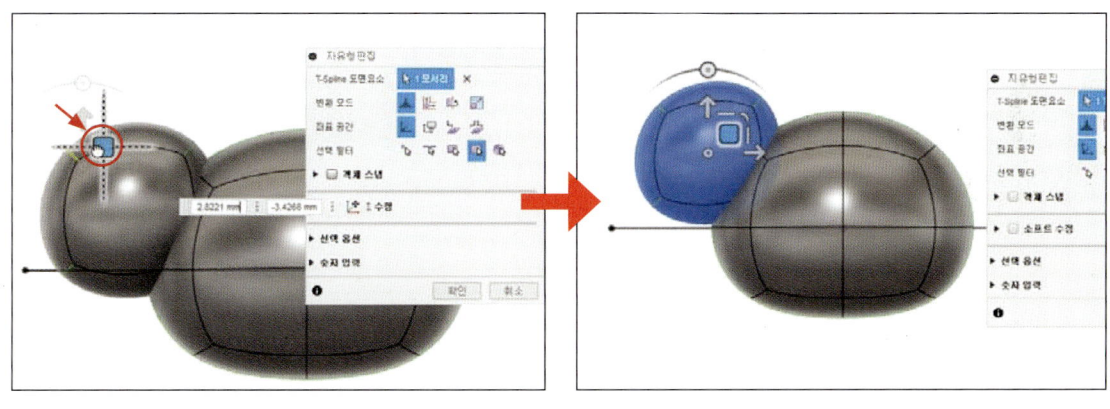

▲ 머리 형태 수정    ▲ 머리 위치 맞춤

**상자** 명령을 실행해 다음 위치에 상자를 작성합니다.

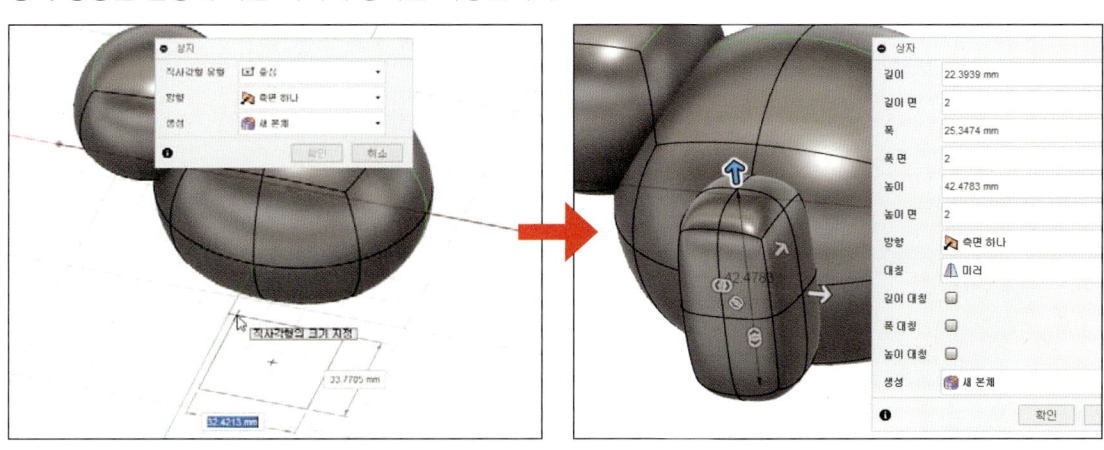

▲ 상자 명령으로 사각형 작성    ▲ 상자의 면개수와 크기 설정

# Part 05 자유형 모델링

**자유형 편집** 명령을 실행해 다음과 같이 상자의 형상을 변경합니다.

▲ 외곽 모서리 선택   ▲ 축척 핸들로 안쪽으로 축소   ▲ 아래쪽 형상 편집

상자의 위치를 다음과 같이 위치시킨 후 브라우저에서 다리 본체를 선택해 **복사**합니다.

**붙여넣기** 명령을 실행합니다.

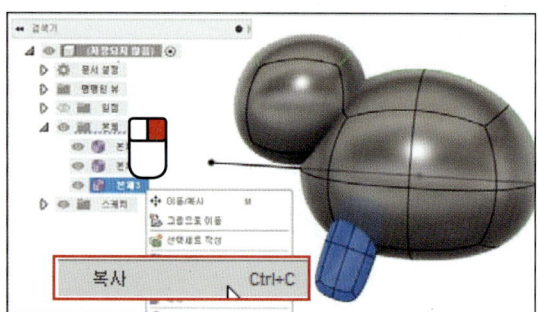
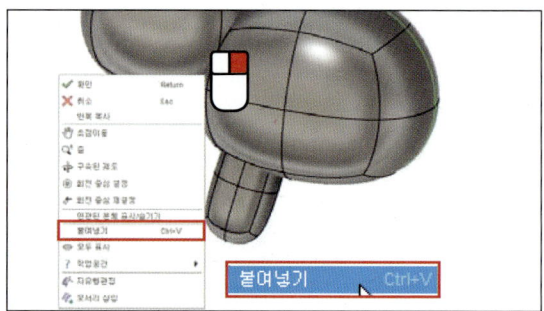

> **Tip**
> 키보드의 Ctrl+C, Ctrl+V 키를 눌러 작성해도 됩니다.

이동 핸들을 드래그하면 그자리에 복제된 본체가 이동됩니다.

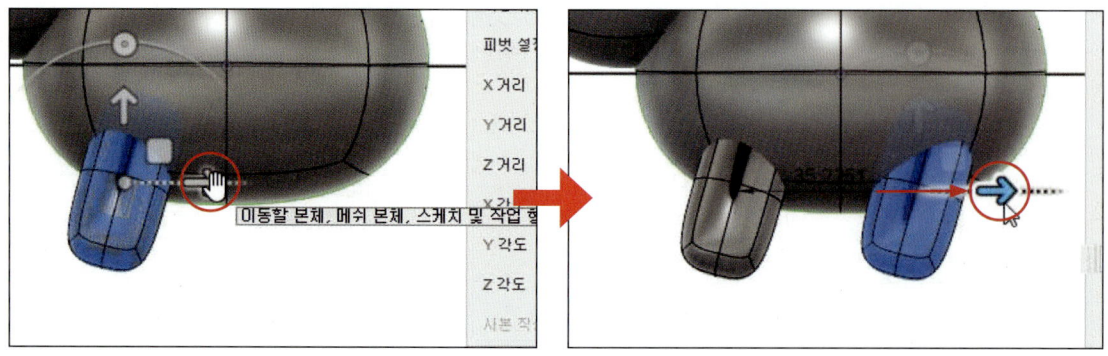

▲ 이동 핸들 드래그   ▲ 복제된 본체가 이동됨

## Chapter 5 코끼리 캐릭터 모델링 예제

**양식 편집** 명령을 실행해 다리의 위치를 세부적으로 변경합니다.

정면도(XY평면)에 스케치를 작성합니다.

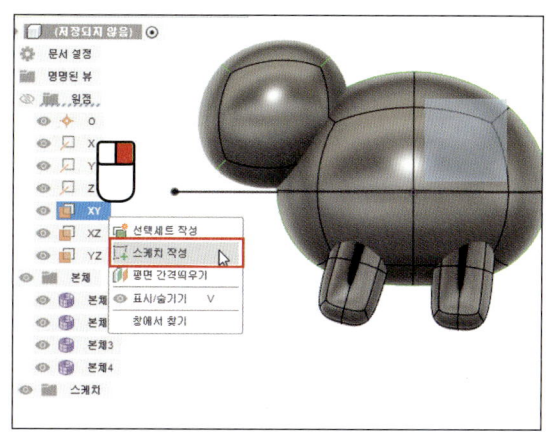

곡선 명령으로 다음과 같이 프로파일을 작성합니다.

**작성 – 파이프** 명령을 실행합니다.

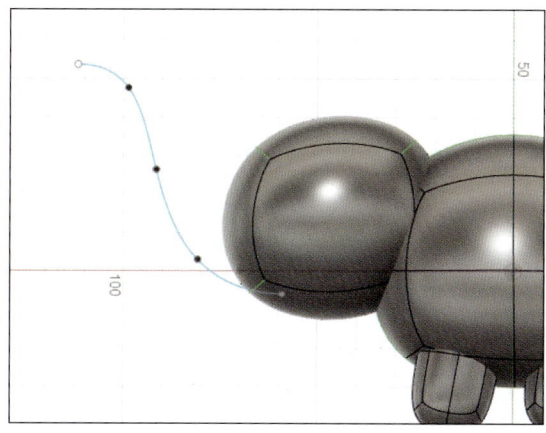
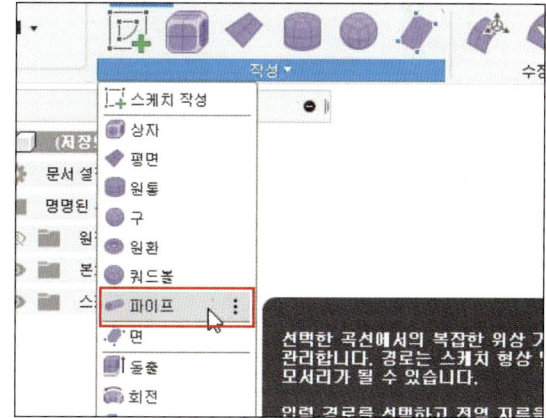

**경로** 항목으로 작성한 곡선을 선택합니다.

**화면표시 모드**를 **부드럽게 화면표시**로 변경합니다.

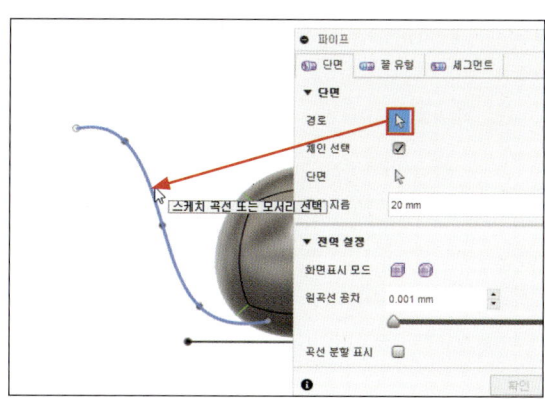
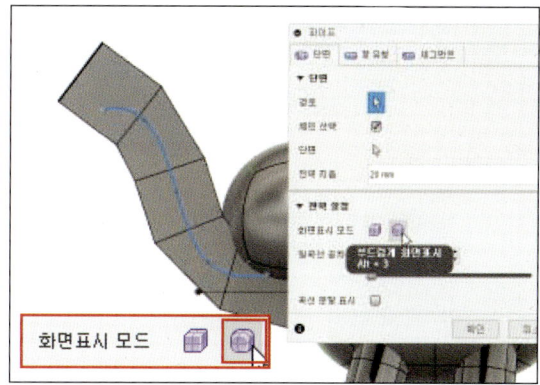

485

# Part 05 자유형 모델링

끝 유형을 **사각형**으로 변경합니다.

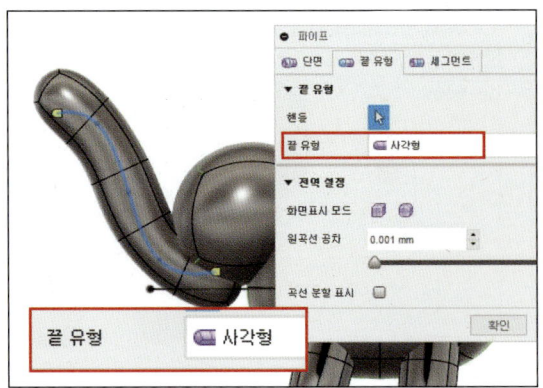

**전역 지름**을 12로 변경해 작성을 완료합니다.

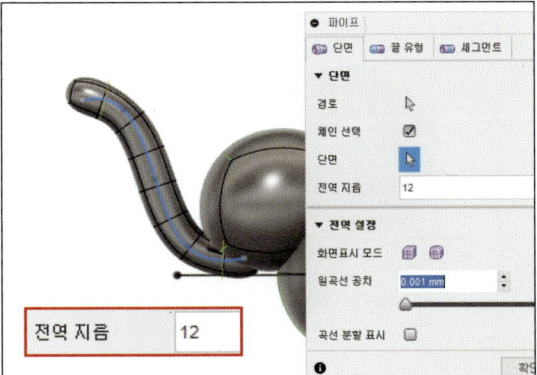

## Command

### 파이프

파이프 형태의 객체를 작성합니다.

#### 1. 단면탭

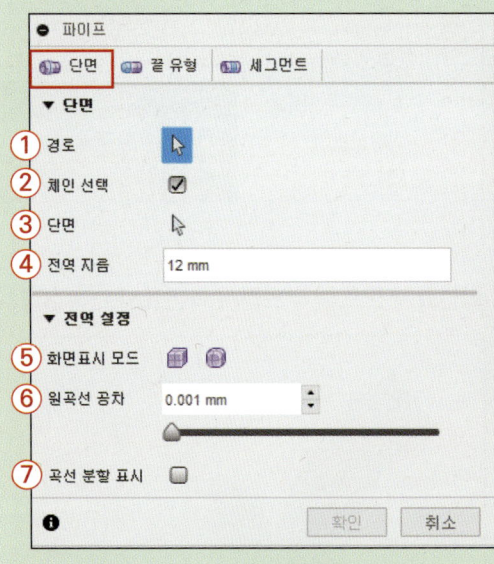

① **경로** : 파이프를 작성할 경로를 선택합니다.

② **체인 선택** : 경로를 체인 선택합니다.

③ **단면** : 경로상에 추가 단면 포지션을 추가합니다.

④ **전역 지름** : 파이프의 기본 직경을 설정합니다.

⑤ **화면표시 모드** : 작성되는 파이프의 표시 모드를 선택합니다. 박스 모드와 부드러운 객체 모드가 있습니다.

⑥ **원곡선 공차** : 커브 공차를 설정합니다.

⑦ **곡선 분할 표시** : 파이프 끝점과 연결점의 위치를 순서대로 표시합니다.

## Chapter 5 코끼리 캐릭터 모델링 예제

### 2. 끝 유형 탭

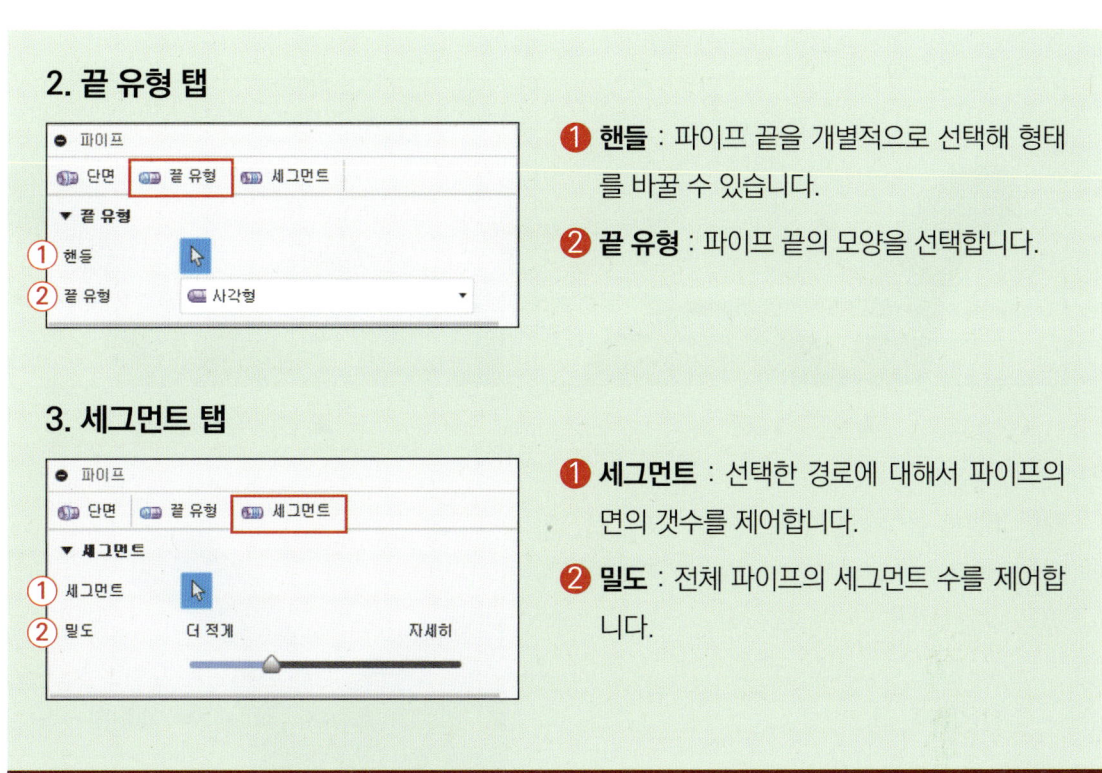

① **핸들** : 파이프 끝을 개별적으로 선택해 형태를 바꿀 수 있습니다.

② **끝 유형** : 파이프 끝의 모양을 선택합니다.

### 3. 세그먼트 탭

① **세그먼트** : 선택한 경로에 대해서 파이프의 면의 갯수를 제어합니다.

② **밀도** : 전체 파이프의 세그먼트 수를 제어합니다.

## 03 세부 형상 작성하기

**대칭 – 미러–내부** 명령을 실행합니다.

작성된 파이프 형상의 양쪽 면을 선택합니다.

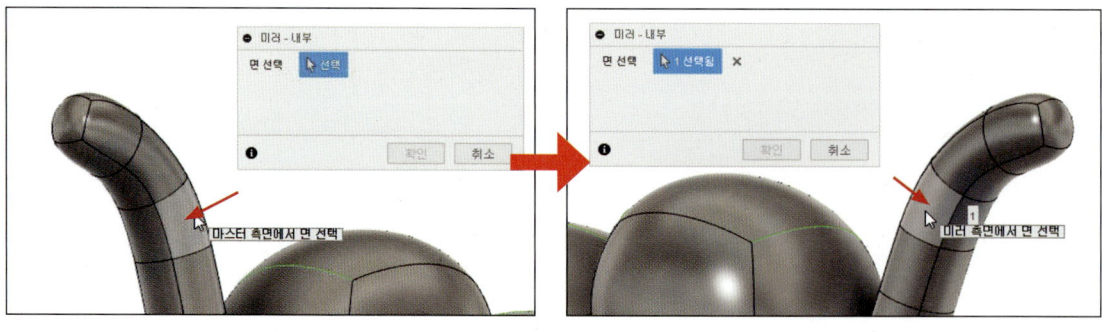

▲ 한쪽면 선택　　　　　　　　　　▲ 반대쪽 면 선택

확인 버튼을 클릭하면 파이프 형상이 대칭 옵션이 적용됩니다.

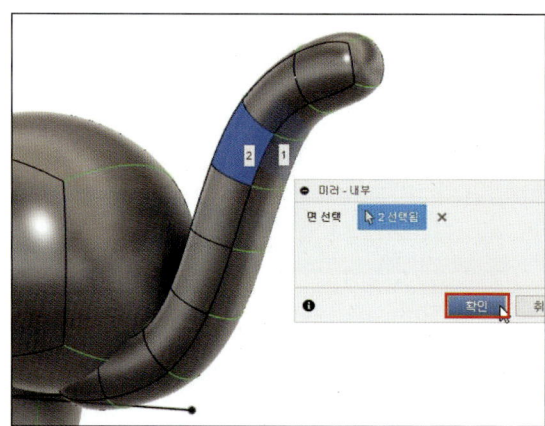

 **Command**

### 대칭 명령의 종류에 대해서

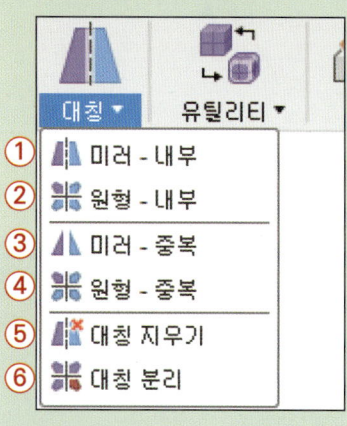

① **미러 - 내부** : 본체 자체의 대칭 관계를 생성합니다.

② **원형 - 내부** : 본체 자체의 원형대칭 관계를 생성합니다.

③ **미러 - 중복** : 대칭 본체를 생성합니다.

④ **원형 - 중복** : 원형패턴 복사 본체를 생성합니다.

⑤ **대칭 지우기** : 본체에 부여된 대칭 관계를 삭제합니다.

⑥ **대칭 분리** : 여러 개의 대칭 본체 중 선택한 본체만 대칭 관계를 삭제합니다.

# Chapter 5 코끼리 캐릭터 모델링 예제

**자유형 편집** 명령을 실행해 파이프 형상을 다음과 같이 변경해서 코끼리 코 모양으로 변경합니다.

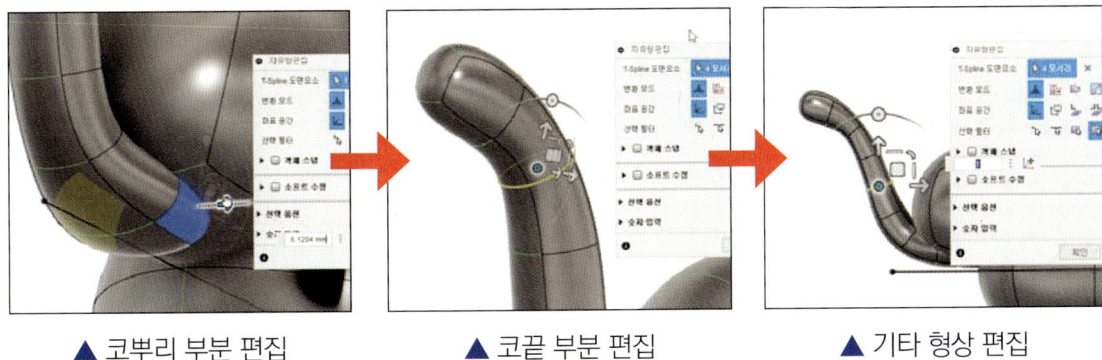

▲ 코뿌리 부분 편집　　　▲ 코끝 부분 편집　　　▲ 기타 형상 편집

정면도(XY평면)에 스케치를 작성해 곡선 명령으로 다음과 같이 프로파일을 작성합니다.

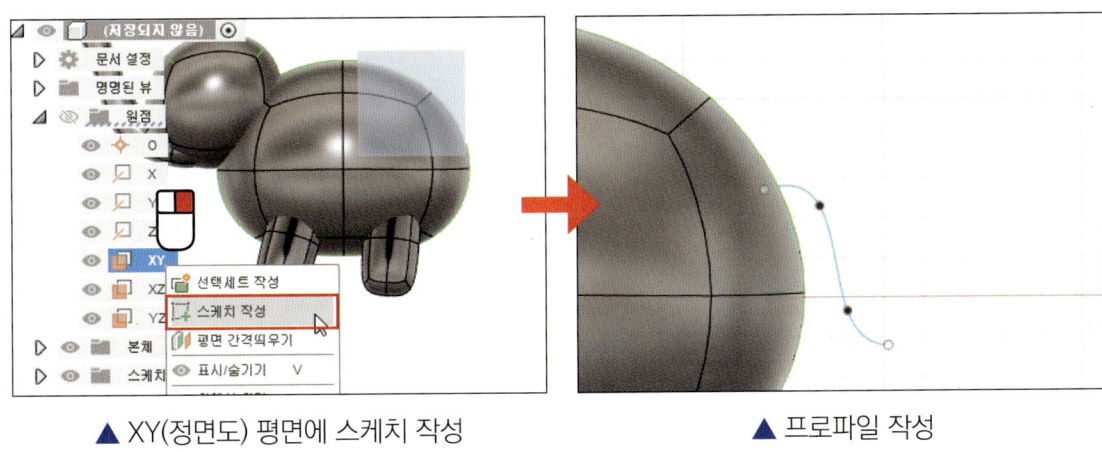

▲ XY(정면도) 평면에 스케치 작성　　　▲ 프로파일 작성

**파이프** 명령을 실행해 다음과 같이 작성합니다.

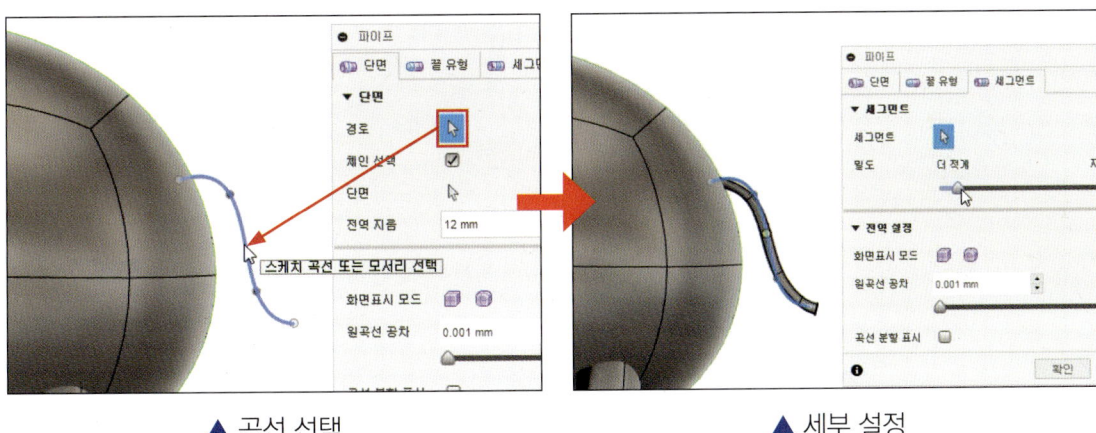

▲ 곡선 선택　　　▲ 세부 설정

## Part 05 자유형 모델링

**평면** 명령을 실행해 다음과 같이 작성합니다.

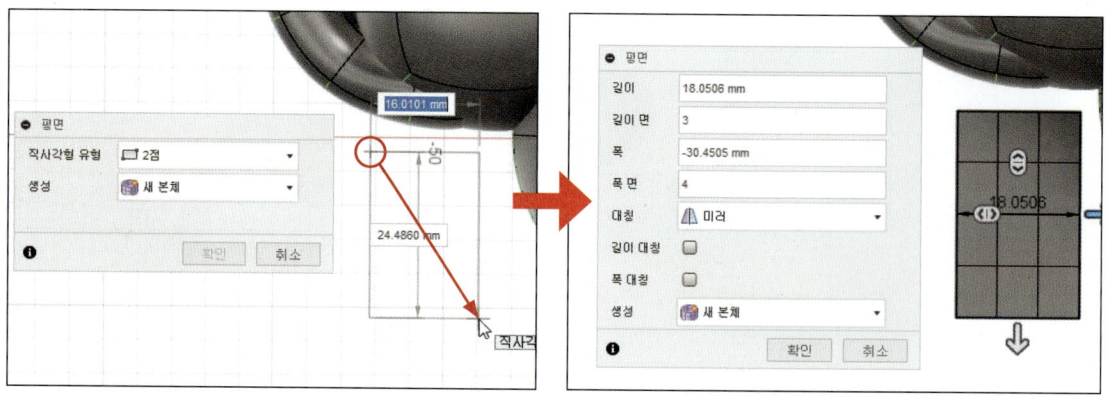

▲ 평면 명령으로 사각형 작성　　　　▲ 세부 옵션 설정

작성된 면의 끝점들을 삭제합니다.

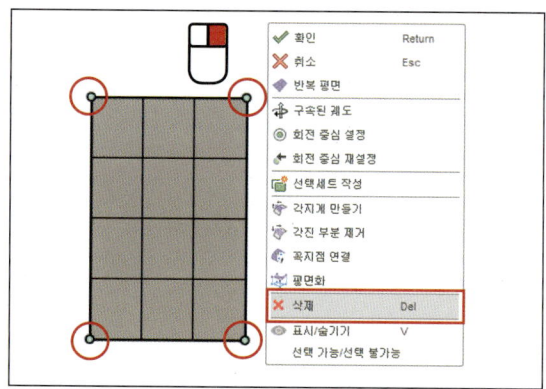

**자유형 편집** 명령을 실행해 작성된 평면의 형상과 위치를 다음과 같이 수정합니다.

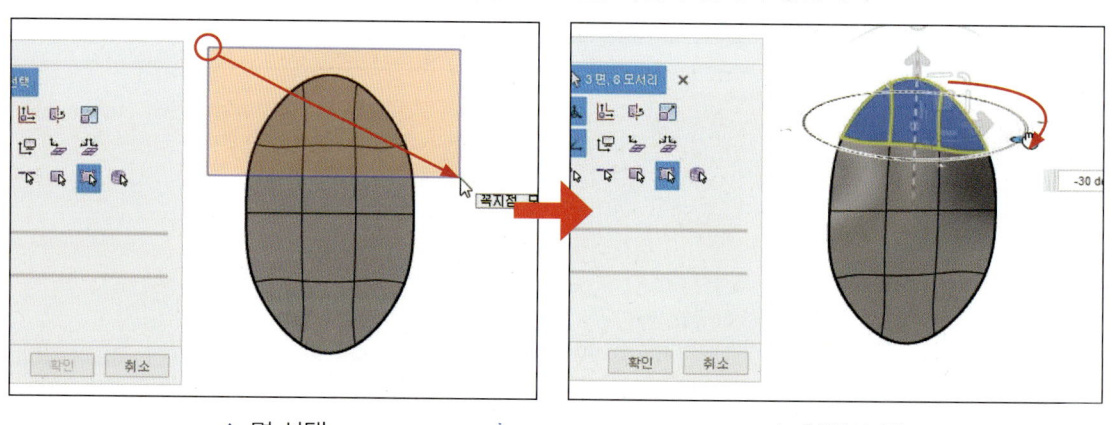

▲ 면 선택　　　　▲ 형태 수정

Chapter 5 코끼리 캐릭터 모델링 예제

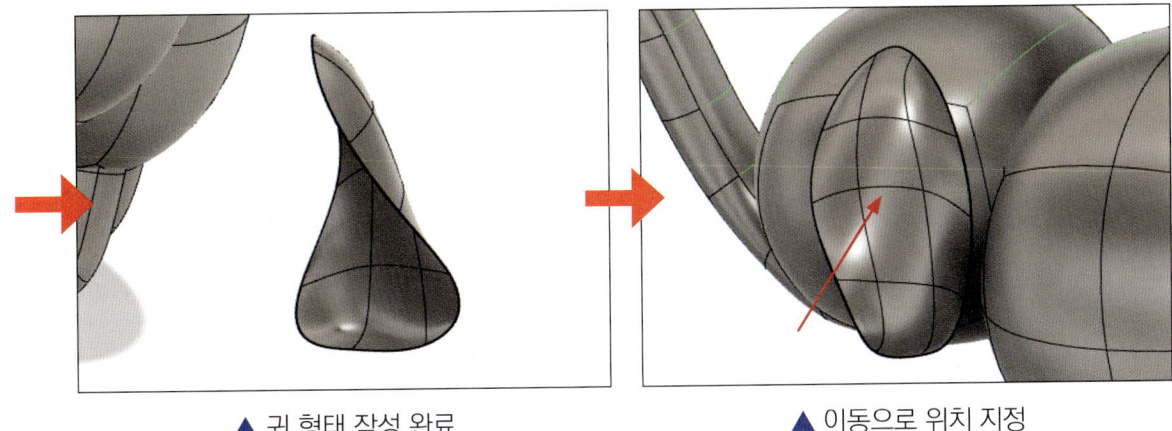

▲ 귀 형태 작성 완료　　　　　　　　　　▲ 이동으로 위치 지정

**쿼드볼** 명령을 실행해 **자유형 편집** 명령으로 다음 위치에 코끼리 눈을 만듭니다.

**양식 마침** 명령을 실행해서 폼 환경을 마칩니다.

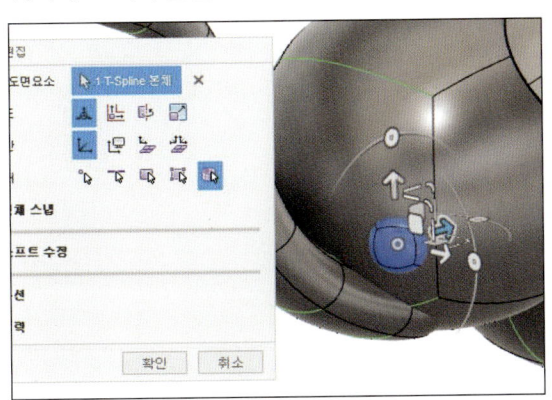

**두껍게 하기** 명령을 실행해 다음과 같이 작성합니다.

**필렛** 명령을 실행해 다음과 같이 작성합니다.

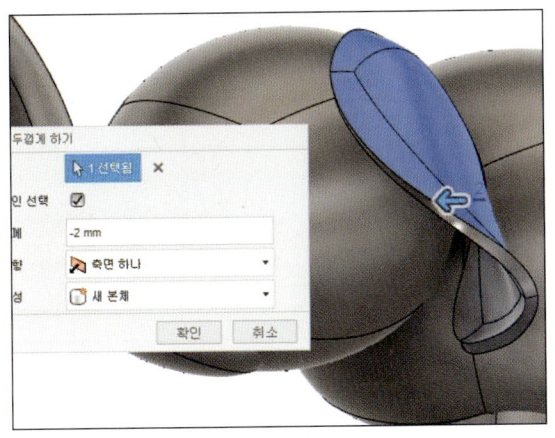
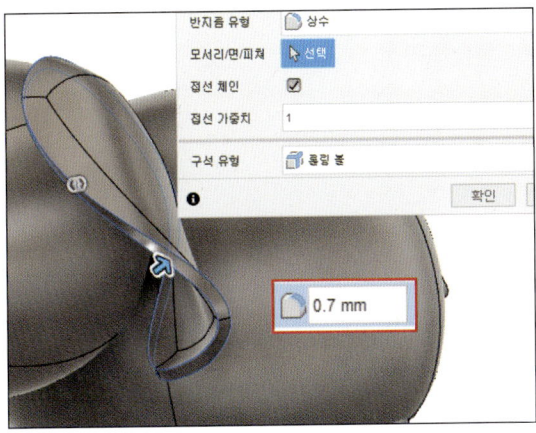

# Part 05 자유형 모델링

**미러** 명령을 실행해 다음과 같이 작성합니다.

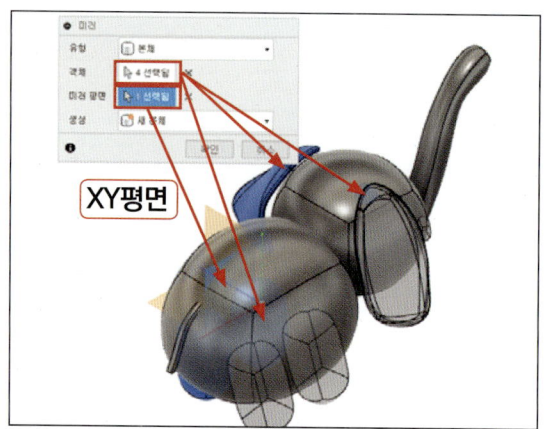

**결합** 명령을 실행해 다음과 같이 작성합니다.

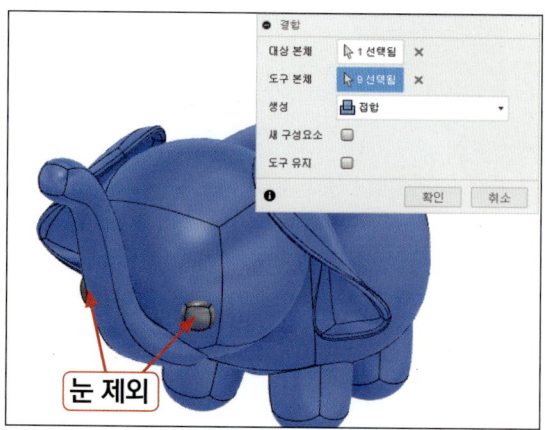

모양 명령을 실행해 몸체 본체에 **페인트 – 광택 – 페인트 에나멜 광택(흰색)** 항목을 적용합니다.

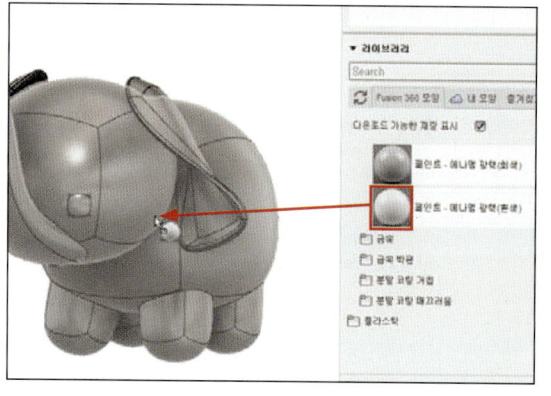

모양 명령을 실행해 눈 형상에 **페인트 – 광택 – 페인트 에나멜 광택(검은색)** 항목을 적용합니다.

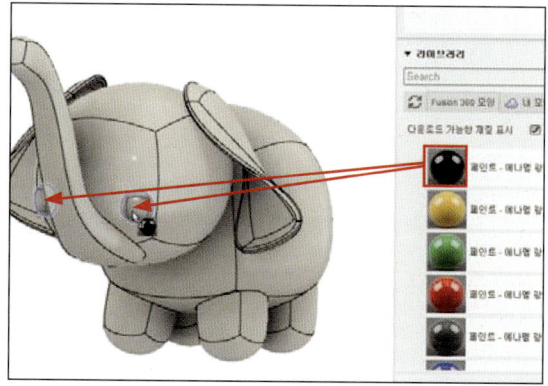

다음과 같이 코끼리 캐릭터 작성이 완료되었습니다.

풀이 과정을 유튜브로
확인해 보세요!

 **총정리**

이번 챕터를 통해 우리는 다음과 같은 것들을 배웠습니다.

❶ **쿼드볼 작성하기** : 사각형 모양의 세그먼트를 가지는 쿼드볼 형상을 작성하는 방법에 대해서 학습했습니다. 스피어 형상도 있지만 형상을 안정적으로 수정하는 명령은 쿼드볼 형상이 더욱 효과적입니다.

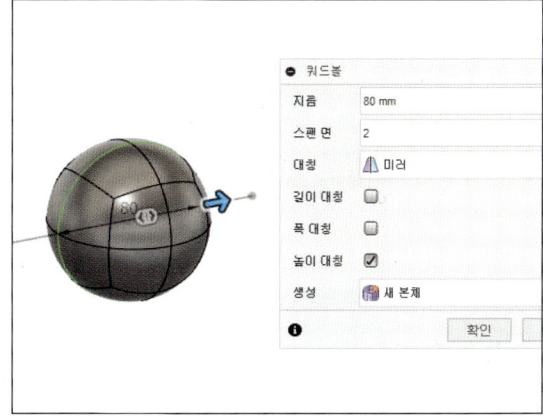

❷ **파이프 작성하기** : 경로를 따라가는 파이프 형태를 작성하는 파이프 명령에 대해서 학습했습니다. 솔리드 모델링 환경의 파이프 명령과는 달리 작성 후에 형상 편집 명령으로 자유롭게 형태를 수정할 수 있습니다.

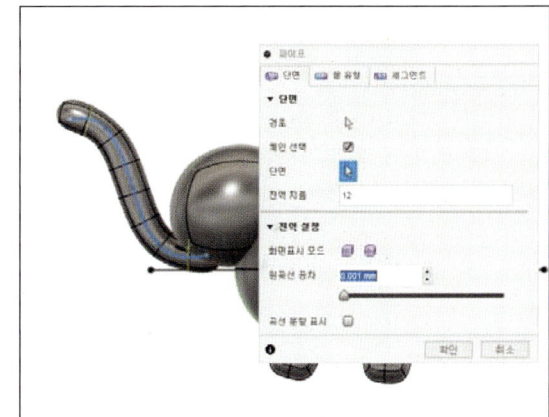

❸ **대칭 옵션 삽입하기** : 여태까지는 형상을 작성할 때 내부 대칭 옵션을 설정했었지만 이번에는 이미 작성되어 있는 개체에 대칭 옵션을 추가로 삽입하는 방법에 대해서 알아봤습니다. 이 명령을 이용하면 자유롭게 형상에 대칭 옵션을 삽입할 수 있습니다.

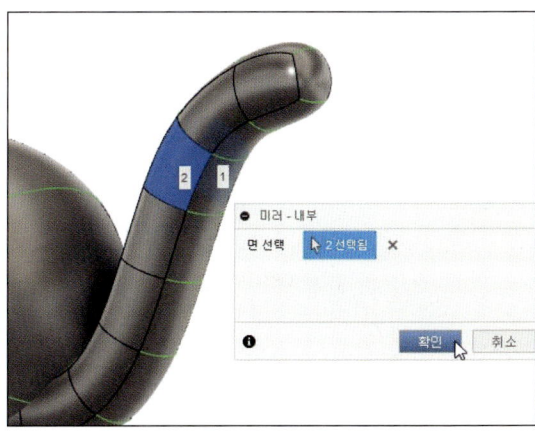

# 연습 예제

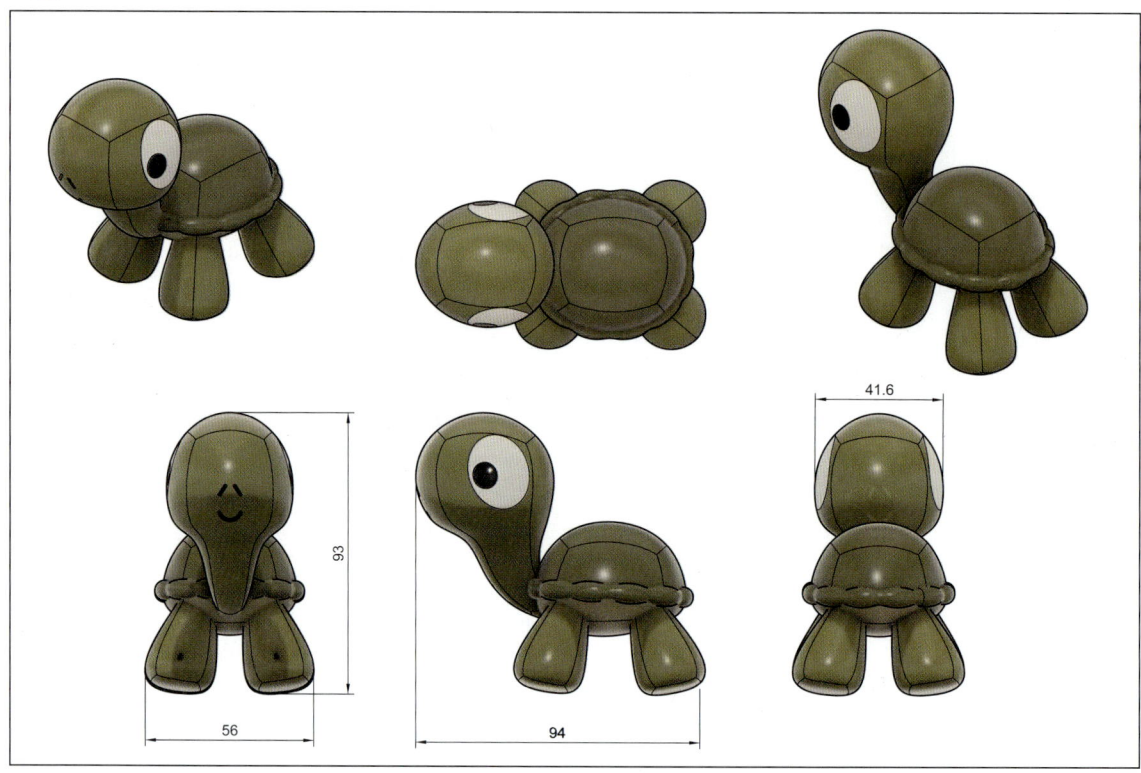

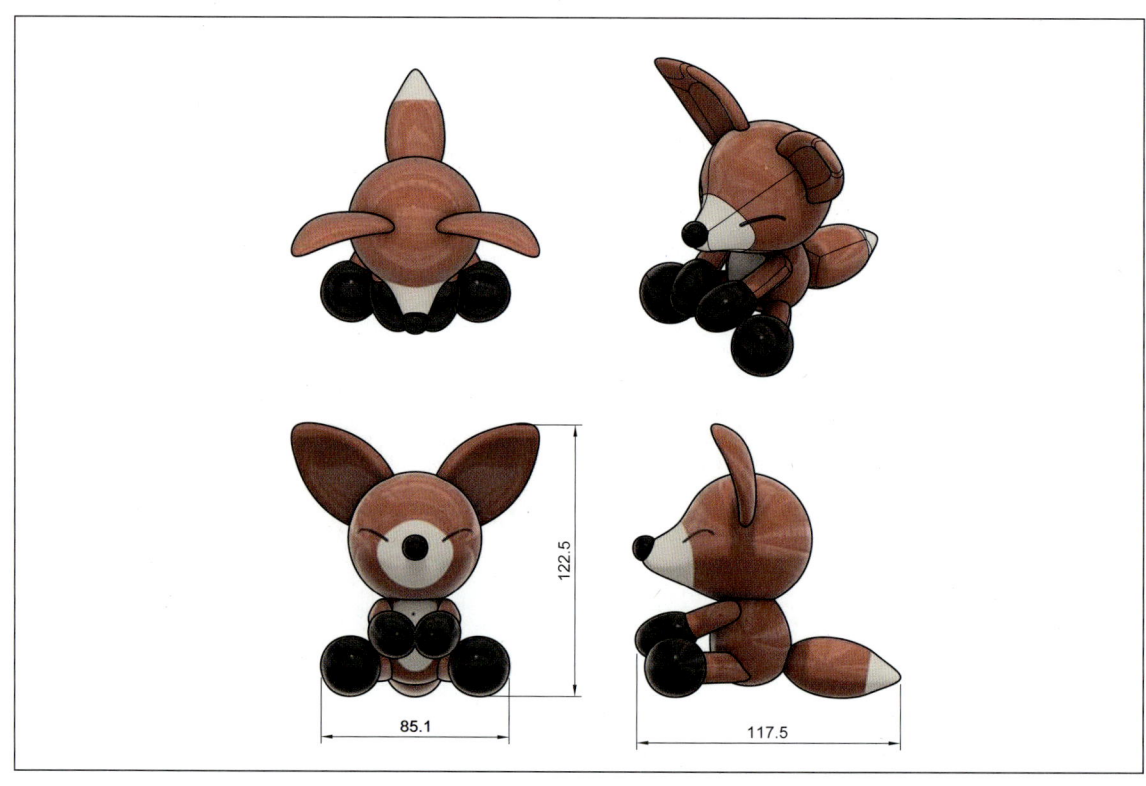

## 연습 예제

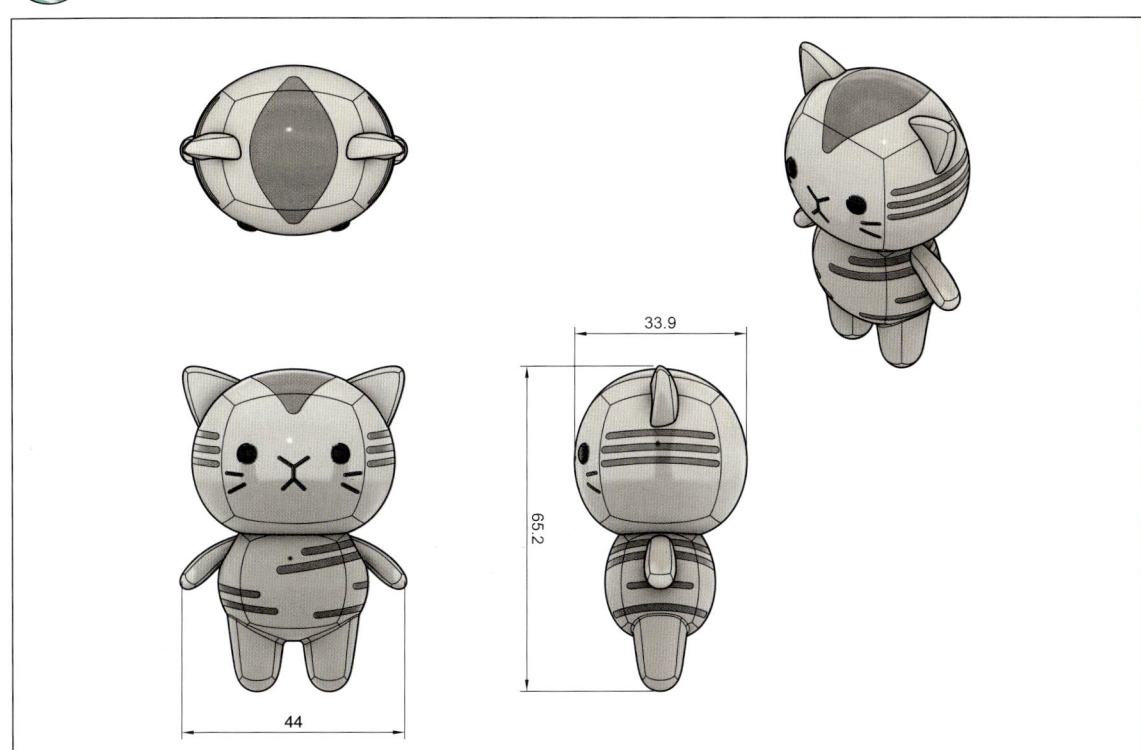

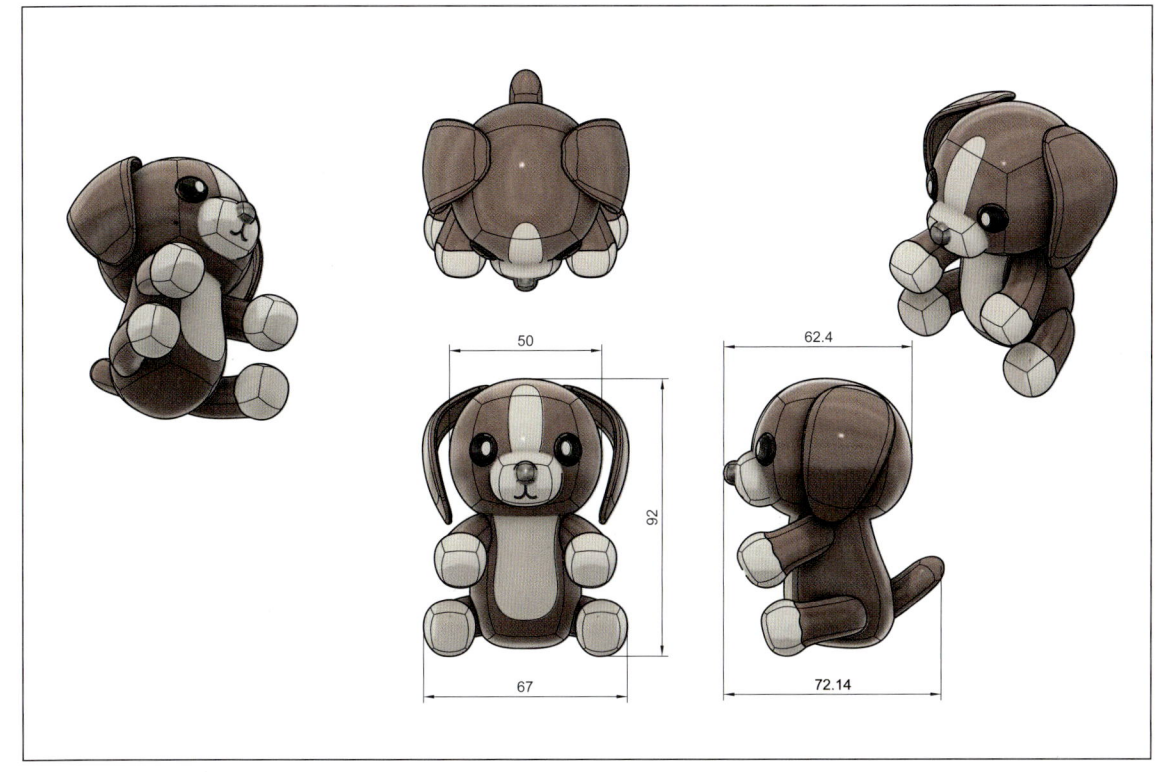